U0464225

本书为国家社会科学基金重点项目“当代多民族国家民族政策类型研究”（批准号：12AMZ005）中期成果

中国社会科学院创新工程学术出版资助项目

五十国民族政策研究

Research on the Ethnic - National Policies of 50 Countries

朱 伦/主 编
刘 泓 包胜利/副主编

中国社会科学出版社

图书在版编目（CIP）数据

五十国民族政策研究／朱伦主编．—北京：中国社会科学出版社，2018.10
ISBN 978-7-5161-9972-5

Ⅰ.①五… Ⅱ.①朱… Ⅲ.①民族政策—研究—世界 Ⅳ.①D562

中国版本图书馆 CIP 数据核字（2017）第 038759 号

出版人 赵剑英
责任编辑 安 芳
责任校对 刘 俊
责任印制 李寡寡

出 版 中国社会科学出版社
社 址 北京鼓楼西大街甲 158 号
邮 编 100720
网 址 http://www.csspw.cn
发行部 010-84083685
门市部 010-84029450
经 销 新华书店及其他书店

印刷装订 环球东方（北京）印务有限公司
版 次 2018 年 10 月第 1 版
印 次 2018 年 10 月第 1 次印刷

开 本 710×1000 1/16
印 张 52.75
字 数 735 千字
定 价 198.00 元

前　　言

本部文集为国家社会科学基金重点项目“当代多民族国家民族政策类型研究”（批准号：12AMZ005）的成果之一，内容包括导论和国别研究两部分。导论部分首先分析了近代欧洲“一族一国”之国族—国家观的不可行和不现实，接着论述民族政治理论与实践的当代发展，将当今各国民族政策归纳为民族联邦、民族地方化管理、民族区域自治、民族保留地、民族一体化、文化多元主义、民族政党化、民族社团化、民族公民化等实践方式，分析了它们之间的异与同，最后得出其普遍和主流理念是“各民族团结共治”。

在国别研究部分，选取了 50 个国家进行个案分析，包括亚洲 14 国、非洲 11 国、欧洲 11 国、美洲大洋洲 14 国。这些个案基本上可以反映当今世界多民族国家解决民族问题的全貌，都可以纳入上述几种民族政策类型之中，尽管各自侧重有所不同，也非单一实行某种方式而排除其他方式。关于国别研究，读者可能会发现还存在许多遗憾，特别是对一些国家的研究不够深入和全面。按照课题设计，国别研究包括如下四项内容：有关国家民族关系的基本情况；少数民族问题的主要表现；政府的民族政策；理论分析。但限于作者掌握的资料有限，有的论文也不尽然。但无论如何，作为课题主持人，我非常感谢各位作者的合作。

在项目执行过程中，葛公尚研究员、陈鹏研究员、穆立立研究员、吴德明研究员帮助我约请了有关专家参与国别民族政策的撰写；刘泓研究员和包胜利副研究员先后帮助我审阅和校订了部分稿件；于红、黄凌翅、邓颖洁、刘晓丹等参与了清样校对，在此一并表示感谢。当然，还要感谢中国社会科学出版社郭沂纹和安芳两位女士对书稿的认真审阅和编辑。

最后需要指出的是，本文集所选的论文，有的成文时间较早，且近期无人有新论，故而选用，材料难免比较陈旧。但作为民族问题和民族政策研究的案例，笔者认为有价值，可以作为理论思考的材料。

朱　伦

2016 年 7 月于中国社会科学院民族学与人类学研究所

目　　录

亚　洲

非　洲

欧　洲

美洲、大洋洲

导论　各民族团结共治

——当代国族—国家下族际政治生活的必然

民族问题（ethnic-national problems）是人类社会由来已久的基本问题之一。近代以来，人们对民族现象的认识和解决民族问题的实践，形成了诸多观念、理论、政策以及制度。最具广泛影响的是“国族—国家”（nation-state）理论和方案。但是，世界民族问题的复杂性，仅靠这种理论和方案是难以完全解决的。因此，几乎自国族主义经典理论产生时起，人们就对它的局限性不断进行反思，特别是进入20世纪后，随着世界各地普遍形成了多民族国家，人们对在多民族国家框架下解决民族问题的可能性不断进行探索，并形成了一些各具特点的民族政策模式，推动了民族政治理论和实践的当代发展。

一　国族、国族主义理论与运动

现代“国族”（nation）与国族主义（通常译为“民族”和“民族主义”，本书所使用的“民族”一词，相当于nationality或people）是产生于西欧的社会政治现象，其基本表现是通过建立主权“国族—国家”（nation-state）来维护不同人民（people）的利益，并试图为相互关系确立基本规则（国际政治秩序）。国际学术界一般认为，15 世纪末在王权统治下实现统一的西班牙是世界上第一个国族—国家，而 1648 年签订的《威斯特伐利亚和约》则是国际政治秩序的建立之始。18 世纪后期，欧洲思想界对国族和国族主义现象产生了一些比较一致的看法，这些看法被后人界定为国族主义经典或古典理论，其代表人物有卢梭、西哀士和赫尔德等人。

国族主义古典理论认为，现代世界的突出问题是民族（people）压迫和民族冲突，民族是自然形成的具有人文同质性和利益一致性的人们共同体，而国家（帝国与封建王国）则是人为建立的政治单位，民族与国家不一致是造成民族冲突的根源，解决办法只有一个，那就是将民族地域和国家领土统一起来，实现“一个民族，一个国族，一个国家”（one people，one nation，one state）的民族政治理想，并认为这是天赋民族的权利。由于这种理论具有反封建、反教会、反帝国、反殖民的指向，同时合乎建立资本主义国内统一市场的需要，因而从西欧迅速传遍到全世界，成为一种真正影响全人类的社会政治意识形态，并在近 200 多年间形成了一波接一波的以建立独立国家为目标的国族主义浪潮和运动。1770 年代到 1820 年代期间发生的美国独立战争、拉美独立战争和欧洲反拿破仑帝国统治战争，是第一次浪潮；19 世纪下半叶，中、东欧各族人民反奥匈帝国和反沙皇帝国统治的运动，是第二次浪潮；进入 20 世纪，以第一次世界大战、第二次世界大战和苏联及南斯拉夫解体为标志，形成了第三次、第四次和第五次浪潮。每一次浪潮过后，都有一批民族独立建国，由此造就了当今世界的近 200 个所谓的“国族—国家”格局，并使国际政治秩序得以建立起来，尽管这种秩序在不同时代都带有不合理、不公正的特征。从反封建、反教会、反帝国、反殖民的意义上说，国族主义古典理论无疑体现了人类社会民族政治思想的进步。

但是，国族主义古典理论虽然勾画出理想的蓝图，但却不能决定谁是人民或民族，谁可以成为国族和谁有权建立“国族—国家”。由此，国族主义古典理论在最近200多年来的实践，充满了争议。而且，它所设计的建立主权独立的“国族—国家”这道民族政治的高门槛，又使许多民族难以越过，实际上排除了这些民族的政治性存在。历史表明，国族主义古典理论并不能从根本上解决民族冲突，反而会使民族冲突普遍激化乃至升级为大规模的战争。上述五次国族主义浪潮和运动，都夹杂着令人不寒而栗的腥风血雨。如果说推翻帝国主义和殖民主义统治的民族和殖民地武装斗争（因统治者是靠武力压迫的）具有历史合法性的话，那么在当前，旨在建立“国族—国家”的民族分离主义组织则被普遍视为非法，其暴力活动也被国际社会定为恐怖主义行为。当代一些国家的民族分离主义组织同样是在运用国族主义古典理论，为什么面临着事过境迁的尴尬呢？归根结底，是国族主义古典理论对民族和民族政治的认识存在思想缺陷。

国族主义古典理论的所有理论家，包括至今绝大多数研究者，都视民族为铁板一块，对民族作出了各种同质性规定，如共同的历史、地域、语言、文化、习惯、心理素质、经济生活等，其中“共同的地域”这种硬性规定，更是套在刻板的国族主义者头上的紧箍咒。以这种理念看待民族和民族政治，不可避免地要忽视或轻视人类交往所造成的民族交错分布的历史性结果，以致于造成堂吉诃德式的行为发生，试图勉为其难地把有界和固定的国家与无界和流动的民族协调起来；而当这种态度发展到偏执程度，人性也就开始泯灭了，如欧洲历史上并不鲜见的人口交换、强制同化、驱逐异己等行为，无一不是带来巨大灾难的行为。因此，国族主义古典理论设想的“一族一国”的简单方案，并不能解决实际世界中复杂的民族政治问题。国族主义古典理论所包含的思想缺陷，或者说没有注意到的问题，必须由后人来解决。其中，首先要对“国族—国家”现象进行重新认识。

虽然国际社会把现代主权国家笼统地称为“国族—国家”，联合国也叫“United Nations”，但在当代近200个主权国家中，90%以上不是国族主义古典理论所界定的同质性“国族—国家”，而是具有异质性或多样性的“多民族的国族—国家”。这里所说的“多民族”，通常是指有历史领土或传统地域依托的“世居族体”，这样的族体全世界估计有3000个。如果把现代国际移民成分也视为所在国的一种“族体”（当代国际移民在许多国家现在都成了有一定规模并被组织和动员起来的异质群体，国外一般称之为“族群”）类型的话，可以说百分之百的国家都是多族体国家。

多族体或多民族国家的形成有其内在原因，其根本动力在于民族发展的不平衡。仅从人口方面说，现代世界既有几千万乃至上亿人口的大民族，也有几千人甚至几百人的小民族，而大多数是在几万到几百万之间。民族人口的多少，在一定意义上意味着民族的强弱。近代世界以来产生的“国族—国家”现象和国族主义运动，从《威斯特伐利亚和约》签订起至今，主要是一些相对强势的民族主导的社会政治运动，而相对弱势的民族则大多处在被动的地位。因此，现代国族—国家的形成和建构，从民族结构上看，实际上是一些强势民族加上一些弱势民族建立的多民族国家。

但是，基于国族主义古典理论对人民或民族的同质性规定，由强势民族主导的现代“国族—国家”建构，曾长期否定异质的弱势民族的存在，对他们不是进行强制同化，就是进行驱逐或隔离。同样，基于国族主义古典理论对民族政治的“一族一国”设计，弱势民族为了维护自己的集体权益，似乎也有根据提出民族分离主义诉求甚至进行组织活动，如旨在反帝、反殖的“民族自决权”，竟也被勉强和模糊地运用到当代多民族国家中。由此看来，国族主义古典理论在实践中似乎难以摆脱同化主义与分离主义的两极对立。无论是18、19世纪建立的欧美国家，还是20世纪新独立的亚非国家，大都同时存在同化主义和分离主义思想和行为。如何处理现代多民族国家内部的族际关系，一直是困扰现代国家社会政治生活管理的一大难题。

现代多民族国家的族际关系，主要是强势民族与弱势民族的关系，或者说是主体民族与少数民族的关系，其内涵包括经济的、社会的、文化的、语言的、情感的，等等，但核心是政治的，即国家如何通过一系列的政策、法律和制度建设主动调节族际关系，保证国家统一和族际关系的和谐发展。实际上，即使在国族主义古典理论盛行的时候，人们也认识到它是一张没有反映民族与国家结合的实际和无法真正实践的理想化蓝图，并尝试证明多民族国家形成的合理性和在多民族国家框架下解决民族矛盾的可能性。其中，最有影响的是 19 世纪和 20 世纪之交，奥地利马克思主义学派提出的“民族文化自治”方案和俄国马克思主义者提出的“民族领土自治”方案。虽然前一种方案在奥匈帝国没有得到实践的机会，后一种方案因苏联的解体难说其成功，但其理论意义是非常重要的，因为它们开启了否定国族主义古典理论的“一族一国”设想、探索多民族国家统一建设和少数民族权利保障的先河。当代多民族国家对民族问题的处理现有种种不同政策，但都可从二者中找到思想理论根源。因此，对奥地利马克思主义学派提出的“民族文化自治”方案和俄国马克思主义者提出的“民族领土自治”方案，值得在此进行简要论述。

二　民族文化自治与民族领土自治

古典国族主义政治学说的形成，是建立在对帝国非理性统治的批判基础之上的，但这种批判并不能自然赋予它所主张的“国族—国家”方案以合理性；因为对“国族—国家”合理性的论证，应当是舍此方案便不能保证民族解放、自由和平等的绝对实证，换句话说，如果在其他某种国家形式下可以实现民族解放、自由和平等，“国族—国家”形式就不是唯一合理的。因此，尽管国族主义理论家们围绕“国族—国家”的合法性问题不停地做出大量文章，但由于不能充分证明其合理性（例如有关“人民自决权”的法理问题，至今是一个争论不休的无解命题），也就无法避免人们提出不同的理论和方案。奥地利马克思主义学派是最早向“国族—国家”理论和方案提出公开质疑的挑战者，认为它不是普遍真理，不宜拿来改造奥匈帝国。为此，1899 年奥地利社会民主党提出了自己的替代理论和方案，其主要内容有两点：第一，将奥匈帝国改造成以地方为单位的多民族和民主的“联邦国家”；第二，民族是一种文化共同体，各民族可分别成立社团性质的联合会并实行文化自治，自主地管理本民族的内部事务。

奥地利社会民主党的理论和方案，有其“民族”观为基础，这就是在 1860 年代前后形成的奥地利学术传统的“民族”（nationality）概念。古典国族主义论说使用的法国学术传统的“国族”（nation）概念，这个概念指的是与独立国家相连的人民；奥地利学术传统的“民族”概念，指的是不与独立国家相连但可实行领土自治的人民。这样，在欧洲人的观念中，围绕国族和民族就形成了一种相互对立的政治等级差别。奥地利社会民主党自然采取了奥地利学术传统所持的民族观念；但是，奥地利社会民主党又对“民族”的性质作了进一步改造，否定其领土及社会政治共同体特征。该党两位民族问题理论家卡尔·伦纳和鄂图·鲍威尔认为：“民族”是思维方式和语言相同的人们的个人联合会，特别是一种文化共同体，与领土和政治没有必然联系，它可以像宗教团体一样存在于国家中。但这种民族观以及由此而产生的地方联邦理论和民族文化自治方案，对“一族一国”论采取针锋相对的态度，否定“民族”的政治属性及其政治诉求，则是从一个极端走向了另一个极端。改造一个多民族帝国，不仅需要社会政治民主，也需要民族政治民主，奥地利社会民主党恰恰在这后一个问题上失去了智慧。它把各民族的权利仅限定在管理本民族内部文化事务上，排除各民族对国家权力管理的参与，难免不使各民族失却主人翁的感觉，从而使国家空壳化。

苏维埃社会主义共和国联盟的建立，在理念和制度设计上是一种全新的民族政治实验，它既不同于古典国族主义学说主张的国族—国家方案，也不同于奥地利社会民主党提出的地方联邦和民族文化自治方案。这种实验虽然有历史和政治原因，但与苏联共产党的民族政治理论密不可分，而这又与斯大林的民族观不无关系。深入分析斯大林对“民族”所作的“四个共同”之著名定义，我们可以看到它是混合和改造法国学术传统的“国族”概念和奥地利学术传统的“民族”概念的产物。斯大林的定义对象是“国族”而非“民族”，但定义内容则主要是后者而不是前者。法国学术传统的“国族”概念，是与统一法律、中央政府和主权国家相连的人们共同体，为了在沙皇帝国的版图上建立苏联，斯大林自然不认为各族人民是这样的人们共同体。为此，斯大林更多地接受了奥地利学术传统的“民族”概念，因为这个概念更适合于建立苏联的需要。与奥地利马克思主义学派视“民族”仅为语言文化共同体不同的是，斯大林坚持了奥地利学术传统对“民族”所作的共同地域规定，此外还增加了共同的经济生活的规定。这种民族观，就为沙皇帝国崩溃后各族人民建立加盟共和国、自治共和国并组成“苏联”奠定了理论基础。但在以现代主权国家为基本政治单位的世界上，怎样建设苏联呢?

基于斯大林的民族观，苏联在民族政治理论上既不可能把自己建成同质的“国族—国家”，也不可能把各加盟成员建成不同的“国族—国家”，而是提出以无产阶级国际主义（族际主义）来建设和巩固苏联，试图以无产阶级利益的一致性来弥合民族矛盾和消除国族主义问题。这种民族政治革命的理想是崇高的，但却超越了时代条件。如同资产阶级利益的一致性并不能消除各民族资产阶级之间的矛盾一样，无产阶级利益的一致性也不足以抵消因民族利益差别所产生的国族主义。因此，苏联宪法又规定各加盟共和国有退出联盟的自由，并为一些加盟共和国谋求在联合国中的席位。但在实践中，苏联共产党绝对是把苏联当成统一国家来建设的，只不过它无法突破既定的民族政治理论框架以及由这个框架所产生的定力罢了。理想和现实的背离产生理论和实践的矛盾，这是导致苏联解体的宿命。为了继承和改造沙皇帝国，苏联共产党一方面批判资产阶级国族主义，提出无产阶级族际主义；另一方面又以“民族共和国”形式培养了国族主义，为后来的解体埋下了种子。苏联共产党对民族政治理论的发展，是它批判了奥地利社会民主党的“文化民族”观和民族文化自治理论，把各族人民看成是政治实体并赋予各族人民政治地位；但它与奥地利社会民主党一样，也没有从理论和实践上解决好各族人民之间的“国族认同”问题，尽管后来产生了“苏联人民”是一个“新的历史性人们共同体”的提法，但这已不足以抵消长期积聚起来的民族分离主义浪潮了。

奥地利社会民主党的民族文化自治方案，随着第一次世界大战奥匈帝国解体、领土政治划分的“民族原则”之确立，以及20世纪第一次国族主义浪潮的掀起，没有人再去理会它了。俄国共产党的民族领土自治方案，也随着第二次世界大战爆发，各族人民忙于共同反抗法西斯主义战争而在人们的视线中模糊了。可以说，由于两次世界大战的爆发，人们对多民族国家内部族际政治理论和制度建设的思考与实践，被降到了次要地位甚至被中断了。国际生存环境的险恶，使新老国家都在加强“国族—国家”的统一建设，少数民族的集体政治权利问题被放到了一边，或者说不得不服从于国家统一建设。

三 多民族的国族—国家认同与民族政治新试验

20世纪下半叶，随着战后国际秩序的建立，以及非殖民化后一些新兴多民族国家的诞生，多民族国家内部的民族问题开始凸显出来，人们对多民族国家族际政治理论和制度建设的思考又重新提上议程，并有可能进行实践，从而形成了一些旨在承认和保障少数民族集体权益的基本政治模式或类型。其间，对国族主义古典理论进行理性反思，促成了一些反映人类社会民族政治思想进步的成果的诞生。这表现在理论上，就是对国族—国家同质性的否定，承认不同民族可以超越族际差别和界限形成新的“国族”认同，进而实现和睦相处，共建共同的国家。1970年代国外形成的“文化多元主义”理论，1990年代初费孝通教授提出的中华民族“多元一体”观点，就是人们对国族主义古典理论就“国族—国家”所作的片面的同质性界定进行长期质疑所产生的成果。而在民族政治观念上和实践中，承认和尊重少数民族的集体权益和政治权利，不仅是当代绝大多数国家的主流价值观，而且被国际社会上升到公共权力是否合法、社会政治是否民主、人权保障是否落实的高度。当然，由于国情和族情不同，各国的民族政策也不尽相同。撇开非理性的已从理论上和形式上被废除的种族（民族）隔离制，以及在观念上和道义上受谴责的民族强制同化政策不谈，概括说主要有如下九种类型：民族联邦方式、民族地方化管理方式、民族区域自治方式、民族保留地方式、民族一体化方式、文化多元主义方式、民族政党化方式、民族社团化方式、民族公民化方式。这些方式有的已经形成了比较完整的制度，有的则是根据一些理论或理念确定了具体政策；而且，这些制度、理念和政策有时会在一个国家同时存在，其合理成分也都会被不同国家采纳，运用到情况不同的族体身上。但类型学讲究的是差异性原则，从这个原则出发，我们可以对当代多民族国家的民族政治模式作出上述区分。兹简要述之：

民族联邦方式　民族联邦是现代多民族国家解决内部民族政治关系的最早试验，它源于对地方联邦制国家结构的模仿。地方联邦制国家的成员主要是封建或殖民历史所造成的区域单位，前者如1648年建立的第一个联邦制共和国荷兰，后者如1776年独立的美利坚合众国。地方联邦制的发展趋势，普遍是分权的联邦主义最终服从集权的国族主义，由联邦而形成统一的“国族—国家”。但民族联邦不同，由于它以“民族”为成员单位，很难由联邦走向统一的“国族—国家”，其发展结局往往是各民族的国族主义导致整个联邦的瓦解，如苏联和南斯拉夫。

但是，民族联邦的产生有其历史必然性。民族联邦通常是在将传统帝国改造成现代国家时的选择，由于它在理论上排除帝国形式下的民族压迫，因而可以被各民族所接受，是一种民族政治妥协。但治理一个民族联邦国家要比建立它困难得多，特别是在对各民族的利益调节稍有不当时，便可能招致民族关系紧张，继而引发受损害民族的民族分离主义诉求。因此，民族联邦一直不是当代多民族国家普遍采用的民族政治模式，因为它的民族政治理念并没有摆脱国族主义古典理论的影响，而是以承认民族成员的自决权为前提的，并在行政区划和政治权力上以民族与领土的一致性为原则。这样的制度设计，为联邦成员的民族分离主义提供了相当便利的发展空间。

民族地方化管理方式　当代有些多民族国家虽然采取联邦制，但却不是以民族而是以地方为成员单位，将民族问题治理纳入和消化于地方化管理之中。以瑞士和印度为例，瑞士有德裔、意裔、法裔等民族成分，但分26个州；印度有十大民族和众多小民族，但在行政管理上则以28个邦和7个直辖区为基础。英国也可以视为将民族作地方化管理的国家。英国的四个一级行政区划单位“地区”虽然以英格兰人、威尔士人、苏格兰人和北爱尔兰人四大民族传统地域为背景，但这些地域不是纯属哪个民族，而是各民族混居的，如苏格兰人已不是纯民族概念而是苏格兰居民概念，苏格兰的独立公投是苏格兰所有居民的公投，但又排除苏格兰之外的苏格兰人参加。以自然和经济地理而不是人文地理为原则进行国家的行政区划，是当代绝大多数国家的一般选择。

这种将民族地方化管理的方式，其基本理念是遵循现代“国族—国家”行政管理统一的原则，而那些似清似不清的所谓传统民族地域不能成为行政划分的决定性因素。地方化管理的行政结构，着眼点在于加强国家的统一性威权和增强以国家为单位的国族的凝聚力，而对地方民族可能有的国族主义可以起到耗散而非聚合作用。在实行民族地方化管理的国家中，除了在政治上不把民族集体视为权力单位外，民族集体的其他权益则可通过其他方式给予保障，通常的做法是对民族集体实行后文将要提到的民族社团化管理，在一些多党制国家则允许民族党的存在。

民族区域自治方式　从概念上说，这是将民族联邦分权与国家行政统一结合起来而形成的混合制度，但在实践中对二者的偏重各有不同。以中国和西班牙为例，后者的联邦分权特征突出一些，而前者的国家行政统一特征明显一些。民族区域自治单位的建立方式和级别也有不同。西班牙的加泰罗尼亚民族、巴斯克民族和加利西亚民族，以基本完整的民族地域为建立自治区的基础，并且都是一级行政单位；而中国各民族的杂居状态和族体规模大小差异，则不可能如此划分自治区，而是可以多个民族共同建立一个自治单位或一个民族建立多个自治单位，并且在自治单位之间有行政级别的不同。还有的国家如巴拿马和智利等，土著人的自治单位并不是国家行政单位链条中的一环，而是与中央政府达成的特殊的契约关系。

民族区域自治方式以对国家统一权力和民族地方自治权力的划分为核心，但这种划分既具体又模糊，原因在于民族区域自治的定性是政治自治还是行政自治，甚或兼而有之，是宪政学的未解课题。于是，中央和民族地方互相协商和让步，便构成了民族区域自治操作的日常功课。民族地方的政治和行政操作能力，以及它所拥有的各种资源多少，是决定它自治程度如何和获取权益多少的关键。而对中央政府来说，它的执政能力和所掌握的资源多少，则是能否保证国家统一与中央权威的基础。民族区域自治，不像民族联邦和民族地方化管理那样简单明了，而是一种非常需要智慧、技巧和手段来把握的政治游戏。

民族区域自治把地方政治与民族政治结合起来，是一种既有硬性又有弹性的结构。民族区域自治，一方面以承认国家领土主权统一和中央权威为基础，这就在理论上和实践中对民族分离主义形成了不容置疑的约束力，有利于现代国家的统一建构；另一方面，它又以尊重和保障少数民族的集体政治权利为原则，这就为少数民族的发展提供了相当广阔的活动空间。有鉴于此，在现代国家整合力日益增强、一些少数民族几乎没有分离可能的情况下，地方自治成了他们比较现实的选择和追求；而对一些多民族国家中央政府来说，在少数民族地区设立自治地方，赋予这些自治地方一定的自主权，也是一种理性选择。

因此，在那些以世居民族为主要民族成分的多民族国家中，民族区域自治有成为民族政治主流形式的趋势，现至少有 20 个国家在实践它，并且有更多的国家在讨论它的可行性。

从民族理论上说，民族区域自治有其思想创造性，这主要体现在对如下两种主要的民族理论的改造上：一方面接受以法国学术传统为基础的国族主义古典理论的“政治民族”即国族概念，并将其运用于以现代国家为单位的整个公民社会，同时又承认这个“国族”内部不同民族的存在；另一方面，则对以奥—匈学术传统为来源的奥地利马克思主义学派的“文化民族”概念进行了改造，不仅承认少数民族是文化共同体，而且承认其也是政治共同体。这样的改造，就可以把现代国家的国族统一性基础与少数民族的差异性存在协调起来。

民族保留地方式　这是北美洲和大洋洲的一些原英国殖民地国家，如美国、加拿大和澳大利亚等国最早对土著人实行的政策，后来，拉美一些国家如巴西对土著人也实行这种政策。

土著人保留地的形成，是殖民主义直接掠夺土著人土地的结果。这在北美和澳大利亚等英国殖民地表现最为突出。西班牙人在拉美的殖民，是建立委托监护制，土著人依然在原土地上生活；而且，西班牙人与土著人大量混血，从而形成了新的社会基础。英国人在北美和澳大利亚的殖民，采取的是种族隔离制度，直接把土著人土地剥夺过来，并在建国后继续沿袭这种做法。以美国为例，美国政府于 1830 年通过了《印第安人迁移法》，为执行此法，政府甚至动用军队强制印第安人迁移，仅在 1838—1839 年两年间就强迫 10 多万印第安人（占美国当时印第安人总数的四分之一）从肥沃的密西西比河东岸西迁到政府划定的生存条件恶劣的地方，这些地方便被称为“保留地”。目前，美国有 304 块印第安人保留地，面积约 5300 万英亩，只占美国土地总面积的 2.4%。美国印第安人现在约有 200 万人，其中约一半居住在这些保留地里。

起初，印第安人与白人相互隔绝，具有一定的独立性。但自 1880

年以后，美国政府对印第安人实行强制同化政策，并于1887年通过了《道斯法案》。该法案取消保留地的部落公有制性质，将土地分配给每个印第安人家庭，承认获得私有土地的印第安人可同时获得美国国籍。保留地土地私有化，为白人乘机侵占印第安人土地提供了便利。据统计，在实施《道斯法案》的最初二三十年间，印第安人便失去了原有土地的三分之二。但印第安人对土地私有化和美国国籍不感兴趣，他们关心的是赖以生存的土地集体占有形式和传统的社会组织形式。

面对印第安人的反对，1934年，美国通过了《印第安人重新组织法案》以取代《道斯法案》，对印第安人部落土地不再进行私有化，承认印第安人土地的集体所有权，让印第安人自己管理自己的事务。这一新政策的实施，使印第安人保留地在经过前一阶段的破坏后得以保存下来。第二次世界大战后，随着民族意识的发展，为了维护自身的文化传统和政治权利，美国印第安人要求自治、归还被剥夺的土地、复兴文化及争取经济利益的运动日益高涨，迫使美国政府于1975年1月4日通过了《印第安人自决与教育援助法》。由此，保留地演变成了一种自治单位，每个保留地都建有自己的部落政府。但印第安人的自治权仅限于管理保留地内部事务，自治单位也不是国家行政权力链条中的一环，印第安人更没有作为一种政治力量参与所在州和国家管理的权力和可能。

民族一体化方式 民族一体化（应译为国族一体化）政策，主要是拉美和非洲一些国家的实践。此外，新西兰和一些西亚国家的民族政策，如“一个国族几个兄弟”、“一个国族几种语言”等说法，也可归结到此类型中。

国族一体化的理论产生于1920年代的墨西哥，之后迅速传遍整个拉美，并在第二次世界大战后传播到世界其他地区。该理论试图回答怎样把西欧式“国族—国家”理想与本国多民族、多族群、多部落的实际结合起来的问题，认为以现代国家为单位实现民族融合是历史的必然，国家应当推动这一过程，而不能着意维持各民族之间的差别。

实行一体化政策的国家大都是发展中国家，强国富民的战略要求，促使这些国家急于建立统一市场，集中权力和资源，大力发展普通国民教育等。一体化理论和思想正符合这些需要，因此一经提出便受到政府的欢迎，并据此制定民族政策。

但是，随着1970年代文化多元主义理论的兴起，一体化理论开始受到人们的质疑，特别是它在实践中以主体民族及其文化为准则的价值取向，以及不承认少数民族对集体政治权利的诉求，遭到了少数民族的反对和一些人类学家的批判，以至于有人把一体化理论等同于民族同化主义。但这种认识实际上是不准确的。一体化理论并不否认少数民族或族群的存在及其文化价值，只是强调不能以差别主义来看待他们，更不能以此否定现代国家公共权力的权威和现代国民教育的标准化。多元主义与一体化之争，虽然在学术话语上前者现在比较流行，但在实际生活中则是后者更普遍。国内学界往往把二者完全对立起来，这是对二者的误读。从理论和实践上说，没有不讲一体化的多元主义，也没有不讲多元主义的一体化；但多元主义和一体化各自的“度”及其内涵则不容易界定，更不容易操作。

文化多元主义方式　文化多元主义的概念虽然早在20世纪初期就被提出来了，但其系统的理论阐述尝试则始于1970年代的澳大利亚、加拿大和美国，真正流行并被一些国家作为一种原则运用于族际关系，则是在1980年代。但是，不同学者和国家对文化多元主义有不同的理解，并未形成一致的概念，人们仅是原则性地接受它所倡导的不同文化与族群之间的相互尊重与和谐相处，并希望政府可据此制定一些具体政策，以保护文化的多样性和规范不同族群间的互动关系。

文化多元主义理论有一个显而易见的弱点，这就是易于导致不承认国内民族政治的存在与合理性。这一点与民族一体化理论是相同的，两者都把国内的不同人们共同体界定为文化人类学意义上的族群，而不是政治人类学意义上的民族。由于这一原因，美洲、大洋洲的土著人并不以文化多元主义理论和政策为满足，而是进一步要求政治上的集体权利。因此，文化多元主义理论现在还不能说是一种成熟的理论，文化多元主义政策也不是一种完整的民族政策；它的积极意义仅在于促使人们改变了以往那种以主体民族文化整合少数民族文化的想法和做法，减少了冲突与对抗的可能性。文化多元主义特别适合于当代一些移民国家，因为当代移民作为后来者，只能散居于主体社会之中，不可能产生以居住地为依托的民族政治诉求。文化多元主义政策，可以使移民群体继续保持和发展自己的传统文化，并由此结成社团组织，维护自身利益。文化多元主义在理论上认为少数民族及其文化是国家的宝贵财富，这是合乎当代社会文明发展潮流的。

但是，文化多元主义理论在欧美国家现也受到不断增多的质疑和批判。从主流社会的角度说，批判的理由主要有三个：一是认为它具有瓦解国族—国家统一建设的作用，如亨廷顿就认为对文化多元主义的提倡危及了美国的民族认同；二是认为它以族群文化的特殊性为由，有可能保护落后文化，阻碍文明的发展与进步，像三 K 党这样的群体也可能以文化多元主义为由而大行其道；三是认为它可能导致对文化认同的集体强迫，这种强迫是对以个人自由主义为核心的普世文明价值的反动。针对人们对文化多元主义的质疑，现有人提出了“文化交融主义”的理论，以消弭因提倡文化多元主义可能导致的族际隔阂和社会涣散。

民族政党化方式　这种方案与其说是一种民族政治的有意设计，不如说是政党政治的自然产物，在世界许多国家甚为普遍。其基本特征是以民族为界限建立政党，参与国家和地方政治。前者如圭亚那以印度人为主的“人民进步党”和以黑人为主的“人民国民大会党”；后者如西班牙巴斯克地区的“巴斯克民族党”、加泰罗尼亚地区的“加泰罗尼亚团结联盟”和加利西亚地区的“加利西亚民族党”等。当然，民族党不一定能代表整个民族，其影响力取决于自己的纲领能否获得本民族大多数成员的支持。

除了政党政治原因外，民族政党化还源于一些国家的政治生活没有民族政治的制度设计和保障，少数民族不得不借助组建政党的方式来争取和维护自己的利益。拉美许多国家“印第安人党”的存在，就属于这种情况。

民族政党在民主制度比较完善的国家可以健康运作，但在一些政局不稳的国家则往往导致民族冲突的加剧，如在西亚和非洲一些国家就是如此。在国内外政治气候有可能的条件下，民族政党还容易走向推动民族分离主义的道路，如苏联有关加盟共和国的共产党，以及在苏联解体过程中成立的一些新的国族主义政党。

民族社团化方式 这在欧美国家比较流行，适用对象主要是非主流的当代外来移民群体。在当今许多国家，民族社团的建立都是合法的，当然，形式也有不同。民族社团化的管理方式，其基本理念和理论根源，可追溯到19世纪末的奥地利社会民主党和奥地利马克思主义学派的“文化民族”观，此观点把民族视为一种文化共同体，类似于教会，其目的在于通过把民族与领土剥离开来，以达到简化民族问题、建立统一的地方行政结构的设想。

民族社团化方案很简单，也很省事，既可避免麻烦的民族政治问题，又承认了民族的自由存在。但民族问题既不简单，也不省事。在移民群体具备一定力量时，由民族社团发展为民族政党，几乎是普遍规律，如东南亚一些国家的华人移民群体；而对于一些具有传统地域依托的世居民族来说，从来不会满足于只成为一种社团，而是要求集体政治权利，包括实行地方自治。因此，民族社团化虽然是一种理想状态，也是一种实际存在，但不能据此认为民族问题只是源于文化差别，可以避开其政治内涵。把民族视为社团和文化共同体，这只是一厢情愿的设想，民族关系的现实是另一回事。

民族公民化方式 公民个人权利保障和权利平等，是现代国家普遍奉行的社会政治原则。这个原则的思想来源，是基于公民社会的个人自由主义理论。任何现代国家的宪法，都明确宣示公民个人权利平等，而不论其族裔、语言和文化差别如何。公民个人权利平等的理念，是一种具有普遍意义的价值。因此，多族类国家也同样主张公民个人权利平等。也正是基于这一点，世界上有些国家长期不对民族集体权利和集体政治作出保障。

但是，以现代公民社会为由否定民族集体的存在，进而以公民个人权利保障和平等来否定民族集体权利保障和平等，则在实践中遇到了民族差别的挑战。民族是一种社会存在形式，是一种利益集团，如同各种行业协会和政党组织一样，它可以在一定程度上维护成员的利益。因此，尽管公民权利是第一位的，但民族集体权利也要给予承认。

四　民族政治理论新趋向和中国的民族政治实践

上述诸种解决民族问题的方案，都是20世纪的产物，都是不同于国族主义古典理论所主张的“国族—国家”方案的新试验。这些试验的共同理念都以维护多民族国家统一为基本考虑和目标，它一方面否定民族分离主义，另一方面承认少数民族的存在及某些权利。但怎样否定，怎样承认，这些模式又各有特点，各有自己的道理和不足。从政治角度讲，对少数民族集体政治权利的承认，似乎是主流理论，因为它合乎现代社会政治民主所要求的承认和尊重少数人权利的原则。但现代社会政治民主又是以少数服从多数为前提，如此操作，少数民族的集体政治权利就难以体现。什么是少数民族的集体政治权利？人们一直比较强调少数民族对其内部事务进行自我管理，并将这种管理称为自治。但是，当今多民族国家的民族政治生活，绝非是一个简单的自治问题。

首先，在现代国家和现代社会条件下，公民权利保障与民族自治产生了矛盾，任何民族自治地方和民族组织都不能强迫其民族成员接受自治；与此同时，民族内部事务与公共事务的界限也难以划清楚。因此，自治本身就是一个难以操作的命题。更重要的事实是，现实已不存在纯粹的民族地区，而是各民族杂居的，不可能以民族为界划定自治地方。在这种情况下，所谓的民族自治地方，实际上是多民族共居的地方，对这样的地方的管理也只能采取各民族共同参与的方式。也就是说，历史上产生的民族自治观念，并不合乎现代国家民族关系的现实，现实已经使区分民族界限的民族自治没有了条件。由此，近年来，国内外民族政治理论界提出了诸如“参与决策”“民族共治”“多族合治”“权力共享”等观点和理论命题。

上述这些观点和理论命题的共同侧重点，是关注族际政治平台的构建，以适应当代多民族国家民族政治生活现实发展的需要。也就是说，我们不能停留在100多年前的认识上，而要结合当代多民族国家民族政治生活的实际进行理论创新研究。在这方面，中国的经验值得总结。

自19世纪下半叶国族主义政治学说传入中国，以及中国开始融入国际社会，古老的中华帝国就面临着如何改造的重大现实问题。作为一个具有数千年统一历史的国家，她是走向终结还是走向新生，这是近代中国社会革命（资产阶级民族民主革命和无产阶级社会主义革命）必须回答的问题。孙中山先生早先提出“驱逐鞑虏，恢复中华”的口号，真实地反映了西方国族主义政治学说对中国资产阶级国族主义者的影响。但是，当这些从国外学到国族主义的中国人回到中国实践国族主义时，很快便发现它不适用于中国。于是，孙中山先生又将上述口号改为“五族共和”。中国共产党不仅继承这一思想最终完成了对中华帝国的改造，而且还以自己的民族政治理论和制度创新保证了各族人民之间的团结。

中国共产党的“民族”与“国族”观 虽然奥地利社会民主党和苏联共产党认为单一民族的“国族—国家”方案不适用于解决各自面临的民族政治问题，但对这个方案本身则缺乏深入的分析批判，没有看到西欧民族政治的事实并非如古典国族主义理论家设计或理想的那样是“一族一国”。无论是法国、英国还是西班牙，都不是单一民族的国族—国家，而是以某个大民族为核心形成的多元民族的国族—国家。

这是西欧的历史真实，也是世界各地的历史真实，只不过这个真实被古典国族主义理论家忽略了。列宁曾使用“多民族国家”的概念以与“国族—国家”进行比较，并对二者的区别作过少数民族人口比例占多少的界定（5%）。但人口比例不是本质的东西，并不能成为民族成份比较复杂、少数民族人口分量较大的国家不可以建成“国族—国家”的障碍。问题的关键在于如何认识和解释民族与国族的关系。

毛泽东在1939年发表的《中国革命与中国共产党》一文中，明确地论述了“中华民族”（国族）与“各民族”的关系，说“中国是一个由多数民族结合而成的国家”，但同时又是“一个伟大的民族国家”（国族—国家）。毛泽东的这个论断，不仅代表了中国共产党人对中华民族和建设现代中华“民族—国家”的理性自觉，而且是对近现代世界的民族与国家结合的实际的正确解读。它不仅修正了古典国族主义政治学说对“国族—国家”的民族同一性界定，而且克服了奥地利社会民主党和苏联共产党把“国族”和“民族”、“国族—国家”和“多民族国家”对立起来的片面认识。这是一个具有时代意义的思想贡献，是富有智慧的民族理论创新，它合理地提出和解释了现实世界存在的“民族认同”与“国族认同”这种双重认同现象。当然，双重认同不是现代世界才有的新现象，古代社会的部落界限与部落联盟的形成也体现了一种双重认同。但问题在于现代国族主义政治学说没有认识到这种双重认同的意义，相反，它的“一族一国”的理想化蓝图，还曾长期误导和束缚了人们的思想，遮蔽了人们对现代民族政治问题的观察视野。奥地利社会民主党和苏联共产党认为只能将奥匈帝国和沙皇帝国改造成多民族的“联邦”和“联盟”而不是多民族的“国族—国家”，就是典型的例证。也许有人认为，中国有两千多年的统一历史，而奥匈帝国的建立只有几十年，沙俄帝国的存在也不过三四百年，因此中国才有条件把中华帝国改造成统一的多民族的“国族—国家”。这当然有一定道理。但我们不能因此轻视理论创新的价值和人的主观能动性。现代国族和“国族—国家”的形成虽然有一个自然演进的过程，但任何人也不会否认建构的作用，问题是在于怎样建构。

在当今世界上，所有国家都力图锻造公民的国族认同。但由于有些居于国家主导地位的民族不能平等地对待弱小民族，往往是事倍功半。其中，人们对西方社会的“民族”人格等级划分批判不够，对国族认同象征确定不当，是重要的原因。“我的共同体是国族（nation），你的共同体是民族（nationality）”；国家是以“我”为主建立的，就以“我”的一切为原材料来塑造国族并要求“你”认同，包括以自己的民族名称为“国族—国家”命名。这种民族人格等级歧视和老大观念，是造成民族不和乃至分离的重要诱因之一，被界定为“民族”者难免不想试图通过建立以自己为主体的国家成为“国族”，以实现民族人格的最高化。1990 年代发生在苏联和南斯拉夫的民族分离主义浪潮，就是这种情况；二者解体的内在原因主要不在于经济利益矛盾，而在于认同危机与象征冲突。中国共产党是如何解决这个问题的？根据毛泽东的“各民族”与“中华民族”的双重认同理论，中国共产党始终坚持各族人民人格平等的观念，大家都是“民族”，都是中华“国族”的组成部分，而不是区分谁是“国族”，谁是“民族”，也没有以某个民族的一切来代表和塑造中华民族（国族），尽管他们的发展与发达程度不同，对中国形成的影响也有大小之别。这就是说，中国共产党一方面对法国学术传统的“国族”概念进行了发展和改造，使用它来界定整个“中华民族”这种国家层面的人们共同体；另一方面，又对奥地利学术传统的“民族”概念进行了发展和改造，使用它来界定中国“各民族”这种二级人们共同体。这种双重认同，是各族人民可以普遍接受的，并最终凝聚在了《中华人民共和国宪法》之中。现在，运用这种双重认同理论来解决现实的民族政治问题，已成为世界绝大多数国家的共识。包括在产生国族主义古典理论的发源地西欧，例如在西班牙，也是以“国族”来界定所有西班牙人民，而对各个具体的人民则以“民族”来界定。

中国的民族区域自治制度　对民族及民族与国家的关系怎样看，

决定着不同的族际政治理念和实践。西方国族主义古典理论主张“一族一国”，因此民族同化曾经是欧美国家长期奉行的主流观念和实践，但同时又面临着也是以这个理论为基础的民族分离主义问题的挑战。同化与分离都是合理的，这是“一族一国”论无法调和的逻辑矛盾。在保护少数人权利的理念和法律产生之前，这个矛盾只能靠残酷的社会达尔文主义来解决。奥地利社会民主党把民族仅看成是文化共同体，与国家和政治没有必然联系，因此主张将民族只当作社团来管理，各民族实行内部文化自治。这种观念抛开了民族是一个伴随着政治认同的社会利益共同体这一本质规定，因而难为各民族接受。苏联共产党的民族观，实际上动摇在以法国学术传统为代表的“政治民族”观（与独立国家相连）和以奥地利学术传统为代表的“文化民族”观（与社团类似）之间，并试图以内涵模糊的族际主义建立联盟。但这个联盟的基础是民族领土自治单位，这就难免不在联盟和自治单位之间产生权力矛盾；这种矛盾一方面使各自治单位的内聚力增强，一方面又使它们与联盟的离心力加大，结果就是难逃联盟解体与民族分离的命运。

与上述情况不同，中国共产党以民族与国族双重认同理论指导中国的民族政治实践，不仅逐步落实把各民族凝聚成为一个国族的任务，而且为合理保障各民族的政治权利奠定了理论基础。既然是各民族共同结合成一个国族，那就要按照国族的统一性来建设国家，使各民族共同管理国家事务；既然承认中华民族（国族）的多民族结构，那就要以一定的社会组织形式体现各民族的存在及其集体政治权利。民族与国族双重认同理论，是中国共产党摆脱苏联的国族与联盟二重结构理论（在这种理论下，各个国族认同不断强化，而联盟认同则不断弱化）影响的思想创新，是中国共产党创造在国家统一下的民族区域自治制度的政治哲学基础。这一制度的基本特征，是在少数民族聚居地区建立行政级别不同的自治地方，这些自治地方的权力机关一方面行使同一级别的国家权力机关的权能，一方面行使一定的自治权。由此我们可以看到，中国的民族区域自治，既不是以民族领土为单位的政治自治，也不是以民族组织为基础的文化自治，而是一种以一个或数个少数民族为自治主体的多级行政地方自治。在这些地方的管理中，各族人民共同当家做主。

不同的民族政治形式有不同的内容，反映不同的理念。国族主义古典理论的一族一国、奥地利社会民主党的民族文化自治、苏联共产党的民族领土自治，在理论和制度设计上都以排他性为基本特征，而这一点在我国的民族区域自治理论和制度中是不存在的。中国的三级民族区域自治地方和民族乡，实行的是各民族共同管理自治地方事务的民族政治民主原则，这一点充分反映在我国民族区域自治法对自治地方权力机关的组成必须合理包括有关民族的公民的法律规定上。就这种规定来说，我国民族区域自治制度的政治出发点和归宿，是通过保证各民族共同当家做主来保证各民族的政治权利平等。至于对自治地方命名民族在自治地方特殊地位的规定，这是为了保证命名民族能够充分表达自己的特殊诉求，提醒国家权力机关和社会各界时刻关注少数民族的诉求，以便给予特殊的政策关怀。

除了民族区域自治地方的设置外，我国的民族政治实践还在国家最高权力机关全国人民代表大会中，以及在少数民族人口占有一定数量的非自治地方的人民代表大会中，充分或适当安排少数民族的代表席位，这也体现了各民族共同当家做主的民族政治民主原则。这一点，不仅对于保证各民族的团结、增强各民族对中华民族（国族）的认同是极为重要的，而且是保证国家统一权力合法性和权威性的前提。任何多民族国家，如果不能合理保证各民族对国家公共权力管理的参与，就难免引起处在权力之外的民族的不满，就难以保证政治稳定。

总而言之，民族区域自治制度经过不断发展和完善，现已成为中国各民族的共识，是保证国家统一和民族团结的有效工具。尽管中国还存在这样那样的民族问题，包括存在一些分离主义活动，但这些组织不代表哪个民族整体。各民族共同团结奋斗，共同繁荣发展和共同当家做主，是中国民族关系的主流，是中华民族自立和自强于世界民族之林的基本保证之一。可以说，各民族团结共治是中国民族政治生活的基本理念，是民族区域自治的本质内涵。各民族团结共治不只属于中国，也属于世界各多民族国家，实际也普遍体现在当今各国的民族政治生活之中。

（朱伦，中国社会科学院民族学与人类学研究所研究员）

亚洲

阿 富 汗

阿富汗①是一个多民族国家，也是跨界民族人口比例较大、分布较广的国家。国外有些学者认为阿境内的3200多万居民（2015年，包括约300万游牧民）分属于50个民族，② 其中人口较多的有普什图人（Pushtus）、塔吉克人（Tajiks）、乌兹别克人（Uzbeks）、土库曼人（Turkmen）、俾路支人（Baluchis）、努里斯坦人（Nuristains）和布拉灰人（Brahuis）等。近百年来，阿富汗战乱不断，阿富汗人民始终未能制止血雨腥风的肆虐，长期饱受贫病交加、生离死别的煎熬，特别是1979年以来倍尝战争之苦。阿富汗地处亚洲大陆中心地带，在地缘政治中具有重要的战略意义，阿富汗局势变化所产生的影响往往超越国界，形成地区意义。多年来，阿富汗动荡的政局

① 历史上曾有3个名称：Aryana（古代）、Khurasan（中世纪）和Afghanistan（近代以来）。关于阿富汗斯坦的名称最早出现的时间尚无定论，很多学者把唐代慧立彦著的《大慈恩寺三藏法师传》中所记载的“阿薄健国”，看成是最早提到阿富汗斯坦的根据。有关“阿薄健国”的描述可参见（唐）慧立彦著、孙毓堂等点校《大慈恩寺三藏法师传》，中华书局1983年版，第115页。

② 参见Barbara F. Gimes，Ethnologue，Summer Institute of Linguistics，1996。国内学者对阿富汗境内民族数量有不同的看法，有人认为是30多个，参见李毅夫、王恩庆等编著《世界各国民族概览》，世界知识出版社1993年版，第16页；有人认为是21个，参见彭树智等撰写《阿富汗史》，陕西旅游出版社1993年版，第16页。

已引起国际社会，特别是其周围国家的普遍关注，探求阿富汗实现和平的途径，并从阿富汗经久不息的纷争中吸取教训，对于多民族国家，尤其是阿富汗周边的多民族国家的安全与发展来说具有重要意义。

东西方有关人士和机构曾从许多角度对阿富汗进行了研究和介绍，取得了一定的成果，积累了大量宝贵的资料。西方学者、观察家、外交家、记者和一些相关机构，似乎更倾向于从历史学、政治学、社会学和时事报道方面研究介绍阿富汗的冲突。① 但人们对从民族角度研究、考察阿富汗内战尚未予以充分的重视，对阿富汗多民族、跨界民族人口众多且分布广泛这一基本国情尚缺少深入的分析和认识。比如有人将阿富汗内战旷日持久的原因仅仅看作是阿冲突各方领导人私欲膨胀的结果；② 有人则单纯强调阶级矛盾对阿富汗动荡局势的影响。③ 中华人民共和国成立以来，国内学者对阿富汗的研究日益增多，出版了一些专著，发表了一些文章。④ 我国老一辈世界民族学者从 1980 年

---

① 主要参见 Helena Malikyar，"Development of Family Law in Afghahistan：The Role of the Hanafi Madhhab，Customary Practices and Power Politics"，*Central Asian Survey*（1997），16（3）；Centlivres-Demont，Micheline，"Afghan Women in Peace，War and，Exile"，in Myran Weiner and Ali Banuazizi，eds.，*The Politics of Social Tranfor mation in Afghanistan*，*Iran and Pakistan*，*Syracuse*，1994；Kakar，Hasan Kawun，*Goverment and Society in Afghanistan*：*The Reign of Amir And al-Rahman Khan*，Awtin，Texas，1979；Kamali，Mohammad Hashim，*Law in Afghanistan*，Leiden，1985；Poullada，Leon B.，*Reform and Rebellion in Afghanistan*，*1919—1929*，Ithaca，New York，1973，等等。

② Anders Fnge，"Afghanistan after April 1992：A Stuggle for State and Ethnicity"，*Central Asian Survey*（1995），14（1）.

③ Hafizullah Emadi，"The State and Rural-based Rebellion in Afghanistan"，*Central Asian Survey*（1996），15（2）.

④ 参见对外文化联络委员会、中国美术家协会编《阿富汗绘画艺术展》，1963 年；《各国概况》编辑组编《各国概况》，世界知识出版社 1979 年版，第 255—260 页；李泽民编著《阿富汗风云——从查希尔到卡尔迈勒》，时事出版社 1984 年版；彭树智等撰写《阿富汗史》，陕西旅游出版社 1993 年版；马晋强编写《阿富汗史》，陕西旅游出版社 1993 年版；马晋强编写《阿富汗今昔》，云南大学出版社 1993 年版；孟淑贤主编《各国概况》（西亚），世界知识出版社 1997 年版；岳永红《阿富汗局势及其影响》，《国际观察》1996 年第 6 期，第 20—22 页；等等。

代开始对阿富汗进行了基础性研究，并取得了开拓性的成果。① 但是从民族角度，特别是专门从跨界民族角度研究阿富汗内战的著作、文章还不多见。

有鉴于此，本文试图从政府政策视角，对阿富汗民族政策与内战的关系作些探讨，以期能抛砖引玉，使更多的人关注阿富汗跨界民族问题，并就早日结束阿富汗内战的途径提供几点探讨性意见。

一　阿富汗民族状况

阿富汗是一个多民族国家。其境内的诸多民族大多为跨界民族。

从广义上讲，跨界民族是指因政治疆界与民族分布不相吻和而跨界居住的民族。而我们这里所要谈的跨界民族是个具有政治人类学意义的概念，特指那些因传统聚居地被现代政治疆界分隔而居住于毗邻国家的民族；民族本身及其传统聚居地被政治疆界所分隔是这种特殊人们共同体的基本特征。从这个意义上说，跨界民族的产生总是与一定的地理环境紧密相关的。阿富汗跨界民族的人口数量和分布范围与其所处的地理位置具有不可分割的关系。

阿富汗的地理位置几近于亚洲大陆的中心。其东北通过"瓦罕走廊"同我国有 92 公里的共同边界线，东部和东南部与巴基斯坦为邻，西部同伊朗接壤，北部与土库曼斯坦、乌兹别克斯坦及塔吉克斯坦 3 个中亚伊斯兰国家相连，其边界总长度达 2300 余公里。这是使阿富汗成为中亚跨界民族聚居区的前提条件。

阿富汗境内几个人口较多的民族大都是跨界民族。其跨界民族人口比例之高、民族之多、分布范围之广以及面貌（从边界地理性质、被分离程度和政治地位等方面体现出的特征）之多彩在世界其他国家

① 参见李毅夫、王恩庆等编著《世界各国民族概览》，世界知识出版社 1986 年版，第 40—45 页；李毅夫、赵锦元主编《世界民族大辞典》，吉林文中出版社 1994 年版，第 381—282、283、386、484、529、655 页。

中实在是不多见的。主要表现如下：

第一，普什图人是阿富汗的主体民族（约占阿富汗人口的65%），也是南亚和西亚的跨界民族之一，主要居住在阿富汗东部（41%）和巴基斯坦西部（58%），少数居住于伊朗和印度。从被分割程度看，普什图人属两国以上跨界民族；从政治地位看，在一国为主体民族、在他国为非主体民族的跨界民族。关于其族源，迄今为止尚无定论。普什图人属欧罗巴人种印度地中海类型，操普什图语。1936 年，普什图语被定为阿富汗国语（达里语，即波斯语也是阿富汗的官方语言之一），在巴基斯坦则为一重要地方语言。普什图人信仰伊斯兰教，属逊尼派。共有 400 多大小部落，分属萨克巴尼等 5 大支系，社会差距十分显著。农牧民多为文盲，山区居民尚处部落社会阶段，城市居民则已步入现代社会，许多人在政府部门和军队中充任要职；但总的说来，普什图人的行为规范、道德准则、风俗习惯和民族心理仍在很大程度上受着传统习惯法“帕赫通瓦里”的制约，同时家族法、各种部落惯例等在普什图人的社会生活中也起着相当重要的作用。[①] 阿富汗自 1919 年独立后所发生的一系列争夺国家统治权的斗争，主要是普什图人内部各派力量的较量。普什图人的政党很多，阿富汗 11 个主要的政党中的绝大多数都是普什图人的政党，主要有布尔汗努丁·拉巴尼（B. Rabbani）领导的阿富汗伊斯兰促进会（Jamiati Islami）、古尔布丁·希克马蒂亚尔（Gulbuddin Hekmatyar）领导的阿富汗伊斯兰宗教学生运动（Taliban）和阿卜杜尔·拉苏尔·萨亚夫（Abdul Rasul Sayaf）领导的阿富汗圣战者伊斯兰联盟（Hezbe Ettehad Islami）。

第二，塔吉克人是阿富汗的第二大民族，约占全国人口的 20%，主要分布在阿富汗的东北部，另有同等数量的大约 460 万的塔吉克人居住在塔吉克斯坦和乌兹别克斯坦，还有一部分居住于伊朗、巴基斯

① Helena Malikyar, “Development of Family Law in Afghanistan”, *Central Asian Survey* (1997), 16 (3), pp. 389 - 399.

坦和中国。塔吉克人属欧罗巴人种印度帕米尔类型；操塔吉克语，属印欧语系伊朗语族；保留着若干伊朗语的特征，有以波斯—阿拉伯字母为基础的文字。信仰伊斯兰教，多属逊尼派，也有部分属什叶派信徒。从被分割程度上看，塔吉克人属于两国以上跨界民族；从政治地位来看，属于至少在一国为主体民族，在其他国家为非主体民族的跨界民族。

第三，乌兹别克人约占阿富汗人口的8.6%，很早就居住在兴都库什山以北，除阿富汗外，在乌兹别克斯坦、塔吉克斯坦、哈萨克斯坦、伊朗和中国也有乌兹别克人。他们属蒙古人种和欧罗巴人种的混合类型；讲乌兹别克语，信奉伊斯兰教，属逊尼派。乌兹别克人与塔吉克人属相同类型的跨界民族。

第四，土库曼人约占全国人口的2%，主要分布在阿富汗北部与土库曼斯坦接壤的地区，属蒙古人种和欧罗巴人种的混合型。土库曼语属阿尔泰语系突厥语族。土库曼人信奉伊斯兰教，属逊尼派。阿富汗境内的土库曼人多为游牧或半游牧民，他们是与塔吉克人、乌兹别克人类型相同的跨界民族。

第五，俾路支人约占阿富汗人口的0.9%，是阿富汗少数民族之一，分布极广——东起巴基斯坦的俾路支斯坦和信德省，西至伊朗；北抵阿富汗的赫尔曼德河以南和锡斯坦，南到阿拉伯海；还有一部分居住在阿拉伯半岛。俾路支语受波斯语和普什图语的共同影响。俾路支人过着游牧生活，大多为文盲。从其分布的地理范围看，可属跨陆海跨界民族；从被分隔状况看，属两国以上跨界民族；从政治地位看，在所有国家均为非主体民族的跨界民族。俾路支人属欧罗巴人种印度地中海类型；信奉伊斯兰教，属逊尼派。在阿富汗境内南部聚居的俾路支人继续使用自己的语言，并与布拉灰人发生混合；北部地区则受塔吉克人影响较大。

阿富汗跨界民族的上述特点，使阿富汗跨界民族问题不仅具有一般性特征，也有不少与众不同的表现。

一般地说，跨界民族问题的产生是源于各民族之间某一方面或某几方面的差距所造成的背离趋向。同其他类型的人们共同体相比，跨界民族的可变性似乎更强一些。他们习惯于把边界另一边的同民族人当作自己精神和特质的后盾，并随时准备用这一与生俱来的优势保护自己，并为自己谋求利益，从而向世人显示本民族与众不同的优势和力量；他们还会以被分裂民族的身份出现，举起民族统一的旗帜，以期和同民族人一起建立自己的国家。从这个意义上说，跨界民族问题几乎都关系到领土主权问题，并且具有较强的国际化倾向。问题一旦发生，被影响的往往是两个或更多的国家。阿富汗与巴基斯坦间的“普什图斯坦问题”① 可以算作这类问题。但这还不是阿富汗跨界民族问题的全部。

阿富汗跨界民族的特点决定了其跨界民族问题不仅具有一般意义上的跨界民族问题特性，而且往往会较充分地体现阿富汗民族问题的特点。阿富汗的主体民族普什图人本身又是跨界民族，其境内 12 个人口较多的民族大都也是跨界民族；阿富汗民族问题的发生，总是与跨界民族联系在一起，总是具有通常所谓“跨界民族问题”的某些特性，至少从“影响面”这层意义上来说是如此，这也是阿富汗特殊的国情所决定的。因此，确切地讲，我们这里所说的“跨界民族问题”实际包含了两方面的内容，一是通常所说的“跨界民族问题”，二是关于“跨界民族”的问题。

阿富汗的跨界民族问题主要包括以下方面的内容：第一，各族对自己族体的忠诚超过了对民族国家的忠诚，他们将对本民族利益的获得与保护放在首位，各民族的共同利益被束之高阁。普什图人正以一

① 1893 年，英国殖民军进犯阿富汗失败后，与阿签订了《杜兰德协议》，用“杜兰线”（Durand Line）把普什图人居住区分成上、下两个部分，分别隶属阿富汗和英属印度两个国家。1947 年，印度、巴基斯坦分治，在英国政府的支持下，通过公民投票将下普什图划入巴基斯坦。阿富汗一直支持下普什图人要求脱离巴基斯坦的独立运动，致使阿巴两国关系长期不和。

种消极的态度面对着滚滚硝烟。他们在反对人民民主党统治和苏联入侵中的表现，远不如在19世纪反英斗争那么出色。近年来，阿富汗东部和南部的毒品买卖十分猖獗，普什图人从毒品生产和交易中尝到甜头，不赞成建立强大的国家，不希望出现一个强有力的政府而使其丢掉这桩买卖，同样也不希望别人来分享他们苦心经营的“硕果”。在许多普什图人看来，目前喀布尔斗争的结果如何并无什么意义，“他们曾为争夺国家统治权而厮杀，但却不愿建立起强有力的政府”，这是普什图人在长期纷争中所坚持的传统。① 在其他民族中也存在类似的心理。比如乌兹别克人，他们“似乎由衷地希望任何一个喀布尔政府都尽可能地较弱才好”，因为有力的中央集权政府的出现，显然会威胁到他们与边界另一边同盟者共同的“理想”。② 将自己族体的利益置于国家、各民族共同利益之上，已成为阿富汗跨界民族共同存在的问题。第二，与一般国家的跨界民族相比，阿富汗跨界民族背离所在国的可能性更大。许多周边国家与阿富汗在经济发展水平上的明显差异，对阿富汗的跨界民族，尤其是非主体民族产生强烈的诱惑，也进一步引发了他们对现实处境的不满，在这种情况下，接受在边界另一方同胞的“援助”，并与之结成“盟友”便成为自然而然的事。在与“盟友”的关系不断加强的同时，跨界少数民族与所在国的关系却逐步疏远了。有人指出，拉希德·杜斯塔姆（Rashid Dostum）领导的乌兹别克民兵武装，实是一支由乌兹别克斯坦武装起来的队伍，杜氏与乌国关系密切。在盟友的支持下，杜氏曾明确表明，无论如何，喀布尔政府应由他来领导。③ 类似的例子很多，塔吉克斯坦与马苏德领导的以塔吉克人为主的政府军的关系，也可以说明这个问题。第三，任何民族集团都难以

① Anders Fnge，“Afghanistan after April 1992：A Struggle for State and Thnicity”，*Central Asian Survey*（1995），14（1）.

② Barnett Rubin，“Afghanistan，in 1993，Abandoned but Surviving”，*Asian Survey*，Vol. XXXIV，No. 2，1994.

③ Gilles Dorronsoro and Chantal Lobato，“The Militia in Afghanistan”，*Central Asian Survey*，Vol. 8，No. 4，1989.

独立承担起结束阿富汗冲突的责任。在1994年塔利班崛起之前，普什图人集团已显得相当衰落，他们在内战中所表现出的“中立”，不是出于国家统一的考虑，也不是想制定内聚性政策，实在是无奈之举。塔利班的突然出现超出了许多人的意料，但只需稍加思考便会明白，塔利班不过是以美国为首的国际力量想加以利用的器具罢了。力量日益强大起来的塔吉克人亦无力承担制止内战的任务，当然，他们似乎也没打算那么做；但即使他们真的打算去做此事的话，亦是“有心无力”。普什图人和塔吉克人难以做到的事，让其他民族来完成则是不现实的。

二　阿富汗民族政策

阿富汗的民族政策主要包括以下方面内容：

第一，采取从西方引进的税收体制。

阿富汗政府的这一政策导致了各族群众生活的普遍下降，商人和中小地主也对政府的做法表示愤慨，只有少数普什图人从中受益。

1919年阿富汗独立后，阿曼努拉（Amannulah）国王政府制定了一个又一个国家发展计划，力图根据欧洲国家发展模式完成国家的现代化建设。为获得财政力量和西方盟友的支持，从西方引进了一套新的税收体系，以求建立阿富汗有史以来第一个中央集权的金融体制，使中央政府有效地控制国家的财力，其主要手段是提高国内各种税收。[①] 在几乎不到一个月的时间里，政府有关房屋、乡村礼仪、土地及战备武器等新税法及其相应的有关机构纷纷出台，而且所有的一切都被粘上了“为国家发展所需”的标签。一时间“税收官似乎比纳税人还要多”，把持政府大权的普什图人上层自然不会放过新税官的肥缺。

① Leon B. Poullada, *Reform and Rebellion in Afghanistan: State Formation and Collapse in the International System*, New Haven, Yale University Press, 1995, p. 65.

在新税法颁布和实施不久，人们便开始注意到他们交付了本可以不付的税款，许多人在寒冷的冬季里为了筹措新的土地附加税而四处奔波。[①] 不满情绪在一部分商人、地主和宗教界人士中蔓延开来。他们不仅认为政府的新税过于苛重，而且觉得这种金融体制是对穆斯林关于高利贷和利润教诲的诅咒。1929 年，不满政府新税制的人们集结起来，推翻了阿曼努拉政府。但随之上台执政的哈比布拉（Habibullah）政府仍未能处理好普什图族与其他民族之间的关系，也未能把普什图族各部落集团充分团结起来，9 个月后哈比布拉在穆罕默德·纳迪（Mahammad Nadir）将军领导的政变中被处死。

第二，盲目从国外引进项目，并实行向普什图人倾斜的土地改革政策。

为获得外援，阿富汗政府采取了这一政策。

占据政府要职的普什图族官员们大都出身于大土地所有者家族，或与之有千丝万缕的联系，他们对土地改革并无兴趣。但出于统治需要，他们不能不制定“土地发展计划”，为无地、少地的人们安置一方生存空间。为获得美国的支持，1945 年阿政府将开发希尔曼德谷地（Hilmand Valley）的计划交由美国莫里逊·卡努德森（Morrison-Knudsen）公司（MKC）实施。该公司于 1952 年建成了一座 145 英尺的蓄水坝，蓄水面积达 38.8 万英亩/英尺。[②] 纳迪·阿里区（Nadi Ali District）是此项“土地发展计划”实施中首批建成的农业实验区，有“阿富汗的纽约”之称，许多无地、少地的农民都将之视为自己的“新大陆”。试验区建成后，政府不顾少数民族群众的要求，将一批批普什图人安置到这一地区生活。根据政府有关规定，移居者在 20 年内向国家交付 160 美元便可获得在实验区中最初分得的土地，这对贫困的农民们来说似乎应是一种诱惑。然而，3000 多个普什图人家庭进住该实

① Roland Wild, Amanullah, *Ex-King of Afghanistan*, London, 1932, p. 69.

② Louis Dupree, *Afghanistan*, Princeton, Princeton University Press, 1973, p. 504.

验区不久，便感到自己成了政府权宜之计的牺牲品。政府用媒体炒热的“实验区”，不过是一个盲目上马“应付形势”的项目。事先政府并没有组织人员对这一地区的环境、土壤等进行认真的调查，也没有对实验区内部的设置和规划予以切实的研究。移居者得到的是易于盐碱化的土地，且数量有限无法养活一个家庭；另外房屋和田地之间的距离通常在 4 公里以上，移居者生产、生活十分不方便。被安置的 3000 多个普什图人家庭纷纷逃离“新家”到异地谋生。① 为了使更多的普什图人得到土地，政府还将一部分贫困的普什图人迁移到乌兹别克、土库曼和塔吉克等少数民族地区，强迫少数民族土著居民离开家园，剥夺他们的土地所有权。② 政府的这些举措不仅引起广大少数民族对普什图人的不满，也使普什图人下层群众对上层统治者感到失望。③

第三，采取了一系列“各民族共享其利”的措施。

阿富汗政府所采取的这一政策，不过是政府为自己佩戴一条“红领带”。

1950 年代，阿国家“农业与村舍工业银行”和国家“化肥公司”建立起来，前者旨在以 4%—5% 的利率向农户发放短期贷款，帮助他们购置现代化的农业设备；后者旨在帮助人们使用化肥提高农产品产量。由于这些机构的信贷对象多是大农场主，小土地所有者难以接近这些机构，而广大无地农民（即使他们有幸得到贷款，最终也大都会因无力还债而破产）根本未被列为帮助对象。在苏联等国家的帮助下，阿政府还在加拉阿巴德（Jalal Abad）谷地建立了几个农场，一些无地农民被安排到农场中工作。比如在苏联帮助创办的两个柑橘农场就业的 9000 多人中，从前大都为无地农民。④ 但这一切

① Ralph Miliband, “State Power and Class Interest”, *New life Review*, 138, 1983, p. 60.

② Hafizullah Emadi, “The State and Rural-based Rebellion in Afghanistan”, *Central Asian Survey* (1996) 15 (2).

③ 参见 Nicos Poulantzas, *Political Power and Social Classes*, London, 1975.

④ Leonid Teplinsky, *Afghanistan: Past and Present*, No. 3, 1981, Moscow, p. 209.

对于成千上万的无家可归者来说，不过是杯水车薪。阿政府的这些举措被人们戏称为“红领带”。它或许曾让某些大国对阿政府产生过好感，但却激起了阿各族人民对政府的强烈不满。1969—1972 年阿富汗所发生的特大旱灾，造成了阿经济形势的进一步恶化，据估计有 50 万人死于饥饿，100 多万人逃向伊朗。[1] 1971 年阿各民族群众都举行了反政府的示威游行，最终导致了君主制的灭亡，为 1973 年以穆罕默德·达乌德为首的共和国的诞生铺垫了道路。

第四，实行“进步的土地改革计划”和“革命的土地改革计划”。

阿富汗政府采取的这一政策，成为把各族农民塑造成反政府力量的重要条件。

为给新的官僚组织创造一个“良好”的开端，达乌德政府一上台便宣布实行一项“进步的土地改革计划”，并随之成立了“土地改革局”，主管有关土地所有权和土地租赁情况的调查与登记工作。1975 年 7 月，该局颁布了“土地改革通告”。政府土地法规定，每个家庭最多可拥有 20 公顷良田和 40 英亩贫瘠土地；超出该限额的土地由国家收回，25 年后偿还，同时给予一定数目的货币补偿；土地所有者也可直接将应被政府收回的土地出售给无地农民，并在 25 年间从农民手中收取与“政府补偿金”等额的货币。一年后官方宣布有 5371 个家庭得到了土地，有 3.2 万人从中受益。[2] 事实上，这项改革并未使从前的土地所有权发生多少变化。一方面，政府有关工作人员在土地登记过程中，纷纷利用职权中饱私囊，他们在收取地主的贿赂后，将地主的两类土地以低于最高限额的数量登记入册。例如，乌鲁兹干省（Uruzgan）的政府官员在土地登记期间收取地主贿赂高达 20 万美元。[3] 另一方面，大地主利用其社会影响，设法以某些亲戚或继承人的名字登记其财产，使他们在登记册上留下的土地数远远低于官方规定的最高

① Beveley male, *Revolutionary Afghanistan*, New York, 1982, p. 76.

② The Kabul Times, 11—12—1994.

③ Theda Skocpol, *State and Social Revolution*, Cambridge University Press, 1979, pss.

限额。

1978 年 4 月，穆罕默德·塔拉基通过军事政变上台执政。为巩固刚刚取得的政权，塔拉基决定实行“革命的土地改革”，力图获到广大农民的拥护。1978 年 11 月颁布了“土地改革法令”，规定每个家庭拥有土地的最高限额为 6 公顷良田，超过限额的土地由国家无偿没收，再无偿地分给农民，原属王室和国家的土地除国营农场占用者外亦无偿分给农民。但此番土地改革并未能有效地开展起来。首先，大多数土地抵押协议都是以口头合同为基础，各地可供用作确定土地所有权或土地抵押情况的文件记录数量十分有限；即便能够找到有关的文件，得到的数据也是不真实的，地主通常用他们儿孙的名字登记土地，他们在文件上登记的土地数量远远低于官方规定的最高限额。其次，一些农民得到了政府颁发的土地契约，但由于没有得到肥料、种子或相应信贷等方面的支持，仍然得依靠封建土地所有者的帮助进行生产，贫苦农民对封建土地所有者的依赖状况仍未被打破。虽然政府声称在 1978—1982 年间已将大约 68 万公顷的土地分发给 315 万多无地农民，[①] 然而数字是无法改变事实的，各族贫苦大众的处境并未因土改而有所改善。再次，政府土改的无力使各族人民十分蔑视土改政策，并对政府感到失望，一些人烧掉了政府颁发的土地所有权证明，还有部分“虔诚的伊斯兰教徒”因宗教信仰认为无偿占有别人的财产是对教义的背叛，也同样扔掉了刚刚得到的土地所有权证明。[②] 阿富汗政府所采取的上述举措，阻碍了国内经济的正常发展，扩大了非主体民族与主体民族的冲突，加深了普什图族不同利益集团的矛盾，加剧了广大跨界少数民族的背离情绪，从而为内战的爆发与延续提供了重要条件。

第五，塔利班上台后推行了统一、严格的伊斯兰教法与教义。

塔利班所实行的一系列政策，必然以损害少数民族权益为代价，

---

① Amnesty International, 1980, p. 109.

② Hafizullah Emadc, “The State and Rural-baed Rebellion in Afghanistan”, *Central Asian Survey* (1996), 15 (2).

其结果必定是使阿富汗纷争不已，甚至出现分裂分治的局面。

具有极端原教旨主义倾向的塔利班所以能登上阿富汗的政治舞台，有其成功的契机：普什图人内部为争夺国家领导权厮杀不休；其他非主体民族对有关各民族共同利益的话题态度淡漠、对来自异邦同胞的支持则寄予较大的热情；各民族人民对政府的种种举措强烈不满，对政府已丧失了信心；阿富汗始终没能出现一个强有力的代表各族人民共同利益的政治组织来领导人民开展反政府的斗争，几个主要的政党亦未达成协议联合起来将广大群众团结在自己周围，诸党派各行其事。这种“真空状态”为塔利班的兴起创造了重要条件。

塔利班每占一地便迅速推行极端严格的伊斯兰教法与教义。如命令男人留胡须并佩戴穆斯林头巾，违者将受到严惩；禁止妇女接受除有关医学、家庭经济和师范之外的任何教育；禁止妇女从事除医生以外的任何职业；规定妇女必须戴面纱，穿衣不得露体；禁止娱乐活动；规定婚丧嫁娶必须按伊斯兰教义行事，等等。塔利班领导人公开宣称，无论何人，只要“不以伊斯兰教义及教法为行为准则，就不属于人类”。塔利班拒绝和谈，拒绝国际社会的和平努力，他们声称“我们除安拉以外不相信任何人”。① 塔利班的上台使阿富汗难以实现民族和解。塔利班的主要成员是普什图人，杜斯塔姆的军队主要是乌兹别克人，政府军总指挥马苏德的队伍主要是塔吉克人，阿富汗中部地区由反对普什图人的哈扎拉人控制着，这就使民族对抗难以避免。

三　阿富汗民族政策的实施后果

结束阿富汗内战、使阿尽快实现和平，不仅是国际社会的普遍愿望，也是世界历史发展的必然要求。下面让我们分析一下阿富汗民族政策对其内战的主要影响，从中或许可以对结束阿富汗内战的途经有

① 本文有关塔利班的资料大多为波兰科学院 S. 辛科维奇教授提供。

所启迪。

第一，阻碍了阿富汗经济的发展，为内战的爆发和持续制造了重要条件。由于历史等方面的原因，长期以来普什图人一直操纵着阿富汗的政权。普什图统治阶级从其自身利益出发所制定的国家发展计划，通常是权宜之计。这不仅有悖于广大非主体民族的利益和要求，也伤害了普什图中下层群众的感情，还严重破坏了阿富汗的经济发展，从而为旷日持久的内战提供了重要的前提。

阿富汗是贫穷落后的农业国，1971 年联合国将其列为最不发达的国家之一。全国人口的 80% 为农民，他们生活贫困，深受封建剥削。自阿独立以来，农民的反抗情绪始终保持着高涨的势头。阿富汗土地集中的程度相当严重。估计全国有农业用地 791 万公顷，其中良田仅为 14 万公顷。[①] 70% 的土地属于地主、政府要员和富商所有，约 10% 为政府和宗教机构所掌握，农民仅拥有全部土地的 20%，70% 以上的农民没有土地。[②] 在拥有土地的农民中，1/5 的家庭（230 万个家庭）拥有 2—6 公顷的小块土地，绝大多数家庭（约 92 万个家庭）拥有不足 2 公顷的土地，其中一半以上（72 万个家庭）拥有不到 1 公顷的小块土地。在阿富汗，这点儿土地是难以满足一个农民家庭基本生活需求的。[③] 贫穷无地或少地的农民被迫在大地主的农庄中充当须交纳“谷物租”的佃农，他们一般要将收获物的 80% 交给地主。1970 年代后期以来，阿富汗 29 个省中有 16 个省都在实行这种土地租佃制。[④] 佃农们除了要向地主交谷物租外，还必须向地主提供多种服务，如修路、疏浚河道和家务劳动等。更让他们无法忍受的是政府要其交付的苛捐杂

① Afghanistan, *Ministry of Planning*, *Agriculture in Figure*, December, 1978, p. 28.

② Hafizu llah Emadi, “The State and Rural-based Rebellion in Afghanistan”, *Central Asian Survey* (1996), 15 (2).

③ Vladimir Glkhoded, *Afghanistan*: *Past and Present*, Moscow, 1981, p. 24.

④ Louis Dupree, *Afghanistan*, Princeton, Princeton University Press, 1973, p. 147.

税。[1] 比如有关饲养动物应按只交纳“生命税”等。[2] 生活的贫困迫使广大农民群众往往寄望于各种反政府力量。[3] 对普什图族统治者来说，贫困的农民是使其统治不稳的重要因素，为保护自身利益，他们不得不把解决贫困人口的生存问题列入政府的议事日程。这就使政府所实行的一系列有关政策，难以不带有狭隘民族性的权宜之计。

阿富汗还有“缓冲器”（Buffer）之称。由于在地缘政治中的特殊位置，长期以来阿富汗一直是超级大国争权夺利的地方。为维护自己的统治，普什图族各届领导人一向依赖国外力量的支持，当然其民族集团自身亦无能力走独立自主的发展道路。这就决定了阿富汗政府所采取的有关政策不能不带有取悦大国、脱离国情的倾向。

上述情况注定了普什图族统治阶级所制定的一系列“国家现代化计划”，从其诞生之时起便是个“畸形儿”。它们不仅不能实现政策制定者“稳定社会”的初衷，而且阻碍了阿富汗经济的正常发展，各族群众的生活更加困苦，非主体民族的感情受到严重挫伤，普什图族下层群众的处境也并未因政府有关政策的实施而有所改善。这样，在非主体民族的反抗、分离情绪日渐高涨的同时，普什图人内部的分裂之势也逐步发展起来，内战的力量便由此而形成。

第二，加剧了党派纷争，使旷日持久的内战具备了重要的“生存”前提。

各民族集团有限的实力和对诸民族共同利益的淡漠，广大各族群众反政府情绪的高涨及其对能够代表其利益政党的渴望，为各种名目的政党、不同面貌的政治家登台亮相提供了契机。事实上，除了自己，他们似乎不代表任何人的利益，这就使得其举措难以不违背国家和各

① 参见 Hafizullah Emadi, *State Revolution and Superpower in Afghanistan*, New York, Praeger Publishers, 1990.

② Harvey H. Smithetal. eds. *Area Hand Book for Afghanistan*, Washinaton, DC: US Goverment Printing Office, 1973, p. 364.

③ Sazman-e-Tadaruk Bara-e-Eijadi Hizbi Kamunist Dar Afghanistan. Afghanistan, Tehran: n. p. , 1980, p. 15.

族人民的共同利益，难以不带有极端主义的倾向。每个政党似乎都有明确的纲领，如“以新的社会意识武装头脑”、“建立伊斯兰国家”以及“建设和平、稳定的伊斯兰国家”等，但它们所采取的行动却让人们感到它们手中高举的旗帜似乎只是个幌子。有人甚至指出，阿富汗各党派领导人“不断膨胀的私欲是阿战火长燃的唯一驱动力”。① 阿党派纷争的加剧，使旷日持久的内战具备了重要的“生存”前提。主要表现如下：

其一，阿富汗人民民主党执政期间所实行的极端的“社会改革政策”引起人民的普遍不满，进一步加剧了阿社会的分裂和对抗局面。为巩固自身统治，该党对持不同政见者实行法西斯式统治。人民民主党的“忠诚分子”一旦发现有对该党统治心怀异议的人，便以“叛徒”、“反革命分子”的罪名将其看管起来并寻机处死。“大赦国际”（Amnesty International）于 1979 年 11 月 16 日披露：阿富汗某要员向其提供了 1 份 1.2 万名政治犯名单，名单上的人均在 1979 年 4 月死于喀布尔监狱；受害者来自各行各业，包括白领阶层、蓝领工人、学生、侍者、宗教领袖、店主、农民等；死者中还有 800 名儿童，他们唯一的罪行是他们的亲属是政治犯。② 那些因此失去丈夫的妇女由于请求政府官员告知亲人的去向而受到谩骂和羞辱，当失去儿子的父亲问及他们儿子的去处时，得到的答复是“他们已加入到巴基斯坦反革命阵营中去了”。③ 为显示自己的力量，该党打着鼓舞人们“用新的社会意识武装头脑”的旗号，开展了“扫盲运动”。年轻的党员们在村镇里用强制性的手段迫使妇女们参加政府组织的夜校学习。为加强自己的统治，对主要大城市实行了恐怖管理，秘密警察可随时对“可疑分子”及其家人，并对其住宅进行袭击和搜查，妇女因此受辱的事件时有发生。

---

① Anders Fnge, “Afghanistan after April 1992”, *Central Asian Survey* (1995), 14 (1).

② Amnesty Intemational, *op cit*, p. 177.

③ 参见 Hafizullah Emadi, *Politcs of Development and Women in Afghanistan*, New York, 1993.

尽管该党领导人曾一度坚持否认此类报道的真实性，但后来屈于国际舆论的压力，采取了一种“折中”的方案——承认该党执政以来，确曾发生过一次“令人不愉快的事件”：几个盗贼袭击了一所民居并骚扰了这家人，只是“我们至今尚未决定应如何惩罚这些盗贼”。[①]

其二，诸党派为了各自利益不断分化组合结成各种联盟，从而使阿富汗的冲突一波未平一波又起。作为阿富汗主要政党的伊斯兰促进会和伊斯兰党，在 1992 年 4 月由苏联扶植上台的纳吉布拉政权垮台后，成为参与阿内战的两大主要派别。两党均为普什图人的政党，前者在塔吉克人中有着较广泛的民族基础，但两党分歧并非源于民族问题。[②] 1960 年代时它们曾是联合的整体，拉巴尼和希克马蒂亚尔同属反政府组织成员。在反对人民民主党统治的斗争中，由于利益之争两派开始出现矛盾且冲突不断加深，1977 年分裂成两个独立的政党。从表面上看人们似乎难以理解双方拼死搏杀的原因，但只要了解两党的真正目的，则自然会看到其根源所在。伊斯兰促进会和伊斯兰党都把建设伊斯兰国家作为自己的目标，当然它们所使用的概念是否具有共同的内涵的确还是个问题。希氏一方坚持政治行动是判断一个穆斯林合格与否的根本标准；拉氏一方则力图在穆斯林中组织起广泛的联盟。应该注意的是，这种分歧只是表面的，真正的矛盾焦点体现在两者“共同目标”表象背后隐藏的难以示人的动机，即两党都旨在把阿富汗建成中央集权国家，任何一方最后的胜利都可能意味着对手的彻底灭亡。事实上，即使是希氏和拉氏本人，似乎也难以说清他们在意识形态领域中的差别；他们的另一共同点就是，能够无动于衷地面对战争给平民带来的痛苦和灾难。尽管两党都曾一再表示过战斗到底、绝不妥协的决心，但出于自身利益考虑，他们似乎很容易接受从“对手”到“战友”的角色变化。1990 年代初，参与阿富汗内战的武装派别主

---

① Afghanistan, *Democratic Republic of Afghanistan's Annual*, Kabul, 1979, pp. 81 – 89.

② Anders Fnge, “Afghanistan after April 1992”, *Central Asian Survey* (1995), 14 (1).

要有两大派，一派是以拉希德、杜斯塔姆领导的乌兹别克民兵与普什图人为主的伊斯兰党希氏派和以哈扎拉人为主的伊斯兰统一党（Hezbi Wahdat Islami）组成的反政府联盟；另一派是支持拉巴尼政府的阿卜杜尔·拉苏尔·萨亚夫领导的以普什图人为主的伊斯兰党联盟。1994 年 11 月，一支新的反政府武装塔利班在坎大哈省崛起，于是阿富汗境内出现了“三足鼎立”的局面。1996 年 9 月 26 日，塔利班以“闪电般的速度”占领了首都喀布尔，处死了前总统纳吉布拉及其兄弟，时任总统拉巴尼、总理希克马蒂亚尔被迫从首都撤离。塔利班在战斗中沉重打击了希氏派的军事力量，同时壮大了自己的军事实力，一时间成为阿各派中实力“最强”的一支武装力量。塔利班的异军突起，打破了阿富汗的内战格局，拉氏和希氏不得不捐弃前嫌、握手言和，联合起来与塔利班抗衡。

第三，推动了国际社会对阿富汗的染指，加剧了阿内战的持续发展。

阿富汗独特的地理位置使其具有重要的战略地位，各国都希望在这里扩大自己的影响；而阿跨界民族问题的特殊性，又为国际社会，特别是阿周边国家寻找在阿的同盟者提供了方便条件。阿冲突各方常常能顺理成章地接受边界另一边同胞或朋友提供的援助，从而也就具备了打“持久战”的决心和能力。长期的纷争已使阿富汗的国力消耗殆尽，但从希克马蒂亚尔和拉巴尼到塔利班都可以立下绝不妥协的誓言。在“友邦”的帮助下，阿富汗现代化武器的拥有量和先进程度与其羸弱的国力形成鲜明的反差。

苏联解体后，中亚地区出现了 5 个新的伊斯兰国家。中亚地区战略地位重要、自然资源丰富，这些伊斯兰国家的出现，引起了周边其他国家对这一地区的渗透和争夺。阿富汗国内存在的民族矛盾和冲突，为各相关国家扩大自己在中亚的影响提供了方便条件。这些国家竞相以盟友的身份在阿排兵布阵，以期在此场中亚角逐战中赢得更多的筹码。

国际社会围绕阿富汗内战问题，形成两大阵营——支持塔利班阵营成员包括巴基斯坦、沙特阿拉伯和美国；反塔利班阵营成员有伊朗、俄罗斯、中亚五国和印度。无论这些国家在对塔利班的立场上有怎样的不同，其目的都是为了保护和扩大自己在中亚地区的利益。美国支持塔利班的目的主要有三：一是进入石油、天然气资源丰富的里海地区和中亚新兴市场；二是抑制伊朗在中亚的势力扩张，保护其盟友以色列的安全，防止阿境内出现反美力量。支持塔利班不过是美国为实现上述目的而采取的一种手段罢了。因此当它意识到塔利班最终会成为反西方的激进伊斯兰恐怖分子的大本营时，便开始主张塔利班在阿富汗建立一个“具有代表性的”联合政府。巴基斯坦和沙特阿拉伯支持塔利班也有其自己的打算。反塔利班阵营成员所以集结在一起，同样也是为了保护和扩大自己的利益。比如俄罗斯，它的主要目的有三：一是保持自己在中亚石油管道方面的垄断地位；二是阻止塔利班北进，以防中亚军队的卷入；三是阻止塔利班势力的扩大，以防高加索地区出现第二个车臣式共和国。中亚各共和国的主要目的在于避免因塔利班势力的扩大而造成数十万少数民族逃难到自己国家，从而引起民族冲突。

国际社会对阿富汗的染指一直持续至今。自美军推翻塔利班后，阿富汗南部局势一直不稳。目前，阿富汗境内有大约来自 40 多个国家的 7 万名海外军人，2007 年，有 8000 多人在各种暴力中丧生。

从阿富汗内战中得益的往往是那些“友邦”。自 1990 年代以来发生的这场中亚争夺战，美国和巴基斯坦是最大的受益者。塔利班已准许美国加利福尼亚联合石油公司建造一条从土库曼斯坦到巴基斯坦的输油管道，而同时伊朗在喀布尔的影响已大不如前。巴基斯坦的得益之处在于，一方面塔利班的得势清除了巴国内普什图人的分裂意向，另一方面开辟了通向中亚新兴市场的商业道路。

可见，阿富汗跨界民族问题对其内战的产生和持续具有重要影响。阿民族矛盾和阶级冲突与国际社会，特别是阿周边国家在中亚地区争夺势力范围的斗争交织在一起，使阿富汗内乱经久不衰、纷争扑朔迷离，而人民生活则每况愈下，困苦不堪。在国外各种力量的支持下，阿冲突各方获得了与对手持久抗衡的能力的同时，放弃了休战的打算。和平对广大阿富汗人民来说几乎成了“乌托邦”。

四　结语

综上所述我们可得出以下结论：

第一，在跨界民族人口众多、分布广泛的多民族国家中，主体民族的成熟程度对国家的生存与发展至关重要。在这种特殊的多民族国家中，主体民族的意向与行为至关重要。阿问题的持久存在与其主体民族普什图人的不成熟密不可分。

普什图族还不是一个成熟的民族：其一，从经济上讲，它的经济发展状况尚不足以决定其在多民族国家中的“大族”地位，阿富汗国内的纷争与动荡都是它经济能力欠缺的表现，自独立以来，阿富汗始终没能改变贫困落后的面貌，至今仍是世界最不发达的国家之一。普什图人自身发展也不平衡，城乡居民贫富差距很大，乡村中的农牧民多为文盲或无家可归者，而城市中的居民多为政府要员、富商等，有相对较强的经济实力。普什图人内部不同利益集团间的矛盾冲突不断削弱着其民族集团自身的凝聚力和整体实力。其二，从政治上看，普什图人至今尚未拥有一个代表各部落集团共同利益的政党，现今存在着的几个主要的普族政党亦无法达成共识；传统的习惯法、部落惯例在普什图人社会生活中占据主导地位；普什图人所实行的一系列以保护自身利益为出发点的政策和措施，表明它尚未完成从对族体忠诚到对国家忠诚的转变，而这是多民族国家构建中主体民族应具备的一个基本素质。其三，从文化上讲，普什图人并没有得到国内其他民族的普遍认同。哈扎拉人的蒙古族传统依然保持着，土库曼人、乌兹别克人、塔吉克人等大多仍沿袭原有的生活方式。其四，从民族意识上看，普什图人城乡人口之间、上下层之间、各党派之间矛盾重重。从整体上讲，他们对自身的存在、地位、利益、价值和文化传统的自觉，尚未达成共识。普什图人的日臻成熟是解决阿富汗问题的基本前提。

第二，多民族国家的现代构建是一个不断地增进权力共管、行政统一、文化整合的过程，其他社会、政治力量的意向难免与之相悖。非主体民族集团与主体民族集团必须寻找到诸民族利益的结合点并以之为行为准绳，以对国家的忠诚代替对民族的忠诚，这是多民族国家生存的基本条件。在这一过程中，主体民族必须不断地完善自己，使自己有能力团结非主体民族，有实力为各民族共同利益的发展主动做出必要的利益让步。

第三，“民族党”政治难以代替正常的政党政治，它常常会导致民族冲突和极端主义行为。

在多民族国家中，任何“民族党”的“民族”涵盖面都是有限的，它无法吸纳本民族的全部成员，无法阻止其他“民族党”的形成，更无法改变与生俱来的“少数人”的身份和地位。“民族党”政治给多民族国家所造成的巨大危害，世界许多国家都有体会，阿富汗尤其应该有“实感”。

第四，多民族国家自身的矛盾还需靠自己解决，他国的干涉往往会加剧问题的复杂性和尖锐性。多民族国家矛盾各方应对接受“外援”的利与弊有清醒的认识：所有的“外援”几乎都是有“条件”的；在获得“外援”的同时，很可能会失去更多的东西，最终受益的往往是“授援”者。

第五，对于多民族国家的稳定和发展来说，跨界民族是一个潜在的不安定因素。跨界民族各部分分属不同国家以及他们与所在国其他民族的关系，是较特殊的人民共同体关系。跨界民族的特殊性使得跨界民族问题比其他类型民族问题更加复杂，并且难以根本解决。跨界民族问题应成为当代国际政治中的重要课题。

（刘泓，中国社会科学院民族学与人类学研究所研究员）

巴基斯坦

一 民族构成

巴基斯坦是多民族国家，主要民族有旁遮普族、帕坦族、信德族和俾路支族等，此外，还有一些少数民族。2014 年，人口有 1.85 亿。95% 以上居民信奉伊斯兰教。

旁遮普族是人口最多的一个民族，占全国人口的 63%，主要聚居在旁遮普省。帕坦族（自称普什图族或与巴克同族），占全国人口约 10%，主要聚居在西北边境省和俾路支省东北部。帕坦族是跨境民族，除巴基斯坦外，阿富汗也有相当数量的帕坦族。信德族占全国人口 18%，聚居在信德省。俾路支族约有 500 万，占全国人口不到 3%，主要聚居俾路支省。[①] 俾路支族跨境而居，分布在巴基斯坦、阿富汗和

① 关于俾路支族人数说法不一，难以找到一个准确数字。根据 1951 年人口调查，推算巴基斯坦约有 100 万俾路支人（参阅苏联科学院 1963 年出版的《世界民族》中的《南亚民族》），1961 年巴基斯坦有俾路支人 1384000 人（参阅 1964 年出版的《英国百科全书》第 3 卷，第 63 页）。两个近期的数字，一是 150 万（见 1978 年《人人百科全书》，第 1 卷）；另一个数字是巴基斯坦官员在 1980 年说，俾路支省共有 280 万人，除帕坦族（120 万人）、布拉灰族等族人数外，俾路支人约 130 万。关于巴基斯坦各民族人口统计，现尚无新的资料。此处所列的人口统计，可以使我们对各民族人数有一大致概念。

伊朗。

另外，人数较多的民族还有穆哈吉族，主要分布在信德省。布拉灰族主要分布在俾路支省和信德省。

巴基斯坦还有一些人口较少的民族，分散居住在各省。阿瓦族和古扎尔族各约有数十万人，居住在旁遮普省。长朱族和克赫哈尔族各约有十多万人。居住在西北边境省的少数民族有奇特拉尔族（又叫克赫族）约有 12 万人，科希斯坦族约有 6 万人，卡拉什族约有 3000 人。

巴基斯坦是一个多语言国家，大致上分属于两大语系：印欧语系和达罗毗荼语系。前一种语系的语言占主导地位，使用它的人数占巴基斯坦总人数的 99% 。该语系又可分为三大语族，即新印地语族、伊朗语族和达尔德语族。旁遮普语、信德语、乌尔都语、孟加拉语等属新印地语族。普什图语和俾路支语属伊朗语族。霍瓦尔语和科希斯坦语属达尔德语族。属于达罗毗荼语系的语言，在巴基斯坦只有一个，即勃拉胡伊语（亦称布拉灰语）。使用这种语言的人不多，仅占全国总人数的 1% 。

巴基斯坦各民族都有自己的独特文化和艺术传统。他们的生活习惯各有特点。用各民族语言撰写的大量文学作品表现出各自的民族特色。

巴基斯坦有各种民族观。官方认为“巴基斯坦人民因同属穆斯林而成为一个民族，而一个伊斯兰国家不可能有不同的种族集团”。[①] 它们把宗教和民族等同起来，信仰一个宗教的人群则同属一个民族，这是非科学的观点。

穆罕默德·伊斯梅尔·拉比赫认为“巴基斯坦具有与众不同的、统一的民族性”。[②] 这意味着巴基斯坦是一个统一的民族。

I. A. 拉赫曼认为，应恢复“巴基斯坦民族”的最初定义，即“巴

① 《民族译丛》1988 年第 4 期，第 7 页。

② 《民族译丛》1988 年第 5 期，第 17 页。

基斯坦民族是各种族集团的大联合。……承认种族差别，纳所有集团的抱负于一个行政分权的联邦国家之内，将使民族更加强大和团结”。[①]在他看来，巴基斯坦民族是各民族的总称，同时，还应承认多民族的存在。

二 民族关系

现在的巴基斯坦，历史上包括在印度疆域内。这一地区和印度其他地区一样，有着悠久的历史和灿烂的古代文化。勤劳、勇敢的各个民族世世代代生活在这块土地上。

从17世纪开始，英国殖民主义者侵入印度，经过多次战争，把印度变成了它的殖民地。这个地区的各族人民有着英勇斗争的传统，为了反对英国的侵略，争取独立，进行了长期的斗争。19世纪前期的旁遮普在锡克人的统治下，英国对锡克王国发动战争，在第一和第二次对锡克人的战争中，旁遮普人进行了英勇抵抗。在西北边境省，帕坦族反对英统治的武装斗争几乎没有停止过。其他少数民族也曾举行过武装反抗。在抗英斗争中，各族人民加强团结，一致对敌。经过长期斗争，英国不得不撤出印度。但是，在建立巴基斯坦国的问题上，巴各族群众与印度国大党严重对抗。穆斯林联盟领袖真纳号召起来建立巴基斯坦的“直接行动”，随后，爆发了印、回教派冲突。1946年8月16日，穆斯林庆祝“直接行动日”，加尔各答发生前所未有的教派冲突和屠杀，死亡4000多人，伤者近万人。大屠杀使信仰伊斯兰教的各族人民更加害怕印度教的多数地位，更坚定了建立巴基斯坦以保护自己的安全和利益的决心。当时，形势紧张，印度面临内战的危险，英国殖民当局无法控制局势。

1947年4月，英国议会提出印度独立法案，规定建立“两个独立

① 《民族译丛》1988年第4期，第11页。

的自治领，印度和巴基斯坦”。英国政府从1947年8月15日把一切权力交给两个自治领的制宪议会，这是巴基斯坦各族人民长期斗争的胜利。

巴基斯坦建国后，各族在政治、经济和社会等方面发展不平衡，人数最多，在政治、经济上占据重要地位的旁遮普族逐渐掌握了联邦政府的权力，成为巴基斯坦的主体民族。后来，特别是齐亚·哈克实行军管时期许多帕坦族人被吸收到军队和中央政府中，形成一种由旁遮普人和帕坦人共同掌握国家的局面。

巴基斯坦政府推行的民族歧视和民族压迫的政策，引起了各族人民的不满。1971年前，民族问题集中表现在东巴的孟加拉族和联邦政府的斗争，而西巴的民族矛盾也存在。

孟加拉族日益发现自己在政治、经济和文化教育等方面处于不平等地位，于是开始了争取平等权利的斗争。这一斗争主要表现在三方面：

（一）要求自治。巴基斯坦建立后，中央政府逐步加强了对东巴的控制，孟加拉族领导人把主要由旁遮普族控制的中央政府的集权看作是对孟加拉族的歧视，因此，他们开展各种形式的民族运动，反对中央政府的不平等政策。

（二）国语问题。在巴基斯坦，讲孟加拉语的人比讲其他任何语言的人多。据1951年人口普查，东孟加拉人口为3828万人，占巴基斯坦总人口7580万的55%。从巴基斯坦语言构成看，使用孟加拉语的人占总人口的54.6%。[①] 他们要求将孟加拉语定为国语，反对巴基斯坦政府将只有7.2%的人讲的乌尔都语宣布为国语。1948年2月，达卡学生举行罢课，接着成立了“各党国语行动委员会”。3月11日，该组织发动了全省总罢工。巴政府出动警察镇压，80余人受伤，大批人

① 卡尔·冯·沃里斯：《巴基斯坦的政治发展》，普林斯顿大学出版社1965年版，第70页。

被捕。这一事件对东孟加拉语言运动有着深远的影响。

1950年10月初，东巴知识界成立了“民主同盟行动委员会”，它在关于宪法基本原则的建议中，要求孟加拉语和乌尔都语并列为巴基斯坦国语，并于11月12日在东巴举行了总罢工。学校举行罢课和抗议集会。

1952年1月30日，达卡大学学生罢课，举行抗议集会，同时，以人民穆斯林联盟、青年联盟为主成立了一个新的“各党国语行动委员会”。2月4日，达卡的学校再次举行罢课和示威游行。当天，大毛拉巴沙尼和其他政治领导人在公众集会上强烈要求将孟加拉语定为巴基斯坦国语之一。他们宣布2月21日为国语日，并警告说，如果这一要求不被立即接受，全省将举行总罢工。巴政府则禁止在公共场所、街道举行示威游行和五人以上的集会。

1952年2月21日，达卡学生藐视政府高压政策，按原定计划举行示威游行，警察开枪射击，三名大学生死亡，大批人受伤。第二天，送葬队伍又遭到警察的袭击，几十人死伤。大批学生、教师和政治家被捕。语言运动继续发展。

（三）经济建设忽视东巴。巴基斯坦建国时，东巴和西巴的工业水平大体相当。但基础设施西巴比东巴强。独立后的20多年，东巴经济远远落后于西巴。这种情况的出现，与巴政府执行的一系列损东巴肥西巴的政策有密切关系。比如，在分配经济发展费用上，偏袒西巴。从1950—1951年度到1954—1955年度，西巴人平均发展费用为东巴的4.9倍。“一五”计划期间（1955—1960年），西巴的发展费用为18.8亿卢比，东巴为9.8亿卢比，而且中央控制的价值30亿卢比的大、中型工程又多在西巴，因而西巴的发展费用实际上比东巴还要高得多。“二五”计划期间（1960—1965年），中央政府分配给西巴的发展费用为135亿卢比，东巴95亿卢比，此外，中央政府还投资38亿卢比给西巴修建印度河水利工程和改造盐碱地和水淹地。由于东巴的强烈反对，“三五”计划期间（1965—1970年），巴政府曾计划将公营、私营部门53%和50%的投资放在东巴，实际上，两个部分都只有36%的投资放在东巴，绝大部分投资仍在西巴。[①] 经济上的不平等，引起东巴人民的强烈不满。

（四）政治上排斥东巴。1954年，东巴基斯坦省立法会议的选举是巴独立以来东巴第一次选举。联合阵线在选举中获得重大胜利。在中央执政的穆斯林联盟遭受惨败。但中央政府声称：东巴选举结果“将不会以任何方式改变中央政府的情况”，[②] 并继续攻击联合阵线。中央政府还利用各种机会搞垮联合阵线组织的省政府。这是公开践踏东巴人民的权利。

东巴在中央政府任职的领导人也一个个被解职。原为总督的孟加拉人克瓦贾·纳泽姆丁改任总理后，意欲改善一下东巴民众困难境况，而被旁遮普人总督拉姆·穆罕默德解职。类似情况在1956年同样出现。

在巴基斯坦政治、经济中起重要作用的中央权贵（指政治贵族、军事贵族和文官贵族），除政治贵族外，来自东巴的人很少。这引起了孟加拉人的极大愤懑。

上述民族矛盾激化，最终导致了东、西巴分裂，孟加拉人建立自己的国家——孟加拉人民共和国。

与此同时，西巴的民族关系也趋于紧张。突出地表现在西巴各族人民反对巴政府的单一西巴基斯坦省政府。巴独立后基本上按民族设置行政区域，由他们行使权力。1955年，巴政府决定将旁遮普省、信德省、西北边境省、俾路支斯坦合并为西巴基斯坦省。旁遮普从合并中受益而支持政府决定，其他三省各民族都不满意，认为撤省行动实际上取消了民族权利，因此他们为恢复设置四个省行政区一直进行斗争。到1960年代末，这一斗争愈演愈烈，如再不解决此问题，巴将陷

① 参阅李德昌《巴基斯坦的政治发展》，四川大学出版社1989年版，第137页。

② ［巴］《黎明报》1954年3月11日。

入长期内乱。主张实现区域自治的巴基斯坦民族人民党推波助澜，巴政府进行镇压，局势紧张。

东巴 1971 年脱离巴基斯坦另建国家后，对巴基斯坦产生了直接和严重的影响，在 1970—1980 年代，各种形式的民族运动此起彼伏，局势动荡不安。

首先，俾路支族武装反抗政府。独立以来，由于国内外各种因素，导致俾路支人的不满，矛盾日趋尖锐复杂。

俾路支族上层人物聚集在前巴基斯坦民族人民党内，有计划有组织地发动斗争。他们不论过去和现在一直反对巴政府的民族压迫政策，主张“充分自治”，实行邦联。在经济发展上，中央政府对自然资源丰富、很有发展潜力的俾路支地区投资少，使该地区经济发展十分缓慢，较大工业企业很少，小型工业企业也不多。人民生活十分贫困，不满情绪日益增长。特别是在 1971 年布托政府和民族人民党之间权力之争激化，民族人民党主席瓦利·汗利用当时巴基斯坦的困难处境，凭借该党在议会中获得的席位，要求在西北边境省和俾路支省执政。经过讨价还价之后，布托同意由民族人民党在西北边境省和俾路支省组织政府，但反对在两省实行完全自治，以及在中央政府、所有自治和半自治机构都有他们的正式代表权的要求。

民族人民党取得俾路支省政权后，一方面，进行合法斗争，利用一切机会削弱布托对俾路支省的控制；另一方面，他们在部族中广为散发武器，组织部族武装，开展骚扰活动，逼迫布托屈服于他们的压力，做出更大的让步。1973 年 1 月，在俾路支省拉斯贝拉发生部族武装的挑衅事件；2 月，又发生伊拉克驻巴大使馆偷运武器事件，官方宣称，这些武器是苏联制造，供给俾路支民族人民党使用。局势日益恶化，布托于 1973 年 2 月撤销民族人民党俾路支省的省长，停止俾路支省部长会议的执政，因而触发了一场时间较长、规模较大的反政府武装动乱。俾路支部族武装的骚乱活动迫使巴基斯坦动用了近五万军队，经过约两年的时间才被镇压下去。直到

1974 年底，从军事角度来讲，部族的反抗斗争基本结束，绝大多数参加者缴械投诚，一部分人逃到靠近阿富汗边界的山上或进入阿富汗边境一侧避难。

俾路支人的反抗斗争虽然被控制住了，但爆发斗争的根源并未消除，一旦有了适当的土壤，冲突还可能发生。

在俾路支省，还有另一势力，他们多是年青人，以俾路支学生组织为骨干，他们进行了建立“大俾路支斯坦”的活动，严重地威胁着巴基斯坦的完整。俾路支省学生组织领导人拉肖克·布格提主张建立“包括阿富汗和伊朗的俾路支地区的大俾路支斯坦”。俾路支的一部分青年企图借助外部的力量来达到这一目的。在 1980 年代，俾路支省的马里、门加尔部落人与苏联一直保持联系，俾路支学生组织宣称要“解放俾路支斯坦”。

其次，“巴克同尼斯坦”问题。1949 年以来，巴基斯坦帕坦族上层人物搞分裂运动，要求成立独立的“巴克同尼斯坦”。一般说的“巴克同尼斯坦”问题，指的是西北边境省和俾路支东部的帕坦族独立问题。1970 年代初，由帕坦人控制的民族人民党一直想使“邻邦阿富汗的帕坦人也加入一个称为‘巴克同尼斯坦’的新邦中”。该党有“一座军火库，藏了将近 35000 支没有执照的兵器。在乡下，400 万帕坦人据说也有 70% 已武装起来”。[①] 西北边境省局势相当紧张。

在 1973 年以前，阿富汗政府并未公开谈论过俾路支族的问题。当然，在阿富汗有人主张“巴克同尼斯坦”包括了俾路支族问题。

到 1973 年，为了适应本身的需要，阿富汗政府高级官员和报纸却宣扬类似观点。1973 年 11 月 5 日，阿富汗外交部副部长瓦希德·阿卜杜拉说，“当我们谈到普什图尼斯坦问题时我们指的两个民族（帕坦族和俾路支族——笔者注)”，他还说阿富汗把自己看作是居住在巴基斯坦的俾路支人以及帕坦人的祖国。阿卜杜拉要求给“普什图人和俾路

① 《南洋商报》1972 年 5 月 5 日。

支人自决权”等等。此外，在俾路支部族反政府活动中，阿富汗政府还提供种种支持和援助，企图将这一斗争扩大化。

1978 年 4 月，阿富汗发生亲苏政变。政变头目塔拉基强化“巴克同尼斯坦”运动，策划肢解巴基斯坦，但由于国内问题堆积如山，政局严重不稳，未能实现他的全部计划。塔拉基上台不久（1978 年 5 月 9 日）宣布国内外政策时谈道，“根据普什图族和俾路支族人民自己的意志，并根据历史背景来解决他们的民族问题”。更有甚者，夺取政权刚刚两个星期，塔拉基就迫不及待地邀请巴基斯坦西北边境省的帕坦族头领汗·阿卜杜勒·加法尔和他的儿子瓦利·汗访问喀布尔。据英《外事报道》说，参加这两位巴克同尼斯坦首领宴会的名单更为引人注目，有“著名的跟俄国人友好”的巴克同尼斯坦另一位领导人阿杰马尔·哈塔克，他在喀布尔住了多年；还有阿富汗新的 35 人革命委员会的高级人物。上述种种迹象，在一定程度上说明了阿富汗政权的行动意图。

近年，由于阿富汗内战，阿政府无力顾及“巴克同尼斯坦”问题，暂时搁置。

再次，信德族的斗争不断强化。1972 年初，信德族学生发动了语言运动，要求承认信德语是巴的一种国语，并是该省唯一的官方语言。他们宣称，二十多年来，来自外省的移民（主要是讲乌尔都语的人）构成了信德省人口的 30%，严重地威胁信德族语言和文化，因此，拯救信德语言成为当务之急。他们上街游行示威，以迫使政府接受他们的要求。仅 8 月 10 日，有上万人上街肆意烧抢。这引起讲乌尔都语人的不满和反对，双方激烈对抗。布托总理早在 3 月 31 日指出说，“不要对任何企图借语言问题破坏法令的人采取宽大态度。3 个月过去了，有一些人一直企图通过在语言问题上煽动仇恨来破坏平静局面”。[①] 巴政府为解决信德省语言问题颁布了一项法令，规定信德语作为省的官

① 巴基斯坦联合通讯社桑加尔 3 月 31 日电。

方语言，同时，规定在今后12年中，任何人都不会因为他不懂乌尔都语或信德语在被任命、提升或继续在该省工作问题上受到损害。也就是说讲乌尔都语的人将得到12年时间来学习这种地方语言。7月7日信德省立法会议通过上述语言法令。成千上万讲乌尔都语的人上街肆意烧抢，抗议该法令的通过。这场语言斗争持续发展，严重影响该省民族关系。

同时，信德族激进分子还提出建立“信德国”的口号。他们不满巴政府在语言问题上的态度，进而提出独立的主张。

信德省爆发反政府骚乱后，俾路支人予以响应。前俾路支省首席部长门格尔在伦敦声称，“信德人和俾路支人应该联合起来，摆脱旁遮普人统治”，“建立一个独立的国家”。①

最后，成立部族省问题。巴基斯坦部族族长会议（一个部族政党）的召集人阿里曼·沙阿1972年9月要求成立一个部族地区省，由包括奇特拉尔、迪尔、斯瓦特、卡兰、马加坎德和哈扎拉在内的所有部族地区组织。他抱怨说，部族地区一直受中央束缚。他呼吁中央政府对部族人要公正对待。

三 民族政策

（一）国语

1950年9月，巴基斯坦立宪议会所属的基本原则委员会的中期报告建议，乌尔都语为巴基斯坦的唯一国语。

1952年1月26日，中央政府颁布法令宣布，基本原则委员会已经决定采用乌尔都语作为整个国家的唯一国语。当时任总理的卡瓦贾·纳齐穆丁也作出了同样宣布。巴政府认为，乌尔都语是穆斯林历史的象征。

---

① 《南亚研究》1991年第4期，第2页。

1954 年 5 月，中央政府同意孟加拉语同乌尔都语都具有同等官方语言的地位。

1956 年 2 月 29 日通过的第一部宪法规定，孟加拉语和乌尔都语为巴基斯坦国语。但是，中央政府总是歧视孟加拉语。阿尤布·汗曾提出要改变孟加拉语的书写，用罗马字母书写孟加拉语，遭到孟加拉人反对而作罢。另外，在政府文件、货币、邮票等上面都没有使用孟加拉文。

1973 年 4 月 10 日巴国民会议通过的宪法，规定乌尔都语是国语。现在，巴基斯坦除拉合尔和卡拉奇等一些大城市的居民把乌尔都语作为自己的母语外，其余讲乌尔都语的人实际上是把它作为第二语言与其他民族进行交往而加以使用。因此，乌尔都语既不是巴基斯坦某一具体民族的民族语言，同时，也没有一个统一的流行地域。但乌尔都语的作用并未因此而减少。在巴基斯坦的政治、经济，特别是文化生活的基本方面，乌尔都语均占重要地位，全国主要文学、报刊、广播和电影等都使用乌尔都语。该语言还是巴基斯坦中学，甚至大学教学的主要语言。经过多年推广，乌尔都语逐渐成为巴的主要语言。

1973 年宪法还规定，英语作为巴基斯坦的官方语言，再延长 15 年。实际上，它是巴的第二通用语言，特别是在上层社会，如资本家、政府官员、中上层军官和知识分子中间，使用更广泛。在巴外交和国内政治生活中，如中央行政机关、各省之间的交往、中等和高等教育、军队和法庭等部门中，英语是作为法定语言使用的。许多有影响的刊物、学术著作，以及官方文件都使用英语。

此外，1973 年宪法规定各省通用语言为旁遮普语、信德语、普什图语和俾路支语。

（二）按民族划分省区

独立后，巴基斯坦基本上按民族或语言设省。1955 年西巴四省并为一省后，各族人民进行了长达 15 年的斗争，到 1970 年 3 月 28 日，叶海亚总统发布命令，撤销西巴省，恢复设置四省。其后，各省提出充分自治权要求。1973 年宪法规定，巴基斯坦是联邦制国家，联邦单位为省。省长是宪法首脑，首席部长是政府首脑，首席部长和他的政府对省议会负责。1973 年宪法的一个基本思想是中央集权，反对各省自治。这就导致了中央和各省权力分配斗争的加剧。

（三）按民族分配名额录用文官

巴独立后，为了缓和民族对立情绪，长期实行按民族分配名额招收文官的照顾政策。1949 年开始实行名额分配制，中央高级部门 20% 的文官空缺名额根据中央高级部门的考试择优录用，其余 80% 的空缺名额由东巴、旁遮普、卡拉奇、信德和凯普尔、西北边境省和边境部落地区、俾路支斯坦等地按一定比例录用。这一制度逐渐完善，到 1956 年作为一种行政规定，在第一部宪法中以“不歧视条款”的成文形式固定下来。1962 年宪法再次重申。名额分配的范围也逐步扩大。1972 年到 1975 年间，布托在许多国有化产业部门雇用工人和职员时采用中央按民族分配名额雇用的办法。同时，各省招聘雇员有自己的名额分配制度。从总体看，各省和中央的名额分配制大致相似。1970 年代，名额分配制也运用于各教育机构招收学生。但是，省与省和学校与学校实行的名额分配制不尽相同。这种照顾办法几乎涉及政府机构、国有企事业各个部门。

名额分配制的实施，促进了地区和民族平等，同时，产生了不利的影响。①

（四）关于发展少数民族地区的经济政策

独立后，巴基斯坦长时期忽视少数民族社会经济发展，产生了严重后果。自 1977 年 7 月齐亚·哈克执政以来，把发展落后地区社会经

① 参阅《民族译丛》1985 年第 3 期，第 7—8 页。

济放在重要地位。在他的“五点纲领”中，包含了开发落后地区的任务。纲领规定，消除文盲、疾病，向人民提供住房、电力、教育、卫生、公路等生活设施，彻底改变落后农村的社会、经济状况。实施“五点纲领”的费用原为700亿卢比，后增加到1175.4亿卢比。[①] 这对开发落后地区有积极作用。

帮助少数民族地区农民改善生产条件，提高农业产量。少数民族地区农民长期生活贫困，无力投资农业。巴政府在1980年代初制订了鼓励小农提高生产率的扶持小农五点计划。首先，增加对小农的贷款。从1982—1983年度到1987—1988年度的“六五”计划期间，小农贷款从23亿卢比增至90亿卢比，其中无息贷款43亿卢比，限额从1985—1986年度的6000卢比提高到1986—1987年度的12000卢比。规定这些贷款用于改善生产条件。如果小农要购买小马力的拖拉机，金融部门还可提供专用贷款。其次，在少数民族地区，推广良种、化肥和其他农业生产新技术，提高产量。

改善农村基础设施，修建到农贸市场的简易公路，以发展农村集市贸易，搞活农村经济。

政府鼓励和支持小农因地制宜地发展蚕丝和家禽等副业，增加农民收入。

巴基斯坦政府重点发展落后地区的能源、交通和通信等基础设施，以促进地区经济发展。俾路支省在四年中投资124.69亿卢比，用于发展基础设施。[②]

开发落后地区的矿产资源是这些地区的另一发展重点。俾路支省四年专门计划中，用于开发矿产的费用达55.5亿卢比，萨因达克铜矿综合工程投资达40亿卢比。[③]

为解决落后地区资金不足、技术短缺等困难，巴政府大力引进外

① ［巴］《巴基斯坦与海湾经济学家》1987年3月21—27日，第11页。

② ［巴］《巴基斯坦经济学家》1982年3月13日，第22页。

③ ［巴］《巴基斯坦年鉴（1982—1983年度）》，第517页。

资、外援。俾路支省四年发展计划费用为200亿卢比，外援为47亿卢比，科威特提供援助3.04亿卢比，欧洲共同体和国际开发银行援助1.62亿卢比，其他国家也提供了数额不等的援助。

同时，政府鼓励本国资本投资开发落后地区。凡在这些地区投资工业、农业，政府给予各种优惠。如在阿扎德等地区建立工业（包括农产品加工业）的私人资本除免征机器设备进口税外，还享受其他税种的六年免税期。①

巴基斯坦开发落后地区虽已取得一些成效，但要从根本上改变这些地区的社会经济落后状况，任务还十分艰巨。

首先，需要大量建设资金。巴政府大力筹措所需资金，但是要在不长的时期内筹集大量的资金困难很大。

其次，交通、电力等基础设施严重不足。如俾路支省交通极为不便，1982年俾路支省每100平方公里只有3.7公里公路，远远低于全巴公路平均数。并且，公路质量极差。电力十分缺乏，通信设施短缺。这些直接影响该省的经济发展。

最后，文化水平、人口素质低、严重缺乏各方面所需的建设人材。同时，这也很不利于农业新技术的推广使用。

四　民族理论

巴基斯坦统治阶级在民族问题上，历来奉行巴基斯坦只有一个民族的理论。建国初期，真纳就指出，不论是穆斯林、印度教徒、天主教徒和拜火教徒都应归入一个共同的民族，即伊斯兰族。到了1970年代，巴政府仍然宣扬“一个民族”的理论。前总理布托在一次有关民族问题的讲话中说，巴基斯坦是由包括四个兄弟的一个民族构成的，那些说有四个民族的人是巴基斯坦的敌人。可以说这样

① 《巴基斯坦时报》1987年4月9日。

的观点，在巴基斯坦执政者中是一脉相承的。他们认为，如果承认民族的存在，意味着民族自决和国家的分裂。这是对民族理论的误解。

一个民族的观点，源于印、巴分治前穆斯林联盟提出的巴基斯坦有两个民族的观点。1944 年真纳与甘地进行谈话时宣称："我们肯定地说，回教徒和印度教徒是具有一切民族特征的两个主要民族。我们是一个拥有一亿人口的民族，有自己的独特的文化和文明、语言和文学、艺术和建筑、自己的是非感、自己的法律和道德、习俗和年历、历史和传统、爱好和志向，简而言之，我们有我们自己对生活的独特看法。按照国际法的一切法规，'我们是一个民族'"。

印、巴分治后，巴基斯坦很自然地就是一个民族了。按照他们的看法，既然不存在多民族，也就无须制订民族政策。

巴基斯坦建国以来，一直存在一个民族和多个民族的争论。与执政者的民族观完全相反，巴各族保有自己的民族观。东巴领导人认为巴有两个民族，即孟加拉族和西巴民族。而西巴一些民族性政党则认为，西巴不是一个单一的民族，至少有四个民族，即旁遮普族、信德族、帕坦族和俾路支族。他们反对一个民族的观点。

尽管巴政府不承认巴是多民族国家，但是，为了缓和现存的民族矛盾，也多多少少照顾了巴各民族的要求，比如，设置行省，基本上是按照民族和语言原则来划分的。我们讲基本上是如此划分的，因为这些省里居住有一些少数民族。不过，他们是极少数。

另外，巴基斯坦政府划定了一些部落地区，给予他们不同程度的自治权，特别是在司法与行政方面。

综观巴基斯坦独立以来民族关系发展的历史，大致上可看出，长期以来，巴基斯坦的民族矛盾是十分尖锐、复杂和严重的。巴政府对民族问题的认识和处理出现了重大的失误，加之国外势力的利用，导致巴基斯坦被肢解。东巴的独立就是一个明显的例子。巴基斯坦有一个十分突出的特点，民族问题和邻国的干涉及大国的插手有密切的联系。巴基斯坦跨境而居的民族多，国防边界线没有正式划定。每当邻国政局稳定，往往煽动民族情绪来达到向外扩张的目的。它们不断提出“巴克同尼斯坦”和“大俾路支斯坦”的口号，企图分裂巴基斯坦。再者，这些跨境民族地区具有重要的战略地位，引起了大国的激烈争夺，并力图控制它。这种情况今后在适当时候和环境下，还很有可能出现。

（朱昌利，云南省社会科学院东南亚研究所研究员）

哈萨克斯坦

哈萨克斯坦共和国位于苏联亚洲部分的西南部，东接中国，西临黑海，北靠俄罗斯，南邻土库曼斯坦、乌兹别克斯坦和吉尔吉斯斯坦。其面积为272.49万平方公里，人口为1750万人（2015年）。首都原为阿拉木图，1997年12月10日定新都为阿斯塔纳（原名阿克莫拉）。哈萨克语为国语，俄语在国家机关和地方自治机关与哈语同为正式使用的语言。多数居民信奉伊斯兰教，此外还有东正教、基督教、佛教等。全国由14个州和两个中央直辖市组成。州、市下设区。

公元前3—1世纪，哈萨克斯坦境内出现了阶级社会。公元6—8世纪，建立了突厥汗国、突骑施、葛逻禄等早期封建国家。10世纪上半叶建立了卡拉汗尼王朝。12—13世纪先后为契丹人和蒙古鞑靼人征服。15世纪末建立了哈萨克汗国，分为大帐（谢米列契）、中帐（中哈萨克斯坦）、小帐（西哈萨克斯坦）。16世纪初，哈萨克部族基本形成。18世纪30—40年代，小帐和中帐并入俄罗斯。19世纪60年代，哈萨克汗国领土被俄国兼并。1917年11月至1918年2月建立了苏维埃政权。1920年8月26日成立了吉尔吉斯苏维埃社会主义自治共和国，属俄罗斯联邦。1925年4月19日恢复历史名称，改称哈萨克苏维埃社会主义自治共和国。1936年12月5日，哈萨克自治共和国自动升格为加盟共和国并加入苏联。1990 年 10 月 25 日哈萨克斯坦最高苏维埃通过主权宣言。1991 年 12 月 16 日，哈萨克斯坦宣布独立。1991 年 12 月 21 日，哈萨克斯坦以创始国身份加入“独立国家联合体”。1992 年 3 月 2 日，哈萨克斯坦加入联合国。1993 年 1 月 23 日通过了独立后的第一部新宪法。1993 年 11 月 15 日开始发行本国货币——坚戈。1995 年 8 月 30 日通过独立后的第二部宪法，基本上确立了国家的政治、经济体制。①

一 民族构成情况

哈萨克斯坦是由 131 个民族组成的多民族国家。其主体民族为哈萨克人，占该国总人口的 53.4%。其他民族主要有俄罗斯人（占 30.7%）、乌克兰人（占 3.7%）、乌兹别克人（占 2.5%）、德意志人（占 2.4%）、鞑靼人（占 1.7%）、维吾尔人（占 1.1%）、白俄罗斯人（占 0.7%）、朝鲜人（占 0.6%）、阿塞拜疆人（占 0.5%）、土耳其人（占 0.5%）；此外还有波兰人、车臣人、巴什基尔人、希腊人、东干人、摩尔达维亚人、塔吉克人、库尔德人、亚美尼亚人、印古什人、汉人、楚瓦什人、犹太人、吉尔吉斯人等。②

哈萨克斯坦的民族分布相对集中，特别是主要民族。例如，哈萨克人主要集中在南部和西部地区，俄罗斯人主要生活在北部、中部和东部地区且多为城市居民，乌兹别克人则主要居住在南部地区（详见下表）。

---

① 参见郝文明主编《中国周边国家民族状况与政策》，民族出版社 2000 年版，第 89—90 页。

② 参见中国现代国际关系研究所民族与宗教研究中心《周边地区民族宗教问题透视》，时事出版社 2002 年版，第 45 页。

哈萨克人、俄罗斯人、乌克兰人、德意志人在各州人口中所占百分比（1998 年）

（单位:%）

名　称	哈萨克人	俄罗斯人	德意志人	乌克兰人
阿克莫林斯克州（含阿斯塔纳市）	32.4	43.5	4.1	9.4
阿克纠宾斯克州	68.9	17.6	1.1	7.9
阿拉木图州	57.8	23.9	1.2	1.6
阿迪劳州	87.8	8.7	0.09	0.5
东哈萨克斯坦州	49.3	45.5	1.1	1.3
江布尔州	63.4	18.9	1.3	2.1
西哈萨克斯坦州	66	27	0.2	3.3
卡拉干达州	37.5	43.8	2.7	6.3
克孜勒－奥尔达州	93	4	0.005	0.3
库斯塔奈州	30.8	43	3.5	14.3
曼基斯套州	74.2	17.3	0.005	1.6
巴甫洛达尔州	38	44.6	3.4	8.5
北哈萨克斯坦州	33	48.9	3.2	6.7
南哈萨克斯坦州	66.3	8.9	0.4	0.9
阿拉木图市	33.7	50	0.5	2.8

资料来源：《1998 年哈萨克斯坦地区统计年鉴》（转引自郝文明主编《中国周边国家民族状况与政策》，第 101 页）。

哈萨克斯坦境内各民族在语言、文化上表现出来的差异是非常明显的。按语言系属，有印欧语系（俄罗斯人、乌克兰人、白俄罗斯人、德意志人、犹太人、波兰人、塔吉克人、亚美尼亚人等）、阿尔泰语系（哈萨克人、乌兹别克人、鞑靼人、阿塞拜疆人、吉尔吉斯人、楚瓦什人、巴什基尔人、土耳其人、维吾尔人等）、高加索语系（车臣人、印古什人）、汉藏语系（东干人、汉人）和其他语系。按宗教信仰，分属伊斯兰教、东正教、佛教、犹太教、基督教等。虽然在苏联范围内哈萨克斯坦是“俄罗斯化”比较深的一个加盟共和国，但由于其境内各民族的民族发展过程的差异以及民族意识的作用，他们在日常生活中大都保持着自己传统的风俗习惯。

哈萨克斯坦的民族构成主要表现为以下两个特点：一是除哈萨克人、乌兹别克人、塔吉克人等几个中亚土著民族外，其他民族皆为外来移民；二是无论在苏联时期，还是在目前主权国家条件下，在哈萨克斯坦这样一个以哈萨克人族名命名的多民族国家，其主体民族哈萨克人在国家总人口中所占的比重始终无法占有绝对优势。

20 世纪 20 年代初，为了巩固革命政权，在列宁倡导的民族自决权指引下，按照斯大林的民族概念及其基本要素，苏联政府对中亚地区进行了民族识别和划界，中亚地区的土著被划分为哈萨克人、乌兹别克人、吉尔吉斯人、土库曼人、塔吉克人 5 个民族。随后，又以这些民族的族名建立了各自的民族国家实体。可以说，在整个苏联时期，无论是在学术理论和官方文牍表达中，还是在民族工作实践中，斯大林的民族概念占据了主导地位。尽管在戈尔巴乔夫倡导的“民主化”和“公开性”时期，苏联理论界对此进行了反思，但并没提出新的具有权威性的说法。作为苏联的一员，哈萨克斯坦的学术界和官方自然无法摆脱这方面的影响。只是在独立后，出于哈萨克人在国家人口中所占的比重不具明显优势和防止其他民族按照民族自决权原则建立民族自治实体的考虑，在学术界和官方表述中开始使用“диаспора”一词。此词源自英文“diaspora”，原指离开了本土分散在世界各地的犹太人。现在用来指哈萨克斯坦地域上除哈族人以外的其他民族。其用意就是要表明，只有哈萨克人才是现今哈萨克斯坦的世居民族。

二　民族关系与民族问题

（一）统一国家的形成

历史上，中亚地区既是民族迁徙的走廊又是各部落势力不断争战的疆场，造成该地区的社会经济生活停滞、民族进程缓慢，至沙俄征服中亚始终没有形成近代国家。十月革命胜利后，按照列宁民族自决原则和联邦制构想，哈萨克斯坦和其他中亚地区国家才开始以“主权”

国家形式出现在历史舞台上。但由于苏联领导人长期违背列宁的民族理论和政策，致使加盟共和国的主权丧失殆尽。只是在苏联解体以后，哈萨克斯坦与其他中亚国家才成为真正意义上的主权独立国家。

可以说，在统一国家的形成过程中，哈萨克人的历史地位和作用是举足轻重和有目共睹的。早在15世纪末，哈萨克人就建立了哈萨克汗国，并且是该地区不可忽视的力量。18世纪至20世纪初，为了反抗沙皇俄国的征服和统治，哈萨克人进行了多次民族起义。十月革命胜利后，当地哈萨克人积极参加苏维埃政权的建设，为巩固和扩大十月革命的胜利成果做出了应有的贡献。在加入苏联以后的社会主义革命和建设中，经过哈萨克人与其他民族的共同努力奋斗，哈萨克加盟共和国的经济、文化事业有了突飞猛进的发展，其综合国力在苏联位居第三位。同时，哈萨克人在长期社会实践生活中已形成了自己丰富多彩的传统文化，特别是还产生了阿拜·库南巴耶夫这样世界著名的诗人、思想家。

众所周知，哈萨克斯坦是个多民族国家，但是在沙皇俄国入侵中亚之前，在哈萨克斯坦这片土地上只生活着哈萨克人等几个中亚世居民族。随着沙皇俄国的武力征服及苏联社会主义的建设，大量外来移民长期迁居此地，哈萨克斯坦的多民族格局逐渐定型。

最早进入哈萨克斯坦的是沙皇的御用军队——哥萨克士兵，他们在现在的哈萨克斯坦北部建立了若干军事要塞，并形成了最早的移民村落。19世纪80年代，俄罗斯人非军事移民开始进入这一地区，不仅有大批商人来经商，而且有组织移民也涌入该地区。20世纪初，沙皇斯托雷平推行以扶植富农为主要内容的改革，许多被剥夺土地的俄罗斯农民被迫离家到中亚谋生。1906—1910年，有250万俄罗斯农民迁徙到包括中亚在内的边远地区，[①] 其中迁至哈萨克斯坦的超过77万

① 参见［苏］安·米·潘克拉托娃《苏联通史》第3卷，读书·生活·新知三联书店1978年版，第135—137页。

人。[①] 截至十月革命前，以俄罗斯人、白俄罗斯人、乌克兰人为主的迁到哈萨克斯坦的移民共有 115 万人。这样，哈萨克斯坦的民族人口结构已发生变化。例如，1897 年在哈萨克斯坦草原省俄罗斯人只占 20%，1917 年则上升到 42%；1897—1917 年哈萨克斯坦的农村人口增长了 17.6%，而这里的俄罗斯人农民和哥萨克居民则增长了 3.5 倍。[②]

作为哈萨克斯坦多民族结构组成部分的维吾尔人（主要是 18 世纪中叶、19 世纪 70—80 年代和 1961 年）和东干人即中国的回族人（19 世纪 60—80 年代），是由中国西北地区直接迁入的。现在，生活在哈萨克斯坦的维吾尔人已达 23 万，主要居住在该国七河地区。[③] 生活在该国的东干人有 31 万人，主要从事农业，擅长种菜和园艺。他们至今仍使用陕甘回族汉语方言，同时亦使用俄语和哈萨克语，并保留陕甘地区明清时代的民俗。[④]

十月革命胜利及苏联成立后，为了巩固革命政权和发展少数民族地区的经济、文化，苏联政府从俄罗斯联邦向中亚地区派去了大量熟练工人、工程技术人员、专家、教师和医生。1928—1936 年，迁往中亚地区的斯拉夫移民有 170 万人。[⑤] 在斯大林推行集体化时期，从苏联各地来到哈萨克斯坦的移民约有 25 万人。而为了战前的工业建设，还有 120 万人从苏联各地（主要是从欧洲部分）来到哈萨克斯坦。卫国战争期间，又有大批斯拉夫人随同 300 多个大型企业迁往中亚地区。同时，苏联政府于 1936—1952 年间以“不可靠”、“通敌”等罪名强行迁移 20 多个民族的居民到包括哈萨克斯坦在内的东部地区。强行迁移涉及的民族有波兰人、库尔德人、朝鲜人、伊朗人、德意志人、卡拉恰耶夫人、卡

① 参见郝文明主编《中国周边国家民族状况与政策》，民族出版社 2000 年版，第 102 页。

② 同上。

③ 同上书，第 61 页。

④ 参见中国现代国际关系研究所民族与宗教研究中心《周边地区民族宗教问题透视》，时事出版社 2002 年版，第 62 页。

⑤ 参见迈克尔·刘金《俄国在中亚》，商务印书馆 1965 年版，第 597 页。

尔梅克人、车臣人、印古什人、巴尔卡尔人、鞑靼人、麦斯赫特土耳其人、希腊人等。此外，战时苏联政府向哈萨克斯坦疏散了35万人，开垦处女地来了150万人，秘密军事设施招引来15万人。这样，通过不断移民就使哈萨克斯坦成为一个名副其实的多民族国家。需要指出的是，外来移民尤其俄罗斯人数量的增加直接影响到了哈萨克人在哈萨克斯坦人口中所占的比重。例如，1926—1939年，俄罗斯人在哈萨克斯坦人口中的比重由20.9%上升到40.2%，而哈萨克人则降至33.8%；1962年，哈萨克人的比重降至28.9%成为历史最低点，以俄罗斯人为主的斯拉夫人的比重则升至57%，其人数相当于哈萨克人的两倍。这不能不引起哈萨克人对其“命名民族”地位的担忧。

（二）民族关系的历史演变与基本情况

在沙俄统治时期，由于沙皇政府极力推行殖民化和俄罗斯化等政策，致使哈萨克以及中亚其他世居民族生活在“民族监狱”之中，因此，不堪忍受政治压迫、经济掠夺和文化奴役的哈萨克人一次又一次地起来反抗沙俄的殖民统治和争取民族的解放。1836—1858年，在哈萨克斯坦先后爆发了肯尼萨尔起义（1836—1846年）、依萨夫起义（1836—1837年）、江霍加起义（1856—1857年）和伊斯特起义（1853—1858年）。同时，由于沙俄政府奉行大俄罗斯主义政策，使迁往当地的俄罗斯人享有种种特权，这样就造成了哈萨克人与俄罗斯人移民之间的矛盾。因此，当1916年中亚地区爆发反抗沙皇殖民统治的大规模起义时，俄罗斯人移民首当其冲成为被屠杀的对象。

苏联社会主义革命和建设初期，在列宁民族理论及政策指引下，苏联政府加快少数民族地区经济、文化发展战略的实施以及大量文化素质较高的其他民族移民进入哈萨克斯坦，对发展当地的经济、文化起到了十分重要的作用。因此，哈萨克人与外来移民基本能和睦相处。

但自20世纪30年代起，由于斯大林等苏联领导人长期推行大俄罗斯主义政策，如歪曲沙皇征服少数民族的历史，强制推行俄语，极力鼓吹俄罗斯人是苏联“领导民族”，在干部任命上违背联邦制原则以及在“苏联人民”口号下人为加速民族融合的做法，引起了哈萨克人的反感和不满。同时，由于大量外来移民迁入，除使哈萨克人在国家人口中所占比重无法占据绝对优势外，还在就业、住房、入学和就医等方面带来了一些难题。这样，就造成哈萨克人与外来移民之间关系的不睦。1980年代中后期，在戈尔巴乔夫倡导的“民主化”、“公开性”和“不留历史空白点”的大环境下，当地哈萨克人与外来移民，尤其是俄罗斯人之间的矛盾趋于公开化。1986年12月，因哈萨克斯坦共产党中央第一书记职务由俄罗斯人科尔宾取代哈族人库纳耶夫，引起该共和国哈族人强烈不满，酿成轰动世界的“阿拉木图事件”。在事件发生过程中，哈族人打出了“俄罗斯人滚回去”等标语口号，于是事件中的冲突变成了民族冲突。哈萨克人与俄罗斯人之间矛盾的公开化还产生了连锁反应。1989年6月中旬，在哈萨克斯坦古里耶夫州新乌津市，当地哈萨克人同居住在该市的高加索人发生了冲突，造成3人死亡，多人受伤。

哈萨克斯坦独立后，在追求民族国家建立和复兴哈萨克人传统文化的过程中，在哈萨克人中间滋长了唯我独尊和主宰一切的不健康情绪，民族主义倾向开始抬头，排斥、歧视其他民族，尤其是俄罗斯人的现象相伴而生。哈萨克人与俄罗斯人、高加索人等外来移民的矛盾趋于紧张。据独联体国家一些报刊透露，在中亚各国都发生过俄罗斯人和“操俄语”的其他民族遭受歧视、威胁、侮辱乃至被解雇、驱赶和殴打的事件。正是在这种情况下，当地“操俄语”居民开始大量外流。据统计，1992年离开哈萨克斯坦的俄罗斯人有17.5万人；1993年有17万人，1994年有25万人，1995年有11.8万人。[①] 由于人口外流，俄罗斯人在哈萨克斯坦人口中的比重明显下降。据统计，至1994

① 参见刘庚岑《中亚国家的民族状况与民族政策》，载《东欧中亚研究》1995年第6期，第31页。

年中期，俄罗斯人在该国所占的比重已由44%降至37%。[①]

（三）民族问题的主要表现

哈萨克斯坦独立后，民族问题一直是困扰该国政府的首要问题，虽然从具体表现形式上和程度上主要围绕哈萨克人与俄罗斯人之间的矛盾展开，但对于该国多民族构成现实来说，这一问题无疑具有广泛性。

1. 语言问题

在多民族国家，语言问题是一个十分敏感的问题。在苏联时期，由于苏联政府违背联邦制原则，强制推广俄语，致使哈萨克语由共和国官方语言沦为狭窄的生活用语，而且哈萨克人俄语化程度非常深。据统计，截止到1990年代初，有41.7 %的哈萨克人失去了母语，有将近70%的哈萨克人掌握了俄语，而包括俄罗斯人在内的非土著居民只有0.9%的人掌握了哈萨克语。[②] 这自然引起哈萨克人的不满和对哈萨克人俄罗斯化感到担扰。1980年代中后期，在戈氏“解冻”大环境下，像其他加盟共和国一样，哈萨克斯坦于1989年通过了《语言法》，把哈语定为国语，把俄语定为地位十分不确切的“族际交际语”。而且规定国家公务员必须掌握“土著”的语言，计划通过5—10年分阶段实现。[③] 这一现实又自然引起当地“操俄语”居民尤其是占有相当比重的俄罗斯人的担扰。

哈萨克斯坦独立后，在全面复兴哈萨克人文化旗帜下，全国上下掀起一阵“哈语”热。但热衷于学习哈语的主要是哈萨克人，而以俄

---

① 参见 *Бибикова О.*，*Щенников В.* Президент Казахстана Нурсултан Назарбаев//Азия и Африка сегодня. 1995. №. 7. С. 4。

② 参见 *Бибикова О.*，*Щенников В.* Президент Казахстана Нурсултан Назарбаев//Азия и Африка сегодня，1995，№. 7，С. 4；王智娟、潘志平：《哈萨克斯坦民族问题焦点》，载潘志平主编《民族自决还是民族分裂——民族和当代民族分立主义》，新疆人民出版社1999年版，第42页。

③ 参见 *Брусина О. И.* Русские в Балтии и Средней Азии（права и социальные возможности）// Этнографическое Обозрение，1997，№. 5，С. 143。

罗斯人为主的“操俄语”居民对此则持抵制态度，他们要求将俄语与哈语一道并列为“国语”。尽管这一要求没有被政府接受，但当局不得不考虑占全国半数以上“操俄语”居民的抵制情绪和国语的实际使用情况。因此，在1993年通过的第一部宪法中规定：“哈萨克语是哈萨克斯坦的国语，俄语是族际交际语言。”① 对于这种法定提法，“操俄语”居民表示强烈不满，当地最有影响的斯拉夫人组织“拉特”为争取使俄语成为“国语”而展开积极斗争。这样，在1995年通过的第二部宪法中对俄语地位又作了如下补充：“在国家组织和地方自治机构中，俄语和哈萨克语一样，平等正式使用。”② 1997年修订的《语言法》也作了如上规定。这种新的提法使“操俄语”居民感到安慰。但问题在于，在主权国家条件下，哈萨克人对确立哈语国语地位的强烈情绪与俄语在实际生活中的运用所处的绝对优势是一个矛盾体。哈国1996年所作的一次社会调查显示，“俄语不限于完成族际交流语方面的职能，而是在所有的应用领域，从家庭开始占优势”。③ 对此，哈国学者就认为“如果放任这一进程自流，哈萨克语将会丧失任何前景”。④ 哈国官方人士主张应采取大规模、综合措施调节语言发展进程。纳扎尔巴耶夫总统也认为，近年来哈语并未达到国语的高度，要求以应有的态度对待“国语”，尊重它，学习它，特别是公职人员。⑤ 哈国政府于1996年11月6日发表的《哈萨克斯坦共和国语言政策构想》则提出，国家要优先发展“国语”，国家对国语和其他语言的政策应该有区别，要在一切正式场合都要使用哈语，而且要求采取行政手段推广哈语。因此，尽管俄语被赋予了正式语言地位，但能否得到真正落实则需要时间去验证。但有一点是十分清楚的，就是俄语的正式地位

① 转引自郝文明主编《中国周边国家民族状况与政策》，第114页。
② 同上。
③ 同上。
④ 同上。
⑤ 同上。

及其落实必将受到哈萨克斯坦主权国家条件下语言政治化的挑战。处理不好，仍将是影响哈萨克人与俄罗斯人之间关系的重要因素之一。

2. 干部任用问题

在多民族国家，干部任用问题同样是一个重要而又敏感的问题。民族干部任用政策的妥当与否将直接影响到国内各民族之间关系的发展。苏联时期，由于联邦制和民族平等原则遭到破坏，在大俄罗斯主义盛行之下，哈萨克斯坦的高级党政干部多由俄罗斯人担任。尽管党的第一书记由当地民族出身的人担任，但由俄罗斯人担任的第二书记则履行对其监督职责。这种做法自然引起作为“命名民族”的哈萨克人的不满。1986 年阿拉木图事件本身就是一个有力证明。

正是在这种不满情绪和复兴主体民族文化的推动下，独立后的哈萨克斯坦在干部任用上采取向主体民族倾斜的政策。哈国宪法明文规定，只有熟练掌握国语，并在其境内居住至少 10 年以上的居民才能当选总统。在国家机关、文化界和意识形态领域担任要职的俄罗斯人大多被撤换。据 1994 年 3 月 4 日资料，副总理级国务顾问 5 名全部是哈萨克人，7 名副总理中 6 名是哈萨克人，总统办公厅 7 名司长 6 名是哈萨克人。哈国 20 个州的州第一把手中有 15 名哈萨克人，2 名德意志人，3 名俄罗斯人。这样，通过干部倾斜政策，不但使哈萨克人在共和国机构的最高领导岗位所占比重从 1985 年的 50% 提高到 1994 年的 75%（目前这个数字还要高），而且还使哈萨克人在国家机关、议会、法院、检察院、国防、海关、税务机构、银行系统等关系到整个社会生活的最重要部门的实权岗位所占比重超过 80%，就是在哈萨克人处于少数的州行政领导岗位上，他们在权力机构中仍占有绝对优势。① 这种“主体民族化”的干部政策，即违背了民族平等原则，也超越了非世居民族适应的可能条件，必然引起非世居民族，尤其是占有相当比

---

① 参见 *Гушер А. В.* Трясине национализма//Азия и Африка сегодня，1998，№. 6，С. 14；新华社阿拉木图，1994 年 3 月 7 日电。

重的俄罗斯人的不满。这对哈国民族关系的正常发展是极为不利的。

3. 非世居民族外流问题

前面已谈到，除哈萨克人等中亚世居民族外，哈国境内其他少数民族皆为外来移民。哈国独立后，由于哈萨克人民族主义的复兴和哈国官方奉行的主体民族“优先”发展政策的影响，非世居居民迫于由此带来的社会和生活压力而纷纷外流。其中，德意志人、俄罗斯人、乌克兰人等民族表现得尤为突出。据统计，德意志人由1989年的95.7万人降至1996年初的38.7万人；俄罗斯人由1989年的622.8万人降至1996年初的562.2万人；乌克兰人由1989年的89.6万人降至1996年初的79.8万人。[①] 这些文化素质较高的人大量外流，一方面给哈国带来了不可估量的经济损失；另一方面给迁入国带来社会负担，极易引起国家间的政治摩擦。与此同时，也给哈萨克斯坦民族关系的健康发展带来负面影响。

虽然纳扎尔巴耶夫总统多次强调民族和睦的重要性，并为此做出努力，但效果并不明显。非世居居民外流现象近几年有所减缓，但问题并没有得到根本解决。据PAH预报研究所提供的数字，生活在哈萨克斯坦的俄罗斯人中仍有62%的人希望离开。[②]

4. 双重国籍问题

在正常情况下，一个人只拥有一个国籍，并承担相应的义务和责任，但由于各国国籍立法不同，因此就出现了双重国籍这种现象。一个人一旦拥有双重国籍，势必要承担双重义务和责任，同时也会受到双方保护。在当今主权国家法律迥异的情况下，一个拥有双重国籍的人的个人问题往往引发相关国家司法方面的纠葛。特别是对于跨界民族居民而言，由双重国籍所引发的问题是十分棘手的，极易导致两个

① 常庆：《哈萨克斯坦的民族问题与民族政策》，载《民族工作研究》1997年第4期，第42页。

② 参见 *Брусина О. И.* Русские в Балтии и Средней Азии（права и социальные возможности）//Этнографическое обозрение，1997，№.5，С.152。

国家之间的争端。

哈萨克斯坦独立后的宪法奉行“一个公民只有一个国籍”的原则。但对散居在其他国家中的哈萨克人，宪法则另有补充：“对过去被迫离开哈萨克斯坦的所有公民，以及居住在其他国家的哈萨克人，除拥有其他国籍外，均有权拥有哈萨克斯坦共和国国籍，前提是这种情况不违背公民所在国的法律。”① 由于受到哈萨克人民族主义的冲击和哈国主体民族“优先”发展政策的影响，俄罗斯人在大量外流的同时，也积极寻求某种保护。于是，俄罗斯人的双重国籍问题便应运而生。哈国境内全国性斯拉夫人组织“拉特”于 1993 年起为此展开积极活动，曾向在土库曼斯坦首都阿什哈巴德召开的独联体国家首脑会议发出呼吁，希望与会国签订关于双重国籍的国际性条约。当然，该问题的提出与俄罗斯的官方行为是分不开的。早在独立之初，俄罗斯就在法律上承认“境外”俄罗斯人的双重国籍身份。同时，俄罗斯政府还向有关国家施压，要求它们也实行双重国籍方案。哈国政府对此表示无法接受，但迫于俄罗斯的压力和考虑到国内俄罗斯人的情绪，经过与俄罗斯谈判，1995 年 1 月双方在相互妥协基础上签署了《哈俄关于哈常住俄罗斯的公民和俄常住哈的公民的法律地位条约》和《哈俄关于简化申请到对方常住手续的协议》，使哈国俄罗斯人要求双重国籍的呼声逐渐减弱。

5. **自治和脱离问题**

目前，这类问题主要与俄罗斯人和哥萨克人有关。涉及的地域主要是与俄罗斯接壤的北部地区，因为在那里居住着大量俄罗斯人和哥萨克人。该问题的提出是哈国内民族主义普遍高涨带来的必然结果。

哈萨克斯坦独立后，主体民族主义开始复兴，反俄情绪开始上升。与此同时，具有极端民族主义色彩的政党蠢蠢欲动。哈国境内的

---

① 《原苏联地区新独立国家宪法选编》（上），载《东欧中亚问题专题资料》（内部）1995 年第 3 期。

民族独立党“阿拉什”和“民族民主党”热尔托克桑（“十二月”）坚持强硬的民族主义立场，反对俄罗斯人参政，甚至不顾当局禁令，公开进行不利于民族和解的活动。虽然哈国政府对这些极端民族主义政党采取了不予登记注册、取缔和禁止其活动等措施，但它们的地下活动和主张对于俄罗斯人的民族主义情绪的反弹无疑起了推波助澜的作用。

目前，在哈萨克斯坦比较活跃和有影响的非世居民族的民族主义组织主要有以俄罗斯人为主的全国性斯拉夫人组织“拉特”、哥萨克运动、俄罗斯人协会、俄罗斯文化中心等。虽然这些组织在民族文化组织方面表现出了极大积极性，但其主张和活动则具有极端政治化色彩。它们除主张实行自治外，还要求把北部各州归并于俄罗斯。哥萨克人在这方面表现得尤为突出。他们对哈萨克斯坦北部各州的归属问题一直持有异议，认为其在1917年以前就已属俄罗斯。在要求承认他们为一个单独民族实体并实行自治未被哈国政府接受后，哥萨克人组织及活动更加活跃。他们在阿克摩林斯克、东哈萨克斯坦、北哈萨克斯坦、西哈萨克斯坦以及阿拉木图市和乌拉尔斯克等地方，都建立了自己的组织机构，并且着手把这些组织变成军事机构，准备随时成为破坏稳定的力量。

可以说，俄罗斯人和哥萨克人组织的活动，对于哈萨克斯坦国家统一和领土完整构成了直接威胁，这是令该国领导人最感不安的问题。

三　民族政策

哈萨克斯坦独立以来在民族政策方面总体上表现出两大特征：一是抛弃了苏联时期实行的民族平等原则，二是坚持维护民族和睦、社会稳定和国家统一原则。正如纳扎尔巴耶夫总统就此问题所阐述的：“将民族政策概括一下，我想强调的是，哈萨克斯坦民族政策今天和以后将在明确和公正的原则之上，其中最主要的是：寻求妥协、把社会稳定作为公正解决民族问题的基础、法律至上、巩固国家独立和积极的一体化政策。”① 但鉴于哈萨克斯坦的多民族结构和存在的一些民族问题，尤其是主体民族民族主义和少数民族民族主义的碰撞问题，该国的民族政策处于调整阶段。具体而言，主要表现为以下几个方面的内容：

第一，反对实行联邦制和建立民族自治实体，主张建立单一制国家和实行民族文化自治。由于哈萨克斯坦是一个拥有 130 多个民族的国家，哈俄两大民族在该国总人口中所占比重相当且居住相对集中，在俄罗斯人、德意志人、哥萨克人当中要求实行联邦制和建立民族自治实体的呼声在该国独立初即开始出现，因此，独立后的哈萨克斯坦首先面临着建立一个什么样的国家体制问题。而原苏东地区实行联邦制的国家的分崩离析和哈萨克斯坦的独立之路，不能不使哈国当局对在多民族国家实行民族自治存有芥蒂心理，且认为搞联邦制有损于国家主权。这样，哈国当局经过短暂的考虑后断然拒绝实行联邦制，而采取单一制方案。1993 年该国通过的第一部宪法和 1995 年通过的第二部宪法都十分明确地规定了该国“单一制”国家体制。同时，对于境内某些民族要求建立民族自治实体也一概予以拒绝。但国内民族构成的特殊性及少数民族要求实行民族自治的愿望却是不容忽视的客观存在，处理不当极容易引发社会动荡和产生不良后果。有鉴于此，哈国当局在反对实行民族自治的同时，采取了带有安抚性质的折中方案，赞同实行苏联时期受到批判的“民族文化自治”方案：允许各民族建立自己的文化中心，发展自己的民族文化和传统，保持各民族的特点，但要求各民族文化的发展要符合国家的整体利益。

在这一方针促动下，哈萨克斯坦境内建立了一些类似的民族文化中心和民族协会。但值得注意的是，这些“中心”和“协会”的政治化倾向在加剧。从某种意义上来说，是该国少数民族对“民族文化自

---

① 转引自郝文明主编《中国周边国家民族状况与政策》，第 128 页。

治”方案的一种否定。

第二，在语言、文化等方面实行主体民族优先政策。哈萨克斯坦独立后的两部宪法皆明文规定，公民在法律面前一律平等，任何人都不能因出身、性别、种族、民族、宗教、政治和宗教信仰等情况而受到歧视以及权利和自由受到侵害。而且，该国宪法在宣布主体民族语言为国语的同时，还特别强调要保障其他民族的语言、风俗习惯和文化传统，并为其发展创造条件。但从相应的法律、政府行为和具体实施上来看，主体民族优先政策十分明显。哈萨克斯坦官方的《社会文化发展构想》指出：“现在哈萨克斯坦多民族的文化需要充分地获取自己的原本风貌。这无可争议的优先地位属于哈萨克文化，即赋予国家历史名称的民族文化。”[①] 纳扎尔巴耶夫总统对此还特别强调：“毫无疑问，在多民族的哈萨克斯坦要实现所有民族的利益，唯一的出路是在保障哈萨克人联合其他民族方面的核心地位的同时，保障所有民族的平等地位。”[②]

在语言方面也是如此。哈国 1996 年发表的《语言政策构想》和 1997 年颁布的《语言法》都着重强调，国家要“优先”发展“国语”。该国总统和官方人士也特别强调，要把《语言法》真正落到实处。

在主体民族“优先”论影响下，该国干部任用主体民族化成为理所当然。

在多民族结构的哈萨克斯坦，主体民族优先政策必然被认为是民族不平等或民族歧视的集中表现，因此该政策也必然要面临多民族结构的挑战。该国独立后，其境内俄罗斯人要求赋予俄语国语地位和获得双重国籍以及大量人口外流，就是一个充分证明。

第三，重视民族和睦与团结。哈萨克斯坦多民族结构的现实和独

① 《哈萨克斯坦真理报》1993 年 12 月 1 日。

② 《主权哈萨克斯坦报》1993 年 10 月 9 日。

立后存在的一些民族问题不能不引起该国领导人的深刻思考。纳扎尔巴耶夫总统把世界上多民族国家解决民族问题实践归纳为三种类型：一种是“逼走”异族的政策；一种是不承认民族问题的存在；哈萨克斯坦所走的是唯一正确的第三条道路，即在各族人民之间寻找契合点，扩大和睦和信任感。基于这种认识，他一直把“民族和睦”与保持“政治稳定”和搞好“经济改革”并列为该国三大中心任务。1997 年还被定为哈萨克斯坦的“民族和谐年”。与此同时，纳扎尔巴耶夫总统在不同场合还多次强调，“没有和睦和理智的政策，我们将一事无成”，“共和国的主要财富是和谐与安宁，只有共同努力才能保持和加强这一财富”，以加强民族团结。

第四，建立有关组织机构，探讨解决民族问题和完善维护民族团结的机制。在纳扎尔巴耶夫总统的倡议下，“哈萨克斯坦各族人民和睦和团结大会”于 1992 年 12 月 15 日宣告成立。它由共和国各地区的不同行业、民族、教会的代表组成，下设民族和谐委员会、宗教协作委员会等部门，主张加强族际和睦，赞成生活在哈萨克斯坦境内的各民族及其语言平等。1995 年成立了隶属于总统的国家民族政策委员会（于 1997 年并入哈萨克斯坦教育与科技部），直接负责制定和实施本国的民族政策。同时，该委员会还研究国外，其中包括中国的民族工作法规和经验。此外，在纳扎尔巴耶夫总统身边还配有一名专门负责族际关系的顾问。政府还设立了专门国家奖，以表彰为促进民族和睦做出贡献的个人和集体。

四　民族理论

目前，哈萨克斯坦并没有形成自己的民族理论体系。但通过对该国宪法、法规以及政府在民族工作领域所采取的政策、措施加以分析，可以得到以下几点认识：

第一，由主体民族国家到公民国家。哈萨克斯坦于 1993 年 1 月 28

日通过的第一部宪法明文规定："哈萨克斯坦共和国作为业已自决的哈萨克民族的国体形式保障本国全体公民享有平等的权利。"这一"自决的哈萨克民族的国体形式"无疑体现了该国领导人建立主体民族国家的构想。也正是在这种思想支配和指导下，国家采取各种措施以强化主体民族地位。如将哈萨克语定为国语，并以行政手段强制推广；以哈萨克民族历史为主线重新撰写哈萨克斯坦历史，大肆弘扬哈萨克民族历史名人；号召境外哈萨克人回归，以提高哈萨克人在全国总人口中的比重；在干部任用上偏重使用哈萨克人；派遣留学生以哈萨克人为主；在住宅私有化等问题上使政策有利于子女多的哈萨克人等等。[①] 这种做法自然引起境内其他民族的不满。俄罗斯人要求获取双重国籍和确立俄语第二国语地位以及大量少数民族人口外流就是这种不满的佐证。面对国内存在的民族问题所带来的压力，哈萨克斯坦当局逐渐认识到，放弃"单一民族国家"这种既过时又不符合该国实际的理论是维护哈萨克斯坦统一和社会稳定最好的选择。这样，1995 年 8 月 31 日通过的共和国第二部宪法中关于"自决的哈萨克民族的国家形式"的提法已被删除，从而标志着哈萨克斯坦国家建立构想由"主体民族国家"向"公民国家"迈进。

第二，强调人权、公民权，淡化"民族平等"观念。从全球范围来看，世界上多民族国家制定民族政策的本源理论指导主要是"人权"和"民族平等"两种观念。独立后的哈萨克斯坦在本源理论指导上更多地选择了前者。该国宪法开篇首先阐明："承认人权和人的自由优先"；"哈萨克斯坦共和国公民不分种族、民族、性别、语言……均保证享有平等的权利和自由"。而作为苏联时期长期坚持的"各民族不论大小一律平等"的传统理论已不再被提及，在相应的法规和领导人的表述中，"民族平等"提法已消失殆尽，代之出现的则是诸如语言、文化得到尊重和自由发展之类的说法。究其原因，主要

① 常庆：《哈萨克斯坦的民族问题与民族政策》，载《中亚研究》1997 年第 4 期。

有以下几个方面：首先是出于对苏联时期强调民族平等原则的反思，认为强调民族平等原则必然带来少数民族的政治诉求，也就是建立民族自治实体或实行民族联邦制，因而不利于国家的统一和领土完整；其次是由于建立哈萨克人主体民族国家的需要。由于哈萨克人在国家总人口中所占比重不具有绝对优势，而且俄罗斯人又占有相当比重，如果在这种情况下强调民族平等原则，势必影响到哈萨克人作为主体民族的地位；再次是出于建立公民国家的需要。建立公民国家强调的是个体权利即公民权，而民族平等原则强调的是群体权利即民族权，两者之间存在着许多复杂的理论问题和实践问题。

第三，反对“民族自决权”理论。哈萨克斯坦独立后实行单一制体制和民族文化自治方案是该国领导人反对“民族自决权”理论的具体表现。其直接动因是苏联解体、东欧剧变带给人们的深刻思考：“民族自决权”理论即是苏东地区多民族国家建国的理论基石，也是这些国家解体的理论依据。面对该国多民族结构以及潜在的分离威胁，哈萨克斯坦当局自然会拒其于国门千里之外，并加以深刻剖析。1991 年底纳扎尔巴耶夫当选总统后就民族问题发表谈话时指出：“我不认为似乎只有在单一民族国家才能卓有成效地实施根本性的经济和民主改革。那种认为每个民族就是一个民族文化共同体，因而可以有自己国家的观点，是神话、谬论。‘一个民族、一个国家’的原则在历史上不曾实现过。地球上有 3000 多个民族，可只有 170 个国家。因此，我深信哈萨克斯坦的多民族特点是巨大的优势。民族友谊，不仅是我们的主要财富，而且是我们的信念、希望。”[①] 1992 年 10 月，纳扎尔巴耶夫总统在联大第 47 届大会发言中说道：“今天常常遇到将少数民族的权利与民族自决权直到建立独立国家的权利混为一谈的看法。如果坚持这一立场，世界上就会出现数千个小国。这将使原则拜物教受到鼓舞，甚至达到荒谬绝伦的地步。”他还认为，国际社会应该公正地看待少数

① 潘志平主编：《民族自决还是民族分裂》，第 317 页。

民族的权利问题，应该明确这些权利的标准，“否则，将会在民族自决权的掩盖之下怀疑任何多民族国家的完整统一，分立主义将永无止境”。[①]

第四，主张“历史补偿论”。哈萨克斯坦独立以来确立主体民族地位的政策和措施的理论依据，就是“历史补偿论”，即哈萨克斯坦是哈萨克人历史上居住的地方，从17世纪后期哈萨克人一直控制这块领土；在沙俄时期和苏联时期，哈萨克人遭受了不平等的待遇，经受了许多磨难；哈萨克斯坦的独立为哈萨克民族的振兴提供了历史性机遇，国家要为哈萨克民族振兴创造条件。纳扎尔巴耶夫总统在其新著《站在21世纪门槛上》中谈道：“哈萨克人已深刻地掌握了俄罗斯文化，可遗憾的是，十分丰富的哈萨克文化仍旧是居住在哈萨克斯坦的所有民族一无所知的秘密，这是不应该的。哈萨克文学、语言、民间创作、音乐——所有这些都极大地丰富了每个人的潜能。熟悉和接受独具特色而丰富多彩的欧亚文化的一支——哈萨克文化，是对那个在最困难的岁月里，在自己的土地上给其他民族提供栖身之地的民族表示尊重的标志。”其“补偿”之意不言自明。而实现“补偿”的途径只能是“优先”原则。因此，该国独立后在语言、文化、干部任用等方面主要采取了向主体民族倾斜的政策。

通过上述分析，我们可以看出，哈萨克斯坦独立后的民族理论和民族政策总体上是出于对苏联时期民族理论和民族政策反思的结果。虽然由于建国时间较短，民族理论和民族政策体系还没有完全建立，但综合加以分析就会发现，无论是理论上还是实践中都存在着不可回避的问题。

首先，理论支柱与国情出现错位。从哈萨克斯坦独立后的宪法的修改和强调人权、公民权而淡化民族平等观念的现实来看，该国政府总体上希望建立多民族和睦相处的公民国家。而政府面临的实际国情

① 转引自常庆《哈萨克斯坦的民族问题与民族政策》，载《中亚研究》1997年第4期。

则是从来没有经受过公民国家理论与实践洗礼的多民族构成，一方面是哈萨克人在民族主义情绪促动下要求全面确立主体民族的优势地位，另一方面则是长期受民族平等观念熏陶并对旧有体制怀有浓重历史情结的、而且人口众多的少数民族群体要求获得平等地位。由于公民国家强调的是个体的权益，因此从纯理论角度上讲，哈国政府公民国家构想显然无法与“两种要求”相吻合。而这种不相吻合的错位现实，反过来必然影响到该国向公民国家过渡的进程。

其次，政策倾斜打破平衡机制。哈萨克斯坦政府放弃“单一民族国家”理论和总体上希望建立多民族公民国家，目的是为了在该国多民族氛围下建立一种平衡机制。可是，“两种要求”的存在使公民国家下的平衡机制只能停留在理论表述上，也就是对“一种要求”的满足必然要受到“另一种要求”的挑战。权衡利弊后，该国领导人为了政权的稳定和自身的利益不得不采取带有民族主义色彩的政策——主体民族“优先”政策。而为了使“优先”原则能够被其他民族接受，一种所谓的“历史补偿论”成为证明其合情合理的依据。不可否认，该国领导人在满足“一种要求”的同时，也积极采取措施尽量安抚“另一种要求”以弥补由此带来的“失衡”状态。可问题在于，政策倾斜的“角度”太大了，超越了保持平衡状态的正常范围。因此，该国政府的主体民族“优先”政策对于民族工作领域诸多问题的顺利解决和民族关系的健康发展，是极为不利的。

总之，哈萨克斯坦目前的民族理论和民族政策还处于初创和不断调整阶段，其未来发展方向充满许多变数。但有一点是十分清楚的，那就是民族问题能否妥善解决和民族关系能否健康发展，关键在于该国政府是否能在“平等”或“公平”原则下制定和实施相应的民族政策。

（吴家多，中国社会科学院民族学与人类学研究所副编审）

吉尔吉斯斯坦

吉尔吉斯斯坦共和国位于中亚东南部，北邻哈萨克斯坦，南接塔吉克斯坦，西部与乌兹别克斯坦交界，东部与中国接壤。其面积为19.85万平方公里，人口为590万人（2015年）。首都为比什凯克。国语为吉尔吉斯语，俄语为官方语言。70%居民信仰伊斯兰教，多数属逊尼派，其余居民信仰东正教或天主教。

全国划分为7州1市：楚河州、塔拉斯州、奥什州、贾拉拉巴德州、纳伦州、伊塞克湖州、巴特肯州和比什凯克市。州、市下设区。

公元6—8世纪，在吉尔吉斯的土地上建立了早期封建国家突厥汗国。8—10世纪突骑施人和葛逻禄人掌握政权。10世纪中叶至12世纪中叶，吉尔吉斯土地受喀喇汗王朝管辖。13世纪蒙古势力统治该地。19世纪初叶，俄国开始侵入吉尔吉斯土地。1876年，吉尔吉斯土地全部归入俄国版图。

十月革命胜利后，吉尔吉斯当地于1917年11月至1918年6月建立了苏维埃政权。1924年10月14日成立了卡拉吉尔吉斯自治州，属俄罗斯联邦。1925年5月25日，卡拉吉尔吉斯自治州改称吉尔吉斯自治州。1926年12月1日，该自治州改称为吉尔吉斯共和国。1936年12月5日成立吉尔吉斯苏维埃社会主义共和国，同时加入苏联。1990

年 12 月 15 日，该共和国最高苏维埃发表主权国家宣言，更国名为吉尔吉斯共和国，并规定 12 月 15 日为共和国日。1991 年 8 月 31 日，该国正式宣布独立。同年 12 月 21 日，以创始国身份加入独联体。

一　民族构成

吉尔吉斯斯坦有 80 多个民族，其中吉尔吉斯人占 65%，乌兹别克人占 14%，俄罗斯人占 12.5%，东干人占 1.1%，乌克兰人占 1%。[①] 其他民族有鞑靼人、维吾尔人、哈萨克人、塔吉克人、土耳其人、阿塞拜疆人、朝鲜人、白俄罗斯人、亚美尼亚人、德意志人和犹太人等。

吉尔吉斯斯坦各民族呈大杂居小聚居分布。吉尔吉斯人在全国各地皆有分布，但多数生活在山区和农村。俄罗斯人主要生活在城市和工业区，占城市人口的一半以上。在该国各非主体民族当中只有德意志人居住相对集中，主要生活在楚河州境内两个德意志民族文化区。

各州和比什凯克市境内主要民族占总人口的比重（%）

州 \ 民族	吉尔吉斯人	俄罗斯人	乌兹别克人	哈萨克人	乌克兰人	鞑靼人	德意志人	塔吉克人
纳伦州	97.7	0.8						
塔拉斯州	82.4	7.8		1.7	1.5		1.2	
伊塞克湖州	72.0	19.0	1.0	1.6	1.4	1.0		
贾拉拉巴德州	63.9	5.5	23.9			1.9		
奥什州	61.2	4.3	27.6			1.6		2.2
楚河州	33.8	40.3	1.7	2.3	5	1.2	4.1	
比什凯克市	28.4	52.2	1.7		5	2.7	1.0	

资料来源：《吉尔吉斯斯坦民族关系现状》，比什凯克，1993 年俄文版，第 6—7 页。

① 参见 http：//www. cass. net. cn/chinese/s24_ oys/chinese/index. html.

吉尔吉斯斯坦各民族文化丰富多彩且迥然有异，按语言系属，他们分属阿尔泰语系、印欧语系、高加索语系、汉藏语系和其他语系；按宗教信仰，分属伊斯兰教、东正教、佛教、犹太教、基督教、天主教等。此外，在该国世居民族中还残存着万物有灵等原始宗教信仰。

经过苏联时期的长期共同生活，吉尔吉斯斯坦各民族在保留母语的同时，大多掌握了俄语。该国独立后，除规定吉尔吉斯语为国语外，还规定俄语为族际交际语。同时，各民族的宗教信仰得到尊重和法律保护。

与中亚其他国家一样，在多民族结构的吉尔吉斯斯坦，除吉尔吉斯人等几个中亚世居民族外，其他民族皆为外来民族。

在苏联时期的吉尔吉斯斯坦，斯大林的民族概念及相关理论占据绝对的主导地位。该国独立后，出于对历史的反思，斯大林的民族概念及相关理论不再被人们提及，但并没有提出新的说法。该国多民族结构得到了宪法的承认。

二　民族关系与民族问题

（一）统一国家的形成

吉尔吉斯人祖先的早期活动区域主要在漠北草原。尽管他们于公元 9 世纪在此曾建立了疆域辽阔的黠戛斯汗国，其触角已伸入中亚地区，但由于其存在时间较短，进入中亚地区的部分吉尔吉斯人因频遭当地游牧民的侵扰而只能退居天山一隅。15 世纪后，瓦剌的进攻使吉尔吉斯人陆续离开故土而逃至天山地区。18 世纪初，准噶尔和俄国联手强行将游牧在叶尼塞河上游的大批吉尔吉斯人迁到中亚。至此，吉尔吉斯人已基本离开了早期活动区域而遍布天山南北和楚河流域开始了新的生活。

吉尔吉斯人进入中亚地区后仍然没有改变受制于人的命运。蒙兀儿汗国、准噶尔部、浩罕政权先后称雄中亚，致使吉尔吉斯人无法建立自己独立的国家政治实体。19 世纪后，随着俄国武力征服中亚，到 19 世纪末，绝大部分吉尔吉斯人成为俄国居民。

十月革命胜利后，伴随当地苏维埃政权的建立，吉尔吉斯人开始了民族国家的建立过程。1936 年 12 月 5 日吉尔吉斯苏维埃社会主义共和国的建立和加入苏联，标志着吉尔吉斯人统一国家的形成；而 1991 年 8 月 31 日该国正式宣布独立，则标志着吉尔吉斯人真正走上了独立发展的道路。

虽然在十月革命以前吉尔吉斯人没有建立自己本民族的近代国家，但他们都一直为此而努力。吉尔吉斯人不但参加了中亚反抗沙皇殖民统治和争取民族解放的中亚民族大起义，而且还积极参加了反对白卫军、外国干涉者和巴斯马奇叛匪的斗争，为建立和巩固当地苏维埃政权做出了贡献。在苏联社会主义大家庭中，吉尔吉斯人更是积极投入到各项事业建设当中，同时，在长期社会发展过程中，吉尔吉斯人形成了自己丰富多彩的传统文化。民间绣花、制毯、雕刻及毡房建筑极富民族特色，民间创作的长篇英雄史诗《玛纳斯》被誉为吉尔吉斯人的编年史和独具特色的百科全书，而吉尔吉斯作家钦·艾特马托夫更是蜚声世界，其作品《查密利雅》《白轮船》《一日长于百年》《断头台》等被译成 80 多种文字。

吉尔吉斯斯坦多民族结构是大量外族移民长期迁入该地而形成的。沙皇俄国入侵中亚之前，在吉尔吉斯斯坦的土地上只生活着吉尔吉斯人等几个中亚世居民族，伴随着俄国对该地的武力征服，以俄罗斯人为主的大批东斯拉夫农民陆续迁至该地谋生，从而揭开了该国多民族结构形成过程的序幕。18 世纪中叶以来，中国的部分维吾尔族人先后进入吉尔吉斯斯坦定居生活和繁衍生息。但与哈萨克斯坦相比，迁入吉尔吉斯斯坦的维吾尔族人要少得多。其人口数量只在 20 世纪 80 年代末以来有所增加，从 1989 年的 3.68 万增至 1999 年初的 4.37 万。19 世纪 70—80 年代，来自中国西部地区的部分回族人举家迁到楚河地区，成为中亚地区的东干人。目前，居住在吉尔吉斯斯坦的东干人接近5万人。[1] 1882年，从斯塔夫罗波尔和伏尔加河流域迁来了第一批德意志人。19世纪末在南吉尔吉斯斯坦采煤业发展时期，从伏尔加河流域又迁来了大批鞑靼人。

十月革命胜利后，为巩固苏维埃政权和发展当地社会经济、文化事业，大量素质较高的各类专业人员陆续来到吉尔吉斯斯坦并在那里定居下来，从而使当地的民族成分发生了明显变化。卫国战争期间，大批斯拉夫人随同300多个大企业从苏联西部迁往中亚地区，其中有30多个工厂迁至吉尔吉斯斯坦。据统计，截至1942年12月1日，吉尔吉斯斯坦共接待、安置了15万多名从西部迁来的人员。[2] 同期，苏联政府以“通敌”、“不可靠”等罪名强行迁移库尔德人、朝鲜人、德意志人、卡拉恰耶夫人、卡尔梅克人、车臣人、印古什人、巴尔卡尔人、鞑靼人、麦斯赫特土耳其人、希腊人等多个民族成员到包括吉尔吉斯斯坦在内的中亚地区，从而使该国的民族构成进一步增加。此外，在各加盟共和国之间的民族干部交流和各民族人口的自然流动都一直在持续进行。这样，到苏联解体之前，吉尔吉斯斯坦多民族结构已经定型。

（二）民族关系的历史演变与基本情况

沙皇统治时期，吉尔吉斯斯坦境内民族矛盾、民族冲突和反抗斗争不断发生。造成这种状况的直接原因就是沙皇的殖民统治。自19世纪60年代吉尔吉斯斯坦被沙皇俄国武力征服后，沙皇政府即在该地实行政治压迫、经济掠夺和文化奴役的沙文主义政策，而且，沙皇政府还积极奉行大俄罗斯主义政策，使迁往该地的俄罗斯人享有种种特权。这样，不甘屈服的吉尔吉斯人在不断反抗沙皇殖民统治和争取民族解

① 参见中国现代国际关系研究所民族与宗教研究中心《周边地区民族宗教问题透视》，时事出版社2002年版，第88页。

② 参见郝文明主编《中国周边国家民族状况与政策》，民族出版社2000年版，第157页。

放的斗争过程中，也把矛头指向了迁居该地的俄罗斯人。与此同时，沙皇政府强迫利用当地世居民族之间历史上的恩怨，人为地制造民族隔阂，从而引发了吉尔吉斯人与其他世居民族之间的纷争。

十月革命胜利及苏联成立后，在列宁民族理论及政策指引下，在苏共和政府加快少数民族地区经济、文化发展战略推动下，吉尔吉斯斯坦的各项建设事业有了长足发展，人民生活水平也有了明显提高。可以说，这些成果的取得是与迁居这里的斯拉夫人各类专业干部坚持不懈的努力分不开的，因此在苏俄初期，吉尔吉斯人与以俄罗斯人为主的外来民族移民之间的关系是比较健康的。可是，自斯大林执政后，民族平等原则逐渐被大俄罗斯沙文主义所替代，鼓吹俄罗斯人是“老大哥民族”、“领导民族”成为时尚，在“苏联人民”口号下强制推行俄语进而达到抹杀民族特点和消除民族差别的做法更是畅通无阻。凡此种种无不引起当地吉尔吉斯人的反感和不满，而大量外来移民进入该地确实也给当地居民的生活带来了压力。因此，吉尔吉斯人与外来移民之间开始出现不和谐音。到戈尔巴乔夫执政时期，伴随着种种社会思潮的泛滥，吉尔吉斯斯坦境内的民族矛盾开始凸显，民族冲突相伴而生。值得注意的是，尽管吉尔吉斯人与俄罗斯人之间的矛盾表现得较突出，但就激烈程度而言，吉尔吉斯人与当地世居民族乌兹别克人之间的矛盾则更加引人注目。1990 年 6 月初，该国奥什州的吉尔吉斯人与乌兹别克人之间曾因争占建房用地（32 公顷水浇地）发生流血冲突，造成约 40 人死亡，200 多人受伤。①

吉尔吉斯斯坦独立后，在追求主体民族国家构建和复兴主体民族文化过程中，吉尔吉斯人的排外现象，尤其是排挤当地俄罗斯人的现象仍然十分强劲，吉尔吉斯人与俄罗斯人之间的矛盾仍较突出。面对主权国家条件下的适应问题带来的各方面压力，大批俄罗斯人选择了

① 参见郝文明主编《中国周边国家民族状况与政策》，民族出版社 2000 年版，第 165 页。

离开。据统计，1989 年俄罗斯人在该国总人口中所占比重为 21.5%，到 1999 年已降至 14.6%。[①] 此外，吉尔吉斯人与当地乌兹别克人之间的紧张关系也没有明显缓和的迹象。

（三）民族问题的主要表现

吉尔吉斯斯坦独立之后，尽管政局相对稳定，但在民族领域也存在不少问题。

1. 俄罗斯人问题

这是独立后的中亚各国普遍面临的问题。而所谓俄罗斯人问题，主要是指在中亚主权国家条件下当地俄罗斯人的政治地位、经济利益、民族文化发展权利及其与当地主体民族之间的关系等方面的问题。具体到吉国而言，主要涉及以下几个方面：

首先是语言问题，也就是俄语的地位及使用问题。产生该问题的最直接原因是自 20 世纪 80 年代末吉尔吉斯斯坦语言法规及语言环境的改变。苏联时期，在长期俄罗斯化政策影响下，俄语作为掌握先进知识的工具和加快民族融合的手段而被推广到社会生活的各个领域。这在造成作为吉国主体民族语言沦为生活用语的同时，也使当地俄罗斯人生活在“老大哥”的光环下。1980 年代中后期，伴随着苏联各地民族运动的普遍高涨，吉尔吉斯斯坦与中亚其他国家一道首先把主体民族语言国语化作为反俄罗斯化和强调主权国家的象征。1989 年 9 月吉尔吉斯斯坦通过的《语言法》规定：吉尔吉斯语是国语，俄语是族际交际语。而且这一语言法规得到了宪法承认。这种降低俄语地位的做法自然使在该国人口中居于第二位的俄罗斯人一时难以接受并对此产生不满。因为过去俄语的畅通无阻使他们很少掌握当地居民的语言，据统计，掌握吉尔吉斯语的俄罗斯人的比例只占当地人口的 1% 稍强。

① 参见郝文明主编《中国周边国家民族状况与政策》，民族出版社 2000 年版，第 157 页。

因此，由于语言法规给当地俄罗斯人带来的生活压力是不难想象的。可以说，1989—1991 年有 4%—6% 的俄罗斯人离开吉尔吉斯斯坦是与此有关的。

吉尔吉斯斯坦独立后，在复兴主体民族文化氛围中，强制推行国语化和急于求成的做法日益显现。该国最初规定向国语过渡的计划到 1998 年完成，有些地方政权还决定实施“超前图表”，如在塔拉斯科州，其完成国语过渡计划提前到 1993 年。[①] 虽然吉尔吉斯斯坦宪法明文规定将确保全体公民使用本族语的权利，政府领导人也多次公开强调不允许因语言差异而使境内居民受到不公正待遇，但是语言法的规定和强制推行国语的现实，又不能不使人得出相反的结论。因此，当地俄罗斯人在努力争取赋予俄语国语地位的同时，只好继续选择离开。据吉国报刊透露，1992 年有 10. 37 万名“操俄语”居民离开了吉尔吉斯斯坦，1993 年为 14. 36 万人，1994 年为 7. 75 万人。[②]

其次是干部任用问题。独立后的吉尔吉斯斯坦在干部任用问题上采取了向主体民族倾斜的政策。其宪法明文规定，只有熟练掌握国语，并在其境内居住 10 年以上的居民才能当选总统。1992 年 2 月，在该国新任命的副总统、总理和 3 名副总理中除 1 名俄罗斯人外，其余全是吉尔吉斯人。1995 年 2 月，在吉尔吉斯斯坦新议会前两轮选出的 78 名议员中，吉尔吉斯人占近 90%，俄罗斯人只占 6%。虽然在苏联解体以前，在国家权力机关和生产领导岗位上吉尔吉斯人已取得对俄罗斯人的优势，但这种优势还尚未达到相差如此悬殊的地步，而且这种干部任用土著化政策以极快的速度自上而下蔓延，致使俄罗斯人几乎被从各级领导岗位上排挤出去。在吉尔吉斯斯坦这个多民族国家，这种违背民族平等原则和忽视其他民族存在的干部任用政策，自然会引起

---

① 参见 *Ситнясκий Г.* Независимость обретена... Что дальше? //Азия и Африка сегодня, 1995, №. 6, С. 8。

② 参见刘庚岑《吉尔吉斯斯坦的民族状况与民族政策》，载《民族工作研究》1997 年第 6 期，第 41 页。

非土著民族尤其是居人口第二位的俄罗斯人的不满，同时也必将直接影响到该国民族关系的健康发展。

此外，还有双重国籍、教育和经济等方面的问题。

2. 吉尔吉斯人与乌兹别克人之间的矛盾

乌兹别克人是吉尔吉斯斯坦境内的世居民族，其人口在2000年以前一直仅次于吉尔吉斯人和俄罗斯人而位居第三。伴随吉国独立以来俄罗斯人的大量外迁，最近几年乌兹别克人的数量已经超过了俄罗斯人，成为该国第二大民族。据1999年统计，其人口为68.5万人，占该国总人口的14.6%。[①] 乌兹别克人主要居住在该国南部奥什州（占当地人口的27.6%）和贾拉拉巴德州（占当地人口的23.9%）。[②]

历史上，这里就是古代吉尔吉斯人和乌兹别克人生活和征战的地方。归并俄国后，这里的民族成分逐渐增加。十月革命胜利后，现在奥什州境内的主要城市奥什、乌兹根等地方受乌兹别克人地方政权直接管辖。1920年代苏联政府在中亚实行民族划界并随意更改共和国之间的版图。结果为了使吉尔吉斯人得到工业中心，苏联政府于1924年把这些地方划给吉尔吉斯斯坦，这造成了历史上就存有芥蒂的吉尔吉斯人与乌兹别克人之间关系的不睦。1980年代中后期，在民族主义思潮冲击下，两族之间的矛盾趋于公开化，并酿成了1990年6月的流血冲突。只是在苏联政府及两国领导人的直接干预下，事态才得以平息。事后，当地吉尔吉斯人说道："如果没有俄罗斯战士，奥什市所有的吉尔吉斯人和乌兹别克人将互相砍杀起来。"[③] 吉尔吉斯斯坦独立后，当地乌兹别克人反吉尔吉斯人的情绪日益强烈，除因奥什流血事件而扬言要"报复"吉尔吉斯人外，还发出了"等俄罗斯人从

① 参见郝文明主编《中国周边国家民族状况与政策》，民族出版社2000年版，第167页。

② 参见中国现代国际关系研究所民族与宗教研究中心《周边地区民族宗教问题透视》，时事出版社2002年版，第86页。

③ *Ситнясккий Г.* Независимость обретена... Что дальше? //Азия и Африка сегодня, 1995, №.7, С.29.

中亚离开，我们要把所有的吉尔吉斯人驱赶到纳伦河并淹死”① 的吼声。当地的这种民族关系氛围不仅使吉尔吉斯人开始逃离，而且也造成了当地“操俄语”居民的大量外流。

目前，当地两族之间的关系没有进一步恶化的迹象。但最近几年在中亚地区，尤其在乌兹别克斯坦伊斯兰教基本教义派（Islamic Fundamentalism）活动日趋活跃，应引起高度重视，因为奥什州地区历史上就深受伊斯兰教基本教义派（Islamic Fundamentalism）瓦哈比派的影响，而且就信教程度和信教人数而言当地乌兹别克人占有明显优势。1999 年 7 月 31 日，伊斯兰极端主义组织“乌兹别克斯坦伊斯兰运动”的部分武装人员，由塔吉克斯坦潜入吉尔吉斯斯坦奥什州的巴肯特地区袭击哨所、绑架人质甚至与该国政府军对抗。2000 年 8 月，该组织的成员在乌兹别克斯坦、吉尔吉斯斯坦和塔吉克斯坦三国交接地区作乱，并从事毒品走私、武器贩运等跨国犯罪活动。② 此外，最近几年“伊斯兰解放党”③ 的传教活动在吉尔吉斯斯坦南部的贾拉拉巴德州、奥什州和乌兹别克斯坦的费尔干纳地区也活跃起来。这些宗教极端主义组织的活动无疑会刺激当地乌兹别克人的极端情绪，也给当地的社会稳定和吉国的国家安全带来了威胁。因此，由宗教因素和某一事件引发两族之间冲突的可能性是存在的。而且，这种可能性一旦变成现实必将影响到该国领土的完整。

3. 吉尔吉斯人南北地域之间的矛盾

由于民族发展进程相对迟缓，致使吉尔吉斯人内部氏族、部落文化一直十分突出。苏联时期，吉尔吉斯斯坦南北地域经济、文化发展

---

① *Ситняский Г.* Независимость обретена... Что дальше? //Азия и Африка сегодня, 1995, №. 7, С. 29.

② 参见中国现代国际关系研究所民族与宗教研究中心《周边地区民族宗教问题透视》，时事出版社 2002 年版，第 92 页。

③ 该组织是 20 世纪 50 年代由埃及“穆斯林兄弟会”派生出来的伊斯兰极端主义组织，主张通过“圣战”道路达到宗教、政治目的。其势力于 70 年代已经渗入中亚国家，主要活动地有吉尔吉斯斯坦南部的贾拉拉巴德州、奥什州和乌兹别克斯坦的费尔干纳地区，并在这些地方建立了严密的地下网络。

的差异（南部落后，北部发达）不但加剧了吉尔吉斯人内部的纷争，而且还使这种依托于氏族、部落文化的纷争以南北地域的形式表现出来，只是由于共和国政府领导人多由南方人担任，而且各项政策多倾向南方，才得以使南北地域之间保持某种平衡关系。1990 年，身为北方萨雷巴根施大牧主直系后裔的阿卡耶夫执政之后，旧有的平衡被打破，吉尔吉斯人南北地域之间的矛盾加剧。特别是该国独立后南北地域之间在经济发展、南北方人在中央部门的干部配备以及在对外关系上都有矛盾。从吉尔吉斯议会在选择国旗颜色时的争论就可窥其一斑：北方人传统上偏爱天蓝色，南方人则偏爱红色。由于南方人在议会中占多数，因此选择了红色，结果引起北方人的愤慨，并宣称这不是最后的选择。

近几年来，伴随市场经济的推行，南北地域之间的经济差距进一步扩大，吉尔吉斯人内部矛盾不断激化。目前，最让吉尔吉斯人感到恐惧的就是氏族、部落冲突带来的威胁。而且多数人认为，在俄罗斯人离开以后爆发冲突是不可避免的。因此，由吉尔吉斯人南北地域之间的矛盾而导致的共和国分裂之势令人担忧。

三　民族政策

面对错综复杂的民族状况及相应存在的一些问题，自吉尔吉斯斯坦独立之日起，该国政府及其领导人便把民族工作作为重要工作来抓，并采取了一些具体措施。

（一）实行民族文化自治

像其他中亚国家一样，独立后的吉尔吉斯斯坦政府也面临着怎样保护少数民族整体权益的问题。从宪法规定该国实行单一制体制和地方自治来看，苏联时期的民族自治制度已被抛弃。但宪法和相关法规中没有明确规定采取什么具体措施来解决该问题。不过，1992 年该国决定建立的两个德意志民族文化区则表明，实行民族文化自治是该国领导人解决少数民族现实问题的一个途径。该国各非主体民族居住大都比较分散，只有德意志人居住相对集中。由于过去长期受到不公正待遇，其语言和民族文化的发展受到严重阻碍。为了保持德意志民族语言、文化、宗教和风俗的独特性，在阿卡耶夫总统的建议下，在共和国楚河州成立了两个德意志民族文化区。在文化区内设立了教授德语的学校、文化馆、俱乐部、宗教礼拜场所以及银行、商店、联合企业等生产和商贸机构。民族文化区居民大会（或代表大会）选举产生委员会对该区行使自治权。

正是在这一指导思想影响下，近几年还出现了一些民族文化组织，如斯拉夫基金会、乌兹别克“奥尔佐”协会、德意志复兴协会、维吾尔团结协会、东干文化中心、朝鲜人联合会、鞑靼—巴什基尔文化中心、犹太文化中心等。[①]

（二）制定相关法律，不断完善民族立法

吉尔吉斯共和国宪法明文规定，公民在法律面前一律平等，任何人都不能因为出生、性别、种族、民族、语言、宗教、政治和宗教信仰等情况而受到任何歧视，以及权利和自由受到侵害。宪法在宣布吉尔吉斯语为国语的同时，还规定：“吉尔吉斯共和国保证保留、平等而自由地发展共和国居民所使用的俄语及其他一切语言，并保证使其发挥功能作用”；“不允许因不懂得或没有掌握国语而侵害公民的权利和自由”。[②] 此外，为了更好地维护少数民族的权益，吉尔吉斯斯坦还在共和国宪法的指导下制定了少数民族法。

---

① 参见王沛主编《中亚五国概况》，新疆人民出版社 1997 年版，第 258 页。

② 《世界宪法全书》，青岛出版社 1997 年版，第 262 页。转引自郝文明主编《中国周边国家民族状况与政策》，第 175 页。

（三）建立有关组织机构，完善维护民族和睦与团结的机制

阿卡耶夫总统任职后，一直把维护社会稳定和民族和睦作为工作重点，以他为首的吉尔吉斯领导人认为，“国内各族人民的团结是生存和摆脱危机的首要条件”；“如果没有公民和谐与民族和睦，就不可能解决任何问题”。[①] 1994 年 11 月，阿卡耶夫总统再次强调指出，吉尔吉斯共和国政策中的头等大事就是“巩固民族和睦”，没有这一点，吉尔吉斯共和国的民主改革就寸步难行。该国还提出了“吉尔吉斯斯坦的人民是一个密不可分的整体”的口号。而为了使这一指导思想落到实处，在阿卡耶夫的直接领导下，在国内设立了 40 多个民族文化中心以及其他一些维护民族权益的民族协会，在该国采取重大举措时，总统注意与这些组织团体的代表进行协商。此外，还建立了吉尔吉斯斯坦公民和谐与民族和睦委员会以及隶属于总统的共和国社会政治协商委员会，旨在全面、及时地考虑各社会民族集团、各阶层居民的利益，协助解决复杂的民族问题。[②]

（四）采取具体措施解决与俄罗斯人有关的问题

大量素质较高的俄罗斯人的外流，给吉尔吉斯斯坦的民族关系尤其是经济带来了不利影响。苏联时期，俄罗斯人在吉国主要经济部门占据着重要位置，为该国经济发展发挥了重要作用。与俄罗斯人相比，吉尔吉斯人在国家经济生活中所占的比重要小得多。据统计，1991 年吉尔吉斯人在该国熟练工人中只占 8%，在工程技术人员中只占 3%。由于以俄罗斯人为主的斯拉夫居民的出走，该国的经济运转立即受到影响。1993 年夏天，比什凯克农业机械厂停产了三周，而机床制造厂只有 10% 的生产能力在运转。到 1993 年底，阿卡耶夫总统自己都承

---

① 参见刘庚岑《吉尔吉斯斯坦的民族状况与民族政策》，载《民族工作研究》1997 年第 6 期，第 43 页。

② 同上书，第 43—44 页。

认，本国的经济下降程度已赶上了发生战争的亚美尼亚和被内战困扰的塔吉克斯坦。[①] 按照阿卡耶夫总统的说法，吉尔吉斯斯坦的大工业在欧洲人离开后已经崩溃了（虽然只有其中的 30% 的人离开）；而如果这种命运落到能源领域，那么共和国差不多就要倒退至石器时代。[②] 此外，俄罗斯人的外流还给吉尔吉斯斯坦与俄罗斯的国家间关系带来了负面影响。因此，吉国政府采取了一些补救措施以安抚境内的“操俄语”居民。在语言问题上，1993 年 5 月 5 日通过的新宪法中，俄语作为族际交际语之说已被保障俄语“保持、平等、自由发展和发挥作用”的表述所替代。阿卡耶夫总统发布命令：在“操俄语”的人占 70% 或 70% 以上的村庄和企业中，允许在正式文件中使用俄语。[③] 国语过渡计划亦一再延期，由 1998 年延至 2000 年后又延至 2005 年。[④] 这些措施的出台，在一定程度上缓解了当地“操俄语”居民的不满，但离他们要求赋予俄语国语地位的愿望仍有较大的距离。在国籍问题上，该国已同意给予境内俄罗斯人双重国籍身份。此外，在教育问题上，根据吉尔吉斯斯坦与俄罗斯 1992 年 6 月签订的友好合作互助条约中的有关规定，在吉尔吉斯斯坦建立了由俄罗斯资助的比什凯克斯拉夫大学，招收斯拉夫民族青年学生，以解决苏联解体后“操俄语”居民子女入学难的问题。

四　民族理论

像其他中亚国家一样，吉尔吉斯斯坦独立至今在民族理论方面并没有形成自己完整而明晰的体系。不过，从该国在民族工作领域采取

---

① 参见 *Ситнясский Г.* Президент Киргизии Аскар Акаев//Азия и Африка сегодня, 1996, №. 1, СС. 7-8.

② 参见 *Ситнясский Г.* Независимость обретена... Что дальше? //Азия и Африка сегодня, 1995, №. 6, С. 9.

③ Ibid., C. 10.

④ Ibid., C. 8.

的各项措施本身来看，国内多民族结构现实得到承认是显而易见的。也就是说，该国总体上是奉行多民族国家理论。从各项措施、具体内容和相关法规来看，其理论基础又是多民族公民国家理论。例如：该国独立后的宪法主要强调的是人权和公民权；以民族自决权理论为依据的民族联邦到地方民族自治被抛弃，取而代之的是实行民族文化自治；传统“民族平等”观念被刻意淡化，“民族和睦”成为大力宣传的口号。但从该国推行国语的某些强制措施和在政治、经济、文化等方面强化主体民族地位的实际做法来讲，其多民族国家理论又带有浓重的主体民族国家色彩。

造成该国民族国家理论多重性的原因主要有以下两个方面：首先，是对苏联时期民族理论反思的结果。苏联解体和东欧剧变的现实使亲身经历这一过程的吉尔吉斯斯坦领导人自然认为，以民族自决权为依托的传统多民族国家理论对多民族国家的社会稳定和领土完整是极为不利的，进而对其采取了否定态度。但国内多民族结构格局和复杂的民族状况则是无法否定和回避的现实。因此，独立后的吉尔吉斯斯坦在承认国家多民族构成基础上，着重强调人权和公民权，各民族一律平等的观念已不再被提及。其次，是主体民族的民族主义的制约。伴随吉尔吉斯斯坦主权国家地位的建立，作为主体民族的吉尔吉斯人的民族主义情绪开始抬头。他们不但歧视、排挤其他少数民族，而且还要求从各个方面确立主体民族的地位。这同样是该国政府无法回避的现实。为了政权巩固，该国政府不得不采取一些向主体民族倾斜的政策，更何况某些领导人本身就是民族主义者。

总之，由于吉尔吉斯斯坦独立建国时间较短，其民族理论和民族政策还处于不断探索和调整阶段。从该国政府对民族问题的重视和所采取的具体措施来看，其目的是在多民族结构总体框架下建立以公平原则作保障的民族关系。就该国实际情况而言，公平原则并没有真正落实，因而也就注定了平衡机制无法真正建立，进而直接影响到该国民族问题的顺利解决。同时，一些潜在的因素，如民族主义升温、原教旨主义渗透、领土争端、地缘政治等，都将影响到该国民族问题的走向。

（吴家多，中国社会科学院民族学与人类学研究所副编审）

乌兹别克斯坦

乌兹别克斯坦是一个多民族国家，其境内居住着 100 多个大小民族。该国独立之前，20 世纪 80 年代中期至 90 年代初在苏联发生剧变和解体过程中，受到民主化思潮和民族主义运动的影响，各民族自我意识迅速增强，民族主义思潮迅速蔓延，主体民族乌兹别克人与外来民族之间曾发生多次冲突，致使民族关系趋于尖锐和复杂。1991 年 8 月 31 日，乌兹别克斯坦成为独立主权国家后，当局始终关注民族关系问题，把各民族居民和睦相处和保持民族关系稳定当作国家实行改革和开放、迅速发展国民经济的一项十分重要的任务。本文主要阐述乌兹别克斯坦的民族状况、民族关系形势和问题，民族关系理论和政策。

一 民族状况

（一）乌兹别克人是中亚的最大民族

乌兹别克斯坦共和国有人口 3074 万（2014 年），其主体民族乌兹别克人是中亚地区的最大民族，有 2000 多万人，占中亚五国总人口的 30% 以上。而且，乌兹别克人在中亚地区分布较广，除大多数居住在乌兹别克斯坦共和国外，在其他四个中亚国家也居住着不少乌兹别克人。在哈萨克斯坦，乌兹别克人占该国人口的2.5%；在土库曼斯坦，占人口的9%；在吉尔吉斯斯坦，占人口的13.8%；在塔吉克斯坦，占人口的24.4%。[①] 乌兹别克人在中亚历史发展过程中起到过重要作用，在16—19世纪中期，乌兹别克人是中亚诸汗国的统治民族。一直到19世纪后期沙俄帝国侵占中亚地区之后，乌兹别克人的地位才发生了重大变化，先是沦为俄罗斯帝国的臣民，后来成为苏联边疆地区的一个少数民族。

（二）独立前乌兹别克斯坦的民族结构变化

乌兹别克斯坦的民族结构发生变化始于沙皇俄国，尤其是在苏联时期变化更加明显。众所周知，沙皇政府为了对外侵略扩张，加强对周边少数民族的殖民统治，在向东部伏尔加河流域、乌拉尔、西伯利亚、远东地区大批移民的同时，也向中亚草原地区移民，以掠夺中亚的丰富矿产资源和农牧业产品。据苏联学者估计，沙皇政府向这些地区移民1000多万。苏联建立之后，虽然社会制度发生了根本性变化，但为了开发和发展各边疆地区和落后民族社会政治和文化，政府仍然实行有计划的移民政策，并鼓励各民族居民自由迁移。1928—1936年，苏联政府分批向中亚地区移民170多万。1941—1945年卫国战争期间，斯大林实际上是从国家安全利益考虑，但却借口一些少数民族中有人背叛苏维埃国家政权的罪名，强迫迁移十几个小民族，包括克里米亚鞑靼人、麦勒赫特土耳其人、朝鲜人、犹太人等民族的居民迁移到乌兹别克斯坦，至今这些民族的相当多人还留在这里。20世纪50—80年代中期，苏联政府一方面按照中央统一计划和逐步拉平各地区国民经济发展水平的方针指导各加盟共和国的社会经济发展，在各加盟共和

① 参见《面向21世纪的乌兹别克斯坦：安全的威胁，进步的条件和保障》，国家文化出版公司1997年版，第64—65页。

国之间有计划地移民；另一方面为了促进各民族接近和融合，苏联政府也竭力鼓励各民族居民自由迁徙，实行不同民族居民混居，提倡异族男女青年通婚。据苏联估计，每年大约有1500万人自由迁徙，致使各加盟共和国每年都有许多人迁出，同时又有许多外来民族居民迁入。其结果，各加盟共和国民族成分不断增加，拥有几十个或者上百个不同民族。这样一来，乌兹别克斯坦共和国也就成为由100多个民族组成的国家。

在苏联时期，乌兹别克斯坦的民族结构先后发生两个重要变化。一是从20世纪20年代至50年代末期，外来民族人口迅速增加，特别是俄罗斯人迁入的数量较多，使当地主体民族人口在共和国人口总数中的比例有所下降。据统计，1917—1959年俄罗斯人占乌兹别克斯坦共和国人口的比例从2%上升到13.5%，俄罗斯族居民有140多万[①]。乌克兰、白俄罗斯、克里米亚鞑靼人、麦勒赫特土耳其人、朝鲜人、犹太人等外来民族人口也显著增加。结果，主体民族乌兹别克族人在共和国人口中的比例有所下降，即从1939年的65%下降到1959年的62%。[②] 二是从1960年代起，由于苏联人口自然增长率下降，特别是俄罗斯族人口自然增长率下降幅度较大，而乌兹别克斯坦等中亚五个共和国人口仍然保持高速增长趋势，致使当地民族人口在共和国人口中的比例又有所上升。例如，1959—1970年苏联人口增长率为15.86%，1970—1979年下降为8.7%，1979—1989年下降为7.9%[③]。在同时期，乌兹别克斯坦等中亚地区共和国人口自然增长率大大超过全苏平均增长水平。1950年中亚五共和国总人口为1720.8万，到1989年为4938.1万，人口增加3217.3万，即增长1.87倍；1979—1989年中亚五共和国人口自然增长率为25.2%，比全苏平均增长水平

① 参见《中亚五国概论》，新疆人民出版社1997年版，第157页。

② 参见《苏联民族问题研究》，社会科学文献出版社1996年版，第171页。

③ 同上书，第167页。

高1.8倍，比俄罗斯高2.6倍[①]。因此，中亚地区当地民族人口在总人口中的比例又出现上升趋势，1990年代初乌兹别克人在该共和国居民中的比例约占70%。

（三）当前民族构成情况

乌兹别克斯坦独立后，人口继续迅速增长。从1989年的1900万增长到2014年的3074万，增加的人口主要是主体民族乌兹别克人，外来民族特别是俄罗斯人不仅没有增加反而减少了，因为苏联解体后许多俄罗斯人和其他外来民族居民离开中亚迁回故里，主体民族乌兹别克人在该国居民中的比例继续上升。

目前，乌兹别克斯坦共和国境内居住着129个大小民族，除主体民族乌兹别克人外，其他主要民族有卡拉卡尔帕克人、俄罗斯人、白俄罗斯人、乌克兰人、克里米亚鞑靼人、麦勒赫特土耳其人、朝鲜人、哈萨克人、吉尔吉斯人、塔吉克人、土库曼人、阿塞拜疆人、亚美尼亚人、格鲁吉亚人、维吾尔人、犹太人、巴什基尔人、摩尔多瓦人、楚瓦什人、达吉斯坦人、奥塞梯人、德意志人、吉普塞人以及其他许多小民族。

二　民族关系形势和问题

（一）历史遗留问题使民族关系复杂化

沙俄帝国对中亚地区的侵占和殖民统治，苏联时期有计划的大批移民导致中亚地区民族结构复杂化，乌兹别克斯坦由比较单一民族结构变为由100多个民族组成的国家，国内民族矛盾和问题日益复杂化。沙皇政府对乌兹别克等中亚民族的长期殖民统治，导致在中亚当地民族人民心中一直蕴藏着对大俄罗斯沙文主义的不满和仇视情绪。

① 参见《苏联民族问题研究》，社会科学文献出版社1996年版，第168页。

苏联在民族政策上的严重失误，使乌兹别克斯坦等中亚国家的民族问题更加复杂化。例如，在卫国战争期间被苏联政府强迫从格鲁吉亚共和国南部地区迁移到乌兹别克斯坦等共和国的麦勒赫特土耳其人，由于当地人口剧增、土地资源减少和劳动力过剩，与主体民族乌兹别克人为争夺土地和水源问题发生矛盾，终于在20世纪80年代末期公开爆发出来。1989年6月3日，在费尔干纳州的塔什拉克区发生乌兹别克人与外来民族麦勒赫特土耳其人的冲突，400多名乌兹别克族青年上街示威游行，一些房屋、商店和汽车被烧毁，造成100多人死亡，千余人受伤，1万多麦勒赫特土耳其人被迫迁往俄罗斯沦为难民。1990年2月21日，在塔什干市布克区中心广场上，1000多名乌兹别克人集会和示威；一些乌兹别克族青年冲破警察的封锁线到卡尔·马克思和列宁·尤拉集体农庄，烧毁麦勒赫特土耳其人的住房，并呼吁塔什干市政府将该地区所有麦勒赫特土耳其人迁走，结果2000多麦勒赫特土耳其人被迫迁到其他地方居住。同样，外来民族克里米亚鞑靼人与乌兹别克人也发生过冲突。乌兹别克斯坦独立之后，主体民族乌兹别克人的民族主义继续膨胀，表现在从共和国中央到各州、市、区各部门领导职务基本上都由乌兹别克人担任，以突出主体民族的地位。这种干部政策实际上是民族排外主义的表现，从而加深了民族矛盾。

在20世纪20—30年代，在以民族领土自治为基础的苏维埃联邦制的形成和发展过程中，苏联政府通过行政命令方式在中亚地区重新划分民族边界和行政单位，导致跨界民族矛盾和问题。特别是乌兹别克人作为中亚地区的最大民族，居住在中亚各国，除大多数聚居在乌兹别克斯坦外，还有将近300万乌兹别克人居住在其他中亚四国（在塔吉克斯坦约有140多万，在吉尔吉斯斯坦约有60多万，在土库曼斯坦约有40多万，在哈萨克斯坦约有40多万），苏联解体后跨界民族问题随之产生。例如，具有乌兹别克民族统一文化传统的费尔干纳盆地被分割给乌兹别克斯坦、吉尔吉斯斯坦、塔吉克斯坦三个加盟共和国，在这里居住着乌兹别克人、吉尔吉斯人、塔吉克人，还有其他一些小民族。由于人口日益增多和劳动力过剩，耕地和水源短缺，从而导致民族矛盾加剧。1990 年 6 月 6 日，在乌兹别克斯坦边境的吉尔吉斯斯坦奥什州，乌兹别克人与吉尔吉斯人因争夺耕地和水源发生械斗，造成 300 人伤亡和大量财产损失，经两国政府共同采取果断措施才制止住这场骚乱。1924 年 10 月 27 日乌兹别克苏维埃共和国成立之时，苏联政府通过行政命令手段将具有塔吉克人古老民族文化传统中心的布哈拉和撒马尔罕划归乌兹别克苏维埃共和国，这种做法在苏联解体后也为民族冲突埋下隐患。况且，1924 年塔吉克斯坦建国之初曾经有几年由乌兹别克苏维埃共和国管辖，故乌兹别克民族在塔吉克斯坦一直有较大影响。特别是在塔吉克斯坦独立后的几年内战中，实际上乌兹别克人参与了塔国的内战，在两国之间已结怨。目前，塔吉克斯坦内战结束不久，和平进程刚开始，处于严重的经济危机之中，国内政局并不很稳定，不会向乌兹别克斯坦提出领土要求；但是，今后随着塔吉克斯坦国内政治和经济的好转，历史上遗留下来的领土争议很可能成为乌塔两国之间发生民族冲突的导火线。

（二）与俄罗斯族之间的矛盾根深蒂固

20 世纪 80 年代末期，移居中亚地区的俄罗斯人有 970 多万，其中在哈萨克斯坦的俄罗斯人最多，有 600 多万；其次在乌兹别克斯坦有 160 多万，仅次于主体民族乌兹别克人，为第二大民族。移居乌兹别克斯坦的俄罗斯人都生活在城市，在党政机关、经济、科研和文化、企业从事管理和技术工作，生活优越于当地民族。问题还不止于此。历史上乌兹别克斯坦曾沦为沙俄帝国的殖民地长达 100 多年，遭受沉重的民族压迫和歧视。而在苏维埃国家时期，由于苏联当局继承沙俄帝国传统，宣布俄罗斯民族是苏联的领导民族，赋予俄罗斯民族特权地位，由俄罗斯人掌管联盟中央领导权，大众传媒突出宣扬俄罗斯民族的丰功伟绩，通过行政命令方式推广俄语，力图实现俄罗斯化；因此，少数民族实际上同俄罗斯民族处于不平等的地位，乌兹别克斯坦当地民族早就对俄罗斯民族心怀不满情绪。苏联解体后，乌兹别克斯坦境内的俄罗斯人的地位发生了剧变，由原来的享有特权的“老大哥”民族变成了外来的少数民族。这些俄罗斯人失去俄罗斯国籍，又得不到或者不愿意得到所在国的国籍，政治、经济和社会地位明显下降，甚至就业和子女上学都遇到困难，从而引起了他们对乌兹别克斯坦当局的不满，与主体民族乌兹别克人的矛盾加剧。

尤其值得指出的是，在苏联解体后，俄罗斯仍以苏联地区各国的盟主自居，继续奉行大俄罗斯沙文主义。例如：与波罗的海地区三国发生领土争议；支持克里米亚半岛的俄罗斯人成立自己的共和国，迫使乌兹别克不要脱离俄罗斯太远；以保护境外俄罗斯人的利益为由支持他们成立德涅斯特沿岸共和国，以图肢解摩尔多瓦；利用“纳卡冲突”来控制阿塞拜疆和亚美尼亚两国；支持阿布哈兹民族独立和挑起格鲁吉亚内战，以达到在格继续驻军和建立军事基地；支持哈萨克斯坦北部俄罗斯人的独立活动，迫使哈当局与俄罗斯建立特殊“盟友关系”；向乌兹别克斯坦施加压力，力图在乌继续驻军或建立军事基地。

对此种种大俄罗斯沙文主义表现，乌兹别克斯坦当局始终保持警惕和抵制。例如，在国家独立之初，卡里莫夫总统一直坚持独联体仅仅是各个独立主权国家的联合体，反对把它演变成为国际法的政治实体，反对俄罗斯继承苏联的法律地位的企图。值得注意的是，卡里莫夫总统在 1997 年出版的《面向 21 世纪的乌兹别克斯坦：安全的威胁，进步的条件和保障》一书中指出，俄罗斯国内出现了大国沙文主义思潮和侵略性民族主义，对乌兹别克斯坦国家主权和安全构成了威胁，因为这两种思潮代表人物企图在周边的地缘政治空间建立自己的特殊统治。他认为俄罗斯大国沙文主义和侵略性民族主义对乌兹别克斯坦的威胁主要表现在以下几个方面：1. 引发国际、国家间和族际之间的冲突；2. 反对乌实现国际主权和国内主权；3. 限制乌的对外经济联系，迫使接受不平等的经济待遇；4. 在新闻宣传和意识形态方面施加压力，企图歪曲乌兹别克斯坦的国际形象；5. 挑拨族际间的不信任，激化民族矛盾；6. 力图推行新殖民主义和新帝国主义霸权，迫使接受不平等的合作条件。因此，乌兹别克斯坦一直坚持批判大国沙文主义和侵略性民族主义，主张在苏联地区各国之间建立平等互利的伙伴合作关系。[①] 1999 年 2 月乌兹别克斯坦官方人士表示，乌将不再参加独联体集体安全条约，这表明对俄罗斯的离心倾向加强。

（三）国家体制中的缺陷为民族分离留下隐患

20 世纪 80 年代中期至 90 年代初，随着苏联东欧国家发生剧变，爆发了一场规模巨大的民族分离主义运动，导致苏联、南斯拉夫、捷克斯洛伐克等多民族国家的相继解体。这表明以民族领土自治为基础的联邦国家体制不利于统一国家的建立。而美国、瑞士、澳大利亚等联邦制国家也是由多民族组成的，至今还比较稳定。因为这些多民族国家实行的是地方自治，民主和法治运行机制比较健全，有助于社会发展、进步和国家稳定。苏联、南斯拉夫、捷克斯洛伐克实行以民族领土自治为基础的联邦制，即在国内以民族划界建立加盟共和国、自治共和国、自治州和自治区等不同层次的自治实体。而且，这三国宪法赋予联邦主体的国家主权和自由退盟权，使联邦主体具有明显的国家实体的特征；宪法赋予其他民族领土自治实体的民族独立自主权，也使它们具有独立政治实体的特征。从这三个国家建立、发展和解体的历史实践来看，以民族划界建立不同层次的民族领土自治实体，实际上是在人为地强化民族自我意识，激发民族独立情绪，一旦发生社会剧变和出现独立机会，民族领土自治实体很快就会发展成为独立的政治实体，成为民族分离主义活动基地，为成立新的民族国家提供基

① 参见《面向 21 世纪的乌兹别克斯坦：安全的威胁，进步的条件和保障》，国际文化出版公司 1997 年版，第 51—52 页。

本条件。因此可以认为，以民族领土自治为基础的国家体制，是难以保证多民族国家统一的。

乌兹别克斯坦就是在这场民族分离主义运动中利用苏联国家体制中的问题，逐步走向民族独立自主之路，宣布成为独立主权国家的。然而乌兹别克斯坦独立后在民族政策上继承了苏维埃联邦制的一些特征，即保留了卡拉卡尔帕克斯坦民族共和国。而且，乌兹别克斯坦宪法规定，卡拉卡尔帕克斯坦是享有主权的国家实体，拥有自己的国家宪法；卡拉卡尔帕克斯坦的版图和边界未经该共和国同意不得变更；享有独立解决其行政区域体制问题的权力，有权根据其共和国居民的全民公决退出乌兹别克斯坦；乌兹别克斯坦与卡拉卡尔帕克斯坦的相互关系在宪法范围内通过相互签订条约和协议来确定和解决，相互之间发生争端通过协商程序来解决。乌兹别克斯坦宪法做出这样的规定，实际上保留了苏联以民族领土自治为基础的联邦国家体制的一些特征。这一点，有可能是乌兹别克斯坦今后发生民族分离的隐患。

三　奉行民族关系和谐发展

卡里莫夫总统在《面向 21 世纪的乌兹别克斯坦：安全的威胁，进步的条件和保障》一书中指出，民族矛盾和族际冲突是影响乌兹别克斯坦的国家安全和稳定、改革与开放、经济发展和社会进步的一个重要问题，同时这也是中亚地区五国共同关心的重要问题。为此，他在书中论述了当前乌兹别克斯坦在民族关系理论和政策方面应当遵循的基本原则，兹概括如下：

（一）多民族国家是人类社会发展方向

人类社会发展历史表明，从古到今，虽然世界上的国家数量在不断增多，然而民族学意义上的单一民族国家数量却在相应减少。当今世界上大约有 2000 多个民族，只有 200 来个国家，其中所谓的单一民族国家的数量只占极少数，而且从严格意义上来说几乎没有纯而又纯的民族国家，占大多数的是多民族国家。当然在多民族国家中，给自己国家冠以国名的主体民族与其他民族之间的相互关系是保持国家安全和社会稳定的重要条件，因而主体民族应当尊重其他少数民族，少数民族也应当维护多民族国家的统一。世界历史发展表明，在一些多民族国家中一旦形成了各民族之间传统的和谐民族关系，多民族因素就会对国家的社会、政治、经济和文化发展起到积极的促进作用。因为在这些国家中，各民族文化相互渗透，从而成为推动各民族共同发展的积极因素。

在多民族国家乌兹别克斯坦，尽管目前存在一些民族关系中的矛盾和问题，然而乌兹别克斯坦居民的多民族性与乌兹别克斯坦人民的民族自我意识的增长和民族精神文化复兴紧密地联系在一起，成为推动社会革新和社会民族化的强大动力，为共和国与世界社会的一体化创造了良好条件。因此从这一角度来看，多民族因素将成为加快国家民主改革、加快社会经济发展、加快建设公民社会进程的动力。

（二）反对极端民族主义

一个民族渴望保存其具有深刻根源的民族财富、天生的特点和传统，这是作为一个社会发展主体、精神文化发展主体和历史发展主体的民族自我保护的必然要求。但是，一个民族可能为了实现自己的利益和要求而损害其他民族的利益和要求，因此不能依靠牺牲其他民族的利益来达到本民族的利益；必须根除产生一个民族对其他民族表现出的狂妄自大和歧视的态度，坚决反对极端民族主义。

有时候，由于不同民族、民族集团之间相互关系中利益和要求不同所引起的矛盾会激发起极端民族主义，而极端民族主义会对国家安全、民族安全、中亚地区安全和全球安全构成威胁，因而必须坚决反对极端民族主义。为此，必须遵循以下三项原则：1. 在民族关系方面存在一些非对称性矛盾，这是新独立的年轻国家建设时期的现实问题，要使国家的利益和需求与各民族公民的利益和需求有机结合起来。2. 采取一切必要的措施，以避免现实存在的民族矛盾和问题转化为民族之间的冲突，更不能使这种矛盾演变为威胁国家安全和民族安全的民族之间的对抗。3. 必须考虑业已形成的社会政治形势、居住在一起的各民族的共同要求和愿望，应当通过国家制定的民族政策来体现各民族的利益和需求，社会舆论要促进各民族居民和睦相处，建立和谐的民族关系。

（三）民族关系和谐是保持中亚地区稳定的重要条件

历史上俄罗斯帝国对中亚各民族实行殖民统治，苏联时期通过行政命令方式划分民族边界，斯大林强迫迁移的弱小民族居民流浪到中亚地区，所有这些造成了该地区复杂的民族结构和问题，从而潜伏民族冲突的隐患，威胁着中亚国家的安全和中亚地区的稳定。

卡里莫夫总统在谈到这一情况时认为，在保持中亚国家安全和中亚地区稳定过程中，民族因素和族际关系的作用日益增大。为了保障中亚国家安全和中亚地区稳定，中亚五国应当共同遵守以下五项原则：1. 承认历史上业已形成的国家边界是不可更变的。这一原则应当成为每个国家对外政策的宪法原则，成为保障每个国家的主权、巩固其政治和经济独立的基本条件。2. 1991 年苏联解体后中亚地区各民族自我意识的发展带有不可逆转的进步性质，而且已最终建立了自己的民族国家，这是中亚族际关系和国家之间关系中最重要的一条原则。3. 居住在中亚地区的各民族人民在地缘上的接近、民族历史文化上的接近、社会风俗和宗教信仰上的接近，这是各民族之间进行对话、各民族之间对外政治合作和经济合作的积极因素。4. 乌兹别克斯坦积极倡导“土耳其斯坦——我们的共同家庭”运动，奉行人道主义和建设性的民族政策，实现中亚地区民族关系和谐。“土耳其斯坦”自古以来就不仅仅指突厥人，也包括中亚地区的各民族人民。实行这一政策完全符合中亚各国的国家利益和民族利益。5. 应当在各国人民和多民族的国家利益和民族利益紧密结合的基础上发展中亚一体化，加强五国之间的全面合作。与此同时，要坚决反对把中亚地区的一个民族与另一个民族对立起来的任何企图，反对散布所谓存在优等民族神话的任何企图，打击挑动民族冲突和对抗的阴谋活动。为了推动中亚一体化进程，各国应当保障实现各民族公民的权利平等，为发展本地区各民族文化创造良好条件。①

（四）奉行各民族和睦和公民权利平等政策

乌兹别克斯坦成为独立的主权国家之后，继承了历史上形成的多民族社会结构，要在这样的社会基础上建立民主和法治国家，向公民社会过渡。国家立法基础是要解决共和国各民族公民权利平等，以有助于加强各民族团结和建立和谐发展关系。为此，乌兹别克斯坦宪法规定各民族居民享有平等的人权、平等的公民权，在法律面前一律平等；各民族居民享有平等的选举权，享有直接或通过其代表参加国家和社会管理的平等权利。国家保障尊重共和国境内各个大小民族的语言文化、风俗和传统，为他们发展创造条件。

民族复兴进程不仅在主体民族乌兹别克人中间进行，而且基于民族文化统一进程也在其他民族中间进行。为此，1989 年乌兹别克斯坦共和国就开始建立新的社会组织——民族文化中心，为各民族发展自己的民族语言文化、风俗和传统提供基本条件。今天，民族文化中心在全国已有 80 多个，它们的活动在乌兹别克斯坦多民族社会的政治改革、经济改革、文化—思想改革的过程中发挥了积极作用。各民族人民统一，各民族人民的团结和安定，这是国家稳定和发展的无价之宝。

为了不出现尖锐的民族冲突，不发生威胁国家安全和中亚地区稳定的民族对抗，乌兹别克斯坦奉行的民族政策的基本原则：一是国家

---

① 参见《面向 21 世纪的乌兹别克斯坦：安全的威胁，进步的条件和保障》，国际文化出版公司 1997 年版，第 59—60 页。

的民族政策应当首先保护各民族居民的人权，不允许损害少数民族的权利；二是国家的民族政策的战略方针是用建设性方法解决民族之间矛盾和问题，避免发生冲突；三是国家在发展市场经济的同时，运用强有力的机制对各民族居民实行社会保护，经济发展方针应当符合全国各民族人民的利益，应当为发挥每个人的才能，提高每个家庭的生活水平创造坚实的基础，为形成和谐的民族关系创造物质基础。

（陈联璧，中国社会科学院俄罗斯东欧中亚研究所研究员）

格鲁吉亚

格鲁吉亚是一个多民族国家，因此面临着种种民族矛盾。苏联时期，它作为一个加盟共和国，其领导人自然依照全苏统一的民族政策处理当时的民族问题。格鲁吉亚独立后执行自己的民族政策，采取相应的措施，努力解决国内历史遗留的和新出现的民族问题。

一　民族结构

格鲁吉亚位于外高加索中西部。西南与土耳其接壤，西面濒临黑海，面积6.97万平方公里，人口约450万（2013年）。主体民族格鲁吉亚人占全国总人口80%以上。此外，还有亚美尼亚人（占8.1%）、俄罗斯人（6.3%）、阿塞拜疆人（5.7%）、阿布哈兹人、奥塞梯人和阿扎尔人等民族。格鲁吉亚语为官方语言。大多数居民信仰东正教，少数人信仰基督教和伊斯兰教。

格鲁吉亚独立时有3个少数民族自治实体，即阿布哈兹自治共和国、阿扎尔自治共和国和南奥塞梯自治州。

阿布哈兹自治共和国位于格鲁吉亚西北部，西南濒临黑海。面积8600平方公里，占格国总面积的12%。人口约60万。有阿布哈兹人、格鲁吉亚人、亚美尼亚人和俄罗斯人等民族。1921 年 3 月 4 日，阿布哈兹苏维埃社会主义共和国成立。同年 12 月 16 日，该共和国加入格鲁吉亚共和国。从 1931 年起，改为自治共和国。从 1992 年 7 月起，自称阿布哈兹共和国。[①] 阿布哈兹盛产茶叶、烟草、柑橘和葡萄的产量都很大。首都苏呼米是格鲁吉亚的主要港口。[②]

阿扎尔自治共和国位于格鲁吉亚南部，南邻土耳其，西濒黑海。面积 3000 平方公里，人口 45 万（1991 年）。[③] 居民主要是格鲁吉亚族，其次才是阿扎尔族，还有俄罗斯族、亚美尼亚族等。阿扎尔地区自 10 世纪起是统一的格鲁吉亚的一部分。11 世纪遭塞尔柱人入侵，13 世纪遭蒙古鞑靼人入侵，17 世纪起受土耳其统治，1878 年被沙俄吞并。1917—1921 年处于格鲁吉亚孟什维克政府的统治之下。1921 年 7 月 16 日，建立阿扎尔苏维埃社会主义自治共和国，并成为苏维埃格鲁吉亚的一部分。从 1990 年 12 月起，改称阿扎尔自治共和国。[④] 首都巴统是黑海港口，人口 15 万多。[⑤]

南奥塞梯自治州位于格鲁吉亚北部，1922 年 4 月 20 日成立。面积 3900 平方公里，1990 年人口为 9.9 万。其居民主要是奥塞梯人、格鲁吉亚人和俄罗斯人等民族。首府茨欣瓦利市。有采矿、食品、木材、木材加工、机械制造和建材等工业。种植谷物（小麦、玉米、大麦）、马铃薯、蔬菜、瓜类和糖用甜菜，有园艺业，葡萄种植业和养羊业等。[⑥]

---

① ［俄］《大百科辞典》1997 年俄文版，第 8 页；《苏联概览》1989 年 5 月版，第 548—549 页。

② ［俄］《大百科辞典》1997 年俄文版，第 19 页。

③ 同上。

④ 《苏联概览》第 540 页；［俄］《大百科辞典》1997 年俄文版，第 19 页。

⑤ ［俄］《大百科辞典》1997 年俄文版，第 106 页。

⑥ 《苏联百科词典》（中文版），第 960 页。

二 独立建国的过程

苏联时期，尤其是赫鲁晓夫、勃列日涅夫和戈尔巴乔夫执政时期，格鲁吉亚的民族矛盾比较尖锐，由反对大俄罗斯沙文主义，反对俄罗斯化，逐步演变成宣布共和国独立，要求脱离苏联的反抗斗争。

十月革命后，格鲁吉亚民族同苏联境内其他少数民族一样，政治地位得到提高，经济文化得到长足发展，居民生活水平也有明显改善。但苏联长期存在的大俄罗斯沙文主义，使他们在精神上颇受压抑。因此，当时该共和国知识界一些人或含沙射影，或毫不掩饰地反对俄罗斯化。1966 年 3 月 10 日，针对苏联领导人鼓吹俄罗斯人的“领导作用”和大力推广俄语等做法，格鲁吉亚作家协会理事会主席阿马希泽在格共二十三大的发言中公开反对“以一个民族同化所有民族，以一种语言同化所有语言”的做法。[①] 1972 年 9 月 29 日，瓦·帕·姆日阿瓦纳泽被解除格共中央第一书记职务。据外电透露。姆氏下台的一个重要原因，就是他“助长了格鲁吉亚的民族主义情绪”和“宽容、放任和讨好民族主义分子”。姆日阿瓦纳泽一般不颂扬俄罗斯人的“功劳”及其对非俄罗斯民族的“帮助”，不强调俄语的重要作用。对于知识界中出现的“民族主义”，他不仅不组织批判，还加以保护。例如，说他保护过“赞扬格鲁吉亚人民的民族文化和历史”的格鲁吉亚科学院历史研究的活动以及曾著书立说，借古喻今，影射讽刺苏联当局的格鲁吉亚历史学家西达莫尼泽。[②] 1973 年 4 月 27 日，苏联《东方曙光报》在报道格共“积极分子”大会的情况时说，有些人通过著书撰文宣扬格鲁吉亚的历史和文化，反对大俄罗斯沙文主义。大会特别指责苏联马列主义研究院格鲁吉亚分院主编的《格鲁吉亚共产党历史概要》

① ［苏联］《东方曙光报》1966 年 3 月 10 日。

② ［苏联］《东方曙光报》1972 年 9 月 30 日；法新社巴黎 1973 年 5 月 29 日电。

一书犯有“民族主义错误”，并要求根据苏共中央有关决议的精神对该书进行“认真修改”。[①] 1976 年 4 月 23 日，在格鲁吉亚作协八大上，格鲁吉亚作家贾巴里泽发言指责苏联当局对少数民族实行语言同化政策，认为苏联教育部关于在格鲁吉亚高等院校使用的教科书都用俄文出版的决定是“违背苏联宪法的”。为此，苏联教育部应受起诉。苏联报刊点名批判贾马里泽在共和国作协八大的讲话是进行“民族主义蛊惑性”的宣传、煽动，贾巴里泽“为捍卫格鲁吉亚语言而斗争”是“民族局限性”，并认为，贾巴里泽反对大俄罗斯沙文主义的行动在格鲁吉亚人民群众中得到了“同情”。[②] 1978 年 4 月 14 日，格鲁吉亚首都第比利斯市几百名青年学生和大学教授上街游行示威，抗议苏联当局对格鲁吉亚民族语言的歧视。据美国《纽约时报》报道，游行队伍到共和国政府大厦前，要求正在讨论、通过新宪法的格鲁吉亚最高苏维埃会议，保障格鲁吉亚人民使用本民族语言的合法权利。该报还报道在过去两周内，与格鲁吉亚毗邻的亚美尼亚也曾发生过类似的抗议歧视少数民族语言的示威。[③]

1985 年 3 月戈尔巴乔夫上台后，推行“民主化”和“公开性”政策，使各种思潮泛滥。在国家政治失控以及东欧剧变和波罗的海三国独立运动的冲击下，格鲁吉亚要求扩大共和国自主权，甚至脱离苏联，争取独立的呼声日益高涨，抗议示威不断发生。与此同时，共和国境内少数民族同格鲁吉亚民族的矛盾也渐趋尖锐，以致发展成大规模的武装冲突。于是，格鲁吉亚民族同苏联中央的矛盾以及

① ［苏联］《东方曙光报》1973 年 4 月 27 日。

② ［英］《泰晤士报》1976 年 6 月 8 日；［苏联］《东方曙光报》1976 年 8 月 25 日。

③ 在斯大林时期制定的格鲁吉亚、亚美尼亚和阿塞拜疆三个加盟共和国的宪法中，都分别明确规定，格鲁吉亚语，亚美尼亚语和阿塞拜疆语为本共和国国语。1978 年 3 月，各加盟共和国最高苏维埃主席团先后举行会议，根据 1977 年通过的苏联宪法，审议本共和国的新宪法草案。苏联当局企图利用这个机会，取消上述三个共和国原宪法中有关民族语言的条款。这是发生游行示威的直接原因。在群众抗议斗争的压力下，苏联当局被迫让步，1978 年 4 月中旬，外高加索三个加盟共和国通过的新宪法都保留了原宪法中有关主体民族语言为本共和国国语的条文。——笔者注

格鲁吉亚境内少数民族同本共和国当局的矛盾便错综复杂地交织在一起了。

1989 年 3 月，位于格鲁吉亚西北部的阿布哈兹自治共和国的一些人组织集会，要求将该自治共和国升格为加盟共和国（前已述及，阿布哈兹 1921—1930 年为苏维埃社会主义共和国），实质上是主张脱离格鲁吉亚。这遭到格鲁吉亚族的强烈反对。自 1989 年 4 月 4 日起，格鲁吉亚首都第比利斯市发生格鲁吉亚人及其他民族居民大规模示威，他们反对阿布哈兹的独立要求。但在以后，抗议者的斗争锋芒开始转向共和国当局，对其施加压力，要求格鲁吉亚独立，退出苏联。4 月 9 日，共和国政府出动军警，与示威者发生冲突，结果造成 19 人死亡，200 多人受伤。事后，该共和国党政主要领导人均被解职。不过以后的事实证明，格鲁吉亚的确逐步走上了独立道路。1989 年 11 月 17—19 日，共和国最高苏维埃修改宪法，确认格鲁吉亚在其境内拥有土地、矿藏、河流、森林及其他自然资源的所有权；格保留自由退出苏联的权利；若苏联的法律和法令不符合格鲁吉亚的利益，格将停止这些法律、法令在其境内的效力。1990 年 10 月底选出的新议会修改共和国宪法的有关条款，明确规定，格鲁吉亚共和国的法律高于苏联法律，并升起 1921 年以前曾使用过的黑、白、深红三色国旗。1990 年 12 月 8 日，格共二十八大宣布，该党脱离苏共，并使格鲁吉亚脱离苏联。1991 年初，格鲁吉亚拒绝参加全苏就苏联前途问题举行的全民公决。3 月 31 日，格鲁吉亚就本共和国独立问题举行公民投票。绝大多数投票者赞成根据 1918 年 5 月 6 日独立法恢复国家独立。4 月 9 日，格议会召开非常会议通过了独立宣言。该宣言指出，“格鲁吉亚主权共和国的领土是统一的和不可分割的”，并决定设立总统职位。这样，在苏联解体过程中，格鲁吉亚便成为继立陶宛之后第二个宣布独立的共和国。

在格鲁吉亚要求和宣布独立、脱离苏联的同时，格鲁吉亚当局与阿布哈兹自治共和国和南奥塞梯自治州的矛盾也更加激化。1990 年 8

月25日，阿布哈兹自治共和国发布主权宣言，宣布它脱离格鲁吉亚。9月20日，格北部的南奥塞梯自治州也宣布脱离格鲁吉亚，成立“在苏联之内的南奥塞梯苏维埃民主共和国”。对于这两个举动，格鲁吉亚最高苏维埃均持反对态度，宣布无效。

三　国内民族问题与政策

随着苏联解体和格鲁吉亚实现独立，格国内的民族矛盾比较简单，主要是格当局同阿布哈兹和南奥塞梯地方自治政权的矛盾。

如前所述，1989年3月，阿布哈兹要求脱离格鲁吉亚，受到格鲁吉亚当局的强列反对。

1992年7月23日，阿布哈兹通过国家主权声明，宣布独立。格鲁吉亚则于当月25日宣布该决定“没有法律效力”。双方对峙日益加剧。同年8月11日，格鲁吉亚内务部长格文察泽等人去西部地区同前总统加姆萨胡尔季阿的支持者就民族和解问题进行谈判时被扣为人质。为解救人质，格政府派国民卫队进入阿布哈兹，并占领其首都苏呼米。阿方决心将格政府军赶走，而格方拒不撤出全部武装。于是，双方爆发了流血冲突，阿布哈兹从此变成了硝烟弥漫的战场。①

1990年9月，南奥塞梯自治州宣布成立苏维埃共和国，脱离格鲁吉亚。同年12月，格鲁吉亚最高苏维埃宣布南奥塞梯9月的独立决定无效。尔后，格鲁吉亚前总统加姆萨胡尔季阿派部队进驻南奥塞梯，并在该地区实行紧急状态和经济、交通封锁，致使武装冲突加剧，人民的生产和生活遭到严重破坏，大批难民涌入俄罗斯联邦的北奥塞梯自治共和国。1992年1月20日，南奥塞梯自治州就独立问题举行全民公决后，局势十分紧张，格鲁吉亚和南奥塞梯冲突双方频频交火。在这场流血事件中，南奥塞梯曾得到俄罗斯联邦北奥塞梯自治共和国的

---

① 参阅《光明日报》1993年10月10日。

支持。1992 年 5 月 20 日，格鲁吉亚战斗队员向南奥塞梯难民开枪，造成 35 人死亡。从此，战斗急剧升级，短短几天就造成 700 余人死亡，1500 人受伤。

很显然，阿布哈兹和南奥塞梯武装冲突已成为格鲁吉亚独立后困扰国家安全和稳定的两大难题。

1992 年 10 月当选为议会主席（行使国家元首职能）的谢瓦尔德纳泽上任伊始，就采取措施解决阿布哈兹和南奥塞梯问题。

（一）坚持国家统一和领土完整的方针

1993 年 9 月 18 日，在格、阿双方发生激烈的武装冲突之时，谢瓦尔德纳泽就号召共和国居民以及拥有武器的所有人前来保卫阿布哈兹，保卫格鲁吉亚的领土完整[①]。1995 年 8 月 24 日颁布的《格鲁吉亚宪法》第 38 条规定，“根据公认的国际法原则和准则，实现少数民族的权利不应妨碍格鲁吉亚主权、国家体制、领土完整和政治独立”。[②] 这是格鲁吉亚政府解决阿布哈兹和南奥塞梯问题的坚定原则。1995 年 11 月 26 日，谢瓦尔德纳泽在其总统就职演说及以后涉及解决阿、南问题的讲话中都重申和坚持这一立场。

（二）在坚持原则的前提下，采取比较灵活的解决办法

1995 年 11 月 14 日，谢瓦尔德纳泽在向新华社记者发表谈话涉及阿布哈兹问题时说，格方的立场很明确，阿布哈兹应留在格鲁吉亚国家范围内；但考虑到历史原因，格鲁吉亚将承认阿布哈兹的国家体制，阿布哈兹可以有自己的宪法、议会和国家体制，但制定国防、海关、金融货币政策的权力在中央，阿布哈兹不能有自己的武装。[③] 1996 年 1

---

① 俄通社—塔斯社第比利斯 1993 年 9 月 18 日俄文电；《参考资料》1993 年 9 月 18 日俄文电。

② 《世界宪法全书》，青岛出版社 1997 年版，第 230 页。

③ 新华社第比利斯 1995 年 10 月 14 日电。

月13日，谢瓦尔德纳泽重申解决阿布哈兹问题的最佳方案是：阿布哈兹成为格鲁吉亚联邦的一个主体，享有广泛的政治地位，即它应有自己的宪法、议会、最高法院、国歌、国徽和代表国家的其他象征。①

（三）采用谈判和对话的方式和平解决阿布哈兹问题，但也不排除使用武力

1996年1月8日，格鲁吉亚总统谢瓦尔德纳泽表示，他在1996年将致力于恢复国家领土完整，用政治和武力相结合的办法来解决格鲁吉亚同阿布哈兹地区的冲突问题。② 1998年1月2日，谢瓦尔德纳泽在与驻格外国记者的新年见面会上说，他支持以谈判和对话的方式和平解决阿布哈兹冲突，但近期内在解决难民返回家园和恢复格鲁吉亚领土统一等问题上不能取得进展，格领导人准备提出以武力，包括以“波黑维和行动”的方式根本解决冲突。③

（四）请求和呼吁国际社会和国际组织帮助解决国内地区冲突问题

自阿布哈兹和南奥塞梯发生武装冲突事件后，格总统和政府不止一次向国际社会和国际组织（如联合国和欧安会等）发出呼吁，请求利用现有的一切和平手段，来解决格境内的民族冲突。

1993年12月1日，在联合国和俄罗斯的斡旋下，格鲁吉亚和阿布哈兹双方在日内瓦再度签署了相互谅解备忘录，决定成立由格、俄、联合国及欧安会代表组成的专家小组，以便制定有关解决阿布哈兹政治地位问题的建议。1994年1月10—13日，在联合国、欧安会和俄罗斯三方代表的支持下，格鲁吉亚政府代表和阿布哈兹的代表在日内瓦进行第二轮和谈，双方同意在冲突地区部署联合国维和部队；此后，格、阿代表在日内瓦、莫斯科等地就阿布哈兹地位、双方停火以及使

① ［俄］《独立报》1996年1月13日。
② 《人民日报》1996年1月10日第6版。
③ 《人民日报》1998年1月5日第6版。

难民和流离失所者返回家园等问题进行多次谈判。1998 年 5 月 24 日，当阿布哈兹武装分子在阿布哈兹的加利地区重开战火后，格鲁吉亚政府请求俄罗斯驻扎在冲突地区的维和部队采取措施，防止暴力事件升级；同时又呼吁联合国、欧洲安全与合作组织和独联体领导人立即采取措施，制止加利地区的武装行动。①

1996 年 5 月 16 日，格鲁吉亚和俄罗斯、南奥塞梯、北奥塞梯四方领导人在莫斯科商谈解决格鲁吉亚一奥塞梯冲突问题。会谈后，各方签署了“关于格奥冲突各方确保安全和增进相互信任措施”的备忘录。根据这份备忘录，冲突各方不再从政治、经济等方面向对方施加压力。谢瓦尔德纳泽认为，签署这一文件不仅对寻求和解之路的格、奥两个民族，而且对整个高加索都具有历史意义。这是本地区通向和平迈出的第一步。②

四　成绩与问题

经过几年来坚持不懈的努力，格鲁吉亚政府在协调民族关系和解决民族问题方面已初见成效。

从 1995 年起，南奥塞梯局势开始平静。该地区当局同意在格鲁吉亚境内实行南奥塞梯政治自治，难民向南奥塞梯返回的进程正在加快。阿布哈兹的问题虽未彻底解决，但该地区的形势也趋向好转。最近两年，格鲁吉亚和阿布哈兹的主要分歧是：格政府主张在格鲁吉亚大框架内采取联邦制，阿将享有高度的自治权；在维和部队使命结束之前完成难民的回归。而阿布哈兹当局则要求阿方拥有更多的权力和自由，建立格 - 阿邦联制国家。1996 年 1 月，在莫斯科举行的独联体国家元首理事会会议上，根据谢瓦尔德纳泽的请求，通过了有关阿

---

① 俄通社—塔斯社第比利斯 1998 年 5 月 24 日俄文电。

② 俄通社—塔斯社莫斯科 1996 年 5 月 16 日俄文电。

布哈兹问题的决议，表示坚决支持格政府为解决格、阿冲突所作的一切努力、并对阿布哈兹实行制裁，直到其同意与格鲁吉亚统一为止。自1996年以来，由于国际社会不断进行调解斡旋和独联体维和部队一直执行维和任务，格、阿冲突事件明显减少。1998年5月下旬，格、阿再次发生冲突，但很快得到制止。据报道，5月20日、24日阿布哈兹武装人员在阿布哈兹的加利地区重开战火，同支持格鲁吉亚的居民发生武装冲突。5月25日，格、阿双方签署了停火协议。该协议规定，双方于26日清晨6时起在冲突地区实行停火，双方武装部队脱离接触。协议还规定，成立由冲突双方、联合国军事观察团和驻格、阿冲突地区维和部队代表组成特别小组，以监督双方停火协议的执行情况。[①] 该协议还要求阿布哈兹方面不再对居民施行违法的暴力行动，要求格鲁吉亚方面采取措施，防止恐怖分子、颠覆集团渗入阿布哈兹地区。

进入21世纪，阿扎尔自治共和国的民族分离主义情绪日益明显。格鲁吉亚独立初期，阿扎尔自治共和国虽不像阿布哈兹自治共和国和南奥塞梯自治州那样强烈地反抗格鲁吉亚当局，但也一直与中央政府不和，处于经济自治状态，并组建了自己的地方武装。2004年1月，格鲁吉亚前总统谢瓦尔德纳泽下台。年仅36岁的米哈伊尔·萨卡什维利当选总统后，阿扎尔自治共和国拒不承认新政权。同年3月14日，萨卡什维利总统准备前往阿扎尔自治共和国就即将举行的格鲁吉亚议会大选问题会见当地选民。当总统车队行至阿扎尔自治共和国边界时，遭到当地武装力量的拦截。格鲁吉亚政府随即宣布对阿扎尔实行空中和海上封锁，对该自治共和国实行经济制裁，要求阿扎尔承认和服从中央领导，并解除其非法武装。然而，阿扎尔地方政府拒不接受这一要求，并宣布在阿扎尔全境实行紧急状态和宵禁。双方剑拔弩张，形势极其严峻。直到2004年5月6日，在格鲁吉亚中央政府的强大军事

① 《人民日报》1996年1月10日第6版。

压力下，在本自治共和国反对派的强烈抗议下以及在俄罗斯政府的积极斡旋调和下，阿扎尔自治共和国总统、素以“强硬派”著称的阿斯兰·阿巴希泽被迫宣布辞职，由俄罗斯安全会议秘书伊戈尔·伊万诺夫陪同离开阿扎尔自治共和国首府巴统市，前往莫斯科。据塔斯社报道，阿巴希泽下台后，格鲁吉亚将对阿扎尔自治共和国实行总统直接管理，由格鲁吉亚中央政府和阿扎尔自治共和国地方政府官员组成的临时委员会负责处理阿扎尔的日常事务。该临时委员会要求阿扎尔民众自2004年5月7日起的一星期内上缴前政府分发给他们的枪支弹药；与此同时，格鲁吉亚政府也表示，将继续尊重阿扎尔共和国的自治权，其最终地位将通过特别法律的形式予以确定。总之，随着阿巴希泽“总统”的辞职和流亡，格鲁吉亚中央政府和阿扎尔自治共和国之间的紧张关系开始缓解。

格鲁吉亚同阿布哈兹、南奥塞梯和阿扎尔地区之间的矛盾由来已久，很难在短时间内比较彻底地解决问题。1996年1月8日，格鲁吉亚总统谢瓦尔德纳泽向全国发表广播讲话说，格将用2—3年时间使国家实现统一和恢复正常生活。[①] 1998年1月2日，谢瓦尔德纳泽在为国内外记者举行的新年招待会上说，他希望在2000年之前解决阿布哈兹在格鲁吉亚国家版图内的政治地位的问题。他指出，应当习惯阿布哈兹在格鲁吉亚版图内将具有特殊地位的思想。他说，“我相信，到2000年之前，格鲁吉亚将恢复领土完整，相信在我的总统任期内将解决这个极为重要的问题”。[②] 2000年4月30日，蝉联总统的谢瓦尔德纳泽在宣誓就职的仪式上再次表示，他在新任期内的主要任务之一，就是解决阿布哈兹和南奥塞梯问题以及恢复国家领土完整问题。2004年1月25日萨卡什维利出任新总统后的重要举措同样是致力于国家统一和领土完整，将有独立倾向的地区重新纳入中央政府的管理。他强

① 《人民日报》1996年1月10日第6版。

② 俄通社—塔斯社第比利斯1998年1月2日俄文电。

调指出，“我们决定与阿布哈兹重新进行和平谈判。我们永远不会同意它从格鲁吉亚分离出去……格鲁吉亚愿在一个国家的框架内向阿布哈兹提供广泛的自治权”。他还表示，希望联合国和俄罗斯在解决阿布哈兹问题上继续发挥建设性作用。但是，星转斗移，随着格鲁吉亚和俄罗斯在后来矛盾不断激化，俄罗斯于 2008 年 8 月 28 日宣布承认阿布哈兹和南奥塞梯独立，致使问题更难解决。

（刘庚岑，中国社会科学院俄罗斯东欧中亚研究所研究员）

土 耳 其

西亚库尔德人问题是亚洲的民族冲突热点之一，而土耳其的库尔德人问题则是这个热点中之热点。1995 年 3 月 20 日，土耳其武装部队在海、陆、空军突击队配合下，出动 3.5 万人越过土耳其边界，深入伊拉克境内 40 公里，对土耳其库尔德工人党游击队进行追剿。土政府宣布这次行动可能持续 10 天，也可能一个月，直到取得决定性胜利为止。[①] 这就再次引起国际社会的普遍关注。欧盟要土耳其撤军，美国则采取默许态度。4 月土耳其总理访问华盛顿，美国总统公开对土耳其武装部队越境的行动表示“理解”，实际上是支持。

土耳其部队越过土、伊边境追剿反政府游击队已不是第一次。1992 年 5 月 15 日、1994 年 1 月 11 日土政府军就曾越境追剿。土政府空军几年来也多次越境空袭伊境内的库尔德工人党游击队营地。库尔德工人党游击队则采取“打了就跑”的战术，使政府军的清剿行动收效不大。就目前情况看，土政府高层领导决心以武力解决问题的想法和做法尚无改变的迹象。

① 李玉东：《土耳其为何越境动干戈》，载《光明日报》1995 年 3 月 24 日。

一　库尔德问题的现状

土耳其库尔德工人党是在被取缔了的土耳其工人党支持下成立的，是个极“左”组织，常对同族中被认为与政府合作的人采取极端措施。在库尔德人中，支持他们的人不多。1984 年该党开始组织反政府的分离主义的武装游击斗争。当时战斗人员很少，后来斗争范围扩大，人员有所增加，尤其在欧美多国部队于 1991 年对伊拉克入侵科威特实施惩罚性打击后，库尔德分离主义者颇受鼓舞，到 1993 年时该组织已有大约 1.5 万名游击队员。库尔德工人党开展游击战以来的十多年间，在土耳其南部地区，死于战事的游击队员和政府军士兵的总数已不下 3 万人，其中库尔德人 2 万。

库尔德人在土耳其东南部的锡尔特、宾格尔、马尔丁、哈卡里、埃拉泽、凡、阿达纳、通杰利等 10 个省均占本省人口的多数。库尔德工人党及其他库尔德人组织的斗争目标是要在土耳其东南部建立独立的“库尔德斯坦共和国”。库尔德游击队经常出没于土耳其与伊拉克、伊朗、叙利亚、亚美尼亚接壤的边境山区，袭击土耳其保安部队和警察哨所。游击队曾于 1993 年 5 月出人意料地宣布单方面停火，但 6 月 8 日该党总书记厄贾兰在黎巴嫩贝卡谷地举行的一次记者招待会上又宣布向土耳其发动“最残酷的攻势”，并扬言这年夏季将是政府军“遭受重大伤亡”的季节。工人党同土耳其政府的斗争目前发展到在两条战线上进行：一是在土耳其国内，组织居民游行示威和开展暴力活动，命令游击队袭击土耳其的经济目标、军警哨所及西部旅游胜地；二是在欧洲开展反对土耳其政府的活动，在德国有 180 万土耳其移民，其中大约有 40 万库尔德人，这 40 万人中不乏同情和支持工人党分离主义的人。1993 年 6 月下旬，库尔德激进分子分别在法国马赛和德国慕尼黑扣留了土耳其驻当地的一些工作人员作为人质，并要求德国总理科尔到电视台发表讲话，敦促土耳其政府停止对土东南部库尔德人采取的军事行动，否则被扣留的20名人质将全部被杀掉。在瑞士首都伯尔尼，库尔德激进分子到土耳其驻瑞士使馆门前举行示威游行。

进入1995年以来，特别是土耳其军队于3月20日越境进入伊拉克以来，库尔德激进分子在西欧袭击土耳其人的活动更加频繁。据外电报道，4月6日夜，在德国的慕尼黑、柏林、汉诺威、科隆等十几个城市都听到了燃烧弹爆炸的巨响。据统计，到4月末德国的土耳其人住所和企业已遭受180次袭击。这种愈演愈烈的袭击活动迫使德国人原先就反对土耳其侵犯伊拉克北部边界的立场变得更加强硬。波恩4月上旬通告土耳其总理：联邦德国将停止向土运送武器。外长金克尔扬言要撤销对土耳其加入欧洲海关联盟的支持。

二　武力解决的政策

1993年5月，库尔德工人党曾宣布单方面停火。这本来是对话解决问题的契机，但土耳其政府军并未停止反库尔德人的大扫荡，土耳其武装部队总参谋长扬言：“这些匪徒不久将被扫荡干净。”土耳其政府在1993年10月再次明确表示，要“通过军事手段解决这个问题”。这就正式排除了同库尔德分离主义分子进行对话的可能性。1994年1月，土耳其总理进一步称：“我们决心在1994年底制止住恐怖主义活动。”土耳其政府决定将军队退役人员的退役时间推迟3—5个月，以对付东南部地区反政府的库尔德游击队。1995年土耳其政府将其全部兵力的三分之一投入到了对库尔德游击队的围剿行动。1995年1月，土武装部队总参谋长承认，同库尔德人的战争相当于一场“低烈度战争”。看来，此前他对形势的估计有点过分乐观了。总之，到目前为止，土耳其政府、议会和军方都没有考虑与库尔德人对话，而是一味强调以军事手段解决问题。

这场旷日持久的战争已给土耳其国内经济造成严重影响，使土耳其的财政负担越来越重。土耳其已背负了600亿美元的债务。1993年的通货膨胀率为67%，94年升至125%。1994年财政赤字约为100亿美元。近两年用于这场战争的开支每年近100亿美元，而1994年全年预算仅320亿美元。战争使得东南部的银行纷纷撤离，私人投资几乎停止，人们纷纷逃离家园，大片的土地荒芜。① 一些观察家对以军事手段解决问题的前景表示悲观。

三　库尔德问题的历史考察

库尔德族是西亚的古老民族之一，其人口在中东各民族中占第四位，并有尚武的传统；1187年曾率部打败十字军、结束了欧洲人占领耶路撒冷88年历史的撒拉丁是库尔德族人引为自豪的英雄。绝大多数库尔德人生活在位于土耳其、伊朗、伊拉克、叙利亚交界处的库尔德斯坦，库尔德斯坦则分别属于土耳其、伊朗、伊拉克和叙利亚。库尔德斯坦的总面积大约41万—51万平方公里。库尔德族的总人口有3000万（2014），其中一半生活在土耳其，约1700多万在伊朗，近600万在伊拉克，近100万在叙利亚，约80万在西亚其他国家以及高加索地区，近100万在西欧。②

绝大多数库尔德人信仰伊斯兰教，其中多数属逊尼派，少数人属什叶派。库尔德语属印欧语系伊朗语族，分为南、北两个方言群，西亚的库尔德文使用阿拉伯字母拼写，高加索的库尔德人自1946年起使用俄文字母拼写库尔德文。由于方言差别，许多库尔德人相互之间难以自由交流。

第一次世界大战后，库尔德斯坦被土耳其、伊朗、伊拉克、叙利

---

① 参见李玉东前文。

② 参见［保］拉多伊·克勒斯特夫著、马细谱摘译《土耳其的库尔德问题》，载《民族译丛》1991年第2期。

亚瓜分。这种状态一直持续到今天。土耳其的库尔德斯坦分为 18 个省（土耳其全国共有 67 个省）。

值得注意的是，瓜分库尔德斯坦的国家都不承认公民与民族在法律上有什么不同，亦即它们都不允许把居民划分为不同的民族。[①]

这些国家都是伊斯兰国家，伊斯兰思想体系不允许把穆斯林再按民族特征加以划分，他们认为所有穆斯林都是兄弟；只有信仰不同宗教的人们才被认为是不同的群体。因此，伊朗境内的库尔德人被称为“不会讲波斯语的波斯人”；土耳其境内的库尔德人被称为“山里的土耳其人”，两个阿拉伯国家的库尔德人分别被称为各自国家的公民。据 1970 年调查，苏联境内有 30 多万库尔德人，大部分生活在高加索的亚美尼亚、格鲁吉亚及阿塞拜疆。那里有库尔德居民，没有库尔德居住区。当时的苏联由于意识形态不同，承认他们是一个少数民族。他们使用库尔德文，有库尔德人学校，出版库尔德文的书籍，有库尔德语广播站。这就与西亚国家的库尔德人的处境形成了鲜明的对比。第二次世界大战结束时，苏联曾支持伊朗的库尔德人建立过一个短命的马哈巴德共和国。后来，苏联出于与伊朗搞好国家关系的需要而不再支持马哈巴德共和国，该共和国很快垮台，领导人被公开绞死，库尔德语教育被禁止，库尔德文书籍被焚毁。[②] 但这一切，对整个库尔德斯坦产生了深远的影响。虽然土耳其的库尔德人问题早在奥斯曼帝国时代就已产生，但苏联的影响不能不为这一问题增加新的民族主义因素。库尔德斯坦的库尔德人在各自国家要求自治，有的甚至提出独立的要求。在这种形势下，伊拉克政府于 1970 年与其境内的库尔德人达成关于地方自治（不是民族自治）的协议，后来由于在基尔库克石油利益上的纷争，自治未能实施；尽管如此，伊拉克的这一事态发展对邻国土耳其库尔德人的鼓舞力量是不可低估的。土耳其库尔德工人党游击

---

① 其实在亚洲不只这几个国家，绝大多数国家都持这种观点和实施这种政策。

② 参见魏忠译《库尔德人》，载《民族译丛》1994 年第 1 期。

队1984年开展武装斗争时提出的口号是建立“库尔德斯坦共和国”。

四　库尔德问题的国际性

库尔德斯坦处于四国交界处这一点恰恰是有关国家间经常发生矛盾、冲突的重要原因。历史上上述各有关国家都为本国利益和各自的政治目的争取过库尔德人，试图把库尔德人的斗争纳入为自己利益服务的轨道。为此，他们甚至利用边界另一侧的库尔德运动去骚扰与他们有利益冲突的邻国。历史上经常出现这样的戏剧性情景：边界一侧的库尔德人在另一侧政府的支持下不断地给本国政府制造麻烦。在伊拉克与伊朗的两伊战争中就曾经出现过这样的情景。伊拉克库尔德人两个组织的领导人马苏·巴扎尼和杰拉尔·塔拉巴尼得到伊朗和叙利亚的支持，而伊朗的库尔德人则得到伊拉克的支持。叙利亚支持土耳其库尔德工人党游击队在贝卡谷地进行训练，并允许他们越境进入土耳其。原因很明显：土耳其在阿纳托利亚东南部幼发拉底河上游筑坝，工程完工后，将大大加强土耳其对该河流水资源的控制能力而直接影响叙利亚的农业。有人说此项工程是土耳其伸向叙利亚咽喉上的一把利剑，并不为过。

库尔德人也为自己的利益充分利用这种条件。例如库尔德反叛者袭击土耳其军警之后，就曾把伊朗、伊拉克的库尔德斯坦作为避风的安全港。

虽然库尔德斯坦政治上分属四国，地理上还是连成一片的。各有关国家都面临着本国库尔德人造反的问题。若是某国库尔德人造反成功，肯定会对其他国家产生震动，正是所谓牵一发而动全身。对此，有关国家的当权者都是十分清楚的。正因为如此，库尔德人如果要独立，无论他们是边界哪一侧的，都是各有关政府绝对不能接受的。换句话说，各国当权者在利用库尔德人时，各有各的目的，但在反对库尔德人独立这一点上又有共同的利益。土耳其和伊拉克在1978年8月就曾签订过关于为反对库尔德人而采取共同行动的协议。1982 年两国又签订秘密协定，允许一国军队进入另一国领土 10 公里追击库尔德人。1983 年 5 月，土耳其军队曾深入伊拉克领土 60 公里，逮捕了两千名库尔德人。此前，1982 年 3 月，土耳其还和伊朗就同库尔德民族解放运动作斗争的问题取得一致意见，并进行过合作。1985 年 5 月，土耳其和伊朗又签订协议，在伊朗的库尔德斯坦采取共同反对库尔德人的行动。①

其实不只库尔德斯坦周边国家在对付库尔德人问题上既存在矛盾又需要合作，对库尔德人既想利用又要打击，甚至远隔重洋的美国也想打库尔德人这张牌。土耳其前总理、左翼民主党领导人阿吉维特 1994 年曾透露，早在 20 多年前，华盛顿就制定了在土耳其东南部建立库尔德人自治政府的计划，只是因为当时尚处于冷战时期，华盛顿需要一个统一的土耳其而未付诸实施。另据 1990 年 9 月 28 日出版的黎巴嫩《事件》周刊透露，早在海湾战争前的 1990 年，美国情报机构就同分散在伊拉克、土耳其、伊朗、苏联及叙利亚的库尔德人进行过密切联系，美国承诺：如果美国进攻伊拉克时，库尔德人集结队伍反对伊拉克的话，他们就可以建立一个本民族的国家。在华盛顿，这被称为“萨达姆·侯赛因脊背上的一颗炸弹”。但因为这涉及建立库尔德人国家的问题，各有关国家政府对此态度冷淡，与美国关系密切的土耳其政府也持保留态度，结果，美国的图谋未能得逞。海湾战争爆发后，欧美多国部队借机在伊拉克北部建立了禁飞区。1991 年 4 月 21 日美军乘坐 40 多辆军车的部队以“保护”土伊边界难民的名义，开进伊拉克北部，在距边界 9.6 公里的扎胡地区建立了难民营。伊拉克虽声明，这是对伊国家主权和领土完整的破坏，但也无可奈何。

自此，伊拉克北部库尔德地区，实际上成了美军保护下的“安全港”。于是库尔德人于 1991 年 7 月，不失时机地建立自己的自治政府，

① 参见［保］拉多伊·克勒斯特夫前文。

并打算进一步建立独立的国家。这一事态的新发展在国际社会引起震动，尤其引起伊朗、土耳其、叙利亚三国的严重不安。这三个过去互有龃龉的国家不得不抛弃前嫌，为反对建立库尔德独立国家而联合起来。从1992年11月至1993年2月三国外交部长共进行了五次磋商。第五次磋商会议于1993年2月6日在伊斯坦布尔举行，会议讨论了伊拉克北部地区的形势。会议发表的联合声明中强调，三国反对任何肢解伊拉克的企图，反对在伊拉克北部制造一个库尔德人的国家。声明说，伊拉克的前途只能由伊拉克人民自己决定，西方国家集团旨在肢解伊拉克的活动是不能接受的，应立即停止。① 三国如此迫不及待地表态和进行干预当然不是为了伊拉克的领土完整。海湾战争结束已4年，库尔德人的国家仍是水中月、镜中花，看来，美国并不想不顾三国的反对去扶植库尔德人立国。

这一切都表明，不论分辖库尔德斯坦的国家，还是美国和欧盟，都不过是把库尔德问题当作与对手讨价还价的政治筹码而已，谁也未打算不顾自己的得失去认真帮助库尔德人，人权口号喊得震天响的人也不例外。这正是库尔德人的悲哀。

五　土耳其的库尔德政策

目前，分辖库尔德斯坦的土耳其、伊朗、伊拉克和叙利亚等国家当中，库尔德问题最严重的，当首推土耳其。土耳其的库尔德问题所以发展到今天的严重地步，不外乎历史和现实两方面的原因。

土耳其历届政府在对待库尔德人的问题上曾采取过以下政策：

强迫迁移。土历届政府都实行过驱赶、迫迁东部库尔德人的政策。1916—1917年冬，土耳其政府因担心东部边境会受到俄国人的影响，

① 见记者安国章报道《伊、土、叙反对肢解伊拉克》，载《人民日报》1993年2月8日。

而强迫当地的库尔德人西迁，使不少库尔德人死在西去的路上。1960年10月19日，民族团结委员会通过第105号法令，把18个省政府认为可疑的库尔德人家庭强迫迁移到国内其他地区。根据1983年5月的一项法令，军事状态指挥部有权将“不可靠的人”从某一地区迁走，结果，成批的库尔德人被迁往土耳其人居住的地区。法令还规定：库尔德人居民不得超过当地土耳其人的10%。1985—1986年又有63个库尔德人村庄被迁移。1987年冬，仅通杰利一省就有234个村庄的5万库尔德人被迁走。[①] 人们不会忘记，苏联在40年代强迫高加索十多个民族迁往西伯利亚和中亚的举措所造成的恶果。同样，土耳其的迫迁政策也不会带来好的结果。

禁止库尔德人自由使用本族的语言文字。土耳其一些政策规定，不懂土耳其语的人不得请辩护律师，不准开设店铺，不得享受社会保险等权利。1960年的宪法虽然明确规定人们有表达思想的自由，库尔德人如果愿意可以用库尔德语表达他们的不同意见，但1962年开始出版的4种库尔德文杂志只出了几期就被取缔了。从1967年到1970年，土耳其东部各省共举行了11次群众集会和10次民间文艺晚会，由于会上发言、唱歌、朗诵均使用库尔德语，结果集会和演出的组织者均遭逮捕。库尔德语的歌舞和唱片被迫改为土耳其语，库尔德文书籍被没收。[②] 人为地禁止某种语言文字的使用是很不明智的政策，后果只能是适得其反。越是被禁止的语言，人们越感兴趣，越珍惜，最后都不得不解禁，世界历史上的这种实例不胜枚举。

经济政策。这是最现实、最重要的问题。进入20世纪90年代，土耳其的经济状况不佳，通货膨胀严重，1994年国民生产总值下降40%。土耳其里拉对美元的比价下跌50%。巨额债务（600亿美元）造成外贸紧缩。东部库尔德斯坦的情况更糟。经济状况恶化往往导致

① 参见拉多伊·克勒斯特夫前文。

② 参见［保］拉多伊·克勒斯特夫前文。

民族矛盾和民族冲突进一步激化。土耳其政府似乎认识到，库尔德人问题与该地区经济落后有关，因而制定了阿纳托利亚东部经济发展计划，开始在那里兴修水利设施。1984 年头 4 个月预定投资 760 亿里拉，然而实际上只投入 28 亿里拉。[①] 事实上，经济发展计划并没有推动土耳其库尔德斯坦的经济发展，反而加深了对库尔德劳动人民的盘剥，激化了社会矛盾，真正受益的只是少数大地主。据说，土耳其政府曾试图在东南部地区实行土地改革，但由于地主阶级的反对而遭失败。[②]

总之，土耳其对库尔德人的各项政策不仅未收到预期效果，反而导致了库尔德人斗争范围的扩大。

六　库尔德问题的前景

现在该谈谈土耳其库尔德问题的前景了。

到目前为止，尚看不出土耳其政府有改变其以往政策的迹象，上次派兵进入伊拉克便是证明。土政府 1993 年为东南部训练一支 1 万人的特种部队，正是为了加强镇压库尔德人的力量。在外交上，土耳其政府于 1993 年 11 月再次要求邻国亚美尼亚、伊拉克、伊朗和叙利亚切断对土耳其库尔德工人党的支持。土耳其早就指责亚美尼亚纵容库尔德工人党的武装人员，为其提供基地和新式武器甚至教官。1995 年 5 月 1 日土耳其政府宣布关闭土亚边境。其实，无论越境追击或封闭边界，土耳其政府军都很难彻底消灭打了就跑的库尔德工人党游击队。这是因为西亚整个库尔德人问题极具特殊性：库尔德人是跨 5 国而居的最大的跨界民族，区位态势复杂，与此有关的国家间的关系很微妙，伊拉克和土耳其的库尔德人背后还有来自西方的支持。

但就土耳其库尔德人来说，建立独立的“库尔德斯坦共和国”在

① 参见［保］拉多伊·克勒斯特夫前文。

② 参见［英］戴维·麦克道尔《库尔德人问题的历史透视》，齐经轩、苏发祥译，载《民族译丛》1993 年第 1 期。

可预见的将来也是没有可能的。很明显的是，任何一国的库尔德人搞独立，都会影响另外三个辖有库尔德斯坦领土的国家的社会稳定，也就是说，无论哪国的库尔德人搞独立，不仅会受到本国政府的反对和镇压，而且肯定会遭到其他三国的反对和干涉。

另外，不论在整个库尔德族人当中，还是在某一国家的库尔德人中间，内耗、内讧都十分严重。外部压力稍减，内部派别斗争立即加剧。例如，伊拉克库尔德人在伊政府因海湾战争失利而无法控制北部地区的情况下，于1992年组成一个所谓“联邦政府”，但自同年5月起两个派别（库尔德民主党和库尔德斯坦爱国联盟）就因卡拉迪扎镇的土地争端而大动干戈，死亡400多人，濒临战争边缘；库尔德人对土耳其人的经济目标、旅游胜地实施恐怖袭击，是他们的另一弱点。恐怖分子都是令人反感和不得人心的。

至于土耳其库尔德人问题的前景，学术界有两种推测：一种意见认为，库尔德人将继续袭击，土政府军将继续镇压；另一种意见认为，在21世纪前半期，库尔德人有可能获得使用本民族语言文字的权利，进而有可能获准建立得到政府承认的、作为土耳其共和国基本组成部分的地方自治政府。笔者倾向于后一种意见，但前提是：库尔德人组织必须放弃针对无辜平民的恐怖活动。

七　库尔德工人党领袖被捕的影响

正当人们预测土耳其库尔德工人党斗争前景的时候，发生了与该党有关的震动国际社会的大事——该党创建人和领袖厄贾兰被土耳其特工抓获并押回土耳其了。由于有涉的国家都竭力摆脱责任，以致厄贾兰被捕一事成了一个谜。

厄贾兰于1978年建立土耳其库尔德工人党，于1984年开展反土耳其政府的武装斗争。由于在国内外对土耳其人都搞恐怖主义，厄贾兰被土耳其和德国警方通缉。他一直生活在土耳其宿敌叙利亚。在土耳其政府的强大压力下，厄贾兰被迫于 1998 年 11 月 9 日离开叙利亚到了莫斯科。莫斯科不欢迎他，不接受他的政治避难。后经多方试探，与意大利的重建共产党众议员协商决定来意大利，经周密策划于 11 月 12 日持假护照在罗马费乌米奇诺机场入境，结果被意大利警方拘捕。意大利原指望将厄引渡给德国。但德国已撤销了对厄氏的引渡要求。这就使意大利政府处于十分尴尬境地。这时土耳其政府一再要求意大利引渡厄贾兰回国。但意大利政府以厄被引渡回国就面临死刑为由予以拒绝。土耳其方面对此反应强烈，土政府甚至以断交相威胁，商人纷纷举行抵制意货活动。意大利总理达莱玛上任后的首次欧盟各国巡访变成了四处求援的访问。欧盟各国虽支持意的立场，但也爱莫能助。根据罗马上诉法庭判决，对厄的软禁到当月 22 日结束。意大利司法部门按照法律程序规定宣布释放厄贾兰，同时以“保护”和“安全”名义安排厄贾兰在离罗马市区 50 公里左右的海滨小镇英菲尔内托的一座别墅，严加看守。厄贾兰自知在意大利的处境不妙，决定离开这里。有关厄离开意大利的行动安排在绝密的情况下进行。1 月 16 日上午，厄乘一架私人飞机悄悄离开了意大利。1 月 18 日，达莱玛总理在每周例行吹风会上说，厄贾兰离开了意大利。后来意政府宣布厄是“自动离开的”。这样既避免意、土关系恶化又不致激起库尔德人的抗议。这显然是颇费脑筋的无奈选择。

离开意大利去哪儿呢？这是厄贾兰最现实的问题。据说，厄及一群支持者乘坐的私人飞机在欧洲上空盘旋转圈圈，指望找到一个容身之地。2 月 1 日他飞到荷兰，吃了闭门羹，接着瑞士又拒绝其着陆。他没办法又与意大利联系，获准在米兰机场着陆加油。据报道，第二天厄的飞机降落在希腊的科孚岛上。在科孚岛期间，厄与希腊官员接触。后者为他安排了去非洲的行程：先到肯尼亚内罗毕，再设法去乌干达、坦桑尼亚或南非避难。

厄贾兰到肯尼亚后使用的是假护照和假名，并没有在海关按照正常手续填写入境卡，而是在希腊外交人员的帮助下，通过外交通道进入肯尼亚的，然后下榻于希腊驻肯大使科斯特拉德的官邸。厄贾兰在这里住了一段清静的日子，于2月16日被土耳其特工抓回了土耳其。土总理于16日在安卡拉激动地宣布，反政府的库尔德工人党领导人厄贾兰已被逮捕并被遣送回土耳其。这一消息立即引起许多国家的恐慌，都怕遭到库尔德人的报复。各有关国家都推脱责任，生怕牵扯进去。首先是直接相关国家希腊和肯尼亚。肯尼亚外交官说，厄贾兰被逮捕和遣返与肯方毫不相干，在厄贾兰于15日入住希腊大使科斯特拉德的官邸前，肯方对个中内情一无所知。他说厄是在希腊外交官员的帮助下通过外交通道入境的。他还强调，肯方没想到希腊会把厄交给土耳其，否则绝不会让他离开肯尼亚。希腊官员却说，希腊驻肯使馆于15日将厄贾兰入住大使官邸一事通知了肯方，并旋即将厄交给肯方处置。各国推脱责任，一方面可能事实如此，另方面是惧怕库尔德人报复。土耳其于16日从肯尼亚抓走厄贾兰后，一方面采取措施，保护美国、俄罗斯、以色列、希腊、肯尼亚驻土大使馆；另一方面要求其他国家保护土驻外机构和人员的安全。果不出所料，库尔德人开始了报复行为：16日当天15名库尔德人强行占领希腊驻奥地利大使馆，并把大使夫妇和3名其他使馆人员扣作人质。与此同时一些库尔德人占领了肯尼亚驻奥地利大使馆。据报道，库尔德人还冲击了俄罗斯、德国、英国、法国、荷兰、瑞士、比利时、瑞典等国的大使馆或领事馆，以及联合国驻日内瓦的机构。

客观地讲，希腊没有可能将厄贾兰交给土耳其，因为希、土两国长期以来是宿敌，希腊正谋求以土的反政府武装来削弱土耳其，它怎么可能将反土政府的厄贾兰交给土耳其呢！但是，正是这次厄贾兰被抓事件却使希腊政府内发生一场“大地震”。希腊议会内反对派借机攻击政府，致使外交部长、内政部长、公共秩序部长被迫辞职。当然，也没有证据说肯尼亚帮了土耳其的特工。

那么，究竟是谁帮了土耳其的忙呢？这种事瞒是瞒不住的。2月16日，美国白宫发言人说，它对库尔德游击队领导人阿卜杜拉·厄贾兰被逮捕感到“非常满意”，当然它也没忘记否认美国帮了土耳其的忙。但据美国《纽约时报》报道，一位美国高级官员说：“我们一直跟踪厄贾兰。当厄贾兰在罗马时，我们花了很多时间与意大利、德国和土耳其协商逮捕他的事。”而且厄家兰在诺大个欧洲找不到一处落脚点也正是由于美国的活动。《纽约时报》说，美国政府通过谍报和外交压力，一国一国地说服那些国家拒绝帮助厄贾兰，迫使厄贾兰绝望地寻找避难所。在肯尼亚帮助土耳其抓走厄贾兰的也正是美国。厄贾兰来到肯尼亚时，正好在内罗毕有美国中央情报局和联邦调查局的 100 多名特工在调查美国驻肯尼亚使馆被炸一案。他们很快发现厄贾兰已经到了希腊驻肯尼亚大使馆。当他们确切得知厄氏准备离开内罗毕赴荷兰时便叫土耳其的一个突击队来到内罗毕。于是就在厄贾兰去机场的途中被突击队绑架。

很显然，这个过程是合乎逻辑的。首先美国在这件事上是有政治动机的，那就是用厄贾兰换取美国飞机利用土耳其空军基地对伊拉克进行空中侦察。就连厄贾兰于 1998 年被迫离开叙利亚一事也是由美国帮土耳其一起向叙利亚施压的结果。厄贾兰被抓回土耳其后关进了伊姆拉勒岛上的监狱。该监狱把原来关押的 200 多名犯人转移，成了只关厄贾兰的专门监狱。土耳其当局调来 5000 精兵专守该岛。5000 人中没有一人来自库尔德地区。伊姆拉勒岛已被土耳其划为“禁区”，严密封锁，禁止外国船只经过。

围绕土耳其库尔德工人党领导人阿卜杜拉·厄贾兰被土耳其政府逮捕在国际上掀起的风波已经停息。厄贾兰被土耳其牢牢关押在孤岛的监狱中。自那时起多年来，土耳其库尔德工人党武装反政府斗争音信已逐渐沉寂下来。

无数历史的和现实的事实都证明，以分裂国家为目标的分离主义，在正常情况下是不可能得到国际社会的支持的。

（陈鹏，中国社会科学院民族学与人类学研究所研究员）

印　度

一　民族构成

印度是多民族国家，大、小民族数十个。总人口超过13亿（2016年），其中印度斯坦族人口最多，占46%，主要分布在北方邦、中央邦、比哈尔邦、哈里亚纳和拉贾斯坦等邦。[①] 马拉地族占7.6%，聚居在马哈拉施特拉邦。孟加拉族占7.7%，聚居在西孟加拉邦。泰卢固族占8.6%，聚居在安德拉邦。泰米尔族占4.6%，大部分居住在泰米尔纳杜。加拿达族占3.8%，居住在卡纳塔克邦。古吉拉特族占4.6%，聚居在古吉拉特邦。奥里雅族占2.5%，聚居在奥里萨邦。马拉雅拉姆族占2.5%，聚居在喀拉拉邦。阿萨姆族占2%，聚居在阿萨姆邦。锡克族占2%，主要分布在旁遮普邦。

---

① 印度政府每十年进行一次人口调查，对表列部落（或称为少数民族）作了调查，但对为数不少的大民族则没有专门调查，故，印度大民族人口无法找到准确数字。行文中的大民族人口数是根据1991年人口总数，结合该民族分布地区的人口数推算出来的。印度独立后陆续建立了语言邦，讲同一语言的民族基本上聚居在一个邦内，因此，各邦的人口数大致上反映了大民族人口数。

印度各大民族人口引自Ashish Bose编著的《印度人口》，B. R出版公司1991年版，新德里，第56、65页。

据1991年人口调查，印度共有表列部落6700万人，占印度总人口的8%。全印部落数为427个，90%以上的部落民居住在农村，仅有占很小比例的人生活在城镇，1981年部落地区的城镇人口只占6.20%。其中大多数城镇人口又是非部落人。

印度部落人口分布不平衡。55%的部落民集中在东部和中央部落地带，它包括西孟加拉、比哈尔、中央邦、奥里萨等邦和安德拉邦的一部分；约28%在西部部落地带，如古吉拉特、马哈拉施特拉、拉贾斯坦等邦；6%在南部的安德拉、卡纳塔克、喀拉拉和泰米尔纳杜等邦；约10%在东北地带，阿萨姆、那加兰德、梅加拉亚、特里普拉、曼尼普尔和米佐拉姆等邦。有的邦部落民人数比例大，如梅加拉亚和那加兰德，80%以上是部落民。全国有42个县部落人口占50%以上，93846个村被列入部落村。估计75%以上的部落民聚居在各自的地区。

印度部落之间人数悬殊大，其中人数最多的有9个部落，他们是比尔人（约520万）、贡德人（约480万）、桑塔尔人（约360万）、奥昂人（约170万）、米纳人（约170万）、蒙达人（约170万）、孔德人（约90万）、霍人（约50万）和那加人（约50万），分布在中央邦、马哈拉施特拉邦、拉贾斯坦和那加兰德等邦。

部落民分布的区域占全国总面积的20%，大都是偏僻的山区和边陲地区，这里物产丰富。全国矿产约70%，巨大的森林资源和水利资源储藏于该地区。

印度以语言多而著称，"有15种主要语言和844种方言"。[①] 列入宪法的15种语言是：阿萨姆语、孟加拉语、古吉拉特语、印地语、卡纳塔语、克什米尔语、马拉雅拉姆语、马拉地语、奥里雅语、旁遮普语、梵语、信德语、泰卢因语和乌尔都语。

印度语言大致分属四个语系：印欧语系、达罗毗荼语系，汉藏语系和南亚语系。语言差别成为印度突出的现象。

---

① 印度外交部编纂、出版《变化中的印度》，1992年，新德里，第38页。

印度各民族人民信仰多种宗教，主要的宗教有印度教、伊斯兰教、佛教、耆那教和原始宗教等。据1981年资料，印度教徒约5.5亿，伊斯兰教徒7550万，基督教徒1620万，锡克教徒1310万，佛教徒470万，耆那教徒320万，其他宗教教徒280万。[①]印度各民族在长期相处和交往中，民族文化相互影响，但是，由于各种历史的和其他原因，不少民族，尤其是少数民族保有独特的文化传统。

印度不同政治力量对民族有自己的理解和看法。印度国大党领导人尼赫鲁认为印度存在保有“独有特性”的孟加拉人、马拉塔人、古吉拉特人、坦密尔人、安度罗人、奥理雅人、阿萨密人、卡那列人、马来雅拉人、信德人、旁遮普人、帕坦人、克什米尔人、拉其普特人等。但他认为这些人们共同体不是民族。他强调“显著的印度特征”，因此，只有“印度人”而无印度民族。[②]

宗教色彩极浓的印度人民党宣称印度只有一个民族。它把占总人口82.6%的印度教徒算作一个民族，混淆了宗教和民族的界限。

印度共产党依据马克思主义民族理论分析和认识印度的民族。

从历史和现实看，印度不仅有多个民族存在，而且民族歧视、压迫还十分突出。在长期发展中，印度各民族的政治、经济、社会和文化等发展很不平衡，但是也形成了它自己的重心，可以说是以古代雅利安人为中心而形成的北方民族，即印度斯坦族。他们在政治、社会中起重要作用。他们与帕西人，古吉拉特人和拉贾斯坦的马尔瓦里人等构成了印度的统治力量。

人数较多的少数民族要求民族平等，争取在政治、经济、文化教育等方面有更多的自治权。

少数民族反对民族歧视，主张保护本民族的文化传统，要求政治上平等，大力发展经济、教育和科技，迅速改变落后面貌。

---

① 《印度统计概要》，塔塔服务有限公司经济、统计部1992—1993年版，第42页。

② 参阅贾·尼赫鲁《印度的发现》，世界知识出版社1956年版，第64页。

独立50年来，复杂而尖锐的民族斗争基本上围绕这些问题而开展。

二　民族关系及其问题

印度自古民族众多，历史上，在和平相处的同时，也有相互争斗。英国统治时期，各族人民面临争取民族解放的神圣任务，他们顾全大局，捐弃前仇，联合起来，反对英国殖民统治。当民族解放运动进入高潮，英国即将离开印度的关键时刻，由于国内外多种原因，导致了大规模印、回流血冲突，大批人死亡和流离失所，严重地破坏了民族关系。

独立后，印度民族关系更加突出和严重，并且极为复杂，表现形式多种多样。

（一）争取建立语言邦和扩大自治权的斗争

独立前后，印度一些较大民族的资本主义有不同程度的发展，资产阶级力量有所增强。他们不断开展争取民族权利的斗争，取得了一定的效果，这又为各民族资产阶级发展提供了有利条件。他们从1950年代开始到1960年代中期，开展了争取建立语言邦的斗争；从1960年代中期，一直到现在，进行了争取扩大邦的自治权的斗争。这两者间有内在联系，首先是建立语言邦，其后是扩大权力。前者是基础，后者是它发展的必然结果。就一些大民族的资产阶级来讲，这是他们开展民族运动的主要内容。至于建立独立国家，过去和现在均有人提出过这一类口号，往往是作为进行斗争的工具，讨价还价的筹码。少数激进分子拥护分离的主张，但他们从未构成运动的主流。

争取建立语言邦的斗争，就是按照语言的原则，重新划分行政区域，使操同一语言的民族居住在一个邦内，享有自治的权利，并形成本民族的市场。

提出这一口号有其历史背景。英国殖民主义逐步变印度为它的殖民地，为维护其殖民统治，推行了一套旨在分裂各族人民团结的政策。在辽阔的印度南部，根据其统治的需要，只建立了孟买和马德拉施两个管区，将操同一语言的民族强制地分散在不同的管区。如把古吉拉特族地区瓜分，划给巴罗达土邦、孟买管区、卡拉阿瓦土邦。马拉地族地区划分到孟买管区、德干土邦、中央省、贝拉尔和海德拉巴土邦。这就形成了在一个省或邦之内，住有多种民族，讲多种语言的局面。

争取建立语言邦的斗争，具有争取民族权利的性质，因此，它反映了各族人民的要求。

各民族要求建立语言邦的主张，和印度大资产阶级的利益相冲突，他们竭力反对各民族争取民族权利和形成各民族的市场。他们通过印度政府竭力阻挠语言邦运动。

独立后，国大党政府违反自己的诺言，对建立语言邦持反对态度。

但是，以语言邦为主要内容的民族运动如火如荼地在全国各地，特别是在南部地区蓬勃开展起来，势不可挡。在孟买市，1955 年 11 月，估计有 30 万人卷入了语言邦运动。印政府对这一运动采取了镇压措施。仅 21 日这一天，孟买市群众被警察打死 4 人，打伤 200 多人，被捕 1000 人以上。1956 年 1 月，孟买等 8 大城市和全国许多地方又爆发了大规模罢工、罢市、罢课及示威运动，遭到印度政府的镇压。

经过各族人民的坚持斗争，按语言原则建邦，到 1960 年代中期基本完成，尽管还不彻底。各族人民多年的愿望得以实现。

应当指出，语言邦并不是民族区域自治，除了将操同一语言的民族划为一个行政区外，并没有给予自治权。因此，各语言邦又开始了争取获得更多自治权的斗争。这一斗争具体表现为邦和中央政府间的权力分配上。

突出的是，1977 年 12 月 1 日，西孟加拉邦内阁会议正式通过的备忘录明确表示：“强大的和统一的民主愿望和特征受到尊重而不以蔑视的态度对待。我们明确主张要有强大的邦，但绝不是一个虚弱的中央。只要它们各自的权限的大小有清楚的划分，强大的邦的概念并不必然和一个强大的中央的概念相冲突。”[①] 备忘录建议，中央政府的权力应限于国防、运输和交通、财政和外交，是协调而不是控制其他各邦。[②] 其他各邦虽没有公开地响应西孟加拉邦政府的提议，但这一主张反映了它们的要求，间接给予支持。南方 5 邦首席部长在 1978 年 7 月的一次会议上，提出了更多的财政权力要求。1983 年 3 月，在卡纳塔克邦首席部长的倡议下，南印各邦首席部长（除喀拉拉邦缺席外）集会，决定成立南部“首席部长委员会”以“制定共同的战略”，“处理共同的问题”，并建议修改宪法，以“使财源在中央和邦之间进行较公平分配”。随着印度联合政府 1996 年建立，地方政治势力进入联邦政府，要求更多自治权的斗争将进一步加强，前总理拉奥的国大党政府的贸易部长、泰米尔马阿尼拉党领导人奇丹巴拉姆说：“我希望天平向各邦倾斜”。南方安德拉邦的财政部长拉朱说：“如果要使国家团结一致，地方享有财政自治权是必不可少的。”阿萨姆人民联盟在议会中的领导人拜什耶在谈到各邦要求得到更多的自治权问题时说：“这是我们优先要做的。”

在教育方面，各邦要求分享更多的权力，反对中央政府干预各邦教育。

各邦争取较大自治权的斗争，在印度各地开展起来，并不断强化，成为印度政府面临的一个棘手问题。

（二）语言问题

语言问题在印度民族问题中占有重要地位。独立以来，围绕语言问题爆发了一系列的斗争，甚至发生严重的流血冲突，对印度政局产

① 美国《共产主义问题》杂志，1978 年 9—10 月号。
② ［印］《政治家报》1977 年 12 月 2 日。

生了一定影响，是印度政府面临的另一个棘手问题。

语言问题中最大的问题是官方用语问题。印度语言繁多，长期以来，任何一种语言均未发展成全国性语言，这对印度历史、政治、经济和文化发展带来极为不利的影响。英国殖民主义统治印度后，当时为了其殖民统治的需要，大力推广英语。印度独立前后，英语实际上是唯一的全国交际语。国家机关、科研机构和高等学校都使用英语。发行的英语报刊为数不少，但讲英语的人数不多，即使独立后，通晓英语的也只占人口的1%—1.5%。稍微懂一点的不超过10%。在民族解放运动中，印度国大党也曾考虑这一不合理状况。1919年，国大党领导人开始考虑用印度语言中的某种语言取代英语，以便在广大群众中进行宣传鼓动。他们选择了印地语，因为印地语和其他语言相比，操这种语言的人数较多。他们曾经通过决议，国大党会议文件的发表都要用印地语，同时使用两种字体，即天城体和乌尔都体。

独立后，印度政府强制规定印地语为国语，并在政府支持下，建立有关推广印地语的各种宣传机构和开展活动，如创立宣传印地语的协会，建立印地语科学和技术名词委员会，还有印地语文学协会和印地语普及协会等。1955年9月14日，根据这些协会的建议，全国举行了“印地语日”。1956年3月，举办了印地语科学和艺术图书展览，并计划在南部各邦学校中实行印地语义务教学。这些活动大大刺激了非印地语民族的民族情感，引起了他们强烈的不满，开展了种种抗议活动。

1958年，在加尔各答召开的坎特列代表会议上，印度各种语言的代表反对将印地语宣布为官方语言，并且指出，如果用印地语进行录用行政人员的考试，那么不会说印地语的人要在国家机关任职是不可能的。如果这样做，那就是搞印地语的特权。

南印度掀起了抗议印地语为官方语言的大规模示威运动。首先在泰米尔纳杜邦发生，其后蔓延到非印地语族的安德拉邦、喀拉拉邦和西孟加拉等邦。在骚乱后发生的20多天中，被警察开枪打死的就有

150 多人，5 人自焚，几百人受伤，35000 人被捕。

非印地语族的议员强烈谴责印度政府实行大民族主义，以使用印地语的民族来统治其他民族。他们甚至喊出了“反对印地帝国主义”的口号，并提出夏斯特里政府这一措施主要是施行政治压迫，以便由使用印地语族的人加紧控制各邦。有的南印度人还公开倡议，如果政府对国语问题不让步，则脱离中央，另立南印度国。

在语言问题上，另一个问题是规定各邦的官方语言。按照宪法规定，各邦都要规定官方语言。尽管独立后按语言建邦，但这不是绝对的，因为历史上形成的各个民族在地区上是互相交叉的，大民族和小民族杂居是普遍的现象，因而在大块聚居区中又夹有小块杂居区。如果在一个邦内，规定了某一种语言为官方语言，结果又将压制其他民族语言，引起他们的不满。这种情况可以说在不少邦内都存在，只是程度的不同。但在某些邦内，表现得相当严重，如阿萨姆邦。新建的阿萨姆邦包括了许多民族，由于规定阿萨姆语为官方用语，首先引起了居住在阿萨姆的孟加拉族人的强烈抗议。1960 年 7 月，孟加拉人反对只规定阿萨姆语作为邦的官方语言，要求语言平等，并因此发生骚乱，使成千上万的贫穷无辜的孟加拉人流离失所，生命财产遭受重大损失，严重地伤害了两族关系。1961 年阿萨姆邦的孟加拉人，再次游行示威，抗议以阿萨姆语作为官方语言。随后，孟加拉人曾要求将卡查尔区（孟加拉族人聚居区）划出阿萨姆邦，造成两个民族的严重对立。阿萨姆邦其他少数民族惧怕阿萨姆政府强制推广阿萨姆语，也要求建立新邦。

印度存在严重的语言不平等，解决这个问题的正确途径是发展各民族语言，不管是大民族语言，或是小民族语言，都有发展机会。在长期交往中，逐步接近，形成共用的交际语言。尽管这是一个漫长的过程，但无疑是一条正确的道路。但这样的情况在印度是很难出现的，因为印度政府的方针是通过印地语作为控制其他民族的工具。

（三）少数民族反对歧视、争取民族平等的斗争

印度少数民族长期遭到大民族的奴役和压迫。独立后，由于民族意识的增强，他们进行了各种形式的斗争，以争取民族平等。

1. 要求单独建邦

比哈尔邦的操麦提利语言的民族，据1961年统计，有500万人（有人估计为1650万人），1954年他们向印度政府提出建邦要求。居住在比哈尔邦、西孟加拉邦和奥里萨邦的桑塔尔族和中央高原地区的其他部族，如奥拉昂米里、蒙达多德则争取建立贾尔坎德邦。阿萨姆邦平原地区的波多、米里和拉隆族等争取建立乌达亚查尔邦。卡西人和其他山地民族1960年提出了建立单独的山地民族邦要求。

在全国，还有为数不少的少数民族，政府没有赋予他们设立自治行政单位的权利，因此，这些民族一直在坚持建立自治行政单位的要求。

2. 阿萨姆少数民族的独立运动

阿萨姆邦内的那加国民议会、米佐民族阵线和特里普拉民族组织等少数民族组织，在1950—1960年代就先后在东北工业区发动反政府武装的活动，提出建立独立国主张。那加族首先发动武装反抗，并长期坚持斗争，影响和激发了印度东北地区的民族斗争。

东北地区少数民族的斗争，此起彼伏，从未停止。究其根源是印度政府的少数民族政策所造成的。尼赫鲁在1959年6月4日讲话中鼓吹要建立一个“统一的部族”。他宣称在执行强化政策的时候，要使他们“没有一种强加的感觉”。政府宣布的“部落改造”政策，就是要在所有的部落学校使用阿萨姆语代替本民族语言，招致少数民族的反对。

印度《联系》周刊1968年4月14日写道：造成和阿萨姆山区民族之间冲突的主要原因，是这个邦的国大党领导对他们的态度问题，即对山区民族持的轻视态度，山区民族完全被拒绝参加该地区的领导

机构。政治上的歧视和不平等，更加深了对立情绪。

印度政府强制山区民族选举县议会来管理行政事务。他们认为这是印度政府把“新制度”强加在他们头上，企图破坏他们的传统制度。

东北地区各少数民族原始的文化和宗教信仰，随印度教、伊斯兰教和基督教的传入，宗教信仰发生了变化。卡西、加洛各族大都接受了基督教，那加、米佐族也信仰基督教。独立后，信仰基督教的民族对得到政府支持的印度教继续传入存有戒心，他们害怕通过宗教来搞印度教化。有的地区已通过了立法，禁止信仰基督教，在部族中引起强烈的反响，他们认为这是政府想要部族人信仰印度教。

3. 少数民族反对掠夺，要求发展

历史上，阿萨姆地区人口稀少，土地辽阔，经济落后。1920 年代，英国占领阿萨姆。外地商人到这地区经商的越来越多，并逐渐控制了当地经济。他们主要有马尔瓦里商人、古吉拉特商人、信德商人和旁遮普商人。他们的商业活动日趋扩大，像蜘蛛网一样，深入广大城镇和农村。这些商人多是三位一体，是商人、又是地主和高利贷者。外地商人大多放高利贷，特别是马尔瓦里人为最。阿萨姆山区人民对“阿萨姆邦的大商人和从这个国家其他地区来的财政寡头对该邦的资源开发表示愤懑……”宪法规定，反对外地人对山区的掠夺和剥削，然而阿萨姆的企业家的到来，他们为发财不惜牺牲山区民族利益，这些，并未因条文规定而受到禁止。①

1979 年下半年，在阿萨姆等邦发起反对“外来人”的斗争，波及到东部地区其他各邦。这次斗争一个重要的目的就是反对外地人对本地人的掠夺。此外，他们也不满印度政府对这个地区的经济发展没有足够的重视，造成这个地区仍然处于落后状态。以阿萨姆来讲，工业生产总值仅占全国的 1.6%。75% 以上的人口仍处于贫困线以下。这个地区的其他邦还不如阿萨姆。

① ［印］《联系》周刊，1968 年 4 月 1 日。

阿萨姆人认为，阿萨姆成了印度的“殖民地”，是印度的原材料供应和商品销售市场。阿萨姆人还认为：“在印度的很多地区，阿萨姆总是受到第二等市民的待遇，这个狭长的走廊地带，只适用于把原料运往印度其他工业区。当阿萨姆本身需要这些工业品时，则以过高的价格买回来，阿萨姆人失望而又没有反抗。这种殖民式剥削开始于英帝国主义统治时期，继续到今天。”①

4. 1990 年代出现的恐怖主义问题

当前，印度民族斗争有一个突出问题，一些民族主义分子以武力反抗政府，大搞恐怖活动。旁遮普邦锡克族武装集团不止一个，他们的恐怖活动蔓延到附近一些邦。

查谟和克什米尔的民族主义分子有四五个武装集团，他们以武力反抗政府，有时还很激烈。

阿萨姆联合阵线是阿萨姆族的一些年青人组织的激进政治组织，1990 年底开始反政府武装活动，持续了两年多，对当地政治经济和社会秩序产生了重要影响。

东北地区那加邦的民族社会主义者联盟，曼尼普尔邦的人民解放军以及梅加拉亚山区的武装集团等的活动，现仍在继续。

当前，民族问题成为国际上引起地区动乱的重要因素，民族分裂主义有了明显发展，这种倾向也对多民族的印度带来很大影响。

三　民族政策

（一）语言政策

1. 建立语言邦

早在 1920 年代，国大党为了争取各族群众的支持，就把争取建立语言邦列入国大党的党纲。独立之后，国大党政府违反自己的诺言，

---

① ［印］《新地》周刊，1980 年 4 月 5 日。

对建立语言邦持反对态度。尼赫鲁于 1948 年 5 月在印度制宪会议上曾公开声明，成立语言邦尚非其时，因为这样会加深各族间的分歧。1956 年 1 月，尼赫鲁又说："提倡这种看法是一个错误。我们都犯了这个错误。最近的事件暴露了按语言划邦的要求的真正性质，这里包括有分裂的威胁。"尼赫鲁反对成立语言邦，企图将语言邦运动压下去。

面对声势浩大的语言邦运动，政府在镇压的同时，又使用软的一手，以缓和紧张的局势。1953 年 10 月，印度政府被迫批准成立第一个以语言为基础的安德拉邦。年底，又成立了一个重新划分省（邦）委员会来研究这一问题。该委员会于 1955 年向国大党政府提出报告和重新划分省（邦）的方案，建议把印度现有的 28 个省（邦）合并与调整为 16 个邦和 3 个中央直辖区。该报告在一些重要问题上如按语言划分邦的原则未全部贯彻，同时，又提出了一套和语言邦对立的主张。如在马哈拉施特拉问题上，该方案完全站在维护孟买市大资本家利益的立场上，主张成立一个由古吉拉特大资产阶级控制下的混合语言邦，而拒绝马拉地族关于成立以孟买为首府的马哈拉施特拉邦的要求。马拉地族一再坚持他们的要求，反对其他解决的方法，最后才提议建立马哈拉施特拉邦。锡克族也开展建立语言邦的斗争，到 1969 年政府同意将原来的旁遮普邦分为锡克人居住的旁遮普邦和印度教徒居住的哈里亚纳邦。至此，印度基本上完成按语言建邦的工作。这是 1950—1960 年代印度政府进行的一项重要工作，对稳定国内局势至关重要。

2. 官方语言政策

印度宪法对印度联邦语言文字和地方语言文字作了明确的规定。第 343 条第一款规定联邦官方语言为"以天城文书"字母书写的印地语。

关于地方语言文字，邦议会可以规定该邦使用一种和多种语言，或采用印地语作为该邦官方场合的用语。目前批准采用的联邦官方语言，是各邦之间、邦与联邦间的官方交往语言。[①] 印度各邦先后宣布了自己的官方语言。

（二）关于少数民族政治权利的政策

1. 建立单独邦

面对少数民族地区要求建立国家和单独邦的运动，印度政府先以军事手段镇压反政府的武装反抗，随后允许建立单独邦，争取多数群众支持，分化抵抗运动，稳定局势。1962 年《加兰立德法案》在人民院讨论时，部分议员对成立那加邦表示忧虑，他们认为这样将开创一个不好的先例，会促使分裂主义倾向的发展。但是，人民院终于通过了上述法案，那加兰德邦 1962 年 12 月成立。它的建立产生了巨大的冲击波。

1970 年 4 月，梅加拉亚成为一个自治邦，但是，梅加拉亚人民并不感到满足，进一步提出要建立像那加兰德那样的正式邦。英·甘地宣布重新改组阿萨姆其余山区。为此，印度政府于 1971 年提出《东北地区改革方案》，同年 12 月 21 日议会通过了这一法案，建立了曼尼普尔、梅加拉亚、特里普拉邦和米佐拉姆中央直辖区。至此，少数民族斗争最激烈的阿萨姆邦变成 6 个邦，各主要少数民族建立邦后，他们负责管理邦内事务，满足了他们的初步要求。

2. 保留权利的政策

印度有数亿下层群众，就是所谓的表列种姓和表列部落，他们的社会地位低下，如何改善他们的处境，是一个严峻的社会问题。对此，印度宪法中作过规定，第 334 条第一款规定在人民院与各邦立法会议中为“表列种姓”与“表列部落”保留议席。第 16 条第四款规定为某些落后的公民阶层保留若干公职位置，如果国家认为他们在国家公

---

① 本文中引用的《印度宪法》，均引自姜士杜、陈玮主编《世界宪法大全》上卷，第 556 页等。

务部门中未得到适当代表的话。保留政策就是为少数民族在联邦议会、各邦立法议会保留一定比例的席位，让他们参与国家事务。这一规定期限为10年，届时，如需继续保留席位，则对宪法作出修正。1960年宪法第8条修正案，为表列部落保留席位延期10年。1969年宪法第23条修正案，为保留席位再延期10年。1980年第45条宪法修正案继续延长10年。[①] 此外，按照"曼德尔报告"，为表列种姓和表列部落保留政府文职人员和公营企业的27%的职位。但这一政策一直未敢实行。当1990年维·普·辛格政府宣布实行时，在大学生和知识阶层中引起强烈不满，特别是高种姓的人尤其不满。他们纷纷上街游行，罢课、罢市，甚至有人自焚，死亡数十人。保留政策延续至今，尽管实行中存在不少问题，但在一定程度上缓和了少数民族的不满，改善了民族关系。

（三）少数民族文化教育权

印度宪法对少数民族文化教育权作了明确规定。第29条第一款规定，居住在印度境内的任何阶层的公民，凡具有独特语言、文学或文化者，皆有权保持其语言、文字或文化。该条第二款规定，由国家维持或接受国库津贴的教育机构，不得根据宗教、种姓、部落、语言等理由拒绝任何公民入学。第30条第一款规定，一切少数民族，无论由于宗教而形成，或由于语言而形成，皆有设置与管理自己教育机构的权利。[②]

（四）发展少数民族地区经济

印度少数民族长期遭受殖民统治和剥削，社会经济发展缓慢，生产技术原始，生活十分贫困。独立后，如何帮助他们改变历史上遗留

① 参阅《印度，1987》参考年鉴，第763页。

② 《世界宪法大全》上卷，第518页。

下来的落后面貌，发展民族经济，改善他们的社会地位和生活状况，是印度政府面临的一项重要任务。如果这一问题得到解决，将对印度的政治、经济产生重要影响。因此，印度政府十分重视这个问题，印度《宪法》第46条就明确规定："增进表列种姓、表列部落和其他弱小阶层的教育和经济利益，国家特别注意增进人民中弱小阶层之教育与经济利益，特别是'表列部落'和'表列种姓'的教育和经济利益，并应保护彼等不受社会之不公待遇与一切形式之剥削。"[①] 根据这一原则，印度政府制订了一系列发展表列部落地区经济的政策，经过多年实施，取得了一定的成效。

关于部落地区的开发，印度政府的基本考虑是，让"部落民摆脱有组织的经济特权的剥削，开发其居住区的资源，提高他们自己的生产能力"。[②] 这一政策的基本点是，通过国家提供财政拨款，开发部落地区；国家在部落地区推行土地改革和租佃改革，改善农民的处境。

为了部落区域的开发，印度政府制订的各个五年计划都拨出专款。"一五"计划用于开发部落地区的经费为1.993亿卢比，"二五"计划是4.292亿卢比，"三五"计划是5.053亿卢比，"三年计划"（1966—1969）是3.272亿卢比，"四五"计划是7.5亿卢比，"五五"计划是110.2亿卢比，"六五"计划为553亿卢比。[③] 印度开发部落区域的财政拨款来自两个方面，即各邦计划和中央援助计划。列入各邦计划的经费，由邦政府和联邦政府按50∶50分担。此外，还有单独的中央援助计划。这一方式一直延续到第四个五年计划。以后，开发部落区域的费用，主要由各邦自行负担，联邦只对一些特殊计划提供援助。

鉴于部落地区90%以上的人们从事农业，政府特别强调发展农业，

① 《世界宪法大全》上卷，第520页。

② 印度政府计划委员会《第一个五年计划概要》，1952年版，第128页。

③ L. P. 维德雅尔蒂：《部落开发和它们的行政机构》，1980年英文版，新德里，第71页。

投入了大量的资金，开展了如下工作：

1. 改变移动耕种方式

这种耕种方式流行于印度东北地区、喀拉拉、中央邦安德拉部和奥里萨等邦。据德巴尔委员会估计，1960—1961 年，印度有 258.9 万部落从事移动耕种，每年开垦的森林区为 54.1 万公顷。另据东北地区委员会估计，有 270 万公顷森林受移动耕种影响，几乎包括东北地区的 50 万农户。这种耕种方式对山区生态环境产生了严重的影响。据调查，在移动耕种的过程中，每公顷流失土壤达到 40 万—90 万吨，说明问题相当严重。

印度政府通过调查和实验，认为移动耕种必须逐渐由固定耕种所代替，尽管这需要较长时期和做艰苦工作。对此，中央和各邦均作了安排。联邦政府在 1987—1988 年度开始的五年期，对东北地区各邦、安德拉邦和奥里萨邦实行了一项计划，总费用 7.5 亿卢比，帮助 25000 户移动耕种者改变为固定耕种者。[①] 为了安顿他们，政府选择适当的地点，建立定居点，修建道路、通信设施，提供饮水，建立学校，设置贸易点。根据这些地区地势和土壤特点，政府指导和帮助部落人种植多种作物。有的土地开辟成梯田或旱地，种植粮食作物；有的土地种植咖啡和橡胶等经济林木；有的土地种植经济林木和粮食，即一块土地的四周种经济林木、中间种粮食作物。印度在这一方面做了多种尝试，既发展了农业生产，又防止了土壤流失。

2. 因地制宜发展农村经济

虽然很多部落地区早已进入固定耕种，但生产条件极差，农业基础薄弱，如水利设施少而简陋。部落人不习惯使用化肥，即使一般的肥料也不多。因此，从传统农业转变为现代农业，不是轻而易举的。

近年来，政府制订了发展计划，改善生产条件，逐步兴修水利，实行现代化农业投入和推广高产品种，提高粮食产量，争取达到粮食

① ［印］《计划》杂志，1991 年 4 月 30 日，第 17 页。

和粮种自给。在东北地区，兴修了一批灌溉工程。考虑到东北是山地，水利以建设水渠和水塘为主。“六五”计划投资4500万卢比，建造了3条水渠。目前，灌溉面积30万公顷。“七五”计划继续进行这一工作。

政府给使用化肥的部落人发放补贴，以鼓励使用化肥。因此，化肥使用量逐渐增加，梅加拉亚、曼尼普尔和阿萨姆邦每公顷使用化肥增至8公斤。1988—1989年度，东北地区销售化肥达11.7万吨。推广高产品种也已见效，约有20万公顷土地已采用良种。经过各个五年计划建设，农业基础设施有所加强，生产条件有了改善，耕种技术有了变化，粮食产量较前增加。东北地区目前粮食产量约390万吨，为1947年的两倍。[①] 不过，印度部落地区仍然落后，现代农业投入少，生产水平不高，粮食短缺仍是一个突出问题，需要继续解决。

根据部落地区地势和气候特别，政府也鼓励广为种植经济林木和作物，增加部落民的现金收入。

茶叶是主要经济作物，东北地区种植茶树较多，产量占全印度的54%，每年产值25亿卢比。[②]

咖啡是另一种经济作物，在南印度和东北地区的山地种植。目前，东北地区共种植3670公顷。到2000年，全印咖啡种植面积将增至13万公顷，东北地区将增至44000公顷。[③] 为扩大咖啡种植面积，增加了咖啡生产的补贴，每公顷咖啡地补贴2500卢比，还增设咖啡市场，规定了合理的价格，从而调动了生产者的积极性。

橡胶在喀拉拉邦和东北地区种植，面积逐年扩大，产量逐年增加。

东北地区水果种类多，1985年水果种植面积7100公顷，产量为63.4万吨。

此外，部落地区还种植油料、调味作物和其他经济作物，如菊巨

---

① ［印］《阿萨姆论坛报》1988年6月10日。

② ［印］《阿萨姆论坛报》1986年11月27日。

③ ［印］《阿萨姆论坛报》1982年7月18日。

藏红花和香料作物。

发展饲养业，家禽、猪和其他家畜的数量都在增加，优良品种日渐增多。“七五”计划时期建立了水牛育种场、杂交水牛场和矮种马发展计划，以及饲料农场。

水产也较丰富，仅东北地区就有 20 万公顷水面可用于养鱼。

3. 根据部落区域的自然资源特点，举办若干地方工业

近年来，陆续建立了一批具有地方特色的工厂，东北地区胶合板工业的发展就是一个明显的例子。这里森林资源丰富，独立后不久，阿萨姆政府重视发展胶合板工业，到 1970 年代中期，阿萨姆已有 41 家胶合板工厂。原料来自那加、米佐拉姆等邦，当地人直接或间接受雇于胶合板工厂的有上万人。每天生产各种规格的胶合板约 20 万平方米，产品远销到西德、中东和南亚地区。1981 年产值达一亿卢比。胶合板工业的发展对东北地区的经济发展起了一定的作用。

在曼尼普尔邦，建立了糖厂、淀粉厂和玉片厂、纱厂等。该邦十分注意发展塔沙丝织工业，到“五五”计划末，塔沙丝织工业提供了 9144 人全日工作，同时给 10. 83 万人以零活。塔沙丝织工业得到联邦政府蚕丝局大力支持。联邦政府对土布纺织和小型工业也提供财政帮助。联邦政府还批准建立两座造纸厂、一座水泥厂。这些工厂建成投产，增加了曼尼普尔经济的活力。

东北地区的小工业发展迅速，阿萨姆邦 1971 年仅有小工业 809 家，到 1990 年增到 12120 家；曼尼普尔 1971 年只有小工业 8 家，1990 年增到 5375 家；特里普拉 1971 年小工业为 174 家，1988 年增到 3966 家。[①] 但是与全印小工业数相比，东北地区所占比例并不大，仅占 1. 5%，工业经济仍然落后。

4. 推行区域开发计划

印度政府在开发部落地区时，实行了一种区域开发计划，尽管各

① ［印］《计划》杂志，1992 年 11 月 30 日，第 28 页。

个时期的叫法不同，但实质是一样的：将几个小区组成一个开发区，以便集中人力、物力和财力进行开发。从“二五”计划开始，推行了一种名叫“多目的部落开发区”的计划，一般将聚居的2.5万人划入一个开发区，制订各项开发计划。政府对开发区给予种种照顾，除按一般的开发区拨款120万卢比外，还要由内务部拨出150万卢比作为开发经费。在该计划实施时期内，全印度共建立43个这样的开发区，覆盖23540平方英里，人口168.5万人，其中121万（71%）是部落人。每个开发区平均有547.6平方英里，82个村寨和39193人。[①]

从“三五”计划开始，“多目的部落开发区”改名为“部落开发区”，原来的某些规定也作了改变，即不管是不是表列部落聚居地区，只要拥有2.5万人，其中部落人口比例达到66%的地区，都可以作为一个部落开发区。政府拨款数与“多目的部落开发区”相同。部落开发区开发工作大致相同，包括整修灌溉设施，改善农业和畜牧业技术，发展与农业有关的事业，修建公路，发展小工业等。每个开发区还设管理机构，负责制订计划和管理工作。到“四五”计划结束时，共建立了504个“部落开发区”，覆盖部落人口的40%，对开发部落区域起到了积极作用。

从“五五”计划开始，实行“部落综合开发计划”，它根据各个区域的实际情况和存在的问题来制订开发项目，以适应部落人的需要。同时，还改变了过去由中央机构拨款的方法，代之以主要由邦政府负担经费，中央政府必要时给予补贴。但至“五五”计划末，只实行了180个部落综合开发计划。“六五”计划期间，不管是部落聚居区或分散区的全部部落人口，则由“部落综合开发计划”覆盖；对分散的部落民，政府将帮助他们达到同一地区一般发展水平。但此项计划未能完成。“七五”计划时，完成了191个部落开发计划。

政府在部落地区推行的各种各样的开发计划，在一定程度上改变

---

① 德文德拉·塔库尔：《印度部落社会经济发展》，1988年英文版，第112页。

了部落民的生产条件和生活状况。不过由于种种原因，当初政府规定的开发部落区域的目的并未完全实施。

5. 存在的问题

印度部落区域开发正在继续执行中，目前已露出一些问题。

印度政府一直为部落开发区域提供经费，并不断增加。但是，用于开发的经费，在全国经费开支的比例中比较偏低，与它的人口比例不相适应。“一五”计划，用于开发部落区域的经费仅占全国经费的1%，“二五”计划降至0.9%，“三五”计划再降至0.5%，在三年计划时期（1966—1969年）保持在0.5%，“四五”计划骤降至0.04%，“五五”计划又骤增至3.01%，“六五”计划再增至5%。[①] 虽然第五和第六个五年计划的经费较前有大幅度的增加，但由于物价上涨，货币贬值，作用不大。部落地区十分贫穷落后，百废待兴，这点钱有如杯水车薪，远不能解决问题，因此，需要在财政上给予更多补贴。

部落地区耕作技术原始、落后，要迅速提高农业生产，必须推广先进的耕作技术，扩大种植经济作物，这也有一个掌握技术的问题。因此，首要任务是对部落民进行技术培训，而政府没有采取更多的具体措施，影响了部落民生产水平的提高。

部落地区的交通状况虽有某些改善，但在边远地区和偏僻山区，这仍然是影响经济发展的一个重要问题。部落地区发展交通，主要是修筑公路，而大多数地区是崇山峻岭，修建公路需要较大的投资，政府又拿不出更多的钱来，影响了交通建设。这个问题短期内难以解决。

政府鼓励发展小工业，但诸多因素影响部落地区的小工业发展。除交通外，还有电力不足，市场网络没有建立，技术、经济信息不畅，有经验的管理和经营人员缺乏，大大限制了小工业的发展规模和水平。

概括地讲，奉行世俗主义的印度国大党政府、人民党政府及联合阵线政府，长期以来实行了一系列民族政策，缓和了民族关系，发展

① L. P. 维德雅尔蒂：《部落发展和它的行政机关》，第71页。

了民族地区的经济，使他们的生产、生活状况多少有所改变。独立后，特别是 1950—1960 年代，印度经历了一个困难时期，各种形式的民族运动蓬勃兴起，大有分裂印度之势。当时的印度学者查特吉曾说："印度面临着分裂为若干小的、各有全部权利的民族集团的危险"。另一位印度学者拉伽格帕拉查理也说："印度的将来是不可知的。但是就我所能做的判断，离心力将要占上风，国家可能不得不经过一个无政府状态的时期，并且要冒法西斯主义的危险，这是摆脱混乱的自然法则。"① 美国学者哈里逊也说，独立后的印度因为民族问题，将经过一个危险时期，有巴尔干化的可能。印度独立后的历史表明，最危险的时期已成为过去，它没有因民族问题而引起分裂。这其中有多种因素起作用，而印度政府的民族政策无疑起了重要作用。

目前，印度政治格局在发生变化，教派性的政党印度人民党上台执政，如果它坚持它的大印度主义，歧视和反对其他民族，很可能激化民族矛盾，从而破坏印度的统一局面。

四　民族理论

印度统治阶层总是把民族和分裂连在一起，因而极力否认印度是多民族国家。历史教训记忆犹新。这与印、巴 1947 年分治，以及与回教联盟领袖真纳提出的两个民族理论有直接联系。因此，印度政府领导人或者避而不谈民族问题，或者强调印度情况特殊，国外民族理论完全不适合印度。尼赫鲁在他的《印度的发现》一书中写道："民族究竟是怎样的一种东西，这是很难下定义的。民族意识的基本特征可能是一种同属一体和一致对外的感觉。就整个印度而论，这种特征有多少，可能是一个争论之点。甚至可能有人说，印度过去是由一个多民族国家发展起来的，而逐渐地获得了民族意识。但是，所有这些都是

① 赛科格·S. 哈里逊：《印度，最危险的时期》，1960 年英文版，第 3 页。

理论上的抽象概念，与我们差不多没有关系。”[1] 他还说：“任何组织健全的地区有权脱离印度联邦或同盟的说法，常常有人提出，并以苏联为例支持这种论证。但这种论证是毫不适用的，因为印度的条件完全不同，而且这种权利是毫无实际价值的。”[2] 一言以蔽之，国外民族理论对印度是不适用的。

独立后，印度面临各种各样的民族运动，而印度政府领导人却把他们称之为“语言集团”、“地区集团”和“表列部落”的运动。即使是“表列部落”，他们也认为是弱小的落后的社会群体，不承认是少数民族。印度政府还宣称，各种民族运动将破坏印度的统一，因此，对他们提出的要求，通常是持反对态度。

但是，在强大的民族运动的压力下，印度政府不得不制定了一系列包含民族性质、民族内容的政策，形成了它的民族政策的框架。总的原则是在国家统一的前提下，给予一些政治的、经济的和文化的权利。

印度政府对数千万人口的表列部落采取的方针是，纳入国家社会经济发展计划，逐步改变其落后的生产方式，发展生产力，改善他们的生活条件，逐步建立全国统一的行政组织，摒弃原始落后的传统。为此，印度政府提出要建立“统一部落”的计划，并宣称“已经在全国范围内展开了不朽的努力”。尼赫鲁在 1959 年 6 月 4 日的一次讲话中说：“我希望他们把当地人争取过来，我们大部分是这样做了，因此事情进行得相当顺利。”我们“正在训练他们自己的青年男女，这是最好的办法”。从部落社会向现代社会过渡，是长期而艰巨的工作，现在虽有某些进展，也仅仅是开始，尚需作艰苦努力。印度部落民开始接受和适应当代世界潮流。

从尼赫鲁的各种讲话和著作中，可清楚地看出，他极力否认印度

---

① 《印度的发现》，第 518—519 页。

② 同上书，第 709 页。

有不同民族存在。但是，他的隐晦讲话中，似乎也有这样的意思，如果印度有民族的话，那就只有一个民族，即印度人。因此，可以认为他接受一个民族的观点。

五　结语

印度统治者否定民族存在，抑或一个民族的观点，是非科学的观点。这种理论的鼓吹者的目的，是要抹杀各民族应有的各种权利，包括民族自决权。当然，一个民族是否实行自决权，要视当时的国际国内形势，特别是符合不符合广大群众的根本利益。提出民族自决权并不是鼓动民族分离，而重要的是要消除造成民族分离的种种原因，以促进民族团结。上述观点不但无助于解决民族问题，而且，还会加剧民族矛盾和斗争。

应当指出，印度政府多年来制订和推行了一系列带有民族政策性质的政策，缓和了紧张的民族关系，民族运动呈减弱的趋势。

但是，政府没有也不可能彻底解决民族问题，民族问题仍将长期存在。随着国际和国内局势的发展，民族斗争将会时而紧张，时而缓和。民族问题将继续是印度敏感问题之一，直接影响印度的政局，但不会对政局构成严重威胁。当然，一旦政府更迭，政策剧烈改变，引发大规模民族斗争的可能性是存在的。

（朱昌利，云南省社会科学院东南亚研究所研究员）

斯 里 兰 卡

贯穿于20世纪后半叶的斯里兰卡僧伽罗人和泰米尔人的民族冲突（以下简称为“僧泰民族冲突”），一次次的和解努力均以失败告终，而矛盾和冲突却一步步得以升级，给斯里兰卡各族人民带来了难以诉说的痛苦和灾难，给南亚地缘政治带来极大的不安和骚乱。其原因何在？斯里兰卡为什么不能像东南亚各国那样走上迅速发展经济腾飞之路，却步入越燃越烈的僧泰两族冲突的熊熊大火？何时南亚能有一个和平发展的国际环境？僧泰两族人民何时才能从这种灾难中解救出来？

造成斯里兰卡的僧泰民族冲突的原因是多方面的，其中既包含了这两个民族的政治、文化和宗教冲突问题，又包含着泰米尔人的跨界民族性使僧泰两族冲突成为国际性的政治问题，还有其源远流长的历史渊源。

一　斯里兰卡的基本国情与民族格局

斯里兰卡位于南亚次大陆南端，是印度洋上与印度隔海相望的一个岛国，土地面积约6.56万余平方公里。斯里兰卡拥有2500多年的悠久历史。自1505年起，先后遭到葡萄牙、荷兰和英国的殖民统治达

400 多年。1948 年 2 月 4 日获得独立（当时称锡兰），成为英联邦的一个自治领。1972 年 5 月 22 日，斯里兰卡宣布为自由、独立和主权的共和国。

斯里兰卡有居民 2064 万人（2014 年），城市人口约占 25%。人口最密集的地区在东南部，那里占全国 40% 的土地，聚集着全国 75% 的人口。在科伦坡地区，人口密集。但在北部和东部内地，人烟比较稀少。

斯里兰卡以僧伽罗语和泰米尔语为官方语言，英语的使用也相当广泛。僧伽罗人和泰米尔人基本上都使用本族语言。但有相当多的人会讲两种语言。僧伽罗语属印欧语系印度语族，它有许多来自梵语、达罗毗荼语、葡萄牙语和荷兰语的借词。僧伽罗文用的是南印度的一种字母。摩尔人大多讲泰米尔语，少数讲僧伽罗语，同时在日常生活中还讲阿拉伯语。马来人讲僧伽罗语和本族语。伯格人主要使用英语，少数讲葡萄牙语和荷兰语。维达人绝大部分讲僧伽罗语，一小部分讲泰米尔语。

斯里兰卡是农业国，包括僧伽罗人在内的绝大多数居民从事农业，农村人口约占 77.6%，主要种植茶叶、橡胶和椰子。工业基础薄弱，原料主要靠进口，发展缓慢。高质量的锡兰茶驰名世界，20 世纪 70 年代末，产量居世界第二位。斯里兰卡出产的茶叶几乎全部销往国际市场。斯里兰卡是世界上天然橡胶生产大国之一，年产约 1.5 万吨。几乎全国各地都栽种椰子树，成熟的椰子可以榨油，椰油除可直接食用外，还可制造肥皂、甘油等贵重工业品；油渣可作饲料和肥料。茶叶、橡胶、椰子是斯里兰卡三大传统出口产品。正是由于种植园经济的不协调发展，影响了粮食作物的生产，斯里兰卡粮食大量依赖国际市场。稻谷几乎在全国范围种植，品种有近百种以上，一年可收获 2—3 季。此外粮食作物还有高粱、玉米、豆类等。

斯里兰卡岛上的土著居民是维达人（中文曾译“吠陀人”）。维达人的人种类型极为独特，属澳大利亚人种。达罗毗荼人和印度雅利安人于公元前1000年左右开始出现于该岛上。他们把当地居民大部分消灭，剩下的同化。现代僧伽罗人的祖先，一般认为，是原来居住在印度西北部和东北部的印度雅利安人，分好几批迁移到斯里兰卡岛上。通过印度雅利安人与达罗毗荼人、维达人的相互混合而形成了僧伽罗人。公元前3世纪，斯里兰卡岛上开始传入佛教。自古代起就有一部分属于达罗毗荼族的泰米尔人进入斯里兰卡岛。自公元8世纪，特别是在10世纪初，泰米尔人移民开始大规模迁入。于是，就在贾夫纳半岛和东北部沿海地区形成一个较大的泰米尔人居住地。自8世纪起，岛上就有了少量的阿拉伯侨民。公元12—13世纪，岛上又来了相当多的阿拉伯人。他们主要居住在沿海的大城市。在荷兰人统治期间（1658—1796年），岛上又移入了马来人。

复杂的历史发展，使得岛上的民族成分变得十分复杂，几乎每一种民族内部又都出现一些相互差别很大的支系，人口调查时不得不作分别登记。

斯里兰卡民族的基本情况如下：

僧伽罗人（Singhalese）是斯里兰卡的主体民族，泰米尔人（Tamils）是斯里兰卡的主要少数民族。这两个民族的情况，由于它们对斯里兰卡影响及对南亚局势影响的重要性，本文特留在后面专门介绍。

摩尔人（Maurs）约百万人，占全国人口的6.8%。他们也分为两部分。绝大多数是斯里兰卡摩尔人。他们是阿拉伯人及其他中、近东国家移民与当地僧伽罗人、泰米尔人混血的后裔。另一支是人数很少的印度摩尔人。他们是来自印度的移民，族源很复杂。大部分摩尔人集中在东、西海岸地区。在普塔拉姆和博鲁丽拉两个城市，均占居民的绝大多数。摩尔人都信仰伊斯兰教。大部分从事商业和渔业，居住在内地的小部分从事农业。

马来人（Malays）较少，只有几万人，是17—18世纪由荷兰殖民主义者从爪哇运来的。当时大部分是殖民者的士兵，其余是奴隶。马来人中还有一部分是晚近时期来自马来亚的侨民。目前，他们的后裔住在东部、科伦坡及中部的某些城市。由于同当地人通婚，马来人身上的蒙古人种特点有许多已经消失。他们信仰伊斯兰教。许多人从事农业、商业和茶园种植业。

伯格人（Burghers）有6万多人，是欧洲移民（葡萄牙人和荷兰人）与当地人混血的后裔。有时英裔混血人也算作伯格人。伯格人大多数住在科伦坡及南部沿海城市。在6万人中，约有4.5万是荷裔伯格人，此外还有少量的葡裔、英裔。伯格人中大多数是机关职员和自由职业者，还有许多人经商。他们操英语，信基督教，日常生活中保持欧洲人的传统和习俗。斯里兰卡的部分伯格人已侨居加拿大和澳大利亚。

吉普赛人（Gypsies）约有2000人，被僧伽罗人称为艾昆塔卡（意为玩蛇人）。他们讲泰卢固语，过着漂泊不定的生活，在一个地方住上两三天就搬走，而且往往不进大城市。他们以玩耍眼镜蛇和猴子赚钱为生。女人以卜卦、看手相为业。吉普赛人有时还从事狩猎和捕鱼。

维达人（Veddahs）约有1000人。从前斯里兰卡各地都住有维达人，现在只在东部地区保留住地。由于同僧伽罗人或泰米尔人发生混合，维达人的人数在急剧减少。少数人从事农耕，多数人以狩猎、采集为生，以兽肉为主要食物，过着游移不定的生活。维达人相信万物有灵，其中以祖先崇拜为主，魔法、咒语在他们的生活中起很大作用。维达人中保留着母系氏族制残余，实行氏族外婚和姑舅表亲婚姻，盛行转房制。在人种上，维达人属于澳大利亚人种维达类型。身材矮小，成年男子平均身高1.5米左右，头长，皮肤黑褐，头发长而呈波浪状，鼻偏宽。

在斯里兰卡岛上，有为数不多的黑人奴隶的后裔。他们主要来自莫桑比克，属尼格罗人种。在西海岸的僧伽罗人中，有的具有明显的尼格罗人特点。此外，斯里兰卡还有少数普什图人和俾路支人。

二　斯里兰卡的主要民族冲突是僧泰两族冲突

斯里兰卡虽然是个多民族的国家，但在民族主要成分上并不复杂，可简单概括为“三极鼎立和两族对峙的格局”：第一极是僧伽罗人，约占全国人口的74%，为国内的主体民族。第二极是泰米尔人，约占全国人口的16%，为国内最大的少数民族。第三极是摩尔人，占全国人口的9%，是国内第二大少数民族。此外，伯格人、马来人、维达人等只占全国人口的0.62%，所以他们和三大民族之间的力量对比以及由此引起的冲突微不足道，也形不成气候，不会影响斯里兰卡民族政治和民族的发展格局。从上述数字可以看出，斯里兰卡人口的绝大多数是僧伽罗人和泰米尔人。所以从更简单和更直接的眼光看，斯里兰卡的民族状况，主要呈现两族对峙的局面——僧伽罗人和泰米尔人对峙的格局。因此，斯里兰卡民族问题的关键是僧伽罗人和泰米尔人之间的关系问题。

斯里兰卡僧泰两族的矛盾冲突十分尖锐，近年来经常发生民族骚乱。僧伽罗人虽是国内的主体民族，但与泰米尔人相比，他们在经济和文化上并不占优势，因此怀有一种恐惧心理，害怕被泰米尔人所压倒。泰米尔人在斯里兰卡虽是少数民族，但因有印度的同族人作为强大的后盾，而不甘心失去他们历来在政治、经济、文化、教育等方面所占据的优势地位。

宗教冲突是斯里兰卡民族问题的一个重要方面。斯里兰卡是个全民信教的国家，每个公民都信奉一种特定的宗教。斯里兰卡居民的宗教信仰在很大程度上与民族属性有关。在这里，宗教成为人们在政治、经济和文化生活中绝对不可缺少的因素。正因为这种情况，宗教信仰便成为一个十分敏感的社会问题，宗教问题和民族问题纠缠在一起，让人分不清民族问题和宗教问题的界限。当地人认为，对待一个民族的宗教信仰采取什么态度、执行什么政策，往往被视为对待这个民族本身的态度和政策，直接牵动着这个民族的思想感情。

由于斯里兰卡的主要民族是僧伽罗人和泰米尔人，因此斯里兰卡的宗教纠纷主要是僧伽罗的民族宗教和泰米尔人的民族宗教，即佛教和印度教之间的冲突。尤其是1972年制定的新宪法，声称“保护和提倡佛教乃是国家的职责”，规定给佛教以“最优先的地位”，把佛教提高到“国教”的地位，这极大地伤害了泰米尔人的民族感情，使他们感觉到自己处于二等公民的地位。

在宗教的民族构成上，也表现为僧泰两极化的对峙格局。斯里兰卡的佛教教徒（小乘佛教）约占全国人口的69.3%，都是僧伽罗人。印度教教徒占15.5%，都是泰米尔人。其他的宗教比例只占少数，如伊斯兰教教徒占7.6%，主要是摩尔人，少数是马来人；基督教教徒占7.5%，其中90%是天主教教徒，主要是僧伽罗人、泰米尔人和伯格人，其余是新教徒。

三　僧泰民族的历史渊源

任何国家的民族构成都是其历史的产物。从历史渊源上说，斯里兰卡人的主体是从印度人演化而来的。“据公元六世纪的《大史》记载：公元前543年（佛涅槃年），印度北部的一位王子带了700名信徒来到锡兰（斯里兰卡旧称）。这些人就成了僧伽罗人的祖先。……虽然这则神话的可靠性无从证实，但从语言学资料和种族特征上看，说僧伽罗人来自印度北部还是可信的。”[①] 此外，19世纪末叶，有大批泰米尔人由印度南部迁入，在斯里兰卡中部的种植园地区定居下来。

葡萄牙人占领沿海地区后，僧伽罗人被分割成两部分。在长时期内，这两部分人在互相隔绝的状态下发展，因而长期保持着独立的意

① 《世界民族概论》，中央民族学院出版社1993年版，第382页。

识。目前，僧伽罗人与从前一样，分为低地僧伽罗人（或称沿海僧伽罗人）和高地僧伽罗人（或称康提僧伽罗人）。这两部分僧伽罗人早在殖民统治时期就已联合成一个民族，但相互间的差别仍然存在。不仅如此，这种差别由于僧伽罗人中普遍盛行种姓制度而更加深化。低地僧伽罗人自从16世纪初起先后遭受到葡萄牙人、荷兰人和英国人的殖民统治，受到西方文化的巨大影响。高地僧伽罗人则直到1815年才丧失独立，所以保留了更多的文化传统。

斯里兰卡国内的泰米尔人又分为斯里兰卡泰米尔人和印度泰米尔人。斯里兰卡泰米尔人是早期泰米尔人，印度泰米尔人是殖民主义的产物。前者多于后者。斯里兰卡泰米尔人大都是在11世纪到13世纪由印度南部迁来。印度泰米尔人是19世纪30年代英国人从印度迁移到斯里兰卡中部的种植园者。斯里兰卡独立后，新政府认为印度泰米尔人是印度侨民，不给他们公民权。1963年，印度和斯里兰卡达成协议，决定在15年内解决这部分人的国籍问题，即大部分回印度，少数人留居斯里兰卡。斯里兰卡泰米尔人在北部和东部居民中占大多数。印度泰米尔人，一般还包括泰卢固人、坎纳拉人和马拉雅兰人，他们是在不同时期由南印度移居到这里来的。其中，在1877—1911年这段时期迁来的最多，当时在康提地区正发展茶叶和橡胶种植业，他们是来这里寻找工作的。大多数泰米尔人集中在中部高原及科伦坡。他们比较闭塞，很少与其他民族发生混合，但同南印度的泰米尔人则保持着相当紧密的联系，大部分没有取得斯里兰卡国籍。种姓制度在这两部分泰米尔人中都比较森严。印度和斯里兰卡两国政府签订了一系列协议，议定把大约一半以上的印度泰米尔人送回印度南部。但由于种种原因，这一工作进展缓慢。印度泰米尔人在近些年来已有一部分返回印度。

泰米尔人是讲达罗毗荼语的民族之一，属于欧罗巴人种和尼格罗——澳大利亚人种的混合类型。斯里兰卡泰米尔人主要从事农业，种植水稻、烟草，以及从事园艺栽培和各种手工艺等。印度泰米尔人主要居住在种植园经济发达的康提地区，均在种植园中劳动。由于绝大多数人没有取得斯里兰卡国籍，也称为无国籍印度人或无国籍泰米尔人。

僧伽罗人和斯里兰卡泰米尔人的矛盾在历史上是由来已久的事，可以追溯到5世纪。在很长的历史时期中，矛盾的核心问题是土地问题。僧伽罗人一直认为自己是斯里兰卡最早的当然主人。他们称斯里兰卡为“佛教岛”或“僧伽罗人岛”。他们不仅用“僧伽罗”一词表示斯里兰卡的居民，也用来表示这个岛国。13世纪以前，僧伽罗人一直集中居住在斯里兰卡地理位置较好的地段——北部中区和东南部的干燥地带。僧伽罗人先后建都于阿努纳达普拉、波隆纳鲁瓦，并创造了光辉灿烂的文化。中国高僧法显于公元5世纪西行求法时，曾在斯里兰卡居住两年，居住在该岛当时的文化名城——阿努纳达普拉。后来僧伽罗人的文明中心逐渐向南迁移，把干燥地带让给了泰米尔人。对僧伽罗人南迁的原因，说法不一，有的说是气候的缘故；有的说是疾病的流行；而多数僧伽罗人认为是泰米尔人的入侵。所以后来的僧伽罗人把泰米尔人看成是他们的侵略者。

泰米尔人并不认为自己是侵略者。泰米尔人极力证明，当僧伽罗人到达斯里兰卡时，他们的祖先达罗毗荼人已经在那里定居。所以，泰米尔人非但不是侵略者，而且是斯里兰卡的最早居民。并说自从13世纪以来，泰米尔人在斯里兰卡北部建立了独立的贾夫纳王国。这足以证明北部地区是泰米尔人的传统家园。

僧伽罗人和泰米尔人冲突的另一个历史原因是英国殖民统治。殖民者入侵前，斯里兰卡形成三国鼎立的格局：北部是泰米尔人的贾夫纳王国，南部高地是僧伽罗人的康提王国，南部低地是僧伽罗人的克特王国。

由于南北有一个难以通行的天然屏障，泰米尔人王国和僧伽罗人王国之间很少联系。甚至在葡萄牙和荷兰人统治期间，也未能打破这种隔绝状态。

18 世纪英国占领了全岛并建立了中央集权之后，斯里兰卡才最终纳入同一政治体系之中。中央集权制的建立对僧伽罗人和泰米尔人的关系起到了两种相向的作用：积极的作用是促进了两族的融合，中央集权促进了双方的交往，为泰米尔人移居其他地区提供了有利条件，从而促进了僧伽罗人和泰米尔人的民族融合和国家的统一。消极的作用是两族由于土地纷争加深了矛盾。

在殖民时代，泰米尔人在政治上占据优势。这是因为贾夫纳地区较早建立了教会学校，因此许多泰米尔人能讲英语，具备了较高的文化水平，从而使泰米尔人更多地具有了在殖民政府中任职和其他寻求自由职业的机会。据统计，1948 年斯里兰卡独立初期，泰米尔人在当时只占全国人口的 10%，而在政府中工作的职员却达 30%，自由职业达 60%。对此，僧伽罗人认为这是殖民者给泰米尔人过多的特权，而泰米尔人却认为这是公平竞争的结果。

造成僧伽罗人和泰米尔人民族冲突的第三个历史原因，是印度泰米尔人的移入增加了僧伽罗人对泰米尔人的仇恨。

国家独立高于民族矛盾。殖民统治的后期，两族联起手来争取了国家独立。但对于斯里兰卡来说，国家独立并不意味着民族纠纷的消除。甚至可以说，斯里兰卡在独立之时就已埋藏了两族纠纷的隐患。

僧泰民族宗教冲突的历史原因来源于佛教反殖民统治的一种变形或演变。

起初，对于僧伽罗人来讲，确立佛教的优先地位，是为了清除殖民主义的影响，恢复历史的本来面目。因为在殖民主义者到来之前，佛教在斯里兰卡一直处于国教地位，国王必须信奉佛教。各地寺庙占有大量土地和资源，佛教掌握国家的经济命脉，垄断教育与文化，完全是个佛教的王国。但在 16 世纪以后，由于殖民主义者强行传播基督教，一些佛教上层人士改信基督教，才使佛教的地位一落千丈，佛教教徒受到歧视和排挤。

因此，当 19 世纪末至 20 世纪初，民族解放运动兴起时，在斯里兰卡首先掀起的就是佛教复兴运动。而一些民族运动领袖也必然要利用佛教来唤醒民族意识，开展反英斗争。斯里兰卡独立后，各党派执政期间，都为复兴佛教做了许多工作，不仅使国内的佛教得以迅速发展，而且对国外也发生了很大的影响。“1950 年，在康提召开了世界佛教联谊会第一届大会（联谊会现有 34 个国家的 66 个组织成员）；1954 年，在全国开展了盛大的佛逝 2500 周年纪念活动；1956 年，在内阁中增设了文化事务部，负责佛教的发展；1958 年，成立了康提佛教出版社，现已出版 150 多万册佛教书刊，发行到近 90 个国家；1960 年后，佛教学校也得到迅速发展，现有佛学院 280 余所，在校学生 2 万多人。……所有这些，当时在泰米尔人中并未引起太大不满。”① 可是，在 1972 年新宪法明确给予佛教以“最优先的地位”以后，就必然引起泰米尔人公开反对。泰米尔大会党、联邦党和锡兰人大会联合起来，组成“泰米尔联合阵线”，公开提出建立独立的“泰米尔国”的口号，成立“影子内阁”，公然宣布通过《共和国宪法》的 5 月 22 日这天为“国庆日”。

由此可见，斯里兰卡政府从立法上给予佛教以“最优先的地位”，只是满足了僧伽罗人的民族感情的需要，但加剧了僧泰两族之间的矛盾和冲突。

四　斯里兰卡民族政策的得失及僧泰民族冲突的原因

僧泰两族冲突的历史表象背后隐藏的原因是多方面的，但主要的原因是国家的民族政策导致的，确切说是政治家们为了自己的权利造成的。具体地说，主要是各党派出于自身利益，政治上拉选票，竞相顺应狭隘的民族主义潮流，制定并实施了错误民族政策的结果。因此，

① 《当代世界民族问题与民族政策》，四川人民出版社 1994 年版，第 212 页。

僧泰冲突首先是由政治斗争引起的。

1948 年独立后，两个民族关系的恶化最初源于语言政策。1912 年成立锡兰大会党。1937 年成立僧伽罗大会党。1946 年成立统一国民党。1950 年，统一国民党政府的资深部长班达拉奈克退出该党，于 1951 年成立斯里兰卡自由党。由于斯里兰卡实行民主选举制度，因而选票成为决定一切的问题。为了能与统一国民党争夺选票，顺应民心，斯里兰卡自由党打出了民族主义旗号。在 1952 年的选举中，班达拉奈克以斯里兰卡民族主义者的面目出现，提出以僧伽罗语和泰米尔语代替英语为官方语言。这一立场因未能得到僧伽罗农民的支持而导致失败。到 1956 年的大选时，自由党领袖班达拉奈克为了争得占人口大多数的僧伽罗人的选票，又走向僧伽罗民族主义，提出“只要僧伽罗”的口号，结果自由党与其他一些政党组成的统一阵线竞选获胜，斯里兰卡便开始推行“只要僧伽罗法案”的政策。

“只要僧伽罗法案”政策产生了双重的后果：一方面，煽动了僧伽罗人的民族烈火，为以后的民族妥协、让步设置了巨大障碍；另一方面，伤害了泰米尔人的民族感情，使泰米尔人面临社会生活的重重困难。总的结果是，僧伽罗民族主义和泰米尔人民族主义渐渐走向狂热，使本来就十分脆弱的斯里兰卡的国家民族主义逐渐消亡，成为导致僧泰冲突的最初也是最持久的原因。

泰米尔人的反抗危及斯里兰卡国家的统一，为此，政府的民族政策才开始考虑消弥泰米尔人的反抗情绪，与代表泰米尔人利益的联邦党于 1957 年和 1965 年先后达成两个协议——《班达拉奈克—契尔文那亚甘协定》和《森纳那亚克—契尔文那亚甘协定》，试图以承认泰米尔语为少数民族语言可在北方省和东方省使用，下放一些行政权力为条件，以此来挽回危及国家的民族冲突。这本来是斯里兰卡解决民族纠纷的一个千载难逢的好机会，可是遭到了双方极端民族主义分子的反对，两项协定均未能得以实施，错过了民族团结的大好时机。

1972 年宪法不仅重申了“只要僧伽罗法案”，还特别强调了佛教的优先地位。虽然同年以附属立法的方式确定了泰米尔语的地位，并在1978年的宪法中对泰米尔人语的地位作了规定，但并未能缓和僧泰民族冲突。

“只要僧伽罗法案”的一再重申，究其直接的政治原因，是政治家拉选票的一种手段。正如有的学者分析的那样，“历届政府何以非要采取这样的政策不可，这里面恐怕有其难言的苦衷。因为在选票政治的支配下，他们要想上台执政，就得服从掌握着多数选票的僧伽罗佛教民族主义者的意志。看来，这就是问题的关键”。[①]

其次，教育问题及其引起的就业问题成了僧泰冲突的又一个关键。

泰米尔人聚居的北部地区干旱少雨，土地贫瘠，没有多大发展农业的潜力，泰米尔人从发展教育中另谋出路，提出“教育就是出路”的口号。独立前，泰米尔人的大学升学率就远远高于僧伽罗人，独立后在相当一段时间内仍然在高等教育方面占有优势。1970年代以后，政府接管了教会学校，把英语考试改为民族语言考试，泰米尔人大学生渐渐减少，可是在就业前景好的理工科中的入学率仍远远高出其人口比例，这大大激起了僧伽罗人的不满。因此政府对两族考生采取不同分数录取线的办法，降低泰米尔人的理工科类的入学率。1974年以后，又在标准化考试的基础上实施地区配额。根据切尔瓦杜莱—马诺加兰在《斯里兰卡的民族冲突与和解》一书的统计，医学专业泰米尔新生所占的百分比由1970年的35.5%降到1974年的26.2%，工程专业由1970年的48.3%降到1974年的16.3%，理工类由1970年的35.5%降到1973年的21%和1983年的19.3%，而僧伽罗学生在1983年占了理工类新生总数的75%。[②] 几经调整，使得泰米尔人的教育优势不复存在。教育方面的不公正政策，使泰米尔人感觉备受歧视。“只要僧伽罗法案”出笼后，许多担任公职的泰米尔人不得不提前退休，

① 《当代世界民族问题与民族政策》，四川人民出版社1994年版，第212页。

② 参见切瓦杜莱—马诺加兰《斯里兰卡的民族冲突与和解》，夏威夷大学出版社1987年版，第125—126页。

没有退休的泰米尔人也难以得到提升。1973 年进入政府机关的 100 人中，只有 4 个人是泰米尔人。政府官员中泰米尔人的比例由 1956 年的 30%降到 1970 年的 6%，泰米尔军警由 40%降到 1970 年的 2%—3%。泰米尔人政府官员的比例由 1980 年的 12%降至 1983 年的 11%。1977—1980 年，国家招募的 10000 名军人中，只有 220 人是泰米尔人。1971—1974 年，政府录用 23000 名教师中，只有 1867 人是泰米尔人，而同期退休的泰米尔人却高达 3500 人。1956 年到 1970 年期间，国有企业录用的 18.9 万名员工中，只有 1%是泰米尔人。失业涉及生计的问题，泰米尔人的失业迫使他们中的许多人走上了反抗道路。不少高考落榜而又遭到就业困扰的泰米尔青年知识分子，越来越同情极端分子，有的甚至参加了反对政府的恐怖活动和武装斗争。在某种程度上讲，泰米尔"伊拉姆猛虎组织"的形成和发展，都同泰米尔青年知识分子大批失学失业有关，也正是在这些青年中，民族情绪最强烈，反抗意识最坚决。有的学者提出，大学入学问题迫使许多受过教育的泰米尔青年提出了建立独立的泰米尔人国家的要求。为此切尔瓦杜莱—马诺加兰得出结论说："一个民族过去花在甚少土地上的辛勤，现在转用于教育和教育带来的政府公职上。教育就是土地。"①

再次是僧伽罗人向泰米尔人聚居地的移民问题。

随着人口的增长，为了缓和人口矛盾和开发落后地区，政府有计划地向人烟稀少的地区移民，这本是正常的事情。但在斯里兰卡，这个问题却成了加剧僧泰矛盾的重要因素。斯里兰卡位于热带，接近赤道，人口稠密，土地肥沃，经济发达；气候受季风影响，南部属热带雨林气候，降水量大，空气湿润。北部属热带草原气候，降水量小，空气干燥，土地贫瘠，人口稀少，经济落后。巧合的是，僧泰两族分布的格局恰恰与这种地理差异大体相吻合——北部主要是泰米尔人聚

① 参见切瓦杜莱—马诺加兰《斯里兰卡的民族冲突与和解》，夏威夷大学出版社 1987 年版，第 118 页。

居地，南部主要是僧伽罗人聚居区。所以，由人口稠密地区向人口稀少地区移民自然也就成了由僧伽罗人聚居区向泰米尔人聚居区的移民。独立前，在这两族关系比较缓和的时候，这种移民并未引起多大的骚乱，但到了 1950 年代后期，当僧泰矛盾日趋紧张的时候，这种移民便成了引起两族矛盾冲突的问题。

这种移民活动早在 1930 年代就已开始。此后，历届政府都列有移民计划，并拨出专门资金，在北部地区安排一些土地开发工程。据官方观点，这种移民既可提供就业机会，又能增加粮食生产以减少粮食进口并节约外汇开支；既可缓解南方的土地矛盾，又可开发和利用北方的荒芜土地。从殖民时代到 1948 年独立后，僧伽罗人向北移民 16 万人。这从全国整体利益来讲，是非常合理的。

但是，僧伽罗人和泰米尔人对此的看法却相当偏激：僧伽罗人认为这是光复祖业夺回被侵占的土地。泰米尔人则认为这是僧伽罗人对泰米尔人“传统家园”的侵略。

泰米尔人担心，大批僧伽罗人的涌入会改变当地人口的民族格局和构成，使他们在自己占多数的地区变成少数，最终会受到僧伽罗人的同化和制约。反应最强烈的是泰米尔人上层人物。在政党按民族划界的情况下，它们自然担心自己在一向获得多数选票的地区将会丧失原有地位。这样，它们就极力反对政府向北方省和东方省大量移民。

对于僧伽罗人，他们认为，泰米尔人反对向北移民是毫无道理的。他们认为，斯里兰卡的土地在历史上全部是属于僧伽罗人的，只是由于后来泰米尔人的步步入侵，僧伽罗人才被迫南迁的。这种看法是偏激的：“入侵”并不是泰米尔人进入斯里兰卡的唯一方式，此外，像寻找工作、通商、联姻、传教、军援以及充当雇佣军等也是泰米尔人进入到斯里兰卡的几种途径。因此，很早以来，在僧泰两族之间就已经形成了混血过程。僧伽罗王室成员早已不是纯粹的北印度雅利安血统，在僧泰两族人的血管里或多或少都流淌着对方的血液。两千多年的历史早已把僧泰两族结合成密不可分的一个整体。

另外僧伽罗人还认为，泰米尔人虽以北方省和东方省为聚居区，可也散居在其他各省。根据1971年的人口普查，在141万锡兰泰米尔人中，有105万住在北方省和东方省，其余的36万全部聚居在僧伽罗地区。既然泰米尔人可以迁居到僧伽罗人聚居区，为什么僧伽罗人不可以移居到泰米尔人聚居区呢？又何况这是由密度过大的南方移居到人口稀少的北方，开发荒芜的土地。

对于两族的分歧，政府明显偏袒僧伽罗人一方，从而使泰米尔人的担心由本来是不应有的根据变成了合理的根据——某些僧伽罗族领导人也毫不隐讳地提出，政府向北方大规模移民的目的之一，就是为了“加速融合”，为了“在具有战略意义的地区破坏泰米尔人的地位”。当然，在选票政治的影响下，要想让他们完全出于公心也是不可能的事情。后来，果不出泰米尔人所料，统治者实施移民计划的后果确实改变了移民区的民族人口构成。仅在1946—1958年期间，泰米尔人就从46.5%下降到40%，而僧伽罗人在东方省的比例就从7.8%上升到11.6%。

不当的移民政策多次导致了全国性大规模民族骚乱，可是并没改变政府原有的移民计划。政府不仅从经济上给僧伽罗移民发放安家费，而且为了安全起见，还给每个僧伽罗居民配备机枪和步枪。这无异于在业已紧张的僧泰关系上雪上加霜。

此外，如果从斯里兰卡的更深层次的政治原因来分析，斯里兰卡僧泰民族冲突的根本政治原因是由斯里兰卡的特殊政治国情决定的：从客观上看，政治家们在政治舞台上演练政治“话剧”就不能不考虑僧伽罗人占斯里兰卡多数选票这一因素，这就是斯里兰卡的国情。从主观上看，政治家从个人的政治利益出发，把个人利益放在高于民族利益和国家利益的位置上，这就是斯里兰卡的政治历史事实。如果在建国初期，把民族冲突之火控制于初燃阶段，使之难以形成燎原之势，必须要有民族利益、国家利益高于个人利益的胸怀。但历史上斯里兰卡的一些政治家们，不以国家利益为重，而以个人利益为重。一方面，为了拉选票上台执政，利用僧伽罗人的多数选票；另一方面，他们错误地认为，泰米尔人是殖民主义的宠儿，感觉到泰米尔人之所以能够在政治、经济和文化上占有优势地位，是因为殖民统治者扶植的结果。这两个反面的原因，使得执政者极力煽动狭隘的民族情绪，使得新闻导向走偏，社会舆论失控，让破坏民族关系和伤害民族感情的言论自由泛滥，在僧伽罗人中造成一种“恐泰心理”和“仇泰情绪”，恨不得把国内的所有泰米尔人统统赶到南印度去。这种国情事实酿成了斯里兰卡因民族政策的失误导致的僧泰民族矛盾冲突的一幕幕悲剧。

五　近年来僧泰冲突及对南亚地缘政治的影响

在南亚地缘政治问题中，不能不考虑旷日持久的作为当今世界一大政治热点的僧泰民族冲突问题。泰米尔人的问题之所以是当今世界一大政治热点问题，是因为泰米尔人是斯里兰卡和印度间的跨界民族；斯里兰卡国内的泰米尔人的命运走向无不牵动着斯里兰卡和印度两国人的心，从而使僧泰民族问题不仅是斯里兰卡国内的政治问题，而且是一个由影响斯里兰卡和印度两国关系到进而影响整个南亚的国际性政治问题。从这个意义上讲，对斯里兰卡的僧泰民族问题的解决是南亚地缘政治问题的一个关键。

从整体上看，僧泰斗争可分为两个阶段：1948—1976 年是和平辩论阶段；1979—1983 年，甚至到 1997 年是暴力冲突阶段。

泰米尔人联合统一阵线于 1979 年正式提出建立泰米尔人独立国家的主张后，出现了暴力冲突。1983 年 7 月，13 名僧伽罗军人被泰米尔人炸死，成为民族矛盾升级为武装冲突的导火索。发展到 1987 年上半年，政府准备采取大规模军事行动时，由于泰米尔人是个跨界民族，印度出面干涉，并于同年 8 月派遣维持和平部队进驻斯里兰卡。印度介入冲突，并不是帮助泰米尔人打僧伽罗人，而是帮助斯里兰卡政府平息少数泰米尔人的极端分子，之后印度从斯里兰卡撤军。这样，这场冲突得以暂时平息。

最近几年，僧泰之间并未发生大规模的武装冲突，可两族关系并未根本好转，小规模的武装冲突时有发生。主要是泰米尔人的猛虎组织和政府军间的冲突。猛虎组织试图在斯里兰卡的北部和东部建立一个称之为伊拉姆的泰米尔人家园，因此，斯里兰卡政府军就不能不对其进行打击。但其他大多数泰米尔人组织，都支持政府军围剿泰米尔人伊拉姆猛虎组织。

泰米尔人分裂分子的命运并不佳。据 1996 年 11 月 16 日法新社新德里的英文电，自被斯里兰卡政府军队攻取大片地盘后，猛虎组织开始寻求印度的帮助。以前，印度和斯里兰卡泰米尔人之间有着亲密的关系。然而自 1991 年暗杀印度前总理拉吉夫·甘地事件归咎于该组织以来，它与新德里一向亲密无间的关系就变得极度紧张。

斯里兰卡在解决泰米尔人中的民族政策为后人留下的启发是：如果不是用经济一体化加强本国内不同民族的凝聚力，而是对不同民族的宗教信仰采取等级对待的民族政策，就可能导致国家的离心力，从而加深民族纠纷和民族隔阂，并错过发展经济、缩小与发达国家距离的大好时机。

六　僧泰民族关系的前景

泰米尔人对于僧伽罗人来讲，是个驱逐不掉但又消化不了的大难题。解决僧伽罗人和泰米尔人冲突的前景并不乐观，主要因为：

第一，泰米尔人独立的要求是不现实的。尽管有许多泰米尔人支持独立主张，但从政治上和军事上看，独立的要求都是不现实的。独立也不能给泰米尔人带来多少好处。而且，即使北方获得独立，仍有四分之一的斯里兰卡泰米尔人居住在僧伽罗人地区，而东方省还有相当数量的僧伽罗人和穆斯林，民族问题有可能继续存在。正因如此，在 1956 年以后的很长时期内，大多数泰米尔人都主张自治而不是独立，在斗争方式上也表现出了相当大的克制。直到现在，泰米尔人内部的温和派力量依然存在。如果政府能在自治问题上做出真正的让步，同时改变歧视性的民族政策，就有可能与温和派达成妥协，并进而使大多数泰米尔人重新站到温和派一边。极端组织及其主张既已形成，就很难迅速肃清；可是，一旦失去群众基础，便不会有太大威胁。

第二，武装镇压也行不通。首先因为泰米尔人毕竟有印度作后盾，尽管印度和斯里兰卡泰米尔人之间由于甘地的被害而产生了隔阂，但作为同“族”人，印度人不会袖手旁观的。

其次，镇压必定会加剧业已存在的民族裂痕，把更多的泰米尔人推向极端组织一边。

再次，泰米尔人在斯里兰卡虽是少数民族，但在南印度却有数千万同胞，这不仅增强了他们的心理优势，也为他们提供了武器、训练基地和避难所等帮助。同时，正是由于这部分泰米尔人存在，印度政府对于斯里兰卡政府的镇压行动也不能无动于衷，虽然印度政府出于自身的目的，并不支持斯里兰卡泰米尔人的独立主张。

另外，僧伽罗人内部极左派政党人民解放阵线的活动也分散了政府的注意力。这个反政府组织与泰米尔人极端组织有某些共同目标，他们相互之间事实上已有联系。这些因素使政府实际上无法运用武力彻底肃清泰米尔武装分子。况且，即使镇压成功，只要问题没有解决，局面便不会根本好转。

泰米尔人的独立与自治很难马上实现，政府的和与打亦不能立即生效。僧泰冲突的前景并不乐观。打破互不相让的僵局，跨越日渐加深的鸿沟，十分艰难。除非各种内外力量的消长发生突然的变化，否则，便不会出现戏剧性的结局。

第三，最可能的局面继续是和和打打。

和平与发展乃是当今世界两大主题，这将是长期主宰今后世界发展的主要格局。但世界发展的主流大势中，往往存在某些历史的逆流。斯里兰卡的政治局势就是如此。

独立初期，斯里兰卡曾经度过了一段经济繁荣的美好时光，被人们视为“一块稳定、安静和井井有条的绿洲”。然而，好景不长。1956年以来，历届政府曾多次试图以让步换取和平，在语言和自治权问题上均作过妥协。但这类妥协常常只是一纸空文，甚至签署不久就被取消，原因就在于激进的僧伽罗人实力阶层的态度。斯里兰卡的议会民主制使得激进派可以通过选票长期左右政府的政策。政府很难与泰米尔人达成妥协而又不招致大多数僧伽罗人的反对。独立以来，斯里兰卡一直由统一国民党和自由党轮流执政，两党的民族政策虽有所不同，但并无本质上的差别。到目前为止，僧伽罗人实力阶层并未表现出退让，大僧伽罗主义依然故我。因此，通过政府的实质性让步，以和平方式根本解决僧泰冲突的条件尚未成熟。

僧泰民族冲突的主要根源是大僧伽罗主义的民族政策。从整个过程来看，僧伽罗人及政府一直处于进攻态势，而泰米尔人则一直处于防卫地位。从昔日的占优势到今天的被剥夺，泰米尔人经历了艰难的历程。因此，和解的关键在于政府是否愿意和能够做出实质性让步，以保证泰米尔人的平等权利和平息泰米尔人的不满情绪。

然而，也并不是不存在和平发展的可能性。因为，僧泰两族之间的民族斗争并非是全民性的，而是少数执政者利用的某种政治手段。对斯里兰卡社会团结进行破坏的不是僧泰两族的广大人民，而是少数反动贵族。在斯里兰卡历经2000多年的文明历史中，僧泰两族人民都做出了自己应有的贡献。僧伽罗人和泰米尔人已经共同生活了2000多年，两族之间和平共处、友好往来的时间长而发生矛盾冲突的时间少。此外，在长达四个半多世纪的殖民统治期间，受殖民主义者重用的只是僧泰两族中的个别成员，受殖民主义者压迫的是多数僧泰两族人。况且，在反帝反殖斗争中，两族人民始终并肩作战，团结一致，同呼吸共命运，两族领导人也是同仇敌忾，共商大计。问题的关键是，僧泰之间的矛盾和冲突主要发生在两族的上层之间，是他们为了争夺执政地位挑起民族矛盾，导致相互征战、相互厮杀。

（曹兴，中国政法大学教授）

新　加　坡

近几十年来，因民族矛盾引起的种族骚乱、地区冲突乃至局部战争在世界各地此起彼伏，导致许多国家社会政治动荡、经济发展受阻，现代化进程迟滞，还为他国干涉内政提供契机。东南亚是世界上多重文明交汇、民族关系复杂的地区之一，各种形式的民族问题也自然是当代东南亚政治中的重大社会问题，一些国家如印度尼西亚多年来错综复杂的民族问题成为民族国家建设进程中难以治愈的社会顽症。然而在东南亚也有新加坡这样的民族和睦、政治稳定、经济繁荣相辅相成的楷模，新加坡成功处理民族问题的政策和措施无疑为民族问题普遍存在的世界各国提供有益的启迪。

一　民族结构与民族关系的演变

新加坡共和国只是一个面积仅 680 多平方公里的小国，但和世界上绝大多数国家一样，在民族结构上也是一个多民族国家。在全国 553 万（2015 年）人口中，华人占 76.7%，马来人占 13.9%，印度人占 7.9%，其他种族占 1.5%。新加坡是个移民社会，最早居住在新加坡的人种是原始马来人的后代，称“奥郎·罗越”（意为“海人”）。他们从马来半岛迁到此地，以捕鱼和种植为生。与中国近邻的新加坡很早就有中国人移民。1894（？）年，中国商人、探险家王大元曾谈道：“新加坡岛是一个很大的中国人居留地。”① 1819年，英国殖民者、东印度公司官员斯坦弗德·莱佛士率领舰队侵入新加坡岛，迫使马来亚柔佛王国把新加坡割让给英国，1824年新加坡完全沦为英国殖民地。1819年莱佛士登陆新加坡岛时，发现岛上只有150人，即120个马来土著人和30个中国移民。随着新加坡成为繁忙的国际贸易商港，英国殖民者以拐骗诱引手段从中国、印度招来大批劳工，由此新加坡人口迅速增长。1821年新加坡人口只有4724人，到1850年已增加到52866人，1941年达到764216人。②

可以说，殖民地时期已经形成新加坡基本的民族结构，新加坡居民由华人、马来人、印度人和其他种族（包括欧洲人、阿拉伯人、巴基斯坦人等）等四大族群组成。在殖民地时期，他们原本信仰各异、语言不同，族际文化沟通甚少，加之殖民当局为求“分而治之”实行人为的隔离政策，造成其在社会生活各方面存在严重的族际隔阂。在职业方面，各个族群在新加坡社会中处于不同的分工地位：欧洲人高高在上，占据了行政和军队的重要职位；印度人地位次之，多数在服务业工作；华人主要从事服务业、商业和金融业，虽在政治上受到压制，但经济上却有相当实力；马来人则处于最低层，主要从事农业和运输业。四大族群之间的职业界线与其居住空间的分离相对应：欧洲人住在凉爽的小山上，印度人聚居在城区或港口，华人住在城里，马来人一般住在农村。总之，这四大族群各成一体，相互间很少往来，民族间的隔阂、矛盾一直存在。日本法西斯占领时期，曾以马来人对付华人，这种“以夷制夷”的卑鄙政策严重损害了马来人与华人间的

---

① 凌翔、陈轩：《李光耀传》，东方出版社1998年版，第405页。

② 骆沙舟、吴崇伯：《当代各国政治体制——东南亚诸国》，兰州大学出版社1998年版，第145页。

关系。1945 年英国恢复对新加坡殖民统治后，随着当地人民反英独立运动发展，民族冲突又表现为反欧洲人的形式。1959 年英国被迫同意新加坡成立自治邦，实行内部自治。然而自治之初，社会矛盾复杂尖锐，民族关系依然紧张。人民行动党政府在继续争取独立的同时，整顿内政，发展经济，缓和民族矛盾。1963 年新加坡加入马来西亚联邦。尽管李光耀领导人民行动党积极致力于马来西亚的社会团结和发展，但具有种族主义情绪的马来极端主义者却无端攻击“李光耀搞中国沙文主义”，“敌视马来人”，叫嚣要“用拳头教训人民行动党”。在马来极端主义者的煽动下，1964 年 7 月 21 日，马来人和华人间爆发大规模种族冲突，骚乱一直延续到月底，共有 22 人丧命，467 人受伤。同年 9 月 2 日马来人和华人间的种族骚乱再次发生，导致死 12 人、伤 109 人的悲剧。[①] 由于新加坡、马来西亚双方在政治、经济权益分配上的严重分歧以及严重的民族纠纷，在新加坡各阶层人民的要求下，1965 年 8 月 9 日，新加坡退出马来西亚联邦而成立独立的共和国。

由此可见，独立伊始的新加坡事实上存在着容易爆发族际冲突的社会因素，民族问题势必会影响到该国的政治稳定和社会发展，成为新加坡国家建设和现代化进程中难以回避的重大社会问题。

二　多元文化主义理念与民族国家统一

新加坡地少人多，资源匮乏，市场狭小。李光耀的人民行动党政府原本希望新、马联合解决资源和市场问题。新、马分离后，李光耀领导下的新加坡只有寻找独立发展现代化的道路。此后 30 年间，尤其是从 1960 年代后期到 1980 年代中期，新加坡创造了举世瞩目的经济奇迹，1966—1984 年其年均经济增长率超过 9%，人均国民生产总值

① 凌翔、陈轩：《李光耀传》，东方出版社 1998 年版，第 200—202 页。

由1959年的405美元增加到1994年的1.83万美元，名列世界第12位，新加坡以其经济腾飞的卓越不凡而成为东亚新兴工业化国家、“亚洲四小龙”之一。同时新加坡政局稳定，国泰民安，人民行动党成为政坛常青树，民族国家建设和现代化进程稳步前进，即使在1997年东亚金融危机中所受冲击也不大。新加坡长期保持各民族在共同繁荣道路上的和睦相处，显然为其国运昌盛、社会稳定提供了举足轻重的社会保障作用。新加坡是通过实行多元文化主义来实现民族团结和睦的。

“多民族构成的国家具有政治上的统一性与民族和文化上的多元性。政治统一与民族及文化的多元每每构成民族国家政治体系中的基本矛盾。”[①] 这样，一国之内的民族关系，不仅牵涉到该国的领土统一、社会稳定和经济发展以及国家建设的成败，而且往往波及到该国与邻国乃至其他有关国家之间的国际关系。所以民族关系始终是各国政府极为关心的问题，各国为此制定实施了不同类型的民族政策，主要有民族中心主义政策、民族熔炉政策、民族一体化政策、民族同化政策、多元文化主义政策、民族区域自治政策、民族主权国家政策等。其中，多元文化主义政策因其致力于不同民族之间的相互尊重、和谐共处而越来越引起人们的关注。多元文化主义主张，一个国家中的各个民族、民族集团，包括难民、外国劳工及周边少数民族等，都应得到政府的认可和财政援助，他们的传统文化、民族语言、风俗习惯都应得到国家和社会的肯定和尊重，从而使他们在各自发展的同时，参加到全社会各方面的总体运行之中，以达到建成一个统一的多民族多元化社会、在多样性中谋求一致性的最终目标。“多元文化主义”（Multiculturalism）一词最早出现于1960年代的加拿大，它包含了三层意思：（1）指不同文化和不同民族的社会；（2）指多元文化社会里各种不同

① 周星：《民族政治学》，中国社会科学出版社1993年版，第90页。

文化相互尊重；（3）指政府对多元文化社会的政策。[1] 1971 年 10 月 8 日加拿大联邦政府声明奉行多元文化主义政策作为处理民族事务的国策，30 多年来加拿大的多元文化主义政策日臻完善，对民族关系的改善起到积极效果。另外当今澳大利亚、美国也在不同程度上以多元文化主义来处理国内民族关系。

然而与美、加、澳相比，独立 30 多年来的新加坡更是推行多元文化主义政策而促进国家繁荣发展的一个成功典型。

被尊为"新加坡奠基人"的李光耀坚信，新加坡要通过发展经济在世界上立足成长，必须保持稳定的社会环境，国家建设离不开和谐的多元种族社会。在宣布新加坡成为独立共和国的 1965 年 8 月 9 日，李光耀在谈到民族问题时，有的放矢地明确提出："在新加坡，我们将是一个多元种族国家。这个国家不是一个马来人的国家，不是一个华人的国家，不是一个印度人的国家。"[2] 此后，李光耀领导新加坡政府为谋求各民族间的和睦相处，建设多民族的现代化国家，在民族问题上推行了一种多元文化主义政策。

新加坡多元文化主义政策的基本点是：一方面实行各民族的平等，不给予任何民族以特殊地位和权利；另一方面承认民族差别，尊重各民族及其文化的多元性。李光耀坦然指出："我们一直没有虚伪地承认人种、语言、宗教势力及信仰之间没有差异。然而我们承认了这些差别，继续在世界上这个开放的自由竞争的社会里使大家各得其所，同时，保证任何一方的私利不能危害代表各方的集体利益。"具体而言，这种多元文化主义政策包含了以下三方面内容：（1）"四多原则"。即多种族（Multiracialism）、多语言（Multilingualism）、多文化（Multiculturalism）和多宗教（Multireligiosity）。"四多原则"承认新加坡是由各自独立、各具特色的各个族群平等组成，新加坡的整个民族文化便是

① 李毅夫等：《世界民族概论》，中央民族学院出版社 1993 年版，第 528 页。
② 亚历克斯·乔西：《李光耀》，上海人民出版社 1976 年版，第 218 页。

建立在种族、语言、文化、宗教的多元性基础之上；（2）“四合一模式”。即新加坡社会是由四大族群即“华人（Chinese）+马来人（Malays）+印度人（1ndians）+其他种族（Others）”组成的总和，同时这四大部分各自具有自己的族群个性、特征和独立性；（3）“新加坡人”观念。各族群在保持各自特点的基础上求同存异，组成一个复合民族“新加坡人”，倡导“一个国家、一个民族、一种命运”，把新加坡作为自己的祖国，患难与共，同舟共济，在团结和谐中共同建设好“新加坡人的新加坡”。1960年代后期，李光耀自己提出了“新加坡人”这一概念，并就此进行诠释：“我们应该不管人种、语言、宗教、文化方面的差别，大家作为新加坡人团结起来。”“什么是新加坡人？……还在于看他是否能把自己的命运和新加坡联系在一起，挺身而出，为新加坡战斗。从感情上决定他是否是新加坡人”。“他们必须有这样的感觉，即他们共同属于一个整体。”① 这也表明，新加坡的多元文化主义政策不仅承认民族及文化的多元性，而且努力实现国民一体化的目标，以顺利推进民族国家的建设。

三　民族政策的具体内容

在多元文化主义的思想指导下，新加坡政府在三十多年中采取了一系列调节民族关系的手段，具体反映在以下诸方面：

（一）语言和教育方面。语言是民族和民族文化最典型的表征，语言政策是影响民族关系的敏感因素。新加坡确定马来语、华语、泰米尔语和英语为官方语言，作为行政、教育用语，以示对各族语言的平等对待；又将少数民族马来人的马来语规定为国语，以体现政府当时脱离马来西亚联邦而做出的优待少数民族和绝不歧视马来人的诺言，以避免占优势的华语刺激马来人等国内少数民族。广播

① 亚历克斯·乔西：《李光耀》，上海人民出版社1976年版，第368、434页。

电视、报刊杂志等大众媒介以四种官方语言播送、出版，在内容上也以塑造族际和睦为重点。同时，为加强民族之间的沟通、培养国民一体化意识、营造面向世界的国际化环境，政府推行英语和本族母语义务双语教学制度。另外，政府深刻认识到教育对民族团结的重要性。政府有意识地打破原先各族教育自成一体的封闭传统，改革学校制度，让不同族群的孩子同校就学，采用通用课程和通用教学提纲，编写突出“新加坡化”和多元文化的教科书，以冲淡民族间的歧异。从少年儿童入手开展国民意识和爱国主义教育。在中小学每天早晨师生们举行全校朝礼，升国旗，唱国歌，朗诵“我们都是新加坡国民，不管种族、语言、宗教的相异，作为同一国民将为新加坡尽力”。为帮助马来人提高素质，政府1960年专门立法规定，让马来人享受从（公办）中学到大学的免费教育（新加坡小学教育全部免费）。

（二）宗教政策方面。宗教与民族存在紧密关联，突出表现为宗教的民族性和民族的宗教性。宗教往往成为民族主义运动的旗帜和催化剂，宗教冲突时常与民族争端相伴而随。宗教繁荣、多元宗教并存是新加坡国民文化的突出特征。据1995年统计，全国10岁以上的252.05万居民中有215.61万人信教，比例高达85.5%，其中佛教和道教教徒占53.8%，伊斯兰教教徒占14.9%，基督教教徒占12.9%，印度教教徒占3.3%。[①] 新加坡在处理宗教问题上采取利用和限制相结合的原则。一是支持国民信仰宗教、提倡信仰自由。政府认为宗教具有安定社会、净化人心的社会功能。“与其什么都不信，不如有个宗教信仰。”二是促进多元宗教共存、和谐与联合。政府拒绝了设立国教的要求，不搞一教独尊，推动各教求同存异。新加坡的独特之举是1959年设立由各派宗教领袖组成的宗教联合会，旨在鼓励各派教徒相互接触、谅解、尊重和容忍。1974年该会制定联合祈祷文，供各宗教团体

① 韦红：《东南亚五国民族问题研究》，民族出版社2003年版，第164页。

联合祈祷时共同使用。三是确定宗教自由不能跨越界限。政府确立各宗教团体处理与其他宗教团体的基本准则，包括注意避免冒犯其他宗教团体的感情，强调各教共同的道德价值，尊重他人信仰自由，不鼓动本教教徒仇视或以暴力对付其他宗教团体。如有违反上述准则，政府将依法处理。四是实行政教分离，避免宗教干政。新加坡虽然宗教繁荣，却是一个世俗化国家，政府不允许宗教干预政府事务，强调宗教不能与政治混淆。政府部长和议员，无论信仰何教，在处理政务、选民事务时必须保持非宗教性，宗教领袖不能煽动教徒反对、非难或抗拒政府非宗教的政策。

（三）政治和经济方面。新加坡政府保证各族群在政治上一律平等，在法律上并不把国民划分为不同民族，而统称“新加坡人”。由于华人客观上是主体民族，又在国家政权中占有优势，政府特别注意遏制华人沙文主义，从未给华人以任何特权。执政的人民行动党是族际性政党，宣布代表全体新加坡人的利益。在公务员选拔中，新加坡实行任人唯贤、唯才是举的原则，不管来自何族，只要有政治才能，均可通过公开竞争成为国家公务员或议员，享有同等的参政、议政权利。同时政府又重视任用、提拔占人口少数的非华族人在执政党、各级政府和议会中任职。政府内阁、人民行动党中央，均有各民族成员。为充分照顾少数民族权益，新加坡实行地域选区与群体选区结合的选举制度，全国除 42 个地域选区各选 1 名议员外，另设 13 个群体选区各同时选举 3 名议员，3 人中至少要有 1 名为马来人、印度人或其他少数民族，由此保证少数民族有一定比例的代表参与国家政治。① 新加坡还注意提高少数民族尤其是马来人的自我发展能力。李光耀认为，要确保国家的统一和完整，必须调整和消除各族之间的不平衡发展。在新加坡各族中，马来人在文化、经济方面比其他民族存在明显差距。为

① 骆沙舟、吴崇伯：《当代各国政治体制——东南亚诸国》，兰州大学出版社 1998 年版，第 162 页。

提升马来人素质，政府不仅着力普及马来人的基本教育，积极改善其居住条件、给贫困的马来人家庭以经济补助等，还设法对马来人开展职业培训，提高其就业能力，鼓励其积极参与经济创业和各族间的合作经营。此外新加坡政府全力以赴打造国民经济，为各民族提供均等的参与经济建设和享受经济成果的机会，以实现经济繁荣，让各族人民从国民经济发展中获得切实利益，作为团结各民族、增强国民凝聚力的根本手段。

（四）社会文化方面。政府一贯重视公民的精神文明建设，注意塑造多元文化，强调各民族文化的兼容并蓄，相互交融，取长补短，努力构建融汇各民族文化精华并有“新加坡特色”的混合文化。新加坡尊重各民族的特性和文化，从不主张以文化素质较高的民族同化文化素质较低的民族，主张保留和弘扬各民族的传统文化，鼓励开展各种形式、丰富多彩的民族文化活动。不过，政府更加重视营造和谐共存的国民意识，逐渐建立起一套面向全体新加坡人、具有主导意义的共同价值观。1988 年 10 月时任第一副总理的吴作栋建议发展“国家意识”，即“各个种族和所有信仰的新加坡人都赞同并赖以生存的共同价值观”。经过全国上下广泛讨论后，1991 年 1 月政府以发表白皮书的形式，提出五点内容作为新加坡共同价值观的基础：（1）国家至上，社会为先；（2）家庭为根，社会为本；（3）关怀扶持，同舟共济；（4）求同存异，协商共识；（5）种族和谐，宗教宽容。[①] 政府在社团、社区建设上也注意体现多元民族特征。政府采取各种措施限制华人社团的作用，政府高级官员大都不参加传统的宗乡会活动。同时，政府大力扶持跨种族的社团。为改变殖民地时期同族聚居的封闭传统，政府在领导规划新住宅区建设时实行“公共组屋计划”，在分配住房时打破民族界限，只按照登记先后抽签分配，有意识地让不同民族的居民毗邻而居，规定每一幢大楼在出租或出售时必须受到种族比例的限制。

① 金湘主编：《腾飞的东盟六国》，时事出版社 1995 年版，第 165—166 页。

政府还让来自不同种族的新邻居们建立居民委员会。到 1980 年全国已有 89% 的人口搬入这种民族杂居的“公共组屋”。

另外在外交方面，新加坡在制定外交政策时也注意与其多元文化主义的民族政策相协调。为此政府十分注重与以马来人为主体民族的邻国关系，在相当时期里谨慎处理与华人母国——中国的关系，在马来西亚和印度尼西亚与中国关系没有正常化之前，与中国在外交上保持相当距离，新、中建交一直延迟到 1990 年。

由于推行具有新加坡特色的多元文化主义，独立以来 30 多年中，新加坡事实上保持着相当稳定的政治局势，1964 年种族骚乱后至今没有发生过大的民族冲突，和谐的族际关系为其经济的高速增长创造了极为宽松的社会环境，从而使国家建设这一艰巨任务在种族多元的社会取得很大成功。这样，新加坡政府在国家建设过程中，成功地消除了原先的族际界线，保证了不同族群之间的平等和睦，使族际矛盾降低到最低限度。1970 年代的调查资料表明，属于不同族群的被调查者中，有 90% 以上认为自己是新加坡人；74% 不愿把自己称为华人、马来人、印度人等；80% 以上都参加以“新加坡”为标志的国家活动，其中又有 66% 表示积极参加；74% 表示愿与新加坡生死与共。[①] 因此，新加坡的各个族群在保持自己的语言、宗教和文化特征的同时，已经确立了对国家的高度认同感，牢固地树立了“一个国家、一个民族、一种命运”的国民意识。这无疑是其多元文化主义政策的巨大成功。

1990 年代以来，随着国内外形势的发展演变，新加坡政府也在民族政策等方面进行一定程度的调整。原先由于新马分离的经历和特定的地缘环境，新加坡的多元文化主义民族政策给予马来人以特殊照顾和优待，而对作为主体民族的华人则在多方面严格限制；而今华人和印度人在经济上全面优于马来人的情况已经改变，而且随着新加坡与中国政治、经济、文化交往的全面发展，摆正华人在新加坡社会中的

① 金湘主编：《腾飞的东盟六国》，时事出版社 1995 年版，第 115 页。

地位日显重要。由此政府的民族政策由优待马来人的特征转向对各民族一视同仁，例如政府已将原来马来人学生所享受的大专学费津贴拨给回教子女教育基金会处理，政府官员由忌讳到敢于公开支持华人社会和文化的发展，等等。另外在语言政策上，1990 年代以前实行的双语教学制侧重强化英语的学习，这固然有利于国家推进现代化、适应国际化，然而长此以往，母语退居次要地位会导致新加坡人丧失东方民族文化传统特征的消极后果，使新加坡人成为“无根之民”，因此 1990 年代以来政府强调母语特别是华语的学习，在继续保持英语为主的前提下通过强化母语教育达到传承民族文化，防止“西化”的目的。

进入 21 世纪后，东南亚也出现宗教极端主义、民族分离主义和国际恐怖主义这“三股恶势力”抬头、蔓延的状况，“9·11”事件及随后美国发动的反恐战争，也促使穆斯林众多的东南亚成为国际伊斯兰极端组织展开暴力恐怖袭击的重要地区。新加坡虽然没有受到大的冲击，但政府也居安思危、未雨绸缪，采取必要手段，保持新加坡国内的社会安定和民族团结。2002 年新加坡政府强化国家反恐机制，相继破获多起“回教祈祷团”（即“伊斯兰祈祷团”）策划对美国在新人员和机构进行恐怖袭击的案件，逮捕多名“回教祈祷团”成员。2003 年 1 月，政府发表《回教祈祷团及恐怖主义威胁白皮书》提高全民反恐意识。同时政府再三声明，新加坡的反恐立场并非要对付某个族群或宗教团体。2002 年 1 月 29 日吴作栋总理就内部安全局逮捕“回教祈祷团”本地成员对新加坡社会所造成的冲击，及时同各族群与宗教领袖和社会各界 1700 多名代表举行长达三个半小时的对话，并提出建立新加坡社会的“族群互信圈”。“族群互信圈”将由选区里的不同族群、各种宗教的信徒以及社区、教育和商业组织的领袖组成，其任务是促进族群之间的沟通，避免让诸如恐怖行动等外来因素破坏社会和谐和族际关系。政府将“族群互信圈”作为促进族群了解的长远健康机制，“从积极意义看，族群互信圈是增进国人互相了解的机会，也是一个坦白说出彼此感受的基础架构，要求各族群跨前一步，主动而且有意识地进行促进交往与沟通的活动，目标是明确的”。[①] 在此前后，政府还采取其他积极措施，进一步巩固新加坡的种族和宗教和谐，包括：及时忠告宗教领袖要制止并劝诫信徒在传教上的过火行为，警告如果极端分子和极端行为威胁到新加坡多元宗教和谐时，政府将依法坚决采取行动；从 1997 年开始的每年 7 月 21 日种族和谐日的活动，现在从学校延伸到社区，向全民性活动方向发展；教育部宣布设立专门委员会探讨如何促进校园内的各族学生之间的了解和沟通，等等。

虽然到今天，新加坡对民族问题的处理卓有成效，民族关系和谐融洽，社会稳定与经济繁荣相得益彰，但新加坡人并未骄傲自满、固步自封。“新加坡的多元种族色彩和多元文化风格固然是其他国家和地区的人民所羡慕的，我们仍须承认，在维系族群融洽的道路上，战战兢兢的心理，无时无刻的努力和脚踏实地、开诚布公的沟通，才是确保多元种族社会繁荣成长的基本态度。”[②] 这种时刻保持戒骄戒躁的清醒认识，是值得有关多民族国家借鉴的。

（余建华，上海社会科学院欧亚研究所研究员）

① 《联合早报》2002 年 2 月 1 日、2 月 9 日。

② 蔡深江：《在彼此不同中成长》，《联合早报》电子版 2003 年 9 月 12 日。

越　　南

一　民族构成情况

1979年，越南政府正式划分并公布了《越南各民族成分名称》，确定全国共有54个民族，按人口多少为序排列如下：越（京）族、岱依族、泰族、华族、高棉族、芒族、侬族、赫蒙族、瑶族、嘉莱族、艾族、埃地族、巴拿族、色当族、山泽族、格贺族、占族、山由族、赫耶族、墨依族、拉格某族、斯丁族、布鲁—云乔族、土族、热依族、戈都族、叶坚族、麻族、克木族、戈族、达渥族、遮罗族、抗族、掀门族、哈尼族、朱鲁族、佬族、倮倮族、哲族、莽族、巴天族、仡佬族、贡族、布依族、西拉族、布标族、布娄族、俄都族、勒曼族。以上民族分属三个语系，即南亚语系、汉藏语系和南岛语系，各语系又包括不同的语族。

越族是越南的主体民族，2015年越南人口有9100万，其中越族占总人口的87.5%。越族语言属南亚语系越芒语族，主要居住在经济文化较发达的平原和沿海地区。少数民族约占全国总人口的12.5%，主要分布在北部和西部靠近越中、越老和越柬边境的高原山区和河谷盆地。少数民族的分布特点是：在北方多交错杂居，有的山区一个乡就有六七个民族；在南方，多形成单一的小块民族聚居区。岱依、侬（以上两个民族与中国的壮族较接近）、泰、苗、瑶、克木、哈尼、拉祜、布依等十几个民族跨中越两国国境而居，互相之间保持着密切的关系。

长期以来，越南各民族经济社会发展水平极不平衡，处于不同的社会发展阶段上。在越南 1945 年 8 月革命前，情况大致是：越、岱依、侬、高棉等民族的农村实行封建地主制度，泰、芒和部分苗族地区实行封建土司制度，占族、嘉莱族、埃地族等仍保留原始公社制度残余，实行母系或父系氏族制。在越族居住的城镇和沿海一些地区已出现近代工业和资本主义生产关系，泰族、侬族、岱依等民族主要在河谷盆地以水稻种植为生，苗、瑶、克木、拉祜等山地民族则主要从事刀耕火种的原始农业。

越南各民族都有自己的文化传统。越族在历史上深受以儒家文化为代表的中华文明的影响，同时大乘佛教、道教在其社会生活中也有重要的影响。近代以来，又有不少人信奉天主教、基督教等。南部的高棉族则信奉小乘佛教，其语言、宗教、风俗习惯与柬埔寨的高棉人保持较多的一致性。在山地民族中，则依然保持着万物有灵的原始宗教信仰。

越南民族的多样性、文化的多元性及历史上形成的各民族经济社会发展的不平衡性，决定了越南民族问题的复杂性。近代以来，由于越南长期处于同殖民主义、帝国主义的斗争中，本国人民与外部侵略、干涉势力的矛盾一直是社会的主要矛盾，祖国的救亡图存成为全国各民族的共同任务，这一特殊背景无疑促进了民族国家内聚力的不断增强。当国家独立、统一大业完成后，民族问题就以新的形式表现出来。而越南的民族政策在不同的阶段又有着不同的内容和特点，又决定着越南民族问题的走向。

二　民族关系与民族问题

今越南北部在宋朝以前为中国的郡县，称为交趾安南。公元10世纪末，越族建立了封建国家——“大瞿越国”，但此后很长一段时期内，统治势力尚不及少数民族地区。自15世纪黎朝建立后，才在岱依、依、泰等族分布的北部山区推行土司制度，委任当地少数民族头人、主、酋长为知州、团练、首御，使之接受封建王朝的敕封并纳贡，通过民族上层进行“羁縻”统治。中西部、南部的马来—印度尼西亚语族和孟高棉语族的各少数民族，也是到15世纪之后，才被纳入越南的统治范围内，而且在很长一段时期仅限于封建王朝与当地部落酋长、贵族头人之间的交往。19世纪初阮朝建立后，为了加强中央集权统治，开始实行大越族一统天下的“流官”制度，把越族官吏派到少数民族地区去建立统治机构，使之接受中央王朝的直接统治和缴纳贡赋。法国殖民者入侵后，对少数民族地区加强了控制，少数民族受到封建统治者和殖民者的双重压迫和剥削。少数民族积极参加了1945年的8月革命和抗击法国殖民统治以及抗美救国的斗争，迎来了民族的解放。

然而，由于1970年代中期以后越中关系趋于紧张、恶化，越南加强了对北方少数民族地区的控制，向少数民族地区大规模移民，将上百万越族农民迁徙到高原、山区建立“新经济区”。在越中边境地区搞“边境净化”，将边境少数民族强制迁往内地或将其驱赶到中方一侧，并撤换了大批少数民族干部，使民族关系趋于紧张。

在新经济区的少数民族和新迁入的越族之间，经常发生土地争端，许多少数民族要求移民归还祖先留下的土地。苗族、瑶族等少数民族中的一部分人不堪压迫、歧视，在1970年代末加入了难民的队伍，远走异国他乡。1976年，西原地区的部分少数民族曾组织了一个名为“被压迫民族联合解放阵线”的反政府武装。当时越南反政府武装活动主要集中在越南同老挝和柬埔寨交界的少数民族山区，最盛时拥有武器的人曾达 2 万—3 万人，这反映出少数民族由不满情绪而导致离心倾向有所增强。

另一方面，长期遗留下来的少数民族与越族之间经济社会发展的不平衡、“事实上的不平等”现象不仅没有得到克服，反而更加突出，并成为越南民族问题的关键所在。以少数民族聚居的越南北部山区为例，该地区面积占越南全国总面积的 28%，资源丰富。越南 98% 的煤、45% 的锡、100% 的铜和稀土、35% 的铁、58% 的石灰石都集中在这一地区。该地区还拥有丰富的水力、森林、生物和土地资源。但该地区的经济发展却十分落后，粮食种植面积和产量还不到全国的 10%。工业基础薄弱，仅在交通沿线城市有一些中小型工业和手工业，现代工业很少。由于缺乏资金设备和技术力量，企业生产效益低，谈不上能为这些省份财政增加多少收入。经济结构仍然是传统的农业经济，粮食和畜牧业产值占当地财政收入的 70% 以上。从事商业和服务业的人数很少。该地区的文化教育和医疗卫生事业也比较落后。越南全国有 103 所高等院校，而越北山区 10 省总共只有 5 所，其中河江、宣光、老街、安沛、嘉莱 5 省至今没有大学。各种专业技术人才奇缺，平均 4000—5000 人才有一个医生。1993 年的统计数字显示，越南全国贫困人口比例为 17.7%，而北部山区高达 25.2%，为全国之冠。1992 年对部分少数民族进行调查，其绝对贫困比例高达 70%—80%。1994 年该地区人均国民生产总值仅 130 美元，只相当于全国的 67%。

更为严重的是，少数民族中刀耕火种、游耕游居、种植罂粟、疫病流行、失学和文盲比例上升等问题继续存在和发展，造成种种危害。越南至今约有 200 万人从事刀耕火种农业，大部分是少数民族。越南自 1945 年以来，已有 700 万公顷森林被毁，尤其是 1975 年以来，平均每年有 22.5 万公顷森林被毁，全国森林覆盖面积从 1945 年的 40.7% 下降到 1985 年的 22%。罂粟种植有增无减，据估计，越南北部山区每年产鸦片 20—30 吨，山民中约有 5 万人吸毒成瘾，还有一部分鸦片流入国际毒品市场。

面对日益突出的民族问题，1990 年越南国家民委主任侬德孟指出："各少数民族地区的社会经济发展水平还很低，自然经济及与之相联系的游耕游居人口，还占很大的比重。商品经济事实上还没有条件建立和发展。贫困、饥饿、疫病、失学和文盲上升在不少地区是令人头痛的实际情况。近来，社会的消极因素和赌博、吸毒、陋俗又有发展的机会，各种反动势力和敌人利用执行民族政策的漏洞已经渗透到我们的基层，进行激烈的反对、破坏。"①

三　民族政策

1992 年颁布的《越南社会主义共和国宪法》第五条规定："越南社会主义共和国是在越南土地上共同生活的各民族人民统一的国家。国家实行各民族平等、团结、互助的政策，严禁一切歧视、分裂民族的行为。各民族有权使用本民族的语言、文字，保持自己的民族特色和风俗习惯，保持和发扬本民族的优良传统。国家采取措施促进发展，逐步提高少数民族同胞的物质、精神生活水平。"② 该项条文概括了越南民族政策的宗旨和提出了有关政治、经济、文化等方面民族政策的基本框架。虽然这些原则是长期以来一直反复强调的，但事实上越南的民族政策也经历了一个调整变化过程，按其内容可分为三个阶段：

（一）越南民主共和国时期（1945—1975）的民族政策

少数民族聚居的越北地区是越南共产党的主要根据地，少数民族积极参加了越共领导的反抗外来侵略、争取民族解放的斗争。因此，1945 年越南民主共和国成立后，对少数民族是比较尊重的。加之当时越南在政治上受中国影响较深，所以在越北少数民族地区实行了民族

① 依德孟：《越南少数民族地区的几个迫切问题》，载越南《共产主义杂志》1990 年第 10 期。

② 引自《越南缅甸老挝现行法律选编》，云南人民出版社 1993 年版，第 5 页。

区域自治政策。1955 年 5 月 7 日建立了西北泰族苗族自治区，1956 年 8 月 10 日建立了越北自治区。1959 年颁布的宪法明确规定："各少数民族聚居的地方，可以实行区域自治"；"国家分为省、自治区、中央直辖市。"胡志明指出："成立民族自治区的目的是为了使全区各兄弟民族共同管理自己的事务，充分发挥自己的能力，在政治、经济、文化、社会等方面能很快地进步。"① 在自治区的各级党政机关里都有少数民族干部担任重要职务，自治区的各级人民代表大会都有少数民族的代表。政府对少数民族的尊严和平等权利较为重视，并制订了一系列比较符合各民族实际情况的政策和措施。

从发展经济是实现民族平等的关键这一认识出发，越南党和政府采取了一系列措施来改革生产关系，发展民族地区的生产力。首先废除了道（贵族头人）、领主土司和封建地主等剥削制度，把土地分配给无地或少地的农民。在进行民主改革的同时，开展农业集体化运动，到 1950 年代末基本上完成了农业合作化。在这一进程中，也出现过一些失误，如土地改革中打击面过宽、合作化步伐过快，没有充分考虑少数民族地区的特殊性而是一刀切等等。尽管如此，民主改革、废除封建剥削压迫制度是符合各族劳动人民利益的，因此在剧烈变革时期少数民族地区并未发生大的骚乱。另一方面，通过剥夺民族上层的世袭统治特权，还加强了中央政府对少数民族地区的管理。

文化教育方面，开始在少数民族地区普及教育，扫除文盲，扩大招收少数民族学生入学并在少数民族地区建立卫生保健网，实行免费医疗和定期供给预防药物的政策，控制恶性传染病，降低人口死亡率。

（二）1975 年南北统一至 1980 年代中期的民族政策

1975 年越南南北统一，建立越南社会主义共和国后，越南的民族

① 《给越北自治区同胞的信》，见《胡志明选集》第 3 卷，越南外文出版社 1963 年版，第 128 页。

政策有了较大变化，其中最重要的变化是取消了民族区域自治。1976年越南政府决定将小省合并为大省，同时撤销了越北自治区和西北泰族苗族自治区。在1979年颁布的新宪法中，全部取消了有关民族区域自治的条文和文字。

越南政府取消民族区域自治与其对外政策的改变有密切联系。越南全国统一后，与中国的关系日趋紧张，在此背景下，越南当局对从中国迁来并跨两国边境而居的苗、瑶、侬、岱、依、泰等北部少数民族产生了戒心，称之为是“中国民族”，怀疑他们会成为中国的“第五纵队”，对北部边境民族地区加强了控制。一是清洗、撤换了大批少数民族领导干部，同时派遣大批越族干部、军警进驻边境民族地区。二是以“净化边境”为由，将边境一线少数民族村寨居民强行迁往内地或驱赶到中方一侧。同时向少数民族地区大规模移民，将数百万越族农民迁到山区、高原去建立“新经济区”。例如，嘉莱省现有人口72万，其中约20万是1976年以后从低地迁入的越族人。在经济上，也加重了对少数民族地区粮食、物资的征收。

这一时期，在官方公布的法律和公开发表的文章中，仍然强调要实现民族平等和民族团结，要大力发展少数民族地区的经济文化。1979年颁布的宪法规定，少数民族“有平等的权利，有使用本民族语言文字的权利，有保持和发扬优良的风俗习惯、传统和文化的权利”。越共“四大”、“五大”都重申，肯定各少数民族的彻底的民族平等权利和集体主人翁的权利，是“共同生活在一个国家里的多数民族与少数民族相互关系上的重大问题”。越共承认，“由于历史上旧民族政策造成的后果”，在某些人的工作中有大民族主义和狭隘民族主义思想倾向，并要求“在党和人民内部，必须对大民族主义和狭隘民族主义思想，对民族歧视心理以及与党的民族政策背道而驰、分裂民族的派别倾向继续进行批判，并加以克服”。①

① ［越］黄文娇：《党的民族政策实行五十年》，载越南《共产杂志》1980年第2期。

尽管这一时期越南党和政府颁布了一系列强调民族平等、民族团结和发展少数民族地区经济文化的法律和文件，但其民族理论、政策与具体实践之间存在着很大差距，少数民族的各种权利仍未得到切实保障，特别是越中边境的少数民族，在许多方面都受到歧视和压制。在这种情况下，少数民族的不满情绪日益增长，民族问题渐趋突出。

（三）20 世纪 80 年代中期以来的民族政策

1986 年越共“六大”以来，越南全面实行革新开放，对民族政策也围绕革新开放这一中心进行了调整。首先是加深了对新形势下民族问题重要性的认识。越共中央政治局在 1989 年关于山区社会经济发展的决议中承认，少数民族山区经济社会发展水平还比较低，山区民族的生活大部分还相当贫困，少数民族山区的经济建设未能同全国形成一个有机的整体。造成这种情况的重要原因之一，就是过去对少数民族山区的经济政策存在着许多失误，没有深刻认识这些地区在全国经济建设中所处的重要地位，没有全面地从总体上去研究山区经济与民族问题、国防的巩固及政治、社会问题的联系，对培养和造就少数民族干部队伍没有给予足够的重视。为改变这种状况，越共中央提出现阶段民族工作的指导思想是：为了实现各民族一律平等，一方面要有切实保障各民族平等的法律，另一方面要帮助少数民族地区发展经济，重视和培养少数民族干部队伍，尊重和发扬各民族的优良传统。[①] 革新以来，越南的民族政策的新举措可以概括为以下几个方面：

1. 在各民族生活中发扬社会主义民主

越南各民族、各地区的发展水平不一致，国家制定的民族政策必须与每个民族、每个地区的发展条件相适应。既要稳步推进山区和民族地区的建设事业，又要保障各民族的利益，发扬民族平等和各民族

① 越共中央政治局：《关于山区社会经济大发展的政策主张》，参见《民族译丛》1991 年第 3 期。

生活民主化。越南1992年宪法和其他法律保障各民族参与各级政治生活、参与国家管理的权利。只有通过各民族社会民主化，才能摆脱各种束缚人们、限制生产力发展的落后习惯、宗教和信仰。越南党和政府实施的各项民族政策，是在听取群众意见和尊重群众愿望的基础上制订出来的，在推动山区和民族地区经济社会发展的过程中，反对强迫、机械模仿、代替包办和主观主义的行为；大力推进社会主义民主，尊重基层及各民族同胞当家作主的权利和主观能动性及创造力。

2. 逐步调整、稳定山区和民族地区的生产关系

越南党和政府着重调整制约山区和民族地区生产力发展的生产关系，使其与当地生产力发展水平相适应。越南党和政府强调，在调整生产关系的过程中，必须在尊重各民族同胞决定权的基础上建立新的经济结构；在选择各种经济形式的过程中，要尊重生产和经营的自主权，防止出现机械模仿和主观强加行为；必须以各民族同胞取得的经济效益作为衡量政策所取得的成果的尺度。由于各民族、各地区生产力和条件不一样，越南党和政府决定调整生产关系与确定各户农民对具体土地和山林的使用权相结合、使用与保护国家自然资源相结合，结束一些地方土地纠纷和游耕游居的状况。越南的定耕定居工作从1968年开始进行，一直延续至今。对于游耕游居及自由迁徙的民族，各地方政府有定耕定居的计划，并提供足够的生产用地为这些民族发展家庭经济创造条件。通过开展定耕定居工作，一些少数民族由游耕游居转为定耕定居，生活得到改善。现在定耕定居工作主要存在以下问题：（1）如何判断游耕游居仍然没有一个统一的标准。由于可以申请到经费，有些省多报游耕游居的人口；有的地方把京族也算到游耕游居民族中。根据越南农业和农村发展部的报告，1999年游耕游居人数比1992年多77万人。照这样的话，不知道什么时候才能完成定耕定居工作。（2）对于怎样才算完成定耕定居工作，至今没有一个标准。（3）定耕定居工作的时间过长，资金投入不稳定。1997年投入资金是167亿盾，1999年降至136亿盾。（4）组织机构不稳定，定耕定居工

作的主管部门多次变化，先是由国会的民族委员会主管，后转到农业部，再转到林业部，后归政府山区和民族委员会，现在则归农业和农村发展部。

越南定期检查各国营农场、林场的规划，并合理调整其规模，收回各国营农场、林场闲置的土地、山林或效益不好的土地、山林，交给地方，使其能转给农民使用。

越南党和政府鼓励发展家庭经济，制订了专门政策以保障家庭经济的发展，并把商品生产和消除贫困结合起来。对于极为困难的地区，当地群众如果愿意移居到别的地方，各地方则有计划地移民并建立新的经济区。

3. 调整山区和民族地区的经济结构，加强基础设施建设

越南调整山区和民族地区经济结构的方向是：建立多种成分的商品经济结构，扩大经济交流，加强各地区特别是山区与平原地区的联系，稳步、有力地加强山区建设，发掘山区的潜力。越南党和政府所制定的民族政策主张：鼓励在各民族地区发展商品经济，只有在商品经济发展的基础上，各民族才有条件逐步淘汰封闭的生活方式；加强各地区之间的交流，新的科学技术才能得以运用，各民族同胞的生活才能得到改善；对于山区和各缺粮区的粮食问题，在发展商品经济的基础上加以解决，逐渐消除自给自足和闭塞的经济形式；山区和民族地区生产的农、林业产品，一部分为当地群众的生活服务，另一部分要成为商品与全国其他地区和其他民族交换。为了促进山区和民族地区的商品流通，从 1996 年起，越南对在山区和民族地区销售的规定商品进行价格和运费补贴，使山区和民族地区群众能以同平原地区一样的价格购买这些商品。实行价格和运费补贴的是碘盐、种子（主要是粮食作物的种子）；实行运费补贴的是药品、学生书写纸、火油、肥料、杀虫剂和煤。但是，这一政策在实施过程中也存在一定问题，一些地方已实行补贴的商品的价格比规定的价格高，使消费者享受不到应享受的政策。

越南在建设各工业中心的同时，注重山区服务业和各民族传统手工业的发展，以满足各民族同胞的日用消费品、生产工具、技术活动、文化活动的要求。越南在建立多种成分的商品经济时，要求将先进的科学技术送到山区，为当地的种植业、养殖业和林业服务，并在各地区逐步建立技术服务中心，重点在越北、西北、西越和南部地区。

越南为了加快山区和民族地区的发展，重新调整农业、手工业和商品流通的税率，这充分体现了越南党和政府对山区和民族地区的经济发展给予的大力扶持，以及为了发掘山区和民族地区的潜力进而加快建设以改变当地贫困、落后的状况所进行的努力。越南党和政府为了鼓励各种经济成分发展生产与经营，在全国范围内，实行商品自由流通交换，并扩大文化和经济的多方合作，为山区和民族地区的投资计划及投资者提供优惠的政策，通过税法统一管理各种经济成分。

越南重视山区和民族地区的基础设施建设。越南政府投资建设一批交通干线，并提高一些公路的等级，以发展山区的交通事业。1998年，越南全国有90%的乡通了公路。但是各地的情况也不一样，由于地形复杂、财力有限，北部山区没有通公路的乡比较多，其中河江省和莱州省没有通公路的乡的比例分别达到15%和23.4%。在电力建设方面，1999年，越南全国通电的乡和农户的比例分别达到76.8%和65.3%。平原地区通电乡的比例较高，其中通电比例最低的建江省也达到69%；而北部山区农户通电比例较低，约为40%，最低是莱州省，仅为12%。在通讯方面，到1999年9月，全国通电话的乡达到总数的81.2%，位于九龙江平原和红河平原的乡全部通电话。全国还有1790个主要是在山区的乡没有通电话，其中有的地方虽然已架设了通讯线路，但是农民没有钱交电话费。在饮用水方面，全国能喝上卫生饮用水的户数占35%，有一些地方只达到5%，山区一些地方的群众要走十几公里去挑水喝。

4. 实施“消除贫困工程”和“135工程”

在越南的民族政策中，有具体政策帮助人口较少的民族以及居住在偏远及高原地区和老革命根据地的各民族。一些人口较少的民族和居住在偏远、高原地区及老革命根据地的民族，在生产和生活中存在很多困难，如游耕游居，饥荒、疾病的困扰，文盲还相当普遍。一些民族的人口有不断减少的趋势。越南党和政府已经将关心和帮助各民族同胞逐步提高生产、生活水平以达到全国发展的平均水平这一计划列入山区和民族地区的发展战略中。越南对山区和少数民族地区实施的优待政策，在解决一些民族迫切需要解决的问题中已经起了一定作用，增强了各民族对社会主义制度和越南共产党领导的信心。越共“八大”决议中提出：努力奋斗缩小各地区、各民族的生活差距是越南工业化、现代化时期实现民族团结、平等的重要目标。消除贫困工程和“135 工程”（“135 工程”的全称是“发展山区和偏远地区特困乡经济与社会工程”，越南政府 1998 年第 135 号决定批准在全国 30 个省的 1000 个山区和偏远地区的特困乡实施该项工程，故简称“135 工程”）是正在执行的、实现这一目标的重要措施。

消除贫困工程，是为了发展山区和少数民族地区经济，使其经济增长速度赶上或超过全国的平均速度，逐渐消除贫困现象。消除贫困工程于 1993 年开始实施，中央财政、地方财政都有投入，而且为贫困户提供了银行低息贷款。通过实施这一工程，越南全国的贫困户的比例由 1995 年的 20.4%降到 1998 年的 15.7%；山区和少数民族地区大部分县的贫困户比例已经降到 30%以下，达到越共“八大”提出的目标。1995 年底，河江省共有 94229 户居民，按越南社会保障和劳动部制定的标准划分，其中贫困户为 43377 户，占 46%。到 1997 年底，河江省的 97665 户居民中有 34249 户贫困户，占总户数的 35%；其中有 21123 户（占全省贫困户的 62%）得到银行低息贷款以发展生产（现在有 9218 户已经脱贫，占接受贷款户数的 44%）。通过实施消除贫困工程，山区出现了赶超平原地区经济发展的典型，如林同省移灵县的新洲乡已经没有贫困户，人均年收入 690 万盾，比全国农村人均年收入（250 万盾）高出近 2 倍；达到小康的农户占 20%，年收入在 5000

万盾以上；村村都通公路，一些村还有村民捐款修建的柏油路。实施消除贫困工程以来虽然取得以上成绩，但是山区各个地区之间、山区和平原之间各民族生活的差距依然很大。北部山区的贫困户比例是18.89%，是红河平原的2.6倍。莱州省是山区贫困户比例最高的，达到35%；昆嵩省是西原地区贫困户比例最高的，达到33%；而沿海的海兴省、隆安省的贫困户比例分别是8.75%和12.2%。在同一个省中，平原和山区的差别也不小。山区各地区的差别也不小，西原地区的贫困户比例是19.67%，而昆嵩省是33%。同一个县的不同地方的差别也不小。按照民族来划分，各民族之间的贫困户比例差别也很大。消除贫困工程虽然取得了不小的成绩，但是总的来看管理仍然不够严密，体现在对贫困对象的管理不统一；而且评定贫困户的标准也不统一，根据越南社会保障和劳动部的统计，全国有贫困乡1498个，而根据山区和民族委员会的统计则是1715个。

“135工程”根据各地经济社会的发展状况，把越南全国划分为三类地区：一类地区是发达地区，二类地区是次发达地区，三类地区是海拔600米以上的山区和民族地区。“135工程”主要是向三类地区投资，二类地区有困难的乡也可以列入“135工程”。“135工程”要求政府各部之间配合进行，这项工程的目标是消除山区和少数民族地区特别困难的状况，改善特困乡民族同胞的物质和精神生活，使这些地区汇入整个国家的发展，保障当地的社会秩序和国防安全。“135工程”计划实施到2005年，直接向特困乡的具体项目投资。搞什么项目则由当地群众讨论，从基层向上提出来，而不是像以前那样由上级来决定。

实施“135工程”有具体的措施、严密的指导，资金投入充裕，资金直接下到基层，资金流失少。实施“135工程”的指导原则是：发挥各家各户和集体互助的力量，同时在国家积极的帮助下发掘当地的土地、劳动力、自然条件、社会和经济的潜力。首先集中发展农、林业生产，加强农村基础设施建设；同时推进这些地区的教育、医疗和社会文化发展。越南党和政府鼓励各阶层人民、各社会组织、海外越侨参与“135 工程”的实施。“135 工程”集中投资的1000 个特困乡是从 1715 个贫困乡（越南山区和民族委员会的统计数字）中挑选出来的，扶持其他贫困乡的工作在国家别的发展计划中优先安排。“135 工程”的5个任务是：制定当地的发展规划；在当地发展农、林业生产和加工业，加强产品销售，发掘当地的潜力，使用当地的劳动力；加强农村基础设施建设；规划和建设各个乡的中心区；培训乡村干部。为了顺利实施“135 工程”，越南党和政府还制定了一些相关的配套政策，如土地政策、投资信用政策、发掘当地劳动力政策和税务政策。到 1999 年 6 月，在 10130 个特困乡已经有 1753 个工程项目开工。在实施“135 工程”的同时，有关各部门也在这些特困乡投入资金进行建设，如：教育部门投资 50 亿盾，修缮校舍、添置教学设备和用品；卫生部门投资 97 亿盾建设卫生站，补充医疗设备和各种必要的药品，培训乡级医疗工作人员；定耕定居工程也向 304 个特困乡投资 49 亿盾，等等。各省也通过各种途径筹集资金，配合“135 工程”的实施向特困乡投资。对于没有得到“135 工程”投资建设基础设施的 715 个属三类地区的贫困乡，许多省也从地方财政中拨款，给这些乡安排别的建设项目，如嘉莱省为 14 个乡投资 4 亿盾，宣光省投资 2. 4 亿盾到属于 3 个县的 7 个贫困乡。总的来看，各地都能保证每个贫困乡至少有一项工程。

可以说，实施“135 工程”所取得的成果达到了预定目标；增强了群众对越南党和政府制定的路线、政策的信心。但在实施“135 工程”中也存在一些问题，如很多地方未能贯彻“国家有工程，群众有活干，群众增加收入”的方针。据有关资料显示，大部分工程项目是交给各个企业去做，群众自己干的比例还比较小，比如在嘉莱省群众自己做的只占 6. 31%，私营企业占 8. 49%，国营企业占 85. 2%。如果不能采取有效的方法，发动群众参加工程项目建设，以增加群众收入，就会减弱“135 工程”的效果。

"135 工程"投资建设 6 类工程的统计（截至 1999 年 4 月 29 日）

工程种类	乡数（执行的地方）	工程数	投资金额（百万盾）	占投资总金额的比例（%）
交　　通	495 个乡（分属 30 个省的 90 个县）	547	138903	36.41
学　　校	407 个乡（分属 25 个省的 77 个县）	431	103754.5	27.19
小 水 利	220 个乡（分属 22 个省的 68 个县）	446	82882.5	21.72
生活用水	207 个乡（分属 21 个省的 61 个县）	223	36180.9	9.48
供　　电	73 个乡（分属 18 个省的 35 个县）	88	17057	4.47
卫 生 站	18 个乡（分属 7 个省的 11 个县）	18	2764	0.73

资料来源：越南社会主义共和国山区和民族委员会（"135 工程"执行机关）。

上表反映了"135 工程"在特困乡所实施的基础设施建设的次序是：交通、学校、小水利、生活用水、供电、卫生站。

5. 发展山区和民族地区教育、卫生事业和培养民族干部队伍的政策

越南革新以来，比较重视山区和民族地区教育、卫生事业的发展和少数民族干部的培养。越南 1992 年宪法规定：制订特别政策发展山区和民族地区的教育和培训事业，提高各学校的教学质量，重视培养干部，提高各族群众的知识水平。

越南已经颁布了与山区和民族地区经济、社会发展相适应的普及教育的具体政策，并且号召海外越侨捐款支持教育，使得教育事业有很大的发展。越南已经普及小学教育，计划到 2005 年普及初中教育。但是山区和民族地区的教育还很落后，儿童失学率高达 16.8%，其中昆嵩省的儿童失学率达 37%，莱州省达 29.9%。

民族寄宿中学和预科大学是越南培养民族干部的重要机构，从县到中央，民族寄宿学校形成了一个体系，现有县级民族寄宿中学 164 所，省级民族寄宿中学 39 所，国家级民族寄宿中学 5 所。民族寄宿中学的招生人数在 1990—1991 学年是 1 万人，1996—1997 学年是 4.5 万

人。越南有一些民族占全国人口的比例低，占干部的比例低，在民族寄宿中学的学生的比例更低，甚至一些民族没有人在民族寄宿中学就读，如热曼族、俄都族等。1991—1996年，民族寄宿中学学生毕业的去向：升入大学的占19.87%，升入大专的占0.41%，进入中专的占22.86%，回地方的占56.86%。国家投入民族寄宿中学的资金逐年增加：1991年为16亿盾，1992年为30亿盾，1993年为60亿盾，1994年为90亿盾，1995年为105亿盾。学生在民族寄宿中学学习可以得到助学金74250盾/人/月，但一些家庭特别困难的学生，单靠助学金还不能维持日常的学习和生活开支。现在全国有45所民族寄宿中学的学生由国家支付学费和生活费。

在高等教育方面，越南对山区和民族地区学生有加分政策，未上分数线的学生可以到预科大学学习。同时，在一些山区和民族地区选拔少数民族优秀学生免试到大学学习。越南各大专院校有为少数民族学生开办的民族班，这些民族班有三个特点：入学免试；享受全额助学金（是正规生的1.5倍）；毕业生享有与正规入学的毕业生同样的待遇。按规定，一些少数民族学生不能进入民族班学习，如城镇居民的子女、国家机关工作人员的子女。国家制定的这个政策无疑是对的，但是在实施过程中由于教育部门的工作不够深入，使得一些原本不该享受这个政策的学生也进入了民族班。民族班的教学质量有一定的保证，但是民族班学生的成绩与正规生相比还有差距。

现在，越南的山区和民族地区有中等专业学校60所、技术学校63所、培训中心18个、民族预科大学3所。

在越南民族地区，越南党和政府把提高群众的知识水平与巩固和加强卫生服务系统相结合。首先要消除在民族地区较为普遍的10种病，特别是要消除大脖子病、性病、急性脑炎、麻疹。越南党和政府还把增强民族地区的卫生服务与培养乡村基层的干部队伍相结合，大力培养乡村一级的医疗干部，并提出医疗工作要防病与治病并重、东医与西医技术相结合，保证群众的身体健康。国家鼓励各种社会组织参与开发建设山区和民族地区医疗网点的事业，国家统一管理医疗系统，关心每个家庭、每个民族同胞的身体健康。为了稳定边境地区，越南对边民实行免费医疗制度。

越南在发展山区和民族地区经济的过程中，非常注重提高少数民族干部队伍的素质。国家优先培养政治、经济、管理、科技、文化、教育和卫生等各个领域的少数民族干部队伍。少数民族干部是从越南各级政府和管理机构中选拔出来执行党和政府民族政策的各民族的代表，越南的少数民族干部队伍是民族团结的生动表现。越南培养建立民族干部队伍，主要是要挑选来自基层、具有决策和管理经验的干部，以及来自各民族院校和正在军队服役的青年。越南对培养建立少数民族干部队伍有优待政策：优先发展山区和民族地区的干部培训和教育事业；优先培训少数民族的一般干部、管理干部和领导干部；提高少数民族领导干部的津贴；资助少数民族干部购置急需的日用品；提高少数民族干部的工龄津贴、寄宿津贴、出差费；改革离退休制度，等等。1996—2000 年，越南全国 160 位省、市委书记和副书记中，有 19 人是少数民族，占 11.9%，其中 9 人是省委书记。在越南全国 54 个民族中，34 个民族有国会代表。在越南第十届国会的 450 名代表中，有 78 人是少数民族，占 17.3%，其中有 5 个民族是首次有国会代表。在 2001 年 4 月召开的越南共产党九大上，侬德孟（岱族）当选为越南共产党总书记，这表明越南有效地把少数民族纳入了主流社会。

越南通过实施培养民族干部政策，少数民族干部的数量有所增加，但是素质还有待提高；山区和民族地区的少数民族干部还不够，还要从平原地区选调干部（教师、医护人员、财政干部、银行职员、科学工艺专家等）到山区和民族地区工作。从不同民族、不同地区来看，少数民族干部队伍发展的水平也不一致。一些民族的干部数量少，素质较低；有的民族的干部数量不少，但是素质还需提高；有些民族的干部数量多、素质高，并参与各级领导工作。越南各少数民族中干部队伍发展最快的是岱族。现在岱族人口中，有41824人具备中专以上学历，其中9376人是大学和大学以上学历。在谅山省，岱族干部占省级和县级干部的比例分别为48.9%和52.3%，而岱族人口仅占谅山省人口总数的35.5%。总的来看，越南少数民族干部数量少，其中一些人的素质还达不到要求；少数民族干部的比例与人口比例相比还偏低。造成这种状况的主要原因是：山区和民族地区经济发展慢；民族地区有一些风俗习惯不利于干部队伍的发展；民族地区教育事业不发达；各部门对少数民族干部的培养工作不协调。

6. 建设具有鲜明民族特色的越南文化

越南党和政府认为：越南民族共同体的各个民族，不管定居时间的长短，每个民族都有自己的历史和文化；在建设社会主义的过程中，他们的传统风俗习惯应该得到尊重、保存和发扬。建构每个民族的新文化，首先要成功地建构新文化的各个要素，使其在生产生活中符合该民族的切身利益，以便群众改造旧的、落后的、阻碍生产和束缚人们的文化要素。文化常与人们的精神生活紧密相连，属较为敏感的领域，所以在建设新文化的过程中，必须持谨慎态度，打好扎实的基础，避免主观急躁思想和出现民族自卑心理，不要把平原地区的文化模式强加到山区和民族地区。建设民族文化是民族团结的一个重要内容。各民族文化组成了越南的共同文化，越南各民族的新文化必须体现民族传统，继承和发扬民族文化中有价值的部分，吸收人类文化的精华，充分体现各民族的创造力。每个民族在维护和建设民族文化的过程中，要把现代文化和传统文化严肃有机地结合起来，挑选出本民族文化的精华部分，融入越南的共同文化。在山区和民族地区的全面发展及建设有鲜明民族特色的越南文化的过程中，要保留和发扬每个民族的文化特色。对于有民族文字而且要求学习和使用民族文字的民族，国家创造条件，使其能学习民族语言、文字，同时又学习越南通用的语言、文字。1992年《越南社会主义共和国宪法》明确规定："各民族有权使用自己的民族语言和文字，维护民族本色，发展本民族美好的风俗、习惯、传统和文化。国家与社会保护和发展具有民族性、现代性和文明价值的越南文化，继承和发扬越南各民族文化。”越南共产党在《向社会主义过渡时期国家建设纲领》中规定：“尊重各民族的利益、传统文化、语言、习惯和信仰。”

现在越南有些民族的精神生活还较为贫乏，国家订有逐步提高各民族精神生活的政策，例如，出版各种民族语言的书刊，为一些民族创制文字、编撰字典，研究、编撰各民族的民间书籍，并且通过广播、电视、报刊等各种传媒在民族地区进行普及。越南的电台广播可以覆盖全境，“越南之声”广播电台有民族语言节目，在西原地区用巴拿语等四种民族语言进行广播。越南的电视覆盖率在山区达74%，但是一些省的电视覆盖率还很低，如莱州省为47%、嘉莱省为48%。越共“八大”要求在2000年全国农户的80%可以收看到越南中央电视台的节目，但是一些地方的群众虽然有钱买电视，可由于当地没有通电而看不了电视。2001年6月25日，嘉莱省发行了使用越语、嘉莱语和巴拿语三种语言的彩色的月刊《嘉莱画报》，发行量为2000本，为当地的1800个村寨服务，计划到2001年改版成半月刊。这是在西原地区第一种用少数民族语言出版的报刊，《嘉莱画报》的出版有利于保存和发挥民族文化的特色，特别是有利于保护少数民族语言。

越南把民族问题看成是与国家安全和边境地区稳定有密切关系的问题。革新以来，越南党和政府纠正了以前在民族政策方面的极端做法，加强山区和民族地区的经济、文化建设，并且创造各种条件，使各少数民族增强对越南民族共同体的认同，使各少数民族逐渐融入主流社会。从总体上说，越南的民族关系较为缓和，现在的民族问题主要是由于各民族、各地区经济和社会发展的差距引发的各种问题，如少数民族自发迁徙引起的土地争端等等。造成越南各民族、各地区之间发展差距的主要原因是：山区和民族地区自然条件恶劣，地形复杂、交通困难，限制了生产力的发展和人们生活水平的提高；山区和民族地区的发展与平原、沿海地区不同步，各方面的投资也跟不上；一些少数民族落后的风俗习惯存在已久；国家虽然向山区和民族地区进行了大量投资，但是项目重复，管理不善，效果不明显。

（刘稚，云南大学教授；滕成达，广西民族学院教授）

菲 律 宾

民族问题是同民族直接相关的社会现象的总括性概念，但其基本内容乃是基于民族差别而产生的民族间的关系问题。[①] 在一般情况下，民族问题也是在民族国家的形成和发展过程中积累下来的问题。因此民族问题是一个既有历时性又有共时性的复杂问题，涉及历史上与国内各族体相关的政治、经济、社会和文化等的发展问题。菲律宾面积约 29.97 万平方公里，人口约 1.1 亿（2015 年）却是一个多民族国家，有大小不同的 90 多个民族。这些民族在历史发展过程中相互作用，一方面共同形成了“国族”——菲律宾人；另一方面也形成一系列的民族问题，最突出的有山地民族问题、摩洛人分离运动和华人问题。本文从历史学的角度分析这些问题发生和发展的历程，希望能从中总结出经验教训，对从总体上认识东南亚民族关系和解决菲律宾民族问题有所帮助。

① 宁骚：《民族与国家：民族关系与民族政策的国际比较》，北京大学出版社 1995 年版，第 318 页。

一　菲律宾人的起源和国族的形成

在距今25000—30000年前，一批矮黑人通过连接亚洲大陆的陆桥来到菲律宾，成为菲律宾最早的原始居民。其后裔是现在的尼格利陀人（Negritos），统称阿埃塔人（Aeta）。在随后的历史发展过程中，一方面是随着人口增殖压力的扩大，当地的民族部落不断分化外迁；另一方面是来自亚洲大陆的移民源源不断。这两者杂居混处、相互融合，形成以原始马来人的特征为主的“猎人头民族”的祖先和以“新马来人”的特征为主的平原地区民族的祖先。到西班牙殖民者入侵以前，从猎人头民族的祖先一系逐渐分化出邦都人、伊隆戈特人和卡林加人等；从平原地区民族的祖先那里先后分化出比萨扬人（Bisayans）、他加禄人（Tagalogs）、伊洛克人（Ilocans）和邦板亚人（Pampanga）等。他们的文化受到印度文化和伊斯兰文化的深刻影响。据菲律宾学者研究，古代菲律宾文字的字母源于印度，25%的他加禄语词汇来自梵文。[①] 伊斯兰教在14世纪传入菲律宾南方后，带来了它的文字、法律、文学以及政府组织形式和统治方式。信奉伊斯兰教的南方民族被统称为摩洛人（Moros）。

西班牙殖民者侵入菲律宾以后，菲律宾的民族构成中增加了新的成分。移居菲律宾的西班牙人和拉丁美洲人越来越多。他们及其后裔“克里奥尔人”（Creole）与当地人混血，产生西裔混血“梅斯蒂索人”（Spanish mestizos）。到19世纪中期，其人数已达2万左右，而同期在菲律宾的纯种西班牙人只有5000。[②] 中国人早在唐代就已移民菲律宾，西班牙殖民菲律宾后鼓励华人移居菲律宾。由于早期移民男多女少和殖民政府对华人施行歧视政策，华人只好与当地人通婚，形成华裔

---

① 陈鹏：《东南亚各国民族与文化》，民族出版社1991年版，第225页。

② David Joel Steinberg, *The Philippines: A Singular and a Plural Places*, Third Edition, Westview Press, 1994, p. 46.

"梅斯蒂索人"（Chinese mestizos）。到19世纪中期，其数量达到25万左右，同期菲律宾的总人口是4百万，纯种华人约1万。[①] 美国殖民和日本侵略菲律宾期间，也有美国人和日本人移居菲律宾，与当地人融合，但由于数量太少而不能形成一定规模的族群。这些"梅斯蒂索人"的父亲多为华人和西班牙人，母亲多为菲律宾土著。华人主要从事商业，西班牙人主要担任行政和军事职务，因此他们与土著的混血后裔就成了社会上显赫一族。由于西班牙殖民当局推行文化同化政策，许多华人后裔改信天主教，宗教就成了保证不同"梅斯蒂索人"族群之间团结的纽带，进而形成了能团结菲律宾群岛各族、具有相同民族认同的"菲律宾人"（Filipino）概念。它最初是指出生在菲律宾的西班牙人，后来外延扩大指"梅斯蒂索人"，最后演变成全体菲律宾人的代名词。[②]

菲律宾国族（nation）是在长期的反殖民斗争和国内社会经济发展过程中逐渐形成的。在西班牙入侵以前，菲律宾各岛并未联合起来形成统一国家。西班牙殖民者占领菲律宾各岛后，建立了从属于新西班牙国王的集权的殖民统治体系。它在政治上实行封建等级统治，在经济上掠夺菲律宾的资源，在文化上传播天主教，在社会生活上歧视当地人。但是，西班牙殖民主义在客观上起到了一种不自觉的作用。西班牙殖民者为了进行经济掠夺在菲律宾建立了从港口城市到内陆山区的严密的"吸血"网络。这无疑给菲律宾人民造成了深重的灾难，但在客观上加强了各岛和各民族间的经济交往和联系，出现了国内统一市场的雏形。殖民地人民逐渐形成了统一的地域意识。菲律宾的马来人逐渐减少了与英属马来亚的联系，加强了与菲律宾其他民族的融合，对菲律宾群岛作为自己家园的认同度逐渐提高。在反殖民主义的斗争

① David Joel Steinberg, *The Philippines: A Singular and a Plural Places*, Third Edition, Westview Press, 1994, pp. 45 - 46.

② Renato Constantino, "Neocolonial Identity and Counter-Consciousness", in *Essays on Cultural Decolonization*, The Merlin Press, 1978, pp. 51 - 52.

中，菲律宾各族人民相互配合，逐渐形成了与共同的敌人——西班牙殖民者——相对立的统一民族意识。

19 世纪以前，菲律宾各族人民掀起了多次反抗西班牙殖民统治的斗争，但这些斗争基本都是分散的旧式农民起义；虽然都不可避免地失败了，但也为日后各民族在新的经济基础上和国际环境中进行整合提出客观要求和带来可能性。西班牙先后爆发多次资产阶级革命，自由、民主的思想迅速传入菲律宾。“梅斯蒂索人”随着经济实力的增强和接受了“欧风美雨”洗礼的子弟的回归，在经济上要求打破殖民者的垄断权，在政治上要求参政权，在文化上要求教区菲律宾化，在社会生活中要形成自己的价值观。1809 年，菲律宾人路易・巴雷拉在西班牙抗击拿破仑入侵时发表宣言，在向西班牙国王表忠心的同时提出了菲律宾人和西班牙人在法律面前平等的要求。[①] 菲律宾新型民族意识初露端倪。他们控诉不合理的民族压迫的罪恶，萌发了朦胧的民族自尊心，争取平等的民族权利。菲律宾牧师发起了教区“菲律宾化”的改革运动，争取教区的管理权。1823 年，部分西裔“梅斯蒂索人”在马尼拉发动兵变，反对宗主国对他们的歧视，要求享有与西班牙人同等的权利。兵变最后被镇压，让这些“梅斯蒂索人”丢掉了对宗主国的幻想，初步明确了菲律宾是自己的国家的意识。[②] 一些侨居西班牙的“梅斯蒂索人”发起了轰轰烈烈的“宣传运动”，特别是一些华裔“梅斯蒂索人”在运动后期发挥了主导作用。何塞・黎萨是最著名领袖之一。黎萨从研究菲律宾古代历史和文化入手，反驳西班牙殖民者把菲律宾歪曲成没有文明的国度的谬论，揭露了西班牙殖民统治对菲律宾文明的摧残和毁灭，预言了西班牙殖民统治最终将被赶走的必然性。黎萨的宣传鼓舞了菲律宾人的民族历史自豪感，增强了推进民族解放运动的信心。1892 年，黎萨回到菲律宾，组建了菲律宾第一个全国性

① Usha Mahajani, *Philippine Nationalism: External Challenge and Filipino Response, 1565—1946*, University of Queensland Press, 1971, p. 52.

② 金应熙主编：《菲律宾史》，河南大学出版社 1990 年版，第 339—340 页。

民族主义团体“菲律宾联盟”。其宗旨就是把整个群岛团结成为一个紧密的、坚强的、同质的、在任何困难和必要时都要互相照顾的团体，通过鼓励发展教育、农业和商业以及实行改革来抵御一切暴力和不公正的行为。换言之，黎萨所要培植的是一种超乎阶级分歧和突破地方与教区狭隘观念的全民族的感情。从这个意义上说，他是第一个试图将整个菲律宾群岛联合起来并竭力主张“土著应超出自身而成为菲律宾人即菲律宾国家的成员”的人。[①]“宣传运动”意味着社会精英的民族意识开始进入寻常百姓的日常生活，后来的卡蒂普南在此基础上提出了“热爱同胞”、“热爱祖国”的口号，号召各族人民认同菲律宾国家，一起对付共同的敌人。

经过艰苦卓绝的斗争，菲律宾终于在 1899 年建立了第一共和国。但是好景不长，“前门驱虎，后门进狼”，肇建不久的民族国家被美帝国主义武力颠覆了。美国在菲律宾实行间接统治，在经济和政治上扶植经济比较发达的民族，使其成为菲律宾民众和美国殖民当局之间的缓冲器，削弱了正在形成的脆弱的民族意识。与西班牙殖民者禁止菲律宾人学习和使用西班牙语相反，美国不但规定英语为学校和政府用语，还在社会上大力推广。普及英语自然是为殖民统治服务的，但是由于英语是国际语言，它的推广客观上有助于菲律宾人了解国际上的民族国家思想，形成了一个有别于各种地方语言的共同语言纽带。它客观上为菲律宾各族的感情沟通、社会交往、经济交流、历史文化传承提供了一个平台和工具。接受了天主教的菲律宾土著民族的上层开始抵制西班牙人对他们施加的“印地人”（Indio）的蔑称，加入“梅斯蒂索人”的行列。[②]“梅斯蒂索人”构成了现代菲律宾民族的核心，其价值观形成了现代菲律宾民族的主流意识形态，引领着其他民族和阶层的民族心理发展的潮流。民族解放运动的不断高涨和美帝国主义

---

① ［菲］陈守国：《中菲混血人与菲律宾民族国家的形成》，载《世界史研究动态》1988 年第 8 期，第 36 页。

② David Joel Steinberg, op cit, p. 47.

不得不改变殖民政策导致菲律宾在1935年建立了自治政府，建立民族国家的事业又向前迈进了一步。

太平洋战争爆发后不久，日本就占领了菲律宾并实行法西斯统治。日本占领当局利用菲律宾人民的反美情绪和对民族独立的渴望，以“解放者”自居，高喊“亚洲人的亚洲”和“菲律宾人的菲律宾”的口号，实际上是要建立为日本服务的“大东亚共荣圈”。日本的军警统治激起了菲律宾各族的激烈反抗。各族人民在“抗日第一”的旗帜下结成了统一战线，民族意识进一步加强。赶走日本侵略者后，美国殖民者重回菲律宾，但是由于国际形势的变化和菲律宾民族独立运动的深入发展，菲律宾终于在1946年7月4日赢得了独立，建立了菲律宾共和国。这标志着菲律宾国族正式形成。

在战后的发展进程中，菲律宾历届政府采取各种措施巩固国族的稳定。在经济上实行“进口替代”的经济民族主义发展战略，形成了门类较齐全的、比较自主的国内统一市场，加强了国族的经济基础。地区经济开发战略的实施在某种程度上填补了不同区域的发展差距，在一定程度上改善了生活在落后地区的部分民族的生活，增强了他们的向心力和凝聚力。① 在政治上实行“同化”政策，迫使华侨放弃中国国籍转而认同菲律宾国族国家。根据1980年代的一项调查，受访华人中93.2%的女性和100%的男性认为自己是菲律宾公民。② 在社会生活中，大多数民族自觉向主流价值观和文化意识靠拢，以“菲律宾主义”（Filipinism）为核心的文化民族主义大发展。例如菲律宾华人信奉佛教者越来越少，信奉天主教者不断增多。44%的受访女性和47.7%的受访男性是天主教徒；18.9%的受访女性和17.4%的受访男性是新教徒；只有3.2%的受访女性和3.5%的受访男性是佛教徒。③ 他加禄

① 陈明华编著：《当代菲律宾经济》，云南大学出版社1999年版，第104—120页。

② Ma. Cecilia Gastardo-Conaco & Pilar Ramos-Jimenez, *Ethnicity and Fertility in the Philippines*, Institute of Southeast Asian Studies, Singapore, 1986, p. 26.

③ Ibid., p. 27.

语因为他加禄人中资本家和知识分子最多而在 1946 年 7 月被设定为国语，得到广泛应用。这说明，在独立后虽然还存在许多民族问题，但菲律宾国族总体上是健康稳定地向前发展的。

菲律宾国族形成的历史表明，菲律宾群岛各族在殖民主义侵略之前处于自然融合的过程中，殖民主义东来打断了这一过程。在殖民者的血腥统治和反殖民主义的风暴中，菲律宾各族逐渐超越了古代的融合意识和规模，在共同的地域、共同语言、共同的历史和经济生活基础上形成了新型的现代民族意识、民族心理。① 这种国族认同在以后的发展中不断得以加强，具有了历史稳定性。但是由于菲律宾的民族过程是在殖民主义这一外患逼迫之下发生的，因而虽然形成了国族，但是各民族在进一步融合的过程中也发生一系列冲突，形成一些民族问题。

二　山地民族争取生存权的斗争

在国族国家的构建过程中，国族的形成意味着集中统一、国家忠诚原则的确立，但是民族传统的稳定性和持续性使国族国家内各族之间的歧异和差异持久存在。也就是说，在民族整合的同时也出现了民族冲突，这两个看似矛盾的现象其实只是民族过程的相互联系的两个方面。菲律宾国内民族众多，由于历史的原因形成了许多民族问题，比较突出的有山地少数民族争取生存权的斗争，华人的“同化”与认同问题和摩洛人的民族分离主义斗争。

从菲律宾民族的具体情况来看，不同民族在规模、地域和文化传统上存在着明显的差异，据此可以对民族进行多种简单分类，如山地

---

① 陈烈甫先生认为，主要是四种力量促成了菲律宾的民族统一。它们分别是，共同的血统：主要是马来民族；80% 以上民众信仰同一宗教：天主教；统一的语言：西班牙语和英语；全国性、非种族性的政党组织。参见陈烈甫《菲律宾的民族文化与华侨同化问题》，台湾正中书局 1986 年版，第 26—27 页。

少数民族和平原主体民族；华人和土著人；摩洛穆斯林和菲律宾基督教民族。山地少数民族（Minority Uplanders）指生活在内陆山区、人口较少、主要从事狩猎、采集、捕鱼和简单农业的民族。这样的民族有60多个，包括阿埃塔人[①]、伊富高人、比兰人、苏巴农人、邦都人、坎卡奈人、布基农人、纳巴洛伊人和塔萨代人等。他们在国家的政治、经济和社会文化生活中处于被边缘化的地位，成为濒危部落和民族。为了民族的生存和发展，他们掀起了坚持不懈的争取民族自决的斗争。

山地少数民族边缘化是历史形成的。殖民入侵以前，一波又一波的移民的到来迫使这些古老民族向山地迁移，但由于菲律宾山地面积广大，他们的生产和生活方式并未发生大变化。西班牙殖民势力虽然未能深入内陆山区，但是他们的经济掠夺迫使平原民族为了扩大经济作物的种植面积不断向山区扩张。早在17世纪，阿埃塔人就与毗邻从事农业和园艺的民族发生物物交换关系。[②] 正是在这种交换中，他们的口头语言失传，转而采用了毗邻民族的语言。19世纪末，美国殖民掠夺的力度加大，周边民族对阿埃塔人的包围圈逐渐缩小，他们依靠野生食物的生产和生活方式逐渐发生变化，农耕成为其生产的必不可少的补充。从1930年代开始，殖民政府开始对阿埃塔人实施定居计划。殖民者认为，游动的狩猎采集是一种野蛮和低级的技术，要想跟上时代发展步伐就要采用定居农耕的先进技术。这是典型的“技术民族中心主义”（Technological ethnocentrism）。定居计划破坏了阿埃塔人生产和生活方式的连续性，使之成为所谓的“文明进步”的牺牲品。在反抗西班牙、美国和日本殖民统治过程中，阿埃塔人的森林家园成了游击队的营地。由于大量外部人口的涌入和对军需物资的需求增加，阿埃塔人家园的人口森林面积比下降，森林的生态承载力下降，他们赖

① 阿埃塔人（他加禄语名词）指菲律宾的尼格利陀人（西班牙语称呼），中文古籍称其“海胆人”。他们还自称或被毗邻民族称为Agta、Ayta或Ata。

② Navin K. Rai, *Living in a Lean-To: Philippine Negrito Foragers in Transition*, Ann Arbor, 1990, p. 6.

以生存的生态环境恶化。

菲律宾独立以后，历届政府都实行开发计划，其目的是通过采伐森林、开采矿山和种植经济作物来换取外汇和偿还外债，进而带动经济全面发展。阿埃塔人虽然没有土地私有的观念和制度，但是他们对世代居住的地区有天然的控制权。菲律宾政府并不承认他们的权利，相反却规定，所有未经官方认可为可转让和可自由处置的土地均视为国有土地；凡未经测量、分配和确定所有权的林区土著民族的祖居地须归还国家；对于共同占有土地这种形式，国家只承认租用权而不承认所有权。于是在利益驱使下，菲律宾政府把林区土地使用权分给拥有先进技术、支持政府这一政策的外来民族。他们的商业性森林采伐和随之而来的农业移民的垦殖，严重挤压了阿埃塔人的生存空间，迫使他们不得不进入森林边缘地带。但是森林开发局为了伐木者的利益禁止他们进入附近的原始森林，他们只好居住在靠近狭窄的沿海平原的贫瘠山坡上。更具侵犯性的外来移民常常把他们赶往更陡峭的山坡，在那里进行游耕造成的土壤侵蚀更具破坏性。[①] 更有甚者，马科斯政府为了开发当地矿产资源，竟然编造了“石器时代塔萨代人”的骗局，声称在菲律宾发现了一个石器时代的民族，组织新闻记者和专家学者参观事先人为安排好的民俗表演。当地民族为了自身的民族和文化尊严，为了保护自己的家园，主动戳穿了这个弥天大谎。[②] 这说明，为了实现所谓“现代化”的开发计划，已把山地少数民族置于万劫不复的悲惨境地。

所谓的“文明进步”和“现代化”计划给山地少数民族造成了灾难性后果，促使部落或民族解体（Detribalization）。而部落解体这一概念包含了经济贫困、政治上丧失自治权、社会失序和文化消亡等当代部落社会变迁带来的所有后果。从经济状况来看，山地少数民族由于

---

① 参见宁骚前引书，第232—233页。

② ［菲］E. B. 马拉南：《菲律宾的民族问题》，载《民族译丛》1987年第4期，第9页。

可以利用的林地和田地面积缩小，致使可以利用的传统自然资源（植物和动物）锐减，依靠狩猎采集的生活难以为继。由于失去了土地控制权，周边民族自由进入山地民族的生境掠取自然资源，这进一步加剧了山地民族的贫困化。为了补贴生计，部分山地民族只好出外从事工资劳动，加入其他民族的农业劳动和伐木开矿事业。与外部经济联系的加强导致了山地民族经济独立的丧失和对外部依赖性的加强。从政治发展来看，山地少数民族不再能自己决定本民族内部事务。控制中央政府的主体民族和周边的农业民族都超出本分，对山地民族的内部管理横加干涉，民族自治权被侵消。就社会变迁而言，山地少数民族的原有社会结构并未完全被打破，部落形态仍然保留下来，但是由于这些民族的人口增速较低，生境缩小，加上与外部联系增多，因而其社会结构复杂化（从事自然经济的人和从事商品经济的人，平均主义与按劳分配的不同的分配方式，不同的居住模式等），联系纽带多元化（血缘、地缘和商品经济关系），陷入了混乱依附的状态。就文化传承来看，山地少数民族不但失去了自己的语言，其传统宗教信仰也被改变。例如阿埃塔人信仰万物有灵论。在他们的超自然世界存在两种精灵：一种是亡人之灵（anito），一种是动物的永恒之灵（hayub）。亡人之灵是与现实世界相联系的邪恶之灵，如果得不到献祭或受到骚扰就会降祸于人。动物之灵通常是善良的，巫医就是利用他们来沟通人世间和超自然世界的。[①] 基督教传入菲律宾后逐渐形成了宗教信仰的等级制，即按照皈依基督教的时间顺序排定其社会政治地位。阿埃塔人自然处于最底层。随着与外部联系的加强，一些阿埃塔人为了提高自己的社会地位，逐渐认同了基督教。其中有些人抛弃了传统宗教，有些人还保留了传统宗教，信仰混合宗教。固有文化的削弱和外来文化的入侵导致山地少数民族逐渐成为文化上的无根者和漂泊者。山地少数民族在国家的现代化进程中遭到了从环境、经济、政治到社会和文

① Navin K. Rai, op cit, p. 106.

化的全方位挑战。

作为一个多元社会，菲律宾出现的这种情况实际上是国际上类似现象的缩影。有的学者把它概括为“国内殖民主义”（Internal Colonialism），认为主体民族的移民和企业家涌入少数民族聚居区，对它的资源进行掠夺性开发，并独占开发利益，少数民族完全处于任人宰割的悲惨境地。[①] 这种解释深刻揭示了开发过程的严重民族不平等性质，但是它把殖民主义这一具有特定时间内涵和特定内容的概念泛化了，混淆了西班牙、美国、日本殖民主义和菲律宾国土开发的不同性质。把西方学者提出的这一理论不加区分地应用于发展中国家实际上有为殖民主义翻案和辩护之嫌。用发展和欠发展的辩证关系理论来解释这种部落解体现象似乎更为合理。无论是在殖民时期还是在独立后的开发时期，统治民族或主体民族的发展（Development）在一定程度上都是以少数民族的欠发展（Underdevelopment）为代价的。这种欠发展的核心就是少数民族被边缘化（Marginalization）。首先，少数民族被边缘化的过程实际上就是新阶级形成的过程。因为少数民族生计经济的商品化导致了新的经济和社会不平等的出现。这种阶级关系不仅体现在边缘化的民族内，也体现在它与周围民族和更大的经济体的交往中。其次，边缘化进一步摧毁了已经被阶级弱化的民族认同。边缘化意味着少数民族对当地社会的控制被消解，其仅存的自治权虽不与国家体系发生冲突，但与发展过程相伴出现的却是“去文化”（Deculturation）过程。因为发展把卷入这一进程的民族的某些人口和文化变成了废物。发展在主体民族或核心地区引发了新因素、新形式、新观念体系和新社会关系的产生，但在少数民族或边缘地区几乎没有产生从本地技术进步和经济增长发展而来的新文化因素和文化形式。由于边缘化民族无法从核心区域得到生产资源，其文化再生就不得不依赖自己文化传

① 这方面的代表作是 M. Hecther, *Internal Colonialism: the Celtic Fringe in British National Development, 1535—1966*, Berkeley, 1975。

统的残余和被破坏的环境所能允许的有限可能性。[①] 因此边缘化不仅摧毁了少数民族的文化，而且消灭了该民族的发展动力。[②] 这说明，主体民族的超强发展是以少数民族的消亡为代价的，少数民族的民族特性在逐渐消失，而它作为一个阶级的特性却日益凸显出来。

山地少数民族当然不甘心灭亡，他们为了自己的生存权展开了不屈不挠的斗争。但由于他们是散落于全国各山区的少数民族，不可能要求民族分离或独立，只能要求实践宪法规定的民族自决权。他们提出的民族自决原则是：第一，尊重祖居地并得以继承；第二，不受现实政治约束；第三，民族文化自决。[③] 为达此目的，他们不但有自己的政治组织，还有自己的武装。他们先后成立了“菲律宾少数民族协商会议”和“争取少数民族权利联盟”。这两个组织每年会商讨论共同关心的问题，把协调好的立场报告政府，要求在民主政府保证少数民族权益的条件下达到民族一体化。在他们的居住区还活跃着两支军队，一支是人民解放军；另一支是共产党领导的人民民主阵线。面对少数民族的斗争，马科斯政府成立了总统少数民族顾问团，负责调查研究少数民族地区存在的问题，但由于这些顾问多是大商人和企业家，因此他们的政策建议多是有利于外来的开发者。科·阿基诺在竞选中曾许诺要关心山地少数民族的福利，上台后也通过了支持自治的新宪法，但是她的开发计划仍然没有考虑少数民族的意愿，不让他们参与其中。少数民族只好在坚持斗争的同时努力与各种非政府组织联系，争取自己解决自己的问题。菲律宾的山地少数民族问题仍是一个悬而未决的问题。

至于山地少数民族的前景如何，不同学者有不同的预测。有学者

---

① Richard N. Adams, “Harnessing Technological Development”, In John J. Poggie & Robert M. Lynch (eds.), *Rethinking Modernization*, Westport: Greenwood Press, pp. 49、39、57.

② James F. Eder, *On the Road to Tribal Extinction: Depopulation, Deculturation, and Adaptive Well-Being among the Batak of the Philippines*, University of California Press, 1987, p. 226.

③ E. B. 马拉南前引文，第7页。

认为，菲律宾山地少数民族问题的核心是外部民族以前所未有的速度介入其生产和生活，导致其自主性丧失和依赖性加强，进而促使其传统社会和文化以前所未有的速度转型。山地少数民族要想生存，特别是作为一个独立民族生存，就必须学会协调各种不同的差异。[①] 另有学者认为，山地少数民族由于文化特征因经济独立性丧失而被侵蚀，致使其民族同一性缺失，它作为民族的意义越来越小。这是进步的牺牲品或至少是历史进程的牺牲品，但并不意味着少数民族没有适应变迁的能力，相反问题在于周边的所谓“文明”民族并未关注少数民族的存在、并未满足他们的正当要求。[②] 这两种看法虽有不同，但是基本的思路是一致的，即经济关系的变化必然削弱民族同一性。我的意见是，我们不妨把视野扩大观察美国是如何对待土著美国人的，美国的经验会给我们思考菲律宾少数民族问题以启示。土著美国人在追求经济发展的同时并未丧失其民族特性，相反他们还成功地利用经济发展的成就强化了自己的民族特点。[③] 这说明经济转型与民族特性丧失之间没有必然的因果关系，换句话说，在民族经济发生转型后，民族特性有可能得到保持甚或得以强化，关键在于中央政府的少数民族政策。只有真正实行民族区域自治，菲律宾的山地少数民族才既不会成为“原始民族的活化石”，也不会成为失去民族特点的依附者。

三　菲律宾的华人问题

菲律宾华人指移居当地的华人或华人族群，他们有可能是、也可能不是菲律宾国民。所谓华人问题就是由于国家对土著民族实行优惠政策、对华人实行同化和差别待遇政策而引起的民族问题，主要表现

① Navin K. Rai, op cit, pp. 121 - 125.

② James F. Eder, op cit, pp. 237 - 241.

③ 笔者在美国布朗大学访学期间，与土著美国人学生团体毗邻而居，多有接触，也多次参观土著保留地，深刻地体会到这一点。

为四个方面，分别是公民权问题、民族特征问题、政治权利问题和经济权利问题。这些问题都是历史形成的，有些现在已经解决或至少在法律上已经解决，有些尚在发展之中。

华人加入菲律宾国籍、获得公民权是来之不易的。他们争取公民权的斗争大致经历了以下几个阶段。第一阶段是西班牙殖民统治时期。西班牙殖民者为了获得中国的奢侈品、役使中国劳工、利用他们向中国传播福音，鼓励华人移民菲律宾。中国东南沿海当时人口增长过快、自然灾害频仍，迫使民众不得不出洋谋生。在“推力”和“拉力”的共同作用下，华人移居菲律宾的人数迅速上升。但由于在菲律宾的西班牙人数总是大大低于华人，所以西班牙国王颁布诏令，规定在菲律宾的华人居民不得超过 6000 人。[①] 但这个诏令并未得到严格执行，于是采取极端措施，对华人进行五次大屠杀（分别发生在 1603 年、1639—1640 年、1662 年、1686 年、1762—1764 年）和五次大驱逐（1596 年、1709 年、1746 年、1755 年、1769 年）。由于西班牙殖民开发离不开华人的劳动力和技术，因此每次屠杀和驱逐后又都招募华人来菲律宾，并在 1778 年后废除了全面驱逐华侨的法令。从 1840 年代起不再限制华人移民数量，允许华侨入籍，归化为西班牙公民。条件是在菲律宾定居多年，品行良好，是受过洗礼的天主教徒，有 6 名殖民官员推荐。由于那时华侨具有根深蒂固的“叶落归根”的观念，又固守中华文化传统，因受剥削而与殖民官员关系疏远，因此很少有华人加入西班牙籍。第二阶段是美国统治时期。美国把建立在法治和自由竞争基础上的移民政策适用于菲律宾。华侨的处境比西班牙统治时期虽有很大改善，但并非没有限制。1903 年，美菲当局根据美国国会 1902 年通过的华人移民法制定了菲律宾移民法，规定只有持入境证的华人才能移居菲律宾。入境证只发给三类人：中国政府派来的官员及

① ［菲］欧·马·阿利普：《华人在马尼拉》，载《中外关系史译丛》第 1 辑，上海译文出版社 1984 年版，第 99 页。

其家属；教员、学生和专门技术人员；过去在菲律宾居留的商人劳工及现时在菲律宾经营商业的华侨之家属。对商人资格的规定很高，够格的商人数量很少。该法案的实施实际上大大减少了华人的入境数量。1940 年，菲律宾自治政府通过新移民法，规定每年只能向菲律宾移民 500 人。由于自治政府推行菲律宾化政策，华侨在数量减少的同时事业发展也受到诸多限制。第三阶段是独立初期。冷战时期，“华侨第五纵队”的谣言甚嚣尘上。菲律宾一位右翼参议员的发言很有代表性，他说：“当报应到来的时候，共产主义分子将必定有保证得到我们这里 50 万华侨的偏袒，他们要完成摧毁我们的任务将是轻而易举的，因为我们已放任他们侵害这个国家。”[①] 菲律宾民族主义政权为了实现经济独立、防止共产主义的渗透掀起了一浪高过一浪的排华狂潮。1949 年，把中国移民限额缩减为 90 名，第二年完全取消，向中国移民关闭国门。对到菲律宾旅游的华人除了交纳保证金、颁发回境证外，还强制实施按手印这种侮辱性措施。对华侨的管理也极尽刁难之能事，千方百计提高费用。在华侨入籍问题上，1950 年的共和国法律 530 号制定了非常苛刻的条件。例如年龄不小于 21 岁；在菲律宾连续居住十年，从未离开；品行端正，无犯罪记录；在菲律宾拥有 5000 比索的不动产或有某种生利的营业、专门职业或合法职业；会讲、写英语（或西班牙语）及菲律宾一种主要语言；在菲律宾居住十年期间曾送其学龄子女入公立学校或政府承认的私立学校接受教育者。[②] 另外要想入籍，尚须办理非常繁琐的手续，交纳高额费用，等待很长时间。因此申请者不多，入籍者更是寥寥无几。第四阶段是 1975 年以后。随着中美建交，菲律宾知识界和政界对华侨的认识也趋于客观。他们认为：“没有证据说明任何意识形态色彩的第五纵队将要成为事实……华侨其实需

① ［新加坡］黄朝翰：《中国与亚太地区变化中的政治经济关系》，暨南大学出版社 1990 年版，第 135 页。

② 陈乔之主编：《战后东南亚国家的华侨华人政策》，暨南大学出版社 1989 年版，第 197 页。

要一些通道以便成为菲律宾社会的一个组成部分。他们同菲律宾人一样，需要一个昌盛和平的国家。如果给他们以机会，他们会完全忠于菲律宾共和国。”[①] 马科斯总统顺应时势，在访问中国前夕签署法令，为华侨入籍打开方便之门。1975 年 6 月 6 日，马科斯颁布法令，授予逾期居留游客以永久居留权。马科斯还在 1975 年 4 月 11 日和 1976 年 12 月 29 日发布第 270 号和 491 号总统命令，放宽了华侨入籍的资格限制，简化了申请手续。例如申请入籍者的年龄由过去的 21 岁降为 18 岁；由原来须讲、写英语（或西班牙语）和菲律宾一种主要语言改为只须讲写菲律宾一种主要语言；不再要求入籍者必须有不动产，只须申请者有足以维持自己及其家属生活的合法收入；申请者除履行填表手续外，只须呈送入境证明、外侨登记证、居留证的复印件；政府设立专门的“归化特别委员会”受理申请；后来总统还下令批准华侨整批入籍。[②] 1988 年 4 月 13 日，科·阿基诺总统在访华前一天签署第 324 号总统政令，允许非法外侨合法化。至此华侨入籍问题从法律上已经解决。中国政府早在“万隆会议”上就宣布不实行双重国籍政策。菲律宾华侨的绝大部分就变成了菲律宾公民。从菲律宾华侨争取公民权的历史可以看出，华侨虽然早已融入菲律宾的经济社会生活，为菲律宾的发展做出巨大贡献，但是从法律上被认可却经历了漫长的历程。其中菲律宾政府对华侨认识的改变、华侨母国的日渐强大和中菲关系的改善起到了关键作用。

华人的政治权利和他们的公民权紧密相连。在入籍之前，华侨在菲律宾没有任何参政权，他们的合法政治权利只能在自己的国家而不是侨居国行使。但这并不是说他们在政治上无所作为。在殖民统治时期，华人积极参加了反对殖民统治的斗争，甚至为了维护自身权益卷入了自治政府的总统选举，如 1946 年的总统选举。华人资助并力挺对

① 黄朝翰前引书，第 136 页。

② 菲律宾总统第 491 号命令。见陈乔之前引书，第 223—224 页。

华人友好、有华人血统的菲律宾国民党候选人奥斯敏纳，严厉抨击曾经与日本法西斯合作、对华人态度恶劣的自由党候选人罗哈斯。华人的这种政治作为遭到菲律宾民众和政要的误解。罗哈斯借机煽动菲律宾人的极端民族主义情绪，他说："我们强烈抗议那些无权在这个国家干涉我们的政治事务的华人的挑战态度。他们因此成了不受欢迎的外侨。按照我国的法律，可以逮捕他们，并作为令人讨厌的外国人驱逐出境。我们要求自治政府立即采取行动，把他们逮捕起来并遣送回国。"[①] 华人与土著固有的矛盾因此而恶性发酵。罗哈斯当选后，华人处境之悲惨就可想而知了。这说明，华人在殖民时代为了维护自己在居住国的权利而参政不但达不到目的还会招来杀身之祸。

入籍之后，从法律上看华人与土著菲律宾公民享有同等的政治权利，华人的公民意识和政治参与态度都有很大提高。93.3%的受访者认为人们有义务为国家做事；78.2%的受访者认为普通人应该对国家政策发挥影响；89.5%的受访者认为参加选举是一个公民应尽的义务；93.9%的受访者认为国家事务非常重要应该关心；75.4%的受访者经常了解本国发生的重大事件；82.1%的受访者表示密切关注总统选举；65%的受访者表示经常出席各种竞选活动。更为可喜的是，华人在政治活动中能打破民族界限，从菲律宾公民的意识出发，决定自己的政治选择。具体表现为，有更多华人候选人打破民族障碍参加竞选，涌现出一批成功的华人政治家；越来越多的华人选民在投票时能突破对华人利益的狭隘考虑转而从菲律宾国家利益出发，通过与当地菲律宾人合作来确定票选对象。这种基于共同的民族认同而进行的政治合作表明，华人与菲律宾主流社会政治融合的步伐在加快。[②] 但是由于历史的原因，华人还没有形成与其经济实力相匹配的政治实力。华人虽然关心政治，但由于对历史上遭受的政治打击心有余悸、华人社会严重

① 转引自陈乔之前引书，第188页。

② 德雷西塔·昂·西：《华人在菲律宾的政治地位》，载《南洋问题译丛》1994年第1—2期，第88页。

分裂、菲律宾极端民族主义者对华人根深蒂固的偏见甚至人身绑架和伤害，华人对政治的实际参与程度仍有待提高。华人在参与政治组织、出席讨论政治问题的会议、给政党或候选人捐款或做义工、与政府官员交流政治看法等方面的比例极低。[①] 华人的政治参与大体上仍停留在意识到位、但行动偏少的阶段，尚有很大的提升空间。

与政治上的弱势正相反，华人在经济上处于非常强势的位置。科·阿基诺在竞选期间致菲华社会的公开信中说："菲律宾国内华人约一百万，菲人中平均每五人要依赖一华人为生。华人在菲律宾大社会里，构成一股庞大而不容忽视之力量。"[②] 但这是华人忍辱负重、辛勤劳作换来的。华人初到菲律宾，从事的是当地人不愿做或做不了的工作，成为菲律宾经济发展不可或缺的一部分。菲律宾总督莫尔加曾说："倘若没有华人，殖民地就无法存在，因为他们是各行各业的工人，而且都非常勤劳，肯为小额工资而工作。"[③] 在美国统治时期，华人并未直接从繁荣的对外贸易中获利，相反却在国内贸易中有所发展，主要从事以遍布全国的"菜仔店"为基地的农副产品的收购和家庭作坊式的加工。华人基本控制了菲律宾的基层零售业。独立以后，与政治上的限制同时实行的是经济上针对华人的菲律宾化或民族化（Nationalization）。1947 年 1 月 1 日开始执行公共市场菲律宾化法，取消已有的摊位租赁合同，重新申请时优先保证菲籍人士。菲律宾政府还颁布多项法律，规定只有菲、美公民才能申请为新进口商，享有分配进口所须外汇的权利，华侨在进出口中的份额明显下降。在零售业领域，菲律宾政府颁布了共和国第 1180 号法律及其两个辅助性法律，一方面规定非菲律宾公民及资本非全部为菲律宾人所拥有之社团、合营公司或股

① Aileen S. P. Baviera, "Contemporary Political Attitudes and Behavior of the Chinese in Metro Manila", in Ellen Huang Palanca (ed.), *China*, *Taiwan*, *and the Chinese in the Philippine Economy*, Philippine Association for Chinese Studies, Manila, 1995, p. 138.

② 转引自周南京《菲律宾与华人》，马尼拉，1993 年，第 181 页。

③ 安·德·莫尔加：《菲律宾群岛志》，转引自欧·马·阿利普前引文，第 100 页。

份公司不得经营零售业；另一方面通过设立“菲零售商基金”来扶助菲律宾零售商。在粮食流通领域，菲政府通过共和国第3018号法律，规定非菲律宾公民或资本不是全部由菲律宾公民拥有的公司不许经营米黍业。①

尽管华人在自己的传统优势领域遭受歧视性排挤，但极强的适应能力帮助他们审时度势开拓新的领域。在战后重建时期，华人资本迅速进入木材、建筑行业。在菲律宾实施进口替代工业化战略时，华人顺势进入制造业。华人经济完成了从商业向从业多样化、商、工、贸、金融业一体化的转化，出现了许多技术含量高、资本密集的大型综合性经济体。② 华人经济和菲人经济的联合也在全球化和自由化的大趋势中得以深化。“这些联合把华商的进取精神与菲律宾人精英群体的传统和经验结合起来。这些联合也实现了与国际金融界和两个群体的其他网络相结合的优势。”这些联合在发展经济的同时，也“常伴以华人在菲律宾社会的融合，也渐渐地模糊了菲律宾人和华人商业之间的种族区分”。③“从生产关系来看，华菲关系已形成了一种你中有我，我中有你的不可分割，也分割不了、区分不了，甚至没有必要区分的程度。”尽管菲律宾华人经济自始至终都不是作为中国经济在海外的延伸，而是作为所在国经济的一部分而存在的，但是在一些菲律宾人心目中，华人是“侨居族群”的观念一时难以消除。他们把华人歪曲为可憎的经济动物，责备华商用不正当手段鱼肉百姓。当华人合法收购菲律宾政府的经营不善的国有企业和国家银行时，一些菲律宾人就把纯粹的经济行为政治化和民族化，煽动对华人的歧视和仇视。④

---

① 菲律宾共和国法律第37号公共市场菲化法，菲律宾共和国法律第1180号零售业菲化法，菲律宾共和国法律第3018号米黍业菲化法。见陈乔之前引书，第216—221页。

② 陈衍德：《传统中的现代——菲律宾华人社会研究》，厦门大学出版社1998年版，第113—131页。

③ ［菲］黄淑绣：《1898年以来在菲律宾商业中的华人与菲人精英》，载郝时远主编《海外华人研究论集》，中国社会科学出版社2002年版，第157页。

④ 曹云华：《试论菲律宾华人与当地民族的关系》，载《东南亚研究》2001年第5期，第66—67页。

尽管华人从经济政治等方面已大体上融入菲律宾主流社会，其固有的民族特征虽然在弱化，但不会完全消失。自16世纪始，华人就与菲人通婚。当菲律宾政府强硬推行菲律宾化法时，华菲通婚大幅度增多。据估计，目前菲律宾人口中有10%左右是华菲混血儿。他们是土著居民中最富裕和最有进取心的部分，他们带有更多的菲律宾人的特性，而不是华人的民族特性，这对这个国家是有益处的。[①] 即使如此，菲律宾政府还采取多项政策限制华文教育，企图切断土生华人与中华文化的天然联系。除了不准开办新的华文学校外，还要求现有华校既要由菲律宾公民支配和管理，又要主要教授英、菲文课程，中文课程的比例被压缩到很低。菲律宾华人的血统和文化传统都在弱化，但是弱化并不等同于消失，华人社会出现了中华传统文化的创造性转换，形成了新型的华人文化。华人文化是中华文化与当地文化的创造性结合。华人文化只有适应居住地的具体情况才能在当地生存下来，当地文化只有不断向外来文化开放才能适应多民族国家公民文化建设的需要。华文教育是保持华人民族文化特性和促进菲律宾公民文化发展的关键手段。“华文教育的目的应是在栽培具有华人气质的菲律宾公民”，因为“政治上认同所居国家与文化上认同祖国并无冲突”。[②] 换言之，华人在融入当地主流社会和参与构建国族的同时，也会保持自己的文化气质和民族特征，这两者并不冲突。

从以上分析可以看出，华人自移民菲律宾后受到许多歧视性对待，特别是在菲律宾民族主义高涨时期，各种菲律宾化法案尤为严厉。菲律宾化法案的本意是同化（Assimilation）华人，但实际上并未达到目的。因为“如果说菲律宾华人已被同化，那是违背我们的常识的。华人可能已深深结合于菲律宾生活之中，但并没有被同化，他们可能和菲律宾人具有共同的价值观念和信仰，但他们不是菲律宾人（指菲律

---

① 欧·马·阿利普前引文，第147页。

② 菲律宾华文教育研究中心编《华文教育》第1卷，第2期，转引自谭天星《战后东南亚华人文化的保持与族群关系的演进》，载《世界历史》1992年第3期，第12页。

宾土著人——引者注），而是华人。他们自己是这样想的，菲律宾人也是这样认为的。”华人作为一个民族存在的核心要素——中华文化对菲律宾并不构成任何威胁，它将会丰富菲律宾民族文化的内容。“做一个菲律宾公民，没有必要非放弃中华文化不可”。[①] 在华人大都成为菲律宾公民以后，对华人的偏见和污蔑就只能是极端民族主义的不负责任的表现。当然华人也要有正确的立场和出发点，那就是：“我们华人生活在菲律宾，要把菲律宾当作是自己的祖国来看待。我们既应争取和维护自己的合法权益，也应做一个爱菲律宾的国民。我们既要敢于对不利于华人的不合理法规提出抗争，也要敢于对自己华人同胞中不利于菲律宾的言行提出批评。”[②] 总之，菲律宾要以宽容的心态承认一元（国族）和多元（各民族）共存的现实。

四　摩洛人分离主义运动

摩洛意为信奉伊斯兰教的摩尔人，是西班牙殖民者对居住在菲律宾南部的穆斯林的蔑称。主要包括马罗瑙人（Maranao）、马京达瑙人（Maguindanao）、陶苏格人（Tausug）、萨马尔人（Samal）、亚坎人（Yakan）、伊拉农人（Ilanun）和桑吉尔人（Sangil）。摩洛人分离主义运动发生于马科斯当政时期，现在已部分演变为要求独立的运动或与国际恐怖组织勾结的恐怖主义活动。分离运动虽然发生在独立以后，但其根源却在殖民时代。

伊斯兰教早在 14 世纪末就已传入菲律宾，在西班牙殖民者到来前已在大部分地区形成了分散的、达图治理下的穆斯林社会。由于没有形成庞大的集权组织，它没有统一菲律宾各群岛。在这一时期，穆斯林与基督徒和平和谐相处。历史记载显示，在穆斯林和非穆斯林之间

① 转引自丘立本《同化论思潮的衰落及其原因》，第 6 页。

② 周南京前引书，第 185 页。

存在着一种显而易见的、既实用又和平的生活态度。双方的贸易关系和社会交往都是和谐的，主要是因为除宗教之外的风俗习惯都是相近的。政治现状也顺着相似的统治模式——达图制度——发展。在穆斯林和非穆斯林占据的地区，从未出现两者间发生尖锐权力冲突的记录。[①] 但是在西班牙殖民者侵入菲律宾后，这种状况被改变。伊斯兰教向北传播被遏止，穆斯林社会遭遇西班牙殖民统治，特别是西班牙殖民官员指挥菲律宾基督徒对付穆斯林，散布穆斯林是不守信用和可恶的偏见，并向摩洛人地区大规模派遣菲律宾基督徒“印地人”（Indios）进行代理统治。穆斯林发展出圣徒（Sabilallahs）和圣战（Jihad）的对抗方式。从 1578 年开始的，长达 300 多年的所谓“摩洛战争”既是菲律宾穆斯林反抗殖民者的斗争，也是穆斯林与被殖民者胁迫的菲律宾基督徒矛盾冲突的表现。[②] 更为重要也更具讽刺意味的是，在这个冲突过程中，穆斯林不顾他们与菲律宾基督徒同属一个种族的事实，形成了他们有与基督徒完全不同的起源的认识。[③] 这是日后摩洛人发起分离运动的思想根源。

美国殖民者统治菲律宾后，执行麦金利总统 1899 年提出的“仁慈同化”的政策，带来了诸如政教权力分离、私有财产神圣性、人权不可侵犯等观念，实施解除穆斯林武装、收税、废除奴隶制、强迫军事训练、发展教育、建立法院体制等政策。这些变化严重冲击了穆斯林社会既定结构和秩序，特别是当美国采用“分而治之”的办法用菲律宾基督徒来执行这些政策时，它就不可避免地激起了穆斯林社会尤其是其统治阶层的反抗。更为严重的是，美国殖民政府实施的土地政策和移民政策直接削弱和压缩了穆斯林的生存基础和空间。1919 年的公

---

① Luis Q. Lacar, “Culture Contact and National Identification among Philippine Muslims”, *Philippine Studies*, Vol. 42, No. 4, 1994, pp. 444 – 445.

② Samuel K. Tan, *The Filipino Muslim Armed Struggle*, 1900—1972, Filipinas Foundation, Inc., 1977, pp. 12 – 14.

③ W. K. Che Man, *Muslim Separatism: The Moros of Southern Philippines and the Malays of Southern Thailand*, Oxford University Press, 1990, p. 21.

共土地法规定，菲律宾的所有土地都是公共领地（Public domain），所有权只是国家授予的特权（State-granted privilege）。每个菲律宾基督徒可最多申请 20 公顷土地，而穆斯林只能申请 10 公顷。这就意味着穆斯林不但从法律上失去了世代相传的祖产，而且在按照新法律进行的土地分配中也处于非常不利的地位。在土地政策的吸引和移民法的鼓励下，非摩洛人在棉兰老岛地区人口中的比重持续上升。1903 年是 24%，1918 年是 50%，1939 年达到 66%，摩洛人的比重从 1903 年的 76%降到 1939 年的 34%。美国殖民政府认为，这是一举多得的好事，例如可以解决北部人口过剩的问题，摩洛人可以从移民那儿学到先进的技术，通过开发棉兰老岛的自然资源可以增加国家财富和美国投资者的利润，移民可以加强棉兰老岛与马尼拉的联系进而削弱摩洛人与毗邻伊斯兰国家的联系，通过把摩洛人完全淹没在基督徒的汪洋大海中来解决摩洛人问题。但是摩洛人的看法与此相反，认为这是“合法的土地劫掠”，殖民者设计这些政策纯粹是为了菲律宾基督徒的利益。[①] 另外菲律宾穆斯林信奉超自然力量和至高神安拉，神和人世间的喜怒哀乐有直接关系，战败意味着神愤怒，胜利则是神愉快的表现，因此为了神的高兴，穆斯林必须竭尽全力击败基督徒。另外，神的恩宠只会赐予那些虔诚的教徒，虔诚表现在教徒忠于传统、抵御外来影响。伊斯兰教的这种排他性也激发教徒对日益扩张的基督教的反抗。在这样的气氛中，经常在穆斯林聚居区出现煽动反天主教徒和美国殖民者的思想先知，多次爆发与反殖民主义相互交织的民族和宗教斗争，提出了“把美国人和基督徒赶出去”和“杀尽基督徒和美国人”的口号。菲律宾基督徒曾经试图团结穆斯林反对共同的敌人殖民主义，但由于殖民主义的破坏和穆斯林的误解而没有成功。摩洛人与北方基督徒的矛盾进一步恶化。

---

① W. K. Che Man, *Muslim Separatism: The Moros of Southern Philippines and the Malays of Southern Thailand*, Oxford University Press, 1990, p. 25.

独立后，中央政府的整合和开发政策的不公正性激起了摩洛人的更大不满。穆斯林地区的公共工程和交通没有得到任何改善，其产品难以进入市场，价格完全由外商或基督教中间人控制，小学和初中教育远远落后于基督教北方，能够上大学的年轻人少而又少，政府中的关键职位都掌握在受过高等教育的菲律宾基督徒手中，许多基督徒市长被委派到穆斯林地区任职，穆斯林失去了对自己所在地区的控制权。另外基督教投机家、实业家、木材商和政治家利用政府的各种政策剥夺穆斯林的土地，基督徒移民也在政府“无主土地”和“机会之地”的政策鼓舞下以每年平均 3000 人的速度源源不断移居棉兰老岛。非摩洛人在棉兰老岛的人口中的比重从 1939 年的 66% 迅速上升到 1975 年的 80% 。棉兰老岛的人均土地 1939 年是 5 公顷，1960 年下降到 1. 75 公顷。[①] 在许多地方，穆斯林拥有的土地难以维持生计。那么摩洛人是否可以在国家的工业化进程中实现从生计经济向市场经济的转型呢?答案显然是否定的。确实，独立后特别是在实行出口导向的发展战略后，棉兰老岛庄稼地的 50% 种植出口作物，菲律宾约 25% 的出口值来自棉兰老岛。但是这种出口经济完全依赖发达国家的投资、技术援助和市场，即使是完全属于菲律宾人所有的企业也不得不依赖外国的贷款生存。这些公司和种植园由于殖民时期形成的雇佣习惯，以及基督徒受到较好的教育等因素而更愿意雇佣来自北方的基督徒。摩洛人并未被整合进出口经济。另外，出口经济是以世界市场为导向的，并不以满足当地人的生活需要为目的。所以摩洛人的处境就格外悲惨。在菲律宾政府将目光转向西方和基督徒的同时，摩洛人转而向伊斯兰世界寻求支持。战后的伊斯兰复兴给摩洛人的反抗斗争提供了新的契机和有力支持。许多摩洛人子弟接受阿拉伯国家提供的奖学金到中东留学，许多来自中东的伊斯兰教士抵达棉兰老岛，在摩洛人土地上建起了许多清真寺，成立了许多诸如“菲律宾穆斯林联合会”、“苏禄伊斯

① Samuel K. Tan, op cit, p. 113.

兰协会”的组织。这就意味着摩洛人在经济上被边缘化的情况下只好以伊斯兰教为纽带，团结起来，强化民族特性。根据一份抽样调查，61.71%的穆斯林不认同菲律宾，仅38.29%认同菲律宾并认为自己是菲律宾人。不过所有认同菲律宾的人都认为菲律宾这个名字应该改变，因为它具有深远的殖民根源，并不能反映穆斯林对菲律宾历史的重要贡献。[①] 穆斯林凝聚力和同一性的增强，就意味着他们将展开轰轰烈烈的争取民族自决权的艰苦斗争。

从1951年开始，棉兰老岛和苏禄群岛爆发了日益频繁的骚乱和起义。1960年代，形势进一步恶化。由于资金缺乏和执行不到位，对穆斯林地区许诺的改革计划均未实现，更多的穆斯林百姓把仇恨化为暴力。恰在这时，一批穆斯林青年学生和知识分子加入了反抗运动。他们的参与和领导给反抗运动注入了新的内容，逐渐把运动演变为穆斯林分离主义运动。菲律宾大学政治学教授努尔·密祖阿里加入了苏禄群岛的穆斯林运动，他把伊斯兰教的圣战和马克思列宁主义结合起来，组织了“摩洛民族解放阵线”，呼吁成立“摩洛共和国”。受此影响，武装斗争在菲律宾南部各岛风起云涌。但是菲律宾政府并未认真对待穆斯林的要求，基督徒控制的国会以为武装斗争只是某些穆斯林政治领袖为实现个人野心而制造的筹码，政府依然不在穆斯林地区投资，只是鼓励私人资本进入该地，穆斯林急需的基础设施得不到建设。穆斯林的等待是有限度的，在绝望之后暴力行动就不可阻挡，而且成燎原之势，逐渐变成了全国性问题。马科斯政府在1972年9月21日宣布了军事管制法，实行全国戒严。

戒严法的实施反而促使南部穆斯林各族团结起来，“摩洛民族解放阵线”在1974年被伊斯兰国家第五次外长会议认可为棉兰老岛游击队的统一组织。在国内穆斯林平民和国际穆斯林社会的支持下，南部伊斯兰组织愈战愈勇。马科斯政府终于认识到，整合和同化不应是菲律

① Luis Q. Lacar, op cit, pp. 438 - 439.

宾南部经济发展计划的基石，南部的开发应是一种不同的发展型态即自治而非独立，以使菲律宾穆斯林保留其差异，维持其与菲律宾国家的统一。[①] 另外，摩洛人的斗争之所以能坚持下来是因为后面有利比亚的支持，卡扎菲不但给“摩洛民族解放阵线”提供经济、军事和道义上的援助，而且还让“伊斯兰会议组织”支持它并给菲律宾政府施加压力。即使政府军在战场上击败摩洛人武装，阿拉伯产油国也会对它实施石油禁运。马科斯政府权衡利弊之后决定派第一夫人伊美尔达赴利比亚寻求理解。1976 年 12 月 23 日，双方终于在有“四方部长会议”（利比亚、沙特阿拉伯、塞内加尔和索马里）代表、“伊斯兰会议组织”主席参加、由利比亚外长任主席的会谈中签署了《的黎波里协定》。政府承认了伊斯兰组织的要求，允诺给予包括保持军队、建立摩洛自治邦在内的完全自治权利。停火协议虽然签署了，但是双方对它的理解是有差异的。“摩洛民族解放阵线”认为政府执行不力，要求穆斯林兄弟国家施加压力使之按自己的理解执行，即建立完全由它主导的穆斯林自治区，实际上要建立分离的国家。[②] 马科斯政府虽然从未认真执行协定，也从未在南部进行完全民族平等的开发，但是他采取的两手政策还是发挥了有效作用。在继续派出军队镇压反政府游击队的同时，也做了一些象征性的建设如帮助南方改善教育状况、发展经济、兴建基础设施。1977 年 4 月 17 日，南部 13 个区进行了全民公决。在把 13 个区合并成一个由“摩洛民族解放阵线”统治下的自治区问题上，反对票达 97. 19%，赞成票只有 1. 5%，弃权票为 0. 76%。就在穆斯林地区实行自治但自治权不能与中央政府权限冲突、自治政府应在中央政府控制下的问题上，赞成票达 96. 02%，反对票为 3. 2%，弃权票为 0. 78%。这说明，大多数穆斯林仍然不愿脱离菲律宾共和国。[③]

---

① 陈鸿瑜：《菲律宾的政治发展》，台湾商务印书馆 1980 年版，第 264 页。

② Moshe Yegar, *Between Integration and Secession: The Muslim Communities of the Southern Philippines, Southern Thailand and Western Burma/Myanmar*, Lanham, 2002, p. 308.

③ 陈鸿瑜前引书，第 263—264 页。

但是这些措施分化了穆斯林社会上层，大部分上层分子在组建自治政府过程中忙于分肥和争权夺利，致使“摩洛民族解放阵线”发生分裂，甚至形成更加激进的政治派别。中央委员、驻开罗外交关系委员会主席萨拉马特指责密祖阿里有共产主义倾向、偏离伊斯兰教，也不认同他对自治的理解，在得不到“伊斯兰会议组织”承认后，自己组织了以巴基斯坦为基地的“摩洛伊斯兰解放组织”。它派出500—1000名战士在阿富汗的伊斯兰营地训练，其主要支持者来自农村。1982年，“摩洛民族解放阵线”中又分化出“改良派”。其成员主要来自马罗瑙人社会，以马来西亚为基地。虽然摩洛人组织发生了分裂，但由于马科斯政府一直不认真实行民族地方自治，南部穆斯林1980年代初在神职人员的领导下展开群众性的伊斯兰运动，通过组织群众游行示威来要求政府实行真正自治并参与省级选举。[①] 政府军为了对付北方共产党领导的武装斗争逐渐从南部撤军，这也给穆斯林上层建立权力基础留下了足够空间。穆斯林争取民族地方自治的斗争仍在继续。

科·阿基诺上台后，宣布在维护国家主权和领土完整框架内坚定支持穆斯林民族自决的要求。[②] 密祖阿里仍顽固坚持要建立摩洛国（Bangsa Moro State），但遭到了“伊斯兰会议组织”和“东南亚国家联盟”的反对和孤立。1986年9月5日，返回国内的密祖阿里与阿基诺在霍洛会晤，达成停火协议，同意按《的黎波里协定》规定在南方13个区、9个城市实行自治，自治区拥有立法、司法和管理经济的权利，但自治必须经过全民公决。1989年11月19日的公决结果是，仅4个区同意实行穆斯林自治。1990年10月，阿基诺总统签署了移交权力的命令，宣布实现了《的黎波里协定》。这大大出乎梦想有23个区获得自治的“摩洛民族解放阵线”的意料，于是号召开展武装斗争反对，暴力冲突不断升级。“摩洛伊斯兰解放阵线”和“改良派”都不承认

① Thomas M. McKenna, *Muslim Rulers and Rebels: Everyday Politics and Armed Separatism in the Southern Philippines*, University of California Press, 1998, p. 4.

② Ibid., p. 235.

1986 年的停火协议。南部基督徒反对阿基诺总统的自治政策，斥责她支持穆斯林分离主义，并组织了激进的“基督徒解放军”抵制穆斯林接管政权。

拉莫斯当选总统后，呼吁密祖阿里回国并在《的黎波里协定》基础上谈判解决问题，同时出访与南方穆斯林关系密切的沙特阿拉伯（约有 10 万菲律宾穆斯林）和马来西亚（约有 30 万—70 万菲律宾穆斯林），创造有利于和谈的宽松外部环境。1993 年 10 月，双方在雅加达举行正式会谈，达成停火协议。密祖阿里同意把南方 13 区并为由他领导的“菲律宾南部和平与发展委员会”统治的“和平与发展特区”，但遭到穆斯林群众和其他伊斯兰组织的反对。密祖阿里的解释是，“摩洛民族解放阵线”仍然坚持要求南方自治的目标，只是把方式由武装斗争改为和平方式；他本人之所以接受“菲律宾南部和平与发展委员会”的主席，是因为这是解开和谈死扣的唯一办法。1996 年 9 月 2 日，双方签署了和平协定，9 月 13 日，密祖阿里就任自治区主席，从表面上看结束了长达 24 年的、付出了 10 万生命、政府花费 30 多亿美元的南部武装斗争。① 但是密祖阿里的合作完全建立在他与拉莫斯总统良好的个人关系和相互信任上，当地穆斯林领袖并不认同这一点。南方基督徒也对政府让步过多而不满。“摩洛伊斯兰解放阵线”坚决反对这个停火协议，认为这种自治根本就不是真正的自治（Self-Rule），也未能满足建立独立伊斯兰国家的需要。不过“伊斯兰会议组织”和东盟伊斯兰国家因为忙于处理伊拉克入侵科威特及其带来的一系列问题而支持和谈。外部支持力量的减弱明显抑制了分离主义的气势。但是好景不长，“摩洛民族解放阵线”在 2001 年与政府在执行协议上发生分歧并重新启动武装斗争。阿罗约政府迅速平叛并最终抓住了密祖阿里。“摩洛伊斯兰解放阵线”的反政府斗争在 2000 年 4 月升级为“全面战争”。2001 年，在政府军攻占其营地后双方展开和谈。2003 年 7 月 13 日，萨马拉特因病去世，这

① Moshe Yegar, op cit, pp. 340 - 341.

给阿罗约政府解决摩洛人问题提供了天赐良机。

旧病未除，又添新患。1989 年，在菲律宾形成了具有世界影响的、激进伊斯兰恐怖组织“穆贾西丁争取自由战士”（Mujahideen Commando Freedom Fighters—MCFF），简称“阿布萨耶夫”（Abu—Sayyaf）。阿布萨耶夫在阿拉伯语中意指“持剑者”，它的创始人是生于巴西兰省的阿布巴卡尔·简贾拉尼（Abubakar Abdurazak Janjalani）。简贾拉尼曾受“摩洛民族解放阵线”资助赴利比亚和沙特阿拉伯学习伊斯兰知识，后来在巴解组织的训练营和利比亚得到军事训练，参加过阿富汗战争，积累了战斗经验。返回菲律宾后，先是宣传伊斯兰教，呼吁进行伊斯兰革命并对政府和基督徒发动圣战；后来成立恐怖组织，主张采取一切手段反对基督徒、建立独立的南方伊斯兰国家。据估计，阿布萨耶夫有 100—1000 人，其骨干是阿富汗战争的老兵和游击战的指挥，社会基础是仇视与政府和谈的伊斯兰原教旨主义者。从 1991 年到 1995 年中期，阿布萨耶夫制造了多起恐怖事件，甚至还扬言要劫持来访的教皇保罗二世，极为猖獗；在此期间，共制造劫持 94 起，爆炸 75 例，抢劫 58 次，暗杀 50 次，纵火 24 次，袭击 12 次，撞车 9 次，造成 165 人死亡，331 人受伤。① 更为严重的是，阿布萨耶夫与国际恐怖组织有非常密切的联系。据已投降政府的、原阿布萨耶夫副司令伊布拉欣·潘度甲（该恐怖分子常用三个名字：Edwin Angeles，Abu Qudamahach，Ibrahim Panduga）交代，阿布萨耶夫与策划和支持纽约世贸中心爆炸案的尤素福（Razmi Ahmed Yousuf）和卡里发（Mohammad Jamal Calipha）有直接联系。他们从利比亚、巴勒斯坦、沙特阿拉伯、巴基斯坦、苏丹、马来西亚和伊朗等国的恐怖组织那里给阿布萨耶夫找来武器、金钱和训练器材，尤素福甚至还想把阿布萨耶夫变成针对美国和以色列的国际恐怖活动的中心。菲律宾政府积极与巴基斯坦、印尼和巴解组织主席阿拉法特联系，要求其承诺不支持阿布萨耶夫。1998 年 12 月，

① Moshe Yegar, op cit, p. 346.

简贾拉尼被杀，但恐怖活动并未停止。由于它还接受基地组织和本·拉登的训练和资助，美国在“9·11事件”发生后明确宣布阿布萨耶夫是恐怖组织，并与菲律宾组成反恐统一战线，共同打击它。剿灭阿布萨耶夫武装是国际反恐怖主义活动的重要一环。但是阿罗约政府紧紧追随美国的做法也在国内引起争议，这最终是否有利于解决摩洛人分离运动问题还有待观察。[①] 但不可否认的是，阿布萨耶夫制造的许多爆炸和绑架人质事件已给菲律宾国家安全、经济发展、社会秩序和国际声誉造成严重威胁和后果。

菲律宾摩洛人问题表面上看是宗教冲突，实际上是反对经济和政治不平等的斗争。殖民主义的“分而治之”政策破坏了南部穆斯林和北方基督徒的和平关系；独立后不合理的开发政策造成的贫困化是暴力冲突历久不衰的根本原因。摩洛人武装的内部分裂及其与国际恐怖主义的勾结使之复杂化。一味的忽略问题或军事打击都不是解决问题的好办法。摩洛人问题的解决之道在于：在国际社会的帮助下严格执行少数民族区域自治政策，尽快使其富裕起来并保持伊斯兰文化和穆斯林民族特色。

五　结论

经过历史上的多次冲突和融合，菲律宾已经形成了一元和多元共存的民族格局。对菲律宾人这一国族概念的认同已深入人心，菲律宾各族人民都具有菲律宾人这一共同的归属感。但是与此同时，还存在平原民族和山地民族之分，存在基督徒和穆斯林之分，存在土著和华人之分。当形成国族的外部条件消失后，特别是在掌握国家政权的主体民族有意或无意实行不平等的民族政策时，弱势民族就会掀起争取

① 曹云华：《9·11事件对东南亚伊斯兰文化圈的冲击》，载《东南亚研究》2001年第6期。

民族平等权的斗争，有些甚至演变成民族分离主义，对仍在发展的一元国族发起挑战，威胁民族国家的主权和领土完整。

菲律宾的三大民族问题在斗争的侧重点上各不相同。山地民族作为古老的土著是在国家的开发大潮中争取生存权；华人作为一个外来族群在融入菲律宾国族的同时争取保留自己的主要民族特征；摩洛人作为一个信奉伊斯兰教的少数民族要维护本民族文化的纯洁性和争取真正的民族自决权。山地民族的斗争孤立无援；华人在母国废除双重国籍和改革开放后变得主动理性；只有摩洛人在国际伊斯兰势力支持下走上暴力抗争甚至恐怖主义的道路。这也在一定程度上决定了解决国内民族问题的难度和方式。山地民族在适应经济大发展的同时要努力保持本民族的特性；华人在完成国族认同的同时也要保持自己的民族同一性；解决摩洛人问题则需要国际社会和国内政府的密切合作。

菲律宾民族问题的形成有历史的原因特别是殖民主义的恶果，但最主要的是主体民族控制的中央政府对少数民族实行不平等政策。从某种意义上看，这是在国家现代化进程中对少数民族的边缘化，是对少数民族的强行剥夺和贫困化。但是经济转型并不必然导致民族特性的丧失。少数民族在劳动力市场上毫无竞争优势就意味着他们必然祭起保护民族文化的大旗、在争取民族自决权的目标下实现对开发利益的分享。菲律宾三个弱势民族争取平等权利斗争的历程表明，中央政府的开发政策必须考虑到少数民族的参与、获利和民族特性的保持，只有赢得少数民族认同的开发政策才能既有利于国族的巩固又有利于少数民族的发展，最终实现一元和多元的和谐共处。平等的民族政策不但对主体民族的长远发展有利，而且能够赢得少数民族的尊重和合作，最终有利于菲律宾主体民族和少数民族的平衡发展、有利于菲律宾现代化的实现。

（包茂宏，北京大学历史学系教授）

缅　甸

缅甸新时期的民族和解政策，是指1988年执政的缅甸国家恢复法律和秩序委员会奉行的民族政策。缅甸国家主席丹瑞说，国民大会确立的新宪法根本原则将确保各民族充分享有政治、经济和社会权力。[①] 新的宪法虽然还没有制定出来，但近十年来缅甸实行的民族和解精神还是体现了这一政策的。主要表现在缅甸独立后长期困扰国内的民族武装冲突已基本结束，在十六股民族武装中，已有十五股反政府的民族武装与政府方面实现和解。军政府号召的坚决维护已经取得的民族团结的局面和集中精力发展国家经济建设的方针，也取得了较好的效果。

缅甸新时期的民族和解政策，是对缅甸独立后前两次国民大会制定的两部宪法中，有关民族政策的合理部分认真执行和完善，并对其错误部分加以摒弃和改正的结果。

一　民族关系的历史发展

缅甸是一个由50多个民族组成的统一的国家，据2015年统计：

① 引自1996年2月12日新华社仰光电讯，《缅领导人呼吁维护民族团结》。

总人口约 5389 多万，面积 676581 平方公里[①]。少数民族人口占总人口的1/3以上，分布在全国 1/2 以上的地区。主要民族有缅族、克伦族、掸族、克钦族、孟族、若开族、佤族、拉祜族、傈僳族、伊高（爱尼）族、苗族、瑶族等。这些民族按语言分类，大致可以分为汉藏语系和南亚语系的藏缅语族、壮傣语族和孟高棉语族。其中，缅族、若开族、克钦族、拉祜族、傈僳族、伊高（爱尼）族等属藏缅语族；掸族、克伦族、克耶族属壮傣语族；孟族、佤族、崩龙（德昂）族、布朗族等属于孟高棉语族。

缅甸 50 多个民族的来源，主要有两个方面：一是来自东北部方向的中国青藏高原和云贵高原古羌人和古代百越人，他们沿着喜马拉雅山脉和横断山脉中的大江、大河水系顺伊洛瓦底江、萨尔温江、澜沧江迁徙而来，属蒙古人种，如缅族、克钦族、拉祜族、傈僳族、伊高（爱尼）族及掸族、若开族。二是来自东南亚半岛南部的土著民族，属马来人种，如孟族、佤族、布朗族、崩龙（德昂）族等，中国古代文献把他们称为濮系统的民族。

其中由南北上的南亚语系的孟高棉语族的孟族、佤族、崩龙（德昂）族、布朗族等是缅甸最古老的民族。汉藏语系的藏缅语族的民族，如缅族、克钦族、掸族、若开族等民族则是随后不断迁徙来的。在公元 11 世纪前孟族、骠族、掸族等民族曾在缅甸建立过奴隶制和农奴制国家，如勃固国、骠国、掸国等。到公元 11 世纪后，才由缅族统一了缅甸，建立了封建制的多民族国家。缅族是缅甸的主体民族，占总人口的 65%，分布在中、下部缅甸广大平原地区和南部沿海地区。其他少数民族则分布在东、西、北部的高原地带，形似马蹄三面环绕着缅甸本部。从公元 11 世纪起建立的缅甸王朝，多由缅族统治，国家政府、经济、文化的中心，也集中在缅族居住的中、下部缅甸地区。因此，中、下部缅甸的经济文化比较发达。而沿边山区的少数民族由于

① 引自贺圣达主编《当代缅甸》。

地理因素，交通不便，在闭塞的环境中，长期停滞在原始社会、奴隶社会、农奴社会的落后状态，只是象征性地向中、下缅甸缅族王朝，称臣纳贡，缅族建立的封建王朝还没有形成以郡县制为基础的高度集权的封建中央帝国。在缅甸的其他少数民族中的掸族和孟族，经济文化比较发达，掸族占缅甸总人口的7%，孟族占缅甸总人口的2.8%。在13世纪，缅甸国家分裂时期，著名的掸族三兄弟曾经统治过中、上部缅甸的广大地区及下缅甸的一部分地区，建立了阿佤王朝；孟族首领伐丽流也在下缅甸的部分地区建立勃固王朝。而其他40多个少数民族始终处于被统治地位，没有政治权力。总而言之，封建时代的缅甸王朝，虽然是一个统一的多民族国家，但以缅族为主的统治民族的封建统治制度发育不够完善。被统治民族与缅族中央王朝处于一种若即若离的状况。在这种状况下被统治民族由于处于一种封闭自然的自治和半自治的各种社会发展形态的环境中，民族地区领袖和头人的权威，大过中央王朝的王权，而中央王朝是否有直接派遣王朝官吏管理和统治民族地区就不得而知。据笔者调查，在中缅边界缅甸一侧的佤族地区，在1970年代以前，还处于原始社会末期，部落林立，互不统属，各部落犹如一个个独立王国，酋长的威望和权力极大。历代缅甸政府的官吏没有在佤族地区建立过有效的统治机构，最多只是派极少的部队象征性地驻扎在一个地方，由于交通不便，语言不通，经费不足，这很少量的部队就没有什么威慑力量对佤族地区进行有效的统治。而靠近中、下部缅甸，交通比较发达，经济、文化比较进步的掸族、孟族、克钦族，要求自治或独立的倾向很突出，当地区民族领袖的利益受到侵犯时，就常常向中央缅族王朝的统治者挑战，要求自治或独立，甚至问鼎中原，准备取而代之。

总体来说，虽然缅甸是一个统一的多民族国家，但在大多数历史时期以缅族为主体的统治民族，对其他少数民族的统治相对来说，很大程度上是属于一种自然契约关系，即在一种认定的国家地理范围内松散的封建王国的相对统一，而不是高度封建中央集权帝国的人治、法治的统一。在这种情况下很容易滋长大缅族主义和各地方的民族主义，即统治民族缅族盲目自大，对其他民族的存在和发展漠不关心，而地方民族则无视统治民族和国家的存在，只关心自己地方和本民族的利益。大民族主义和地方民族主义的竞相发展，长期制约了缅甸社会的进步，所以缅甸虽然是东南亚幅员最辽阔、资源最丰富的国家之一，但历史上始终没有成为东南亚最强盛的国家。

18 世纪末，英国殖民主义者统治缅甸后，利用缅甸封建王朝民族政策的弱点，变本加厉地使用“分而治之”的方法，胁迫缅甸政府把一些民族地区划分出来，由英国殖民官员统辖或扶持民族地方官员对抗缅甸政府。在克耶族地区、掸族地区、克钦族地区都是如此。另外，英国殖民主义者还利用山地民族勇敢剽悍的性格，招募民族雇佣军驱使他们去镇压其他民族的反抗。英国殖民者使用“分而治之”的政策，一方面削弱了缅族的统治地位，另一方面加深了民族分离倾向，使缅甸原有的民族问题更加复杂，为以后的民族冲突埋下了隐患。

1947 年当缅甸要求摆脱英国独立时，现代缅甸建国之父昂山将军认识到民族团结、联合是独立的首要条件，在著名的《彬龙协议》中根据历史和现实对缅甸的民族政策做了调整，让各民族地区充分享有自治的权力，并且还保留各民族地区领袖和头人的特权。因此，昂山将军得到了境内绝大多数民族地区和各民族领袖、头人的支持。昂山将军以此为基础，对独立后的国家体制作了设计，实行联邦制，为独立后的缅甸国家发展奠定了基础。制定独立的第一部宪法时，对联邦内各民族的权力和民族上层的特权给予充分的保证，各民族自治邦享有联邦国家三权分立的权力，并规定掸邦和克耶邦还可以在 10 年后投票决定是否继续留在联邦内。这是一部根据缅甸的历史和现实制定的符合缅甸国情的相当宽松、自由的民族联邦宪法。就在缅甸获得独立的前夕，昂山将军不幸被极右派分子所暗杀，新的国家领导集团中没有像昂山那样在各民族中有影响力和号召力的领袖，尤其是在少数民族问题上缺少远见和耐心，而且大缅族主义严重。独立后不久就取消了原来宪法中给少数民族邦自治的一些权力和民族上层的特权，这给原来就很脆弱的民族关系蒙上了一层阴影。这些问题主要表现在一些没有获得民族自治邦的民族地区强烈要求成立自治邦，如若开族和孟族。而建立了自治邦的民族，则要求实现真正的民族自治，如掸邦和克钦邦。这些要求得不到满足，缅甸政府反而削弱这些民族地区和民族邦上层人物的特权，想以此来压制这些民族地区和民族邦的要求。于是这些民族地区和民族邦的上层人物就号召民众拿起武器和政府对抗，加之缅甸共产党和缅甸政府在建国方针上发生重大分歧，缅共转入地下坚持武装革命，夺取政权。独立后的缅甸又陷入了一场国内战争的泥潭中。

1958 年，即缅甸独立十周年时，缅甸执政的反法西斯自由同盟内部发生分裂，民族问题又进一步突出起来，许多民族首领要求恢复宪法给予他们的特权，民族自治邦要求实行真正的自治，个别邦则要求独立。严重的民族问题迫使缅甸总理吴努辞职，由军队中的少壮派国防军总参谋长奈温将军组织临时政府。以奈温为首的临时政府认为国内动乱的原因是由于前执政者过分软弱所导致的，对影响国家全局的民族邦要求实现真正的自治或独立问题及民族领袖要求恢复特权没有进行认真的总结分析，反而片面地强调中央集权，变本加厉地用军事手段镇压各民族要求恢复第一部宪法中给予的民族自治或独立的权利，以及民族领袖要求恢复的特权。结果造成了少数民族更大的不满，因此，又导致了缅甸吴努文官政府 1960—1962 年的再次上台执政。

吴努文官政府面对日益激化的民族矛盾和暴力反抗，妄图用佛教慈悲为怀的精神，感化各民族，宣布把佛教作为国教。结果事与愿违，少数民族认为这是政府把缅族信仰的宗教强加给少数民族，不符合宗教信仰自由的宪法精神，同时信仰佛教把大量的金钱用在建立佛塔和礼佛活动上，对落后的少数民族地区来说是不堪忍受的沉重负担；而政府对要求恢复民族上层特权和要求民族自治和独立的愿望的态度则没有多少改变，国内形势仍然动荡不安。为此，1962 年 3 月奈温将军发动了军事政变，成立革命委员会，掌握了国家政权，并直接委派忠于奈温的军人去管理各民族自治邦的事务。这样一来，第一部宪法中规定少数民族自治邦的国家体制等于取消了。

奈温军人政权一方面取消民族邦自治的国家体制，一方面又强调各民族团结和国家的统一，在 1968 年建立了由一批有影响的前国务活动家组成的咨询机构，想利用这些人的威望来帮助解决国内民族动乱问题。然而，这些前国务活动家大多数并不买账，他们在 1969 年逃往泰国公开成立了反对派的流亡者中心，明确提出推翻军人政权，恢复联邦国家体制，实现议会民主的要求。不久，这些缅族上层的反对派流亡人士与泰缅边界的克伦族、孟族武装结成联盟，共同展开推翻奈温军人政府的武装斗争。与此同时，缅共的主体武装力量在中、下部缅甸受到挫折后，转移到上缅甸东北部中缅边界掸邦的佤族地区，创建革命根据地，准备夺取全国政权。而西面靠近孟加拉国的若开邦伊斯兰穆斯林教徒也由于宗教冲突引起武装暴动，发展到分裂活动。而克钦邦和掸邦一直要求脱离缅甸，实现独立。面对这样的形势，1974 年奈温军人政府制定第二部宪法，宪法虽然承认了民族平等的原则和尊重民族宗教文化的原则，并把少数民族自治邦从 5 个扩大到 7 个，增加了孟邦和若开邦。但是，宪法又规定全国实行统一的行政管理，仍然片面强调中央集权，并且以人民议会为国家最高权力机关，取消了第一部宪法中关于民族自治邦拥有的三权分立和民族邦的自治权，国家体制已经由议会民主的联邦制变成了军人统治下的中央集权制。这一时期，缅甸军人统治集团为了缓和民族矛盾，也曾出台过一些较好的民族政策，对少数民族的地方建设或多或少也做了一些努力。但是，由于缅甸军人统治集团违背了民族自治、联邦建国三权分立的根本精神，搞所谓缅甸式的中央集权的封建社会主义，这些较好的民族政策和对边疆的建设努力，由于战乱，往往付之东流。

缅甸奈温军人政权违反第一部宪法中的民族自治和三权分立民主联邦国家建国基础，片面地搞缅甸式的中央集权封建社会主义，是不符合缅甸国情的。1962 年奈温军人执政以来，缅甸就一直处在少数民族武装和缅共武装夺取政权的内战中，同时缅族的上层知识分子也要求恢复议会民主，反对军人独裁。国家被民族问题和政治问题所困扰，经济倒退，一蹶不振。而这时亚洲的四小龙崛起，创造了经济腾飞的奇迹，缅甸被再次抛在时代的后面。

二　民族问题及其背景分析

1988 年积蓄多年的政治矛盾和社会矛盾，由于经济危机而发生了总爆发。首先是 3 月份学生示威，随后市民也卷入进去，3 月 18 日，星期五，军人政府动用警察使用暴力，镇压了示威的学生和民众，造成“黑色星期五”事件，事态暂时平息。但到 6 月份，又爆发了规模更大时间更长的反政府的示威活动。以学生和知识分子为首的示威群众不但提出经济改革的要求，还提出废除一党制，实行多党制和民主化的政治改革主张。群众的抗议和要求迅速扩大到全国。面对紧张局势，奈温军人统治集团的执政党缅甸社会主义纲领党召开紧急会议，会上奈温被迫辞去主席职务和退党，并提出就实行一党制还是多党制问题举行一次全国范围内的全民公决，同时他还宣布自己离开政坛，不再从政。奈温这一举动，无疑承认以他为首的军人统治集团，强制推行在政治上和经济上搞中央集权政策的失败。随后奈温的接班人走马灯式地轮换上台，提出或硬或软的各种经济、政治改革的主张，但民众不论对强硬派和温和派的主张都不买账。

以盛伦为首的强硬派一方面许诺经济改革，放弃缅甸式的所谓社会主义公有制，允许恢复私人经济；一方面反对政治改革，还否定了全民公决的意见，并逮捕了反对派的领导人。盛伦在政治上的倒行逆施，强行镇压的手段，立即引起了更大规模的群众抗议浪潮。全国 29 个大中城市的学生、工人、市民和僧侣不顾当局的有关禁令，掀起了更大规模的示威活动，称为“八月风暴”。盛伦当局在首都仰光实行宵禁，并出动军队武装镇压群众。从8月5—12日的5天中，死亡群众达500—1000人。面对血腥镇压，民众没有屈服，反而坚决地表示了政治、经济改革的要求，鲜明地提出：停止内战，实现民族团结，提高人们的生活水平。至此，缅甸大中城市的民主运动和民族问题与经济改革结合起来，表达了缅甸各族人民对解决缅甸存在问题的共同愿望，缅甸的民众运动达到了一个新的水平。

随后温和派苏貌貌博士上台，他采取了一些缓和矛盾的措施，但又导致了无政府主义蔓延，民众的大规模民主运动，没有形成一个坚强有力的领袖和领导核心去领导民众进行有理有节的斗争，一些城市和地区出现群众自发夺权的混乱状况，局面无法收拾。

9月18日，以中间派苏貌貌为首的军人宣布成立国家治安和建设委员会（即国家恢复法律和秩序委员会），又再次以军人统治的方式接管了国家政权，缅甸局势逐步平息下来。在缅甸国内恢复平静后，苏貌貌军人政府在继续经济改革的同时，提出解除党禁，实行多党制，并准备大选。人们把苏貌貌中间派稳定形势、进行经济改革和政治改革的时期，称之为缅甸的新时期。缅甸新时期军人统治集团采取强硬的手段，恢复了国家的稳定；同时，总结以往军人统治集团失败的经验教训，顺应历史发展的潮流，改正了以往军人执政中的一些错误，认真思考缅甸的出路。首先是宣布废除1974年制定的第二部宪法规定的一党制统治国家的法律，同时宣布废除缅甸联邦社会主义共和国的国名，恢复缅甸联邦国的国名。废除一党制和更改国名，以苏貌貌为首的军人统治集团的政策已经靠近了1947年第一部宪法制定的联邦建国基础。但是，后来在全国实行的首次多党制大选中，军政府支持的原执政党改名后的民族团结党，由于得不到民众的信任，而告失败。这说明，缅甸的民众对军人执政不论采取什么方式，都采取了不信任的态度。

缅甸军政府没有向获胜的反对党全国民主联盟交权，理由是军政府认为还没有发现任何一个能以和平稳定的方针治理国家的组织。虽然拒绝交权，但又许诺制定一部新的宪法，再根据新宪法组织一个强有力的政府。然而，新宪法至今仍未出台，创造了世界史上一个国家制定宪法最长的时间。

对于缅甸军政府的这种违反民主的做法，不少西方国家给予强烈的谴责，要求军政府尽快交权。但是，缅甸的民众和国际社会又无法迫使缅甸军人政府交权。缅甸军人政府就在这种内外交困的环境中，坚持军人铁腕统治的同时，积极进行政治改革和经济改革。笔者认为，这是缅甸国家在变革过程中过渡时期一种特殊的现象，近代世界资产阶级革命过程中往往也靠集权手段，搞资产阶级革命。如法国的拿破仑，他搞的是资产阶级革命，但却把自己封为皇帝，用专制统治手段，推行资产阶级革命的自由、平等、博爱。这看来似乎有些矛盾，但是在集权的表面下，实行的却是真正的资产阶级革命。因此，对历史上和现实中的这些现象，我们不能只看外表，还要看它真正的实质。对缅甸新时期的军人统治，客观的看法也是如此。首先苏貌貌的军人执政和以往军事独裁式的执政有所不同，它是在民众反对军人独裁风暴中经过几次左右摆动，选择出来的一种中间路线的代表国家利益的权力机构，它虽然有军事独裁的形式，但是又有改革的倾向，在新的国家统治集团还没有能够利用民主方式执掌国家政权以前，它是能够维持国家稳定的唯一的统治集团，不然缅甸将要进一步陷入内乱，甚至分裂而导致解体。所以，我们在这一事实面前，重点应该分析这个军人领导集团能够继续维持统治的原因。特别是对这个军人领导集团在缅甸民族政策上的种种新的表现进行认真的研究。

要研究缅甸新时期政府的民族政策，特别值得一提的是，就在缅甸各大中小城市广大民众和军政府展开激烈的民主运动的同时，从1989 年 3—4 月起，盘踞在缅甸东北部中缅边境少数民族地区的缅甸共产党武装接二连三地出现分裂事件。首先是靠近中国云南临沧地区的缅甸掸邦的果敢族地区（汉族地区）的缅共彭家声部首先宣布脱离缅共，成立果敢族地区的“缅甸民族民主同盟军”；紧接着是靠近中国云南思茅地区和临沧地区的缅甸佤族地区的缅共中央佤族政治军事高级干部赵尼来、鲍有祥部推翻缅共中央的领导，成立佤族地区各民族力量联合的“佤邦联合军”和“佤邦联合党”；随后是靠近中国云南西双版纳的在缅甸掸邦掸族的缅共领导人林明贤部也脱离了缅共，成立“掸邦东部民族民主同盟军”；最后是靠近中国保山地区的缅甸克钦邦的缅共克钦族领导人丁英也脱离缅共，成立“克钦新民主军”。至此，对缅甸国家政权威胁最大的缅共武装，在缅甸少数民族地区全面解体。在这个时候，对于缅甸军人统治集团来说，真是天赐良机，使他们突然摆脱了腹背受敌的紧张状况。于是，军人政府怀着谨慎、冷静的态度和这些从缅共中脱离出来的民族武装接触，回应了这些民族武装要停止内战，实现和平，搞地方建设实现民族自治的要求。缅甸军人政府把上述四个地区分别划为四个特区，由这些民族武装的领导人自己管理自己的地区，同时还允许他们保留自己的民族武装力量。缅甸新时期军人政府的这种大胆做法，无疑是恢复1948年第一部宪法民族自治邦的一种尝试。这种尝试的前提是这些要求自治的原缅共民族武装都赞同缅甸是一个统一的多民族的国家，反对分立，这也是在自愿原则下对第一部宪法有关民族自立的一种修正。

缅共的解体好像是突发事件，其实是历史发展的必然结果。首先，缅共中央领导层中除极个别高级领导有健康的民族观点之外，大多数高层领导干部同缅甸政府的领导集团一样，具有强烈的大缅族主义。靠这种大缅族主义在边远的少数民族地区建立根据地，当武装部队的兵员结构和中、下级军事领导干部中少数民族比例占绝大多数时，必然会引发党内民族矛盾冲突。其次，缅共在少数民族地区长期开展武装斗争，忽视发展经济，一旦失去外援，致使原来就很落后的民族经济支持不了。再者，中国至1970年代末期实行改革开放以来，集中力量搞国内建设，中国边境地区发生很大变化，这对跨境而居的缅甸各民族来说，也是一个很大的影响。因此，中缅边境地区缅共坚持武装斗争，夺取政权的路线，在政治上、思想上和组织结构及经济建设上都已不适应形势发展的要求，分裂是必然的。这给缅甸军政府在危难中思考出路时，提供了实行民族自治的试验机会。当然，进行这次试验的主人已不是旧式的民族领袖和头人，他们中的多数人是受过共产党政治训练的，受过长期战争考验的、有较强组织能力的面对现实的新民族主义领袖，他们提出的停止内战，实现和平，搞地方建设，实行民族自治，从总体上说是符合缅甸国家发展方向的。因此，当被大中城市民主风潮弄得焦头烂额的缅甸军人政府面对这一事件时，给予了及时的回应。

三　民族政策的实行情况

1992 年 4 月，丹瑞接替苏貌貌后，在缅甸国内形势逐步恢复的情况下，由军政府第一秘书钦纽将军主管的边疆民族问题在上述四个原缅共控制的民族特区出现了一些良好的发展势头，其中以与中国云南西双版纳勐海县接壤的缅甸掸邦东部第四特区和与中国云南思茅地区接壤的缅甸掸邦第二特区的发展变化最为醒目。

缅甸掸邦东部第四特区是原缅共 815 军区控制的地区，总面积 4925 平方公里，总人口 74000 余人，居住着掸族（傣）、阿卡（哈尼）、布郎、拉祜、果敢（汉）等 13 个民族。该地区自然条件优越，属亚热带雨林气候，但由于各种原因，长期以来经济文化落后，严重缺粮，以种植罂粟作为经济基础。该地处于中、缅、泰、老的国际通道口，是大金三角地区臭名昭著的贩毒通道。第四特区建立后，林明贤主席在国际社会的强大压力下，明智地选择了与中国云南西双版纳勐海县地方政府合作开展“绿色禁毒工程”，制定了六年禁毒计划。从 1992 年开始，在中方的支持帮助下，选择种植杂交水稻，仅用三年时间就解决了缺粮问题，现在不但满足自身的粮食需要，而且每年都有 200 万公斤余粮出口。在解决温饱问题后，该地区的毒品种植面积大幅度下降，从原来的大面积种植 15000 多亩，下降到 1997 年只有零星种植100多亩，基本实现了毒品的禁种计划，创造了国际上著名的勐海—孟拉模式，受到缅甸、中国、联合国的高度评价。

缅甸军政府第一秘书钦纽认为，国家恢复法律和秩序委员会担负国家任务后，在维护国家稳定，境内繁荣安定和法治的同时，着重进行了民族团结工作。委员会怀着坦率的诚意与各民族武装组织就本地区发展问题进行协商，为各民族亲身参与发展自己地区的民族事业，用武器换取了和平。在重建民族团结、发展边区、民族区域，提高生活水平的同时，执行与当地各族人民合作打击毒品生产和买卖的策略。中央禁毒委员会将禁毒工作当作一项民族任务。钦纽还说，在第四特区民族领导人的领导下，各族人民放弃危害人类生存的生产毒品买卖的不正当事业，通过经营正当的经济企业，可以自力更生地使本地区发展起来[①]。第四特区在禁毒工作取得成就的同时，又在中国云南西双版纳勐海县的帮助下，在交通、能源、文教、卫生、旅游、城镇建设等方面也得到飞速的发展，把孟拉这个贫穷落后的边境小村寨，变成欣欣向荣的城镇。钦纽将军在缅甸首都接见7个民族武装负责人时对第四特区的开发农业、工业、交通、能源方面的方针，以及招商引资改革开放等方面做出的努力表示赞赏，对成绩加以肯定。他还表示，只要对地方有利，能发展经济，就大胆地去做，不要等仰光批准；中央在此问题上承认特区政府的决定，也不检查、过问此类问题。[②] 钦纽将军的讲话，可以说是缅甸军政府恢复第一部宪法中有关民族自治邦的具体表现。

缅甸掸邦第二特区位于缅甸掸邦东北部，也称缅甸佤族地区，与中国云南思茅地区、临沧接壤，面积约3万平方公里，人口约60万，佤族是主体民族，占70%。缅甸佤族地区的佤族与中国云南的佤族同源，跨境而居。缅甸佤族地区的佤族在1970年代以前，还保留着原始

① 摘自缅甸《星光报》1987年5月特刊。

② 摘自缅甸《星光报》1988年1月4日。

社会末期的部落制度，从事刀耕火种的原始农业，部落之间械斗不断，民众的生活极为贫困，社会长期停滞不前。该地区还是大金三角的鸦片主产地，其鸦片产量占整个大金三角总产量的二分之一左右。1968年当地成立民族武装组织，1969年缅共应当地民族武装领导人鲍有祥的邀请，进入该地区建立武装革命根据地，经过两三年时间，统一了佤族各部落，使缅甸佤族地区社会前进了一大步。同时，大量的佤族参加缅共武装部队后，政治、军事、组织管理能力方面的素质都有很大的提高。佤族的中下级军官和士兵占整个缅共武装部队80%以上。但缅共中央进入佤族地区后，中央领导层中的大多数人有严重的大缅族主义倾向，同时又搞宗派斗争，排拆佤族和其他少数民族的干部进入中央高级领导层。加之长期的战争使本地区主要劳动力从事战斗，许多人牺牲，给原来就落后的原始农业带来严重的破坏。人民不堪忍受长期的战争苦难，以赵尼来、鲍有祥为首的缅甸佤族指战员联合其他民族的指战员于1989年4月17日推翻了缅共中央的领导，成立“佤邦联合党”、“佤族联合军”，与缅甸军政府达成停火协议，要求成立民族自治政府。鲍有祥主席谈到成立民族自治政府的目的时说，过去我们佤族地区野蛮、贫困、落后，种大烟（罂粟），我们不想落后，不想贫困，也不想种大烟。我们成立民族政府，停止战争，实现和平，自己管理自己，发展经济，逐步开展禁毒工作，下决心在2005年在佤族地区实现禁种毒品的计划[①]。缅甸军人政府对此作出了积极的回应，批准佤族地区成为掸邦第二特区，允许保留武装部队3000人，改编为地方警察部队。其余武装人员在不扩大的情况下，自己解决供给问题。同时，政府还在交通、城镇建设、文教卫生、改植等方面给予援助。通过9年的努力，缅甸佤族地区在基础建设、发展交通能源和地方工业、文化教育事业等方面都取得了巨大的成就。

在交通建设方面，缅甸佤族地区98%的面积属于山区，崎岖难行，

① 引自石安达《还世界一片净土》。

外界人员很难进入，交通不便，是这一地区落后的主要原因。1989 年以前，缅甸佤族地区只有季节性公路 100 多公里，经过 9 年的建设，该地区已建成了 1500 公里双车道季节性公路。佤族地区政府所辖的四个县、三个特区和 60% 的乡村已通了车。近来，又计划把 580 公里主干道季节性公路改造成为全年通车的碎石路面。缅甸佤族地区成立民族地方自治政府以来，9 年时间所修的公路，是这一地区从英国殖民统治到缅甸独立后上百年时间所修公路的 15 倍。这些公路不但在数量上，而且在质量上都比原有公路有很大提高，为佤族地区的经济发展和禁毒工作提供了方便。缅甸军政府高级官员边区开发建设部副部长吴觉丁、内务部副部长杜亚敏貌中将在 1998 年 1 月 19 日带领交通、能源、教育、卫生等 14 个部门的领导视察佤族地区时，表扬佤族地区政府在发展交通建设方面所取得的巨大成就，并批评了政府交通部门修的公路不如佤族地区修的好，修的多，要政府官员向民族地方学习。

在能源建设方面，缅甸佤族地区千百年来都是用松明火塘照明，直 1980 年代，才有一座由中国帮助建设的小型水电站，能源建设几乎是空白。佤族地区领导人根据民族地方建设的需要，从 1997 年开始，同时计划投入修建松坡、荣斋、德康、昆马等 4 座中型水电站，总装机容量为 11500 千瓦，总投资额折合人民币 1.5 亿。缅甸佤族地区发展能源建设得到了缅甸军政府的财政支持，给予了 3 亿缅币的贷款（折合人民币 450 万元），其余的资金主要靠地方政府筹集，实行股份制，走自力更生、商业办电的路子。这 4 座水电站建成后，将为缅甸佤族地区城镇的经济文化发展和山区矿藏开发，发展替代毒品的正当产业，打下坚实的基础。

在教育方面，缅甸佤族地区有 60 万人口，在 1989 年以前竟没有一所正规的学校。整个地区只有一些华人为自己的子弟办的补习学校，在校生 200 多名。民族地方自治政府成立后，民族领导人认识到民族地方要发展，就要抓教育。因此，下决心发展教育，在缅甸军政府的支持下，经过 9 年的发展，已建立了 215 所学校，其中中学 4 所，在校学生已达 1.4 万多名，设在佤族地区首府邦康的振兴学校，是一所由地方政府投资 400 万元人民币建立的公立制学校，学制从小学到中学、职高，实行公费，为学生提供书费、学杂费和食宿服装等，学生们在优越的环境中遵守纪律，努力学习，在他们身上我们看到了佤族地区未来的希望。

在城镇建设方面，1989 年以前，缅甸佤族的首府邦康，虽然是缅共中央的所在地，但除了缅甸中央的三五栋瓦房外，其余的都是茅草房，是一个破败萧条的小乡村；9 年后邦康已彻底改变了模样，昔日落后的小乡村，已成为缅甸掸邦东北部最繁华的城镇，集市、商店、宾馆、娱乐场所林立，过去的茅草房，已经很难找到踪影。

缅甸是世界上著名的红宝石、翡翠玉石的主产地，缅甸佤族地区的政府在缅甸军政府的许可下，积极参与宝玉石的开采加工业。目前缅甸佤族地区宝玉石的加工业已超过了缅甸大中城市的加工水平，达到了东南亚先进的水准。其中，康祥珠宝公司新发现的孟熟红宝石的加工技术是继泰国之后，成为唯一掌握这项高新技术产业的缅甸公司。现在该公司每月加工的宝玉石产值已达到折合人民币 200 多万元，该公司还准备增加投资，争取月产值达到人民币 1000 万，年产值超过 1 亿元人民币。佤族地区政府还准备在该公司附近建设珠宝街，使邦康成为缅甸东北部最大的珠宝加工和销售中心。

在禁毒替代种植方面，缅甸佤族地区政府，与中国云南边境地区的地方政府合作，已种下了橡胶、荔枝、龙眼等经济作物和水果 6 万多亩。山区农民的粮食自给率已从 30% 提高到 60%。同时，该地区的罂粟种植也下降了 20%。

缅甸掸邦第二特区民族自治政府，经过 9 年的努力，把一个长期停留在野蛮、贫困、落后的原始社会落部时代的边远少数民族地区改变成为现代社会，显示了缅甸新时期民族政策的巨大成功。

四　结语

1989年5月，缅甸国家和平与发展委员会（原法律和秩序委员会）第一秘书钦纽将军到佤族地区视察时，高度评价了佤族地区各方面取得的巨大成就。他说，边区建设发展的景象，是我们想象中愿意看到的景象，变化很大，发展很快，这是缅甸联邦精神的体现，是各兄弟民族团结精神的表现，是以鲍有祥为首的各民族领袖努力的结果①。从钦纽的讲话中，我们不难看出，缅甸军人政府是把建国初期宪法制定的民族自治和民族团结及尊重民族领袖的地位和作用的联邦精神，作为新宪法民族政策的核心来坚持的。

通过缅甸军人政府支持帮助，两个缅甸边远地区民族自治政府的近十多年发展变化情况，我们可以看出缅甸新时期军人政府民族政策的大概轮廓。通过吸取40年来民族政策上的反复曲折，导致流血冲突、国家长期陷入混乱的深刻教训后，缅甸军人政府和民族地区地方领导人都认识到国内民族战争只能导致破坏，对谁都不利，只有和平发展，才能实现繁荣稳定。同时，实践证明民族地区实现第一部宪法的高度民族自治和尊重民族领导人的地位和作用，是民族地区得到飞快发展的保证，民族自治地区的发展也巩固了国家的统一。中央政府给民族地区宽松的环境，民族地区给中央强有力的支持，从对抗走向合作，从分裂走向团结，从战争转入建设是缅甸新时期民族政策的硕果。

另外，缅甸新时期的民族政策还带来了一个意外的成果，这就是边区民族自治政府在发展生产、不断改善民众生活的同时，积极开展禁毒工作。缅甸掸邦东北第四特区与中国云南西双版纳勐海县合作开展的“绿色禁毒工程”，只用了短短的5年时间，在双方的共同努力

① 引自石安达《还世界一片净土》。

下，就解决了第四特区的毒品禁种问题，给世界禁毒事业提供了和平发展禁毒的勐海—孟拉模式。

我们应该相信，缅甸各民族人民和政府一定会珍惜独立以来所走的曲折道路的惨痛教训，总结新时期缅甸走上改革开放发展道路的经验，把缅甸建设成为一个多民族和睦共处的国家。

（石安达，云南省图书馆馆员）

老　挝

老挝是一个多民族国家，共有68个民族（有的是部族或支系）。老挝人民党在夺取全国政权前夕把这些民族分为三大族系，即老龙族系，有17个民族；老听族系，有34个民族；老松族系，有17个民族。[①] 老挝人民民主共和国建立后，组建了老挝社会科学院民族调研所，对老挝民族进行系统调研，为党和政府制定民族政策提出咨询和建议。1994年老挝社科院宣布解散，民族调研工作进展不大。老挝党和政府亦没有制定出具体的民族政策和法规。老挝的民族政策，只能从执政党的方针、路线、规划和政府的行为中体现出来。

一　民族构成与分布

老族是老挝的主体民族，约占老挝689万（2014年）总人口的55%。[②] 老族使用的语言为老挝官方语言老语，属汉藏语系壮侗语族壮泰语支。学术界普遍认为，老族是中国汉代时期云南的哀牢人南迁演

① ［老］万赛·銮帕西：《老挝200年知识手册》，老挝人民军出版社1991年版，第8页。

② 老挝国家统计中心：《老挝人口基础材料》，寮维莱出版社1992年版，第18页。

化而成的。现主要分布在老挝相对发达的万象平原、沙湾纳吉平原、巴色平原、他曲平原和琅波勃拉邦河谷，约占这些地区人口的80%。以耕种水田为主，男耕女织，生活水平和文化水平普遍高于其他民族。在万象、琅波勃拉邦、沙湾纳吉和巴色四大城市，老族人约占90%，以经商者居多，也有从事手工业、制造业和服务业的。老族人衣着比其他民族讲究，男子多数上穿对襟无领上衣，下围沙箸，女子多数上穿小对襟上衣，下围筒裙。

老挝的其他67个少数民族人口多则近几十万，少则不到1000人，最多的是普泰族，占老挝总人口的12.3%。其次是佧木族，占老挝总人口的10.9%。再次是蒙（苗）族和叻族，各约占老挝人口的6.4%和2.9%。[①] 其他少数民族人口都很少。

老挝的普泰、泰登、泰考、泰丹、泰诺、泰永、泰勒、泰听、泰兰和泰岱等民族，实际上只是泰（太）族的支系。是从中国云南和越南北部迁入演化而成的。主要分布在西北部丰沙里省的孟乌和孟本地区，南塔省的孟新和南塔平原，乌都姆赛省的孟赛、芒班和孟洪地区，南乌江、南塔河、南本河、会晒河和南拉河沿线。主要靠种水田和饲养畜禽为生。生活水平、文化水平和习俗与老族相近。

佧木、老瓦、老务、老拉墨、老埂、巴拉、西达、老毕、老桑坦、老丹、志和、老听、老法、老班竹、塞拉、达莱、达里和达努等族，大多是当地土著民族的后裔，属南岛语族，有的是从中国云南等地迁入的，属藏缅语族。这些民族是老挝最落后和生活文化水平最低的民族。分布在北部的乌都姆赛省、川圹省、华潘省和东南部的沙拉湾省、阿速坡省的半山区和低山丘陵地区；东部富良（长山）山区也有分布。他们主要从事刀耕火种，种植旱稻和瓜果以及打猎为生，大多穿土布和黑色布料衣裤，住竹木高脚楼。

蒙莱、蒙丹、蒙登和蒙高等族，实际上是苗族的支系，主要是从

① 老挝国家统计中心：《老挝人口基础材料》，寮维莱出版社1992年版，第18页。

中国的贵州和云南迁入的。瑶、倮（彝）、贺（汉）、贺登、楞登、贺丹和木生等族也大多是从中国贵州和云南迁入的，属汉藏语系苗瑶语族。主要分布老挝北部、东北部和西北部山区。以种植旱稻、玉米、大麻、鸦片和饲养黄牛、山羊和骡马为生。服饰差异较大，苗族支系男子多穿青黑色对襟上衣，腰束红带，下穿青黑宽筒长裤。女子上穿花边青黑色对襟上衣，腰间系围裙，下穿黑布、花布宽筒长裤，妇女上穿右开襟半长衫，下穿黑色长裤，头上包黑布。倮族男子穿蓝黑衣服，留长发头上结辫。妇女穿侧开襟长衫和窄裙长裤，头上缠布。

二　民族关系与民族问题

老挝是一个多民族、多宗教的国家，民族关系十分复杂，民族问题也较多。近代，由于多国势力的入侵和渗人，战乱频繁，民族问题和民族矛盾就更加突出。老挝人民民主共和国成立后，采取了许多化解民族矛盾的措施，但民族问题依然不少。

（一）统一国家的形成——主体民族与少数民族的结合

老挝主体民族和少数民族各占人口的一半左右。人数较多的少数民族如佧木苗、瑶、贺等民族的团结性和凝聚力比主体民族要强得多。所以老挝历届政权都十分重视团结和争取少数民族工作。老挝人民党（现为老挝人民革命党）把团结和争取少数民族作为夺取政权、巩固政权和建设国家的重要法宝。在革命斗争时期专门选送大批少数民族干部到苏联、中国和越南学习深造，并把少数民族干部安置在重要的领导岗位，同时让他们担任联系和团结少数民族首领和武装组织的工作，使人民革命党得到老挝广大少数民族组织和武装力量的拥护和支持。有些民族武装加入了该党的人民革命军，使革命力量迅速壮大起来，为争取全国胜利创造了条件。现在的老挝党、政、军领导中少数民族干部与所在民族人口的比例，要比主体民族干部多得多。这对争取和团结少数民族支持和参与国家事务和建设起了重要作用。

老挝人民革命党在革命战争时期还专门组建了老挝爱国阵线。老挝有影响和有威望的少数民族首领，大都被吸收加入了该阵线并担任重要领导职务，使老挝各民族在爱国阵线的旗帜下形成统一的整体。这为统一老挝和建立人民民主共和国打下了坚实基础。老挝人民民主共和国建立后，老挝爱国阵线更名为老挝建国阵线，旨在争取和团结全国各民族人民一道共同建设和保卫国家，并维护国家的统一。

老挝主体民族和各少数民族团结一道执政议政，增强各民族的国家意识，是老挝在国内的复杂形势下保护国家统一和稳定的重要保障和坚实基础。

（二）民族关系的演变——从六大语族到三大族系

老挝的68个民族主要分为六大语族：一是泰—老语族，包括老、普泰、泰丹、泰登、泰考、泰诺、叻、潘、永、塞、蔑、嘎达和泰兰等族；二是孟—高棉语族，包括佧木、泰梅、达叻昂达叻、拉维、绥、拉威、老埂、巴拉和雅听等族；三是苗—瑶语族，包括蒙考、蒙丹、蒙莱、瑶、楞登、阿佧、老努、老毕、英蒂和努玛等族；四是藏—缅语族，包括倮、桂、西达、老和、普诺和木塞等族；五是越—蒙语族，包括满、沙兰、德里、里拉和旺等族；六是汉语族，包括贺和辽等族。[①]

这些民族在长期的相互结合和演化中，一部分民族逐步形成了相近的居住环境、生产方式和生活习俗。老挝人民革命党和爱国阵线为了便于动员各族人民争取反帝反殖斗争的胜利，把老挝的68个民族统称老挝民族。为了便于组织领导和消除民族矛盾，按居住区域把这些民族分为三大族系：

老龙族系，意为居住在平坝的老挝人，包括老、泰、泰岱、泰丹、

① 老挝教育部：《老挝地理》，万象，1989年，第209—211页。

泰登、泰考、泰诺、普泰、泰永、泰梅、泰蔑、泰听，泰兰、泰勒、叻、蔑和满17个民族。①

老听族系，意为居住在半山区的老挝人，包括老瓦、老努、老拉墨、老埂、巴拉、西达、老毕、老桑坦、老丹、老和、老听、老法、老班竹、塞拉、老塞、嘎、绥、嘎威、拉旺、拉维、阿拉、嘎栋、听南、听坡、听拨、英蒂、雅听、嘎雅、佧木、达里英、达叻昂、达莱、达努和达里34个民族。

老松族系，意为居住在高山地区的老挝人，包括蒙莱、蒙考、蒙丹、蒙高、瑶、梭罗、贺、木克、普诺、桂、倮、楞登、贺登、楞刀、木塞、贺丹和木生17个民族。

近几年来，有些学者从人类学和民族学的观点，对老挝民族划分持有异议。

（三）民族问题——民族武装和宗教的影响

老挝独立前，民族武装组织复杂，有的参加爱国阵线，有的是反动势力的帮凶，还有的被美国和法国收买，成为其走卒。共和国建立后，有的仍然继续在少数民族地区活动，甚至还继续得到外国势力的援助。如王宝的苗族武装，巴高和的苗族武装，占苏的老听族武装和瑶族武装都有一定的势力。王宝的苗族武装组织还提出，“老挝是老族人的老挝不是苗族人的老挝”，与现政权相对抗。这些民族武装大都分布在老泰和老缅边境一带以及高山地区，进行武装贩毒，走私玉石、珍稀动植物和文物等活动，并以此维持生计，壮大武装力量。老挝政府对这些武装势力也进行过围剿和打击，但未能奏效，常常鞭长莫及。这些武装组织还以本民族为保护伞，如果实行军事打击，又可能引发民族矛盾和该民族对政府的不满。这些武装组织的民族色彩和地方主义很强，各有各的目的，相互存有戒心，难以融合，更难以统一。这

① ［老］万赛·銮帕西：《老挝200年知识手册》，老挝人民军出版社1991年版。

是老挝民族问题的最大隐患。

老挝各民族各有其宗教信仰。老族和老龙族系其他民族的 80% 以上信仰小乘佛教。老挝信小乘佛教人数约占全国人口的将近一半。老挝现在佛寺 2000 座左右，其中万象市有 200 多座，其他主要城市有 20—30 座。老龙族系村寨几乎都有佛寺，大村 2—3 座。这些佛寺既是求神拜佛的场所，也是人们聚会、学习文化知识和娱乐的场所，对本民族的团结和增进凝聚力起到重要作用。老挝现有僧侣 2 万多人，是一支重要的政治势力。

蒙（苗）族包括蒙莱、蒙考、蒙丹、蒙登等主要信奉原始宗教，相信万物有灵，侍奉神灵特兰，每年要与特兰相聚一次，由巫师主持举行仪式。举行仪式期间，外人禁止进入村寨。巫师在这些民族中起重要作用，往往鼓动人们对抗政府。

佧木、阿瓦、老瓦、老努和老听等民族大多信奉鬼神，每年都要定期或不定期举行祭鬼神活动。活动期间人们唱歌跳舞，尽情狂欢，饮酒作乐，常常通宵达旦。这种活动对继承本民族的文化传统，增强本民族的内部团结和统一起到重要作用。

老挝还有部分民族由于受外国传教士的影响很深，信仰天主教和基督教，有的教会和教徒还得到外国教会的资助，为其服务。

三　民族政策

老挝民族关系复杂，问题较多。老挝执政党和政府在处理民族问题和化解民族矛盾方面，有不少成功的经验，也存在一些问题。现在老挝尚未制定专门的民族政策和法规，只能从老挝宪法、政府行为和宗教事务等方面来分析和评价老挝的民族政策。

（一）宪法赋予各民族在政治上的平等权利

《老挝人民民主共和国宪法》在老挝各民族人民的政治权利方面规

定："老挝各民族人民都享有国家主人翁的权利，这种权利将通过老挝人民革命党为领导核心的政治制度来保障和实现。"

"国家保护各民族人民的自由和民主权利不受任何侵犯。国家机关和国家工作人员必须向各族人民宣传国家的法律法规并共同组织执行。必须保护各族人民的合法利益，禁止一切损害各族人民荣誉、身体、生命、精神、财产和以权势欺人的行为。"

"国家执行民族团结和民族平等政策，各民族都有维护和发展本民族和全体老挝民族良好的风俗习惯和文化艺术的权利，禁止一切分裂民族统一和民族歧视的行为。"①

根据宪法的精神和社会现实，老挝的各种政权机构和人民团体中都充分兼顾了各民族的参与。在人民革命党中央、国家议会、国务院、最高人民法院、人民青年团中央、建国阵线、全国妇联和全国总工会等组织中的少数民族干部都占有较大的比重。各届全国或地方性的代表大会，少数民族代表份额也不少，在少数民族地区的政权中，首席官员基本上都是少数民族干部，其他干部也大多是少数民族。这是各民族政治平等的重要体现。

在干部的选拔和培养方面，老挝政府采取平等竞争，少数民族和妇女优先的政策。坎培副总理在老挝国会三届七次全会报告中强调："干部的培训和建设工作必须与高效的管理机制结合起来，要从政治素质、业务知识和组织能力三方面进行培训，要十分重视少数民族和妇女干部的培养和建设。"同时还强调："必须贯彻教育方针和党的文化、思想、知识分子和技术队伍建设方针，以适应国家发展的需要，对此要特别重视少数民族和妇女知识分子队伍的培养和建设。"② 从这些措施中可以看出老挝的少数民族不但享有同主体民族的平等权利，还得到比主体民族更多的照顾。

---

① 老挝国会出版社：《老挝宪法》，万象，1991 年版，第 3、6、8 页。

② 老挝副总理坎培：《在老挝国会三届七次全会上的报告》，载老挝《人民报》1995 年 10 月 5 日。

上述法规和政策措施的贯彻执行，缩小了少数民族和主体民族的差距，增进了民族团结。

（二）执政党和国家政策确保少数民族地区的社会经济快速发展

老挝人民革命党主席坎岱在老挝人民革命党“六大”的政治报告中强调：“加强各民族之间的团结和统一，积极开展民族工作，认真解决过去遗留的民族问题，加强民族团结、国家统一和爱国主义教育，使各民族互敬、互爱，团结一致，互相帮助。反对各种制造民族分裂，激化民族矛盾和煽动民族对立的言论和行动。全面发展民族地区经济和文化，逐步解决民族之间发展不平衡的问题，缩小地区和民族之间的各种差距。扶持民族地区开发和发展优势产业，加速少数民族生产方式的转变，提高他们的物质和文化生活水平。发展民族地区的教育事业，为少数民族子女创造良好的升学条件，培养有文化知识和生产技术的少数民族干部。继承和发扬少数民族良好的风俗习惯和优秀的文化艺术。同时要逐步消除影响民族团结和相互交往的旧习俗。”①

坎岱的政治报告把民族问题提到了党的重要议事日程和措施的高度，说明了老挝的民族问题是关系到国家的统一和兴衰的政治问题。

为贯彻和落实上述方针和政策，老挝政府对边区和少数民族相对集中地区实行积极帮助和扶持的措施。有关部门专门派遣技术人员对这些地区进行调研，制定了多个少数民族地区的开发建设规划方案。政府在增加专项开发预算投入的同时，还积极向联合国计划署、教科文组织和其他国际金融机构申请救助。每年都争取到一些资助款用于学校建设、专业教育、水利建设、农田改造、推广新品种和新技术以及农副产品加工等方面的建设。这些措施已大大加快了少数民族地区的社会经济和文化发展。

---

① ［老］坎岱主席：《老挝人民革命党六大政治报告》，载老挝《人民报》1996 年 3 月 19 日。

对于人口稀少的高山林区，政府专门派遣工作队去动员、帮助和组织少数民族搬迁到平坝地区开垦水田、果园和其他经济林园为生。政府除无偿划给耕作用地外，还给予资助购买种子、化肥、耕牛和其他生产工具，并提供住房建筑材料和部分生活用品。

对于过去和现在少数民族反政府武装组织活动地区的居民，政府采取分化政策。专门在比较富裕的地区建立了一些居民点，修建了较好的住房和生活设施，搬迁部分居民下山定居。

上述政策措施的实施，加速了少数民族地区的社会经济和文化发展，提高了少数民族人民的国家观念，缓解了民族矛盾，遏制了少数民族反政府组织的发展。

（三）保障宗教的合法活动，同时对破坏国家统一和民族团结的不法宗教活动严厉惩处

《老挝人民民主共和国宪法》规定："国家尊重和保护佛教僧侣和其他信教者的合法活动，鼓励佛教僧侣和其他信教者积极参与各项有利于国家、有利于人民的活动。禁止一切分裂宗教、分裂人民和分裂国家的行为。"①

坎岱主席的"六大"政治报告强调："宗教是人民群众和社会团结的精神寄托，党和国家尊重人民信仰宗教和不信仰宗教的自由权利。发展宗教事业是全体教徒的愿望。要让全体教徒在建设国家的事业中发挥自己的积极作用。要保证宗教的平等权利，加强宗教之间和教徒之间的睦邻友好。反对不同教派的各种分裂活动和利用宗教破坏国家的团结统一，反对妨碍公民履行义务和破坏人民民主制度的宗教活动。"②

老挝是一个佛教国家，佛教信徒约 250 万人。佛教僧侣在人民群

① 老挝国会出版社：《老挝宪法》，万象，1991 年，第 9 条。

② ［老］坎岱主席：《老挝人民革命党六大政治报告》，载老挝《人民报》1996 年 3 月 19 日。

众特别是泰—老语族群众中享有崇高威望。佛教的伦理道德、业报轮回思想、十善十恶标准和教义，大多成了人们行为的基本准则。佛门提倡的乐善好施，仁爱和睦，把偷盗和斗殴视为邪恶；佛教所规范的父母—子女，老师—学生，丈夫—妻子，主人—仆人，僧侣—信徒，长官—百姓等关系及其相互的责任和义务，在很大程度上对维护老挝的社会稳定起了很大作用。因此老挝历届政府都把佛教视为国教，作为团结人民、宣传群众、维护团结和统一国家的重要工具。

如果到老挝城乡一游，就会看到老挝的建筑物中，最辉煌的就是佛寺。现在大兴土木的佛寺也不少。再进入佛寺参观，又可看到拜佛和捐助者不少。有一般群众，也有党政军官员和商界人士。每逢宋干节（佛历新年）、塔銮节和其他节日，佛寺更是热闹非凡，当地政府要员大多前往祝贺。

老挝的佛教除了起到维护民族团结和国家统一的作用外，还起到弘扬佛教文化，帮助群众学习和提高科技、文化、外语等知识，帮助群众防病、治病和克服生活困难等作用。

老挝的其他宗教活动，政府采取不提倡，但不明确反对的政策。如果发现利用宗教进行反政府活动或分裂国家和民族活动，政府要立即进行干预，甚至派兵镇压。

四　民族政策的理论基础

老挝经历过王国、殖民地、封建专制、社会主义等历史时期。1991 年 8 月颁布的宪法宣告老挝是一个人民民主国家，把 1975 年建立共和国时提出的和平、独立、统一、民主和社会主义的政治路线改为和平、独立、统一、民主和繁荣，即删去了“社会主义”一词。老挝的民族政策在各个历史时期有较大的差异，也有些相近的地方。

在君主专制的王国时期，王国主要依赖主体民族作为征税和征兵的对象。少数民族被逐步排挤至边远地区和山区，使大民族和小民族的差距逐步加大。同时引入、利用小乘佛教作为其统治国家和巩固政权的工具。国王十分重视修建佛寺佛塔，发展佛教事业。

在殖民统治时期，基督教成为其统治老挝人民的工具。法国统治时期天主教得以迅速发展，在老挝和其他泰老语族中传播较广。同时殖民者也利用佛教为其统治老挝服务，由法殖民者资助成立了老挝佛教协会和老挝青年佛教协会。法国把老挝的泰老语族居住区作为重点控制区。美国统治时期，主要在老挝传播基督教，传播和发展的重点在苗族聚居地区。因为美国中央情报局的重点工作对象是苗族，他们组建了苗族“特种部队”，主要用于对付共产党。

共和国成立后，政府恢复和发展小乘佛教，并利用小乘佛教来为国家的统一、巩固和发展服务。

以上所述可以看出老挝还没有比较完整和系统的民族政策理论体系。也没能制定出较完整和系统的民族政策。现有的民族政策大都是统治者为统一国家和巩固政权及其他政治需要而制定的。利用宗教为政治服务是老挝各个历史时期统治者的共同点。

关于老挝人民革命党制定民族政策的理论基础，在某种意义上讲也可以说是遵行民族—国家理论的。如前所述，老挝早在反殖反帝争取民族独立时期，人民革命党和爱国阵线就提出，居住在老挝国土上的民族都是老挝民族，并按居住区把老挝民族分为三大部分，即老龙族（居住在平坝的老挝民族）、老听族（居住在半山区的老挝民族）和老松族（居住在高山地区的老挝民族），废止了老挝 68 个民族的提法。在爱国阵线中央，三大民族各有一名副主席作为该民族的代表和象征。其他各部门也有三大民族的代表参与。老挝人民革命党之所以采取这一民族政策，一是为了化解老挝长期存在的民族矛盾和民族纠纷，特别是老族和苗族的矛盾和纠纷。二是为了团结和统一少数民族组织和武装以及其他中立力量。如贡勒为首的老挝中立救国组织，以顿逊纳拉为首的老挝爱国中立力量联盟，以召拉为首的老挝北方人民组织等。三是为了孤立和打击美国扶持的以王宝为首的老挝特种部队和富米·诺萨万集团。四是为了求同存异一致对外，夺取反帝反殖和解放老挝的胜利。

老挝人民民主共和国建立后，老挝党和政府仍继续执行过去的民族政策和措施，大力发挥少数民族在国家政治、经济和文化生活中的作用。促进老挝各民族经济文化的共同发展和相互融合。对于民族的划分，老挝党和政府仍然坚持按居住区把老挝民族划分为三大部分的政策，即分为高山地区的老挝民族、半山区的老挝民族、平坝区的老挝民族，并采取把高山地区的老挝民族迁移到坝区定居等措施。学术界虽提出这些政策、措施和民族的划分方法违背人类学和民族学的理论，应以纠正，并应重新按世界各国较为规范的民族学理论和民族划分方法来对老挝民族进行重新调查和重新划分；但是，老挝政府则不予采纳，认为国家必须把各民族人民融合为一个整体才能统一、巩固和发展。老挝人应是一个统一的大民族，统称老挝民族。各民族特别是少数民族没有自己的特殊利益，必须与国家利益融合在一起才能兴旺发达。

五　结语

老挝的民族政策和措施，经过20多年的实践，可以看到有取得成效合乎道理的一面，也有存在问题的另一面。这些政策和措施对于化解老挝的民族矛盾，维护老挝的统一和民族团结，发展民族经济，提高各民族人民的生活和文化水平等方面是起到重要作用的。近代和现代老挝战乱不止，国家处于四分五裂状态。一个自然资源十分丰富，开发和发展条件十分优越的国家，长期处在贫困和落后之中。缺乏有效正确的民族政策化解民族矛盾和纠纷，增进民族的凝聚力共同对付外来的侵略和掠夺，是造成这种状况的重要原因之一。老挝人民党（人民革命党）成立后能够很快取得反帝反殖及老挝民族独立和统一的胜利，制定和实施了有效正确的民族政策和措施是重要的原因之一。

共和国建立以后，国家保持稳定，经济得到快速发展，人民生活水平明显提高，制定和实施正确和有效的民族政策和措施也是重要的原因之一。

老挝现行的民族政策和措施也存在一些问题。首先如前所述，执政党和政府不顾事实，强行把言语、习俗和文化差异较大的民族融合成一大民族，没有充分尊重各族人民的愿望。在实施把高山地区（主要是森林密布地区）的民族迁到坝区定居定耕也碰到不少困难，有相当一部分人（主要是苗族）抗拒迁居，这一措施已实行多年，下山者所占比重还不大。新迁移民与当地人的生活水平差距也较大，甚至有些地区又产生新的矛盾和问题。

老挝民族政策和措施的实践成效和问题相比，成效是主要的，有些问题会逐步得到解决和克服。

在未来的发展中，由于各个民族在生产和生活中逐步融合，一部分少数民族的习俗、文化和语言逐步被同化，这一部分民族也实际上被同化，将不复存在。1994 年笔者曾与老挝社科院历史所和民族所的科研人员在老挝进行过两个月的考察。问过少数民族小学生是什么民族，几乎都说不出自己本来民族的族名，只说是老龙族、老松族或老听族。在某种意义上讲，这部分少数民族已经被同化了。今后随着老挝社会经济和文化的发展和民族社会经济和文化的相互融合，一些少数民族（有的是支系和部族）被同化的速度将会加快。

（马树洪，云南省社会科学院研究员）

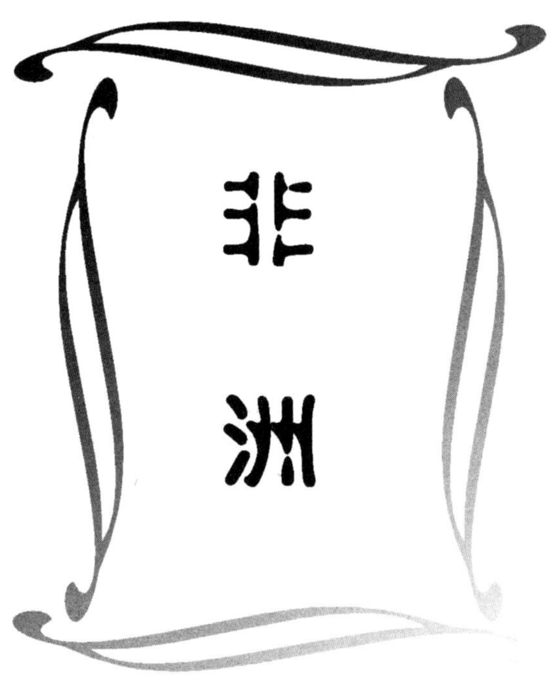

非洲

利比里亚

西非国家利比里亚是非洲第一个共和国，其国名的含义就是自由之邦。具有讽刺意味的是，利比里亚国内尖锐的民族矛盾和其他的社会问题使这个国家陷入旷日持久的内战中，自由之邦的人民却不仅未能享有自由和平等，连生命、安全、财产等最基本的人权都得不到保障。自 2003 年 6 月以来，利比里亚的局势呈爆炸性发展，牵动了整个国际社会的神经，成为举世瞩目的热点。在国际社会的干预下，利比里亚内战已经平息，目前正处在和平过渡期内，国内局势相对稳定，但仍存在诸多不稳定因素，如反政府派别内部与彼此之间矛盾重重且拒绝解除武装、冲突事件时有发生等等，因此，利比里亚未来的发展与走向仍存在许多变数。从根本上讲，利比里亚要实现真正的和平与发展，不仅要妥善处理当前的危机与问题、稳定社会局势、弥和内战的创伤，以便争取如期实现民主选举，使国家永远摆脱内战、踏上健康发展的轨道；更应当着手弥和各族之间的分歧和裂痕，改变由于以往的民族歧视、民族压迫以及畸形的社会发展政策的影响所导致的民族不平等和社会分裂等现象，打造统一的国族认同。本文拟在梳理利比里亚民族关系的历史和现状、分析利比里亚政府民族政策演进脉络的基础上，对民族问题的历史根源及其发展过程进行探讨。

一　利比里亚的民族概貌

利比里亚总人口约440万（2014年），民族构成分为美裔利比里亚人（Americo-Liberian）[①] 与原住民两类。19世纪初，美国为了消除日益增多的自由黑人的威胁，遂决定效法英国人的做法在西非购置土地，以安置非洲人及其后裔。1821年，美国殖民协会代表仅用价值300美元的货物就购得了1.3万多平方公里的土地。1822年1月7日，美国黑人移民在西非海岸登陆，建立起定居点。1824年，这块移居地被命名为利比里亚（Liberia，意为自由之邦），主要居民点则按美国总统门罗的姓氏称为蒙罗维亚。[②] 与此同时，美国一些州的殖民协会也开展独立的移民运动，在蒙罗维亚的毗邻地区相继建立了大巴萨、西诺埃和马里兰等移民据点。1847年，利比里亚宣布独立，成为非洲历史上第一个共和国。1845年，美国巡洋舰“约克镇”号在安哥拉的卡宾达海岸截获一批刚果族奴隶，并将他们运送到利比里亚。此后，所有被英国与美国海军截获并运送至利比里亚的非洲其他地区的奴隶及其后裔都被称为刚果人，他们也被吸收进美裔利比里亚人群体中。在现代，利比里亚原住民已经无法区分刚果人、美国移民及来自西印度群岛的移民，统称他们为刚果人。[③] 美裔利比里亚人约占利比里亚全国人口的5%，大多生活在首都蒙罗维亚和沿海城市中。他们讲英语，信奉西方的文化价值观念，为基督教徒，与生活在农村地区、保持传统信仰的利比里亚土著族群存在显著差异。

---

① 这一称谓本身存在着谬误之处，因为这些来自美国的移民以前都是祖籍非洲的奴隶，而且在抵达利比里亚之前根本就不是美国的公民。在1868年美国宪法第十四条修正案通过后，美国的黑人才获得了公民身份。Adebayo Adedeji，ed，Comprehending and mastering African conflicts：the search for sustainable peace and good governance，St. Martin's Press，1999，p. 108.

② 艾周昌、郑家馨：《非洲通史》近代卷，华东师范大学出版社1995年版，第424页。

③ Adebayo Adedeji，ed，*Comprehending and Mastering African Conflicts：the Search for Sustainable Peace and Good Governance*，St. Martin's Press，1999，p. 108.

在内战爆发（1980 年）以前，美裔利比里亚人一直是利比里亚的统治阶层，把持着国家的政治与经济命脉。建立利比里亚的美国移民在美国一直是受压迫、受奴役的奴隶。一方面，他们经受了残酷的剥削和许多非人待遇的折磨，饱受歧视和凌辱，自尊心遭受了巨大的创伤；另一方面，他们也被迫或主动地接受了一些西方的文化和价值观念，形成了仰慕西方文明和对自己禀承的非洲文化的自卑感。他们抱着彻底摆脱做奴隶的命运、重返非洲故土、建立“自由之邦”的理想在西非海岸安置下来。但对绝大多数人来说，他们登陆并占领的这块土地并不是故乡，比及已经在这里生息了数百年之久的原住民来说，这些来自美国的前奴隶是地道的外来者。为了抗衡土著居民对他们的敌意和挑战，奠定自己在这块陌生的土地上生存、发展的合法性基础，美裔利比里亚人宣扬自己是作为解放者、开化者来到这一地区的，为处于原始的、落后状态的土著的利比里亚人带来了西方文明的福音。

在长达百余年的时间里，美裔利比里亚人一直带着强烈的优越感，居高临下地俯视、鄙视、漠视着原住民，轻蔑地称其为“乡下人”或“部落民”。从某种角度上讲，美裔利比里亚人对土著居民的歧视，也许正是他们自己在美洲遭受奴役和歧视所导致的巨大心理创痛的一种歪曲的反映和病态的补偿。他们从饱受压迫、虐待和歧视的奴隶变为和前奴隶主一样，通过统治、教导、开化利比里亚原住民，使一直潜伏在他们心灵深处并不时折磨困扰着他们的挫折感和自卑感获得某种平衡。可以说，美裔利比里亚人在文化、心理上被“殖民”了。“外来者”的身份不仅将美裔利比里亚人与土著居民分隔开来，而且成为高贵、文明、荣耀的象征。美裔利比里亚人对他们的基督教信仰和美国式的政治体制和生活方式一直深感骄傲，对非洲的政治、文化抱着鄙夷的态度。直到 20 世纪 60 年代，利比里亚的政治家在正式场合仍然穿着燕尾服，戴高高的大礼帽。尽管利比里亚地处热带，但政府官员仍然穿着三件套的西装、戴硬领、打领带。将子女送到美国接受教育是美裔利比里亚人流行的做法。[1]

利比里亚原住民按照语言大致可分为两大类，即分布在北部、西部的曼德语支族群和聚居于东部、东南部的克瓦语支族群，主要有戈班迪（Gandi）、巴萨（Bassa）、贝勒（Belle）、德伊（Dei）、吉奥（Gio）、戈拉（Gola）、格雷博（Grebo）、基西（Kissi）、克佩勒（Kpelle）、克兰（Krahn）、克鲁（Kru）、洛马（Loma）、曼丁哥（Mandingo）、马诺（Mano）曼德（Mende）、萨颇（Sapo）、瓦伊（Vai）等族。在内战前，人口最多的族群分别是克佩勒（约占总人口的20%）、巴萨、吉奥、克鲁和格雷博族。除了曼丁哥人外，这些族群大多是在12至15世纪期间在今天的利比里亚境内定居下来的。克鲁族可能是在利比里亚土地上生息时间最久的族群。应当指出的是，利比里亚许多族群在很大程度上并不是具有悠久的历史、鲜明的界限和强烈的认同的族体。除了贝勒族外，没有一个族群在并入利比里亚共和国之前建立过统一的、中央集权式的政体形式。许多族群在利比里亚建国（19世纪）时正处于聚合、发展过程中，民族过程尚未完成。今天的一些族群，其形成与发展与利比里亚政府推行的统治政策和行政管理制度有着密切关系。

在利比里亚诸族群中，曼丁哥人是比较特殊的一个。曼丁哥人为穆斯林，其成员大多从事商业，分布在宁巴州、新巴州及其他各地。研究表明，曼丁哥人于18世纪大批地来到利比里亚，从事商业活动，并担任伊斯兰教的神职人员，传播伊斯兰教。尽管曼丁哥人在利比里亚已生活了数代人之久，但许多利比里亚人仍将其视为异族人和寄居者。曼丁哥人宣称自己是热带草原地区商人和武士贵族集团马林凯人的一个分支，是中世纪显赫的马里帝国的后裔，伊斯兰教信仰是其高贵身份的一个标志。此外，从事商业活动的曼丁哥人积蓄了不少财富，

① Stephen Ellis, *The Mask of Anarchy: The Destruction of Liberia and the Religious Dimension of an African Civil War*, New York University Press, 1999, p. 43.

不屑与从事农耕、生活贫困、信奉原始宗教的其他族群为伍。从历史上看，曼丁哥人曾经在贩奴活动中扮演重要角色，这同样招致了其他族群的怨恨。曼丁哥人同其他族群单向的通婚方式进一步强化了双方的疏离感：曼丁哥族的男子可以娶他族女子为妻并将其吸收进自己的社会体系中，却反对曼丁哥族的女子与他族男子特别是非穆斯林结合。20 世纪中期以来，曼丁哥人正是由于其“外来者”的身份，受到蒙罗维亚政府的垂青，因为他们在利比里亚没有深厚的社会根基，反而能够成为制约其他原住族裔的工具。塔布曼总统来自利比里亚的小城市，也想借曼丁哥人之手制约蒙罗维亚的美裔利比里亚权贵阶层，故而，授予曼丁哥的大商人不少贸易合同。曼丁哥人在利比里亚的商业、零售业和交通业占有很大的份额。在 1970 年代经济衰退期间，曼丁哥人仍旧财源滚滚。在多伊发动军事政变上台后，少数曼丁哥人更是被委以重任、飞黄腾达。在泰勒领导“爱国阵线”推翻多伊政府后，曼丁哥人成为众矢之的，遭到残酷的打击报复。曼丁哥人在几内亚的支持下，成立了自己的武装派别，从而使得利比里亚内战的烽火越烧越旺。曼丁哥人在利比里亚的地位及其在内战中所扮演的角色，值得深入研究。

二　美裔利比里亚人的统治

利比里亚共和国完全是仿效美国模式建立起来的。其政治体制以美国为蓝本：共和国的立法权归属于由参众两院构成的立法会议；行政权由普选产生的总统掌握，总统同时也是武装力量的最高统帅。就连利比里亚的国旗图案都与美国如出一辙。

在 19 世纪的大部分时间里，美裔利比里亚人实际控制的范围很有限，主要集中在沿海地区，未向内陆挺进多少。新生的共和国在财政方面极端拮据，无从维持其所宣扬的美国式政府管理模式。利比里亚政府最早的收入来源是以主权国家的名义向过往的商人征税。内陆的原住居民处于部落或氏族的统治下。内陆地区的政治实体规模较小，通常是以家族或扩大的家庭为基础。如前所说，除了贝勒族外，没有哪一个族群曾经建立过统一的、中央集权式的政体形式。这种部落式的社会组织形式虽然没有统一的中心，但却灵活而富有弹性。各家族、氏族有着共同的社会组织模式和宗教信仰，常常结成联盟。因此，社会共同体的范围和界限并不是固定的、一成不变的，有点儿类似于一系列同心圆的关系。个人视不同的情况、不同的需要确定自己与别的社会成员之间的关系，建立对某一族体的认同。宗教性质的“秘密社会”广泛存在于利比里亚的许多族群中，成为社会组织的重要纽带，影响很大。

在美国移民到来前，瓦伊、克鲁、格雷博等居住在沿海地区的族群，就早已和来自欧美的商人或水手进行接触和往来。内陆的居民虽然不与外来的欧洲人直接接触，但也受到了大西洋贸易的影响。他们输出奴隶、象牙、橡胶、黄金、木材等产品，换取火器弹药、烧酒等奢侈品，其中，西方商人对奴隶的需求最大。曼丁哥人控制了今天利比里亚北部地区的贸易通道。美国移民在利比里亚沿海的几个定居点安置下来后，就开始同欧美以及曼丁哥的商人展开竞争，力图控制内陆地区的长途贸易。而居住在雨林地区的土著居民也利用他们之间的竞争，保护自己的利益，有些群体力图借助美国移民的力量摆脱曼丁哥人的控制或英法等殖民势力的蚕食。

19 世纪 80 年代，欧洲列强掀起瓜分非洲的狂潮，英、法竞相在西非地区划定自己的势力范围。为了保护羽翼未丰的共和国不被虎视眈眈的列强吞并，利比里亚政府不得不确定国家的边界，正式宣布对广大的内陆地区拥有主权。著名的利比里亚思想家布莱登指出“利比里亚政府并不是基于民众的感情、愿望而建立起来的，它不是从这片土地上自然产生的，而是作为一种防御性举措加诸于民众之上的，其目的就是阻止外来的欧洲的探险家向当地人民强行征税，他们对一个既不是主权国家也不是殖民地的社会群体不会予以丝毫的尊重”。[1] 直到这一时期，利比里亚政府与内陆地区几乎没有什么联系。

欧洲殖民势力深入西非内陆地区，激起了当地人民的激烈反抗，导致大规模的人口迁移和社会动荡。殖民政府用更大程度的暴力进行回应，加大了“绥靖”的力度，从而造成更多流离失所的难民。利比里亚政府也感受到西非地区社会动乱的影响，有些内陆居民向利比里亚政府寻求保护。英法殖民政府也不断敦促利比里亚政府对其宣布领有主权的地区实施有效的控制。出于财政方面的限制，在亚瑟·巴克利总统执政期间（1904—1912 年），利比里亚政府在 1904 年才授予内陆的原住民公民权，并在 1906 年借鉴英国殖民政府的统治模式，建立了类似于“间接统治”的政治体制，来管理广大的内陆地区。

蒙罗维亚当局向地方派遣代表中央政府的专员，与各地方的传统统治者共同治理辖区。通常的做法是，利比里亚政府和地方的当权者达成协议，政府确认其作为该地方统治者的地位和权威，使其拥有比以前大得多的权力，作为交换，地方统治者承认蒙罗维亚政府的主权。政府规定，每一个官方确认的部落都必须由一个大酋长进行治理，大酋长是由氏族酋长理事会选举产生，并由共和国总统任命的。大酋长被授予征税和募集公共工程所需劳工的权力，税收的 10% 归酋长所有。处于部落管理下的每一个成年男子都有可能成为劳工。外来的游客如果需要挑夫，就要向地方上的酋长说明情况，由酋长负责解决。地方官员的驻地远离蒙罗维亚，他们虽然手握大权，亦有军队的支持，但也必须和大酋长搞好关系，对地方上的政治、宗教势力做出一定的妥协，否则就不可能真正操控地方政治。酋长常常将税收权作为敛财的手段，地方专员在理论上应当对其进行监督，防止酋长胡作非为，但实际上与酋长沆瀣一气，狼狈为奸，土著居民不得不忍受双重的剥削

① Stephen Ellis, *The Mask of Anarchy: The Destruction of Liberia and the Religious Dimension of an African Civil War*, New York University Press, 1999, pp. 41 – 42.

和压迫。[1] 有报道说，在 1950 年代，尽管大酋长没有薪水，但每年从税收中所得的提成就高达 8000 美元。此外，许多大酋长和氏族酋长拥有、经营着大规模的咖啡、可可、油棕或橡胶种植园，一些人有自己的汽车，在首都还有漂亮的房子。

在建立和维持“间接统治”的过程中，暴力和军事手段自然是不可或缺的。大酋长辖区的建立常常是一个充满血腥的过程。拒绝承认其权威、接受其统治的小酋长会被囚禁、甚至被吊死。在 1914 年前，中央政府派驻的地方专员通常都是行伍出身，他们用军事法律进行治理。利比里亚边防军（1962 年改名为利比里亚武装力量）成立于 1908 年，以其残暴和强取豪夺著称，因为边防军的补给在很大程度是依靠其驻地提供，军队肆意征用所需的劳工、粮食及其他物资。1910 年，东南地区的一些酋长抱怨“这支该诅咒的军队彻头彻尾的腐败透顶，无论来到哪里，他们的惯例就是在城镇进行劫掠，强奸妇女”。[2] 利比里亚边防军无法无天的行径让美国政府都看不过去，以至于在 1912 年，美国向利比里亚政府提供贷款的附加条件就是同意让美国军队中的有色人担任边防军的军官。美国政府的此举当然不乏控制利比里亚军队的意图，但确实在一定程度上提高了边防军的纪律和效率，但却无法节制其劫掠和扰民的行为。利比里亚军队令人发指的残暴使得一些现代学者甚至怀疑，这支军队是否继承了“早期掠奴队”的特性。边防军的军官职位基本上都由美国移民后裔担任，而普通士兵一般是从土著居民、特别是从洛马人中征募而来的。洛马人一直饱受掠奴战争的蹂躏，且自身也常常参与奴隶贸易，他们普遍将战争视为提高社会地位、聚敛财富的途径。参军的洛马士兵将其军事传统和策略也带入利比里亚军队之中。利比里亚军队镇压地方上土著居民的行动，在很多方面与以往的“部落”战争颇为相似，二者都成为士兵大肆劫掠

① Stephen Ellis, *The Mask of Anarchy*: *The Destruction of Liberia and the Religious Dimension of an African Civil War*, New York University Press, 1999, p. 212.

② Ibid. , pp. 209 – 210.

财富的机会。

利比里亚军队用严厉的手段强迫内陆居民接受蒙罗维亚当局的统治，激起了一系列的武装起义，东南地区的反抗尤为激烈，一直持续到20世纪30年代。内陆居民要缴纳茅屋税及其他名目繁多的苛捐杂税。一项研究指出，“在1925年，部落居民缴纳的茅屋税为30万美元，而全国征缴的财产税（美裔利比里亚人所缴纳的主要税目）仅为4668美元”。[①] 1926年，利比里亚政府与美国菲尔斯通橡胶轮胎公司签署了为期99年的租约，出让利比里亚100万平方英亩的土地，这里很快成为世界上最大的橡胶种植园。菲尔斯通公司借给利比里亚政府500万美元，并每年缴纳租借费。此举极大地缓解了利比里亚政府长期以来捉襟见肘的财政状况，但却为土著居民带来沉重的负担。此后，利比里亚政府以此为模式，陆续同外国公司签订了一系列的合同，授权它们开发内陆地区丰富的自然资源，政府每年坐收租借费或利税。由于不存在全国性的劳动力市场，政府遂安排酋长根据配额制征集强迫劳工，源源不断地向菲尔斯通公司提供经营橡胶园所需的大量劳动力。“国联”曾经派遣一个代表团，对利比里亚进行调查，在报告中指出，利比里亚政府系统实行着大规模的强迫劳工和契约劳工制度，与奴隶制相差无几。这样，利比里亚土著居民聚居的广大内陆地区成为蒙罗维亚政府的摇钱树，财富源源不断地流向外国大公司和利比里亚政府，而土著居民却从中得不到任何收益，反而要忍受沉重的负担和剥削。征收茅屋税不仅是提供财政收入，而且也是迫使土著居民为菲尔斯通等公司充当劳工的有效手段。

在帝国主义瓜分狂潮的影响下，西非传统的社会结构、贸易体系和政治管理模式都发生了剧烈的变动，许多存在已久的社会共同体或联盟被殖民列强肆意划定的边界人为地分割开来。为了便于管理和控

① Stephen Ellis, *The Mask of Anarchy: The Destruction of Liberia and the Religious Dimension of an African Civil War*, New York University Press, 1999, pp. 209 – 210.

制，英法殖民政府或利比里亚政府将治下的大大小小的共同体划定为不同的族群（蒙罗维亚政府称其为部落）。利比里亚的吉奥人在科特迪瓦被称为亚库巴人，但也被称为丹人。利比里亚的克兰人被比邻而居的吉奥人称为威人，但在科特迪瓦，他们又被称为吉雷人。[①] 当然，也不能说西非的所有的族群都是殖民政府“发明”创造出来的。不少族群的名称由来已久，政府根据自己的需要赋予其特定的内容和意义。但有一点可以肯定的是，利比里亚现在的各族群称谓及其构成都因蒙罗维亚政府的统治而被打下了烙印。

今天的克兰族居民认为他们的家乡是大戈德赫县，该县是在 1963 年才建立的。生活在邻国科特迪瓦境内的克兰人被称为“吉雷人”。克兰族由十五六个氏族组成，每个氏族都自认为是一个单独的社会集团，但某些氏族之间存在着特定的联系，从不伤害对方的成员，一些氏族的男子甚至可以和另一氏族的妇女自由发生性关系。在大戈德赫县，农村居民对自己居住的特定地区或其家系的认同，要大大超过对克兰部落的认同。地方政治常常表现为各家系之间的竞争和对立。只有在国家政治的层次，所谓的“克兰性”才有意义。大戈德赫县还存在着两个格雷博人聚居区，而格雷博人的主要聚居中心是马里兰县。这种布局使得克兰人和格雷博人在大戈德赫县的政治事务中不时相互对立。有人认为，萨颇人实际上也讲克兰语，他们之所以自视为一个单独的部落，主要是因为他们不居住在克兰人的聚居区大戈德赫县。有人认为，如果仅从语言方面考虑，克兰人、格雷博和萨颇人都可被归入彼此联系的同一部落，但由于行政区划和政治事务的影响，它们三个成为了不同的部落，目前的族群在很大程度上是政治和行政管理的产物。

如上文所述，地方酋长从利比里亚政府的间接统治制度中获益良

---

① Stephen Ellis, *The Mask of Anarchy: The Destruction of Liberia and the Religious Dimension of an African Civil War*, New York University Press, 1999, p. 196.

多。地方大酋长的合法性在于其代表、管理一个部落（或是一个氏族）的能力。从自身利益出发，这些地方统治者为了获得并保住自己的酋长地位，极力证明自己所代表的部落或氏族在文化或血统方面的独特性，以便使中央政府确认其作为一个独立的族群的地位，授予其自治权。例如，一些科佩勒酋长表明他们有效地保护了当地的语言和习俗——中央政府将这些视为科佩勒族的文化特征，从而巩固了自己的酋长地位。其他地区的情况大同小异，在宁巴县的“丹人和马诺人当中，族群属性和族群的领导层在很大程度上是在政府的干预下形成的”。[①] 酋长成为文化掮客，向美裔利比里亚的统治精英介绍、阐释“部落”社会的价值观念，对文化资源的开发、利用具有重大的政治意义。

在建立间接统治体制后，有才干和野心的年轻人不能再通过战争来提高社会地位。为了角逐权力，地方政治上的派系斗争进行得格外激烈，斗争的目的就是使酋长地位获得政府的承认。在任的酋长往往受到其他企图取而代之的竞争者的挑战和威胁。一位美国人类学者指出，“这种充满机会主义色彩的派系斗争模式，发展为部落政治的主要机制，并成为政府进行控制和统治的工具”。[②] 蒙罗维亚当局派遣的地方官员常常介入部落政治，支持或推翻某一个酋长。

这样，利比里亚形成了二元式的社会结构，整个社会处于分裂和对立状态。不足人口5%的美裔利比里亚人主要集中在蒙罗维亚以及其他城镇中，处于西方式的政治、经济、社会制度管理下，过着西方式的生活；占人口绝大多数的原住民分布在广大内陆的农村地区，仍旧生活在传统的社会制度下，由传统统治者根据土著习惯法进行统治。美裔利比里亚人中的寡头集团把持了国家掌权，垄断了利比里亚的政治、经济命脉，原住民各族群不得不忍受利比里亚政

---

① Stephen Ellis, *The Mask of Anarchy: The Destruction of Liberia and the Religious Dimension of an African Civil War*, New York University Press, 1999, p. 214.

② Ibid., p. 213.

府官员、本族统治者和外国大公司的三重剥削与压迫。他们的土地被侵占、剥夺，没有任何政治权利可言，并不得不充当奴隶式的强迫劳工。

塔布曼（1944—1971 年期间担任利比里亚总统）的统治对利比里亚的政治和族际关系产生了重大影响。他并非出身于蒙罗维亚的望族，而是来自沿海小城镇哈珀的一个美国移民后裔家庭，因而对利比里亚地方政治有更深刻的了解。在政治上，塔布曼坚定地站在美国一边，成为美国在非洲最忠实的盟友。在经济上，塔布曼实行了门户开放的政策，提供优惠条件以吸引外国投资者。在第二次世界大战后全球经济迅速发展时期，能源与原材料市场供不应求，利比里亚的经济也一度呈现出繁荣景象。在 1952—1957 年间，利比里亚的年度经济增长率高达 15%，仅次于日本。这种经济增长带有很大的片面性和畸形性，主要是建立在出让自然资源开发权的基础上，政府从外国公司缴纳的特许权费用和利税中获得巨额收入，但却没有投资发展教育，或改进乡村地区的基础设施，农村地区的教育仍主要由教会学校承担。大笔的外汇被花费在进口消费品上，以便使美国移民后裔精英阶层过上美国式的生活。美国学者对利比里亚的经济体制提出批评，称其为“没有发展的经济增长”。尽管如此，经济高速增长彻底缓解了利比里亚政府的财政拮据状况。

塔布曼是利比里亚最有权势的总统，他成为权力与财富之源。从外国公司获取的巨额财富都集中在塔布曼手中，250 美元以上的政府支出项目需获得塔布曼的同意方可生效。从中央到地方，从议员、法官、政府官员到地方酋长，所有人的仕途和政治命运都由塔布曼一手操控。“在塔布曼时期，政治领袖对政治体制的控制发展到顶峰。塔布曼在立法机构中塞满了他的仆役、亲随和宠信，许多人都是文盲。一个曾是他的社交秘书，另一个是他的司机，第三个是他的仆人，第四个是他的守卫，第五个是他的商业代理人，第六个是他的新闻秘书。塔布曼选拔的酋长大部分也是文盲。作为统治“真正辉格党”的魁首，他挑选所有政党与政府官员的手法与选择立法机构成员的方式如出一辙。法官、文官、治安官员、部落酋长，所有人的任免都取决于他，许多人在得罪塔布曼后丢官了事。”①

塔布曼利用所掌握的空前的政治权力和经济资源，建立了一个庞大的“恩惠体制”（patronage machine），其触角遍及全国各地。这是一个金字塔式的结构，塔布曼高居塔尖，掌握所有的权力和资源，他根据个人的需要和喜好选拔、任命政府官员和各地方的酋长。这些人利用手中的权力聚敛财富，同时也要通过分配所掌握的一部分政治、经济资源，打造下一级的恩惠网络，只有这样，才能巩固自己的地位。诸如此类，恩惠体制层层延伸，形成一个自上而下的网络。在利比里亚，只有拥有权力，才能拥有财富。任何人想要出人头地，就必须和这个恩惠网络拉上关系，层次越高越有利，最好是赢得塔布曼本人的宠信。塔布曼的警卫、仆役和司机等人的飞黄腾达就是最好的例证。

塔布曼大力营造个人崇拜，扮演利比里亚国父的角色。“所有的收益都来源于塔布曼总统，因此，所有的赞颂也都归于他。”塔布曼常常带领政府高官和助手们视察内陆地区，会见地方官员和酋长，举行政务会，塔布曼在会上对酋邦事务进行仲裁和调停，听取对酋长们地方官员的抱怨和不满，甚至调解家庭纠纷，俨然非洲传统社会的一位大家长。直至今天，许多利比里亚人仍将塔布曼视为总统的典范：大权在握、严厉而又慷慨。在其无所不能形象的背后所隐藏的事实是，塔布曼要通过操纵恩惠体制，调节众多利益集团相互竞争而形成的错综复杂的关系。由于在国家确认的16个族群（政府称其为部落）中，每一个都不是统一的整体，而都是由大大小小氏族组成的，这些氏族也常常彼此较量、角逐。塔布曼通过干预酋邦事务，恩威并施，扶植地方显贵，招募、选拔有才干的青年，同时打击、惩治反对自己的人。

① Stephen Ellis, The Mask of Anarchy: *The Destruction of Liberia and the Religious Dimension of an African Civil War*, New York University Press, 1999, p. 47.

这样，以塔布曼为首的美国移民后裔寡头统治集团就通过操纵恩惠体制，将其势力和影响延伸到广大的内陆地区，和地方上的显贵人物结成利益同盟。20 世纪早期内陆地区反对蒙罗维亚政府统治的武装起义，此时已经让位于通过恩惠体制竞争社会资源的政治斗争。内陆地区的原住民为了和统治精英建立联系，寻找时机，让自己的孩子成为美国移民后裔家庭的警卫或仆役。加入共济会兄弟会或主流教会也是和显贵家庭拉上关系的一个有效途径。如果能够成功，就能在中央政府获得一官半职，或在地方谋得一个酋长的职位。恩惠体制的建立，使得以塔布曼为代表的美裔利比里亚人统治寡头集团能够在没有一个有效的官僚管理体制的情况下，对利比里亚社会实施近乎集权式的控制。

恩惠体制的一个副产品就是恶性膨胀、无法遏止的社会腐败。在利比里亚，对于任何跻身政界或商界高层的人士而言，能否事业发达，抑或只是生存下去，主要取决于他们和政府的关系。如果腐败盛行于整个社会，那么在很大程度上，个人的道德水准也许并不是导致腐败的唯一的、决定性因素。国家在政治、经济体制方面的弊端才是腐败孳生的温床和基础。在利比里亚，腐败和裙带关系是恩惠体制所带来的必然结果。在非洲的传统文化中，掌握权势的社会财富的首领要把一部分权力和财富分发给下层的追随者。正如一个利比里亚人所描述的："卸任的政府官员和公务人员如果在职期间没有积攒下日后向人们显示、炫耀的不义之财，就会被视为失败者，受到嘲笑。他们之所以被讥讽、蔑视，正是因为他们没有做在文化上被认为是顺理成章的事情（cultural thing），即劫掠国家财产。许多利比里亚人也都认为，既然全社会都指望从总统或其他恩主手里获得恩赐，那么即使是品行端正的政治家也不免腐败堕落。就算加百列大天使来当利比里亚的总统，他也会在 5 年或更短的时间里堕落为一个彻头彻尾、不可救药的腐败分子。①

① G. Henry, Andrews, *Cry, Liberia, Cry*, Vantage Press, New York, 1993, p. 70.

沿海和内陆地区相互分立的管理制度和司法体制所造成的利比里亚分裂的局面日益成为经济发展的阻碍。况且，在整个西非国家都已经取得独立的情况下，利比里亚的间接统治无疑显得格外不合时宜。在这一背景下，塔布曼进行了政治改革，以弥和利比里亚社会的裂痕，缓解社会矛盾，将部分土著人从边缘整和到国家建构中。塔布曼在第一次总统就职演说中，就强调了“同化、统一我们国家的不同族群”的必要性。1964 年，塔布曼对原住民聚居的内陆地区进行了改革，主要包括以下几方面内容：废除内陆省份（西部省、东部省和中部省）的间接统治制度，规定所有的利比里亚人在法律面前享有平等的权利；将内陆的三个省份重新划分为县，全国共建立 13 个县，实行同沿海地区相同的行政管理方式；在内陆地区修建道路、学校、医院；修改宪法使内陆地区的居民享有公民权；增加政府部门土著人的数量。①

塔布曼的改革并未动摇美裔利比里亚人的统治，但毕竟在形式上打破了利比里亚二元社会结构的壁垒。伴随着经济的发展，一个全国性的劳动力市场开始形成。菲尔斯通等其他外国公司以及美裔利比里亚人所有的种植园可以雇佣自由劳动力，而不必再像以前那样倚重强迫劳工制度。内陆居民开始自愿做工，挣取工资。经济的发展和劳动力的流动使得利比里亚内陆地区传统的社会结构开始松动。酋长或长老等传统的社会首领发现年轻人越来越不看重传统的价值观念，他们对年轻人的控制也越来越无力。尽管受到许多阻碍，但利比里亚的社会也在缓慢地从传统社会向现代社会转型。那些出身乡村地区、受过高等教育的原住民逐渐形成了一个新的社会集团，他们被排挤在地方的部落政治之外，受到遍及整个非洲的激进民族主义思潮的影响，对美裔利比里亚人对政治权力的垄断日益感到不满。

恩惠体制的有效运转，是以不断加入经济资源润滑剂为前提的。

① D. Elwood Dunn, “The Civil War in Liberia”, in Taisier M. Ali & Robert O. Matthews, *Civil Wars in Africa: Roots and Resolution*, Montreal: McGill-Queen's University Press, p. 99.

在经济发展受到阻碍或发生危机的情况下，缺乏可资分配的资源，恩惠体制就难以为继，如此引发的社会动荡也就是题中应有之义了。利比里亚依靠出让自然资源而实现的经济增长原本就难以持续，1970 年代全球性经济危机又沉重地打击了利比里亚经济，接替塔布曼任总统的托尔伯特试图在传统的威权性统治模式中引入更多的民主因素。但他不仅面临严重的经济衰退，而且面临非洲正义运动和利比里亚进步联盟①等反对派别前所未有的严峻挑战。此时，大部分非洲国家已经摆脱了殖民统治，实现了独立，利比里亚早已不再是唯一的非洲人共和国、全世界黑人希望的灯塔，而日益被视为一个代表美国政府和菲尔斯通公司利益的极端腐败、摇摇欲坠的新殖民地。族性和族群政治成为反对当政的美裔利比里亚人政府最有效的社会动员工具和合法性基础。许多激进主义政治家和倡导原住族群权益的活动家，都穿着非洲式的衬衣和橡胶凉鞋，但其中有不少人实际上出身于美裔利比里亚人家庭，如索耶、马修斯和提普特赫等人。提普特赫的原名鲁道夫·罗伯茨，他改用提普特赫这个非洲名字，以争取利比里亚原住民的支持。② 利比里亚政治中的族群属性越来越浓重。1979 年 4 月，利比里亚政府为了减少进口、提高国内生产，提高了主要粮食作物大米的价格，引发了蒙罗维亚的“米骚乱”和大范围的劫掠行为。内陆地区原住民对蒙罗维亚美裔利比里亚人已经积蓄了一个世纪之久的仇恨，第一次得到了宣泄的机会。非洲正义运动和利比里亚进步联盟出于争取公众支持、角逐权力的目的而推波助澜。“米骚乱”成为托尔伯特政府倒台的导火索，美裔利比里亚人长达 133 年的统治终于在 1980 年的军事政变中宣告结束。

---

① 非洲正义运动是一个激进的泛非政治团体，1973 年在利比里亚成立。在加纳和冈比亚都有分支机构。冈比亚支部支持 Kukoi Samba Sanyang 1981 年在冈比亚发动的政变。Sanyang 后来加入了泰勒领导的利比里亚爱国阵线。利比里亚进步联盟是 1975 年成立的激进政治团体，领导者是加布瑞艾尔·巴库斯·马修斯。1980 年转变为进步人民党。

② Stephen Ellis, *The Mask of Anarchy: The Destruction of Liberia and the Religious Dimension of an African Civil War*, New York University Press, 1999, p. 284.

三　利比里亚民族矛盾的激化与内战

1980 年，来自克兰族的军士长塞缪尔·多伊发动政变，结束了美国移民后裔在利比里亚的统治。多伊杀害了托尔伯特及 13 名政府高级官员。利比里亚举国欢腾，庆祝一个新时代的来临。在政变后的最初几个月内，军政府因其族属身份而一度颇得人心，政变者宣称推翻了美裔利比里亚人的寡头统治，自封为利比里亚土著人民的解放者。

但事与愿违，多伊掌权后大规模地铲除异己和潜在的政敌，将其所属的克兰族人填充到重要的军事职位上，将国家机器变为克兰人主导的镇压及压迫工具。克兰族仅占利比里亚人口的 5% 左右，经济地位以及受教育的水平都不甚高，不仅克兰族在政府高级职位中所占的比例微不足道，而且多伊本人也不知道如何进行政府的管理工作。他没有任何的相关经验，讲一口蹩脚的英语，几乎与文盲相差无几。多伊抛弃了美裔利比里人的统治机器，需要代之以其他形式的政治体制，由于他既缺乏时间也没有政治技能，族群政治成为其唯一的选择。多伊大力扶植克兰人的势力，提拔军队中的克兰族军官。

1985 年 10 月，利比里亚在美国的劝诱与压力下，举行了首次多党选举。但这次选举并未让利比里亚平稳地回归民主体制。吉奥族的政治家杰克逊·多伊（与塞缪尔·多伊并无亲属关系）被夺走了胜利果实，塞缪尔·多伊通过舞弊当选总统。一个月后，前利比里亚武装力量总司令托马斯·奎万克帕（来自宁巴州的吉奥族人）在 11 月 12 日发动了一次未遂政变。奎万克帕曾是多伊的同事和密友，且曾与多伊共同举事，是军政府的重要成员。多伊以屠杀吉奥族和马诺族人作为报复。他清洗了军队中的吉奥族和马诺族人，他的士兵（克兰人占主导）在宁巴州大肆蹂躏，焚烧村庄并屠杀了 3000 名吉奥族和马诺族人。

吉奥人的家乡宁巴县几乎被排斥在利比里亚社会之外。宁巴县人都被怀疑对多伊总统怀有异心，很难在政府部门找到工作。宁巴县政府的大小职位和种种经济利益都由曼丁哥人占据、把持。吉奥、马诺及其他族群的居民对多伊的仇恨和不满往往指向所有的克兰人。即使许多克兰人没有从多伊的统治中获得任何益处，但也成为报复的潜在目标。一个克兰人在 1986 年对采访者表示，“将来一定会有报复，我们知道有些事情正在酝酿过程中。当它爆发的时候，愿上帝怜悯我们所有人”。同年，一份美国人权组织的报告也准确地预言在多伊的统治被暴力推翻后，必将展开针对克兰人的大规模报复。①

学者艾格萨·奥萨加伊称，“1980 年后的统治阶层有两点很有意思。首先，他们继承并效法被其推翻的阶层的特点和倾向。其次，这些权力新贵没有美国移民后裔赖以维持其统治的组织技能和统一性。现在沿着族属界限爆发的阶级冲突与斗争更多了。这些冲突与斗争在 1989—1990 年的内战中达到顶峰，它们具有直截了当的族群斗争的特点”。② 美国移民后裔主导的政府拥有政党（真正辉格党，True Whig Party）、基督教教会以及其他社会团体的支持，而掌握国家政权的克兰族统治者除了族属外没有多少可资利用的社会资源，故而只能将权力建基于其上，其统治基础比被推翻的美国移民后裔的寡头统治更为狭窄薄弱。少数得到多伊宠信、掌握国家权力的人，都急于聚敛财富，以至于他们行事更像是劫夺国库的强盗，而非政府官员。阿莫斯·索耶将多伊统治的时期描述为“武装盗匪大肆强奸和抢劫的年代，他们的意识形态就是搜寻现金，他们的雄心壮志就是保住权力，以便进一步聚敛财富并保护自己的不义之财”。③ 多伊本人在当政的十年间侵吞了大约 3 亿美元的公共资金，相当于 1989 年利比里亚国内生产总值的

① Stephen Ellis, *The Mask of Anarchy: The Destruction of Liberia and the Religious Dimension of an African Civil War*, New York University Press, 1999, p. 66.

② D. Elwood Dunn, “The Civil War in Liberia”, in Taisier M. Ali & Robert O. Matthews, *Civil Wars in Africa: Roots and Resolution*, Montreal: McGill-Queen's University Press, p. 101.

③ Stephen Ellis, *The Mask of Anarchy: The Destruction of Liberia and the Religious Dimension of an African Civil War*, New York University Press, 1999, p. 62.

一半。

多伊政府的统治进一步加剧了利比里亚的族际冲突。为了巩固统治，多伊任用了一些曼丁哥族人并鼓励他们购买土地，其中大多是穆斯林。多伊先后任命曼丁哥族人阿尔哈吉·克洛马为利比里亚广播局局长、信息部部长，还计划让他担任副总统（此人后来成为武装集团统一利比里亚民主运动的领导人）。利比里亚社会的分裂进一步加剧，族际矛盾冲突又沾染上了宗教色彩。在宁巴州，两个语言存在亲缘关系的族群吉奥族和马诺族是最大的族群集团，次之的两个族群是克兰族和曼丁哥族。一些曼丁哥族领导人在宁巴州四大族群的冲突中，与占据国家领导地位的克兰族站在一条战线上，对抗吉奥族与马诺族人，形成两厢对垒的阵势。克兰族人历史上生活于大戈德州，但很大一部分居住在宁巴州。在 1983 年前，克兰、吉奥和马诺族一直和平共处，共同的经历将他们联系在一起，他们的祖先曾誓言做永远的朋友和盟友。但在多伊掌权后，这种友谊淹没在仇恨中。

就在多伊的统治危机四伏之际，一个乱世枭雄乘机登上了处于多事之秋的利比里亚政治舞台，他带给利比里亚人民的是长达 14 年之久的腥风血雨和无尽的灾难。此人就是查尔斯·泰勒。泰勒 1948 年出生于蒙罗维亚郊区的一个美国移民后裔家庭，父亲是一个律师，母亲为利比里亚原住民。泰勒自幼年起就不断惹是生非，其桀骜不驯的言行令左邻右舍和亲朋好友为之侧目。中学毕业后，泰勒来到美国。他曾在波士顿当过机修工、保安、加油站工人和卡车司机，后就读于美国马萨诸塞州的本特雷学院，并于 1977 年获得经济学学士学位。泰勒于 1979 年担任“美洲利比里亚协会联盟”主席。次年，多伊发动军事政变，野心勃勃的泰勒决定回国大展手脚。泰勒与托马斯·奎万克帕的一个近亲联姻，成为总务局实际的领导人，并颇得多伊的赏识。泰勒后来被任命为商业部副部长，参加内阁并出席国家安全委员会的会议。1983 年底，奎万克帕与多伊反目并流亡国外。泰勒担心受到牵连，也逃到美国。多伊控告泰勒在总务局工作期间贪污了 90 万美元，使得泰勒于1984年5月在美国被捕，并被关押到马萨诸塞州的普利茅斯监狱。15个月后，泰勒越狱逃亡，在加纳、布基纳法索和科特迪瓦等西方国家进行活动。

1989年12月24日，查尔斯·泰勒领导168名利比里亚国家爱国阵线（简称“爱阵”，1985年由托马斯·奎万克帕建立，后来由查尔斯·泰勒领导）的成员从科特迪瓦攻入宁巴州发动武装暴动，意在推翻多伊政府。叛乱者在饱受多伊迫害的宁巴州一呼百应，泰勒的武装在短短的几个月中迅速壮大，组建了一支1.5万人的军队，根据泰勒的回忆，“在爱阵来到（宁巴县）时，我们什么都不用做。人们找到这里，问我们，‘给我一支枪，我怎样才能打死杀害我母亲的人’”。另一个爱阵领导人在利比里亚政府军进行的清洗行动中失去了两个兄弟，他表示“我们回来复仇了，克兰人对我们所做的一切，我们一定要以牙还牙”。爱阵的军队挺进首都蒙罗维亚，利比里亚的内战由此拉开了序幕。内战带有鲜明的族际屠杀的特点。爱阵中吉奥族与马诺族的士兵疯狂屠戮克兰族与曼丁哥族人，而政府军中的克兰族士兵则向吉奥族与马诺族人大开杀界，各族群间的仇恨在血雨腥风中不断加深。仅在内战开始的头几个月内，双方就各自杀死了数百名宁巴县居民。在爱阵军队从宁巴县向首都、沿海一带进军的沿途，他们继续进行族群屠杀行动。在1990年5月19日夺取布查南港后，爱阵军队伤害了数百名逃难到此地的克兰人和曼丁哥人。7月，在攻占洛法县后，爱阵在曼丁哥人聚居的巴科度镇杀害了500多名居民。一名伊斯兰教教长的头颅被砍下，放在一部《古兰经》上。这一暴行点燃了洛法县的族际仇杀之火，影响极其深远。[①]

爱阵在取得节节胜利，攻占蒙罗维亚之际，发生内讧。普林斯·约翰逊于1990年7月领导6000人脱离爱阵，成立“独立利比里亚国

---

① Stephen Ellis, *The Mask of Anarchy: The Destruction of Liberia and the Religious Dimension of an African Civil War*, New York University Press, 1999, pp. 78–79.

家爱国阵线”，并在西非维和部队的总部有恃无恐地劫走多伊，在摄像机镜头前将其虐杀，其残忍、血腥令全世界都为之发指。多伊的残部，利比里亚武装力量在统帅多伊死后继续以蒙罗维亚为基地进行抵抗，利比里亚内战出现了三派对峙的混乱局面，三方还一度呈鼎足之势。此后，各种政治和武装派别纷纷出炉（最多时达200多个），内战性质从武装反对多伊独裁政府发展为各派武装势力争霸对峙和混战割据，利比里亚成为“军阀的盛宴”。[①] 在各武装派别中，规模、影响较大的除了上述的“爱阵”、“独立爱阵”和利比里亚武装力量外，还有以下几个：统一利比里亚民主运动，1991年5月成立于塞拉利昂，领导者是克兰族和曼丁哥族人，主要成员是塞拉利昂的利比里亚难民。1994年分裂，一派由克兰族的罗斯福·约翰逊领导，有3800人左右，称为联民运—J；另一派由曼丁哥族的阿尔哈吉·克洛马领导，有6800人，称为联民运—K。利比里亚和平委员会成立于1993年，由曾经在托尔伯特和多伊政府中任部长的克兰族政治家乔治·伯利领导，有2500人。洛法抵抗力量成立于1993年，由洛法族人马萨克瓦领导，有400人。

这些割据一方的武装组织尽管彼此常常刀兵相见，但它们实际上是一丘之貉，有许多共同之处。军阀们虽然将民主、自由、国家这些动听但模糊、空泛的辞藻挂在嘴头，但没有一个是为了这些所谓的“信念”而战，更没有人能够拿出彻底改造利比里亚社会与政治经济结构的系统计划。他们的所作所为是对和平与民主最辛辣的嘲讽。内战中血腥的暴行数不胜数。最为可悲的是，各武装派别中都有大量儿童士兵。在非洲大陆的地区冲突与战争中，儿童士兵参战的现象越来越普遍。各武装派别为了扩充兵源，将许多贫困的农村儿童甚至是街头流浪儿或胁迫或利诱招募从军，最小的只有9岁。由于“娃娃兵”

---

① Adekeye Adebajo, "*Building Peace in West Africa: Liberian, Sierra Leone and Guinea-Bissau*", chapter 3, "Liberia: A Banquet for the Warlords", Publishers Inc, 2002.

年幼无知，很容易被改造为盲从的“战争机器”，不少儿童充当了廉价的战争工具。

为了争夺权力与财富，各武装力量都大肆搜刮民脂民膏。以泰勒为例，他从其控制下的地区就攫取了大量财富。根据美国大使威廉·特瓦戴尔的计算，在1990—1994年间，利比里亚年均出口3亿美元的钻石、5300万美元的木材、2700万美元的橡胶、100万美元的黄金。此外，在1990—1993年间，每年出口的铁矿石为4100万美元。他估计泰勒通过征税在一年内聚敛的财富就高达7500万美元。利比里亚临时政府的财政和司法部长认为泰勒一年的收入有1亿美元之多。值得注意的是，这还不包括泰勒从种植、出口大麻中获得的利润。

值得注意的是，这些武装组织都将族属作为主要的动员手段，各军阀集团之间争夺权力与资源的冲突和战争使利比里亚不同族群之间的裂痕不断加深。

在经历了7年的血腥内战后，利比里亚在西非维和部队的介入与干预下实现了和平。各派别陆续解除了武装，组建政党参加选举。1997年7月，实力最为强大的泰勒以囊获75.3%的选票的巨大优势当选为利比里亚总统，泰勒的爱国阵线党（National Patriotic Party）在议会两院的选举中亦取得了压倒性胜利（赢得参议院26个席位中的21席，众议院64个席位中的49席）。[①] 这次选举是在国际监督下进行的，基本上是自由、公正的。手上粘满鲜血的泰勒之所以能够大获全胜并非出于利比里亚人民的拥戴之情，恰恰相反，大多数选民正是出于对泰勒的恐惧才选他当总统的。泰勒在竞选时就表示无法想象自己会落选，一心向往和平的利比里亚人民惟恐泰勒败北会再次挑起内战，故而投了泰勒的票。泰勒的支持者在竞选时的一个口号就是“他杀了我

---

① Adekeye Adebajo, “*Building Peace in West Africa: Liberian, Sierra Leone and Guinea-Bissau*”, chapter 3, “Liberia: A Banquet for the Warlords”, Publishers Inc, 2002, p. 65.

爸，他杀了我妈，我还是要选他”。[1] 此外，许多利比里亚人也将泰勒视为唯一能够带来和平与安定的强人。

登上总统宝座的泰勒依旧保留着军阀的心态，未能实现从军阀到政治家的转变。军阀混战的经历使泰勒产生了难以磨灭近乎于偏执的不安全感。“如果你因为外界制造的混乱上台，你就会用不民主的手段来保留权力。”[2] 泰勒在通向权力的血腥之路上，聚敛了这么多不义之财，结下了这么多仇敌后，正如被他推翻的多伊，决心不惜一切代价地阻止他人步其后尘。

缺乏安全及法律秩序，公共基础设施土崩瓦解，这使国外的援助者和投资者对利比里亚望而却步。泰勒与布基纳法索和利比亚保持密切联系，并试图吸引台湾和法国的投资者。但美国、日本和德国等传统的贸易伙伴仍旧不肯前来。利比里亚的钻石继续靠走私出境，有报道称与泰勒联系紧密的政治伙伴获得了利润丰厚的合同。泰勒请求议会授予签订“战略物资”合同的独有权力，这再清楚不过地表明了泰勒妄图利用国家主权继续掠夺国家资源的军阀嘴脸。

尽管泰勒起初声称实行民族和解政策，邀请反对派人士参加内阁，但不久就露出本来面目，开始采取严厉措施取缔反对派并妄图将他的国家的统治制度化。泰勒所许诺的“透明”、“负责”及“广泛参与”的目标只是空谈。利比里亚的记者和人权活动者不断遭到骚扰，因批评政府而入狱。2000 年 3 月，两个广播电台被关闭；2001 年 2 月，四家报纸被停刊，《新闻》的数名记者遭到逮捕。泰勒通过其私人电台和报纸控制了利比里亚的大部分媒体。2000 年 12 月，300 名武装暴徒捣毁了蒙罗维亚的激进组织民主授权中心（Center for Democratic Empowerment），并打伤了其主席阿莫斯·索耶和康帕尼·韦斯赫，迫使他们

① Stephen Ellis, *The Mask of Anarchy: The Destruction of Liberia and the Religious Dimension of an African Civil War*, New York University Press, 1999, p. 109.

② Adekeye Adebajo, "*Building Peace in West Africa: Liberian, Sierra Leone and Guinea-Bissau*", chapter 3, "Liberia: A Banquet for the Warlords", Publishers Inc, 2002, p. 71.

流亡国外。天主教正义与和平委员会的成员，包括现任及前任主席都声称他们的生命受到了威胁。

泰勒用政府的权力平息对他的批评并力图在2003年法定的大选前清除所有的反对者，这与多伊1985年欺骗性的大选时的形势很相似。反对派除了诉诸暴力外，没有合法的途径来挑战当权者。泰勒主要的政敌当时都在国外。1998年11月，泰勒指责包括前联民运两位领导人阿尔哈吉·克洛马和罗斯福·约翰逊以及曾与之竞选总统的埃伦·约翰逊·谢里夫在内的32人，参与了一项旨在推翻现政府的阴谋。利比里亚的一个法庭判定许多嫌疑犯有罪。

泰勒掌权后未能在西非维和部队与联合国的帮助下，成功地重组利比里亚武装力量及其他安全部队。利比里亚的军队从历史上看，就一直是派系统治的工具，起初是用来保护美国移民后裔寡头群体的利益，接着被多伊用以维护自己的独裁统治，现在又为泰勒用来维持其权力。暴力的制度化是多伊政府的一个特点，在利比里亚残酷的内战时期成为一种生活方式。在泰勒就任总统后，这种局面依然没有改变。泰勒拒绝由维和成员重组并训练其安全部队。他在1998年1月命令利比里亚武装力量的2628名士兵复员，其中包括许多克兰族的军官。泰勒将自己手下数以千计的前爱阵战士安置进利比里亚新的军队中，并创建了臭名昭著的反恐部队作为私人军队。军队的重组受到了广泛的批评，被指责为具有鲜明的派系性和缺乏透明度。泰勒为各族群动员起来保护自己免受一个派系军队的迫害创造了条件。

在内战结束后的几年里，利比里亚的安全形势依旧紧张。武装抢劫、掠夺援助食品的盗贼行为肆虐于乡村地区。蒙罗维亚亦备受各种犯罪行为的困扰，安全得不到保障。1998年9月，泰勒的保安部队与前“联利民运—J”的领导人罗斯福·约翰逊在美国大使馆发生枪战，造成52人死亡。此后，泰勒的安全部队骚扰蒙罗维亚的克兰族人，迫使4000余名克兰族人逃亡科特迪瓦。曼丁哥人在洛法州遭到洛马族人、在宁巴州遭到吉奥族与马诺族人的猛烈攻击。到1998年6月，暴徒纵火焚烧了6座清真寺。利比里亚的民族与宗教问题更趋严重。

1999年4月，聚集在几内亚和塞拉利昂的利比里亚流亡者建立了武装组织利比里亚的利比里亚人和解与民主联盟（Liberians United for Reconciliation and Democracy，下文简称为“利民联”），试图推翻泰勒领导的政府。作为一个非正规的军事和政治组织，利民联主要以利比里亚北部地区为基地，在几内亚和塞拉利昂都有很大的势力。利民联宣称其首要的目标就是通过推翻泰勒政府，在利比里亚建立持久稳定的民主。利民联宣称该组织与利比里亚以前的军阀都没有任何牵连，但实际上，利民联的主体主要是反对泰勒的前武装组织联合利比里亚民主运动（United Liberian Movement for Democracy，简称为“联利民运”）的成员，其许多军事指挥官也都曾经是泰勒1990年代的同事和争夺权力的对手。自利民联成立伊始，几内亚就给予了宗教、政治、军事方面的大力支持。在泰勒于2000年在几内亚东部策动了一次未遂叛乱后，更是益发如此。有报道称，以穆斯林占主体的利民联还得到了来自阿拉伯联合酋长国方面的军火援助。

起初，利民联成员主要由利比里亚北部地区不满泰勒统治的曼丁哥人和克兰族人。他们曾经在1997年前的内战里反对泰勒。当利比里亚各武装派别达成停火协议，内战结束后，曼丁哥穆斯林试图返回洛法、宁巴和邦县的村庄。但许多人无法收回被占据的家园。这些省份的洛马族、吉奥族和马诺族人将前武装组织“联利民运”在内战中的暴行笼统地归罪到所有曼丁哥人的头上。在越来越严重的歧视、暴力和肆意逮捕前，他们申诉无门，许多人逃亡几内亚。“利民联”鼓励利比里亚的所有族群的人都加入该组织。尽管利民联中也有吉奥族和洛马族人，但曼丁哥人在利民联成员中占70%左右。

利民联反政府武装力量于2000年中期跨越几内亚边境进攻利比里亚，与利比里亚政府展开拉锯战。2003年初以来，利比里亚内战进一步升级。利民联卷土重来，再次发动猛烈攻势，其势力范围不断扩大。2003年春，另外一个武装组织利比里亚民主运动（Movement of Democracy in Liberia，简称“利民运”）登上角逐的舞台，使利比里亚内战的烽火燃烧得更为猛烈。利民联控制国家的西部、北部和中部地区，利民运则在利比里亚的东南部进行活动。利民运的成员大多是利比里亚前总统塞缪尔·多伊在任时的政府军成员，其首领为托马斯·奈姆利。战火已遍及全国 15 个州中的 13 个州，反政府武装控制了利国土面积 60% 以上的地区，利比里亚出现了大规模的难民潮。

利民联于 2003 年 6 月兵临蒙罗维亚城下。政府军与反政府武装之间残酷的拉锯战不仅造成了大量无辜平民的伤亡，而且叛军对首都的围困使城内上百万居民、难民连食品、饮用水、电力等生活必需品和安全的栖身之地都得不到保障，陷入极端悲惨的境地。慑于战火的蔓延，各国纷纷撤出在利比里亚的侨民，国际红十字会和联合国人员也不得不撤离利比里亚。

面对日益严重的人道主义灾难，西非国家经济共同体（简称为“西共体”）及联合国在内的国际社会都密切关注利比里亚局势的发展。西共体派兵进驻利比里亚进行维和行动。联合国安理会 8 月 1 日通过第 1497 号决议，授权在利比里亚部署多国部队。

8 月 11 日，泰勒宣布交出权力，离开利比里亚，前往尼日利亚避难，副总统摩西·布拉继任总统。这是过去 30 年内利比里亚首次实现权力和平交接，利比里亚向结束长期的混乱和内战迈进了一步。利比里亚政府和两大反政府武装于 8 月 18 日在加纳首都加纳阿克拉签署了和平协议，这标志着从 1989 年以来长达 14 年的内战终于偃旗息鼓。2003 年 10 月 14 日，利比里亚临时政府成立。

四　利比里亚内战中的地区因素

利比里亚内战的烽火难熄固然是有其内在的矛盾所决定的，但在很大程度上也与国际环境特别是周边国家的影响有着极密切的关系。

由于西非地区的许多民族是跨界民族，一国的民族矛盾与政治动荡常常在整个地区引起连锁反应，常常为该国的危机和矛盾的发展演化增添更多的变量，使形势更趋复杂。

西共体在利比里亚内战不久就组织维和行动。但由于种种原因，西共体对利比里亚内战的干预常常是事半功倍，甚至在某些时候与其说是平息冲突，不如说是火上浇油。西共体各成员国各怀心腹事，它们在利比里亚维和行动问题上存在着严重的分歧。自多伊 1980 年政变以来，利比里亚的邻国依据各自的立场，不断影响甚至介入利比里亚的政局。科特迪瓦的领导人乌弗埃—博瓦尼对多伊在政变中处决其养女的丈夫、遇害的利比里亚总统之子——本尼迪科特·托尔伯特一直耿耿于怀。在两国的关系中，民族因素同样举足轻重。利比里亚的达恩、马诺及其他族群也分布在科特迪瓦境内，利比里亚内战中对马诺族的屠戮自然在科特迪瓦引起强烈反响。此外，作为法语西非国家领袖的科特迪瓦一直力图限制英语西非大国尼日利亚在该地区的势力和霸权倾向。早在 1960 年代，科特迪瓦和法国就承认在尼日利亚内战中闹独立的"比夫拉共和国"。科特迪瓦为泰勒领导的爱阵成员提供庇护所并在日后给予泰勒"政府"外交方面的支持。爱阵就是由科特迪瓦攻入利比里亚境内的。与此同时，科特迪瓦的商业利益集团也从爱阵的矿业和木材业的合同中获益匪浅。

除了得到科特迪瓦的支持外，爱阵的成员还曾经在利比亚的民兵训练营中受训，并且参与过布基纳法索的游击战。布基纳法索和利比亚在利比里亚内战中都向泰勒提供武器。布基纳法索的领导人布莱斯·孔帕奥雷早就与泰勒过从甚密。他在泰勒从一家加纳监狱获释后，收留了泰勒，并将他介绍给利比亚领导人卡扎非。卡扎非因多伊投靠美国、支持美国反利比亚的政策并于 1981 年关闭了利比亚驻利比里亚使馆，而视多伊为美国的走狗并力图颠覆其政府。泰勒在取得了卡扎非的信任后，得到资金与军火方面的大规模援助。有充足的证据表明，在泰勒的武装派别中有布基纳法索的正规军成员（数目在 400—1000

人之间，孔帕奥雷曾公开承认派遣了700名士兵前往利比里亚，帮助泰勒作战）。泰勒还常常携带布基纳法索护照，使用布基纳法索的飞机在该地区来回穿梭，甚至泰勒的防弹汽车也是由布基纳法索提供的。

作为西非第一大国和西共体领军的尼日利亚，对利比里亚危机和动荡当然不会坐视。尼日利亚担心利比里亚内战会给西非地区和西非经济共同体带来不稳定影响。此外，尼日利亚还担心如果爱阵取得胜利，利比里亚就会倒向西非的法语国家阵营一边；而一旦泰勒成为总统，他就有可能利用利比里亚为基地支持尼日利亚国内或境外的反对派，破坏尼日利亚的稳定。从历史上看，尼日利亚军政府的领导人一直雄心勃勃地希望称霸西非，在西非建立尼日利亚统治下的和平（Pax Nigeriana）。① 在利比里亚冲突初期，尼日利亚的领导人巴班吉达（1985—1993年）曾经为多伊政府提供军火。

1990年5月，尼日利亚在西共体的峰会上提议组建西非维和部队，对利比里亚的局势进行干预。在西共体的16个成员国中，只有7国参加了本次会议。科特迪瓦和布基纳法索进行了抵制。科特迪瓦总统乌弗埃—博瓦尼对“尼日利亚充当该地区的宪兵”深为不满，认为“这不论在原则上还是在具体事件上都是不能接受的”。② 西非维和部队由尼日利亚、加纳、塞拉利昂、冈比亚和几内亚派兵组建，共3000多名官兵，由加纳将军阿诺德·昆努率领，进驻利比里亚执行维和与调停任务。几内亚和塞拉利昂深受利比里亚内战引发的难民潮的困扰，到1990年8月，两国接纳的利比里亚难民数目分别为22.5万人和6.9万人。此外，爱阵还与塞拉利昂的反对派勾结，在1989年中期，泰勒设法和桑科领导的、利比亚训练的塞拉利昂革命统一阵线结盟。故而，几内亚和塞拉利昂支持西非维和部队的行动。

---

① Adekeye Adebajo, “*Building Peace in West Africa*: *Liberian*, *Sierra Leone and Guinea-Bissau*”, chapter 3, “Liberia: A Banquet for the Warlords”, Publishers Inc, 2002, p. 48.

② Stephen Ellis, *The Mask of Anarchy*: *The Destruction of Liberia and the Religious Dimension of an African Civil War*, New York University Press, 1999, p. 162.

困难在于利比里亚根本没有和平来维持，西非维和部队在受到爱阵的攻击后，将目标从维和转变为实现和平，命令维和士兵建立一个缓冲地带保护蒙罗维亚免受爱阵的攻击。西非维和部队将爱阵驱逐出首都，但却与独立爱阵和利比里亚武装力量并肩作战，这使其所称的中立性受到质疑。在多伊死后，尼日利亚少将约书亚·多甘亚罗担任西非维和部队指挥官。他击退了爱阵的进攻，将泰勒的部队赶出了蒙罗维亚，牢牢地控制了该市。多甘亚罗主持建立了临时政府，由利比里亚政治家阿莫斯·索耶担任总统。此外，多甘亚罗成功地解除了普林斯·约翰逊领导的独立爱国阵线的武装，并使多伊的利比里亚武装力量的残部回到军营里。就在此时，尼日利亚的巴班吉达总统撤回了多甘亚罗，任命了一位更富于调解谈判能力的指挥官与泰勒进行谈判。泰勒对西非维和部队夺走他唾手可得的胜利愤怒不已，在其控制的地区建立了一个政府，称其为“大利比里亚”，临时政府在西非维和部队的支持下控制蒙罗维亚，二者形成对峙局面。有学者认为，西非维和部队对利比里亚内战的干预造成了如下的局面：没有西非维和部队的干预，利比里亚就面临陷入更大的混乱和动荡的危险；但西非维和部队成员国的分歧和竞争，阻碍了利比里亚内战的最终结束。①

在1990—1996年间，西共体和西非维和部队在利比里亚的冲突各派中进行了无数次的调解工作，督促和召开了十几次由各派系领导人参加的和谈会议（大多在尼日利亚进行），并促成签署了13个和平协议，成立过四届全国过渡政府，但和平之光依然是若即若离。形成这一局面的原因是多方面的。

从利比里亚国内因素考虑，武装派别不断增多、军阀们利用族群矛盾与冲突争夺权力使得和平难于实现，最大的武装派别爱阵拒绝与他人分享权力使得形势更为困难。各派系之间的相互猜忌与畏惧，使

① D. Elwood Dunn, “The Civil War in Liberia”, in Taisier M. Ali & Robert O. Matthews, *Civil Wars in Africa: Roots and Resolution*, Montreal: McGill-Queen's University Press, p. 104.

它们都不愿解除武装。军阀们割据一方并从自己控制的区域榨取资源，使其有能力将战事继续拖下去。从地区层面上看，西共体内部在如何解决利比里亚冲突问题上始终矛盾重重。布基纳法索和科特迪瓦支持爱阵，对尼日利亚主宰西非的野心非常不满；几内亚和塞拉利昂支持联民运，两国士兵与联民运并肩作战，对抗爱阵及其盟友塞拉利昂的反政府武装革命统一战线（Revolutionary United Front）。与利比里亚存在着多个跨界民族的几内亚，因民族与宗教的关系同情利比里亚的曼丁哥族人，曼丁哥族人因为支持多伊而成为吉奥与马诺等族人的打击对象。联民运—K 的领导人克洛马祖父就是几内亚人。尽管几内亚否认支持利比里亚任何一支武装派别，但却并不掩饰对克洛马的同情。正如其内战部长所言，“他（克洛马）和许多利比里亚人一样是来自几内亚的。他的祖父母生活在几内亚，我们不能阻止他回‘家’”。① 西非维和部队提供 80% 的兵力和 90% 的资金、并主宰西非维和部队政策的尼日利亚，向利比里亚的前政府军和利比里亚和平委员会提供军事援助；加纳和尼日利亚在外交和军事事务的根本问题上存在很大分歧。西共体各成员国政治上的歧异，为各武装派系所利用，西非维和部队既缺乏足够的军事力量在一场旷日持久的内战中和军阀们打下去，也不愿这样做。此外，西非维和部队不仅未能保持中立而有严重的偏袒性，而且维和部队的官兵常常也参与到战争中的劫掠行动中去，引起很大的非议。

利比里亚的内战爆发以至于愈演愈烈、战火持续燃烧，与国际大环境之间也有着密切的联系。美国与利比里亚有着密切的历史渊源。在第二次世界大战后的两极对抗时期，利比里亚一直是美国的忠实盟友。在冷战结束后，美国在非洲的战略利益大幅缩减，多伊也不复是美国的红人，成为国际舞台上的“恐龙”。他的垮台与此不无关联。美

---

① D. Elwood Dunn, “The Civil War in Liberia”, in Taisier M. Ali & Robert O. Matthews, *Civil Wars in Africa: Roots and Resolution*, Montreal: McGill-Queen's University Press, p. 104.

国突然撤回对多伊的援助和支持，在利比里亚产生了不稳定的影响，留下了一个安全真空。泰勒正是在此时趁虚而入。鉴于爱阵和利比亚的联系，美国在利比里亚内战爆发时，向多伊的政府军派遣过军事顾问，但国会的抱怨使得美国很快召回了顾问。此后，美国仅是有限度地支持西共体的维和计划，在内战期间向利比里亚捐助了5亿美元的人道主义援助。但美国注意保持与西非维和部队的距离，不愿过多地承担责任。华盛顿撤回了在利比里亚的侨民，并不顾利比里亚人和欧洲盟友的呼吁，拒绝对利比里亚内战进行军事干预，而主要将精力放在人道主义援助方面。利比里亚内战在国际上也没有得到应有的关注。联合国仅向利比里亚派遣了不足100人的军事观察员，而“非统”的1500名维和部队在一年后就撤离了。

到1997年，这些困难得到了解决，从而使利比里亚的内战暂告结束，并实现了大选。大部分的利比里亚武装派系与西非维和部队合作解除武装，而泰勒也看到只有通过选举才能掌握权力。在地区层面上，尼日利亚与泰勒和解并不再支持其反对者，从而使布基纳法索和科特迪瓦也参与了维和行动。在国际环境方面，美国和欧盟为西共体的维和行动提供了后勤方面的支持，使其能够解除各派系的武装。在利比里亚七年的维和行动中，尼日利亚承担了90%的维和经费，耗资累计达40亿美元，为利比里亚结束战乱发挥了关键性作用。

泰勒执政后内战的狼烟再起，固然主要是由利比里亚内部矛盾引发的，但同样与西非地区的局势有密切联系。为了推翻塞拉利昂政府并控制其钻石资源，泰勒参与组建了塞拉利昂反政府组织——革命联合阵线，并通过钻石非法贸易购买军火、资助武装活动。根据联合国和美国的调查报告及情报显示，泰勒及其亲信通过“滴血钻石”和其他贸易获得的非法收入至少有上亿美元之多。至今，泰勒的总统安全部队中还有许多塞拉利昂反政府武装革命联合阵线的成员。据悉，泰勒还与几内亚、科特迪瓦等周边国家的反政府武装打得火热，并利用非法交易私下为这些武装提供武器，使本已冲突不断的西非局势更加动荡和复杂。

1997 年后，利比里亚边境始终处于不安定状态，这使得泰勒与西非维和部队关系不断恶化。西非维和部队与联合国都指责泰勒继续支持在塞拉利昂的反政府武装叛乱分子。泰勒反过来指责西非维和部队在塞拉利昂支持其反对者，拒绝西非维和部队使用利比里亚的机场执行在塞拉利昂的维和任务，并公开反对在弗里敦进行干预。1998 年末，西非维和部队撤离了利比里亚。此后，利比里亚与几内亚和塞拉利昂的边境仍旧危机四伏。1997 年，20 万塞拉利昂难民在该国战争爆发后涌入利比里亚，泰勒派兵守卫边境。1999 年 4 月和 8 月，利比里亚的反政府武装利民联从几内亚侵入利的洛法州，内战再度爆发。

1999 年 5 月后，泰勒支持的塞拉利昂革命统一战线叛乱分子向几内亚发起进攻，造成人员死伤和财产的毁坏。1999 年 9 月，两个毗邻利比里亚的几内亚村庄遭到叛乱分子的袭击，据说这些叛乱分子得到了泰勒的支持。泰勒与几内亚总统拉萨纳·孔蒂之间的关系自 20 世纪 90 年代以来就一直很僵。2001 年 3 月，泰勒宣布驱逐几内亚与塞拉利昂大使，指责他们帮助叛乱分子进攻利比里亚。3 个月前，泰勒从科纳克里召回了自己的大使。在利民联于 2000 年 7 月至 9 月间再次进攻洛法州，并迫使数以千计的难民逃离该地区后，利比里亚与几内亚的关系进一步恶化。几内亚针对利比里亚和塞拉利昂难民发布煽动性言论，引发了排外性的攻击浪潮。2001 年 4 月，泰勒的军队与几内亚支持的叛军在洛法城镇附近发生激烈战斗，战火蔓延到了宁巴州。泰勒在洛法州部署了军队并动员前爱阵的士兵驱逐叛乱分子。战斗使西非维和部队不能实施在利比里亚、塞拉利昂和几内亚边境部署 1700 人军队的计划。泰勒宣布其军队控制了洛法州的局势，并威胁要将叛乱分子驱逐出几内亚边境。

联合国安理会一个专家小组在 2000 年 12 月的一份报告中，提供了泰勒与塞拉利昂反政府武装革命联合阵线狼狈为奸的证据：泰勒支持在利比里亚训练革命联合阵线的叛乱分子；在蒙罗维亚与革命联合阵线进行战略会晤；向其提供军事援助。2001 年 3 月，在美英的发起下，联合国安理会要求利比里亚停止进口塞拉利昂钻石，不再支持塞拉利昂反政府武装，并向叛乱者施加压力以便让联合国的塞拉利昂代表团评估叛乱组织控制的地域。

泰勒对联合国的要求阳奉阴违，继续与塞拉利昂反政府武装狼狈为奸。联合国安理会于 2001 年 5 月 7 日对利比里亚实行制裁：对利比里亚钻石实行禁运，并对政府高级官员及其配偶在内的 130 多人发出旅行禁令。安理会进一步严格规定现存的武器禁运措施：禁止向利比里亚出售或供应军火及相关物资，禁止为利比里亚政府提供军事训练。这些制裁举措每隔 14 个月审核一次。联合国安理会在大多数西共体国家（不包括几内亚和塞拉利昂）的呼吁下，将制裁期限延缓 3 个月。泰勒对制裁极为不满，他指责美英企图颠覆其政府。

目前，利比里亚开始了为期两年的过渡期。随着联合国维和部队的陆续进驻，弥漫在利比里亚上空的硝烟终于散去。然而，利比里亚当前民不聊生，百废待兴，所面临的困难是巨大的。14 年内战夺走利比里亚 20 多万人的生命，造成 20 多万难民和上百万人流离失所。利比里亚冲突各方虽然原则上已经停火，也都同意解除武装，但各自仍想保存实力，并试图通过议会和政府进行暗箱操作。为了避免冲突再起和保证国家安定，利比里亚的当务之急莫过于尽快遣散和重新安置那些长期参加内战的武装人员。据估计，包括前政府军和前反政府武装在内，利比里亚约有 4.5 万人需要解除武装、遣散和重新安置，其中一半以上是不满 17 岁的童子军。这些人从小就扛着枪杆子在战乱中成长，几乎没有在正常社会里生活过。让这些人放下武器和对他们进行重新安置，对新政府来说显然是一大难题。尽管利比里亚日后还会经历风风雨雨，但有一点能够肯定的是：若要让内战永远成为历史、不再重演，正确处理利比里亚的民族矛盾，建立团结和睦的民族关系，实现各民族的共同发展是唯一的选择。

（于红，中国社会科学院民族学与人类学研究所副研究员）

尼日利亚

尼日利亚联邦共和国位于西非尼日尔河中下游，国土辽阔，面积达923768平方公里，比英国、比利时、法国与荷兰4个国家的面积加起来还要大。尼日利亚人口众多，2015年达1.82亿，是非洲人口最多的国家，大约占非洲总人口的近1/6。尼日利亚历史悠久、文化古老、物产丰富，素有西非“天府之国”的美称。一般认为，尼日利亚有大约250个族体。就民族构成而言，尼日利亚是非洲大陆民族最复杂的国家之一，故有西非“民族博物馆”之称。在这样的国度，实行联邦制，处理好民族关系，该是多么艰难的任务。

一　复杂的族际关系与“三足鼎立”格局

尼日利亚有250多个族体，分属于非洲大陆的三大语系，即尼日尔—科尔多凡语系、非亚语系（旧称闪—含语系）和尼罗—撒哈拉语系。就人口而言，人口上千万的民族有4个，分别是豪萨族（Hausa，占全国人口的21%）、约鲁巴族（Yoruba，占全国人口的20%）、伊博族（Ibo，占全国人口的18%）和富拉尼族（Fulani，占全国人口的12%）。此外，尼日利亚还有7个人口超过百万的民族，它们依次是卡努里族（Kanuli）、伊比比奥族（Ibibio）、比尼族（Bini，亦称埃多族，Edo）、蒂夫族（Tiv）、伊乔族（Ijo）、布拉族（Bula）、努佩族（Nupe）。人口上千万的四个民族总计占全国人口的71%，而人口上百万的11个民族总计占全国人口的92%。另约8%的人口分属于200多个族体，其构成的复杂性可想而知，各族体间的差异性十分显著。有学者统计，仅在中部的包奇高地、阿达马瓦高原和十字河以东地区就分布着约200个族体。①

人口最多的民族集团属于尼日尔—科尔多瓦语系的尼日尔—刚果语族克瓦语支，包括约鲁巴、伊博、比尼、伊乔、努佩、伊加拉、伊多马等族体，分布在尼日利亚南部尼日尔河中下游地带。人口最多的民族——豪萨族聚居在尼日利亚北半部地区，与其近缘的民族还有布拉族、巴德族、安奎族、苏拉族、班达拉族、安加族、博勒瓦族等，他们以豪萨族为核心，正在聚合之中。值得特别指出的是，尼日利亚人口超千万的民族——富拉尼族也分布在北半部，由于历史的原因，作为后来者，富拉尼族与豪萨族杂居，相互通婚，彼此同化，数百年的这种交往历史已使二者融合为你中有我、我中有你的共同体。为此，当代不少非洲学者称二者为“豪萨—富拉尼人”（Hausa-Fulani people）。

综上所述，尼日利亚中间地带是众多族体交错杂居的地带，而南北各分布着两个人口上千万的大族：北方的豪萨族和富拉尼族已经基本上融合为一个大族体，笃信伊斯兰教；南半部的约鲁巴族和伊博族则处于一种分离的民族过程中，日益形成两个民族聚合中心，即西南部和西部为约鲁巴族聚居区，尼日尔河下游两岸及东南部为伊博族聚居区。约鲁巴族和伊博族在奴隶贸易时期就频繁地与欧洲人接触，故两族中均有不少人信基督教，其余人则仍保持传统信仰。以这两族为核心，其各自周围的族体则向它们靠拢、聚合。

① 参见苏联《非洲百科全书》第2卷，莫斯科，1987年，第248页。

总而言之，目前尼日利亚境内已形成以三大民族为主的聚合中心：北部以豪萨—富拉尼族为主；西南部以约鲁巴族为主；东南部以伊博族为主，从而构成“三足鼎立”的格局。三者间的关系直接影响到国家的政局稳定和经济发展，联邦制的存亡亦取决于三者之间关系的好坏，联邦政府民族政策的取向亦以协调三者之间的平衡关系为出发点。

二　军事政变频发导致民族关系紧张

尼日利亚是一个军事政变频仍的国家，自1960年独立以来，已先后发生六次军事政变和两次未遂政变，经历了6届政府的更迭，其中竟有五届政府是通过军事政变的手段夺得政权的。独立以来的30多年里，两届文官政府仅执政10年，在其余的20多年中，政权都在军人手中更迭。一个国家如此频繁地发生军事政变，在非洲是少有的。造成这种不正常局面的主要原因是民族关系紧张、宗教纠纷复杂，致使冲突尖锐。

“三足鼎立”的大族结构一直左右着尼日利亚的政局。尼日利亚各政党实际上是建立在不同民族或民族集团基础之上的，分别代表三大族的利益。例如，北方人民大会党代表着北部豪萨—富拉尼族势力；尼日利亚行动党，即原联邦反对党，代表着西南部约鲁巴族势力；尼日利亚全国公民大会党代表着东南部伊博族势力。从历史上看，北方豪萨—富拉尼族由于地域大、人口多，在国家政治生活中一直占有支配地位。长期以来，三大民族相互猜忌、彼此畏惧，屡屡发生摩擦。北方的豪萨—富拉尼族担心南方两大族经济与政治实力的发展会威胁到北方的利益，尤其是尼日利亚的石油集中蕴藏在以伊博族为主的东南部地区。约鲁巴族和伊博族则一直对北方人独揽大权耿耿于怀。靠近沿海的南方民族，其经济、文化的发展历来领先于北方的豪萨—富拉尼族，西方的先进文化和科技也是首先传入南方的，伊斯兰教的北方则一向以守旧著称。为此，联邦政府及北方的许多行政职务大部分由南方人、特别是伊博人担任，与此同时，北方的交通运输等许多行业也都掌握在南方民族的手中。这种状况不仅使豪萨—富拉尼族心存恐惧，而且与豪萨—富拉尼族近缘的北方小民族对此也感到不满，担心更多、更好的工作机会会被伊博族或约鲁巴族夺去，加之南北部的宗教信仰不同，各民族之间的芥蒂和矛盾是难以消弭的。

在独立后的首届政府中，伊博族的阿齐克韦任总统，总理则是豪萨族的巴勒瓦。由于豪萨—富拉尼人的政党和伊博人的政党组成联合政府，共同执掌政权，故约鲁巴人的行动党为反对党。联邦政府的对内政策基本上是“豪、伊联手排挤约”。不久，以约鲁巴人为主的行动党领袖突然被扣押，遭到审讯并入狱，从而引起约鲁巴族对政府的不满，族际关系一度紧张起来。

1965 年 1 月 15 日，尼日利亚发生第一次军事政变，政变发动者竟是伊博族人、当时尼日利亚的军队首领伊龙西。联邦总理巴勒瓦遇害，北部豪萨—富拉尼族及西部约鲁巴族的高级军官亦均遭屠戮，校级以上的军官几乎无一幸免，而伊博族军官则安然无恙。16 日，伊龙西宣布自任联邦军政府首脑和军队最高统帅。此人发动政变的目的是实现伊博独揽大权，但是事与愿违，其所作所为引起了北方豪萨—富拉尼族和西南方约鲁巴族的联合反抗。同年 5 月，豪萨族地区发生了大规模屠杀伊博人的流血事件；与此同时，在伊博族地区，则相应地发生伊博族军官枪杀无辜豪萨平民的报复行动。事态迅速激化，同年 7 月发生了第二次军事政变，政变发动者是豪萨族军官穆罕默德。伊龙西被杀，伊博族一统天下的局面仅仅存在了半年。政变者推举陆军参谋长戈翁担任国家元首，此人来自北方小族安加族，该族与豪萨族近缘，是豪萨—富拉尼北方民族集团中的一员。

戈翁执政之后，全国各少数民族强烈要求分州以获取政治权利。在这种情况下，1967 年 5 月 27 日，军政府宣布，全国由原来 9 个州重新划分为 12 个州，这个决定得到了除伊博族以外的所有尼日利亚人的欢迎。伊龙西之死加强了伊博族的离心倾向，他们视戈翁军政府为不共戴天之敌，处处与之对立。伊博族领袖不但拒绝新的联邦结构，而且走得更远，于1967年5月30日公然宣布在尼日利亚东部伊博族地区成立独立的“比夫拉共和国”，声明从此脱离联邦。对此，以豪萨—富拉尼族与约鲁巴族联手排挤伊博族为施政出发点的戈翁军政府，自然不会答应，随即决定诉诸武力。7月，戈翁派遣联邦军队向“比夫拉”展开猛烈进攻，“比夫拉战争”正式开始。战争持续两年半之久，伊博族伤亡人数达百万，不得不在1970年1月被迫投降。从以上政变——分裂——内战的惨痛历史中，人们可以看到“三足鼎立”关系对尼日利亚的政局有多么重大的影响，平衡政策的失误将会产生多么严重的后果。

“比夫拉战争”的结束并没有实现民族关系的平和。尽管戈翁实行了一系列政策，在保障北方豪萨—富拉尼族利益的基础上巩固联邦制，但发动政变的穆罕默德对此并不满意，此人力图谋求北方豪萨族的绝对统治地位。他联络约鲁巴族军官奥巴桑乔，趁戈翁出国访问之际，于1975年7月29日再度发动军事政变，宣布自己出任国家元首。这是尼日利亚独立以来的第三次军事政变。

穆罕默德上台仅半年，1976年1月，戈翁的亲戚迪姆卡发动军事政变，杀害了穆罕默德。但是，胜利之果并没有落在安加族手中，奥巴桑乔接任联邦元首，这是尼日利亚独立以来约鲁巴人第一次掌握国家权力。由于经历了多次军事政变，尼日利亚民族冲突加剧，社会经济发展受阻，以致国力削弱、民众不满。有鉴于此，奥巴桑乔吸取以往教训，实行了一系列调整国民经济发展计划的政策，并采取了谨慎的举措来维护和平的族际关系，从而使尼日利亚出现了一个相对稳定的时期。1979年7、8月间，奥巴桑乔履行了“还政于民”的诺言，发起全国大选活动。经过一年的艰苦竞选后，豪萨族的沙加里成为尼日利亚联邦的总统，这是尼日利亚独立以来的首届文官政府。在为期4年的执政期内，沙加里继续执行奥巴桑乔发展国民经济的政策：大力发展石油工业，使石油收入创造新高；与此同时，政府亦积极发展农业，并提出5年内实现粮食自给的口号。此外，尼日利亚政府在民众的普遍要求下，着手开展反贪污腐败的运动，但由于触及到北方豪萨—富拉尼贵族的利益，反贪计划无法实施。不久，国际市场石油价格下跌，导致尼日利亚经济急转直下。在这种情况下，民族“领袖”们便趁机作乱，和平数年的民族关系重又开始紧张起来。各种迹象表明，“文官政府”已经走到了尽头。

1983年12月31日，尼日利亚发生了独立以来的第四次军事政变，沙加里文官政府被推翻，尼日利亚又重回军政权统治，代之而起的是北方穆斯林、政治稳健派布哈里领导的军政府。此届军政府仅存在不到两年，1985年8月27日，尼日利亚再度发生军事政变，起事者是原最高军事委员会委员、陆军参谋长来自中部努佩族的巴班吉达。巴班吉达出任尼日利亚总统兼武装部队总司令，执政达8年之久的为尼日利亚带来了一个比较平稳的时期。

巴班吉达一方面进一步推行沙加里时期发展国民经济的计划，巩固其成果；另一方面数次开展“还政于民”的活动，并着力于缓解民族矛盾，得到民众的普遍欢迎。但是，尼日利亚的民族矛盾和政客弄权之争一直存在。1993年6月12日，按巴班吉达的承诺，尼日利亚举行“还政于民”的总统选举，社会民主党候选人阿比奥拉（约鲁巴族）得票占优势。军政府宣布这次选举无效，一度激起全国范围内的群众抗议示威活动。在这种情况下，巴班吉达军政府决定成立主要由文职人员组成的全国临时政府。8月26日，巴班吉达正式辞去总统和武装部队总司令职务，由他的继承人、尼日利亚过渡委员会主席欧·肖内坎（约鲁巴族）就任临时政府领导人，并宣布于1994年底举行还政于民的全国大选，届时肖内坎将权力交给当选的新总统。

然而，肖内坎担任全国临时政府领导人不到3个月，1993年11月17日，以临时政府国防部长萨尼·阿巴查上将（豪萨族）为首的军人再次发动政变，将肖内坎赶下台，组成新的军政府——联邦执政委员会。这是尼日利亚独立以来的第六次军事政变。阿巴查军政府上台后，在全国民众普遍要求的“还政于民”的压力下，于1994年4月公布第一阶段政治计划，决定于6月27日举行全国制宪大会，开始民主过渡。全国制宪大会于12月8日结束了第一阶段的工作，通过270多项议案，提出一系列建议，其中包括在尼日利亚未来政治结构中由南北地区轮流推选总统、实行多党制、传统领袖（土王和酋长）在国家政治中起顾问作用等多项内容。1996年5月，阿巴查因病去世，政权由阿布巴尔卡将军接管。1999年6月，阿布巴尔卡将军又成功地施行了尼日利亚独立以来的第二次“还政于民”大选，结果奥巴桑乔当选为新总统，成为今日非洲政治生活中一位重要的人物。

历数尼日利亚独立以来的8位国家领导人，从族裔角度出发，除首任总统阿齐克韦和伊龙西来自伊博族、奥巴桑乔来自约鲁巴族外，其余均来自北方豪萨—富拉尼族或与其近缘的小族（安加族、努佩族）；从宗教角度来看，伊斯兰教和基督教教徒各占4位。尽管历届领导人上台后都指责前任不善管理国家，导致经济困难、贪污腐败等等，但军事政变频仍和政权不断更迭的内在原因却是民族矛盾和宗教纠纷，尼日利亚政治舞台的变化均与“三足鼎立”的族际格局有着密切联系。

三　不断探索正确的民族与宗教政策

尽管尼日利亚军事政变不断，政局长期不稳，但各届政府为了维持自己的统治，都在摸索着稳定政局、发展社会经济的民族政策和宗教政策。在奥巴桑乔和巴班吉达两个较长的执政时期，尼日利亚政府总结以往教训，制定并实施了一系列有利于民族团结和国家社会稳定的政策，有以下几点值得一提。

第一，消解地方民族主义情绪，引导全民加强国家意识。首先，为了满足中、小民族的要求，相对削弱各大民族的势力和影响，联邦结构不断变化，主要措施是增加州的数目，用地区分割族体界限。尼日利亚独立时仅有9个州，第一次划为12个州，第二次划为19个州，目前已划为30个州，以此实现地区间的平衡，淡化地方民族色彩。与此同时，政府一再呼吁消除民族隔阂，加强民族团结，共同为贯彻国家复兴计划而努力，尤其是强调几个大民族要着眼于全尼日利亚的前途和利益，克服“以我为核心”的思想，并用“比夫拉战争”的惨痛教训告诫后人，加强人们的国家意识。

第二，在国家人事安排上实行比例分配制。从中央政府、各部部长到各州、县负责人，政府在安排人员时，尽量照顾民族、宗教、地区的代表，并保证军人、文人、商人及社会各界的利益，以求渐渐消除长期存在于人们心理中因民族和宗教信仰不同而造成的相互隔阂和芥蒂，做到“国家兴亡，匹夫有责”，“国家权力人人有份”。

第三，实行国家各级官员易地易位任职制。自巴班吉达政府执政以来，各级官员的调动十分频繁，其主要原因就在于推行了“本地官员异地任职、本族官员异族任职、宗教官员交替任职、肥缺岗位轮流任职”的政策。不仅如此，官员的调动大多是跨地区（州、县）、跨部门、跨行业的调动，其目的就是防止官员因民族属性和宗教信仰的影响而失去秉公办事的原则，同时也是为了避免官员利用职务权限形成民族或宗教势力集团。对于港口、机场、海关、移民局等油水大的岗位，官员轮换尤为频繁，而且是不同民族、不同宗教的官员交叉轮换，其目的就是防止某些官员中饱私囊、引起民愤。

第四，发挥传统领袖——酋长的作用。政府在制定一些重大政策、尤其是民族和宗教方面的政策时，均事先认真听取酋长的意见；在执行政策时，亦鼓励酋长在民众中多做有益的工作。政府保留酋长的某些特权，发挥酋长在传统社会的影响，在全国保持良好的民族和宗教关系。

第五，联邦政府设立专门管理全国宗教事务的机构——“尼日利亚国家最高宗教事务委员会”，其主要官员由伊斯兰教和基督教教会相互协商推举。此外，政府还通过了一些关于民族宗教问题的法令，从而在处理这方面问题时有章可循、有法可依。

第六，严格禁止军人警察介入民族矛盾和宗教冲突，强调军人警察的天职是捍卫国家的团结统一。政府处理民族和宗教问题时，军人警察必须服从命令、听从指挥，维护尼日利亚整体利益，如有人涉嫌参与制造民族和宗教纠纷，一经查证落实，将受到比一般百姓更为严厉的处罚。

第七，发展教育事业，提高民族文化。巴班吉达执政期间，十分重视教育事业的普及和提高。政府在普及全国范围内免费小学教育的基础上，进一步增加教育经费，用以增建新校舍和改善教育设施。每年，政府均将教育经费列为最优先的支出项目。近年来，在偏僻的少数民族山区也相继建立起了中、小学，师资数量不断增加，高等教育更以惊人的速度发展。从 1995 年起，尼日利亚宣布实行九年义务教育。目前，全国基本实现了村村有小学、镇镇有中学、州州有大学。为了更全面地普及教育，政府还采取多种教育形式，如举办各种类型的培训班和专业技术训练中心，对于占全国人口一半的不识字成年人，政府经常分期分批地开展扫盲教育。

第八，坚持大学毕业生参加“国家服务队”制度。青年学生涉世不深、思想敏锐，极易受到外界种种思潮的影响，往往感情用事。尼日利亚多次宗教骚动的导火线便是大专院校毕业生闹事，而政府几次平息宗教骚乱的措施之一就是关闭一些学校。为此，政府十分重视培养青年学生爱民族、爱国家的整体意识观念。政府规定，尼日利亚大学生毕业后先到部队、工厂、农村参加一年的服务性劳动后，方能取得国家分配工作的资格，这就是所谓的“大学生国家服务队”制度，自 1973 年开始实施，坚持至今。为此，政府设立了一个专门机构——全国青年服务团，总部在拉各斯，各州设有分部。

一名大学毕业生，要正式分配到工作，必须完成“三部曲”，远比我国实行过的“知识分子上山下乡”政策更复杂、更严格。这种制度不但提高了大学毕业生的工作能力，也确实减弱了青年人在民族动乱和宗教纷争中充当骨干的动因。

首先，每年大学毕业考试一结束，各学校便将成绩合格的学生名单报到州服务队分部，分部报到拉各斯总部，总部再根据全国情况进行分配。分配的原则是北方的学生到南方来，南方的学生到北方去，国家发给路费。在一年期间里，总部按月发给每个队员服务费（约等于一个清洁工人的月工资），供吃饭、穿衣和零用。这便是为期一年的下放锻炼第一部曲。第二阶段是根据学生所学专业到对口的基层单位工作 3 个月，从事勤杂劳动。例如学工的学生在工厂擦洗机器、打扫卫生等。他们住在单位集体宿舍，在集体食堂就餐。第三步是到城市郊区、农村、水利工地等处从事社会性服务劳动，如修路、架桥、建学校、挖水渠、垦荒等。学生劳动之余还要广泛接触群众，了解当地民风和生活习惯以及社会经济状况，每个人需完成一份调查报告。走完“三部曲”的大学毕业生，各州均为其举行结业仪式，评选出 3 名优秀毕业生，上报总部，总部再从各州中选出一名全国优秀毕业生。届时，全国报纸、电台、电视台都积极报导优秀毕业生事迹，大加宣传。国家元首接见各州所有的优秀毕业生，并亲自给全国优秀毕业生颁奖。在服务性劳动期间，凡表现不好或有偷盗、斗殴等不良行为者，要延长服务性劳动期限一年。政府还明文规定，大学毕业生无故不参加服务性劳动者，不论是什么人的子弟，一律不予分配工作。实施这一制度的目的就是让刚走出学校的大学毕业生熟悉社会、了解国情、抛弃民族和宗教偏见，为改变国家面貌、发展民族经济做出贡献。

通过多年不断地调整民族政策，应该承认自 1990 年代以来，尼日利亚各民族之间、特别是三大族之间的关系开始趋于稳定，国家的经济发展也有了持续增长，从而使“尼日利亚以黑非洲第一人口大国的地位和巨大的经济发展潜力，成为了西非国家联合的核心”,[①] 而奥巴桑乔亦成为当今非洲政坛一位举足轻重的人物。

---

① 见新华社内罗毕 1999 年 11 月 18 日电文《联合是非洲发展的必由之路》，载《参考资料》2000 年 1 月 11 日。

然而，尼日利亚作为非洲民族构成最复杂的国家之一，仍然面临许多问题。独立以来，各族裔之间发生了诸多纷争，甚至爆发了内战，出现了国家分裂的局面，尤其是在“比夫拉战争”之后，从各届政府主要人员组成上看，基本上是豪萨—富拉尼人联合约鲁巴人排挤伊博人的格局。伊博族分布区是尼日利亚经济资源的聚居地，作为该地区的主人，伊博人在国家政治生活中一直受压制、排挤，总不是正常的状态，这种局面潜藏着某种危机。为了实现尼日利亚的长治久安，我们相信，目前的奥巴桑乔政府及以后的国家领导人会进一步调整民族政策，使尼日利亚真正步入可持续发展的道路。

（葛公尚，中国社会科学院民族学与人类学研究所研究员）

布 隆 迪

1994 年卢旺达的种族大屠杀震惊了整个世界，在“20 世纪后半段最恐怖、血腥的 100 天”内，50 万—80 万图西人惨遭屠戮。与卢旺达民族构成完全相同且历史发展进程极其相似的布隆迪，在独立后也多次发生大规模的种族仇杀，虽然其烈度不及 1994 年卢旺达的大屠杀，但也造成了 20 万—30 万人的死亡，数十万人沦为难民、流离失所。如果说卢旺达的大屠杀像地震和火山爆发似的大灾变，布隆迪的族群冲突则宛如毒瘤和类风湿，虽不至于将人一击毙命，但它长时间侵蚀人的肌体，且不时剧烈的发作，造成无限的痛苦和折磨。1993 年 10 月 21 日的军事政变后，布隆迪被拖入旷日持久的内战中，胡图和图西两族相互仇杀，死亡人数已超过 15 万。目前，布隆迪仍处在和平过渡期内，未来的发展仍存在诸多变数，何去何从尚难预料。

一 布隆迪的族群构成及族际关系发展

布隆迪社会现在存在着严格的族群分野，权力分配以族群为基础且极不平等。图西族占总人口（1117 万，2014 年）的 14%，为统治族群，控制着政府、军队和重要的经济部门。胡图族虽然占总人口的

85%，却处于无权地位。特瓦族约占1%，常常被视为二等公民，在政治、经济等领域都是一个极度边缘化的族群。应当指出的是，布隆迪的族群构成比例是殖民者通过抽样调查得出的，布隆迪从未进行过以族群为基础的人口普查。

在构成现代卢旺达和布隆迪的土地上，最初的居民是以狩猎、采集为生的特瓦人。在公元8—10世纪之间，班图语系的胡图族农业生产者来到了这一地区，定居下来。公元13—16世纪，北方属尼罗—含米特人支系的图西人抵达胡图人和特瓦人生活的地域，通过封建体制取得了政治上的统治地位，并在16世纪早期建立了布隆迪最早的王国。1675年，图西国王恩塔尔（Ntare）一世建立了王国，该王国一直持续到1966年。布隆迪国王称为"姆瓦米"（mwami）。在国王和民众之间，存在一个贵族阶层——甘瓦（Ganwa）。甘瓦是具有王室血统的王公，分为四个派别，即巴塔尔、贝齐、巴塔加和班布萨，他们分别是四个王朝的王室后裔。虽然布隆迪国王和甘瓦都是图西人，但一般被认为是超越于图西族大众之外的集团。甘瓦是地方省份的首脑，控制着广大的区域。酋长负责基层的管理工作，图西人、胡图人都可以担任这一职务。国王选拔的法官也包括这两族的成员。控制着王国宗教权力的"班亚马班加"（Banyamabanga）一般从胡图族中遴选，负责守护王室的秘密、组织播种节。他们除了掌握宗教权力外，还控制着自治性的行政实体，大部分人拥有武装民兵，在自己的地盘中过着优裕的生活。在布隆迪王国，不同族群的成员都可以凭借自己的能力和才干获得向上流社会攀升的机会。①

普通的图西人和胡图人平等相处，往来频繁，通婚现象十分普遍，族群的分野也因此而变得模糊。历史上从未有胡图族和图西族爆发冲突的记载。在酋长国扩张期间，确实存在着暴力和冲突，但这种对抗

① Adebayo Adedeji, ed., *Comprehending and Mastering African Conflicts*, Zed Books, London & New York, 1999, pp. 81 - 82.

不是胡图和图西两族之间的，而是不同酋长国之间的。研究卢旺达和布隆迪的学者勒马尚认为，在布隆迪，最重要的社会差异不是胡图人与图西人之间的，而是作为贵族的甘瓦与作为普通大众的胡图和图西人之间的。布隆迪社会虽然存在着图西人、胡图人与特瓦人之间的区分，但这三个社会集团之间的差异并不是种族性质的。在长期的共同生活和融合过程中，他们共同构成了一个民族——布隆迪人。所有的布隆迪人，不论属于哪个社会集团，都使用共同的语言——基隆迪语，奉行相同的文化、习俗，信仰相同的宗教，相互混居在一起。布隆迪赤裸裸的族群分裂以及由此导致的血腥仇杀，完全是现代以后的事情。

1899 年，布隆迪成为德国的殖民地，被并入德属东非。1916 年，卢旺达和布隆迪在国联的授权下成为比利时的殖民地，比利时殖民当局沿用了德国人采取的间接统治的方式。为了强化对所属殖民地的控制，德国和比利时的殖民者都实施了分而治之的政策，利用布隆迪业已存在的社会等级体制，将贵族阶层对胡图人和特瓦人的统治制度化。就这样，欧洲殖民者出于殖民统治的需要，将布隆迪社会图西、胡图和特瓦三个社会集团的区分赋予了种族的意义。值得注意的是，胡图人、图西人和特瓦人之间的分野并不是完全由血统决定的。判定一个人应当归于哪一个社会集团的标准常常是很含混的。比利时殖民当局在统计人口时，将拥有牛的数目作为确定族群身份的主要标准。拥有 10 头牛以上的人被划为图西人，10 头牛以下的人为胡图人，没有牛的人被归入特瓦人之列。而且，每个社会集团都不是封闭的，不同集团之间可以相互流动，个人或家庭的族群身份可根据财产状况的变动而随之变动：胡图人如果拥有 10 头以上的牛，也可摇身变为图西人；而图西人则可能因为牛的数量下降而成为胡图人甚至特瓦人。这实际上是以族群概念取代社会阶级概念的划分。

为了保证图西人的统治地位，比利时殖民当局在 1926—1933 年间进行了一次重要的行政改革，所有的胡图人都被清除出领导岗位。此外，殖民当局为皇族成员和图西人提供了优先的受教育机会，而胡图人和特瓦人则在很大程度上被剥夺了受教育的权利，这一做法人为地制造了布隆迪各族裔事实上的不平等。殖民当局在1929年创立了慈善兄弟会学校，专门招收图西酋长之子，教授他们一个酋长所应掌握的技能。[①] 图西人的统治之所以能一直延续到独立后的现代政府，一个重要原因就是殖民当局的歧视性教育体制。图西族学生在这种西式教育中潜移默化地被灌输了歧视胡图人的理念，成为扩大胡图人与图西人之间的社会距离、加剧两个集团之间对立和不满情绪的源泉。

二　现代布隆迪的族群冲突与仇杀

20世纪50年代后半期，殖民当局倚重图西人的政策开始转向。图西人从殖民统治不可或缺的“好助手”转而成为邪恶的“含米特侵略者”，他们来到大湖地区统治压迫胡图人。在1960年代非洲民族主义浪潮兴起后，比利时殖民者改弦更张，决定支持“勇敢的胡图族人民”，图西人则要承担殖民统治的一切罪恶和责任。特别值得指出的是，比利时殖民当局别有用心地取缔了一切跨越族群界限的政党，专门扶植那些以族群为基础的政党。

与邻国卢旺达相比，布隆迪的独立过程相对平静。在独立前后，布隆迪的政治权力之争主要不是图西人与胡图人之间的，而是在甘瓦内部两大派别——贝齐与巴塔尔之间展开的。这两大派别之间的竞争在19世纪中期就已经存在。20世纪中期后，它们分别组建了各自的政党。贝齐甘瓦建立了国家进步联盟，又称乌普罗纳党，简称乌党，由国王的长子路易·卢瓦加索尔（Rwagasore）领导。该党超越族群界限，以民族国家的统一为目标，在其领导层中包括胡图和图西两族的成员。巴塔尔甘瓦建立了基督教民主党，较为保守。不愿意放弃布隆

① Leonce Ndikumana, “Institutional Failure and Ethnic Conflicts in Burundi”, in *African Studies Review*, Vol. 41, No. 1 (Apr., 1998), p. 33.

迪的比利时殖民当局，暗中支持基督教民主党。此外，布隆迪这时也出现了族群导向的政党，例如胡图进步党、人民解放党和人民党。①

在1961年9月举行的立法选举中，乌党得到胡图和图西两族的广泛支持，获得了全国议会64个席位中的58席，卢瓦加索尔当选总理；但他在10月即遭到暗杀，安德雷·穆瓦接替了他。卢瓦加索尔的被杀似乎具有某种必然性，因为他的敌人不仅来自许多方面，而且拥有强大的权力。首先，卢瓦加索尔倡导国家主权，因而不合比利时殖民者的胃口；其次，他主张参与制民主因而使国王和保王派势力不高兴；第三，他娶了一位胡图族妻子，破坏了王室血统的神圣性，因而招致保守的王室成员和图西族极端主义分子的憎恶。卢瓦加索尔遇刺后，再也没有一位深孚众望的领导人能够弥合乌党内部与整个国家的分裂，胡图人和图西人开始走向了公开的对抗。1962年1月14日，布隆迪爆发了第一次族群冲突。5名胡图人，其中包括两个著名的工团主义者，在首都布琼布拉北部被杀。这一事件在议会引起了轩然大波，议会随之分裂为以族群为基础的对立两派：胡图族议员组成了“蒙罗维亚派”，而图西族议员组成了“卡萨布兰卡派”。

1962年6月27日，第16届联大通过决议，于7月1日宣布布隆迪独立，成立布隆迪王国。国王穆瓦布萨四世（Mwambutsa IV）力图在政府中实现图西和胡图两族的平衡，以缓解族群冲突。1963—1965年的四届政府中，图西和胡图两族占据比例大致相等。实际上，在1961—1965年第一届议会期间，布隆迪虽然已经带有族群政治的色彩，但还未出现明显的族群对抗局面，证据一是布隆迪的各政党都包括胡图族和图西族的成员；证据二是如果两族在议会中严重对立，就不会通过任何法律，国家机器也不会正常运转了。因此，在这一时期，布隆迪政治上的分野并不总是和族群上的分野相重合，胡图人和图西人

① Adebayo Adedeji, ed., *Comprehending and Mastering African Conflicts*, Zed Books, London & New York, 1999, pp. 83－84.

都不能永久性地占据政府中的所有职位或被完全地排斥在外。

1965 年 1 月，胡图族总理皮埃尔·恩让丹杜韦（Ngendandumwe）在就任仅一周后就被来自卢旺达的图西族极端分子暗杀。胡图人认为对行刺事件展开的调查是不公正的。人民党和国家进步联盟的一些胡图族领导人成立了只吸纳胡图人的政治组织，采取了鲜明的胡图主义立场。在 5 月进行的独立后第一次选举中，族群属性成为主要的政治动员手段，布隆迪的族群对抗第一次明确地显现出来。胡图族在随后的选举中获得决定性胜利，赢得了议会 33 个席位中的 23 席。但国王在图西精英阶层的压力下，修改宪法，拒绝成立新选举出的议会，并任命自己的表兄比哈为总理，而比哈连国会议员都不是。胡图人就这样被剥夺了选举胜利的果实，民主制度遭到无情的践踏。在民主参与道路被堵死后，被激怒的胡图族宪兵队军官在 1965 年 10 月 19—20 日企图通过政变夺取权力。总理比哈受伤，穆拉姆维亚省的几个图西族家庭被杀害。布隆迪政府采取了残酷的报复手段。不仅参加政变的成员被捕并被处决，而且包括当选的胡图族议员在内的大部分胡图族政治家和支持政变的胡图人都被处决。在乡村地区，军队围捕、枪杀无辜的胡图群众。据估计，被杀的胡图人在 2500—5000 人之间。

1966 年 7 月，穆瓦布萨被儿子恩塔尔五世废黜，总理米孔伯罗又废黜了后者，宣布布隆迪成为共和国。布隆迪西南部布鲁瑞地区、米孔伯罗家乡希马的图西人掌握了政权。布隆迪中部穆拉姆维亚地区的图西人在君主制体制下曾经被委以重任，他们不甘心将权力和地位拱手让与布鲁瑞地区的希马图西人，图西人内部两大地方派别之间的权力之争主宰了布隆迪的政局，胡图人被夹在之间，成为牺牲品。当政的布鲁瑞图西人反对君主制，对胡图人抱着怀疑和敌视的态度，惟恐占人口绝对优势的胡图人会与被排挤出权力圈的穆拉姆维亚图西人联手反对政府。故而，在图西人内部矛盾日趋尖锐时，胡图人往往成为打击对象。族群对立和政治斗争搅在了一起。1969 年 9 月，一次所谓的胡图族政变图谋被发现，布隆迪政府宣布 26 人因策动政变和计划屠杀图西人而被判处死刑，其中包括三位前部长。在1965年对胡图族领导人的大屠杀后崛起的胡图族新一批政治精英再一次遭到灭顶之灾。在图西族极端分子的影响下，布隆迪政府在族群关系问题上变得更为强硬。

1972年3月30日，流亡在外的被废国王恩塔尔五世回国。尽管得到米孔伯罗的安全保证，但恩塔尔五世还是被立刻逮捕，政府宣布他企图策动雇佣军入侵布隆迪。一些观察者认为政府此举在于加剧紧张局势，激发胡图人的不满，以便能够制造口实，严厉打击胡图人和穆拉姆维亚图西人。[①] 4月29日，米孔伯罗又解散内阁，免除执政的乌党执行秘书的职务，这无异于进一步火上加油。仅仅数小时后，政府的电台就宣布"支持君主制的帝国主义走狗和叛徒企图推翻共和国及其宪法"，并报道在首都布琼布拉和国内的其他几个地区发生了叛乱。当时驻布隆迪的美国大使称大约有4500名胡图人进攻军警机构和政府的广播站。布隆迪政府宣称"（胡图族）武装叛乱分子同扎伊尔的流亡者勾结起来，在4月29—30日之间进攻布隆迪南部、基特加和布琼布拉"，"大约5万人被杀，其中大部分是图西人。叛军的目标是建立胡图族统治的共和国，对图西人进行清算"。但美国驻布隆迪大使称实际的遇难者大约两千人，其中包括被拘押的前国王。图西族政府展开了大规模的报复，布隆迪成为一座人间地狱。屠杀从1972年的4月持续到11月，据估计，大约10万—20万胡图人被屠杀，另有15万—30万胡图人逃到国外。一所美国大学进行的田野调查报告（得到美国官员的证实）称，在几个月的大屠杀中殒命的人包括：内阁的4名胡图族成员；所有的胡图族官员；部队中几乎所有的胡图族士兵；布隆迪一半的小学教师；数千名公务员、银行职员、小商贩等等。布隆迪全国仅留下一名胡图族护士，几乎所有受教育的胡图人都被杀或逃亡。日

① Jack David Eller, *From Culture to Ethnicity to Conflict*, The University of Michigan Press, 1999, pp. 233, 235.

复一日，卡车满载着年轻胡图人的尸体，将它们送往坟墓，其中大部分人是中小学和大学的学生、教师、农学家和公务人员。①

具有讽刺意味的是，主宰布隆迪政局的图西人内部的权力之争转变为胡图人与图西人之间的矛盾和对立。即使是乡村地区的居民，现在也认识到胡图人和图西人的身份究竟意味着什么，许多布隆迪图西人开始将胡图人视为敌人，认为只有消灭所有的胡图族领导人，甚至是所有的胡图人，才是解决布隆迪问题、确保图西人生存和发展的唯一出路。族群关系被严重扭曲，“杀掉胡图人看起来成为每个图西公民的公民义务的组成部分”。② 有迹象表明，在大屠杀过程中，图西族学生就曾帮助列出他们的胡图族同学的名单。③

1976 年 11 月，巴加扎（Bagaza）在一次不流血的政变中夺取了政权。在巴加扎统治期间内，族群关系表面上相对平静，没有发生较大的冲突。军政府采取了弥合族群对立的措施，鼓励在 1972 年的大屠杀后逃亡国外的胡图难民回国，恢复其财产。但另一方面，布隆迪通过新宪法，宣布乌普罗纳党是唯一的合法政党。尽管政府表面上也鼓励胡图人加入乌党，但该党无疑代表的是图西统治精英的利益，他们利用乌党主宰着整个国家。广大胡图人在政治、经济上仍然受到压迫和歧视。1986 年，胡图族的恩达达耶建立了新政党布隆迪民主阵线（Frodebu，简称民阵）。民阵中包括了许多胡图族知识分子，其中许多人在 1972 年的大屠杀之后一直流亡卢旺达，恩达达耶就是其中之一。恩达达耶宣扬非暴力和非宗派主义思想，称除非民阵的成员对别人也表示出尊重，否则就不会有正义。民阵的一些成员将恩达达耶比之为

① Rene Lemarchand, “Genocide in the Great Lakes: Which Genocide? Whose Genocide?” in *African Studies Review*, Apr., 1998, p. 6.

② Jack David Eller, *From Culture to Ethnicity to Conflict*, The University of Michigan Press, 1999, p. 235.

③ Ellen K. Eggers, *Historical Dictionary of Burundi*, second edition, The Scarecrow Press, Inc, London, 1997, Chronology.

马丁·路德·金。[1] 民阵一度在布隆迪获得了广泛的支持。

1987 年 9 月，布约亚通过政变上台，在 10 月就任总统。胡图人在所希冀的通过选举实现改朝换代的希望落空后，日益陷入绝望中。1988 年，布隆迪再次爆发大规模的族群冲突。恩特加一名富有的图西族咖啡商人拒绝支付其所欠一群胡图族农民的钱，对他们进行辱骂，还杀死了其中 5 人。愤怒的胡图人闯入这名图西商人的住宅，杀死了他及其家人。这一事件成为族群冲突的导火索。8 月，马兰家拉爆发了胡图人起义。胡图人屠杀了北部城镇恩特加和马兰加拉的数百名图西人。军队在报复行动中，杀害了大约 2 万名胡图人，约 6 万名胡图族难民逃亡国外。1972 年的血腥一幕再次重演。27 名胡图族知识分子抗议政府军的行动，并要求对大屠杀进行独立的调查。7 人因此被逮捕，12 名大学生被开除。[2]

尽管布约亚总统采取了缓解族群对立的举措，胡图人占据了全部部长职位中的 2/3，但布隆迪的族群武装冲突还是屡禁不止。在 1991 年 11 月的冲突中，胡图族武装分子向布琼布拉和西北的卢贡博和马巴伊地区发动袭击，暴力冲突持续了几天，数百人主要是图西人，在叛乱中被杀。政府指责胡图人民解放党发动了这次叛乱。胡图人民解放党于 1980 年在坦桑尼亚的一个难民营中建立，是最激进、最强硬的胡图族政党，其党内的极端分子和布隆迪民主阵线中的胡图温和派之间没有多少共同之处。胡图人民解放党在 1989 年宣称“族群优越的神话是封建意识形态的泉源，旨在维持和保护图西封建君主政体利益。图西封建主利用这种意识形态侮辱胡图农奴，剥夺其作为人的天性（dehumanize）”。[3]

---

① Ellen K. Eggers, *Historical Dictionary of Burundi*, second edition, The Scarecrow Press, Inc, London, 1997, Chronology, pp. 98 – 99.

② *African South of the Sahara*, 2003, 32nd edition, Europa Publications, p. 124.

③ Ellen K. Eggers, *Historical Dictionary of Burundi*, second edition, The Scarecrow Press, Inc, London, 1997, pp. 116 – 117.

1992 年，《民族统一宪章》在全民公决中以 89.2% 的票数获得通过。这一文件是在执政的乌普罗纳党的授意下制定的，受到包括胡图人民解放党在内的一些反对派别的猛烈抨击。1993 年 3 月，布隆迪通过了新宪法，为多党民主制铺平了道路。新宪法禁止组建鼓吹“部族主义、分裂主义或暴力行为”的政治组织，规定所有的政党都必须代表胡图和图西两族的利益。6 月，布隆迪举行了第一次公开的总统选举，民阵的总统候选人恩达达耶以 64.7% 对 32.5% 的绝对优势击败乌党的候选人布约亚而当选。在立法机构的选举中，民阵再次获得了 81 个席位中的 65 席，成为执政党。恩达达耶是布隆迪独立后第一位民选总统，也是第一位胡图族国家元首。在选举获胜后，恩达达耶宣布对 500 名政治犯进行大赦，图西人和胡图激进派都将此举视为一个和解的姿态。大赦的政治犯中既有被指控参与 1991 年 11 月族群冲突的数百名胡图人，也包括了因反对布约亚改革进程而参加 1992 年 3 月未遂政变的图西族士兵。恩达达耶也努力建立一个具有广泛基础的政府。他在 23 名部长中任命了 9 名图西族部长，并指定了布隆迪第一位女总理——图西族的西尔维·基尼基。此外，他力图让数十万胡图族难民回国。[①]

研究布隆迪的学者凯瑟林·瓦森在 1993 年 9—10 月号的《非洲报道》上撰文称，发动军事政变反对恩达达耶政府的可能性极小，“军事政变将点燃整个国家。民阵现在得到热烈的支持。如果恩达达耶本人或他的总统任期受到危害，布隆迪的每个图西族家庭都将处在危险状态中”。然而，1993 年 10 月 21 日，在举行选举百天后，图西人控制的军队还是悍然发动政变，杀害了恩达达耶。据报道，恩达达耶在临终前说，“当心你们的所作所为，它非常、非常危险”。[②] 翌日，首都布琼布拉和全国的许多省份就爆发了多起屠杀图西人的事件，瓦森的预

---

① *African South of the Sahara*, 2003, 32nd edition, Europa Publications, pp. 124 – 125.

② Ellen K. Eggers, *Historical Dictionary of Burundi*, second edition, The Scarecrow Press, Inc, London, 1997, p. 99.

言变成了现实。据报道，数千名胡图人和大约10万—20万图西人被杀，占图西族总人口的1/4—1/3。红十字会的一名医生称布隆迪的大屠杀是用大砍刀进行的战争。领导着一个强硬的图西政党并资助一份极端主义报纸的前总统巴加扎表示，“这里的每个人都在磨刀霍霍”。在一年前，巴加扎曾经建议将布隆迪分割为“图西兰”和“胡图兰”两部分。“今天，人们正在用大砍刀分割布隆迪。”①

这种族际仇杀不仅造成大量人员伤亡和无法估计的经济损失，更可怕的是，它在每个人的心灵上都投下深深的恐惧，积累了难以化解的仇恨，在布隆迪形成了一种极端危险的“种族灭绝”心理状态。联合国代表阿布达拉在1995年4月称布隆迪是一个极端不稳定的国家，“我们越多地谈论种族灭绝，我们就越有可能挑起它。人们将会认为种族灭绝就在眼前，所以最好的自保之道就是在邻居向你发起进攻之前先下手为强”。布琼布拉的一名新教牧师称“即使是孩子的心中也充满了仇恨”。对于胡图人来说，恩达达耶被暗杀就是重演1972年一幕的先兆。“1972年他们对我们进行大屠杀，这次他们做不到了”。“现在我们听说恩达达耶总统被杀了。他们这么做就意味着我们就成为下一个被屠杀的目标”。图西人的观点截然不同，他们认为胡图人的想法毫无根据。“胡图人精心筹划了一个妄图灭绝图西族的计划，胡图人大肆残杀他们的图西族邻居，就是在按照整个计划行事。只有消灭了胡图族种族屠杀分子，图西人才能免受灭顶之灾”。② 身为少数族裔的图西人总是担心胡图人一旦有机会，就会毫不犹豫地除掉他们，就像卢旺达那样。只有以暴易暴，先下手为强，才能避免、防止整个图西族遭受种族灭绝的命运。

① Ellen K. Eggers, *Historical Dictionary of Burundi*, second edition, The Scarecrow Press, Inc, London, 1997, Chronology.

② Rene Lemarchand, “Genocide in the Great Lakes: Which Genocide? Whose Genocide?” in African Studies Review, Apr., 1998, p. 10.

三　布隆迪独立后的民族政策

独立后的布隆迪政府继续维持殖民时期的图西人统治，政治族群化的局面也因而延续下来。布隆迪的政治、经济都沿着族群的分野表现出高度的极化现象。在1962—1993年间，国家元首中除了一人出自胡图族外（且执政时期极为短暂），所有的政治领导人均为图西人，军队中的绝大多数成员也是图西人。

为了掩盖族群歧视和不平等现象，政府断然否认族群的存在，利用媒体和学术界广泛地宣扬这一观点，即所谓图西、胡图和特瓦的划分纯粹是新、老殖民主义者为了控制布隆迪而人为臆造出来的产物。在政府的高压下，人们对“族群”问题噤若寒蝉。讨论政治中的族性问题被扣上破坏国家安全的罪名。许多知识分子试图让政府关注政治、经济领域以族群为基础的不平等分配问题，他们中的不少人因此死于狱中，或因被拘押期间的残酷境遇而在获释后死去。布隆迪政府这样做的目的并不是努力实现全体国民的平等，而是为了给各种以族群为基础的歧视和不平等政策提供合法化依据。既然不存在族群的划分，那么也就无所谓族群压迫和不平等现象了。这种掩耳盗铃的态度使得布隆迪无从探寻一再爆发的社会危机乃至种族大屠杀的根源，从而弥和社会分裂，治愈社会和人们心理上的巨大创痛。

为了保证图西人的霸权，政府建立了一套秘密的身份识别体系，教育部通过这一体系严格限制胡图人接受中学和大学教育的机会。1987年，占人口85%的胡图人仅占中、小学学生数目的19%。67%的小学学生是胡图族，但仅有4%的中学学生是胡图族。① 在巴加扎统治时期，布隆迪政府发起了“国语化”的运动，坚持在中小学仅采用基

① Ellen K. Eggers, *Historical Dictionary of Burundi*, second edition, The Scarecrow Press, Inc, London, 1997, pp. 39 – 40；Lconce Ndikumana, “Institutional Failure and Ethnic Conflicts in Burundi”, in *African Studies Review*, Vol. 41, No. 1 (Apr., 1998), pp. 38 – 39.

隆迪语进行教学。这一民族主义举措在别的国家具有加强国家统一、锻造国族认同的积极意义，但在布隆迪却不完全尽然。作为布隆迪官方语言的法语既是国际语言，也是精英的语言，并且是担任政府要职的一个重要条件。国语化运动使得法语成为其他人无从企及、统治阶层所独有的一种特权和优势。1986 年，布隆迪国立大学中的胡图族学生不足 1/3。1988 年时，只有很少一部分胡图人能够胜任现代经济部门的工作。

身为少数族裔的图西人之所以能够一直把持布隆迪的政权，是与图西人对军队的垄断是分不开的。在 1965 年 10 月胡图族政变后，胡图人几乎全部被清洗出军队。从此，布隆迪的军队成为维护图西人统治的最顽固、最强硬的堡垒。在布隆迪频繁发生的族际屠杀中，军队无疑扮演了最重要的角色。布隆迪内战的烽火也是图西军官点燃的，正是他们悍然发动政变、杀害第一位民选的胡图族总统，才将整个国家推入万劫不复的境地。

民族政府的失误和屡屡发生的族群冲突使布隆迪付出了极为惨痛的代价。20 世纪 80 年代后，掌权的图西人政府也对前任政府的民族政策进行反思，并采取措施缓和布隆迪的族群对抗与冲突。布约亚政府 1988 年 10 月改组了内阁，将胡图族成员从 6 人增加至 12 人，使内阁中的图西人和胡图人人数相等。此外，他重新设置了总理的职位，任命前省长斯波马纳出任总理，他也是一名胡图人。同月，布约亚成立了一个民族统一委员会，负责调查大屠杀的真相。1989 年 5 月，委员会发表了调查报告，这是布隆迪官方在独立后第一次承认胡图族与图西族冲突的严重性，并力图采取有效举措解决危及布隆迪稳定与发展的重大问题。从这个角度讲，民族统一委员会的设立及其发表的报告是解决布隆迪民族问题的一个重要突破。报告显示了布隆迪对实现民族和解的信心，并挖掘了布隆迪族群冲突的根源，制定了“保护、加强布隆迪统一”的方略。尽管报告本身存在许多缺陷，但如果认为它仅仅是布隆迪政府在国内外压力下的故作姿态之举，也有失公允。

在强硬的图西民族主义者看来，委员会的报告是对图西人的背叛和出卖；而在胡图人眼中，任何知晓布隆迪历史和政治的人都会看出报告中存在明显的错误和不实之处。报告内容真假参半（a mix of truths and untruths），不少地方对事实进行剪裁和选择，以便能够支持报告所得出的结论，表现出统治阶层一方面希望解决族群冲突问题，另一方面又不打算触动现行体制，以便能够继续维持图西人既得利益的矛盾心态。报告的语言含混模糊，有些地方甚至让人不知所云。报告将布隆迪族群冲突的根源完全归咎于殖民者的分而治之政策，称图西族、胡图族和特瓦族的分野完全是殖民者主观臆造出来的，忽视了独立后图西人政府的族群歧视和压迫性政策在历次族群冲突中所应担负的责任，有为当权的图西统治阶层洗脱大屠杀罪责之嫌。

报告的最后一部分是“维持和加强民族统一的建议”，首先宣称“所有形式的排异行为都必须受到谴责和斗争”，随后指出了阻碍民族统一的四个障碍，即（1）暴行和种族灭绝；（2）“集团化”，意思是“一个人的暴行常常归咎于其所属的族群、地区或部落；（3）将政治多数混淆为族群多数；（4）歧视性举措。前两者本身无可厚非，只是它们与其说是阻碍民族统一的障碍，不如说是深层次因素的表象。至于第三点，报告做出了这样的阐释，“基于胡图人比其他两个族群人口多这一基本事实，分裂主义者力图让人们相信胡图族应当掌握同其人口比例相当的权力，这纯粹是把政治多数和人口多数混为一谈。这一理论是建立在两个根本错误基础之上的，即否认布隆迪民族和对民主的错误理解”。这个观点从理论上讲不能说不对，但在布隆迪却未免有为图西族的霸权地位开脱之嫌。报告在最后一部分中就如何终止一切歧视性举措提出了一系列建议：成立爱国阵线，其成员包括所有忠诚地捍卫民族统一事业的布隆迪人；制定民族统一宪章，这是表明对法律、和平、民主的信念和承诺的庄严宣言；采用一套适合的象征体系，包括设立国家日、谱写一部民族统一的圣歌、树立统一纪念碑、建立统一广场、发放统一奖章等。报告中也对共和国未来体制的改革提出了建议，指出要赋予国民议会真正的权力。此外，在任用公务人员的组织和管理方面，报告提出要秉承平等精神，进行公开的考试。在高级职位的任命方面，以功绩、经验和支持民族统一理念这些标准为基础。这一点无疑具有最重要的意义。但由于布隆迪几十年来秘密实行的歧视性教育政策，形成了图西人和胡图人客观上的不平等，政府内外的重要位置均由图西人占据，他们是否会将这些重要岗位让给受教育程度和能力相对较低的胡图人，还是一个疑问。只有改革教育制度，赋予胡图人平等的接受中高级教育的机会，才是根本的解决之道。在这方面，报告承认在“管理教育制度上实现平等的重要性，建议指定规章以避免对教育制度任何形式的主观阐释和人为的利用”。①

四　荆棘丛生、举步为艰的和平进程

在恩达达耶总统遇刺后，整个国家被笼罩在大规模部族流血冲突的愁云惨雾中，处在崩溃的边缘。1994 年 1 月，国民议会选举民阵成员恩塔里亚米为总统。4 月 6 日，恩塔里亚米与卢旺达总统乘坐的专机被火箭击落，这一事件引发了卢旺达的种族大屠杀。9 月，民阵同以乌普罗纳党为主的反对党达成权力分配协定，国民议会选举民阵成员恩蒂班通加尼亚为总统。1996 年 7 月 25 日，图西族控制的军队发动政变，罢黜恩蒂班通加尼亚总统，推举前总统布约亚为总统。

布隆迪发生军事政变后，其周边国家宣布对布隆迪实行军事制裁。胡图族反政府武装以邻国为基地，不时回国骚扰。胡图族两大武装组织是族际冲突和屠杀的主要制造者，它们分别是恩迪伊肯古卢基耶（Ndyikengurukiye）领导的“保卫民主力量”（简称 FDD）与卡伦巴

① Rene Lemarchand, “The Report of the National Commission to Study the Question of National Unity in Burundi: a Critical Comment”, in the *Journal of African Studies*, 27, 4 (1989).

（Kalumba）领导的“民族解放战线”（简称 FNL）。前者是“保护民主全国委员会”（简称 CNDD）的下属武装组织。“保卫民主全国委员会”是 1994 年 10 月从民主阵线中分裂出来的政党，主张武装斗争、国际军事干预和改组布隆迪军队，主要领导人是布隆迪政府前内政部长尼扬戈（Nyangoma）。“保卫民主力量”比“保护民主全国委员会”更为强硬，坚持武装斗争，反对同布隆迪政府谈判，拒绝任何妥协。“民族解放阵线”是胡图人民解放党下属的武装组织，其目标和立场与“保卫民主力量”相似。[①] 这两个胡图武装组织不断地向几乎由清一色的图西人组成的布隆迪军队发起进攻，致使因两族冲突导致的血腥暴力和屠杀成为布隆迪的家常便饭。无论是胡图人还是图西人一方，常常将整个敌对的族群作为攻击和报复的对象，每一次的冲突都造成无辜平民的伤亡。1996 年 6 月 20 日，一伙胡图族极端分子在布让达纳残忍地杀害了 300 多名无辜的图西人，这种盲目的屠杀带有鲜明的种族灭绝性质。

布约亚政府为站稳脚跟，打破制裁，积极推进民族和解，与议会建立政治伙伴关系，通过扩大会议、改组政府，对胡图人利益予以照顾。与此同时，布约亚政府在布隆迪问题国际调解人、坦桑尼亚前总统尼雷尔主持下，在阿鲁沙与布隆迪国内各党派举行和谈。1999 年 1 月，东部非洲和大湖地区七国在阿鲁沙就布隆迪问题举行首脑会议，在肯定布隆迪和平进程取得进展的基础上，宣布终止对布隆迪的经济制裁。布隆迪各派别在阿鲁沙举行了第四轮会谈，成立了“冲突性质”、“民主良政”、“和平与安全”、“重建与发展问题”四个委员会，就选举制度、过渡期限、军队改组、反政府武装等实质性问题展开谈判，并取得部分进展。双方同意实行两院制，众议院由直接选举产生，参议院适当照顾图西人利益。10 月，因尼雷尔病逝，和谈一度中断。12 月 1 日，大湖地区第八次首脑会议决定推选深孚众望的南非前总统

① 《世界知识年鉴》2000/2001 年版，第 321 页。

曼德拉继任布隆迪国际问题调解人。在曼德拉的主持下，布隆迪的和平进程又开始艰难地向前推进。和谈进程中最大的障碍，是上述两支胡图族反政府武装。它们顽固地拒绝参与和谈，并不断发动袭击，挑起冲突，制造事端，致使和平进程屡屡受挫，举步为艰。实现布隆迪军队的重组，保证胡图和图西两族在军队中占有平等的份额，则是和谈中最重要也是最困难的问题之一。图西军人对此当然坚决予以反对，布约亚总统受到来自图西军人和图西强硬分子的巨大压力。2001 年 4 月，布隆迪的图西族军官就发动了未遂政变，企图换掉主张同胡图人谈判、和解的布约亚总统。

布隆迪的和平过渡现也露出希望的曙光，上述两支胡图族武装的主要领导人第一次参加了在2002 年 8 月 12 日举行的和谈。虽然在 8 月末“民主解放阵线”再次同政府军在首都布琼布拉的郊区交火，意味着距离真正的停火与和平还有很长的道路，但毕竟双方都坐到了谈判桌前。尽管和解的道路上荆棘丛生，布满艰难险阻，但民族和解毕竟是大势所趋，也是解决布隆迪族群对立和族群冲突问题、实现布隆迪稳定与发展的唯一选择。胡图和图西两族的命运早已经紧密地交织在一起，只有化解仇恨、实现真正的民族平等，双方才能有光明的未来。

（于红，中国社会科学院民族学与人类学研究所副研究员）

卢 旺 达

人们一提起非洲大湖地区的“千丘小国”——卢旺达，就不由自主地想起1994年那场震惊世界的部族大仇杀。这场部族仇杀仅3个半月，就造成50万人死亡、200多万人沦为难民的人间惨剧，财产损失无法估量，其后遗症迄今仍影响着卢旺达的恢复乃至整个大湖地区的稳定。为此，研究这个国家的族际关系，剖析相关的政策取向，具有重要的现实意义。

一 多民族结构的国家，复杂的民族过程

按2014年统计，卢旺达有人口1210万，但国土面积只有26228平方公里，平均每平方公里居住着416人，系非洲人口密度最高的国家之一。当地卢旺达人有句俗语生动地描述了人口太稠密的情况：“每一片香蕉叶下就有一个卢旺达人”。卢旺达是一个多民族结构的国度，主体民族称作尼亚卢旺达人（Nyaruanda，也简称卢旺达人，Ruanda），占全国人口的93.9%；少数民族有隆迪人（Rundi，占全国人口的5%）、特瓦人（Twa，占全国人口的0.9%）。此外，在城镇中生活着少量的斯瓦西里人（Swahili）、卢巴人（Luba）、苏丹阿拉伯人（Sudan

Arabs），各约 6000 人；瓦隆人和印巴移民，各约 1500 人。

卢旺达这块土地上各族的变迁过程及民族国家的形成历史，使其民族过程比较复杂。为了说明今天的问题，就必须解读过去的历史。

各种研究资料证明，卢旺达在几千年以前是被热带雨林覆盖的大地，它的最早居民是俾格米人，即世界民族之林中身材最矮的一个种族（成年男子平均身高为 140—142 厘米）。俾格米人以狩猎和采集为生，被称为“森林之子”，属原始部落群。公元初几个世纪，卢旺达大地上发生了巨大居民变迁，大批班图尼格罗人农耕者自西而来，成为热带雨林的伟大开拓者，他们就是今日胡图人的祖先。班图人砍倒树木，开垦土地，种植农作物，使海拔 2000 米以下的森林消失，使高原小丘上出现了层层田野。他们人数众多，社会文化先进，迫使俾格米人退入西部深山密林之中，俾格米人留存至今的部分成为今天的特瓦族。在胡图人遍布卢旺达全境的近千年历史进程中，自然有少部分俾格米人被班图化，这是显而易见的。

中世纪，非洲大湖地区北部又发生了较大的居民变迁。一部分属于苏丹尼格罗人种的尼罗特游牧者自今天的苏丹沿东非裂谷向南迁移扩散，其中一支史称赫马人（Hima），他们穿过乌干达，来到卢旺达及布隆迪境内。[①] 这一批游牧者尚勇强悍，又有较严密的军事社会组织，为此，所到之处，往往占地为王，在政治上后来居上，他们就是今日图西人的祖先。图西人在 13 世纪左右建立了部落联盟性质的小国，14 世纪开始向君主制过渡。15 世纪前后，首领鲁甘祖·布温巴在布瓦纳坎布韦地区建立了一个王国。16 世纪，这个王国吞并了中部地区，鲁甘祖二世恩多里国王在 17 世纪进一步征服了周围所有胡图人聚居的地区。该王国一直延续到 19 世纪末期，在欧洲殖民者到来前，一直牢固地控制着基伍湖地区。[②] 换言之，在 5 个多世纪中，图西人居于

---

① 见 G. P. 穆达克《非洲各民族及其文化史》，纽约、多伦多、伦敦，1959 年，第 349—356 页。

② 见《万国博览·非洲卷》，新华出版社 1998 年版，第 583 页。

统治地位，胡图人和特瓦人则处在附属地位，三个族群处于一种不正常的关系中。

从19世纪中叶起，英、德、比殖民势力相继侵入卢旺达。为了便于统治和奴役，这些殖民者采取了“间接统治”的方式，即利用传统社会中处于统治地位的图西人做代理人，统治胡图人和特瓦人，其结果就是卢旺达历史上形成的族际不平等关系非但没有改变，各族群间的隔阂反而进一步加深。

然而，对于不同的种族和民族而言，数百年的族际交往会产生人们难以预料的结果。应该承认，属于苏丹尼格罗人种的图西游牧文化与属于尼格利罗人种的特瓦狩猎采集文化，在同属于班图尼格罗人种的胡图农耕文化的较量中，后者显然更有生命力，班图化是必然的历史结果。在卢旺达，胡图人的农耕文明慢慢吸纳了图西的牧牛文化和特瓦人的狩猎文化，政治上处于统治地位的图西人甚至失去了自己的语言。在殖民主义势力到来前，三种族体同讲一种班图语言——尼亚卢旺达语，城市居民则均讲东非大湖地区的商业用语——斯瓦希里语。在宗教信仰方面，三个族群信奉共同的宗教，半数以上的人口信仰天主教，少部分人保持传统信仰。各族体杂居一处，习俗一致，通婚普遍，已基本上融合为更大的民族共同体——尼亚卢旺达族。在反抗殖民者、争取国家独立和民族解放的运动中，这种国族意识不断增强。与黑非洲大多数国家情况相似的是，卢旺达现代国族——尼亚卢旺达人已经初步形成，但这一融合过程尚不成熟：在人们的心理素质方面，胡图、图西、特瓦三者的部族色彩仍然较为浓厚；三个族体在体质特征上也还存在着较大差异，图西人身材高大匀称，胡图人体型中等稍胖，特瓦人则明显矮小。

此外，值得强调的是，尼亚卢旺达人的国族形成过程不仅涉及今日的卢旺达，而且涉及到比邻的布隆迪、乌干达、坦桑尼亚和刚果（金）东部，换言之，尼亚卢旺达族是一个较大的跨界民族。根据1997年的材料估算，该族总人口达1336万，系大湖地区最大的班图人族体。除其中的723万人聚居于卢旺达外，在刚果（金）东部有474万（占全国人口的10%），在乌干达南部有119万（占全国人口的5.8%），在布隆迪北部有14万（占全国人口的2.3%），在坦桑尼亚西北部有6万（占全国人口的0.2%）。[①] 这种分布态势决定了该族在大湖地区的重要性。在非洲大陆心脏地带的地缘政治中，尼亚卢旺达族的动向是影响全局的因素。为此，在相关国家中，对尼亚卢旺达族的政策取向就不仅仅是本国的政策问题，而且还要考虑到与周边国家的关系；与此相应，在如何对待尼亚卢旺达族的两个主要组成部分，即胡图人和图西人的关系问题上，同样不容轻视。

问题的复杂性不仅在于尼亚卢旺达人是一个大的跨界民族，而且还在于卢旺达邻国布隆迪的主体民族——隆迪族也是一个跨界民族，且也分布在布隆迪、卢旺达、刚果（金）和坦桑尼亚境内。此外，隆迪族的构成和形成过程与尼亚卢旺达族完全相似，换言之，也是由胡图人、图西人、特瓦人组成，甚至人口构成的比例都大体相当。卢、布两国的主体民族相互交错，你中有我，我中有你，正因为如此，两国的族际关系和社会稳定彼此密切相关，形成一种十分棘手的复杂关系。

二　民族政策的失误是国家动乱的主要原因

与多数国家不尽相同的是，对卢旺达政府而言，主体民族与其他民族的关系问题并不是民族政策取向的重点所在，换言之，至关重要的不是协调和改善尼亚卢旺达人与隆迪人、特瓦人、斯瓦希里人、卢巴人、苏丹阿拉伯人等少数民族的关系，而在于如何处理构成主体民族的两大部族之间的关系，即胡图人和图西人的关系。这种情况与卢

① 参见C. U. 布鲁克《世界民族人口手册》非洲部分，莫斯科，1986年；美国人口咨询局编《1997年世界人口数据表》。

旺达的历史和民族过程现状直接相关。大量事实证明，在卢旺达独立以来的30多年中，部族主义思想一直主导着历届政府的民族政策，不仅危害了国家的发展和社会的稳定，而且为大湖地区的地缘政治带来不稳定的因素，是值得人们引以为戒的教训。

如前所述，在历史上，图西人在长达400余年的时间里一直处于统治地位。在独立前，卢旺达全国执行委员会由33人组成，其中图西人占83%；在酋长辖区中，43位大酋长为图西人（两个空缺），胡图人无一人任大酋长；在全国500多个小酋长中，只有10位是胡图人。总而言之，占人口14%的图西人在政治上具有绝对的优势，而占人口85%以上的胡图人基本上处在无权的地位。这种极不平等的状态引发了1959年的社会革命，胡图人举行了“大起义”，废黜了王权，两族间爆发了第一次大仇杀。其间遇难的图西人有数万之众，另有10余万图西人逃往邻国乌干达和坦桑尼亚。1962年7月1日，卢旺达取得独立，由联合国监督举行了立法议会选举，“胡图解放党”获得44个议席中的35席，胡图人卡伊班达当选为总统，卢旺达出现了政治上“改朝换代”的局面。在这种情况下，约有15万图西人纷纷逃往邻国避难。卡伊班达执政后，实行了排挤和打击图西人的政策：在1963年将政府中图西人仅有的两名代表人物撤职，并以“为了国家统一，必须实行一党制”为由，[①]取消了其他一切政党，由“胡图解放党”一党独掌政权。这种部族主义政策取向进一步加深了胡图人与图西人的矛盾，从而导致在1963年、1967年和1973年先后3次爆发部族间大规模的动乱，数十万人丧生。在1959—1973年期间的4次部族冲突，使大批图西人逃亡国外。据卢旺达官方统计，截至1990年10月，逃亡国外的卢旺达难民已达50多万人（其中，乌干达30万，坦桑尼亚5万，扎伊尔1万）。[②]

① 苏联《非洲百科全书》第2卷，莫斯科，1987年，第321页。

② 见裴善勤、胡新荣于1994年12月31日发自达累斯萨拉姆的新华社专稿，“从卢旺达内战看非洲的动乱原因”。

哈比亚利马纳自1973年7月5日发动军事政变上台，并在1978年、1983年和1988年的总统选举中3次连任，此人也是胡图人的代表人物。他吸取了卡伊班达执政的教训，采取了多项维护族际均势的政策，几届政府中都有图西族的代表人物入阁。此外，他强调民族团结和国家的统一，重视发展经济，基本上保持了族际关系的平和，未曾发生大的动乱。但是，民族和解政策贯彻得并不彻底，几届政府的实权均由胡图人掌握，图西人的入阁往往只有象征意义。为此，部族之间、地区之间的矛盾以及统治集团内部的斗争始终存在。在如何对待图西人的问题上，一直存在着强硬派和温和派的较量，哈比亚利马纳只不过是一个平衡器而已。应该说，部族主义思想一直干扰着民族和解政策的落实，尤其明显的例子就是卢旺达政府对待难民问题的态度。4次动乱造成50多万难民逃往邻国，在这些难民中，绝大多数是图西人，他们一直要求返回故土，卢旺达政府对这种要求始终不予理睬，并屡次拒绝乌干达等邻国政府要求协商解决难民问题的建议。1990年代初，国际形势发生重大变化，“多党民主风潮”席卷非洲大陆。在这一背景下，卢旺达政府的这种强硬态度导致国家开始出现大的动荡，而流亡国外的图西族难民正是动荡的源头所在。

1979年，在数次部族动乱中逃往乌干达的数十万图西族难民在该国成立了“卢旺达全国统一联盟”。在回国的要求屡遭拒绝后，该联盟在1987年改组为“卢旺达爱国阵线”（简称“爱阵”）[①]，并建立了自己的武装力量，明确宣布“如果政府不让难民和平回国，我们就武装回国”。1990年10月1日，在爱阵领导人弗雷德·卢维吉耶马率领下，约2000名流亡乌干达多年的图西族难民武装人员于拂晓自乌干达进入卢旺达境内，已秘密回到国内的一些难民纷纷响应，与政府军发生激烈战斗，从而开始了持续3年之久的内战。事态的发展正如法国一位

① 该政党改组后，在原来旅居乌干达的图西族难民成分之外，增加了旅居布隆迪的图西族难民以及卢旺达国内哈比亚利马纳政府的胡图族反对派。目前为卢旺达执政党。

观察家预言的那样，“瞧着吧，卢旺达难民迟早会强行返回祖国。布隆迪的难民曾在1972年携带大砍刀从坦桑尼亚大陆返回自己的国家，与布隆迪的难民不同，卢旺达的难民会携带冲锋枪和火箭筒返回祖国”。[①]

内战爆发后，比利时、法国派兵干预，联合国、非统组织以及卢旺达邻国坦桑尼亚、布隆迪、扎伊尔、乌干达也出面进行了调解，哈比亚利马纳政府与“爱阵”举行谈判。由于哈政府一直坚持部族主义立场，谈判难以取得进展。两年中，双方打打停停，互不相让，直到1992年7月10日，双方才在“非统组织”主持下，在坦桑尼亚的阿鲁沙正式开始和平谈判。在“民主化”风潮的冲击之下，哈总统被迫于1991年6月颁布新宪法，决定实行多党民主，并在1992年4月成立了包括原执政党在内的五党联合政府，“爱阵”也在其中。又经过一年多的正式谈判，卢旺达政府与“爱阵”先后达成了《关于实行法制的议定书》（1992年8月18日）、《关于分享权力的议定书》（1993年1月9日）、《关于遣返和安置难民问题的议定书》（1993年6月10日）、《关于组建新的全国武装部队的议定书》（1993年8月3日）。直到1993年8月4日，哈总统才和“爱阵”主席卡尼耶伦圭在阿鲁沙正式签署《卢旺达和平协定》，近3年的内战宣告结束。

按上述协定规定，“签字后37天之内组建具有广泛基础的卢旺达过渡政府和过渡议会，6个月的过渡期之后着手进行地方选举，最后举行全国多党民主大选”。然而，由于胡图族强硬派的不断作梗，扩大的过渡政府难产，致使参加政府的“爱阵”领导人要求派600名武装人员进入首都，以保证自己的人身安全，足见部族之间的芥蒂有多深！在这种情况下，哈政府则要求联合国派维和部队前往基加利，隔离“爱阵”部队与政府军，以免内战之火再燃。联合国安理会在1993年10月5日通过第872号决议，决定在卢旺达分期部署“联合国卢旺达

① 哈·卡伊迪：《卢旺达完全可以预见到的冲突》，载于法国《青年非洲》周刊1990年10月10—16日号。

援助团”，并决定于 11 月 11 日向卢旺达派驻军事观察员，以便促使过渡政府早日成立并开始运作。但是，10 月 21 日晨，邻国布隆迪发生了图西族军官政变。前面已经提及卢旺达与布隆迪互为交错的民族分布与民族过程之现状，因此，这一突发事件不能不干扰卢旺达的和平进程。布隆迪图西族军人的举动使卢旺达胡图族当政者十分害怕，一再阻挠过渡政府的组建。1994 年 1 月 5 日，过渡政府成立，哈比亚利马纳宣誓就任新总统。但由于党派斗争、军政矛盾、族际隔阂和政客争权，新议会陷入困境，“和平协定”难以顺利贯彻实施，多党民主大选的氛围难于形成。正当卢旺达和平进程举步维艰之时，另一突发事件使卢旺达趋于稳定的局面毁于一旦，并引发了令世人震惊的部族大仇杀惨剧。

1994 年 4 月 6 日的傍晚，卢旺达和布隆迪两国总统在出席了于达累斯萨拉姆举行的东非和中非国家首脑会议后，乘专机自坦桑尼亚返回卢旺达，在飞抵首都基加利机场上空时，突遭火箭弹袭击，机毁人亡。火箭弹发自何人之手，迄今为止仍是一个谜。但当时传言四起，认为这是图西人夺权的信号。在哈总统遇难仅几个小时后，以胡图族为主的总统卫队便与驻扎在首都的 600 名“爱阵”士兵发生激战。次日，图西族女总理阿·乌维林伊姆扎纳及 3 名政府部长被胡图族士兵绑架杀害，卢旺达局势骤然恶化。在清除了图西人的所有入阁人员之后，议长辛迪古布瓦博于 8 日宣布代理总统职务，原卢旺达参政五党组成临时政府。在这种情况下，“爱阵”拒绝承认临时政府，并于 9 日下令驻扎在北部的主力部队向首都进发，战火遂从城市燃向农村，蔓延全国，一场两族大仇杀全面开始，谁也无法阻止。

4 月 12 日，“爱阵”主力攻进首都基加利，代总统及临时政府撤往吉塔马拉，6 月初又被迫撤至靠近刚果（金）边界的基塞尼。在临时政府无力控制局面的情况下，6 月 22 日，联合国安理会通过决议，授权法国实施“绿宝石”军事行动，进行人道主义干预。“爱阵”则加紧进攻政府军，于 7 月 4 日攻占了首都和重镇布塔雷，17 日夺取了政府军的最后据点基塞尼，临时政府及大批胡图族难民逃入刚果（金）境内。至此，除西南部法军建立的“安全区”外，卢旺达全境均被“爱阵”控制。18日，“爱阵”部队司令保罗·卡加梅将军宣布“卢旺达战争已经结束”。19日，“爱阵”在首都基加利成立民族团结政府。至此，可以说由部族主义主导的胡图人一族统治的时代已成为过去，卢旺达又一次出现了“改朝换代”。

从宣布的消息看，新的民族团结政府由正、副总统以及正、副总理和21名部长组成，“爱阵”占据了总统、副总统、副总理和国防、内政部长等10个内阁职位，总理由“和平协定”指定的过渡政府总理、共和民主运动领导人福·图瓦吉拉芒古担任，其余11个部长职位由另外4个反对党（共和民主党运动、自由党、社会民主党和基督教民主党）分担。前总统领导的“全国民主和发展共和运动”及其卫星党“保卫共和联盟”，由于“对大屠杀负有责任”被排除在新政府之外，换言之，胡图人的政党没有获得参政机会。有趣的是，新政府总统巴·比齐芒古（“爱阵”前驻布鲁塞尔代表）、总理图瓦吉拉芒古和副总理卡尼耶伦圭（“爱阵”主席）三人皆为胡图人，不过，此三人均是哈总统政府的胡图族反对派的代表人物。事实上，掌握新政府大权的是副总统兼国防部长保罗·卡加梅（“爱阵”的军事领导人，是流亡乌干达多年的图西人）。

三　新政府任重道远，大图西主义阴魂不散

以“爱国阵线”为首的卢旺达新政府的前景，取决于它能否稳定政局，恢复和发展经济，重建创伤累累的国家，而当务之急是解决难民问题并真正实现民族和解。

几年来的实际情况告诉人们，卢旺达政府面临重重困难，的确任重道远。新政府从构成上看，五党参政，内阁有3人是胡图人。新内阁在1994年7月20日的首次会议上，决定取消注有部族出身的身份

证。同时，新政府也注意缩小打击面。“爱阵”发言人称，因为在屠杀中所扮演的角色而应受到审判的胡图族极端分子不超过 300—400 人。虽然政府采取了这些民族和解的措施，但图西主义仍在发挥作用。在组阁过程中，代表北半部胡图人利益的原执政党及其卫星组织“保卫共和联盟”被完全排除在外，图西人中的极端分子也不时制造报复性杀戮事件，致使和解进程受阻。例如，1995 年 4 月 22 日，西南部基贝霍难民营曾发生图西族士兵一次屠杀近 5000 名胡图人的惨案，引起国际社会的震惊。应该承认，两族积怨太深，在短期内是无法和解的。有关人士估计，1994 年的大规模仇杀造成的两族仇恨和心理创伤，需要经过几代人才能消除。

在解决难民问题上，更显出任务之艰巨，也反映出危害更大的大图西主义思想依旧阴魂不散。1994 年仅数月的部族仇杀就产生了 200 多万新难民，其中 150 万人在刚果（金），50 万人在坦桑尼亚。另据联合国粮农组织估计，在卢旺达境内有 200 万人流离失所。[①] 新政府就职后立即呼吁逃到邻国的难民尽快返回家园。但是，我们可以作一个大致估算：冲突前全国大约有 750 万人口，冲突中死亡 50 万—100 万人，200 万人能逃往邻国，另有 200 万人在国内背井离乡，即全国只有不到 40% 的人口仍在原居住地生活。对于一个经济落后又饱尝战乱之苦的小国来说，要妥善安置如此众多的难民实在太难了，加之图西族极端分子不时制造屠杀胡图平民的报复性恐怖事件，流落外国的胡图难民更不敢相信新政府的承诺。通过多方努力，逃往坦桑尼亚卡盖拉省的胡图难民已基本上回国，但这毕竟是少数，滞留在扎伊尔东部的百万难民在回国问题上则困难重重，也正因为此，扎伊尔在 1996—1997 年间发生了改朝换代的变化，一度引起世人注目。

在扎伊尔与卢旺达交界的东部地区生活着一支图西人的支系——班尼亚穆伦格人（Banyamreng），他们是 200 多年前自卢旺达迁移至扎

① 见法新社巴黎 1994 年 7 月 18 日法文电。

伊尔境内的，而问题在于他们迁入的地区正是尼亚卢旺达族中胡图人聚居的故地。在历史上，在扎伊尔境内的尼亚卢旺达族分布区中，不存在图西人长期占据统治地位的情况。为此，当地的胡图人一直不欢迎这支班尼亚穆伦格人。当大批卢旺达胡图难民涌入这个地区以后，班尼亚穆伦格人的作用十分微妙：一方面，他们得到卢旺达“爱阵”政府的支持，坚持不离开扎伊尔，并阻挠胡图难民返回家园；另一方面，他们又建立起武装力量与扎伊尔政府军对抗，因为在卢旺达部族仇杀事件中，蒙博托总统站在卢旺达前政府一方。1996 年 9 月，班尼亚穆伦格人武装力量与扎伊尔政府军发生流血冲突，扎伊尔局势发生新的动荡。同年 10 月24—25 日，以洛朗·卡比拉为首，扎伊尔反政府力量成立了“解放扎伊尔民主力量联盟”，其骨干力量就是班尼亚穆伦格人，他们占领了乌维拉（扎东方省省会）。1997 年 3 月 15 日，反政府军攻占扎伊尔第三大城市基桑加尼，4 月 10 日，扎伊尔第二大城市卢本巴希也相继陷落，5 月 16 日，扎政府宣布蒙博托总统放弃权力并于当日离开金沙萨。5 月 17 日，卡比拉的反政府武装力量几乎没有遇到什么抵抗就顺利进入首都市区。当日，卡比拉宣布接任扎伊尔国家元首职务，并将扎伊尔共和国改名为“刚果民主共和国”①［现一般简称为刚果（金）］。不难看出，一支图西人支系在扎伊尔改朝换代中扮演了重要角色。这里值得指出的是，班尼亚穆伦格人的崛起离不开卢旺达“爱阵”政府各方面的支持，而且还有乌干达穆塞维尼政府大力支持的背景。

出于跨界民族的特殊性，对卢旺达图西族难民而言，乌干达南部是他们的理想之地。如同卢旺达胡图族难民将扎伊尔东部视为其理想之地一样，乌干达南部省原本就分布着数十万图西族人。此外，当地主体民族安科列人与尼亚卢旺达人同属班图人集团，且乌干达在中世

① 参见《万国博览·非洲卷》，新华出版社 1998 年版，第 1169 页。

纪时也是赫马人扩散之地，故而，安科列人中也含有图西人成分。[①] 为此，有些民族学者认为二者同属一族。不应忽视的是，1960 年代初旅居乌干达南部的图西族难民曾参加穆塞维尼的游击队。穆塞维尼身为安科列人，其主力部队也主要是由安科列人组成，本就与图西人有不解之缘，甚至于“爱阵”的主席弗·鲁维吉耶马曾升任乌干达军队副司令、国际部副部长，领少将军衔。图西人在帮穆塞维尼打江山时，就指望穆取得政权后能帮助他们返回祖国。可以认为，“爱阵”是在乌干达穆塞维尼政权的支持下入主卢旺达的。为此，在对待扎伊尔东部难民问题上，穆总统的立场与卢旺达新政府保持一致。卡比拉在打江山的过程中，同样得到了乌干达政府的支持。从民族学的视角出发，不妨认为卢旺达图西人在取得政权的过程中，得到了乌干达图西人的全力支持；而在卡比拉夺取政权的过程中，扎伊尔东部的图西人与卢、乌两国的图西人形成了合力，成为卡比拉进攻部队的中坚；无怪乎在卡比拉攻下金沙萨后，有人说“图西人的手已经伸到刚果河的下游”。应该警惕，自 1994 年 4 月卢旺达两族大仇杀开始，经过 1996—1997 年的扎伊尔政权更迭，直至 1998 年下半年以及 1999 年上半年，大湖地区屡屡发生大动荡，一个大图西主义的阴影不时显现在人们面前。看来不仅跨界民族可以产生泛民族主义思潮，甚至跨界民族的构成部分也可以由部族主义引发出大部族主义思潮，影响地缘政治的稳定。卢旺达的族际关系和现政府的民族政策取向仍是需要人们跟踪研究的一个热点。

（葛公尚，中国社会科学院民族学与人类学研究所研究员）

① 参见 G. P. 穆达克《非洲各族及其文化史》，纽约、多伦多、伦敦，1959 年，第 347—348 页。

苏　丹

苏丹是非洲面积最大的国家，也是非洲民族成分最复杂的国家之一。自独立以来，苏丹因为民族问题先后两次爆发长达数年之久的内战，给国内各族人民的生活和国家的建设与发展造成了严重损害，终于导致2011年7月9日，南苏丹宣布独立，成为非洲第54个国家。对苏丹独立后的民族和民族关系进行研究，总结其民族政策的成败得失，无疑是一件非常有意义的事。

一　民族概况

苏丹国内民族众多，但就人种而言，可以简单地划分为两个类型：居住在喀土穆以北的各族主要属于欧罗巴人种的地中海类型；以南的主要属于苏丹尼格罗人种。北方各族讲闪含语系语言；南方各族讲尼罗—撒哈拉语系语言；南北之间的过渡性人种多讲尼日尔—科尔多凡语系语言。70%以上的居民信奉伊斯兰教逊尼派；约15%的居民信奉天主教；南方各族大多信奉传统宗教，只有极少数人仍然信奉科普特教。

属于地中海类型的民族主要是苏丹阿拉伯人，是由进入苏丹的阿拉伯人与所到之处的努比亚人和土著黑人融合而成。苏丹阿拉伯人在宗教信仰、文化和生活方式等方面已经阿拉伯化，但其形体和语言与阿拉伯半岛上的阿拉伯人有较大差异。苏丹阿拉伯人外形具有黑人和努比亚人的部分特征，如皮肤黝黑、头发卷曲；语言吸收了努比亚语和尼洛特语的部分词汇和发音。

阿拉伯人是现在苏丹的主体民族，主要从事农业和畜牧业。农业集中分布在尼罗河两岸和吉齐拉农业区，主要种植谷物和棉花。在土地利用方面，阿拉伯人采用八年轮作制，较为充分有效地利用了土壤的肥力。阿拉伯人形成了规模较大的定居村落，由村长负责调解各种民事纠纷。游牧的阿拉伯人分为东西两支：东支包括哈萨尼亚人、舒克里亚人和巴塔欣人；西支包括巴加拉人、哈姆兰人、哈马尔人和卡巴比什人。两个支系都根据不同地区降雨量的差异实行迁徙游牧制。不同部落对草场和水源的争夺，有时会引发亲族复仇和部落战争。相对于农耕阿拉伯人而言，游牧阿拉伯人有严格的部落组织结构，酋长有权支配牧场和水源，族人必须向酋长无偿敬献一定数量的牲畜。现在，苏丹阿拉伯人传统的经济社会结构正在发生深刻的变化：许多酋长利用职权变成了大商人，收购、加工本族的畜产品；不少村长也趁机从事商品性农业生产；众多破产的农牧民纷纷涌入城市或在农村充当雇工。

属于苏丹尼格罗人种的主要是尼罗特人各支系。北支是努比亚人；西北支是丁卡人；中支是努埃尔人；东南支是巴里人和洛图科人。努比亚人主要分布在北部尼罗河两岸，多与阿拉伯人混居。努比亚人皮肤深褐，头发浓密卷曲，嘴唇肥厚，体格匀称。栋古拉以北为马哈斯人；以南为达纳格拉人；科尔多凡绿洲和达尔富尔为比尔克德人和米多布人。

丁卡人讲尼罗—撒哈拉语系沙里—尼罗语族东苏丹语支的丁卡语，分布在加扎勒河和尼罗河下游。他们皮肤漆黑，身材瘦长，平均身高在1.80米以上，是世界上身材最高的民族之一。丁卡人内部分为马卢西人、帕当人、阿加尔人、阿利亚布人、雷克人等支族。努埃尔人讲东苏丹语支的努埃尔语，主要分布在尼罗河与索巴特河之间的地区。巴里人主要分布在尼罗河上游的朱巴地区，讲东苏丹语支的巴里语，分为库库人、卡克瓦人、法杰卢人和蒙达拉人。洛图科人分布在朱巴市以东地区，讲东苏丹语支的洛图科语，分为洛伐留克人、洛吉里人和洛鲁亚马人等。这些尼罗特人族裔主要从事季节性游牧，饲养牛羊，只有少数人从事农耕和冶铁、制皮等手工业。其社会结构是氏族部落制，酋长既是家畜、土地总管，又是军事首领，既负责土地、牧场和水源的分配，又管理本部落的牧畜，设计游牧路线，还要指挥军事行动。部落酋长虽然享有一定特权，但各种重要事务的处理都要经过长老会议来共同决定。

尼罗特人各族都信奉传统宗教，尤其是图腾崇拜，有鳄鱼、猴子、象、白蚁和蛇等图腾氏族。酋长负责祭拜、收获、狩猎、求雨、给牲畜治病等神圣事务。如果酋长肢残、衰老或求而不灵，就要被活活闷死，因为只有酋长才能与神灵相通，酋长身强体壮，才能法力无边，护祐本部落五谷丰登、六畜兴旺、风调雨顺。近年来，由于牧场面积缩小和人口的增加，尼罗特人各族中的不少人流向城市，氏族部落制逐渐解体，一部分知识分子改信天主教。

属于过渡性人种的是阿赞德人，主要分布在与扎伊尔交界的地区，讲尼日尔—科尔多凡语系尼日尔—刚果语族东阿达马瓦语支的阿赞德语，社会结构是氏族部落制。其经济以农业为主，种植高粱、玉米、指状粟和薯类。阿赞德人信奉传统宗教，盛行巫术和占卜。

另外，贝扎人属于埃塞俄比亚人种库希特人的一支，讲含米特语族的库希特语，主要分布在尼罗河以东的阿特尼拉河和红海之间的地区，分为阿巴布达人、阿马拉尔人、阿梅尔人、比沙林人和利哈登多瓦人。贝扎人身材中等，皮肤深棕，头中宽，鼻狭长，薄嘴唇，波纹黑发。其经济以游牧为主，饲养骆驼、牛、羊等，社会结构是氏族部落制，酋长由长老会议选出。贝扎人尚勇好武，其文化逐渐阿拉伯化。

由以上叙述可以看出，苏丹虽然民族众多，但基本可以分为苏丹阿拉伯人和黑人。阿拉伯人主要居住于北方，黑人生活在南方。苏丹国内的民族关系主要表现为阿拉伯人与黑人的冲突与融合，这种关系自然也与南北两个地方的关系交织在一起。

二 民族关系的演变

苏丹的原始居民是黑人。苏丹在古埃及语中被称做 Ta-Nehesu，在早期阿拉伯语中被称为 Bilad as-Sudan，意思都是“黑人的土地”。埃及第六王朝大臣乌纳的墓碑上明确记载着，在栋古拉一带居住的是黑人部落伊尔泰特和塞蒂特。埃及多次溯尼罗河而上征讨苏丹，迫使北部的努比亚人接受了埃及的部分文化，并不得不向南部和西部迁徙，还多次与东部的贝扎人发生冲突。公元前 1000 年，阿拉伯半岛南部的一些部落跨过红海，向东北非迁徙，有小队人群沿青尼罗河和阿特巴拉河来到努比亚。公元 5 世纪时，来自欧洲的基督教也在苏丹北部开始传播。

公元 651 年，阿拉伯人征服了埃及，之后便陆续向苏丹扩张，传播阿拉伯语和伊斯兰教，到 13 世纪彻底征服了努比亚。在征服过程中，阿拉伯人或同化黑人部落，或与当地黑人融合形成新部落。坦噶人与阿拉伯人融合后，在达尔富尔建立了几个小王国。到了 14 世纪，顿哲尔部落征服了坦噶人，与富尔人一起建立了伊斯兰达尔富尔王国，统治着伯尼希拉尔游牧部落和一些附属于富尔人的苏丹阿拉伯人部落。15 世纪，芬吉人建立了伊斯兰王国，虏掠尼罗特人从事奴隶劳动。苏丹阿拉伯人逐渐形成以拥有灿烂辉煌的伊斯兰文化自傲、歧视黑人传统多神宗教的不正常心态。而阿拉伯人掠卖黑人为奴，也迫使黑人对阿拉伯人产生了民族怨恨。阿拉伯人来自阿拉伯半岛沙漠地带，尼罗河上游的沼泽地带是其难以逾越的天险，因而形成了阿拉伯人占据苏丹北部、黑人远走南方的地域格局，也就是说，民族矛盾和地区差异吻合、交织在一起。

埃及的穆罕默德·阿里为了实现自己的帝国梦想，于 1820 年派兵侵入苏丹，其目的除了寻找黄金之外，更重要的是“尽可能获得最大数量的合适的奴隶”。猎奴者除了埃及军队之外，还有苏丹阿拉伯人参与其中。有些部落如巴卡拉人还组织了自己的武装猎奴队，掳掠丁卡人、希卢克人、巴里人等黑人族裔的居民，有些黑人部落如法尔蒂特就被彻底灭绝了。南方黑人对北方阿拉伯人的仇视情绪更为浓烈，并终于在 1881 年爆发的马赫迪起义中宣泄出来。丁卡人、巴里人、希卢克人、邦哥人、朱尔人等都积极参加了起义，部分尼罗特部落趁机摆脱了对阿拉伯人的依附。

英国殖民者镇压了马赫迪起义后，对苏丹实行分而治之进而是分裂的政策：在军事上，用新成立的南方黑人武装——赤道军团取代原来驻扎在南方的北方军队；在语言上，迫使南方黑人放弃阿拉伯语，改用英语为官方语言和教堂用语；在宗教方面，鼓励黑人改信天主教，并派出了大量传教士，兴办了一批教会学校；在法律方面，强迫南方取消伊斯兰法，恢复土著习惯法，规定南方的休息日是星期日，而非伊斯兰历的星期五；在行政统治方面，把南方划分为三个省，省长不必参加全国的省长年会；在经济方面，不许北方的阿拉伯商人到南方经商，除非获得商业许可证；在日常生活方面，禁止南方人穿戴阿拉伯人服饰，奉行阿拉伯人的习俗，南北方居民的通婚自然被绝对禁止。

第二次世界大战后，苏丹人民反殖民运动风起云涌，但主要集中于北方。英国殖民者为了保住自己在非洲的整体利益，不惜分裂苏丹：怂恿南方亲英人士利用自决权与北方分裂，然后与英属肯尼亚、乌干达组成受英国控制的“东非联邦”。英国殖民者的这些做法人为地中断了南北方已经开始的民族融合进程，加大了双方早已存在的差异，民族矛盾进一步加深。

1953 年 2 月 20 日，苏丹获得自治，成立了以阿扎里为首的自治政府。1956 年 1 月 1 日，苏丹独立，成立共和国。然而，独立非但没有缓和南北民族矛盾，反而激起了南方兵变，政府派遣以北方人为主的军队大肆镇压。大量的南方黑人居民、尤其是黑人军人被屠杀，逃亡邻国者不计其数。1958 年 11 月，易卜拉欣·阿卜德将军发动军事政变，推翻了民选政府。军政权虽然在经济发展方面取得了一定成就，但在民族问题上毫无作为，致使内战不断升级，民族关系极端恶化。南方反政府力量不但成立了“苏丹非洲民族联盟”，还整合了各支游击队武装力量，组建了名为“阿尼亚尼亚”的军队，与政府军展开殊死战斗。1964 年 10 月 30 日，军政权倒台，成立了由各党派组成的过渡政府。南北内战并没有停止，相反，南方反政府力量日益壮大，“阿尼亚尼亚”的人数达 15000 余人。1969 年 5 月 25 日，加法尔·穆罕默德·尼迈里上校发动军事政变，随后宣布自任总统兼总理，实行一党制，走社会主义道路。1972 年 3 月 3 日，政府军宣布停火。3 月 27 日，中央政府与南方解放运动领导人共同签署《亚的斯亚贝巴协议》，由民族矛盾引发的内战在持续了 17 年后宣告结束。

1983 年 5 月，维持了 11 年的和平再度被打破，苏丹爆发第二次内战。前“南苏丹解放运动”领导人约翰·加朗组建了反政府武装“苏丹人民解放军”，提出了“武力推翻现政权”的口号，并得到周边部分国家的支持，民族矛盾再度激化。1985 年 4 月 6 日，苏瓦尔·达哈什将军发动军事政变，成立过渡军事委员会。1988 年 1 月，苏丹 17 个政治组织签署了过渡宪章，要求实行多党民主制。同年 4 月，国民议会通过决议，成立民族团结政府，不久与“苏丹人民解放军”签署和平协议，民族矛盾暂时有所缓和，但内战并未完全停止。1989 年 6 月 30 日，艾哈迈德·巴希尔将军发动政变夺取了政权，成立“救国革命指挥委员会”，自任主席兼内阁总理、国防部长和军队总司令，1993 年 10 月改任总统，并于 1996 年 4 月 1 日再次当选总统，任期 5 年。巴希尔政府召开宪政大会讨论南方问题，实现停火。但南方反政府力量——苏丹人民解放运动却发生分裂。丁卡人支持的加朗一派同代表努埃尔人势力的另一派不断发生火并。1997 年 4 月 21 日，南方 6 大政治派别与中央政府签订和平协定，但却不被苏丹人民解放运动所承认。

三　独立后的民族政策

苏丹的第一次内战在很大程度上是由中央政府推行的歧视性民族政策引发的。苏丹获得自治时，由于南方上层分子比较亲英，因而几乎无人进入新成立的民族政府。新政府几乎由清一色的北方阿拉伯人组成，仅在800个官职中给占总人口1/3的南方人留下6个次要职位（两个县长，4个副县长）。新成立的立法会议由93人组成，但北方人就占了80席；修宪委员会由13人组成，南方人仅占一席。政府推行的苏丹化政策，实际上就是北方阿拉伯化。全国通用一种语言，即阿拉伯语；使用一部宪法，即阿拉伯伊斯兰国家宪法；信仰同一种宗教，即伊斯兰教。政府在经济上也不对南方一视同仁。政府预算中90%以上用于北方，没有给南方修建一所中学、一个加工厂。即使南方有丰富的森林资源，政府也不投资开发，相反却宁可花费宝贵的外汇资源从国外进口木材。所谓“发展南方小组”刚一成立，即陷入瘫痪，不久就宣布解散。另外，政府无视南方提出的“先发展、再与北方联合”的要求，错误地坚持认为南方是要脱离北方而独立。因此，南方稍有风吹草动，政府就派遣军队进行残酷镇压，人为地激化了民族矛盾。1964年成立的过渡政府曾经表示要放弃武力，以和平方式解决南方问题，但双方在以何种方式决定南方前途的问题上争执不下：南方代表要求通过公民投票来决定是分立还是并入联邦；而中央政府坚持认为南方是苏丹领土不可分割的一部分，只允诺在南方实行区域自治。内战实际上仍在继续。

尼迈里发动军事政变上台后，为形成其政权的广泛合法性基础，与南方反政府力量展开磋商，并于1969年6月9日正式发表“南方问题声明”，强调要承认南北之间在历史、文化、经济等方面存在差异的事实，重视南方问题的严重性，允许南方人民在统一的社会主义苏丹内建设和发展其文化、传统。以此为基础，尼迈里命令政府军停止进攻，命令政府控制的宣传工具停止对“阿尼亚尼亚”的攻击，赦免南方政治犯，发展南方的经济和政治，为最终解决南方问题创造良好的政治气氛。1972 年 2 月 27 日，双方终于在埃塞俄比亚达成了《亚的斯亚贝巴协议》。协议规定南方诸省组成一个南方区，该区享有在苏丹民主共和国内自治的权利，可有自己的立法议会及其执行委员会，中央政府只保留对国防、货币发行等有关主权事项的立法权和行政权。自治区立法议会可就本区的特殊问题通过适合本区情况的法律。中央政府宣传信仰自由、宗教平等，不再强迫南方黑人信仰伊斯兰教，规定英语为全国科技、经贸用语和南方自治区的官方用语。政府制订了实现南北经济平等的近期目标和长远目标，规定南方自治区有权开发利用本地资源、组织和发展本地经济。政府还规定南北居民按人口比例共同参加国家的安全防卫，人数达 15000 人的“阿尼亚尼亚”全部被改编为政府军，守卫南方。通过实施这些措施，南北民族矛盾得以缓和，历时 17 年之久的内战宣告结束。

和平局面仅维持了 11 年，到 1983 年，第二次内战开始，民族矛盾重新激化。这完全是尼迈里政府改变民族政策、歧视南方黑人并剥夺其权利而导致的恶果。虽然签订了“亚的斯亚贝巴协议”，但尼迈里在许多方面并没有认真执行。在经济预算上，给南方的预算很少，实际划拨的更少。1979 年南方发现石油后，政府便无视协议规定，不但把主要油田所在土地划归北方，还进行南油北调，在北方设立加工企业，从北方港口出口石油，这些做法就是明火执仗地剥夺南方人享有的经济权益。在政治上，尼迈里不顾南方自治区和议会的强烈反对，以发布总统令的方式强行解散南方自治区立法议会和执委会，把自治区划分为三个中央直辖的地区（包括上尼罗河区、赤道区和加扎勒河区），南方黑人的自治权被剥夺净尽。在宗教上，政府不顾南方 90% 以上的居民信奉基督教和传统宗教的现实，妄言经过多年融合，苏丹人民之间已经没有宗教分歧，宣布在全国推行伊斯兰教。尼迈里还通过修改宪法自封为“信徒的埃米尔”和“穆斯林的伊玛目”。随后，政府又设立伊斯兰银行，取消利息，改正常税制为伊斯兰教的“天课”。民族问题与宗教冲突结合起来。在军事上，尼迈里根本不信任南方来的军官和士兵，对他们实行差别待遇。在 11 年的和平时期，几乎没有从南方招过士兵和军校学员，在军队中则对南方来的高级军官千方百计地进行清洗。对原“阿尼亚尼亚”司令约瑟夫·拉古的清洗，以及要求南北驻军换防的无理要求，终于直接导致了内战再起。政府军残酷屠杀南部黑人，尤其是支持苏丹人民解放军的丁卡人。

1985 年达哈什将军发动政变，推翻了尼迈里政权，重开对话谈判，希望缓和民族矛盾，实现民族团结。政府宣布停止执行伊斯兰法，召开制宪大会讨论南方问题。1989 年巴希尔将军政变上台后，宣布实行一个月的单方面停火，营造信任和对话气氛。1991 年，巴希尔政府颁布以伊斯兰教法为基础的新法律，但该法仅适用于所有北方人，包括内战中逃往北方的 200 多万南方难民，不适用于南方三区。同时，全国由以前的 18 个区被重新划分为 9 个州、66 个省和 281 个区，以此削弱某些大区、大民族的影响力，扩大小区和小民族的权利，进而实现民族平等。1992 年 6 月 5 日，全国所有政党经过会谈通过了联合公报，共同认为“苏丹是一个多民族、多语言、多文化和多宗教的国家”。但是，南方党派要求通过全民公决实现南方自治的提议，遭到政府的断然拒绝。南北民族冲突仍在继续。1997 年 4 月 21 日，南方 6 个政治派别与政府签订了和平协定，政府保证在南方实行民族自治。至于南方是否独立，那要由 4 年过渡期结束后的全民公决来决定。这一协议得到南方大部分居民的欢迎。但苏丹人民解放运动的游击队并不接受这一协定，政府军与苏丹人民解放运动的游击队继续战斗。

四　经验教训

苏丹的民族问题是历史上形成的，既有中世纪阿拉伯人迁徙的影响，也有近代殖民主义侵略的不可推卸的责任，但这两者不能等量齐观，殖民主义推行的分而治之和分裂政策才是导致苏丹民族冲突的罪魁祸首。尽快消除殖民主义的影响是每一个新成立的民族政府首先要解决的问题。但是，任何极端的、矫枉过正式的过激政策都不会有好的结果，苏丹第一次内战就是由北方人控制的政府片面推行名为苏丹化、实为北方化的政策所导致的。

苏丹南北民族在文化传统、风俗习惯、法律规范、经济发展等许多方面都存在着较大差异，这是苏丹的基本国情。不正视现实、片面推行整齐划一的政策也不会达到预期的目标。尼迈里政府通过推行阿拉伯语、伊斯兰法来强行同化南方人，这一做法是第二次内战爆发的一个重要原因。

苏丹的民族问题与中央和地方关系、宗教问题、甚至国际关系相互纠缠，相当复杂。南方人口虽然仅占全国人口的30%，但在中央政府人员构成中排除南方人的做法是错误的，以南方人“缺乏资格、经验和学历”为借口进行搪塞也是荒谬无稽的。不能正视南方人要求自治或建立联邦的提议、片面追求中央集权的大一统也是操之过急的做法。尼迈里政府取消南方区自治地位的做法是内战再起的另一重要原因。宗教冲突也是一个非常复杂的问题。伊斯兰教与基督教、非洲黑人传统宗教的融合是一个相当困难的过程，经常会发生激烈的冲突。如果中央政府继续推波助澜的话，民族矛盾与宗教冲突相互交织，只能使国家动荡不安、永无宁日。苏丹的两次内战充分说明了这一点。

二次内战爆发时，苏联伙同埃塞俄比亚积极支持南方反政府武装，甚至还在埃塞—苏丹边界开设10个训练营地。利比亚也因憎恨尼迈里政权在1971年后倒向英美怀抱，向南方反政府武装提供5亿美元的活动经费，甚至扬言要与苏丹南方解放运动联合解放全苏丹。埃及积极支持尼迈里政权，双方签订了两国联合防御条约。美国出于与苏联争霸的需要，不但向苏丹提供一亿美元的军援，还派出飞机和舰队到北非。由于外部势力的插手，苏丹冲突双方各依靠山，各自提出不合理要求，相持不下。例如，南方反政府组织要求通过全民公决来实现独立。这种不切实际的分离主义并不能解决问题，相反却使民族问题国际化，致使民族冲突旷日持久，难以尽快解决。

当然，除了教训之外，苏丹在解决民族问题时也付出了积极努力。《亚的斯亚贝巴协议》的签署就是一个结晶，它带来了长达 11 年的民族和解。南北差别是客观事实，是历史上形成的，不能希望一夜之间就得到解决，更不能因此对南方人进行歧视。尼迈里在政变上台后，为了稳定局势、迅速发展全国经济，从大局出发，暂时解决了民族冲突，赢得了和平及全国各族人民的支持爱戴。但等到全国局势好转后，尼迈里逐渐与北方大民族主义者合流，断然违背《亚的斯亚贝巴协议》，推行阿拉伯民族沙文主义和强迫性民族同化政策，激起了第二次内战，并最终导致了南苏丹独立建国。

（包茂宏，北京大学历史学系教授）

索 马 里

位于非洲东部的索马里是非洲文明古国之一，历史悠久，民众纯朴、战略地位重要，拥有骆驼数占全世界的三分之一，被称为“骆驼王国”和“印度洋畔的明珠”。然而自 1980 年代以来，索马里战乱不休、贫困落后、难民充斥，成为非洲热点之一，其中的原由引起国际政治和民族学界的关注。

19 世纪后半期，索马里北部和南部（现称北区和南区）分别沦为英国和意大利的殖民地。第二次世界大战后，随着非洲民族解放运动的高涨，北部和南部于 1960 年 6 月和 7 月先后独立，合并为统一的索马里共和国。

就民族成分而言，索马里是非洲国家中民族成分较单一的国家，绝大多数居民属索马里族人，这是一种优势，有利于国家的统一和发展。但是有两个特点为不利因素，它们对索马里国家的现代生活产生了并仍旧发挥着重大影响。首先，索马里族不仅是索马里的主体民族，而且是整个非洲之角的跨界民族。根据 2014 年的统计资料，索马里族人口约 1050 万，其中 82% 聚居在索马里共和国，占该国人口的 98%；此外，在毗邻的埃塞俄比亚欧加登地区有近百万索马里族人；在肯尼亚东北部约有 65 万人；在吉布提南半部约有 20 万人。索马里族被分割在地域连成一片的4个国家之内，这是东北非洲历史、政治诸因素作用的结果，人们必须正确面对这一现实。再者，索马里境内的索马里族是一个正在形成中的现代民族，其民族过程尚不成熟，换言之，构成索马里族的各支系，或称大、小部族的界限依然存在，关系十分复杂，融合尚待时日。具体而言，全国以朱巴河为界，以北广大地区属萨马勒族系，以南属萨布族系。前者分为4个大部族：盖尔族、达鲁德族、伊萨克族、哈威伊族；后者分为3个大部族：迪吉尔族、拉汉文族、朱利弗尔族。7个大部族中，每一个又分为若干个支系，例如哈威伊族分为阿布加尔、阿朱兰、哈马杰迪尔、哈瓦德拉等支系。① 其中，有3个部族对国家政治和社会生活的影响较大，它们分别是达鲁德、哈威伊和伊萨克部族。正是跨界民族的属性及部族界限犹存的特点，影响着索马里的族际关系，而民族政策取向的失误则影响到地缘政治和国家的安定。

一　民族主义与国家的统一

索马里98%的人口属于索马里族，只是在朱巴河下游及沿海地区有几个班图人少数民族（戈沙人、谢贝利人和斯瓦希里人），总数不足全国人口的2%，这种族体构成有利于发扬非洲民族主义的积极性，统一的索马里共和国的诞生就是这种民族主义作用的一个成果。独立之前，南北两区纷纷建立各种以部族为基础的政党，分别针对意大利和英国殖民当局展开斗争，北区于1960年6月26日独立，南区于同年7月1日独立。正是由于民族主义思想的作用，南北两区的各主要政党达成了争取索马里民族统一和解放的共识。为此，两个独立的政治单位于南区独立的当日合并为统一的索马里共和国，这在非洲大陆是少

① 参见G. P. 穆达克《非洲各族及其文化》，纽约、多伦多、伦敦，1959年，第318—323页；《万园博览·非洲卷》，新华出版社1998年版，第1004页。

有的现象。共和国成立初期（从1960年7月10日至1969年10月21日），索马里经历了两届总统和四届政府，由于其内外政策基本上受民族主义的影响，因而直至西亚德执政初期，索马里族际关系比较和谐，政局比较稳定，社会经济发展呈上升之势。与此相应，索马里民族的聚合过程得以顺利进行，统一的民族意识迅速形成，其明显标志之一就是1972年索马里政府决定以通用拉丁字母拼写的一套字母作为索马里语的文字，使索马里语成了有文字的国语，这在黑非洲国家中是不多见的。这一举措促进了全国性的扫盲运动，推动了文化教育事业的发展，也使索马里在非洲国家和伊斯兰世界中赢得应有的地位。对大多数黑非洲国家而言，现代民族正处在形成过程之中，民族主义正是符合这一民族过程客观要求的理念和思想动力，也是广大民众的共同心声；同时，民族主义也是部族主义的克星，索马里独立初期的现实生动地说明了这一点。

二　泛民族主义导致地缘政治不稳和国家发展受阻

在索马里人民争取民族独立和解放的斗争中，民族主义积极性得以发扬，使得建国初期国家统一和民族融合过程能够顺利进行。但是，由于索马里族系非洲之角的跨界民族，分布在毗邻的四个国家内，遂滋生出一种十分有害的泛民族主义思潮——“大索马里主义”，当时称作“五统一”思想，即在法属索马里（即后来的吉布提）、英属索马里（北区）、意属索马里（南区）、埃塞俄比亚的欧加登地区和肯尼亚的东北省共同建立一个统一的国家。令人遗憾的是，这种泛民族主义思想成为索马里共和国历届政府制定对外政策的指导思想，影响了睦邻友好环境的建立，破坏了非洲之角地缘政治的稳定。在西亚德执政后不久，这种泛民族主义思想一度恶性膨胀，酿成了索马里与几个邻邦的战争，致使本国经济建设无法进行，教训十分惨痛。

首先是与埃塞俄比亚的关系极度紧张。索马里一直认为，埃塞俄比亚的欧加登地区（面积达38万平方公里，人口500多万，其中索马里族人约100万[①]）是索马里领土，称其为“西索马里”，要求收回，甚至明文写入宪法之中。[②] 而埃塞俄比亚则认为该地区是自己的国土，从不承认有领土之争。为此，1964年两国曾在边界地区发生了大规模冲突。到1971年，因盛传该地区发现了石油，双方争夺更加激烈。索马里将这个问题提交第10届“非统”首脑会议，要求予以解决，非统为此还建立了一个协调委员会开展调解活动，但成效甚微。1997年，索马里趁埃塞俄比亚内部危机之时，以支持“西索马里民族解放阵线”（欧加登地区索马里人的反政府武装力量）为由，出兵欧加登，并一度占领该地区大部分土地。为此，两国于当年断交。1978年，埃塞俄比亚的门格斯图政权得到了苏联的大量军援，又有古巴军队直接参战支持，遂发动反攻，这便是有名的“欧加登战争”。在这场战争中，双方伤亡惨重，索马里失利，被迫退出欧加登。欧加登战争后，双方陈重兵于边境，时有摩擦和冲突，且均支持对方反政府组织的活动。两国关系一直处于紧张状态，致使非洲之角多年动荡不安。一直到1980年代后期，埃塞俄比亚和索马里才表示愿意通过对话解决问题，并于1988年恢复了外交关系，1989年两国首都间的航班也得到恢复。

此外，索马里与南部邻邦肯尼亚的关系也不正常。索马里基于“五统一”的思想，自独立以来一直认为肯尼亚东北区（面积达11万平方公里，生活着六十多万索马里族人[③]）是索马里的领土，应并入“大索马里”版图，肯尼亚则断然不予接受。为此，双方关系紧张，不时发生边境摩擦。1963年5月，肯尼亚政府曾向亚的斯亚贝巴非洲国家元首和政府首脑会议提交备忘录，要求非统组织干预索马里的扩张

① 参见苏联《非洲百科全书》第2卷，莫斯科，1987年，第584—585页。

② 参见《万国博览·非洲卷》，新华出版社1998年版，第1020页。

③ 参见苏联《非洲百科全书》第1卷，莫斯科，1985年，第642—644页。

行为。肯雅塔总统提出了“人可以走，土地必须留下”[①] 的观点，以解决跨界民族引起的领土争端，自然也是于事无补。一直到 1989 年，双方还发生过边界冲突事件，只是未酿成真正的战争。

索马里与吉布提的关系比较微妙，但也不平静。吉布提近一半的居民是索马里族人，属伊萨克部族，讲索马里语，按“五统一”思想，吉布提也当属“大索马里”的领土。只是由于吉布提独立较晚（1971 年才从法国殖民统治下独立），当时索马里政府与埃塞俄比亚和肯尼亚已发生边界冲突，索马里战线过长，兵力不足，无力顾及北方的“小兄弟”，双方才得以和平相处。还有另一个原因，就是吉布提独立后的执政党和执政者均是伊萨克人，同族难于操戈，所以两国关系尚不紧张。但是在 1990 年 5 月，两国边界亦发生摩擦，曾一度使非洲之角出现新的动荡点。

泛民族主义思想一度主导了索马里政府的对外政策，从而引起非洲之角地缘政治动荡不安，甚至酿成地区战乱，对内则耗尽了建国初期的建设成果，阻碍了非洲民族主义积极性的继续发扬，成为处理跨界民族问题的一种失败教训。

三　部族主义导致政权更替、同胞相残与民族过程的倒退

索马里是一个多民族结构的国家，但影响国家政治和社会生活的不是民族关系，而是部族问题。部族林立是索马里的特点，达鲁德、哈威伊和伊萨克三大部族间的关系与国家的统一和发展息息相关。索马里独立十多年后，索马里民族主义思想逐渐被部族主义所取代，尤其在西亚德执政时期，部族主义思想主导了国内政策，结果使国家陷

① 参见［埃及］布特罗斯·加利《非洲边界争端》，仓友衡译，商务印书馆 1979 年版，第 84 页。

入动乱和分裂状态，甚至于联合国的维和行动也无济于事。

要谈部族主义，当从穆罕默德·西亚德·巴雷谈起。此公于1919年出生于朱巴河流域的盖多州，属索马里最大部族——达鲁德部族中的马列汉小部族。[①] 西亚德系警官出身，部族意识很强，在舍马克总统时期（1967年6月至1969年10月）任国民军司令，手握兵权，于1969年10月21日发动军事政变上台。执政后，他实施过激的经济政策，1976年10月即宣布在索马里建设“科学社会主义”，大搞国有化，并对农业、私营工商业采取了一系列的过激措施。西亚德还按照苏共模式于1976年7月成立了唯一的执政党——“索马里革命社会主义党”，个人独揽党政军大权。实际上，西亚德口谈科学社会主义，实则个人独裁专政，利用军事力量和部族矛盾不断打击反对势力，排斥异己，其主导思想就是达鲁德部族主义。由于他的父亲在部族冲突中被北方伊萨克人所杀，因此他怀着强烈的复仇心理和部族意识来处理部族关系。他口头上强调反对部族主义，并颁布多项法令开展反部族主义运动，实则以此来打击其他部族的势力，竭力建立马列汉小部族和西亚德家族的统治，大量培养、提拔、安插本部族的亲信。通过1987年的一次政府改组，马列汉人占据了部长总数的近1/4。当时全面负责党务的助理总书记阿卜杜勒·卡迪尔是马列汉人；财政部长贾马·巴雷是西亚德的堂弟；担任首都军区司令并控制全国军队指挥权的是其长子马斯莱赫。[②] 同时，西亚德还利用其他部族之间的旧有矛盾制造冲突，加剧各部族间的争斗，坐收渔利。正是这种口是心非的部族主义政策和经济上的严重失误，使得西亚德政权日益不得人心，加之对外政策上的泛索马里主义指导思想引起同邻国的一系列争端，更使其处于内外交困的境地。

自1981年起，从北到南，伊萨克部族、哈威伊部族、迪吉尔部

---

① 见苏联《非洲百科全书》第1卷，莫斯科，1986年，第315页。

② 见《万国博览·非洲卷》、新华出版社1998年版，第1008页。

族、朱利弗尔部族以及达鲁德部中的其他小部族纷纷建立自己的政党和武装力量，开展反政府的武装斗争。内战之火燃遍南北各地。受西亚德政权打击最大的部族——北方的伊萨克族首先起事。该族的一些有识之士于1981年在伦敦建立了自己的政治组织——“索马里民族运动”，1982年在埃塞俄比亚的迪内达瓦设立总部，以推翻西亚德独裁统治和建立民主政府为目标，在北部开展武装斗争。1988年，该组织与政府军在北方发生激战，占据了大片土地。到1980年代末，西亚德政权实际上已失去对北部的控制权，国家处于分裂的边缘。1990年代初，西方煽起的“多党民主风潮”席卷非洲，对西亚德政权亦形成了重大的冲击。1990年5月，索马里前政府官员与各界知名人士100多人联合发表《索马里宣言》，要求西亚德下台。7月，首都举行了反政府群众集会，索马里部长理事会特别会议通过3项决议：实行多党制、举行公民投票、进行议会多党选举。12月30日，以索马里第二大部族——哈威伊族为基础的“索马里联合大会”的武装力量率先攻入首都，与政府军发生激战。1991年11月26日，总统府被攻克，西亚德率部逃往南部家乡，从此结束了他对索马里长达21年的统治。

部族主义独裁统治导致西亚德政权倒台，这本是一种历史的必然，但令人惋惜的是，在西亚德政权崩溃后的索马里并未出现一个新的民族团结政府。正是由于部族主义作祟以及部族领导人的争权夺利，索马里陷入部族混战和国家分裂的状态，从而使索马里成为1990年代以来非洲大陆历时最长的动荡热点。

1991年1月28日，索马里联合大会任命该党执委会领导人阿里·迈赫迪·穆罕默德为临时总统，并宣布成立临时政府，该党主席穆罕默德·法赫德·艾迪德任议长兼军队参谋长。2月3日，临时政府宣誓就职。由于临时政府实际上实行“联合大会党”的一党执政，带有浓厚的哈威伊部族色彩，因此，以达鲁德部族中欧加登人为基础的“索马里爱国运动”、以米朱提尼人和多尔巴汉塔人为基础的“索马里民主救国阵线”，以及北方伊萨克人的“索马里民族运动”等政党拒不承认临时政府，拒绝参加联合大会建议召开的和解会议。1991 年 3 月至 10 月间，“爱国运动”、“民主救国阵线” 及西亚德残部同时从 3 个方向联合出兵进攻首都摩加迪沙，从而使临时政府的统治范围仅限于首都及附近地区。北方的伊萨克部族则走得更远，趁临时政府自身难保之机，迅速扩大控制区域，占据北部 18 万平方公里的土地，约占索马里面积的1/3，并于5 月18 日宣布成立“索马里兰共和国”，定都哈尔格萨，实际上使索马里一分为二。

临时政府不仅对解决国家分裂问题无能为力和无所作为，更可怕的是，它本身又陷入严重的内讧之中。总统迈赫迪和议长艾迪德反目，成为对立两派的首领。究其根源，也是由于部族主义作怪，因为此二公原来分别属于哈威依部族中的两个小部族，迈赫迪来自阿巴加尔族，艾迪德来自哈巴杰迪尔族。两族过去因为争夺草场和水源素有矛盾，二人掌权之后，互不服气，争斗加剧，最后发展成为公开火并。1991 年 9 月初，两派首次在首都激战 3 天。11 月中旬，冲突再起，双方相互攻夺，形成大规模战争。昔日美丽的摩加迪沙已是断壁残垣，面目全非。此后，双方打打停停，战事久久不能平息。

1980 年代后期以来，由于连年战乱和旱灾，至 1992 年底，索马里已有 30 万人丧生，约 450 万人（占全国人口的 60%）[①] 流离失所，沦为难民。为此，联合国安理会于 1992 年 12 月 3 日通过决议，决定派遣一支多国部队前往索马里，以确保国际社会人道主义援助物资的运送和发送，并允许这支部队在必要时采取进攻性的军事行动。出于战略利益的驱使，美国表现得十分积极。12 月 9 日，以美国为首的多国部队首次在摩加迪沙登陆。多国部队总兵力为 3 万人，美军占 2.8 万人，此外还有法国、加拿大、土耳其、巴基斯坦、摩洛哥、埃及、突尼斯、津巴布韦等国的少量人员。英国和日本没有派兵，但英国派出飞机参加运输行动，日本则宣布向索马里提供 2700 万美元的援助。

① 见《万国博览 · 非洲卷》，新华社出版社 1998 年版，第 1009 页。

1993年3月26日，安理会决定扩大联合国驻索马里部队的任务，由维和部队接替以美国为首的多国部队，并立即开始第二期行动，将驻军期限延至10月31日。有趣的是，当以美国为主的多国部队源源来到索马里之后，同室操戈的迈、艾两派不知是由于索马里民族主义思想的一时作用，还是因为同有“外敌入侵”之患，竟首次握手言和，宣布立即停火。1993年初，索马里曾一度出现和平的转机。3月28日，索马里14个派别首领在埃塞俄比亚经过谈判，达成了全国和解协议。据此协议，由各派组成74人的“全国过渡委员会”代替临时政府，并规定该委员会在联合国维和部队的帮助下，在90天内解除各派武装。在解除武装这个要害问题上，艾迪德派坚决予以抵制，与多国部队发生日益严重的武装冲突，迫使美国不得不放弃武装干涉。到1994年初，西方国家从索马里撤军，实际上宣告了联合国维和行动在索马里的失败。索马里的局势相对平静下来。1994年元月14—17日，艾、迈所属部族举行会议，达成8点和平协议，呼吁结束首都分裂和部族敌对的状态，同时成立19人委员会，以取代全国过渡委员会。然而，又是由于部族主义思想作怪，在最高权力问题上艾迪德和迈赫迪两人互不相让，结果二公均未出席这次会议，从而使8点和平协议形同一纸空文。在此情况下，联合国秘书长、美国要员、非统组织、肯尼亚总统等人先后出面调解，但均收效不大。为了争取更多的权力，艾迪德和迈赫迪两派重新拉帮结派，不断发生冲突。3月1日至5日，迈赫迪先声夺人，以其为首的12派集团在埃及首都开罗举行会谈，签署“开罗协商文件”，成立17人组成的全国拯救过渡委员会，设主席1人，各派轮流坐庄，并邀请艾迪德担任主席团成员。艾迪德对此断然拒绝，并指责埃及干涉索马里内政。同年11月10日，艾迪德效法迈赫迪的做法，以其为首纠集12个派别召开全国民族和解会议，宣称要解决成立新政府的问题。对此，迈赫迪和北方的“索马里兰共和国”总统埃加尔均不屑一顾。在这种对立情绪之下，艾、迈两派武装力量12月份在首都再度激战，双方伤亡惨重。

进入 1995 年以后，索马里的部族混战局势更趋复杂。艾、迈两派在首都各据一方，对立状态时松时紧，而其他地区则发生了新的变化：南方的“爱国运动”分裂为两派，原领导人摩根和杰斯各立一派，双方为争夺重镇基斯马尤发生大规模的流血冲突，安南秘书长派人进行调解也无功而返；北方的“民族运动”主席阿里和“索马里兰共和国”总统埃加尔分道扬镳，使伊萨克部族武装力量一分为二，两派民兵于 11 月 15 日在哈尔格萨发生武装冲突，战斗持续两周，双方伤亡重大，[①] 形成“第二个摩加迪沙”的攻夺局面。

索马里的部族混战发展到 1996 年仍是国际舆论关注的热点之一。一度出现的新的和平希望在人们眼前匆匆而过，使人们对部族主义的劣根性有了新的认识。同年 7 月 23 日，在摩加迪沙南部麦迪纳地区，“曾打败美国干涉军的索马里英雄”艾迪德在前线视察时，遭到索马里南部另一交战派别——奥斯曼·阿托民兵部队的枪击，救治无效，于 7 月 27 日身亡。8 月 2 日公布了这一消息，当首都数万人为其举行葬礼时，索马里各大交战派别发出了“立即停战，举行和谈”的呼吁。[②] 人们普遍认为，艾迪德在与美军作战中曾赢得索马里人的支持，甚至被视为“民族英雄”。但是，他打败以美国为首的多国部队并迫使美军撤出后，个人野心进一步膨胀，“不作老大誓不罢休”的顽固思想使他置国家安危和民族存亡于不顾，一意孤行，联合国、非统组织及周边国家提出的多项索马里和平方案都因他的反对而一一夭折。事实上，他的好战和野心已成为索马里走向和平的重要障碍，为此，他的被杀无疑是个好消息。人们以为艾迪德的死亡会使艾派立场松动，与迈派早日握手言和，从而为索马里各派的民族和解带来契机。然而 8 月 4 日，艾的独生子侯塞因·艾迪德在被推选接替其父职务后，当众宣布：“我发誓将带领你们沿着穆罕默德·法赫德·艾迪德的足迹前进”，并

① 见《世界知识年鉴》1995 年/1996 卷，世界知识出版社 1996 年版，第 405—406 页。

② 见新华社内罗毕 8 月 2 日电，《艾迪德之死给索马里带来和平希望》，载《参考资料》1996 年 8 月 4 日。

称“我决不会容忍外部的入侵或内部的侵犯”，换言之，艾派立场不会有任何变化。

近几年以来，索马里部族混战局面中又加入了宗教因素，从而使得这个热点更加难以降温。前面提到，迈赫迪派 10 多个派别曾在开罗开会，艾迪德据此斥责埃及干涉索马里内政。随着事态的发展，各种迹象表明，埃及、埃塞俄比亚、肯尼亚等国家站在迈派一方，比较温和、开明；而艾派则得到苏丹、厄立特里亚国等原教旨主义势力的支持，属激进派。在这种形势下，非统组织的调解往往自有苦衷，因为索马里部族混战本属该国内政问题，但是目前已经发展为地区性问题，出现了“国际化”倾向，加之联合国有过一次失败的维和行动，所以索马里战乱何时完了，目前实难预卜。

（葛公尚，中国社会科学院民族学与人类学研究所研究员）

埃塞俄比亚

一　埃塞俄比亚民族的基本情况

埃塞俄比亚联邦民主共和国（下文简称“埃塞”）是非洲东北部的内陆大国。它与吉布提、索马里、苏丹、厄立特里亚和肯尼亚接壤，面积为110万平方公里，人口为9651万（2014年），86%的人口居住在农村。埃塞俄比亚的民族成分比较复杂，据埃塞自己的划分共有80多个民族（无确切数字，因为还有一些人们自称是一个民族）。其中奥罗莫族为第一大族，占全国人口的45%；阿姆哈拉族为第二大族，占30%；提格雷族为第三大族，占8%。其他较大的民族还有阿法尔族、索马里族、锡达莫族、古拉格族和沃莱塔族等。特别值得一提的是，埃塞有不少跨国民族，如索马里族、阿法尔族、提格雷族等。索马里族的主体在索马里，但埃塞境内欧加登地区（今索马里民族州）的居民基本上是索马里人。阿法尔族分布在埃塞、吉布提和厄立特里亚三国境内，但其主体在埃塞。提格雷族是厄立特里亚的主体民族，但埃塞提格雷地区的主体居民也是提格雷人。在埃塞俄比亚，45%的居民信奉伊斯兰教；40%的居民信奉埃塞俄比亚正教；5.5%的居民信奉新教；1%的居民信奉天主教；近8%的居民信奉原始宗教；无神论者不足1%。阿姆哈拉语为埃塞联邦政府的工作语言。埃塞联邦以民族为基础分为9个州，各民族州可确定本民族语为本州的工作语言；英语在政治、经济生活中较为通用。

埃塞的几个主要民族的情况如下：

（一）奥罗莫人。人口共约5000万，主要分布在埃塞俄比亚中南部（首都亚的斯亚贝巴的居民约1/4为奥罗莫人）。奥罗莫人属埃塞俄比亚人种，系库希特人中最大的民族。他们使用奥罗莫语，属闪含语系库希特语族，无文字。其先民原住埃塞俄比亚高原东南部。14世纪末，索马里人的一支——哈维亚人向西扩散，奥罗莫人被迫迁移，历时200年。其北支到达埃塞俄比亚高原中部的阿高人分布区；南支到达肯尼亚北部。在此期间，北支和南支的不少人受阿姆哈拉文化的影响，会讲阿姆哈拉语，信奉基督教，属科普特教派。东支受索马里人的影响，信奉伊斯兰教，属逊尼派。其余支系保持传统的自然崇拜。

（二）阿姆哈拉人。也称“阿马拉人”，人口约为3500万，主要分布在埃塞俄比亚高原中部和北部。按其体质特征，阿姆哈拉人属埃塞俄比亚人种，他们使用阿姆哈拉语，属闪米特语族。阿姆哈拉语现为埃塞俄比亚的国语。此外，阿姆哈拉人还通用英语。他们有古老的音节文字。相传阿姆哈拉人的祖先来自阿拉伯半岛，原属闪米特人南支的沙巴人。阿姆哈拉人几乎全部信奉基督教，属科普特教派。13—16世纪，阿姆哈拉人曾在戈贾姆和伯根德地区建立封建王国——阿比西尼亚，其经济、文化繁荣昌盛。从16世纪起，阿比西尼亚遭受奥斯曼帝国以及葡萄牙、英国、意大利等殖民势力的入侵和奴役。1935—1941年，阿姆哈拉人同国内各族人民一起，进行了反抗意大利法西斯的武装斗争，并取得了胜利。

（三）提格雷人。人口为150万，主要分布在埃塞俄比亚高原的北部山区，聚居在埃塞与厄立特里亚接壤的提格雷地区。提格雷人属黑、白混血的埃塞俄比亚人种，系“非洲之角”的闪米特人的一支。他们使用提格雷语，属闪米特语族南支。多数人兼用阿姆哈拉语，其社会、文化与阿姆哈拉人相近。在历史上提格雷人和阿姆哈拉人同是阿克苏姆王国的主要居民，均使用盖埃斯语，都被称为“阿比西尼亚人”。提格雷人于4世纪接受基督教，属科普特教派。

（四）索马里人。该民族系非洲东北部索马里共和国的主体民族，另有一部分人分布在埃塞俄比亚的欧加登地区（约有100万人）。索马里人属黑、白混血的埃塞俄比亚人种。他们多信奉伊斯兰教，属逊尼派。

（五）锡达莫人。人口约有150万，系库希特人的一支，包括锡达莫人本支、达拉萨人、坎巴塔人等等，主要分布在埃塞西南部的锡达莫地区，属埃塞俄比亚人种。他们使用锡达莫语，属闪含语系库希特语族，无文字。部分锡达莫人信奉伊斯兰教或基督教；多数锡达莫人仍保持万物有灵的信仰，崇拜上苍和祖先。13—16世纪，锡达莫人曾建立哈迪亚苏丹国；从16世纪起先后受阿姆哈拉人和奥罗莫人控制。“锡达莫”也是埃塞俄比亚民族集团的称谓。除奥罗莫人外，所有使用库希特语的民族统称为“锡达莫人”，共有400多万人，均属埃塞俄比亚人种。

二　埃塞俄比亚民族问题的根源及其演变过程

埃塞俄比亚是具有3000年历史的文明古国。埃塞俄比亚高原和青尼罗河水系曾哺育了闻名于世的阿克苏姆王朝文化。民族问题在埃塞有很深的根源。在历史上，埃塞的统治民族是阿比西尼亚人，而不是人口最多的奥罗莫人。阿比西尼亚人分为两支：一支是提格雷人；另一支是阿姆哈拉人。两者都居住在埃塞北部。北部也是埃塞俄比亚文明的发祥地，这里有阿克苏姆古城和拉里贝拉文化名城。后来埃塞文明向南发展，在文明的扩展中阿比西尼亚人的统治也向南推进，逐渐征服了南方的民族。到19世纪末，埃塞最著名的一位统治者——曼涅里克二世（1844—1913年）基本上用武力统一了埃塞全境，形成了今日的埃塞疆界。起初，皇宫建在亚的斯亚贝巴城的因托托山上。曼涅里克二世的泰图王后在山脚下遍地鲜花的温泉旁修建了一座房子，此为建城之始。1887 年曼涅里克二世正式迁都于此。在阿姆哈拉语中，“亚的斯亚贝巴”的意思是“新鲜的花朵”，由泰图王后命名。

阿比西尼亚文明南迁的过程对埃塞民族问题产生两方面的深刻影响：（1）埃塞南方的民族被征服后，处于被统治地位，成为埃塞的次等民族。埃塞统治阶层实行分封制，每征服一个地区，便把那个地区分封给王室成员、宫廷大臣和有战功的将军。原来居住在那里的居民被剥夺了对土地的所有权，或成为佃农，或成为奴隶。最典型的例子是奥罗莫人。他们的人口数量在埃塞最多。他们以前不叫“奥罗莫”人，而是称为“盖拉”人，在阿姆哈拉语中的意思是“奴隶”。其他民族的情况也基本上如此。阿比西尼亚文明被强加于被征服的民族，如强制被征服民族讲阿姆哈拉语，等等。（2）提格雷人在阿比西尼亚文明向南扩展的过程中被疏远，其特权逐渐丧失。阿姆哈拉人的绍阿分支成了埃塞唯一的特权民族。提格雷语的地位下降。提格雷人的土地所有权得不到保障，提格雷人在被征服的南方民族地区受益极少，在中央政府和地方政府中担任官职的提格雷人也越来越少，他们对阿姆哈拉人的不满情绪也因此产生和发展起来。可以说，阿比西尼亚文明（或称阿姆哈拉文明）向南扩展的过程，也是埃塞民族问题发生、发展和演变的过程。

1970 年代以前，即海尔·塞拉西一世统治时期，埃塞俄比亚的统治阶层依靠高压政策，维持对其他民族的统治，民族之间的矛盾表面上没有过多显露。但到海尔·塞拉西一世统治的后期，埃塞的民族问题已经相当严重。海尔·塞拉西一世也意识到了这个问题，开始采取一些措施，如任命一些其他民族的人士担任政府官员；准许其他民族的人拥有地产，等等。但已为时太晚，弥补措施也太少。海尔·塞拉西一世之所以被赶下台，其民族政策是一个重要的因素。

1974 年埃塞发生革命，推翻了海尔·塞拉西一世的统治。新上台的统治者是一些信仰马列主义的人，自称“马克思主义者”。在民族问题上，他们接受了马克思主义的思想，即实行各民族平等，鼓励各民族发展自己的文化，讲自己的语言。但实际措施却很少，基本上还是阿姆哈拉人的一统天下，阿姆哈拉语还是埃塞的国语。其他民族的不满情绪不但没有减弱，反而进一步增强。1991 年门格斯图政权之所以失败，虽然根本原因是它的政治和经济政策存在弊端，但民族政策也是一个重要因素。

三　埃塞俄比亚的现行民族政策

埃塞俄比亚人民革命民主阵线（下文简称“埃革阵”）是以提格雷人民解放阵线为核心，由阿姆哈拉民族民主运动、奥罗莫人民民主组织和南埃塞人民民主阵线共同组成，代表全国 24 个主要民族的统一阵线。埃革阵正式成立于 1989 年。它于 1991 年推翻门格斯图政权前夕召开首届代表大会，调整了政策。1991 年 5 月夺取政权，7 月组建过渡政府。在将近四年的过渡期内，埃革阵逐步确立了在全国政坛的主导地位。

1995 年埃革阵在全国大选和地方选举中获胜，任期 5 年。竞选期间，埃革阵制订了《和平、民主和发展五年规划》，作为执政纲领。埃革阵将走群众路线作为政治指导思想，以满足占全国人口 80% 的农民的愿望作为政策目标。它对内主张维护农民阶级、工人阶级和中产阶级的利益，实行多党制和民主制、土地公有制、自由市场经济和以各民族平等、实行区域自治并享有自决权和分离权为主要内容的联邦制。

埃革阵执政后，开始实施一项全新的民族政策。新民族政策用一句话来概括是：“建立在民族区域自治基础上的联邦制。”据了解，自 1991 年起，埃塞驻华使馆曾多次派人了解中国的民族政策，尤其是民族区域自治政策。与此同时，也曾派人到苏联了解民族联邦制。埃塞的新民族政策包含下列几个方面的内容：

第一，按民族平等原则，实行以民族区域自治和权力下放为主要内容的联邦制。规定各民族可以保留各自的民族特征，发展自己的文化，使用自己的语言，建立自己的民族自治政府，在其辖区内管理自己的事务，并有效参与联邦政府的工作。过去埃塞的行政区划是分为几十个省。1991 年埃革阵上台后，根据各民族聚居的情况，对行政区作了重新划分，废除了原来的省，将全国划分为 14 个区，基本上每一个大民族都有一个区。1995 年又对区划作了调整，将全国划分为 9 个州和两个特别市。其中 6 个州（提格雷州、阿姆哈拉州、阿法尔州、奥罗莫州、索马里州和哈拉里州）基本上是单一民族州，其余均为多民族聚居州。其中南方州由几十个民族组成，位于埃塞南部，海拔 1000 多米，是农业区。南方州的领导层由多民族代表组成，给人的印象是精明强干、团结合作。南方州尽管自然条件优越，但经济发展仍不平衡，即便是处于皇帝夏宫温多嘎附近的锡达莫人，也仍住在昏暗、低矮的草棚里，其家庭结构仍是几代同堂制。阿姆哈拉语和英语虽然被定为全国的工作语言，但各州可以根据自己的情况决定本州的工作语言（以阿姆哈拉语为工作语言的州有 6 个；提格雷州的工作语言是提格雷语；奥罗莫州的工作语言是奥罗莫语；索马里州的工作语言是索马里语；哈拉里州的工作语言是哈拉里语）。各州还可以有自己的州旗、州歌和州徽。州属下的区还可以根据自己的情况确立本区的工作语言。

第二，各民族无条件地享有包括分离权在内的自治权。这就是说，除了高度自治外，各民族如果不想留在埃塞联邦内的话，还可以从埃塞分离出去。但宪法同时又规定，退出埃塞联邦要经过一定的手续。第一步：由所在民族州的宪法机构以 2/3 多数通过，然后通知埃塞联邦政府；第二步：三年后埃塞联邦政府在该州举行全民公决，必须以多数通过；第三步：埃塞联邦政府与州政府谈判权力移交和财产分割及债务分摊等问题。因此，要想从埃塞联邦中分离出去，也不是一件容易的事情。

第三，埃塞俄比亚实行三权分立制，议会在宪法规定中占有重要地位。埃塞联邦议会实行两院制，包括人民代表院和联邦院。人民代表院是国家最高权力机构，拥有立法权。通过1995年的大选，该院共有从各选区选出的议员548名。执政党——埃革阵占有和控制了其中90%以上的席位。联邦院又叫民族院，拥有宪法解释权，以及裁决民族自决与分离、各州之间的纠纷等权力，由115名各族代表组成。在埃塞联邦机构中各民族的利益均受到保护。在埃塞联邦政府中，对官员的任用也注意各民族的比例平衡，须留出一定比例的政府高级官员、公务员名额给阿姆哈拉族以外的民族。但由于历史原因，阿姆哈拉人在埃塞联邦政府机构，特别是中、下层机构中仍占多数。

四　埃塞民族政策产生的积极作用和存在的问题

埃塞的这种民族政策在非洲史无前例，在世界上也不多见。世界上宪法规定各民族有分离权的国家还有两个：一是苏联；二是瑞士。由于特殊的历史原因，民族问题在非洲是老大难问题，各国都避之不及，采取各种手段来淡化民族色彩。但埃塞的情况很独特。它本身有着3000多年的文明史，在历史上虽有过外敌入侵，但埃塞俄比亚各族人民均将入侵者赶了出去；同时埃塞各民族经过长时期的相互融合，相同点大于差异性。然而，埃塞不仅承认民族间的差异性，而且鼓励这些差异性的发展；不仅按民族聚居标准来划分行政区，而且鼓励在民族的基础上成立政治组织（埃塞政党登记法规定，政党按两个类别进行登记：一是全国性政党；二是地区性政党。如达不到一定标准，就不允许注册为全国性政党。埃革阵是由四个地区性政党组成的全国性政党）。

根据我们的考察，埃塞的新民族政策确实有效地缓解了历史遗留下来的民族矛盾和民族冲突。过去民族关系紧张，各民族对阿姆哈拉人的支配地位不满。现在在理论上各民族是平等的，各民族可以决定自己的事务，有自己的政府，可以讲自己的语言，在埃塞联邦政府中有自己的代表。在埃塞，处处可以看到各民族人民团结一心，共同建设自己的家园，为实现《和平、民主和发展五年规划》而尽心尽力地工作着。埃塞联邦政府中包括各民族的官员，彼此互相尊重；地方政府对本州的事务恪尽职守，对埃塞联邦政府的事情也备加关注，处处体现出国家的整体性、一致性和文化多元性。

埃塞的新民族政策是一种新的尝试，在非洲无先例，风险大，能否成功还有待时间与实践的检验。埃塞的新民族政策存在一些问题是在所难免的，因为在历史上统治埃塞的一直是第二大民族——阿姆哈拉族，现在执政的提格雷族是通过 16 年武装斗争推翻门格斯图政权后上台的。埃塞俄比亚有 80 多个民族，尽管现政府为了实现民族团结，采取了一些措施，但是，民族问题尚未得到根本解决。像最近发生的奥罗莫解放阵线多次袭击政府部队和警察的事件，就说明了这个问题。该组织过去曾有一支四五万人的武装队伍，1992 年与梅莱斯过渡政府分道扬镳后，虽被镇压下去，但其参与分子仍在占人口 40% 的奥罗莫族的部分地区活动。

在埃塞，反对新政策的人主要有两类：一类是那些失去昔日统治地位的统治阶层，主要是阿姆哈拉人，他们主张维持埃塞的阿姆哈拉特性；另一类人则从维护埃塞的统一出发，认为新民族政策可能导致埃塞的解体，因而主张在埃塞建立中央集权制。另外，索马里族、奥罗莫族的一些反对派组织主张从埃塞分离出去，因而也对现行民族政策不满。他们认为政府做得还不够，他们还不能真正行使自决权和分离权。

尽管埃塞俄比亚在解决民族问题时面临的困难较多，新民族政策的实施也绝非易事，但是可以相信，埃塞现政府一定能够根据本国的具体情况，克服各种困难，妥善解决本国的民族问题，逐步建立一个团结和睦、繁荣昌盛的新埃塞俄比亚。

（吴金光、钟伟云、方卉，国家民族事务委员会民族政策研究中心）

坦 桑 尼 亚

坦桑尼亚联合共和国是一个多民族结构的国家，也是赤道东非唯一的联邦制国家。独立几十年来，坦桑尼亚长期政局稳定，社会安定，民族关系平和，民族过程一体化得以顺利进行。这在非洲国家中是少有的，已引起国际民族学术界的普遍关注。

一　种族与民族荟萃的国度

2014 年，坦桑尼亚人口达 5076 万，为东非地区人口第一大国；以其族体数而言，是东非民族最多的国家，官方公布的民族数达 126 个。这些族体以种族而论，也相当复杂，可以说，凡非洲大陆的种族，几乎均可在坦桑见到，这在东非国家中也是独一无二的。按种族划分，坦桑居民中班图尼格罗人种占全国人口的 93.8%，包括 100 多个民族；苏丹尼格罗人种占 2.6%，包括 5 个民族；埃塞俄比亚人种（即黑白混血种人，这里指库希特人）占 2.1%，也包括 5 个民族；科伊桑人种占 0.2%，包括两个小族；另有欧罗巴人种，占 1.3%，主要包括印巴人、阿拉伯人、英国人等。

以人口而论，在 126 个民族中，既有人口超百万的大族，也有人口仅千人的小族。人口超百万的民族有 11 个：苏库马族（Sukuma，占全国人口的 11%）、尼亚姆韦齐族（Nyamwezi，占 9%）、斯瓦希里族（Swahili，占 8.6%）、赫赫族（Hehe，占 6.8%）、马孔德族（Makonde，占 5.9%）、哈亚族（Haya，占 5.9%）、金加族（Kinga，占 5.2%）、扎拉莫人（Zaramo，占 5%）、查加人（Chaga，占 5%）、桑巴拉族（Sambara，占 4.3%）、戈戈族（Gogo，占 3.9%）。[①] 坦桑各族在历史文化、经济生活、宗教信仰、风俗习惯等方面，呈现出千差万别、多姿多彩之状，其分布也相当复杂，不少地区呈交错状，无怪乎民族学界有人称坦桑为非洲的“民族博物馆”。更为引人注目的是，最大族体苏库马族也只占全国人口的 10% 多一点，而且在人口超百万的所有大族中，没有哪一个在坦桑历史上起到过影响全局的作用。所以从总体而言，坦桑一直没有主体民族，可称为“无核心型”，[②] 这种族体结构实际上减少了大族主义的滋生机会，有利于族际融合与一体化。

二　族际文化渗透、同化与融合的历史

各方面的研究资料证明，距今 3000 年以前，坦桑大地上生活着最早的土著科伊桑人（Koisan，旧称布须曼人，Bushmen）。他们以狩猎为生，创造了非洲历史上著名的“斯蒂尔拜文化”（Stilby culture）。今多多马省孔多阿县科洛村附近的山谷中遗留下众多的岩壁画，生动地表现了当时科伊桑人的经济、文化生活状况，既有狩猎情景，又有举行祭典、婚配的场面，是研究坦桑各族早期历史的艺术宝库（坦桑国家博物馆大厅中的岩壁画就是科洛岩画的仿制品，而且与南非境内及卡拉哈里塔西里地区发现的科伊桑人岩壁画十分相似）。公元前 10 世

① 见 C. U. 布鲁克编著《世界各族人口》，莫斯科科学出版社 1986 年版，第 554—558 页；美国人口咨询局编《1998 年世界人口数据表》。

② 参见 B. M 杜拉伊特《当代非洲的民族性》，科罗拉多 1978 年版，第 47—67 页。

纪以后，居住在今埃塞俄比亚高原南部的部分农耕库希特人（cushites）沿东非大裂谷南迁，最南端抵达今日坦桑多多马省的中北部地区，为坦桑传入了最早的农耕文明，其特点是石头垒坝、水利灌溉、使用厩肥，该地区的众多考古发掘证实了这一文化的存在。

公元初几个世纪，在班图尼格罗人（简称班图人，Bantu）迁入浪潮的影响下，坦桑大地上的居民构成开始发生巨大的变化。非洲语言研究证明，班图人的祖先原发端于乍得湖以南、贝努埃河上游地区，公元前 10 世纪前后开始南迁和扩散，历经数百年之久。他们沿着赤道西非热带雨林的北沿，先后来到东非大湖地区的西部。班图人为农耕者，具有较高的社会文化。在公元前几个世纪，他们分批先后穿过湖间地带，自西向东迁入今坦桑境内。公元 5 世纪前后，其前锋已达沿海地区。在近千年的班图人迁入浪潮中，社会文化相对落后的科伊桑人面临着几种选择：大部分人向南部非洲节节退却；少部分被班图化；极少数则在不利于农耕的裂谷地区遗留下来，这就是今天坦桑境内桑达维族（Sandawe）和肯迪加族（Kindiga）两个小族体的由来。多多马地区的库希特农耕者在强大的班图人迁入浪潮的压挤下，大部分退回埃塞俄比亚南部故地，少数则与班图农耕者混合并遗留下来，这就是今天伊拉库族（Iraq）、姆布古族（Mbugu）、戈罗瓦族（Gorowa）、布隆吉族（Burungi）、兰吉族（kangi）这 5 个族体的缘起。班图各族在遍布坦桑的过程中，在自己的农耕文化中引入了库希特农耕文化的某些特征，从而创造并形成了更具生命力的东班图农耕文化。考古发掘证明，坦桑境内在公元 7 世纪已出现冶铁术和制陶术，并形成了自己的鲜明特点。

中世纪，坦桑大地上的居民成分又发生了变化，一批尼罗特（Nilotes）游牧者自白尼罗河上游（今苏丹南部）沿东非大裂谷东沿南迁，其先锋马赛人（又译马萨伊人，Masai）于 16 世纪前后来到今坦桑中北部戈戈族居住的地区。马赛游牧者尚勇强悍，所到之处，一度打破了农耕社会的平静，引起当地族体的迁移和变化。但与此同时，他们也给班图农耕文化加进了畜牧文化的成分，为以后东班图各族农牧混合文化的形成创造了条件。此外，这次居民变迁为坦桑留下了属于苏丹尼格罗人种的5个族体：马赛族、阿鲁沙族（Arusha）、克瓦菲族（Kwafi）、卢奥族（Luo）、塔托格族（Tatog）。[①]

19世纪，居住在今南非纳塔尔北部的祖鲁人（Zulu），在大酋长恰卡统治时期（1818—1828）建立了强大的军事部落联盟。由于内部矛盾的影响，一支祖鲁人开始北迁，经过半个世纪左右的时间，来到今坦桑西部鲁伍马省和伊林加省境内。祖鲁人所到之处，同样一度引起社会动荡和当地各族的迁移活动，但是也为南班图文化和东班图文化创造了相互渗透、融合的机会。今天坦桑南部的恩戈尼族（Ngoni）就是这支祖鲁人的遗留部分。

在坦桑各族社会文化演进的过程中，沿海地区及桑给巴尔诸岛斯瓦希里文化的形成及其作用尤其值得关注。众所周知，桑给巴尔诸岛及坦桑大陆沿海地区一直是西印度洋贸易区的重要组成部分，也是非亚文化交流的地区。早在公元纪年前，今印度尼西亚加里曼丹岛上的一支马来人航海者就几经波折来到东非沿海地区，为东非带来了马来农耕文化，其主要特征就是种植旱稻和椰树。在班图人扩散到沿海地区之前，这支马来人以及来自南亚的印度人、西亚的波斯人和阿拉伯人，曾与南下的库希特人一起创造了历史上有名的阿扎尼亚文明[②]（Azania，系古希腊人对东非沿海地区的称呼，其文化属非亚文化混合型），这种文明便是以后僧祇文化的前身。班图人的到来促使马来人南移至马达加斯加岛，逐渐发展为今日的马尔加什民族。

公元7世纪以后，随着伊斯兰教的兴起和向外扩散、传播，不少阿拉伯人来到东非沿海地区，出现了西亚移民与东班图人的混血过程。斯瓦希里民族（Swahili，系阿拉伯语，意为“海岸居民”）及其文化，

① 参见C. U. 布鲁克《世界各族人口手册》，莫斯科科学出版社1986年版，第557页。

② 参见G. P. 穆达克《非洲民族及其文化史》，纽约、多伦多、伦敦，1959年，第204—206页。

正是在这种非亚文化交流、融汇的历史过程中孕育而成的。公元 12 世纪，斯瓦希里语言已经形成。当时在东非沿海地区，以基尔瓦（Kilwa）为中心出现了一系列城邦国家，在我国历史文献中被称为僧祇国。这些城邦国家与西亚乃至中国都曾经进行过贸易文化往来，这发生在郑和下西洋的时期。斯瓦希里文化受阿拉伯文化的影响，从宗教信仰、习俗礼仪到建筑风格、日常服饰、音乐舞蹈等各方面均可见后者的特色。随着印度洋贸易的繁荣，阿拉伯人在东非的奴隶贸易日益扩大，斯瓦希里文化开始传入内陆，从而促进了整个东非地区的文化交流和发展，这也是斯瓦希里语成为今日东非各族交流语言的真正起因。

从以上历史事实中不难看出，坦桑境内各种族和民族在历史演进过程中，已经历了数次文化渗透和混合的过程，从而才形成了近代东班图农牧混合经济文化形态。2000 年来，这一基本经济文化形态以班图农耕文化为基础，在民族迁徙、混合、交流过程中，吸收了库希特农耕文化、尼罗特畜牧文化、科伊桑狩猎文化以及某些亚洲文化的成分，从而慢慢形成的。这种历史文化大背景是坦桑各族社会演进的物质基础，有利于全国范围内民族过程一体化的进行。

三　行之有效的一体化民族政策

坦桑族体构成呈“无核心型”，历史上数次发生较顺利的各族文化交汇过程，这是今日坦桑民族关系平和与族际一体化顺利进行的先天条件。然而独立以来，执政党和政府推行数十年的一体化民族政策的作用则更为重要，没有后者，先天的有利条件往往失去意义，坦桑的实际情况证明了这一点。

坦桑尼亚独立以来，执政党及其三届政府（尼雷尔、姆维尼、姆卡帕）均持续执行了一系列有利于民族一体化的思想和政策，这是该国民族关系长期平和的重要前提，在黑非洲国家中是不多见的。

首先值得指出的是，一体化民族政策得以持续执行的关键是“政党的非部族化”，这对非洲国家是具有现实意义的经验。

从坦噶尼喀1961年独立，到1964年4月26日组建坦桑尼亚联合共和国，直至“多党民主风潮”冲击非洲后的今天，这个国家一直实行一党制，当前执政的革命党是1977年2月5日由前坦噶尼喀执政党——坦噶尼喀非洲民族联盟（简称TANU，1954年成立）与前桑给巴尔执政党——非洲设拉子党（简称ASP，1957年成立）合并而成。与非洲不少国家的政党不同，TANU自成立时起，不是以某个族为基础，也不仅仅代表某个、某几个族的利益，而是全国性的政党。其创始人尼雷尔来自马腊省扎纳基族（Zanaki），该族是人口仅1万人的小族，在全国无足轻重；尼雷尔的主要助手卡瓦瓦出自南方的恩戈尼族，人口24万，也非大族。一个族际性的政党，其主要领导人又来自小族，无疑有助于避免非洲许多国家所面临的难题，即“政党部族化”。尼雷尔和卡瓦瓦等TANU主要领导人，都一贯致力于贯彻非洲统一的思想，是“黑人精神”（Negritude）的身体力行者。坦桑尼亚联合的成功就是这一思想的产物，这无疑为革命党的建党和治国提供了各族团结、国家一统的思想基础。执政党的全国性是保持多民族结构国家团结统一的重要条件。政党非部族化，便成为革命党数十年来积累的成功经验，它甚至经受住了非洲1990年代以来多党民主风潮的冲击，在非洲成为政局长期稳定的极少数几个国家之一。

东欧剧变、苏联解体以来，西方大国推波助澜，在非洲煽起“多党民主风潮”，致使不少国家陷入动荡，甚至燃起战火，政权更迭，政变频仍。然而，多年一贯实行一党制的坦桑尼亚却能顶住首当其冲的压力，保持稳定的政局，主要原因就在于革命党能审时度势，因势利导，主动加速探索符合国情的政治体制改革的步伐，使西方某些大国的别有用心之图无法得逞。1990年2月，坦桑在全国公开讨论是否实行多党制问题，是否实行大民主。1991年2月，革命党中央执委会任命了总统委员会，负责在全国调查各族人民对坦桑未来政体的意见。1991年11月公布了调查结果，在全国2520万人口中，只有1/5支持多党制。尽管多党制被绝大多数民众所否定，但革命党全国执委会于1991年1月17日至20日举行了特别会议，一致同意总统委员会关于在坦桑实行多党制的建议，但是有两点必须坚持：一是为了稳定起见，多党民主大选的时间不是在近期，而是1995年；二是明文现定，“新政党必须是包括大陆和桑岛党员的全国性政党，而不是以部族、宗教、地区、性别、职业或肤色为基础的派别，所有政党应共同努力，担负起维护坦桑尼亚统一（即大陆和桑岛的联合）的历史使命”。[①] 革命党主席兼国家总统姆维尼明确指出，“不在大陆和各岛吸收党员的党没有合法地位，也不允许它存在”。桑给巴尔总统阿穆尔和首席部长朱马则宣称，“那些想趁实行多党制之机分裂大陆和桑岛联合的人，只能玩火自焚”。尼雷尔甚至警告说，“谁破坏联合，谁就要犯叛国罪，就要被立即处决”。以上这些鲜明地体现出革命党领导人多么坚决地坚持政党的全国性，他们不怕多党制，怕的是“政党部族化”，怕的是国家的统一受到伤害。包括革命党在内的13个政党分别于1995年10月22日（桑给巴尔）和29日（大陆地区）举行了多党大选，投票结果是革命党的候选人姆卡帕获胜（得票4026422，占总数的61.8%），当选为坦桑尼亚联合共和国第三任总统；他的竞选伙伴，来自桑给巴尔的阿里·朱马（原桑给巴尔政府首席部长）同时当选为坦桑尼亚联合国的副总统。[②]

其次，卓有成效的国语政策具有特殊的重要性。1960年代末，大东非地区有4个国家先后宣布斯瓦希里语为国语，除坦桑以外，还有肯尼亚、乌干达和科摩罗，但是目前斯语国语化程度最高的非坦桑莫属。前面讲到，斯瓦希里族并非坦桑的最大族体，主要聚居于桑给巴尔诸岛和坦噶、滨海及达累斯萨拉姆三省沿海地区，但是坦桑人却都会讲斯语，而且使用程度往往超过自己的母语。随着斯语的广泛使用和统一，坦桑

① 见革命党机关报《Uhuru》1992年1月25日头版，达累斯萨拉姆。

② 见坦桑尼亚《自由报》1995年11月23日。

各地存在的双语现象（讲本族语和斯语）和城市中存在的多语现象（讲本族语、斯语和英语）正在减弱，这与非洲许多国家都不相同。何以出现这样的语言国情，原因有二：其一，在坦桑千百年的民族和语言形成过程中，斯瓦希里族及斯瓦希里语有其特殊性。此族是一个晚生族体，定型于12世纪之后，是非亚文化交流的一个产物（前面一节已经提及），而记载斯瓦希里文化的斯语自形成伊始就有文字（最初使用阿拉伯字体，19世纪末改用拉丁字体）。斯语与坦桑绝大多数族体（占总人口的94%）的语言同属一类，即属于尼日尔—科尔多凡语系（过去称班图语系，属典型粘着语言），而又吸收了大量的阿拉伯语和现代英语词汇。在东非近四个世纪的奴隶贸易中，斯语作为商业语言早已传播到内陆各地，政府选择斯语为国语是一种符合国情和民心的决断。其二，坦桑独立后十分重视发展和推广斯语，执行了一套符合国情的语言政策，确有借鉴意义。

坦桑尼亚大陆部分即坦噶尼喀于1961年12月独立，1962年10月即宣布斯语为国语；坦桑尼亚岛屿部分即桑给巴尔于1964年1月独立，因斯语是桑给巴尔人的母语，所以在同年4月26日坦噶尼喀和桑给巴尔联合成立坦桑尼亚后，斯语作为国语的政策自然便得到了进一步加强。为了使斯语真正成为团结各族人民的纽带和教育人民、提高全民文化的工具，坦桑政府采取了一系列具体措施。联合政府内设有专门负责推广和发展斯语的机构，此工作归属于劳动、文化和社会福利部（简称文化部），该部的文化艺术司下设“国语处”，各省、县、乡政府中都有相应的机构和人员。为了使斯语标准化、进一步丰富和完善斯语用语、并协调全国的斯语科研机构及其活动，政府又设立了“国家斯语委员会”（简称BAKITA），该委员会的名誉主席就是现任总统。BAKITA出版多种刊物，主办各种斯语国内或国际学术会议。在坦桑最高学府达累斯萨拉姆大学的文学院设有“斯瓦希里文学系”，专门培养国语教学和研究人才，此外还设立了“斯瓦希里语研究所”（简称TUKI），专门从事斯语语法、修辞、文学、字典编纂等方面的研究。桑岛则建有斯瓦希里语和外语学院，既培养国语和其他外语的教学人才，也培养外国学习斯语的人员。在民间，则建立了“斯瓦希里文学诗歌协会”（简称 UKUTA）。坦桑政府相当重视发挥斯语在传播媒体中的作用，电台（坦桑大陆目前尚无电视台，广播媒体的地位十分重要）昼夜 24 小时唯用斯语广播，只在早晚各有几个小时以英语对外广播，没有其他民族语言的广播。坦桑目前最大日报《自由报》（*Uhuru*）及周日版的《民族主义者报》（*Mzalendo*）均使用斯文。据 1980 年代末的统计，坦桑所有报刊计 120 多种，其中斯文占 89 种，其余为英文。出版社主要出版斯文书刊，书店的多数书刊亦是斯文的。坦桑小学和中学均用斯语教学，只是中学的数理化教材多袭用英国版本。政府提倡机关办公和人们社会日常活动均采用斯语，各种表演艺术亦用斯语。为此，坦桑人相见都讲斯语，偶尔有同族人在他族人面前讲本族语言，也被视为“部族主义”情绪，至少是没有礼貌的举动。机关、商店、各服务设施、路标、各式报表，或用斯文，或是先斯文后英文。总之，在人们的视听中，造成了一种浓厚的斯语氛围。坦桑用唯一有文字的斯语开展扫盲运动和全民义务教育，在扫盲和成人教育方面成绩显著，得到联合国教科文组织的高度评价。由于数十年如一日地推广标准斯语，又用斯文整理和记录各族的民间口头文学，应该承认，一个新兴的坦桑尼亚民族已具备了自己的语言——斯瓦希里语，它是典型的国族语言。斯语实际上已经成为各族交际的有力工具，这有助于削弱“部族主义”，有利于各族的文化融合，有利于形成和加强坦桑尼亚国族意识。从本质上讲，这项国语政策有助于坦桑社会文化的发展，符合各族人民的愿望，是坦桑国家和社会长期保持稳定的因素之一。

再次，有助于民族团结的宗教政策也是不可或缺的。坦桑民族众多，宗教信仰也不尽相同。目前，约 30% 居民信奉基督教，其中 2/3 为天主教徒，1/3 为新教徒，包括路德教、英国国会派等教派，基督教徒主要分布在三大经济较发达的地区——北方的乞力马扎罗省和阿鲁沙省；湖区的姆旺扎省、马腊省和卡盖拉省；南方的姆贝亚省、伊林加省和鲁伍马省。另约30%的居民信奉伊斯兰教，属逊尼派，主要分布在桑给巴尔诸岛、东部沿海地区及昔日东非奴隶贸易盛行的内陆地区。全国近40%的居民仍保持传统信仰，崇拜祖灵和自然力。在城镇居民中还有人信奉印度教，主要是印巴裔居民。

在社会经济发展仍比较落后的非洲传统社会内，宗教的凝聚力远远超乎人们的想象。由于宗教问题引起的民族矛盾乃至冲突，致使非洲不少国家政局动荡、社会不安，甚至内战不息。坦桑的领导人深知宗教在当今非洲社会中的地位与作用，数十年来一贯坚持“信仰自由、各教平等、教政互不干涉、教辅政和教为民”的政策。坦桑全国设有“全坦桑基督教协会”和“全坦桑伊斯兰教协会”，它们各有自己的刊物（斯文周刊），分别为《目标》（*Lengo*）和《指南》（*Kiongozi*）。两个协会在各省会均设有分会，每年在不同的省会举行年会，届时，党和国家最高领导人出席并发表讲话。国家举行重大节日庆典时，两大宗教的负责人就坐主席台上。在每年一度的“英雄节”仪式中，总统或总理首先致悼词，两大宗教的领导人随后分别致悼词。国家领导人经常在宗教活动中发表讲话，呼吁宗教团体支持革命党贯彻《阿鲁沙宣言》精神、维护国家统一、巩固联合和加强各民族团结，并以此为准则施教教民，不允许利用宗教活动损害以上原则。与此同时，坦桑也坚持党和政府不得干预正常的宗教活动。“全坦桑伊斯兰教协会”根据坦桑的实际条件，1980年代以来规定每年派遣550名斯穆斯林往麦加朝觐，届时，坦桑外交部和有关驻外使团及坦航系统均要为此提供一切方便，专机接送朝觐者，仪式隆重。

在坦桑，两大宗教团体承办了不少社会福利事业，其中包括医疗、学校、社会文化活动中心、孤儿院、残疾人中心等一套为各族人民服务的系统。政府一贯鼓励兴办此类事业，类似的活动经常见诸报端并在电台广播。宗教活动和宗教团体兴办的各种社会福利事业已经成为坦桑人民生活中不可缺少的部分。在边远的村社，最引人注目和最漂亮的建筑常常不是清真寺就是教堂，当地人的社会政治和文化娱乐生活的中心就设在这里。

随着社会的不断进步以及国民文化水平的提高，越来越多的坦桑人开始从原始宗教转向信仰两大世界宗教。坦桑政府对传统信仰基本上采取顺其自然的方针，坚持信仰自由的原则，但是对某些危及社会安定及民众身心健康的内容和举措则予以制止，对有益于社会的则加以鼓励。例如1980年代末期，坦桑维多利亚湖区的各族曾盛行一种与传统宗教有关的信巫活动，出现了一种残害老弱妇女的活动，叫做"红眼巫婆"，即对犯有红眼病的老妇，作为"邪恶的巫婆"予以处死，一度引起该地区的社会动荡。政府当时便采取措施及时地制止了这种有邪教特点的活动，对带头残害老妇者绳之以法，同时发动医疗系统人员前往该地区救治红眼病，中国的医疗队也参加了此项活动。坦桑各族传统信仰中的有益部分则获得政府肯定，并得以发扬光大，如马赛族的土医土药（马赛族的土医就是传统社会宗教仪式的主持人）就得到了政府的肯定和支持。凡到过坦桑的人，在各城市中总会见到马赛人摆的土药土医摊点，就医者有坦桑人，也有外国旅游者，因为他们的土医土药确有奇效。

除以上几个有特点的方面外，坦桑政府根据自己的国情，多年来贯彻着一套"周全平衡"、"他族主政"和"经常调动"的干部政策①；安抚和资助后进民族的政策②以及行之有效的文化和民俗政策。③

综上所述，我们不难看出，坦桑尼亚民族过程一体化的现实，为研究当代非洲乃至整个发展中国家的民族形成问题提供了一种模式，其民族政策之所以行之有效，是因为它符合坦桑的国情，尤其是与坦桑民族过程的客观发展规律接近，这正是人们要借鉴之处。在处理种族和民族关系问题上、在巩固联邦制问题上，坦桑并非事事尽如人意，尚存在或潜在一系列问题，有待认真对待，这也是姆卡帕政府关注的

---

① 见《世界民族概论》，中央民族学院出版社1993年版，第445—446页。

② 同上书，第449—450页。

③ 见《民族研究》1991年第2期，第49页。

问题，其中包括如何解决“巩固联合、反对分裂”及“一国三府”制的问题,[①] 如何处理好与数十万亚裔人的问题，以及如何完善“一党执政、多党参政”的新模式等方面的问题。

（葛公尚，中国社会科学院民族学与人类学研究所研究员）

① 见《非洲历史研究》1997 年号，中国非洲史研究会编，第 60—61 页。

安 哥 拉

安哥拉共和国是南部非洲的主要国家之一，面积达 124.67 万平方公里，是其前宗主国葡萄牙的 14 倍。2014 年，安哥拉人口约为 2214 万。优越的地理位置和自然环境使安哥拉具有发展经济的得天独厚的条件，古老的历史以及英雄的人民在反殖斗争中的光辉业绩，令人传扬称颂。然而，由于民族矛盾的尖锐以及政府相关政策的失误，安哥拉自独立以来，20 多年的时间里内战不断，这个资源富饶之邦已被破坏殆尽，成为 1990 年代以来非洲大陆最难消弭的一个热点，引起国际政治学界和民族学界普遍的关注。

一　别具特色的族体结构

同黑非洲的绝大多数国家一样，安哥拉也是一个多民族国家。根据国际上有关学者在 1980 年代末的统计，安哥拉有 32 个族体。[①] 这些族体从种族上划分，98% 的居民属于班图尼格罗人，但也存在着尼格利罗人（亦称俾格米人）和科伊桑人的部落群。此外，在安哥拉的大

① 见 C. U. 布鲁克《世界各族人口手册》非洲部分，莫斯科，1986 年，第 463—465 页。

城市中还生活着小规模的混血居民集团（葡萄牙人与班图人的混血后裔）。

班图各族之间的关系直接影响到安哥拉政局和社会发展，班图各族的结构和分布态势有以下两大特色：

其一，由北向南依次分布着三个人口上百万的大族，它们主导着国家政治和社会经济的发展。

奥文本杜族（Ovimbundu），占全国人口的37.2%，系安哥拉第一大族，目前分为20多个支系，主要分布在中南部本格拉高原。[①] 该族在15世纪曾建立本格拉王国。奥文本杜人现主要从事农牧业，不少人在咖啡种植场做工，其人数占全国种植场工人总数的90%，在国家经济生活中占有重要地位。以该族为基础，萨文比等人于1966年3月在东南部莫希科省的穆安盖地区成立了“争取安哥拉彻底独立全国联盟”（简称安盟），并于1969年开展武装斗争，为打败葡萄牙殖民主义者、争取国家的解放做出了积极贡献。

安本杜族（Ambundu），占全国人口的21.6%，为安哥拉第二大族，目前分为10多个支系，主要分布在奥文本杜族分布区以北的中西部宽扎河流域，也包括首都罗安达地区。[②] 该族在14—15世纪曾建立恩东戈王国。安本杜人主要从事农业，大量种植咖啡和甘蔗，地区贸易发达。1956年12月10日，以该族为基础，在内图领导下，安哥拉统一斗争党、安哥拉争取独立运动等组织联合其他一些小党，成立“安哥拉人民解放运动”（简称人运），总部起初设于刚果首都布拉柴维尔。1961年起，“人运”开展武装反殖斗争。1968年1月，“人运”总部迁往国内，为安哥拉民族独立做出了积极贡献。1977年，该政党改名为“安哥拉人民解放运动—劳动党”（简称“人运—劳动党”），目前为安执政党。

---

① 见C. U. 布鲁克《世界各族人口手册》非洲部分，莫斯科，1986年，第463—465页。

② 同上书，第465页。

巴刚果族（Bakongo），占全国人口的13.2%，目前分为耶姆贝人、索伦戈人、索索人、雅卡人等支系，主要分布在安哥拉北部与刚果和刚果（金）交界的地区，其中包括了安哥拉飞地卡宾达地区。[①] 该族在14世纪曾建立了强大的刚果王国，成为刚果河下游的主导力量。巴刚果人主要从事农业，大量种植咖啡、可可和油椰。1962年3月，以该族为基础，在霍尔郭·罗伯托领导下，安哥拉人民联盟和安哥拉民主党联合成立“安哥拉民族解放阵线”（简称解阵），在刚果（金）和安哥拉的边界地区开展武装反殖斗争，为争取安哥拉国家的独立做出了积极贡献。

安哥拉上述三个大族人口总计占全国人口的71%。它们从北向南相邻分布的格局及其在国家历史和社会经济生活中的地位，尤其是它们在国家独立斗争中的积极作用，使得该国的政治和经济生活均取决于三族的关系，处理好三者的关系将直接影响到国家的统一和前途。

其二，鉴于安哥拉西濒大西洋，故而，在三个大族分布区的外围，即在从东北到西南的边境地区，分布着数十个少数民族。具体而言，在安哥拉东北部与刚果（金）的交界地区，分布着乔奎族（Chokwe，占全国人口的4.2%）、卢埃纳族（Luena，占4.2%）、姆布埃拉族（Mbuela，占0.2%）、隆达族（Lunda，占1.2%）等族群；在东部与赞比亚的交界地区，分布着卢因比族（Luinbi，占5.4%）、卢查齐族（Luchazi，占2.4%）、姆本达族（Mbunda，占1.2%）等族群；在南部与纳米比亚的交界地区，分布着尼耶内卡族（Nyeneka，占5.4%）、安博族（Ambo，占2.4%）、赫雷罗族（Herero，占0.7%）等族群。这些少数民族大多为跨界民族，而且多数族群的主体分布在刚果（金）、赞比亚或纳米比亚境内。这种态势决定了安哥拉与周边各国存在着密切的人文联系，三大族与其他少数民族的关系不仅影响到安哥拉与邻国的关系，也关系到地缘政治。

① 见苏联《非洲百科全书》第一卷，莫斯科，1987年，第260页。

二　民族解放斗争与族际冲突

据史书记载，葡萄牙航海家桑地亚哥·凯奥于1482年来到安哥拉沿海地区。1491年，葡萄牙开始向安哥拉殖民。殖民者带去了天主教，在当时的首府彭萨·刚果建立了教堂，大力传播天主教。大约在1560年前后，安哥拉成为葡萄牙流放罪犯之地。1575年，葡萄牙殖民者建立罗安达城，并在30年后将首都迁移至此地。同期建立的城市还有本格拉，殖民者以此为据点，开始了罪恶的贩奴活动。他们把大批无辜的安哥拉人戴上脚镣、手铐，运往美洲，卖给那里的殖民种植园和矿场做奴隶。巴西是当时葡萄牙在南美洲最大的殖民据点，安哥拉大批黑人奴隶被运往那里。据有关资料统计，16世纪至19世纪上半期，自安哥拉运往巴西的黑奴就有数百万之多，[1] 以致当今巴西的黑人都称安哥拉为“巴西黑人之母”。17世纪末，安哥拉成为葡萄牙在非洲大陆的最大殖民地。随着葡萄牙殖民统治的开始，安哥拉各族人民开展了长达数世纪之久的反殖斗争。为了争取民族解放和国家独立，他们前仆后继、百折不挠，在近代史上写下光辉的篇章。在整个反殖斗争中，安哥拉各族相互配合，并肩战斗，共同走过了一段民族团结、同仇敌忾的光辉历程。17世纪20年代，安本杜族在女英雄恩曾加·姆班迪领导下反抗外敌入侵，一度打败了葡萄牙殖民军。随后，其妹卡姆博又率领该族主要支系马坦巴部族揭竿而起，继续给殖民者以沉重的打击。1673年卡姆博牺牲后，其子恩哥拉·卡尼尼率领族人与入侵者进行殊死战斗，1681年在卡托勒战役中一举粉碎葡军，歼敌600多人，在安哥拉历史上留下了重要的一页。大约在同一时期，南方的奥文本杜族也对葡萄牙人进行了英勇抗击。1669年，他们在军事首领哈姆博率领下，曾攻取葡殖民堡垒卢孔加，并于1716年第二次包围该城并攻取

① 见苏联《非洲百科全书》第一卷，莫斯科，1987年，第261页。

之，在1722年甚至迫使葡萄牙殖民者撤退到以本格拉为中心的沿海狭窄地区。[①]

1951年，葡萄牙当局将安哥拉殖民地改为葡“海外省”，变本加厉地对安哥拉进行掠夺。在非洲大陆民族解放运动掀起新高潮时，安哥拉各族人民反抗殖民统治、争取国家独立的斗争也进入新的阶段。随着人民的觉醒和民族意识的增强，1950年代至1960年代初，从北方到南方，分别以安本杜族、奥文本杜族、巴刚果族为基础，先后成立了三个民族解放政党，即前文提到的：“人运”、“安盟”、“解阵”，而且均采取了武装斗争的形式。以内图为主席的“人运”于1961年2月4日组织了罗安达起义，向葡萄牙殖民统治打响了民族解放斗争的第一枪。“人运”与“解阵”相配合，彼此呼应，主要活动在安哥拉的西北部和卡宾达飞地。“安盟”在萨文比领导下，在南半部开展武装斗争，对葡萄牙殖民者形成夹攻之势。在非洲民族解放运动高涨的1960年代，安哥拉三大民族解放组织紧密配合，共同英勇抗击葡萄牙殖民军，为人们留下许多佳话，引起国际社会的关注。

1974年4月，葡萄牙法西斯制度被推翻，葡新政府在安哥拉人民如火如荼的人民解放战争面前已力不从心，难以支撑。为此，1975年1月15日，葡萄牙政府同安哥拉上述三个民族解放组织的负责人在葡萄牙的阿沃尔市达成关于安哥拉独立的《阿沃尔协议》。1月31日，四方组成“过渡政府”，葡政府当局许诺10个月内让安哥拉独立。

不幸的是，就在安哥拉各族人民分享10多年来解放战争胜利果实的关键时刻，由于民族中心主义作祟以及外界势力的干预，三大族在国家权力分配中的矛盾难以弥合，昔日战友反目成仇，安哥拉政治形势发生突然变化，酿成惨痛的后果。

由于三派的权力之争加剧，过渡政府于1975年8月解体。11月10日，葡萄牙殖民当局宣布“把权力交给安哥拉人”。翌日，“人运”率

---

① 参见《世界民族关系概论》，中央民族大学出版社1996年版，第340页。

先宣布成立“安哥拉人民共和国”，单方面接管国家权力，并推选阿戈斯纽·内图为总统。在这种不正常的形势下，“解阵”与“安盟”联手，宣布成立“安哥拉人民民主共和国”，[①] 形成分庭抗礼之势。

1975 年夏天，以“人运”为一方，以“解阵”和“安盟”为另一方，安哥拉三大民族的武装力量燃起内战之火。由于苏联公开干预，站在“人运”政府一边，将大批苏式武器和军事顾问运到安哥拉，另有 1 万多名古巴军队抵达安哥拉，支持“人运”打内战，从而使内战之火越烧越旺。1976 年 2 月，“人运”政府联合古巴军队在北部首先击溃了“解阵”部队，并将“安盟”部队逐出城市。以霍尔敦·罗伯特为首的“解阵”残部遂进入刚果（金）境内，伺机再与“人运”政府较量。1976 年，内图病逝，多斯桑托斯接任总统职务。自 1976 年夏天起，安哥拉内战便在“人运”政府和“安盟”反政府武装之间展开。“安盟”依托安哥拉第一大族的支持，在南部进行丛林游击战，不时袭击城市和铁路干线，使“人运”政府无法安稳。此外，“安盟”还得到南非种族主义政权和美国的支持，遂使安哥拉内战变成旷日持久的消耗战。这场族际内战使得安哥拉全国大约 9000 公里的柏油马路布满了弹坑，或被坦克履带碾得乱七八糟，大多数工业企业被迫关门，水电供应经常中断，农业凋敝不堪，不得不几乎全靠进口和外国援助支撑。据不完全统计，内战使百万人死于非命，数百万人流离失所。根据“人运”政府有关部门的粗略估计，战争造成的损失达 300 亿美元，[②] 为安哥拉各族人民带来无法弥补的惨痛后果。

三　对安哥拉民族冲突的思考

安哥拉三大民族从并肩战斗的战友演变为兵戎相见的仇敌，并非

① 参见《万国博览·非洲卷》，新华出版社 1998 年版，第 1507 页。
② 见德国《经济周刊》，1995 年 6 月 8 日费·雷特尔的文章《迅速获益》。

是偶然因素促成的。安哥拉族际内战达20多年，教训深刻，其中有两点值得特别指出。

其一，政党民族化，政客弄权，民族中心主义作祟。

安哥拉以三大族为主的族体结构以及以每个大族为基础的三大政党，从根基上讲，使安哥拉的国家政治生活带有浓厚的地方民族主义色彩，也可以称为非洲的“部族意识”。三个政党由于进行过10多年反抗葡萄牙殖民统治的武装斗争，故都拥有民族化的武装力量，这种现状和态势为发生内战提供了条件。在分享解放战争的胜利果实之际，在国家权力分配过程中，三大政党民族中心主义作祟，致使民族团结政府难以产生。在几个关键时刻，各政党领导人争权夺利、不以大局为重的狭隘意识葬送了和平机遇，这是族际内战的主要内因，二十多年来的内战与和解历程充分说明了这一点，是值得认真反思的。

1989年6月，在国际形势发生巨变的时刻，在非洲19个国家的斡旋下，“人运”政府和“安盟”在军事对峙14年之后，首次达成停火与民族和解的《巴多利特协议》。嗣后，双方举行了三轮会谈。由于分歧较大、互不相让，9月谈判中断，内战之火再起，难于停息。1990年，安政府与“安盟”武装在马温加地区进行了规模空前的军事较量。之后，在葡萄牙、美国和苏联的推动下，和平进程再次得以恢复。4月，双方在葡萄牙埃武拉市举行首次直接谈判。经过五轮会谈和华盛顿会晤后，双方已就停火、统一军队、国际监督、实行多党制、大选等问题基本达成一致。

在“多党民主风潮”席卷非洲大陆之际，安哥拉于1992年5月举行了首届多党大选，“安盟”和“解阵”均是参选政党。人们认为，和平之神这次真正降临了安哥拉，企盼着战乱的结束。第一轮大选之后，“人运—劳动党”主席、现任总统多斯桑托斯获得49.57%的选票，而“安盟”主席萨文比获得40.07%的选票。大选是在国际社会有关人员监督下进行的，然而，萨文比指责安政府在大选中有舞弊行为，并拒绝承认大选结果。大选仅 1 个月之后，从 10 月至 11 月初，罗安达、北方的马关热市、南方的卢班戈市等地再次发生大规模流血冲突，致使安哥拉又一次丧失和平的良机。随后，在联合国的调解下，双方于 11 月 6 日在西南部的纳米贝市达成协议，释放对方的在押人员，实行停火。但是，安政府首先不遵守协议，作为报复，“安盟”取消了原定 27 日在本戈省省会卡希托实施的撤军计划及协议。12 月 29 日，在津巴布韦总统穆加贝和“非统”秘书长萨利姆的调解下，安政府邀请萨文比自万博市赴罗安达会谈，但萨文比不予理睬。12 月末，联合国秘书长加利和美国政府建议多斯桑托斯总统与萨文比在日内瓦或开罗举行最高级会晤，但安政府予以拒绝，称萨文比只是一个政党的首领，不能与政府平起平坐。总之，安政府力图尽快削弱、打垮以至消灭“安盟”，保住一族掌权的天下；而安盟则倚仗已控制全国 75% 的国土，又有一大民族的支持，希望有朝一日入主罗安达。

到 1995 年 6 月 5 日，在国际社会和非统组织的干预下，在安哥拉各族人民强烈厌战、要求和平的呼声下，安哥拉内战的两名对手多斯桑托斯总统和“安盟”主席萨文比终于在赞比亚首都卢萨卡会晤，签署了停战与民族和解的《卢萨卡协议》，宣告了 20 年安哥拉内战的结束。非洲乃至世界上一切善良的人们都为此感到庆幸。但是，和平之神还是没有真正降临安哥拉大地。1997 年下半年，大湖地区发生动乱，扎伊尔的蒙博托政府倒台，卡比拉入主金沙萨。在这场“改朝换代”的变化中，安政府全力支持卡比拉，其真正意图是彻底摧毁“解阵”和“安盟”在扎伊尔境内的游击战基地。这一举动导致“安盟”领导层再次背离《卢萨卡协议》，在中部和南部一些地区与政府军发生武装冲突，安哥拉内战之火重又复燃。

其二，外部干预导致国内民族问题国际化，跨界民族问题介入地缘政治。

1975 年夏天，安哥拉内战打响之后，世界大国和其他一些国家立即表态，使一国的民族问题迅速国际化：苏联、古巴和葡萄牙支持

“人运”政府；欧洲、美国和扎伊尔支持“解阵”。从介入这场战争的力量和国家而言，这已是一场具有重大地缘政治意义的战争，是当时冷战时代一个非洲热点，安哥拉内战的国际化是显而易见的。在“解阵”失利之后，“人运”政府得到非洲大多数国家的承认，并被接纳进入“非统”组织。在战事上，安哥拉“人运”政府主要依靠苏联、古巴和葡萄牙政府的支持，而“安盟”则主要依靠南非种族主义政权和美国。安哥拉的北邻扎伊尔则站在“安盟”一边，并庇护流入其境内的“解阵”残部。对安哥拉本身而言，这场内战主要是两大民族之间争夺国家权力的生死较量，但是如果没有外部大国物力、财力的支持，内战无论如何也不会延续到今天。

从地缘政治角度看问题，安哥拉的第三大族——巴刚果族是赤道西非的最大跨界民族，跨刚果、刚果（金）和安哥拉三国，且巴刚果族在这三个国家中都占有重要地位。这种态势对三个国家的政府都提出了严肃的课题，稍有失误，后果严重。由于“人运”政府视“解阵”为仇敌，首先击溃了“解阵”部队，从国家权力分配中取消了巴刚果族的份额，致使扎伊尔政府和刚果政府对“人运”政府一直存有芥蒂。在扎伊尔的政权更替中，安政府的“积极”行动尽管得到卡比拉政府的感恩戴德，却招致卢旺达、津巴布韦、赞比亚等国的不满，使自己在大湖地区的地缘政治中处于不利地位，这种局势亦不利于国内战争的尽快结束。

上文已经述及，在三大民族分布区以外，安哥拉的族群多为跨界的少数民族，它们与刚果（金）、赞比亚和纳米比亚有着密切的人文联系，而这些跨界民族目前或多或少都存在着一些问题。北跨刚果（金）、赞比亚和安哥拉的隆达族，跨赞比亚、纳米比亚、博茨瓦纳和安哥拉的洛齐族，以及跨纳米比亚和安哥拉的赫雷罗族等，都对安哥拉“人运”政府的安本杜族民族中心主义不满，离心倾向加重。这种形势不利于安哥拉建立睦邻友好环境，在某种程度上支持了“安盟”。

长达 20 多年的内战使安哥拉社会经济变得一片混乱，人人厌战、个个思静，战争双方都明白，谁也无法吃掉谁。实现民族和解，使国家走上和平之路是大势所趋，也是时代的呼唤，安政府和反对派只能顺应这个潮流，早日结束内战。

（葛公尚，中国社会科学院民族学与人类学研究所研究员）

博茨瓦纳

博茨瓦纳是南部非洲的一个内陆国家，国土面积70%以上系卡拉哈里沙漠，地广人稀。它原来本是一个不起眼的穷国，但是近20多年以来，尤其是自1990年代以来，正当大多数非洲国家遭受社会动荡的时候，这个国家的政局则保持长期稳定，经济发展十分迅速（平均年增长率达13%），国内生产总值由1966年独立时的1900万美元达到1996年的33亿美元；① 人民生活水平亦不断提高，独立之初的人均国民生产总值仅为25美元，到1997年增加至3020美元，被誉为非洲的"小康之国"，从而引起国际社会的关注。博茨瓦纳之所以能够创造出经济发展的奇迹，重要原因之一便是其和谐的族际关系以及符合国情的政策措施。

一　族体结构的特点

博茨瓦纳面积58.7万平方公里，几乎等于法国和荷兰两国面积的总和，但根据2014年的统计，其人口仅有226万，人口密度平均为每

① 参见《万国博览·非洲卷》，新华出版社1998年版，第181页。

平方公里2.4人，可谓地广人稀。与其他相邻国家相比，博茨瓦纳的民族结构比较稳定，全国76%的人口均属于茨瓦纳族。“博茨瓦纳”一词的含义就是“茨瓦纳人的土地”，“博”在班图语言中为前缀词，意为“土地”或“国家”。此外，全国80%的人口集中在东部地区，茨瓦纳人也聚居在此地，即适宜于农牧业的地区。这种居民民族结构与非洲之角的索马里有些相似。

从严格意义上讲，今日博茨瓦纳是一个多民族结构的国家。除主体民族茨瓦纳人（Tswana）外，这个国家还存在着若干少数民族。在东部与津巴布韦交界地区分布着绍纳人（Shona，约占全国人口的12%）、恩德贝莱人（Ndebele，约占1.3%）；在东南部与南非交界地区分布着佩迪人（Pedi，约占0.5%）、科萨人（Xhosa，约占0.5%）、索托人（Soto，约占0.5%）；在东北部与赞比亚交界地区以及北部与纳米比亚交界地区分布着洛齐人（lozi，约占0.7%）、苏比亚人（Subia，约占0.5%）和耶耶人（Yeye，约占0.5%）。[①] 这些少数民族有一个共同特点，即都是跨界民族，他们的主体都在邻国境内。

此外，必须指出的是，博茨瓦纳迄今还分布着非洲国家最大的原始部落群体，即科伊桑人（旧称布须曼人），其总人口占全国人口的6%，计9万人。科伊桑人可分为两大支系，其中桑人（旧称布须曼人）有5万多，主要分布在中部和西部广大的卡拉哈里沙漠地区，即目前的杭济区和卡拉哈里区。桑人以狩猎和采集为生，内部又分为孔人（Kung）、努桑人（Nusan）、萨尔瓦人（Sarwa）等部落。另一支系是科伊人（旧称霍屯督人），主要分布在西北部奥卡迈戈三角洲沼泽地带，大多从事渔猎和采集生活，主要包括恩哈龙人（Nharon）、德米萨人（Demisa）、丘马奎人（Chumakwe）、亥奇瓦雷人（Hechware）等部落。[②]

---

① 参见苏联《非洲百科全书》第一卷，莫斯科1986年版；C. U. 布鲁克：《世界民族人口手册》非洲部分，莫斯科，1986年，第470—471页。

② 参见C. U布鲁克《世界民族人口手册》非洲部分，莫斯科，1986年，第471页。

博茨瓦纳的民族结构有稳定的一面，但又展现出复杂性。这不仅表现在少数民族以及原始部落群的分布等方面，而且表现为主体民族茨瓦纳人是一个形成不久的现代民族，迄今仍存在着明显的部族痕迹。这种状况与索马里亦十分相似，甚至博茨瓦纳政府在人口普查中都列有“部族属性”一项。独立以来，影响博茨瓦纳国家政治生活的主要不是民族关系，而是部族关系。为此，需要对这一问题进行仔细分析和具体研究。

博茨瓦纳族目前划分为8个部族：

恩瓦托人（Ngwato），占茨瓦纳族人口的47%，占全国人口的36%，为最大部族，聚居在中部地区。该地区系重要矿业区，教育水平较高，商业发达，交通方便。

恩瓦凯策人（Ngwaketse），约占茨瓦纳族人口的15.8%，占全国人口的12%，系第二大部族，主要聚居在昆嫩区南半部和东南区北半部。

昆纳人（Kwena），约占茨瓦纳族人口的15.8%，占全国人口的12%，系第三大部族，主要聚居在昆嫩区北半部，与恩瓦托人为邻。

塔瓦纳人（Tawana），约占茨瓦纳族人口的9.2%，占全国人口的7%，主要聚居在东北区，系第四大部族。

加特拉人（Kgatla），约占茨瓦纳族人口的6.5%，占全国人口的5%，主要聚居于卡特仑区。该部族是在1871年移入英国保护区的，为一支新出现的部族。

马莱特人（Malete），约占茨瓦纳族人口的2.6 %，占全国人口的2%，主要聚居在南部区，该族有不少人生活在南非境内。

罗龙人（Rolong），约占茨瓦纳族人口的2%，占全国人口的1.5%，主要聚居东南区南半部分。该族主体分布在南非境内，系茨瓦纳人最早的支系之一。

特洛夸人（Tlokwa），约占茨瓦纳族人口的0.7%，占全国人口的0.5%，主要聚居在首都哈博罗内特区的南部，该族的主体分布在南非境内。特洛夸人首领高斯·哈博罗内在反抗英国殖民统治中颇有名望，故 1962 年兴建首都时，便以这位大酋长的名字命名为哈博罗内。①

此外，值得指出的是，在 8 个部族中，恩瓦托人、恩瓦凯策人和塔瓦纳人拥有共同的祖先，更为近缘一些，三者人口总计约 100 万，占茨瓦纳族人口的 72%，占全国人口的 55%。由此可以看出，这个族团在博茨瓦纳政治和社会经济生活中发挥着举足轻重的作用。

二　符合国情的民族政策

1966 年 9 月 30 日，博茨瓦纳获得独立。从塞雷茨·马卡政府到目前凯图米蒂·马西雷政府执政的 20 多年中，博茨瓦纳政府坚持“民主、发展、自力更生和团结”的建国四项原则，根据国情实际，在民族政策中重点解决八大部族的关系问题。与黑非洲一些国家不同，政府没有废除酋长制，或者采取各种措施使酋长制成为摆设，而是十分重视酋长们在传统社会的作用。根据博茨瓦纳民族过程的实际情况，政府并不急于实行一体化政策，而是在重视酋长作用的基础上加强中央集权，将酋长的传统领袖作用与现代国家的核心权力结合起来。其主要做法是在国家机构中设立酋长院。酋长院是国民议会的咨询机构，也是国家立法中不可或缺的重要部分。酋长院根据 1966 年宪法的规定而建立，由 15 名成员组成。其成员的产生则照顾到各部族的利益，并着力于防止部族主义的产生。宪法明文规定：八大部族的 8 名酋长为酋长院的当然成员，然后，这 8 名酋长再从宪法指定的 4 个区（人口较多、社会经济较发达的几个大部族聚居区）的副酋长和行使副酋长职务的人员中，选出 4 名“选举成员”；最后，再由 8 名当然成员和 4 名“选举成员”从选民中选举 3 名“特选成员”（条件与国民议会候选人条件相同），一共是 15 名。这种人员构成既涵盖了每一个部族，

① 参见 C. U. 布鲁克《世界民族人口手册》非洲部分，莫斯科，1986 年，第 47 页；《万国博览·非洲卷》，第 183—195 页；G. P. 穆达克《非洲各族及其文化史》，纽约、多伦多、伦敦，1959 年，第 472 页。

又考虑到几个大部族的利益，并吸纳了平民百姓中的精英分子。

每年国民议会开会前，酋长院先开会，向国民议会提出各种动议和议案，以便在国民议会上讨论通过。根据宪法规定，博茨瓦纳的国民议会为立法机关，为国家最高权力机关。但是，国民议会提出的议案如果涉及部族酋长、副酋长、传统首领的人员任免及其职权范围，或者涉及传统法院的组织机构、权力以及其他部族事务，国民议会须先将议案副本提交酋长院征得同意，或者在提交酋长院 30 天后未得到答复时，议会才有权对此议案进行讨论。在未提交酋长院之前，不得在国民议会提出任何涉及部族事务的议案。平日里，内阁部长在必要时需前往酋长院说明情况和回答问题，或者征询有关政策措施的意见。国民议会与酋长院各自制订自己的议事规程。在立法过程中酋长院不但有咨询职能，而且有监督作用。

此外，在国家司法机构中，专门设有处理部族民事案件的机构——传统法院。传统法院是建立在各部族传统法律基础上的法律机构，在某种程度上相当于初级法院，是博茨瓦纳法律制度的主要组成部分，目前全国设有 100 多个传统法院。传统法院依据“非洲法”或者“习惯法”审理和裁决中小刑事案件，以及涉及部族婚姻、财产、契约、监护人、继承权等方面的民事案件。传统法院设有职业法官，各部族酋长担任法律执行人，用召开村社集会的方式审理案件。所有传统法院须得到政府许可方能设立和审理案件，政府建立了由各行政区监督传统法院的制度。传统法院可根据自己的意愿，将重要案件上呈高级法院裁定。

前面已经提及，在博茨瓦纳国家政治生活和社会经济生活中，恩瓦托—恩瓦凯策—塔瓦纳部族集团发挥着举足轻重的作用，事实充分说明了这一点。博茨瓦纳独立后，第一任总统塞雷茨·卡马就是最大部族恩瓦托的大酋长，其祖父和父亲均为该部族的大酋长。卡马在南非和英国接受了高等教育，1962 年创建博茨瓦纳民主党，自任主席。1965 年，民主党在大选中获胜，卡马成为独立后的首任总统，连任几届，直到1980年7月病逝。卡马接受了现代教育，具有非洲民族主义的强烈意识，正是他倡导和执行了建国四原则：民主、发展、自力更生和团结。卡马在政治上加强中央集权，利用并限制酋长权力；在经济上摆脱对英国和南非的依赖，发展民族经济；在外交上奉行不结盟政策，加强与黑非洲国家的联系，尤其致力于发展同周边国家的睦邻关系，反对南非的种族隔离制度。这些政策顺应了国家和民众的愿望，奠定了政局稳定的基础。卡马病逝之后，凯图米莱·马西雷接任总统。马西雷于1925年7月23日生于南部区的卡尼耶村，来自第二大部族恩瓦凯策族，亦出身于酋长世家。他于1981年起任博茨瓦纳执政党——博茨瓦纳民主党的主席。1994年10月，博茨瓦纳举行第7次大选，他再次当选为总统。马西雷继续和发展了卡马的建国原则，从而使博茨瓦纳得以实现持续的发展。

博茨瓦纳政府不仅制定相应政策，较为妥善地解决了部族问题，而且在处理少数民族问题上，也施行了符合国情的政策。

首先是制订、实施对原始部落群——科伊桑人的政策。如前所述，博茨瓦纳中西部广大地区是当今非洲大陆最大原始部落群体的聚居地之一。尽管科伊桑人总人口不足10万，只占全国人口的6.6%，但是他们活动的地域占国土面积的70%—80%。科伊桑人尽快走出原始状态、进入现代生活，乃是实现这个国家繁荣和昌盛的必要条件。为此，随着博茨瓦纳经济实力的增强，政府不断加大对科伊桑人的扶助力度。1980年代初，政府制订了“边远地区居住者发展规划”，其中心就是投入巨资提高这些狩猎采集者的生活水平。政府在杭济区建立了若干个定居点，修建了简易住室和饮水设备，并配备了医疗设施，且在每个定居点都建立了小学。但这一措施起初效果并不理想，因为对于祖祖辈辈以狩猎为生的原始群落而言，要让他们一下子定居下来是难以想象的。1992年，来自杭济区和西北区的科伊桑人前往地方政府，然后又到中央土地和住房部上访，抱怨他们受到歧视，宣称在移入定居点的同时，他们失去了土地，失掉了狩猎权。他们表示并不愿意在定居点生活，而要求得到更大的“自由”。此外，科伊桑人的族体意识在不断增强，他们认为政府首先应该关注他们的政治权利，并指出目前杭济区和西北区的地方议员和国会议员不是由他们选举产生的，不能代表科伊桑人的利益。他们已正式向政府提出要求，不仅要拥有本民族的议员，而且要在小学使用科伊桑语教学。在这种情况下，博茨瓦纳政府已着手解决科伊桑人的正当要求问题。国民议会专门开会讨论，以便拿出切实可行的方案，平息科伊桑人的不满情绪。但是，解决原始民族的问题要比处理一般民族问题困难得多，因为目前科伊桑人分为两大群落——桑人和科伊人或曰科伊科伊人，且每个群落又分若干小部落，各部落分散在广大的沙漠和半沙漠地带，选哪个部落的人为议员，谁能够代表科伊桑人的整体利益，都是难以定夺的。此外，各部落都有自己的方言，科伊桑语言又没有文字，怎样在学校作教学用语，也是困难重重。就是在设立定居点问题上，难度同样很大，因为在荒芜人烟之地，建一个定居点投资实在太大，且建起来以后又往往难以发挥应有效用。究竟怎么样才能扶助科伊桑人，使之早日进入现代社会，博茨瓦纳政府还在探索之中。

针对主体民族与其他少数民族的关系问题，博茨瓦纳政府充分考虑到少数民族的特点，即它们都是跨界民族，且其主体都不在博茨瓦纳境内。从卡马执政时期开始，政府从全局出发，奉行与周边国家友好相处的睦邻政策。在新南非建立前，博茨瓦纳除了反对南非种族隔离制度外，同津巴布韦、赞比亚和纳米比亚之间的关系都很友好。博茨瓦纳积极支持纳米比亚“西南非洲人民组织”的民族解放斗争，但不支持赞比亚和津巴布韦的民族分离活动，并积极参与“南部非洲发展共同体”的事务。这些政策和措施保证了边界地区的稳定，从而协调了主体民族与少数民族的关系。由于近二十多年来，博茨瓦纳的社会经济比周边各国都发展得更快，人们生活水平亦有较大提高，这就从根本上杜绝了跨界民族的离心倾向。

从总体上讲，在对待跨界民族问题上，博茨瓦纳政府的对策是正确的，是符合国情和地区情况的，是值得借鉴的。

但是，博茨瓦纳政府也并非没有疏漏，也不是总能保持边界的长治久安。1999 年 8 月，纳米比亚的卡普里维动乱已向人们敲响了警钟。卡普里维省位于纳米比亚东北部，是一块长约 500 公里、宽约 50 公里的狭长地带，犹如一个楔子插在安哥拉、赞比亚、津巴布韦和博茨瓦纳四国之间，构成了博茨瓦纳与纳米比亚在北部的交界地带，但与安哥拉不相连，且因为它的存在，博茨瓦纳与赞比亚仅在东北角有一小段边界。问题的关键在于，这个卡普里维省杂居着几个跨界民族，其中包括洛齐人、苏比亚人、耶耶人、马弗维人等族裔。[①] 在这些民族中，除马弗维人外，其他均是分布在博茨瓦纳境内的跨界民族。具体而言，洛齐人和苏比亚人跨赞比亚、纳米比亚和博茨瓦纳三国；耶耶人跨安哥拉、纳米比亚和博茨瓦纳三国。此次动乱牵涉到洛齐人。洛齐族主体居住在赞比亚的西方省，人口约 80 万，是赞比亚西部的主要民族。该族有大约 8000 人分布在卡普里维地区，另有 1 万多人生活在博茨瓦纳境内。

19 世纪 60 年代，洛齐人推翻了科洛洛人的统治，建立了强大的洛齐王国，一度成为赞比西河上游地区的主导力量。随后，洛齐人被西方殖民主义者人为地划分在赞比亚、西南非洲（今纳米比亚）和贝专纳（今博茨瓦纳）三国境内。英国殖民当局曾允许洛齐王室“自治”，该地区遂成为一个半独立的保护地。1964 年赞比亚独立时，英国说服赞比亚政府和洛齐族代表签署了关于洛齐人自治问题的《巴洛齐家园协议》。但由于种种原因，赞比亚独立之后，卡翁达政府并没有执行这一协议，而是将保护地改为西方省。1990 年代以来，世界范围的民族主义浪潮波及到非洲，非洲大陆民族冲突不断，助长了洛齐人的分离主义思潮。他们不断散布独立言论，并致信“南部非洲发展共同体”的各成员国政府，阐述洛齐人要求独立的理由，并扬言如不同意其主

① 参见《万国博览·非洲卷》，新华出版社 1998 年版，第 763 页。

张，“就发动部族战争”，将西方省分离出去。1998 年，赞比亚西方省的洛齐人成立了“巴洛齐爱国阵线”，开展各种活动，图谋恢复历史上的“巴洛齐家园”。不久，纳米比亚出现了一个“卡普里维解放运动”，领导人是穆荣戈。①

穆荣戈是纳米比亚最大反对党——特恩哈尔民主联盟的前领袖，来自于卡普里维省的洛齐族。各种迹象表明，“卡普里维解放运动”从各方面都得到了赞比亚“巴洛齐爱国阵线”的支持。该组织曾于 1998 年 8 月在卢普里维省开展分裂活动，纳米比亚政府在该省进行了一次军事行动，穆荣戈仓皇裹胁 2500 多名不明真相的卢普里维人逃往博茨瓦纳。1999 年 5 月，穆荣戈又从博茨瓦纳转移到丹麦“避难”。

1999 年 8 月 2 日，约有 100 名自称是“卡普里维解放军”的武装人员在卡省卡蒂马穆利洛城发动叛乱，占领该省国家广播电台大楼，开展反政府活动。这是纳米比亚独立以来的第一次反政府叛乱。消息传出后，周边国家都感到震惊。意味深长的是，穆荣戈于 8 月 3 日在丹麦扬言“这仅是一个开端，我们还将推翻努乔马政府”。很显然，穆荣戈遥控了这次叛乱。这次动乱不能不说与赞比亚“巴洛齐爱国阵线”的支持有密切关系，而博茨瓦纳政府做何感想、博茨瓦纳北部的洛齐人又做何感想，不能不引起人们的关注。各有关国家如何调整对跨界民族的政策，如何共同反对民族分离主义活动，也将是人们关注的问题。

（葛公尚，中国社会科学院民族学与人类学研究所研究员）

① 参见《世界知识》1999 年第 22 期，第 21 页。

南　非

在1990年代初南非开始向民主政治过渡时，国际社会一直用既惊喜又忧惧的目光注视着南非的变革进程，因为当时南非民族关系和种族关系之复杂、矛盾尖锐之程度一度濒临一触即发之势。白人右翼势力担心交出政权以后会遭受黑人多数的统治和报复，极力主张建立“布尔人共和国”；黑人最大的民族——祖鲁族在因卡塔自由党的领导下，要求实现本地区的完全自治，甚至提出建立独立的“祖鲁王国”的主张。因此，黑、白矛盾和黑、黑矛盾构成了南非这一时期民族关系和种族关系的核心。如何正确地处理好这两种关系，是南非民主过渡政府成立以后所面临的最敏感、最难解决的问题之一。

目前，南非人口的民族和种族构成包括桑人（亦称作布须曼人）、恩戈尼人（约占总人口的2/3、索托—茨瓦纳人、聪加人、文达人、有色人、印度人、阿非利卡人、英裔白人、欧洲移民和华人等。根据南部非洲开发银行的统计数字：2014年南非的总人口为5495万，其中黑人占总人口的76%；白人占13%；有色人占9%；亚洲人占3%。①

南非按母语划分的居民及其主要分布区域分别为：以祖鲁语为母

① *SA96—97*：*South Africa at a Glance*, ed., Editors Inc., ISBN0—620—19936—9, p. 13.

语的人口占总人口的22.4%，主要分布在夸祖鲁—纳塔尔省、豪腾省和姆帕玛兰加省；科萨语占17.5%，主要分布在东开普省；阿非利卡语占15.1%，主要分布在西开普省、东开普省、北开普省、自由邦和豪腾省；佩蒂语（北索托语）占9.8%，主要分布在原德兰士瓦省北部，即现今的北方省；英语占9.1%，主要分布在西开普省、夸祖鲁—纳塔尔省和豪腾省；茨瓦纳语占7.2%，主要分布在博普塔茨瓦纳黑人家园，现已经划归西北省；索托语占6.9%，主要分布在前奥兰治自由邦，即今天的自由邦；聪加语占4.2%，主要分布在北方省；斯瓦齐语占2.6%，主要分布在原德兰士瓦省的东部地区，即今天的姆帕玛兰加省；文达语占1.7%，主要分布在北方省；恩德贝莱语占1.5%，主要分布在今天的姆帕玛兰加省；操其他语言的人口占2%。① 根据1993年的临时宪法和1995年的新宪法，上述11种语言为南非的官方语言。

在确立、巩固种族隔离制度的时期，南非种族主义政权除了按以上标准定期进行人口统计以外，还根据非洲人的语言差异，分别按照其各自的母语进行统计。其目的是将讲班图语系不同语支的非洲人人为地划分成不同的民族，以便对黑人进行分而治之。种族主义政府进一步通过在政治上实行种族分离的方法，来剥夺黑人和有色人的政治权利。由此可见，种族主义政府为了确保白人的统治霸权，人为地维持并夸大种族差异。长期的种族主义统治造成种族关系的对立，社会矛盾濒临崩溃。面对这种严峻的局面，以曼德拉为首的南非新政府在1994年上台执政后，大力宣扬和推行种族和解政策。尽管这一政策仍旧延续了旧政府所使用的人口统计方法，但已不具有种族主义政策的性质和含义，而是服务于种族和解与社会发展的目标。

---

① *SA96—97*：*South Africa at a Glance*, ed., Editors Inc., ISBN0—620—19936—9, p. 14；*South Africa Yearbook* 1997, 4*th* edition, pp. 4 - 20.

一　南非种族关系和民族关系的历史与现状

南非民族关系和种族关系的形成过程是一个极为残酷和野蛮的历程。可以说，从西方殖民者进入南非这片土地，直到1990年代初，南非的民族关系和种族关系的历史就是白人欺凌和剥夺其他种族的历史。

早在15世纪末期欧洲殖民主义者来到南非之前，这里就是桑人（亦被称为布须曼人）、科伊科伊人（亦被称为科伊人、霍屯督人）和班图人的家园。桑人和科伊科伊人生活在今天南非的南部和西部地区，班图人生活在东部地区。1652年荷兰殖民者来到开普半岛南端的桌湾后，非洲人的社会发展历程完全被打破了。一方面，因荷兰殖民者的到来和不断扩大入侵范围，南非走上了多种族和多民族国家的形成历程；另一方面，南非最古老的土著人——桑人和科伊科伊人，受到班图人南迁和西迁的排挤，在白人殖民扩张过程中所实行的种族灭绝政策的影响下，几乎被杀戮殆尽，幸存者大多逃离白人直接管制的殖民地，进入纳米布沙漠和卡拉哈里沙漠地带，另一些人则被白人社会吸纳为奴。因此，白人在南非进行殖民扩张和侵夺的首要后果，就是科伊科伊人的灭绝和桑人的消亡。到目前为止，科伊科伊人早已被融入有色人社会，而身处偏远地区的桑人也寥寥无几了。

就在荷兰殖民者大肆杀戮土著人之时，先后有一些德、法移民加入了荷兰移民的行列。不久以后，这些以荷兰移民为主的白人移民及其后裔，与当地被迫为奴的黑人及来自印度、马来等地的奴隶一起构成了种族混杂共处的社会。“阿非利卡”一词在首批荷兰人踏上开普土地不到半个世纪时，就在殖民者语言中产生了。在英国殖民者取代荷兰殖民者的统治地位以前，白人移民及其后裔构成的白人群体就演进为阿非利卡人，他们自称“布尔人”（在荷兰语中意为“农夫”），成为殖民地的统治民族。阿非利卡人多信奉荷兰归正会，而且很早就养成了我行我素、不受外界舆论约束的民族性格，因而，他们中的大多数人断绝了与外界、甚至是与母国荷兰的往来。

“有色人”的形成是早期殖民时期缺少白人女性移民的产物。早期的白人移民生活极为艰苦，欧洲白人妇女难以忍受，因而只有极少数移民者能够侥幸娶到白人妇女为妻，大多数人只能与当地的土著人妇女或女奴结合。不同人种之间的混血后代，被称为“有色人”。他们构成了另一个社会集团，充当白人的劳工，处于被奴役的社会下层。如今的有色人在宗教信仰、语言和生活方式上都接近于白人，其文化和价值观也是西方式的。87%的有色人信仰基督教，7%信仰伊斯兰教。约90%的有色人使用阿非利卡语，余者主要讲英语。①

18 世纪末和 19 世纪初，英国从荷兰殖民者手中夺取了开普殖民地，开始了英国的殖民统治时期，并促成了阿非利卡民族的形成。“阿非利坎民族实际上是在与当地非洲人、以及同英国殖民者两条战线作战中形成的”。② 在抵制英国殖民统治的过程中，布尔人自称为阿非利卡人，强调自己是非洲人，比英国人、甚至比班图人更早来到南非这块土地上。英国殖民者的到来促成了布尔人的“大迁徙”（1835—1845）。大批布尔人迁往奥兰治河与瓦尔河之间的地区，或越过德拉肯斯堡山脉，占领了纳塔尔的西北部地区。布尔人在“迁徙”过程中，遭到当地科萨人和祖鲁人的激烈反抗。在杀戮和征服了班图人后，他们建立了两个布尔人共和国。随着英国殖民势力的不断扩展，布尔人势力越来越遭受排挤，布尔人遂在政治上和文化上进一步强调自己的特性。1875 年，开普的布尔人建立了“阿非利卡人会社”，其宗旨是在当时通用的、有别于荷兰语的布尔人口语的基础上，创造新的阿非利卡语。

19 世纪后半期，南非内地先后发现了钻石矿和金矿，又使欧洲殖民者蜂拥而至。这种情况使南非殖民地本已开始减少的白人人数又再

① 葛佶：《南非——富饶而多难的土地》，世界知识出版社 1994 年版，第 76 页。
② 同上书，第 72 页。

次迅速增加。争夺钻石和黄金资源是英国殖民者与布尔人共和国进行英布战争（1899—1902）的重要原因之一。布尔人战败后，两个布尔人共和国被并入英国的殖民统治下。这样，在殖民扩张和争夺殖民地的过程中，英国在南非确立了四块彼此相连的殖民地：开普、纳塔尔、德兰士瓦和奥兰治河殖民地。布尔人在被英国殖民者用武力征服后，在政治上、文化上更加强调自己的特性。

英布战争结束后，占南非殖民地白人多数的阿非利卡人，不再受到边界隔绝的阻隔，各殖民地都出现了阿非利卡人组织。到 1908 年，阿非利卡人再次控制了 4 个英属殖民地中 3 个殖民地的政权。在这种情况下，南非大多数阿非利卡人力图联合起来，从而控制整个南非。而且，虽然英裔白人与阿非利卡人之间存在着巨大的矛盾，但战争平息之后，他们共同面临着与班图人之间的矛盾，这对往日的冤家因而携起手来。因此，除了当时南非经济发展已达到要求建立统一的市场、统一的进出口政策、统一的关税、统一的交通运输等因素的作用外，结成政治联盟、共同压迫和剥削非洲人也是促使南非联邦建立的另一个重要原因。

英裔白人主要是来自英国的移民。第一批得到英国政府资助的大规模移民于 1820 年抵达开普。与阿非利卡人不同的是，英国移民不仅与本土、而且与世界其他地区都保持着经济、文化和技术方面的联系。南非早期的工商业主和专业人员几乎是清一色的英国移民。后来，来自其他国家的此类移民也加入了英国移民的行列。随着英国殖民势力在南非的不断扩大，英裔白人的势力日益增长。英布战争结束后，英裔白人利用布尔人战败的大好机会，致力于发展经济实力，掌握了南非殖民地的经济命脉。经过 20 世纪初前 10 年的经济发展，控制南非经济的英裔白人迫切需要将南非建成一个统一的国家，以便为他们创造更为有利的发展条件。况且，为了对付人口众多的非洲人，英裔白人也需要与阿非利卡人携手合作。南非联邦建立以后，英裔工商界经济实力雄厚，基本上控制着国家的经济命脉，但由于在人数上少于阿非利卡人，英裔白人在南非政治中一直未能发挥决定性影响。这种现象延续至今未变。

在南非发现金矿和钻石矿前后，亚裔人开始作为采矿业和种植园的劳工进入南非殖民地。亚裔人以印度人为主，被南非当局划归有色人群体。1860 年 11 月，第一批印度劳工抵达德班，19 世纪末 20 世纪初，来到南非的印度人人数迅速增加，其中在 1891—1911 年间进入南非的印度人就有 10 万人之多。华人劳工从 1904 年进入南非殖民地，但从 1908 年开始，大部分华人被遣返回国，仅有少数人留在南非。现在南非的华人主要是在 20 年代以后陆续抵达南非的。

南非的非洲人主要指班图人。在英布殖民者的殖民入侵和扩张过程中，势力比桑人和科伊科伊人强大得多的班图人在不断遭受殖民者侵掠和剥夺的同时，也进行了不屈不挠的反抗斗争。班图人支系之一科萨人抵抗英布殖民者的 9 次卡弗尔战争，历时 101 年（1776—1877），是非洲人反抗精神的绝好证明。从 19 世纪 30 年代直到 80 年代，祖鲁人也是几经血战才被布尔人和英国殖民者击垮。尽管以科萨人和祖鲁人等族群为主的班图人进行了长期的斗争，但由于武器装备和军事力量相差悬殊，加之殖民者惨无人道的杀戮政策，人口众多的班图人最终被征服，各支班图人被迫退居范围狭小的“保留地”，其世代生息繁衍的大面积肥沃土地被白人殖民者所侵吞。由于非洲人一直处于被剥夺的地位，因而没有任何政治权利，根本无权决定自己的政治命运。

南非联邦的建立过程，集中体现了白人殖民统治者侵夺土著非洲人和其他种族基本权力的实质。为了建立统一的联邦，从 1908 年 10 月至 1909 年 5 月，南非的四个殖民地召开了三次“国民大会”，制订了《南非法草案》。这个所谓的“国民大会”没有任何非洲人代表参加。该法案经英国议会批准，于 1910 年 5 月 31 日生效，南非联邦于同日成立。《南非法》奠定了白人种族主义制度的基础。根据该项法律，白人垄断了国家政治权力：立法、司法和行政机构完全由白人控制，“非白人”则完全被排斥在南非政治权力之外。除了开普省继续给予有一定经济地位的“有色人”和非洲人以选举权、纳塔尔省保留部分“有色人”的选举权之外，其他的“非欧洲人”在南非的选举权均被剥夺了。为了确保白人的权力，该法律还确立了白人使用的荷兰语与英语同为官方语言的地位，所有官方文件都必需同时用这两种语言公布。

针对白人统治民族明目张胆地剥夺广大非洲人民政治权力的霸道行径，当时一些有政治意识的非白人知识分子也开展了针锋相对的斗争，反对《南非法草案》中涉及自身利益的条款。就在白人代表举行剥夺非洲人政治权力的“国民大会”期间，来自四个殖民地的黑人代表于 1909 年 3 月 24 日在布隆方丹召开了“南非土著人大会”。开普有色人协会（the Cape Coloured Association）和非洲人政治协会（the African Political Organization）于 3 月 5 日在开普敦市政大厅举行了抗议集会，并于 4 月在开普敦召开了一次大会。黑人和有色人大会决定向英国政府提出请求，改变《南非法》中关于非白人的选举权的规定。遗憾的是，他们的代表没有得到英国政府的答复。从此，广大非洲人民的政治权力开始一步一步地被白人统治阶级和白人种族剥夺了。

从 1910 年南非联邦成立到 1990 年代初，白人牢牢地控制着国家政权。在黑人占绝对多数的背景下，为了在政治上、经济上和文化上完全确立和巩固白人少数民族的统治地位，历届白人政府都肆无忌惮地制定和实施种族主义的政策与法律。1948 年国民党当政以后，进一步将种族主义政策和制度以法律的形式系统全面地加以贯彻、实施，简直到了登峰造极的地步。

由于 1910 年建立起来的南非联邦是以少数白人剥夺广大非洲人政治权力为前提和目的的，所以从其建立之初，就以国家政权的形式剥夺广大非白人作为南非公民的政治权利和所有其他权利。首先，南非联邦一方面加紧实施《南非法》，另一方面制定新的法律。1936 年的《土著人代表法》完全取消了《南非法》为开普省非洲人保留的仅有的一点选举权，规定开普省有选举权资格的非洲人只能选3名白人作为“土著人的代表”进入众议院；南非全国的非洲人只能选4名白人代表其进入参议院；建立由22名非洲人代表组成的“土著人代表委员会”，就涉及非洲人的事务向政府提供建议。[①] 占人口比例较小的“有色人”和亚裔人（主要是印度人，故有时这两个概念相互通用）因人数少、构不成对白人统治的直接威胁，一度享受有限的选举权，其社会地位略高于非洲人。但到第二次世界大战结束以后，随着种族矛盾的加剧，印度人和“有色人”先后被剥夺了有限的选举权，与非洲人同样处于被压迫的地位。

其次，初步建立种族主义的劳工制度。1911年，南非联邦政府在殖民地时期实施的《主仆法》和《通行证法》的基础上，制定了针对非洲人的劳工法——《土著劳工管理法》和《矿山和工厂法》。前者为了防止非洲工人特别是矿工的流失，保护白人雇主的利益，规定中断合同为非法行为。后者是南非第一个保护白人工人利益的职业保留法，规定只允许白人从事技术性工作，对德兰士瓦省和奥兰治自由邦的“非白人”获得技术性职业证书进行限制。[②] 该法律的目的就是保证白人工人的就业机会，特别是为那些没有技术、又拥有强烈的种族优越感的阿非利卡人提供就业保护。这样，白人种族以外的其他种族就被剥夺了从事技术性工作的权利，只能从事最肮脏、最劳累和收入最低的工作。此外，1923年的《土著人城市地区法》和1924年的《工业调节法》，都是在白人工人集团和白人社会的压力之下制定的，目的是进一步对非洲裔工人推行歧视性政策，以便最大限度地确保白人工人和白人种族的经济权利。

第三，白人政权丧心病狂地掠夺非洲人的土地，使世代生息在这

① C. F. G. Muller ed., 500 *Years: A History of South Africa*, 3rd. revised and illustrated edition, pp. 433 – 444.

② 杨立华、葛佶等：《正在发生划时代变革的国度：南非政治经济的发展》，中国社会科学出版社1994年版，第37页。

片土地上的广大人民失去了自由生存的权利。经过几百年的征服和掠夺，南非白人到联邦建立时已霸占了全国绝大部分的土地，而非洲人所掌握的分布零散破碎的土地，也就是所谓的“非洲人保留地”，总面积仅有900万公顷，相当于全国领土的7.35%。[①] 为了使白人掠夺非洲人土地的事实合法化和固定化，联邦政府先后于1913年和1936年制订了《土著人土地法》和《土著人托管和土地法》。在剥夺非洲人土地的同时，联邦政府还通过立法限制有色人和印度人占有、获得南非的土地和财产。1909年的《教会土地和公共保留地法》、1943年的《贸易和占地限制法》，以及1946年的《亚洲人土地使用权和印度人代表法》，都是为此目的制订的法律。

在以马兰为首的国民党赢得1948年的大选后，南非开始了种族隔离政策法律化、制度化的时代。国民党在竞选时宣称，它要为选民们制定一项能使白人继续保持支配地位的新政策。国民党党报主编维沃尔德详细阐述了这一政策，它要求在南非实行严格的种族隔离制度。国民党把这一政策称作Apartheid，该词在阿非利卡语中的含义是“分开”。按马兰的解释，种族隔离就是种族分离而治。它的两个原则是“分治”和“托管”：“分治”是指包括“存在的权利”和“发展的自由”在内的一切非洲人事务都必须在各非洲人群体内进行；所谓“托管”，是指非洲人的“存在和发展要接受白人的领导和管辖”。因此，马兰政府一上台，马上按照种族隔离的原则开始系统地制订了一系列法律，把南非已有的种族歧视和种族压迫制度推向极致，以图通过在政治上、经济上和区域上将黑人与白人完全隔离开来，从而最大限度地保护白人的各种权益。为了“维护白种人血统的纯洁”，国民党政府于1949年和1950年分别制定了《禁止混合婚姻法》和《不道德法修正案》，禁止白人与“非白人”通婚或发生性关系。为了根据不同种族

① 杨立华、葛佶等：《正在发生划时代变革的国度：南非政治经济的发展》，中国社会科学出版社1994年版，第36页。

的肤色实行种族隔离，南非国民党政府当局于1950年颁行《人口登记法》，规定了白人、有色人和土著人（后改称为班图人）的人口划分标准。从此以后，南非人按种族进行登记成为在全国推行种族隔离制度的基础。

在种族主义制度确立以后，南非种族主义政权通过在政治上实行种族分离的方法，剥夺黑人和有色人的政治权利，并且将属于班图语系不同语支的非洲人人为地划分成不同的民族，以实现对黑人分而治之的政治目标。1948年国民党一上台就取消了纳塔尔和德兰士瓦省有一定经济地位的印度人所享有的选举权；通过1956年的《选民分别代表法》，白人政府剥夺了开普省有色人选举权；1968年的《选民分别代表法修正案》完全终止了有色人间接由代表行使政治权力的传统做法。与此同时，国民党政府当局在这一时期用同样的手段剥夺非洲人的政治权利。为了模糊非洲人是南非土著居民的传统观念，国民党当局从1950年代初开始把对非洲人的称呼从“土著人”改为“班图人”，以便为其在政治上和地域上剥夺非洲人的权利制造理论依据。1951年的《班图权利法》和1959年的《促进班图自治政府法》，不仅实现了黑人与白人的政治分治，而且实现了对非洲人的分而治之。这样就剥夺了非洲人有限的选举权，进而剥夺了非洲人的南非国籍，使非洲人只能拥有在“班图斯坦”（后改称“黑人家园”）的公民权。根据这两项法律，南非国民党当局在领土上将南非分成由白人控制的南非（占全国总面积的87%）和“黑人家园”（占全国总面积的13%）两部分。“黑人家园”由“土著人保留地”演变而来，未来将发展为所谓的“黑人民族国家”。南非政府不承认非洲人在南非的公民权，不承认非洲人是统一的民族。据此，国民党当局把占南非人口75%的非洲人划归10个“黑人家园”，占非洲人总数近一半的城镇非洲人也被划归各自的“黑人家园”，而且一旦其“所属”的“黑人家园”宣布为独立的“黑人民族国家”，被划归该家园的非洲人就立即丧失了南非国籍而成为该“民族国家”的公民，沦为身处南非的外籍人，也就丧失了在南非的所有公民权。

为了使各种族在政治上处于绝对分离的状态，国民党当局于1968年颁行《禁止政治干扰法》：禁止任何人参加种族混杂的政党，任何人不得支持任何吸收非本种族成员的政党，也不得支持其他种族的候选人参加竞选或进入政府机构；禁止任何人在多数与会者不属于本种族的集会上发表讲话。为了实现种族居住区域的隔离，进而为在教育和社会生活方面实行种族隔离提供条件，国民党当局于1950年颁行了《集团住区法》，1954年又颁行了《土著人重新安置法》。这两项法案使成千上万的黑人、有色人、印度人和一大批白人被强行迁移他乡，造成了巨大的社会动荡和财产损失。为了限制城镇黑人的数量，以便既能满足白人社会对黑人劳动力的需求、又能防止城镇黑人过多而构成对白人的威胁，南非政府在1952年颁布了《土著人法》，这就是臭名昭著的“通行证法”。该法案废除了南非各省过去实行的通行证法，代之以全国统一的“土著人身份证”。南非所有16岁以上的非洲人都必须随身携带这种证件，以备随时接受检查。为了建立和推行种族主义的教育制度，南非国民党当局先后制订了以下各项法律：1953年的《班图教育法》、1959年的《扩充大学教育法》、1963年的《有色人教育法》和1965年的《印度人教育法》。

通过以上的一系列法律，南非国民党政府确立了完整的种族隔离制度。但由于白人在南非人口中占明显的少数，因而白人种族主义统治的维持必须依靠国家暴力机器。国民党政府为了强制推行种族隔离政策，镇压国内广大黑人的反抗，巩固南非在南部非洲地区的霸权地位，建立了非洲最强大的军事力量和最先进的军火工业，并建立了一个庞大的监狱系统。

二　曼德拉民族和解思想的形成与发展

南非白人政府长达几百年的种族灭绝、种族歧视和种族隔离政策，在南非人民的英勇斗争和在国际制裁的打击下，到1990年代以后再也难以为继了。此时的白人统治者和以非国大为首的黑人反对派势力，采取了理智的让步与和解的政策。这促使南非白人议会从1991年2月开始废除大批的种族隔离立法，其中包括构成种族隔离制度最主要支柱的几项立法，向废除种族隔离制度迈出了重要的一步。但是，如何消除这种反动制度在社会、经济、政治和文化教育等领域造成的千疮百孔、支离破碎的局面？如何对待依靠种族隔离制度在南非各个领域获得至高无上地位的白人及代表其利益的政党？如何巩固政治上的民主化进程？如何处理白人政权推行种族隔离制度所造成的黑人社会内部的分裂局面？为了解决这些问题，实现南非的重建，南非的民族之魂曼德拉打出了民族和解的旗帜。

民族和解政策是曼德拉在总结毕生反对种族隔离制度斗争的经验和教训后，所得出的结论，也是解决南非历史性问题唯一的、最合理的选择。纵观曼德拉一生，他最终形成以民族和解为核心的民族主义思想经历了复杂的演变过程。

曼德拉1940年代参加政治运动时，是一个激进的民族主义者，对白人民主人士采取不信任的态度，甚至反对与有色人、印度人和南非共产党人联合开展反对种族隔离制度的斗争。进入1950年代以后，随着南非有色人、印度人和白人进步势力开始积极从事反对种族隔离的斗争，曼德拉较快地改变了上述主张。1955年由非洲人国民大会联合印度人大会、有色人大会、白人民主人士大会和南非工会大会，共同参加南非人民代表大会，会上通过了曼德拉参与起草和修改的《自由宪章》，反映了曼德拉这一时期的民族思想。该宪章开宗明义地指出："我们，南非人民，向全国和全世界宣告：南非属于在南非居住的全体人民——黑人和白人，如果不是根据全体人民的意志，任何政府都不能正当地要求权力。"对于民族问题，宪章要求在经济、社会和政治方面，给予一切民族团体以充分的平等权利，"一切民族集团都应受法律保护，使其种族和民族自尊不会受到侮辱”。[①]

进入1960年代以后，曼德拉的民族思想又有了新的发展。在1962年和1964年两次审判中的辩护词里，他坚决否认自己是一个种族主义者。曼德拉认为，不管是来自白人还是黑人的种族主义都是野蛮的，他坚决反对白人至上和白人统治的南非政权。与此同时，他对“非洲人”一词做出了新的解释：所有的人，不论他属于哪一个民族集团，不论其肤色为何，只要他以南非为家，并相信民主和人人平等的原则，都可以认定他是非洲人。[②] 从1964年起，曼德拉开始了28年铁窗生涯。在这个时期，虽然他被剥夺了向其人民传输思想的权利，但在七八十年代，南非反种族隔离制度运动的深入发展又促使他进一步深入思考，如何尽可能多地联合其他力量，共同反对这个丑恶的社会制度。曼德拉的民族思想走向了新的高度，使其成为南非无可争议的领袖。曼德拉已开始从南非被压迫人民的利益、而不仅从非国大一党的利益出发，来考虑反对种族隔离制度的问题。在1976年索韦托惨案后，曼德拉从监狱中发出一封信，号召南非人民团结起来，共同与种族隔离制度作斗争。“种族隔离制度的罪恶、残暴和非人道从一开始就存在。所有的黑人——非洲人、有色人和印度人，都应当反对这一制度……胜利的首要条件是黑人的团结”。“我们的人民——非洲人、有色人、印度人和民主派白人必须团结起来，组成群众统一行动的巨大而坚实的长城”。[③] 由此可见，这时的曼德拉已扩大了“黑人”的内涵，将有色人和印度人包括进来。更重要的是，他已经基本上改变了过去对南非白人的看法，抛弃了敌视白人的态度，而将其视为南非国民中不可分割的一部分。在狱中会见乔治敦大学法律系教授塞缪尔·戴西时，

① 格里格·迈卡坦编：《纳尔逊·曼德拉演说集，1990年》（附录：自由宪章），纽约，1990年。

② 杨立华：《南非黑人领袖纳尔逊·曼德拉》，中国社会科学出版社1988年版，第122—143、144—168页。

③ 曼德拉：《斗争是我的生命》，第190—192页。

曼德拉强调，“南非的白人与非洲其他地方的白人不同，南非白人属于这里，这里是他们的家。我们希望他们在这里和我们分享权力”。[①] 这种对南非白人所持的观点，奠定了曼德拉后来的南非民族和解政策的基石。

进入 1980 年代以后，汹涌澎湃的南非民主运动推动南非政府进行政治改革。1980 年代后期，曼德拉面对即将崩溃的南非政治制度，在思考解决南非政治所面临的问题时，越来越关注于化解南非白人对实现多数人统治的恐惧心理。他希望建立一个统一而非分裂的新南非：一方面黑人摆脱白人少数人统治当家作主；另一方面白人与黑人共同参与国家的建设和管理。为此，曼德拉开始致力于培养黑人与白人同为南非人的认同感。在获释当天，他在开普敦市政厅群众集会上重申了既反对白人统治、也反对黑人统治的观点。[②] 此后，在所有可能的场合，他都利用一切机会阐述自己的民族主义思想。曼德拉对黑人的要求和白人的担忧予以同等重视，既争取白人的支持，又满足黑人的期望。为了团结南非白人、解决黑人内部的分歧与冲突，他奔走于全国各地，呼吁黑人加强团结，建立一个单一的民族。“我们新的民族将包括黑人与白人、祖鲁人和阿非利卡人，以及说其他任何一种语言的人们”。“我们要使我们的南非白人兄弟姐妹们放心，对我们的政策，他们丝毫不用害怕”。[③]

为了加强对南非白人的工作，增强其作为南非民族成员的认同感，曼德拉开始用“我们的白人同胞”这个名称来称呼南非白人，即使对那些为确保本民族利益而扬言不惜动用武力争取独立的白人右翼势力，曼德拉也称其为“同胞”。他在 1990 年出访欧洲、联合国、美国和英国时，多次使用这个称谓。这个称谓的使用，不仅表明曼德拉拥有一个伟大政治家的宽广胸怀，而且也标志着其民族和解思想的进一步

---

① 海蒂·霍兰：《斗争：非国大简史》，伦敦，1990 年，第 213 页。
② 格里格·迈卡坦编：《纳尔逊·曼德拉演说集，1990 年》，纽约，1990 年，第 23 页。
③ 同上书，第 31—44 页。

发展。

由此，我们不难看出，曼德拉在这个时期已经初步形成了民族和解的思想，并在实际行动中加以努力推行。他为结束黑人内部矛盾和冲突所作的呼吁和努力、对白人切身利益的关怀和照顾、对白人反对派的诚挚争取，不仅较顺利地扫清了南非政治民主谈判道路上的障碍，还为他赢得了国际社会和南非国内广大人民的支持和拥护。这也是曼德拉顺利当选民主南非第一任总统的决定性因素。

但几百年的种族歧视遗留的偏见、隔阂甚至敌视，不可能在短期内很快得到肃清，真正的民族和解也不可能轻而易举地成为现实。在这方面，简单的革命手段也难以奏效。实现真正的种族和解，既要求数百年来秉持着民族优越感、习惯了享受各种特权的白人逐渐融入南非多数人社会；同时也要求黑人大大降低对和解的期望值。在这个过程中，确立民族的认同感、创建共同的文化心理和思想意识又是实现民族和解的必要条件。就任民主南非总统后，培养国内不同种族和民族的人对新南非的民族认同感，成为曼德拉的一项重要工作。在1994年6月接见英国《独立报》记者时，曼德拉明确表示，他在今后5年的重要任务是转变所有南非人的思想，建立一种全新的民族特性，确立所有国民对新南非民族的忠诚意识。

三　新南非种族和解政策的实践

南非是由多种族、多民族、多语言、多文化和多政党构成的社会。由于几百年的白人统治，尤其是白人种族主义政权推行的种族隔离制度和政策，南非各民族和各种族之间形成严重对立，彼此长期不和，代表各自利益的党派之间矛盾交错，斗争尖锐复杂，政局一直动荡不安。因而，如何使长期处于敌对状态的各种族和睦地融合在一起，使长期水火不容的各党派携手共建民主新南非，是种族隔离制度即将结束后的南非所面临的关键问题。面对如此艰巨的任务，南非幸而拥有曼德拉民族和解思想与理论的指导。新南非民主政府本着民族和解精神，在政治建设、法制建设、民族关系调整等方面做出各种努力，取得了令人振奋的成就。

（一）继续坚持民族和解政策

1994 年 4 月，代表广大黑人利益的“非国大”在南非历史上首次多种族大选后上台执政，组建新的多党联合政府。非国大吸取其他国家的经验教训，高举民族团结与种族和解的旗帜，多次重申建立统一民族国家及确立“新爱国主义”的思想，在重大问题上同其他党派进行政治对话，在内阁中强调协调一致原则，在公共部门继续留用白人，允许在议会内设立代表白人右翼的“白人家园理事会”。这样，在非国大 1994 年执政的 6 个月时间里，南非政治上一直处于相对稳定的状态。虽然在一些小问题上存有分歧，但各党派本着“求同存异”的原则，维护了各党派在非国大领导下的联合政府内和睦共处的局面。

但长期的种族隔离历史所造成的问题毕竟太多太重了。因而，解决长期的种族矛盾和种族隔阂所造成的恶果成为新南非成立以后的最大难题之一。进入 1995 年以后，面对种族主义统治遗留下的众多问题，各党派之间开始出现了裂痕，南非多党联合政府的蜜月期即告结束。当时，南非政治生活中一个最重要的问题，就是如何处理前种族主义政权时期维护和反对种族隔离制度双方所犯下的侵害人权行为，如何对其进行赦免的问题。它既是考验执政党政治观点和政治斗争能力的试金石，又是南非彻底走向民族和解的必由之路。非国大和民族团结政府在推行民族和解政策的同时，坚持必须认真反思历史，促使白人种族主义者认清过去所犯下的罪行和错误，并真诚地加以忏悔。但国民党则坚持，过去已成为历史，南非的民主化不应总是揭开已成为历史的伤疤，以免妨碍民族和解的顺利发展。其他白人保守势力则更猛烈地反对非国大的政策。所以，赦免问题成为 1995 年以来南非的一大政治问题。

1995年1月中下旬，关于前种族主义政府是否有权赦免3名前高级安全官员和3500名警察一事的争论，曾使非国大和国民党彼此间的攻讦不断升级，有时还出现了恶语相向的局面。面对非国大的“不公平和毫无道理的攻击”，德克勒克曾扬言要退出民族团结政府。[①] 虽然非国大与国民党的紧张关系曾因曼德拉和德克勒克的会晤得到一定缓解，但两党在议会内就赦免问题再次展开了大规模的争吵。不过，争论归争论，对骂归对骂，各方最后还是本着和解的精神达成了妥协。1月24日，南非政府公布了“促进民族团结与和解法案”，提议建立调查真相与和解委员会，由11—17名政治上中立的陪审推事（其中包括一名法官）组成，调查在非国大流亡国外的33年期间，种族隔离制度造成的敌对双方所犯错误和各种严重践踏人权行为的真相，并根据民族和解精神进行和解。这个委员会下辖3个专家委员会，负责提供证明践踏人权行为的材料，考虑人们提出的赔偿要求，赦免坦白交代者。该法案对德克勒克做出了一项重大让步，即在批准赦免之前保密申请人的材料。[②] 7月19日，曼德拉总统签署了《促进民族团结与和解法》。他在签署该法案时强调，成立这种机构不是为了在政治上针对任何政党和个人进行秋后算账，而是“通过委员会处理过去的事情，为真正的和解打下基础”。“只有弄清真相，我们才能治愈种族隔离时代留下的伤口。”[③] 11月29日，南非政府宣布组成“真相与和解委员会”，享有厚望的诺贝尔和平奖得主、英国圣公会大主教德斯蒙德·图图担任委员会主席，该委员会由从300名候选人中遴选的17人组成。这些人选几经协商，最后由曼德拉总统提交政府讨论决定。[④] 这一机构的建立引起了南非各党派的高度关注。该委员会被赋予至高无上的权力，可以强行收集证据，也可以强迫证人作证。他们调查的时间期限，

---

① 南非《星报》（The Star）国际版周刊，1995年11月19—25日。

② 路透社开普敦1995年1月24日英文电讯稿。

③ 南非《每日商报》（Business Day）1995年7月20日。

④ 南非《公民报》（The Citizen）1995年11月30日。

从1960年禁止非国大和其他政治组织活动时起，到1993年12月成立多种族委员会时为止。

尽管南非各政党在一个政府之中共同处理有争议的问题时，都本着民族和解的精神，但过去的那些令人不愉快的历史仍然像阴云一样萦绕在各党派的头顶，不时给各政党带来严重的消极影响。1995年11月初，前国防部长马格努斯·马兰和其他一些将军被指控犯有13条罪状，其中包括参与1987年杀害非国大同情者的罪行。这样，赦免问题又引起了国民党和非国大之间的激烈争吵。1995年12月1日，马兰和10名其他高级军官被提交德班法庭。此案立刻在全国引起轩然大波，几乎所有的右翼政党都立即表示了不满。这些政党在此以前一直反对建立“真相与和解委员会”，但此时也极力主张将马兰案件提交这一委员会处理。为了促进南非民族和解的顺利进行，曼德拉于12月18日宣布，每年12月16日为南非的“和解日”。[①] 12月19日，“真相与和解委员会”在开普敦图图主教的主教庭举行就职仪式。图图主教告诉委员们，委员会的任务是调查清楚南非种族主义的历史，要求他们不要仅仅成为事实的调查者，而要共同努力以治愈整个国家。[②] 1996年1月22日，“真相与和解委员会”在开普敦开始工作。此时，已有2000人向该委员会申请赦免。

人们迫切希望“真相与和解委员会”能够积极帮助南非埋葬过去的历史隔阂，确保种族主义的历史不再重演。但一些反种族隔离活动家的家属却指责“真相与和解委员会”剥夺了他们要求追究实施迫害者法律责任的权利。另一个问题是该委员会忽略了申请赦免者要求不公开其身份和材料的请求，这也引起了激烈的争论。7月25日，南非宪法法院正式裁决，建立该委员会的立法并不违反临时宪法。这样，关于“真相与和解委员会”的合法性的争论到此结束。[③] 从此，“真相

① 《公民报》1995年12月18日。
② 《公民报》1995年12月19日。
③ 《星报》1996年7月6日。

与和解委员会”真正迈上了正常运转的轨道。

从1996年5月开始，该委员会就已在全国各地先后举行了一系列的听证和申诉工作。在其法律地位得到了宪法法院的裁准后，“真相与和解委员会”在全国范围内全面展开活动。8月19日，南非基督教民主党和自由阵线向该委员会提交了材料。[①] 国民党和非国大分别于21日和22日提交了本党的材料，并先后向该委员会对过去所犯的过错表示道歉。[②] 因卡塔自由党拒绝以党派的名义进行上述工作，但支持本党成员出证其材料。后来，泛非人民组织也提交了有关的材料。据“真理与和解委员会”一位发言人透露，截止到12月10日，已有3750人向该委员会申请赦免。[③] 据南非新闻社1996年12月12日的报道，前南非法律与秩序部部长阿德瑞安·弗洛克向“真相与和解委员会”申请赦免，成为前种族主义政府第一个向该委员会申请赦免的部长。12月13日，阿扎尼亚人民解放军包括所有领导人在内的600多名干部也申请赦免。[④] 由于预计在1995年11月开始的18个月工作期限内，难以审理清所有的申诉案件，该委员会向总统曼德拉申请延期6个月，得到了南非政府的批准。“真相与和解委员会”的工作期限延至1997年12月15日，并且在该日期以后还可用3个月的时间整理报告。此外，为了扩大赦免的适用范围，并使民族和解得到最广泛的支持，曼德拉总统在1996年12月13日同“真相与和解委员会”副主席伯瑞纳和自由阵线领导人维尔容进行协商，将大赦期限从1993年12月6日延至他就任总统的1994年5月10日，并同意将申请大赦的最后期限从1996年12月14日延至1997年5月10日。[⑤] 这一期限的延长，既有利于争取维尔容及其追随者的支持和响应，也有利于其他右翼集团

① 南非《比勒陀利亚新闻》(Pretoria News) 1996年8月20日。

② 《星报》1996年8月22日；或《公民报》1996年8月23日。

③ 《每日商报》1996年12月12日。

④ 同上。

⑤ 《比勒陀利亚新闻》1996年12月14日。

和泛非人民组织成员的利益。

通过举行一系列的听证会和申诉会，“真相与和解委员会”已经调查和澄清了南非种族主义统治时期的许多暴行。例如，杀害共产党著名领袖哈尼的元凶于 11 月 1 日向“真相与和解委员会”申请大赦。[①]这些罪行的清理不仅使国内外人民更深刻地反思种族主义的罪恶，也更加坚定了他们追求民主平等和尊重人权的决心。另外，“真相与和解委员会”还积极创造条件，解决种族主义政策的牺牲者所面临的现实困难。在成立 11 个月以后，“真相与和解委员会”于 11 月中旬提出了临时性补偿措施，以赔偿和救援种族隔离时期大规模践踏人权行为所导致的受害者。[②]

如果说“黑白矛盾”通过“真相与和解委员会”的工作得到了缓解的话，那么黑人内部民族矛盾的和解却是黑人各族走向融合的产物。目前，黑人内部的矛盾逐渐缓和，因卡塔自由党和非国大支持者之间的暴力冲突日益减少，民族融合已成大势所趋。自 1970 年代以来，南非黑人内部的矛盾一直表现为以祖鲁人为核心的因卡塔自由党支持者，同以其他黑人为主的非国大支持者之间的矛盾。到 1980 年代中后期，尤其是 1990 年代初南非进行民主过渡时，这两股黑人势力之间的矛盾迅速演变成暴力冲突，主要集中在纳塔尔—夸祖鲁省和约翰内斯堡等地的祖鲁人聚居区。在南非民主过渡前后的几年里，南非两大黑人政党之间的暴力冲突不断升级，造成了成千上万的人员伤亡。这一直是南非民主过渡进程中最令人头痛的痼疾和障碍。虽然因卡塔和非国大从 1996 年 5 月开始在夸祖鲁—纳塔尔省实施和平协议，但两大政党支持者间的暴力冲突仍然时有发生，人们担心该省的地方大选会演变成一场黑人内部的血战。但事实并非如此。1996 年 6 月，夸祖鲁—纳塔尔省的地方大选在和平的环境中顺利通过。此后，在该省的伊姆潘德

① 《公民报》1996 年 11 月 1 日。

② 《每日商报》1996 年 11 月 12 日。

勒地区，两党领导人同时在同一地点召开了各自的群众集会，明确强调他们之间应停止相互屠杀。此次聚会充满了和平和合作的气氛。这是夸祖鲁—纳塔尔省历史上的一个里程碑。在9月24日的祖鲁族人的查卡节上，非国大的夸祖鲁—纳塔尔省领导人J. 祖马、省政府总理F. 姆德拉洛瑟和因卡塔自由党主席布特莱齐身着传统服装，一起参加了盛大的庆祝活动，[①] 祖马和布特莱齐分别向聚集在查卡陵前的群众发表了热情的讲话。[②] 29日，在斯坦格（Stanger）的群众集会上，非国大与因卡塔自由党共同庆祝祖鲁王查卡的葬礼节。过去的查卡节集会一直为因卡塔自由党独家所有，但自从夸祖鲁—纳塔尔省开始实施和平行动以来，这种情况得到改变，从而促进了这一地区的民族和解进程。

此外，布特莱齐与祖鲁国王祖韦利蒂尼在10月15日进行和解会谈后冰释前嫌，两人几年来的紧张关系得以缓解。[③] 这也促进了祖鲁人内部的和解。圣诞前夕，曼德拉和布特莱齐一起参加非国大早期主席、祖鲁族首领鲁图利遗孀的葬礼，两人首次在夸祖鲁—纳塔尔省问题上取得了共同立场。曼德拉热情洋溢地呼吁在该省实现和平，要求夸祖鲁—纳塔尔省的各政党放弃暴力行动。他说："作为政治组织的领导人，我们应千方百计地确保我们最终和永远地禁绝暴力。它困扰这里的时间太长了。让和平降临这里吧！因政见分歧而带来的死亡太多了。"[④]

（二）制定并通过新宪法，确立民族和解的根基

在旧的社会制度和法律秩序发生转变的时期，南非制定的两部宪法既是缓解社会矛盾、避免社会动荡的途径，也是维护社会稳定并在此基础上不断获得发展的根本保障。南非临时宪法和新宪法先后于

---

① 《星报》1996年9月27日。

② 《比勒陀利亚新闻》1996年9月30日。

③ 《每日商报》1996年10月16日。

④ 南非《索韦托人报》（Sowetan）1996年12月23日。

1993 年和 1996 年出台。南非总统曼德拉把临时宪法的诞生称之为“一个旧时代的结束和一个新时代的开始”，它为南非的民族和解奠定了坚实的基础。以非国大为首的新南非政府，动员和团结包括主要的竞争对手在内的各政党积极参加制宪活动，促使南非各主要政党都支持新宪法的通过，为民族和解提供了根本的保障。

南非新政府运行的成功，临时宪法固然功不可没，但它毕竟只是一部临时性和过渡性的宪法。在此以后，南非的制宪进程并没有结束，必须制订一部新的正式宪法取而代之。根据临时宪法第五章的规定，制宪议会由国民议会和参议院联合组成。1995 年 1 月 24 日，制宪议会开始了制宪的艰巨工作。[①] 由于制定正式宪法涉及面广，各方分歧很大，时间又短，制宪过程困难重重，波折迭起。据报道，有争议的问题达六七十项之多。概括起来，主要集中在以下几个方面：（1）在关于多党联合政府的最后时限问题上，非国大主张截止到 1999 年大选，而国民党主张在 1999 年大选之后，把临时宪法中关于权力分享的 5 年期限再延长 10 至 15 年。（2）在关于政府机构的组成和各级政府的职能及权限等问题上，诸如参议院是否保留、国民议会的议员人数、行政机构的形式等等，非国大坚持建立一个强有力的中央政府，但国民党和因卡塔自由党则希望新建立的省级政府拥有更多的自决权。（3）在国际仲裁问题上，因卡塔自由党坚决要求非国大和国民党兑现大选前的允诺，就祖鲁王在宪法中的地位，以及夸祖鲁—纳塔尔省的自治问题进行国际仲裁，而非国大和国民党则反对国际仲裁。（4）在基本权利法案的条款和内容如何确定方面，就财产、教育、劳资关系、言论自由、知识产权、环境保护等许多问题展开的讨论亦十分激烈。由于制宪过程中各方立场、观点差异较大，矛盾重重，党派斗争十分激烈。2 月 21 日，因卡塔自由党主席布特莱齐宣布因非国大和国民党尽食前言、拒绝国际仲裁而退出制宪议会。这样，在因卡塔自由党这个南非

① 《法制日报》1995 年 1 月 26 日。

第三大政党抵制制宪议会的情况下，国民党和非国大经过谈判、斗争和妥协，与其他政党一起于 1995 年 11 月 22 日公布了新宪法草案。当天，400 万册以 11 种官方语言印制的新宪法草案夹在报纸中传布全国各地。① 到 1996 年 2 月 20 日，制宪议会共收到社会各界 200 多万条相关建议，并据此完善新宪法。3 月，非国大和国民党同意以地方议院取代参议院，分歧集中在财产、教育和劳资关系这三个方面的条款上。最后，经过艰苦谈判，除了因卡塔自由党外，各政党在分歧较大的几个问题上基本上达成了一致意见，并于 5 月 8 日在距最后期限前不足 12 小时之际，以 421 票赞成、2 票反对和 10 票弃权的绝对多数在制宪议会通过了宪法草案。② 这部新的根本大法确立了统一的南非、法律面前人人平等、三权分力等基本原则，保证了公民的各项基本权利。由于它遵循了临时宪法确定的“宪法原则”，总结了临时宪法实施两年来的经验，又广泛考虑了群众的意见和建议，可以说，它是对临时宪法的进一步发展和完善，将对南非的民主进程和社会发展产生巨大的促进作用。同时也要看到，新宪法并没有解决所有分歧，其中包括一些重大的原则性分歧。因卡塔自由党因国家体制问题退出制宪议会，没有参加新宪法表决的投票；白人右翼自由阵线也对新宪法表示不满，投了弃权票；国民党虽然投了赞成票，但对新宪法的一些条款仍持有强烈的保留意见，特别是因为新宪法没有规定继续实行多党分权参政的原则，故而在新宪法通过的次日就宣布退出民族团结政府，接着又宣布退出西开普省以外的各省政权机构。

7 月初，南非宪法法院开始审议宪法草案。经过详细的复核后，新宪法因存在 10 个缺陷而被驳回。9 月 25 日，参加制宪会议的各政党重新就被驳回的新宪法进行谈判。当天，非国大与因卡塔自由党高级领导人就因卡塔自由党重返制宪议会的问题进行谈判，但遭到因卡塔自

① 《每日商报》1995 年 11 月 23 日。

② 《每日商报》1996 年 5 月 9 日。

由党的拒绝。[1] 此后，在因卡塔自由党进行抵制的情况下，制宪会议就省政府的权力、省政府的警察权、雇主闭厂权、农村地方政府等问题展开协商。经过多次谈判，也是为了表示对修订新宪法的支持，因卡塔自由党进行了 18 个月的抵制后，于 9 月 30 日重返制宪议会。到 10 月 8 日，南非所有政党已就宪法法院驳回的 8 条法案达成了一致协议，新宪法的制定工作接近尾声，但因卡塔自由党又因在传统领导人的地位问题上与非国大的主张相左而退出了制宪议会。[2] 峰回路转，非国大在 10 月 10 日晚向因卡塔自由党做出了妥协，同意其要求，在新宪法涉及传统领导人安排的条款中，加入承认其在地方政府中发挥作用的内容。11 月 8 日开始，南非宪法法院开始审议和裁决新宪法修正案。当天，因卡塔自由党和保守党提出了对修正案的申诉意见。12 月 4 日，宪法法院裁定，制宪议会对新宪法所作的 39 条修正案符合临时宪法的制宪原则，否决了保守党、因卡塔自由党和夸祖鲁—纳塔尔省提出的 16 条反对案，还否决了 18 条个人和有关利益集团提出的意见，一致批准了修正后的新宪法。[3] 当天，各政党都对新宪法的通过表示欢迎，即使长期抵制制宪议会的因卡塔自由党也表示要遵守这一新的最高法律，并寻求以合法手段修改其不满意的宪法条款。[4] 12 月 10 日，总统曼德拉在 1960 年发生大屠杀的沙佩维尔正式签署了新宪法。

新宪法的制定和通过是南非政治发展进程中的又一里程碑，南非民主制度向前迈进了“历史性的一步”，种族隔离制度被彻底扫进了历史的垃圾堆，南非真正迈入了宪法民主的新时代。这是南非第一部非种族主义的国家根本大法，以法律的形式确定了种族平等和尊重人权的基本准则。尽管因卡塔自由党、保守党和其他利益集团对新宪法中的部分内容持保留意见，但难能可贵的是，它们都未破坏宪法的顺利

① 《每日商报》1996 年 9 月 25 日。
② 《星报》1996 年 10 月 8 日。
③ 《星报》1996 年 12 月 5 日。
④ 《星报》1996 年 12 月 12 日。

签署和实施。新宪法也规定了特别条款，从而每年都能对宪法进行检查和修正。新宪法的完成标志着“一个崭新国家的诞生”，为实现民族和解、社会稳定和经济发展打下了坚实的基础。

（三）政治上的和解政策使危机迭起的新南非政权趋于稳定

在南非，政党是民族利益和种族利益的代表者和维护者，因而，南非社会的稳定在一定程度上取决于政党政治的成熟和完善。根据南非临时宪法，南非民族团结政府由非国大、国民党和因卡塔自由党三大政党根据在大选中得票比例组建。由于各方在民主谈判过程中，本来就存在着许多没有解决的问题，只是经过妥协才得以顺利实现了大选并组成了民族团结政府，所以，各方所存在的差异必然会不断暴露，不时引起一定的摩擦和斗争，并随着民族团结政府执政时间的延长，矛盾日益加剧。实际上，这三大政党关系的好坏直接影响到南非的政治稳定，进而决定性地影响南非民族和解和经济建设的顺利发展。因而，如何处理好三大政党在民族团结政府内部的关系，成为当务之急。以非国大为首的民主南非新政府，秉持着和解的诚挚态度，并采取有理有节的灵活斗争手法，使新政府连遇惊险而安然无恙。

因卡塔自由党与非国大之间的矛盾由来已久。但在民族联合政府执政初期，双方的矛盾没有充分暴露。进入 1995 年以后，双方在省政府的权力、祖鲁族大酋长在南非的地位以及政权体制等问题上，很快发生了激烈冲突。

1995 年 2 月 21 日，因卡塔自由党领导人布特莱齐在开普敦的议会宣布，为了寻求国际社会对祖鲁王祖韦利蒂尼在南非的地位问题进行调节，因卡塔自由党退出国民议会和制宪议会。同时，他还表示，他本人和该党在政府的几名部长将继续留任。[①] 这一声明引发了民族团结政府建立以来第一场严重的政府危机。一时之间，南非政局立即紧张

① 《每日电讯》1995 年 2 月 23 日。

起来。几经交涉，布特莱齐于 3 月 4 日宣布，因卡塔自由党有条件地留在民族团结政府和国民议会内，危机得以暂时缓和。但由于非国大和国民党没能满足其条件，因卡塔自由党于 4 月 8 日宣布退出制宪议会，并拒绝接受新宪法，直至国际调节得到实现。同时，夸祖鲁—纳塔尔省地方政府也宣布，如达不成有关国际调节问题的协议，就将抵制预定于 11 月 1 日举行的南非地方政府选举。[①] 5 月和 6 月初，非国大与因卡塔自由党之间的互相攻击达到了白热化程度。曼德拉点名指责因卡塔自由党及其领导人煽动群众抵抗中央政府，并表示，若夸祖鲁—纳塔尔省的某些领导人仍继续组织群众损害中央政府，就将扣留用于该省的资金。[②] 布特莱齐指责曼德拉"竭尽毁谤之能事"。6 月 2 日，因卡塔自由党议员在约翰内斯堡指出，曼德拉近日针对因卡塔自由党的"威胁性讲话"激化了两党之间的矛盾，因卡塔自由党不会屈服于曼德拉的压力，坚持祖鲁族实行自治。[③] 持续紧张的政治局势对南非社会产生了消极影响，黑人暴力冲突造成大量的伤亡和损失，严重影响着南非"重建与发展计划"的顺利进行。为了缓和局势，6 月 7 日，曼德拉、德克勒克和布特莱齐在约翰内斯堡召开的内阁特别会议上，一致决定采取措施缓和紧张局势，特别是平息夸祖鲁—纳塔尔省的黑人暴力冲突。此后，非国大与因卡塔自由党之间的直接冲突逐渐得到控制，但双方在部族首领的地位以及政权体制上的分歧一直悬而未决。直至新宪法谈判的最后阶段，经过双方妥协，这个问题才得到了一定程度的解决。

对民族团结政府的真正威胁来自国民党。由于国民党在制宪过程中，在劳工权利、政权体制、省政府权限、多党联合政府时限、雇主权力等方面，与非国大存在着严重分歧和对立，因而在 1996 年 5 月 9 日，即新宪法获得制宪议会通过的第二天，宣布将退出民族联合政府，

---

① 《每日电讯》1995 年 4 月 10 日。
② 《人民日报》1995 年 5 月 4 日。
③ 《每日电讯》1995 年 6 月 4 日。

接着又宣布退出除西开普省以外的各省政权机构。早在1995年1月中下旬在有关赦免问题的风波中，德克勒克就已表示若非国大不能正确处理同国民党的关系，就退出多党联合政府。国民党如何发挥作用，对南非政局至关重要，故而德克勒克行事极为谨慎。1995年10月9日，他在约翰内斯堡召开的南非钢铁工程协会年会上说，国民党将留在民族团结政府内部，但“它将作为主要的反对党发挥作用”，根据临时宪法原则，监督政府发挥正常的作用。[①]“参与”和“监督”政府并非袖手旁观。1995年11月下旬，国民党和非国大再次就大赦问题发生争执和相互指责。此外，国民党还批评非国大没有一项明确的外交政策。国民党宣布退出民族团结政府立刻震惊了整个南非，也令世人深感忧虑。1996年6月28日，国民党的阁员退出了内阁办公室，但保留了在议会的席位。这样，在执政近50年之后，国民党平静地退出了南非执政中心，开始走上了雄心勃勃的反对党道路。7月1日，非国大的7名正副部长接替了国民党退出的部长职位，这标志着民族团结政府的结束和南非新政治时期的开始。国民党虽然退出了多党联合政府，使摇摆不定的南非金融市场暂时暴跌，但南非政权却得以实现真正的多党民主。国民党退出联合政府后，在政治和经济上日趋成熟的非国大制定并颁布了新的经济发展计划。目前，以非国大为主的小联合政府正致力于领导南非人民全力发展国民经济，改善人民生活。

纵观近四年来南非民族和解与种族和解政策的实施历程，虽然历经艰辛和曲折，但取得了令世人瞩目的成就。民族和解基本上得以实现，避免了内战的爆发，使南非人民和世界上热爱民主与和平的人们深感欣慰。南非的地方民主选举已经顺利完成，成功地实现了黑人多数的统治，为南非地方政府制定实施各种族、民族平等的经济发展政策与建设方针提供了保证。南非临时宪法和新宪法的诞生，为实现南非民族关系和种族关系的和解打下了坚实的基础，为南非人民的平等

① 《每日电讯》1995年10月12日。

和睦相处确立了指导原则，为民主南非的健康发展提供了有力的保障。国民党退出政府虽然表明了民族团结政府的脆弱性，但也为非国大坚定地推行自己的政治纲领和经济发展计划提供了有利条件，同时促使以前代表种族利益和民族利益的政党开始打破传统的局限，以跨越种族、民族界限的新面目进入南非的政治舞台，这既有利于民族和解政策的实施，也促进了南非民主政治的成熟。所有这些成就都是在非国大民族和解政策指导下取得的。这些成就使世人有理由相信，只要南非人民共同团结努力，南非的明天会更加灿烂辉煌。

（张宝增，中国社会科学院西亚非洲研究所研究员）

欧洲

挪　威

挪威人是挪威的主体民族，少数民族有萨米人、芬兰人、丹麦人和瑞典人。在挪威政府颁布和施行的少数民族政策中，萨米人政策比较具有代表性。

萨米人在今北欧区域居住已经有几千年了，是当地两大土著民族之一。自 18、19 世纪以来，萨米人主要居住在挪威、瑞典、芬兰和俄罗斯的科拉半岛，总人口估计不到 6 万人，其中挪威 4.5 万人，瑞典 1.5 万人，芬兰 4000 人，俄罗斯 1500—2000 人。据 2014 年统计，挪威总人口为 514 万人，萨米人约占 0.9%，但在萨米人相对集中的四个市镇，萨米人口略占多数。除了传统的驯鹿业、养殖业和捕鱼业之外，农业、贸易、小工业和服务业也是萨米人谋生的重要来源。

萨米语属于乌拉尔语系芬兰乌戈尔语族的西部语支。属于该语支的还有芬兰语、爱沙尼亚语、立沃尼亚语、维普斯语、莫尔多瓦语、马里语和彼尔姆语等。

1990 年通过并于 1992 年正式实施的挪威《萨米语言法》，是一部旨在保护和发展萨米人语言权利和文化权利的国家级行政法令。该法的颁布，结束了挪威国歧视萨米语言和萨米文化的旧时代，开辟了一个保持并发展萨米语言和萨米文化的新纪元。

一　萨米社会语言状况

北欧的萨米人大多数居住在挪威，挪威萨米人的语言发展状况影响到其他国家的萨米语言社区。

一般认为，北欧四国的萨米语，从斯堪的纳维亚半岛的南部往北再往东，直到俄罗斯的科拉半岛，依次分为九大方言：（一）南萨米语、（二）乌迈萨米语、（三）皮特萨米语、（四）卢勒萨米语、（五）北萨米语、（六）埃纳雷萨米语、（七）斯科特萨米语、（八）希尔汀萨米语、（九）坦尔萨米语。其中，北萨米语、南萨米语和卢勒萨米语的势力较大。

挪威萨米语的使用人数约为2.5万①，主要分为三大使用地区，即中心地区、沿海地区、萨米人保留地区。

使用萨米语的中心地区包括：挪威北部特罗姆瑟省的科菲尤尔，芬马克省的凯于图凯努、卡拉绍克、塔纳、波桑厄尔和内瑟比。在中心地区，萨米语是人们的日常用语。在芬马克省的中心地区，萨米人是该地的主体民族。跟挪威的其他两大萨米语使用区相比，中心地区萨米语保持得最完好，大约有2/3的萨米人至少都能懂得一些萨米语。他们主要来自那些从事传统驯鹿业的家族，萨米语中有关驯鹿传统知识的大量特有词汇，能够在这些家族中，一代一代往下传②。

沿海地区是另一个萨米语区，主要包括芬马克和特罗姆瑟峡湾区。该地区历史上曾通行萨米语，现在则通用挪威语。能够大量使用萨米语的人都年事已高。有些学校的教育仍在使用萨米语。

第三个萨米语使用区是萨米人保留地。当地萨米人居住分散，大多互不来往，挪威语已经成为当地一种占优势的语言，人们的日常交

① Corson, David (1995). "Norway's Sámi Language Act: Emancipatory Implications for the World's Aboriginal Peoples." *Language in Society* 24: 493—514.

② Ibid.

际已不使用萨米语，然而萨米语认同仍然占据重要的地位。

在沿海地区和萨米人保留地区的斯孔兰和蒂斯菲尤尔，有一些自然“岛屿”，这些“岛屿”的人们对语言保护意识甚浓。

从17世纪起，萨米语和萨米文，只是在萨米语区传播基督教时才使用。自1967年以来，萨米语开始在小学中讲授。20世纪末期以来，萨米语作为一种教学用语和一门课程，开始在中学、两所大学和一些师范院校讲授，并印有萨米文的教科书。拥有一定母语读写能力的萨米人正逐渐增多，但从总体来看，大多数萨米人的书写能力主要体现在官方语言方面。

另外，挪威三种主要萨米文字的标准规划也已取得了长足的进展，萨米语已经得到挪威国家教育系统的支持，萨米人使用萨米文的能力也在不断提高。自20世纪70年代初期以来，每年出版5至10种萨米文文学书籍。办有两种萨米文报纸，一种萨米文杂志和一种萨米文连环画报。一家戏剧公司创作并演出了10余部萨米语的作品。卡拉绍克广播电台每天3次用北部萨米方言进行广播，每周大约10个小时，内容涉及时事、新闻、音乐点播等。特隆赫姆广播电台则用南部萨米方言，播送一些小节目。一些地方政府已经宣布，他们将在服务工作中更多地使用萨米语。有关健康和社会福利的几部法律和信息传单，也都译成了萨米文。

无论是在萨米人的心目中还是非萨米人的心目中，萨米语的社会地位确实有所提升，当然还远没达到“高雅”语言的高度。政府也制订了相关的政策，奖励那些懂得并使用萨米语的非萨米人，但大多数非萨米人仍然缺乏学习萨米语的热情。

二　萨米语言立法背景

（一）挪威早期对萨米人的殖民主义同化政策

加拿大的一位律师道格拉斯·桑德斯教授，在应邀向挪威最高法院发表有关萨米人与挪威国家关系的意见时指出："挪威国家与萨米人之间的关系，从来源上看是殖民主义的。"① 这种见解切中了问题的实质。当今萨米人和当地殖民者后代、财团、国家之间的一些冲突，一部分可追溯到这些早期的政策。

萨米人接触芬兰人和操日耳曼语系人的时间长达 1000 年。在 1381—1814 年间，挪威是由丹麦统治的，1905 年之后则转由瑞典统治。北欧诸国和俄罗斯在一系列的贸易、掠夺和传教进程中，兼并或分割了萨米人的土地。1751 年和 1826 年曾划定边界，从此以后，这些国家宣称拥有这些领土和水资源。

17 世纪开始，萨米人社会出现重大转型。萨米语区传统上进行的有限度的萨米语言文字化以及教育正规化的活动，被国家支撑的教会运动所取代；萨米人社会传统的打猎、捕鱼、放牧驯鹿经济，被农业耕作、经济交易、国税金制度、工业经济所取代。外来人在萨米语区兴建的村落，使得教会和国家的影响范围越来越巩固②。19 世纪所谓的社会达尔文主义提供了民族歧视的借口。语言也成为剥夺萨米人享有重要资源的一种借口，如 1902 年的土地法规定，只有能用挪威文阅读和写作的人才可享有土地买卖权。

挪威主体民族对萨米人的态度时有变化，同化或保存的论述时有起伏③，但总趋势和总结果是同化。挪威反对萨米文化和萨米语言达 100 年，其他国家则根本不承认萨米人的存在。

1700 年以前，挪威对萨米人的政策是无序的。在 1710 年至 1720 年间，成立了"萨米语布道团"，第一任领导人是托马斯·冯·韦斯，他极力主张在教育和传教工作中使用萨米语。他去世以后，人们又对萨米语采取敌对的态度。19 世纪 20 年代，当一位牧师 N. V. 施托克弗

---

① Sanders, Douglas, (1981) . *An Opinion to the Supreme Court of Norway.* Mimeo.

② Brenna, Wenke (1997) . The Sámi of Norway. http: //odin. dep. no/odin/engelsk/ norway /history/032005—990463/index-dok000-b-n-a. html.

③ Ibid.

莱特在萨米人中积极工作时，出现了重新支持萨米语使用的形势，印制了许多萨米文书籍，培训了许多萨米语教师。

1850 年中期以来的 100 年，是萨米语的严冬季节，国家政治的影响强化了民族同化的政策。国家的政策是要教萨米人学挪威语，最终目的是让挪威语成为国家唯一的教育语言。因此，一直到 20 世纪 50 年代，萨米语始终被排斥在许多学校门外。①② 由于民族主义的兴起，萨米语再次受到挪威政府的压制。当时年轻的挪威刚刚成立，大量的萨米人和克文斯人从芬兰迁入挪威，“一个国家一种文化”的挪威民族主义精神无法忍受这些“外来者”，国家不惜采用一切手段来实现“挪威化”的目的。例如，付给教师额外的津贴，鼓励他们出色完成“挪威化”的任务。国家禁止将土地出售给那些尚未熟练掌握挪威语，不是每天都使用挪威语的萨米人。萨米人曾进行过顽强的抵抗，但是他们很快认识到这种抵抗是无济于事的，能在萨米人土地上繁荣发展的，只能是挪威语和挪威文化，而不是萨米语和萨米文化。

1940 年挪威爆发了战争，挪威的非萨米人和萨米人并肩作战，反对德国侵略者。挪威人亲眼目睹了自己的家园遭受异族破坏的情景，亲自经历了异族的统治，包括文化领域的统治。当时国际上提出了人权问题。第二次世界大战结束后，挪威废除了歧视性的旧法律，采取了一项新的萨米人政策，从而结束了挪威最严重的歧视萨米人的政策。

从此以后，萨米人中产生了一种新的意识，他们成立了各种萨米人组织，设法影响政府对萨米人采取的政策，为萨米人的语言权利、教育权利和文化权利而展开积极的斗争。20 世纪 60 年代至 70 年代出现了做出新的决议的趋向。比如 1967 年在实验的基础上，萨米语在一些小学校中使用了。1969 年的《小学教育法》承认萨米儿童享有接受

---

① Brenna, Wenke (1997). The Sámi of Norway. http://odin.dep.no/odin/engelsk/norway/history/032005—990463/index-dok000-b-n-a.html.

② Corson, David (1995). "Norway's Sámi Language Act: Emancipatory Implications for the World's Aboriginal Peoples." *Language in Society* 24: 495.

萨米语教育的权利。但是，尚未做出具体的决策。

（二）政治危机和语言立法

第二次世界大战后的民族运动始于 20 世纪 60 年代。1980 年挪威爆发了一场政治危机，当时挪威的水资源能源局决定，在北部的阿尔塔河河道开发水力发电，修筑水坝，淹没阿尔塔河流域的萨米村落。该决定引发了一场大规模的抗议行动。萨米人跟环保运动者联合起来，在首都奥斯陆的议会前组织了示威、绝食、占据政府办公室等一系列抗议活动。[①] 一些萨米人和其他示威者，甚至用链条把自己拴在水坝附近的石山腰上，企图阻止修建水路，但结果还是失败了。这场冲突的结果导致挪威成立了“萨米人权利委员会”。

后来成立的挪威萨米议会认为，该冲突事件“让挪威人认识到‘土著权利问题’并非仅仅发生在遥远的国外”[②]。

“萨米人权利委员会”是由来自不同地区和不同利益集团的 18 位代表组成的。该委员会主要处理一般政治性问题、挪威萨米议会问题和一些经济问题。卡斯滕·史密斯为首任（1980—1985 年间）主席。1984 年该委员会提交的第一份报告《论萨米人的合法地位》[③]，内容广，学术性强，标志着挪威萨米人政策进入了一个新时期。

根据《论萨米人的合法地位》报告的建议，挪威于 1989 年选举产生了萨米人议会。挪威宪法第 110 款，被修正为：“政府当局采取必要的措施，使萨米人能够保护并发展他们的语言、文化和社会生活。这是义不容辞的。”

1980 年成立的“皇家萨米文化委员会”，在 1984 年的报告中提出

---

① Brenna, Wenke (1997) . The Sámi of Norway. http://odin.dep.no/odin/engelsk/norway/history/032005—990463/index-dok000-b-n-a.html.

② Sámediggi (2002) . Legal and historical background. 11 August 2002. http://www.samediggi.no/default.asp?selNodeID=195&lang=no&docID=1419.

③ NOU (1985) . *Samisk kultur og utdanning*, Oslo.

了“萨米语言法”的问题。根据这项提议，萨米语和挪威语应该成为平等的语言，在一定地区应该平等地作为官方语言。在这些地区，萨米语应该享有最高的地位，在跟政府当局有关的活动中，人们应该有权使用萨米语。另外，所有萨米人均应享有接受萨米语教育的权利。“作为第一语言的萨米语”的说法，在该报告中频频出现。

1980 年挪威议会通过了一系列法律修正案，以加强挪威萨米语在官方领域中的使用。《挪威萨米人法》（1987 年 6 月 12 日第 56 号法案）规定“挪威的萨米人群体可以保护并发展他们的语言、文化和社会生活”。《小学与初中教育法》（1969 年 6 月 13 日第 24 号法案）增加了一段新内容。《法院法》（1915 年 8 月 13 日第 5 号法案）增加了在法院中使用萨米语的内容。

“文化委员会”起草的《萨米语言法》，经过多年的讨论修改，1990 年获国会通过，于 1992 年 3 月起实施。

（三）国际民族运动和语言立法

20 世纪 50 年代，当萨米人以北欧为基础成立他们的组织时，就讨论了萨米人的语言问题。1965 年在基律纳举行的北欧萨米人大会再次讨论了萨米语言法的问题。1971 年在耶利瓦勒举行的第七届萨米人大会成立了一个萨米语言工作组，起草了一部北欧国家通行的萨米语言法。

该工作组于 1974 年并入永久性“萨米语言委员会”。从此年开始，北欧萨米人研究所语言与文化研究室作为该委员会的一个处开始运作。

20 世纪 70 年代后期，语言立法的趋向是为北欧每个国家设立一部萨米语言法，而不是为所有的北欧国家设立一部通用的萨米语言法。

另外，联合国《公民权利与政治权利国际公约》第 27 条也对挪威的萨米语言立法产生了积极的影响，该条被理解为硬性规定了特别优待萨米少数民族的诸项义务。

三 《萨米语言法》的依据和内容

（一）《萨米语言法》的原则

“保持并发展萨米语”和“满足社会各领域的需要”，是《萨米语言法》的两大立法原则。挪威宪法第110条明文规定，“政府有义务营造权利环境，以便萨米人能够保护并发展其族性、文化和社会生活”。

挪威萨米文化委员会在1959年公布的报告中提出，萨米语的保持和发展决定了萨米人的前途。在萨米文化委员会提出的制订萨米语言法的论据背后，有一些共同的原则。起草该法案的议会委员会曾多次强调，语言是萨米文化中的核心要素，萨米人作为一个民族的存在依赖于萨米语的保持和发展。这项原则已经获得议会的批准。因此，该法的理论基础并不仅仅是为了满足实际的需要，譬如，个人在法庭或政府办公室交谈时必须能够听得懂。在考虑文化保护和文化发展的综合目标时，来自各个方面的反对意见，特别是来自法律系统和公安部门的反对意见，就显得无足轻重了。

另外，该法做出的诸多规定，当然应该满足社会生活诸多领域的实际需要。萨米语使用者的利益已经以一种自由自在的方式，在许多领域予以考虑。为了使拒绝提供萨米语服务能够找到法律依据，曾经有人提出一些奇谈怪论，但是大趋势十分清楚，萨米语的黑暗时期已经过去，国家平等对待不同民族的公民，当然应当包括保证萨米语的使用。

（二）《萨米语言法》的内容

立法目的　正如《萨米语言法》序言中所说，该法旨在使挪威的萨米人得以保护和发展自己的语言、文化及生活方式。该序言的另外一段还提出，根据该法第3条的有关规定，萨米语和挪威语是具有平等地位的语言。该法保障公民享有一定的使用萨米语的权利，硬性规定政府机构有相应的义务，使用萨米语口语和书面语进行交际，并用萨米语为萨米人发布信息。

适用地区 在芬马克郡和特罗姆斯郡的六个地方政府之中，萨米语的地位稳固，被定为行政用语。这六个社区是凯于图凯努、卡拉绍克、塔纳、内瑟比、波桑厄尔和科菲尤尔。本法律条文在这些地区应用最广。政府机构（地方、郡或国家机构）和地区政府机构（郡或国家机构）是否为某类地区服务将决定这些机构的职责，该类地区全部或部分包括上文规定的萨米行政区中的议会。

《小学与中学教育法》涉及到“萨米语区”，但跟上述“行政区”显然不尽相同。

《法院法》提到最北部的特罗姆斯郡和芬马克郡，特别提到居民的语言权利。

本法没有涉及适用区域的限制，据认为本法适用于所有的公民，适用于各种特定情况中限定的人。

（三）个人语言权利和政府机构的义务

在萨米语行政区 如果某一公众成员开始用萨米语交谈，那么地方当局则要用萨米语回答（若跟离开办公室执行公务的公务员打交道时，则不适用本条）。其权力包括全部或部分行政区的地区政府机构在收到某一公众成员的萨米语书面申请时，同样也要用萨米语答复。除了一些特例外，国王可以扩大他对其他政府机构的责任。

官方通告特别是面向行政区人员的通告，应使用萨米语和挪威语这两种语言。行政区中政府机构用来交往的官方信件，应使用萨米语和挪威语这两种语言。

在法院 司法权全部或部分限于行政区范围之内的，适用以下规定：任何个人有权使用萨米文发布带有附件的文书、书面证据或其他递呈。如果法院欲将该递呈传给另一方，法院则应将其译成挪威语。

经另一方同意，可不必翻译。如果法律程序准许使用口头陈述而不用书面递呈的话，任何个人有权使用萨米语跟法院进行接触。如果该法院根据职责要求需用文字记下该陈述时，做出该陈述的个人可以要求使用萨米文记录。

在法院，任何人均有权说萨米话。如果诉讼者不说萨米语，法院则应委派或批准某位口译来协助处理。当诉讼的某一方提出这种申请时，法庭庭长可以决定诉讼语言使用萨米语。如果诉讼语言是萨米语，法庭庭长可以决定法庭记录用萨米文。法院应为将萨米文记录译成挪威文做好准备。当某一方提出使用挪威语时，法庭记录则应使用挪威文，然后再译成萨米文。

在公安机关和检查机关　在为全部或部分属于行政区管辖的某个地区服务时，适用以下规定：在机关办公室审讯时，任何个人有权说萨米话，任何个人有权使用萨米语提出口头报告或上诉状。

对于行政区中地方和地区的卫生福利机构，任何想用萨米语来保卫自己利益的个人，均有权使用萨米语。

任何个人均有权在行政区的挪威教堂教区内，用萨米语在教堂从事宗教仪式活动。

当行政区内地方或地区政府机构需要其雇员掌握萨米语知识时，这些机构中的雇员有权带薪离职去习得萨米语。这种权利的取得是有条件的，雇员在获得这种教育之后，应为该机构工作一定的时间。

在芬马克郡和特罗姆斯郡　在这两个郡的“监狱服务部门”，同狱犯人相互之间及跟家属之间有权使用萨米语。他们还有权用萨米语向监狱当局提出口头上诉通知。

在“萨米语区”　“萨米语区”的儿童有权接受使用或全部使用萨米语的教学。从七年级开始，学生可自行决定上哪种语言的课。接受使用或全部使用萨米语教学的学生，在八年级和九年级可以免修书面挪威语或新挪威语这两门课中的任何一门课程。

在一般地区　有关萨米人全部或部分特殊利益的法律法规一律译

成萨米文。

地方议会在听取地方教育委员会的意见后，决定那些母语是萨米语的儿童应全部使用萨米语学习九年，而那些母语是挪威语的儿童应把萨米语作为一门课来学习。使用或全部使用萨米语的教学计划也适用于萨米语区以外拥有萨米人背景的学生。一所学校中，母语是萨米语的学生有 3 个或 3 个以上时，则可以要求萨米语作为一门课来讲授，要求全部使用萨米语来讲课。

任何个人均有权听使用萨米语讲授的课程。国王可以发布有关实施该条款的细则。

（四）对实施《萨米语言法》的监督

控诉　如果某一政府机构不遵守《萨米语言法》第 3 条的规定，那么直接受到影响者可以控告该机构。当这种控告涉及地方或郡级机构时，该郡郡长有权受理这种控告。全国性萨米人组织以及跟全部和部分萨米人有一定联系的政府机构，在受到影响时，也有权提出控诉。个人在未受影响的情况下也同样适用。

萨米语言委员会　该委员会的成员由萨米人议会委任。该委员会的职能是保护和发展萨米语，就语言问题向公众和当局提出建议和帮助，向人民讲明他们的语言权利，为萨米人议会和政府撰写有关萨米语言地位的年度报告。

四　《萨米语言法》的理论意义与实践意义

（一）普遍意义

该法从根本上扩大了萨米语的应用范围，最突出的是萨米语开始在法院和公安部门使用。

尽管在原则上萨米语跟挪威语是平等的，但实际上无法保证完全平等。对使用领域的限制是最强有力的限定。萨米语在全国各地享有的权利不尽相同。支持在全国范围使用萨米语的一般性规定少得可怜。在大多数情况下，萨米语的权利只限于少数几个郡，限于“萨米语区”。只有在行政区，这些规定才适用于各个领域。然而，即使在行政区内，地方当局对于该法令的实施，仍有广泛的自主权。请注意，在六个地方当局，特别是在波桑厄尔和塔纳，人们对萨米语的使用颇为不满，切勿指望各地都会忠实执行该法的规定。

（二）对地方政府带来的变化

该法对地方当局特别是郡一级的地方政府带来一些变化。某些当局已经做了大量的工作，启用口译，翻译文件，雇人时充分考虑他们的萨米语水平。这些都是当局主动做出的决定。在郡一级，实际上根本无法这样操作。萨米语在郡和地方当局这一级只是偶尔使用。

该法规定，要赋予议会一定的权力，决定萨米语和挪威语同为行政管理用语，但除非在萨米人行政区，否则要维护这种权力恐怕是不大可能的。

大多数地方议会都认为用萨米语回答是首要的义务。萨米语口语实际上已经广泛使用，因此在这方面不会出现大的变化。

翻译法律和法规的要求并未提出任何新东西，从一定程度上讲，长期都在坚持翻译，但是新法令将强化这方面的工作。

（三）对法院、公安、监狱产生的重大影响

新法令将对法院和公安部门产生重大影响，因为以往没有取得实质性的经验，萨米语未曾在这些领域使用，因此这些领域对新法律的抵制也最强烈。在获悉该法内容时，司法部的反对意见最大。迄今为止，在个人案例中，如果一方要求，法院往往雇用口译。由于该法已做出明确的规定，将来则要使用萨米语。

犯人用萨米语跟其家属交谈的权利是一种人权，承认这种权利无疑已有很长时间了。奇怪的是，特罗姆斯郡和芬马克郡的法律对

这种权利进行限制。当人们询问跟该法令有关的议会委员会，犯人的这种权利在挪威的某些地区是否不适用时，该委员会的人员避而不谈。

（四）卫生和社会福利

在卫生和社会福利方面，该法令未对萨米语的使用做出正式的规定。增加萨米语的使用，过去常遭到萨米人布道团的反对。该布道团迄今仍在支配北方许多萨米人委员会中的护理家庭和老人家庭。对于这些委员会而言，工作人员享有一定的权利保障要比能够跟病人交谈更为重要。

（五）教堂

萨米语通过口译在教堂中广泛使用，没有产生大的变化。教堂实际上在不断使用萨米语，特别是在内地的芬马克。一个世纪以来，许多教区中的牧师都被强迫学习萨米语。新法令将更易于在教堂事务中执行，因为牧师使用萨米语由来已久，他们掌握多种语言。

（六）小学和初中

该法对有关使用或全部使用萨米语教学的规定，对现状不会带来重大改变。该法规定，将萨米语作为一门课程来讲授是可能的，但是无权将萨米语作为各门课程的教学用语。然而，该规定曾被解释为儿童享有各门课程完全使用萨米语讲授的绝对权利。这种权利只适用于“萨米语区”，很早就对这种权利加以区域性的限制，现在则变得含糊不清了。

父母在送子女进入萨米语作为一门课程来教的学校之前，通常必须确定其所在的社区是否属于“萨米语区”。

另外，该法令现在适用于萨米语区的所有儿童，并不仅仅是萨米儿童。该法令的较早文本曾限制了萨米语使用者的权利。现在这种权利得到扩大显然是一种进步。

该法令规定，儿童是否想把萨米语作为一门课程或者作为七年级的一种教学用语来学习，这由他们自己来决定。在此之前，父母才有权做出选择。对教育中母语的选择权这一重要的权利含糊不清，表明立法者并不认为萨米语在教育环境中具有同等重要的价值。萨米人多年以来一直致力于建立一种机制，在教育中使用萨米语。换言之，萨米语应该成为必修课。现在已出现一种情况，委员会决定萨米语应该成为各校中的必修课。挪威语使用者反对这项决定。现时情况是，没有合法的机构来监督萨米语作为一门必修课得到执行，尽管在新法令之下，当局有权履行萨米语教育的义务。

（七）该法令最有益于北部萨米人

撇开教育条款，该法实际上适用于北部萨米区。吕勒萨米人和南部萨米人已不属于该行政区。理由是很难增加资金，政府和议会可能都认为这两个地区的大多数萨米人已完全掌握了挪威语。

（八）学习许可权

学习许可权是绝对必要的，因为整个地方政府的萨米语熟练程度，特别是书面萨米语的熟练程度仍极不适应工作的需要①。在需要熟练使用萨米语的所有机构都应该运用这种权利，而不能只在“行政区”的那些机构中运用。正是运用学习许可，人们已设法增强当前教育系统和地方政府的能力。但是，把吕勒地区萨米人和南部萨米人也包括进来，似乎特别不适应。

（九）一般的规定

迄今为止，为了得到口译，人们常自称是需要语言“帮助者”，因

---

① Gaup Johanne, (1991) . *Guovttegiclalasvuohia Sis-Finnmarkku Sami suohkaniin* [Bilingualism in Sami councils in Inner Finnmark] . Guovdageaidnu: SamiInstituhtta.

此最需要口译的，通常是那些以不懂另一种语言为荣的人。该法的规定是一般的规定，无需证明某人是否是萨米人或理解萨米语是否有困难。除了教育，该规定适合每个人。这是该法非常进步的一个方面。

该法未曾涉及的是，应该做出一些规定，在委派工作时，对于那些懂得萨米语的人予以优先录用。当委派工作的机构需要职员熟练掌握萨米语时，对萨米语的熟练程度应成为一种决定性的资格，应成为综合能力的一部分。

五　结语

《萨米语言法》可以视为是对宪法新条款的贯彻执行，是对国际法中有关少数民族诸条款的解释。《萨米语言法》是符合《公民权利与政治权利国际公约》第 27 条规定的，是符合国际语言组织（ILO）第 169 号有关土著部落公约的。挪威已批准了该公约。

在许多方面，挪威现在似乎成为处理土著和少数民族事务的开拓者。虽然该法阐述了挪威在萨米人环境中采取的主要举措，但是这并不是欧洲唯一的一项语言法。欧洲许多其他的少数民族在合法保护其语言方面要比挪威萨米人强得多。在芬兰，《语言法》是从 1992 年元月 1 日生效的。芬兰的语言立法保障所有萨米人均享有平等的语言权利，不论他们来自挪威还是来自瑞典。在瑞典，该问题已在一个有关萨米人的事务委员会中讨论过，但跟挪威和芬兰相比，尚未取得什么进展。

《萨米语言法》现已成为挪威萨米语的基本法律原则。另外一部有关官方文件中人名地名法最近已获通过。该法明确涉及到萨米人的姓名，制订了官员处理萨米人姓名的一些规则。其中主要的一条是现行的姓名仍然继续使用，译名和忽略名（ignoring name）则不准再用。这些规定对于保持萨米人的语言和文化具有极为重要的意义。

现今的问题并不是为权利而斗争的问题，而是如何实施《萨米语言法》的问题。起步并不很顺利。广而言之，有关语言培训和术语的工作尚未展开，擅长萨米书面语的人才为数太少。教育系统尚未花费多少时间和财力进行装备，以应付所面临的新挑战。

另外，不可否认的是，这些新规定已经迈出了很大的一步。它们将推动萨米语在公共管理中的使用，可望在萨米语的发展方面取得真正重大的成果。

保护一种语言的最好方式就是真正使用这种语言。这将从根本上提高萨米语的地位。该法令的规定离充分实现该法令的目标还很遥远。换言之，宪法中规定的萨米语能否保持和发展的问题尚无法确定。但是可以肯定的是，政治上已经取得了进展，国家议会特别是萨米人议会都强调，经过一定时期，取得了有益的经验后，就有理由进一步扩大该法的实施。人们期望，必须拨给足够的资金用来实施该法令。

《萨米语言法》当然还有一些缺陷，但是，当人们试图在语言立法跟实际可能采取的行动之间进行平衡时，完全可以断定，该法中的种种规定与现已取得的结果是非常接近的。

（周庆生，中国社会科学院民族学与人类学研究所研究员）

乌　克　兰

乌克兰共和国是个多民族国家。现今，在共和国境内生活着130多个民族，人口总数为4536万（2014年）。其中主体民族是乌克兰族人，占总人口的73%。在24个州和一个自治共和国中，乌克兰族人在17个州中的比例都比较大。乌克兰族人比例最高的几个州是：切尔诺波尔州（96.8%）、伊万诺-弗兰科夫斯克州（95%）、沃伦州（94.6%）、里夫宁州（93.3%）、文尼察州（91.5%）、切尔尼戈夫州（91.5%）以及切尔卡瑟州（90.5%）。乌克兰族人比例最低或较低的几个州和地区是：克里米亚自治共和国（25.8%）、顿涅茨克州（50.7%）、卢甘斯克州（51.9%）、敖德萨州（54.6%）和扎波罗热州（63.1%）。[①]

乌克兰共和国境内的少数民族人口1200万，占全国总人口的27%。其中俄罗斯族人数最多，约1000万人，占乌克兰共和国总人口的22%。就人口比例而言，克里米亚自治共和国境内的俄罗斯族人比例最高，占自治共和国人口的67%。但在2014年3月18日，克里米

① 奥·皮斯昆（乌克兰民族事务部前副部长、人民代表、副博士）《独立的乌克兰的民族政策》，载《95年中乌合作之路》国际研讨会论文集，北京外国问题研究会乌克兰委员会、加拿大艾尔伯塔大学乌克兰研究所1995年出版（下称《95年中乌合作之路论文集》）。

亚并入俄罗斯。另外，卢甘斯克州、顿涅茨克州、哈尔科夫州、扎波罗热州、敖德萨州、第聂伯罗彼得罗夫斯克州、赫尔松等州中的俄罗斯人的比例也很高。

乌克兰共和国境内人口占第三位的民族是犹太人。该民族共有约50万人。2/3的犹太人居住在基辅市、敖德萨州、切尔维第州、哈尔科夫州、日托米尔州、文尼察州和第聂伯罗彼得罗夫斯克州。

另外几个主要少数民族有白俄罗斯人，44万，分布最多的地区除已并入俄罗斯的克里米亚外，其他地区有顿涅茨克州、第聂伯罗彼得罗夫斯克州、卢甘斯克州、尼古拉耶夫斯克州、哈尔科夫州、扎波罗热州和基辅市。摩尔多瓦人，30万，主要分布在敖德萨州和扎波罗热州。保加利亚人，23.4万，绝大多数居住在敖德萨州和扎波罗热州。波兰人，21.9万，65%居住在日托米尔州、赫梅利尼茨基州、里沃夫州和基辅市。分布最为集中的是匈牙利人，该民族96%居住在外喀尔巴阡州。加告兹人，68%居住在敖德萨州。希腊人，85%居住在顿涅茨克州。罗马尼亚人，22%居住在外喀尔巴阡州。

在乌克兰共和国少数民族中值得注意的是鞑靼人的现状及发展趋势。斯大林时期以“同希特勒占领者相勾结”的罪名将大批克里米亚鞑靼人驱逐出克里米亚半岛（1944年），乌克兰独立以后许多鞑靼人先后返回克里米亚。

侨民问题乃是谈及乌克兰民族问题时不可忽视的一个因素。由于历史上的诸多原因，乌克兰侨民的特点是侨居地区广且人数众多。据有关资料显示，每3个乌克兰人中就有1个在国外。居住在乌克兰本土的乌克兰人有3740万人，而在澳大利亚、美国、加拿大及欧洲的乌克兰人有500万之多，在独联体各国和波罗的海沿岸3国（立陶宛、拉脱维亚和爱沙尼亚）有700万人。由于种种原因，许多乌克兰人被迫注册为其他民族，俄罗斯的“绿楔”、土库曼斯坦的“灰色乌克兰”、白俄罗斯的“别列斯特伊时那”等地都是乌克兰侨民的聚居地。有关专家和学者将乌克兰侨民划分为西部侨民（美洲、欧洲、澳大利亚、新西兰、近东和远东）和东部侨民（苏联各加盟共和国）。[①]

一　主体民族及其地位和作用

乌克兰族自古居住在乌克兰草原地带。在公元前2000年至公元1000年，在现今乌克兰领土的不同地区，主要是在乌克兰草原地带和森林低地，曾生活过基米里人、斯基泰人、萨尔马特人和来自“小亚细亚”和希腊半岛上的希腊人，以及安迪人等。这些部落在不同时期先后生活在当今乌克兰的不同地区，由于相互之间征战和强者征服、统治甚至灭亡了弱者，于是有的民族消亡了，或被别的民族融合；有的民族则被迫迁移，如基米里人由原来生活在黑海北部沿岸的草原迁移到了克里米亚半岛，有些部族则相互结成联盟。由于经济和社会的发展，在9世纪下半叶以基辅为政治中心形成了古罗斯国家——基辅罗斯。

9—10世纪，基辅罗斯在文化、建筑、绘画等方面取得了很大发展。在这一时期，东斯拉夫人形成了古罗斯的各部族。古罗斯国家包括西部罗斯、东北罗斯和西南罗斯，也包括现今的乌克兰西部领土。在这些地区，在古罗斯各部族基础上，进一步形成了三个民族——乌克兰族、俄罗斯族和白俄罗斯族。

从10—12世纪，基辅罗斯分裂为若干公国，各地出现了一批封建公国，形成割据局面。与此同时，各封建公国之间频繁发生兼并战争。13世纪，蒙古鞑靼人入侵东欧，占领了基辅，乌克兰大部分地区受蒙古金帐汗国的统治。但处于西南部地区的两个公国——加里西亚和沃伦却未被蒙古征服。当时这两个独立公国则被称为“乌克兰”，意为边陲之地。

---

① 参见包素红《乌克兰侨民与乌克兰》，《95年中乌合作之路论文集》，第93页；皮斯昆《独立的乌克兰的民族政策》，《95年中乌合作之路论文集》，第91页。

到16世纪，乌克兰人在基辅、切尔尼戈夫、加利尼亚、沃伦尼亚、外喀尔巴阡山、波多利亚、布科维纳等地区形成为独立民族，拥有了自己的语言和文化习俗。

乌克兰共和国主体民族乌克兰族的历史地位和作用问题，是一个极为复杂的问题。苏联解体以前，乌克兰族人的历史地位和作用全然被大一统的俄罗斯思想所遮蔽：乌克兰从历史上、语言上、文化上，甚至精神上都是俄罗斯的一部分；乌克兰族人的历史只是附属于俄罗斯族史；乌克兰人在历史上，甚至在他们自己的领土上都是默默无声的民族。

在苏联解体前的史学界中居主导地位的一种思想是：乌克兰人不可能有与俄罗斯人利益不一致的合法利益。乌克兰人作为一个独立民族不会有任何前途，其根据是：苏联的政策已把乌克兰人融入了广大的苏联人民之中。乌克兰人在15世纪的出现是为了与俄罗斯人重新结合，然后又完全消失在苏联人民之中了。①

随着乌克兰1991年获得独立，乌克兰族人开始了自己国家建设和民族建设的进程。现今的乌克兰人称，虽然他们的历史有时和俄罗斯历史接触和交叉，但是乌克兰一直有单独的历史和独特的文化。乌克兰独立后的史学界的一个重大突破，是重新评价1654年乌克兰人与俄罗斯人“合并”的《佩列亚斯拉夫条约》。该条约不再被视为乌克兰人与俄罗斯人实现“重新结合”的“古老愿望”，而被视为最终导致俄罗斯人征服乌克兰人的暂时的军事盟约。许多乌克兰人把自己看做是几个世纪以来遭到俄罗斯帝国和苏联剥削的受害者。②

从民族国家建设史看，乌克兰民族是一个多灾多难的民族。从14世纪以来的许多世纪中，乌克兰民族一直处于这个或那个国家或民族

---

① 参见罗曼·索尔恰尼科《塑造“苏联人”：乌克兰和白俄罗斯的角色》，《乌克兰研究杂志》第8卷，1983年第1期，第3—18页。

② 参见济·科古特（加拿大艾尔伯塔大学乌克兰研究所所长）《大一统的俄罗斯神话与俄乌关系》，《95年中乌合作之路论文集》，第12—15页。

的统治之下。乌克兰的国土被一些强大的邻国肢解或瓜分。在数百年间乌克兰不曾作为一个独立的国家而存在过，这也正是与世界大多数国家的不同之处。在这样的历史条件下，乌克兰族人许多世纪以来处于被奴役、统治和剥削的地位，主要表现为长期受俄罗斯人在政治上的统治，在意识形态上的控制，在经济上的剥削。也正是在这种情况之下，乌克兰族人很难表现出自己的民族特性。

在研究乌克兰族人历史时，有一点应引起人们注意的是，乌克兰族人的文化发展水平在历史上大大高于俄罗斯人的文化水平。众所周知，17 世纪上半叶乌克兰在文化方面高于大俄罗斯。当时乌克兰文化的某些部分，例如识字率，是广大人民群众的财富。① 俄罗斯的大贵族大多数都是些文盲或半文盲，而在乌克兰不仅富裕的上层人，就连广大平民阶层也大都识字。乌克兰上层人物都是些受过良好教育的人。乌克兰的文学、造型艺术、建筑、音乐、戏剧等艺术都是俄罗斯望尘莫及的。② 由此不难看出，苏联时期史学界所宣传的俄罗斯人的文化对乌克兰人的文化发展曾产生“有益影响”的说法，完全是一种实现政治统治的需要。正是由于乌克兰人长期处于俄罗斯人的政治统治之下，自己在文化发展中所处的地位和所起的作用在长时间里被扭曲了。

二　主体民族与俄罗斯族的关系

在乌克兰共和国的民族—国家形成过程中，主体民族乌克兰族同俄罗斯族的关系始终占有重要地位，它们之间的关系如何发展直接作用于乌克兰整个社会经济发展进程。

在乌克兰的俄罗斯族是 9—10 世纪基辅罗斯分裂成若干罗斯国之后，在古罗斯各部落的基础上形成的。对于乌克兰来讲，从古至今，

① 参见 A. 巴拉博依《论 1654 年乌克兰合并于俄罗斯的原因》，载《马克思主义历史学家》1939 年第 2 期。

② 参见 M. 布赖切夫斯基《是合并还是重新合并》，载《乌克兰报》1991 年第 16 期。

俄罗斯族始终是具有特殊意义的民族。

追溯历史，俄罗斯族和乌克兰族都把基辅罗斯看成是自己民族和文化的发祥地，看成是共同的根。

俄罗斯族在乌克兰的特殊地位，与乌克兰历史上与俄罗斯两次结盟息息相关。

1654 年，为了反对波兰占领者的统治，乌克兰哥萨克起义首领赫梅利尼茨基在形势逼迫下，只好以沙俄为靠山，并与之结成统一的国家。

乌克兰历史上第二次与俄罗斯结盟是 1920 年。乌俄签订结盟条约后，1922 年乌克兰作为首创国之一，与俄罗斯、南高加索联邦、白俄罗斯一起创建了苏联。从此，乌克兰只作为苏联的一个加盟共和国一直持续到 1991 年。这期间，处于乌克兰境内的俄罗斯族，在政治、文化、出版、文艺、广播电视以及社会生活的各个方面都享有优越的地位。

就俄罗斯族人分布而言，主要分布在乌克兰东部各州，而克里米亚自治共和国的俄罗斯族比例最高。在自治共和国的 260 万人中，俄罗斯族人为 160 万；而在塞瓦斯托波尔市，俄罗斯人占三分之二以上。从克里米亚自治共和国的人口构成看，乌克兰族人成了少数民族。在苏联时期，俄罗斯的文化在该地区一直占主导地位，绝大多数居民只讲俄语，听俄罗斯广播，看俄罗斯的电视。克里米亚发行的俄文报刊、杂志比乌克兰的刊物多 20 倍。因此，乌克兰独立以后，乌克兰族与俄罗斯族的矛盾在克里米亚地区最为集中地反映出来，从中不难看出乌克兰共和国国内主体民族和俄罗斯族关系现状及发展趋势。

乌克兰族与俄罗斯族人关系在语言、文化教育方面反映出的矛盾较为尖锐，并直接影响着乌克兰整个社会发展进程。无论是沙皇时期还是苏联时期，俄罗斯族人都程度不同地在乌克兰推行了大俄罗斯沙文主义和实行俄罗斯化，其结果导致乌克兰在政治、经济、文化艺术、语言和文字、生活方式及民族习俗上逐渐弱化和失去本民族的特色。

这使乌克兰民族对俄罗斯的统治积怨甚深，为乌克兰后来的独立埋下了种子。乌俄两国、两个民族的这种关系，使乌克兰境内的俄罗斯族与乌克兰族相互之间也形成了一定的民族隔阂。乌克兰独立以后，乌克兰政府规定乌克兰语为国语，不会讲乌语的大多数俄族人在升学、晋升、就职等方面受到限制。俄族人备感受到歧视，对乌领导人“民族政策”不满的人日益增多（许多人提出把俄语作为第二官方语言，俄罗斯族人具有乌克兰和俄罗斯双重国籍的要求），而且这种不满情绪很快导致政治分立运动的发展，成立了俄罗斯人党，并提出相应的政治要求。现今，比较突出的一点表现为在克里米亚自治共和国存在一种“俄罗斯思想”，这种思想对乌克兰共和国境内的整个俄罗斯族人颇有影响。

在斯大林时期，亚美尼亚人、保加利亚人、希腊人、鞑靼人被逐出克里米亚地区，当时仅有俄罗斯人没有遭此厄运。当克里米亚半岛1954年由俄罗斯划归乌克兰时，俄罗斯人仍作为当地的主人留下来了。他们大都不打算到其他地方去，仍希望自己的子孙生活在这里。他们希望自己的后代说俄语、研究俄罗斯文学、保留俄罗斯人的礼仪、传统，与俄罗斯保持直接联系。这些人虽然身居乌克兰领土上，但仍把俄罗斯称作自己的祖国。上述表现及思想也正是现今在乌克兰共和国境内，主要是在俄罗斯人十分集中的克里米亚自治共和国内存在的“俄罗斯思想”的内涵所在。

“俄罗斯人党”乃是主张分立的俄罗斯族人政治利益的代表。该党的主要任务之一是反对克里米亚鞑靼人自治，认为鞑靼人自治会给俄罗斯人带来极大危害。该党的近期目标是为实现俄罗斯族自治而奋斗，即建立塔夫利达（克里米亚的旧称）共和国，以保存俄罗斯族人的民族性；该党的长期目标即为建立统一的斯拉夫国——罗斯。[1]

---

① 参见C. 舒瓦尼科夫《我们呼吁支持俄罗斯公社代表大会》，载《乌克兰之声》1997年11月1日。

三　民族政策

乌克兰族人在苏联时期被称为少数民族。随着乌克兰共和国的独立，乌克兰族人成为乌克兰共和国的主体民族。在乌克兰民族国家的建设中，乌克兰族人如何处理与其他民族，主要是同俄罗斯族人的关系，是乌克兰共和国独立后面临的一个重要课题。其中一个重要方面就是如何对待少数民族的民族文化和语言的独特性问题。

促进少数民族的文化复兴，是乌克兰国家民族政策的一个重要内容。1991 年以来，乌克兰共和国国内相继成立了 200 多个民族文化社团。在这些社团的倡议和国家的支持下，创建了民族文化中心、剧院、博物馆、学校及母语学习班。两座犹太人和克里米亚鞑靼人剧院已于 1994 年开始启用。23 个历史和地方志博物馆举办了少数民族历史和生活展，以及业余文艺创作节。

乌克兰共和国目前已开办了 3400 所俄罗斯语学校，95 所罗马尼亚语学校，59 所匈牙利语学校，5 所犹太语学校，4 所波兰语学校，2000 多所民族混合学校，还开设了所罗门诺夫犹太人国际大学，出版了一系列民族期刊。

乌克兰民族事务部于 1995 年初推出少数民族教育发展规划，并已得到政府的认可和支持。该规划的中心思想是鼓励和保护少数民族文化和语言的独特性。为实现本世纪末少数民族教育发展规划，现已成立了少数民族文化发展基金会、乌克兰—德国基金会、克里米亚被驱逐民族基金会。

乌克兰民族政策的另一重要组成部分，是组织和接受被非法驱逐出乌克兰的克里米亚鞑靼民族和其他少数民族自愿返回乌克兰的问题。

根据统计资料显示，1944 年有 19 万克里米亚鞑靼人被赶走。1980 年代末，克里米亚半岛的鞑靼族人只有 3.8 万人。现近，已有 25 万鞑靼族人返回克里米亚。

根据1926年的统计资料显示，乌克兰境内有近40万日耳曼人。在苏联时期，几乎所有日耳曼人都被驱逐出境。今天，他们之中的部分人开始返回乌克兰。

满足境外乌克兰人的民族文化和教育需要，乃是乌克兰民族政策的又一组成内容。据乌克兰官方统计资料，境外乌克兰人在美洲、澳大利亚和欧洲国家有500多万人，独联体和波罗的海国家有700多万人（近440万人生活在俄罗斯，哈萨克斯坦有90万人，摩尔多瓦有62万人，白俄罗斯有30万人，在波罗的海国家有20万人，在乌兹别克斯坦和吉尔吉斯斯坦有10多万人）。为了从政治、外交、经济、信息、道义等方面全面支持和帮助世界各地的乌克兰人，乌克兰于1993年设立了民族、移民和宗教事务部，该部与其他部、局及“乌克兰协会”等一道制订了乌克兰侨民综合规划，以切实保证乌克兰侨民的公民权，满足他们的民族文化和教育的需要。

从乌克兰国家民族政策的上述主要内容不难看出，乌克兰的民族政策概括起来主要是三个方面：一是促进少数民族文化教育的发展；二是解决历史上被驱逐的鞑靼等少数民族的返回问题；三是保护乌克兰侨民的利益。而如何解决主体民族与俄罗斯这一主要少数民族的关系，却不见政策上的明文规定。就乌克兰国家政治发展进程看，主体民族与俄罗斯族人的关系问题已超越一般民族关系范畴。乌克兰官方主要是从政治角度考虑和处理与俄罗斯族人的关系以及他们提出的各种要求的。

1996年乌克兰新宪法在语言问题上措辞灵活，但仍强调乌克兰语为官方语言，国家保证乌克兰语在乌克兰社会生活各个领域和全部领土上得到全面发展和发挥其功能。与此同时，又规定：在乌克兰保证使俄语和其他少数民族语言自由发展，并得到保护。这就说明，俄语作为少数民族语言可自由发展，并得到保护，但不能成为第二官方语言。

另外，实践表明，乌克兰共和国在实施促进少数民族文化复兴政策方面仍有不少难题。例如在支持民族文化社团活动方面，由于场地、通讯设施和财政补贴不足而引起社团对国家权力机关的不满和严厉指责。同时，某些社团不是进行文化教育活动，而是从事政治活动，围绕“强制乌克兰化”这一话题做文章，并提出民族区域自治等政治要求。

总的来看，乌克兰国家民族政策的重点在如何解决主体民族与俄罗斯族人的政治、文化等关系方面。但实践表明，主体民族与俄罗斯族人关系问题带有很大政治色彩，这无疑给乌克兰制订民族政策，解决族际关系带来很多困难。

四　民族政策制订的基础

纵观乌克兰独立后的民族政策，至今仍没有比较完整的，更谈不上系统的理论。有的乌克兰学者称，乌克兰国体即为所有民族的共同体。目前摆在乌克兰政治家、科研工作者和实践家面前的一个主要问题，是如何建成现代乌克兰国家的问题。在一些乌克兰学者看来，这个国家是一个政治的、公民的共同体。它联合了认识到乌克兰国家对于实现乌克兰民族权利意义的所有公民。因此，乌克兰学者认为，公正地确保各民族共同体的权益、和谐发展族际关系，乃是乌克兰制订民族政策的出发点和基石。①

乌克兰共和国新宪法规定：公民拥有宪法规定的相同权利和自由，并在法律面前人人平等；不会因肤色、种族、政治、宗教和其他信仰、性别、民族和社会出身、财产状况、工作地点特征的不同，以及因语言或其他特征的不同拥有特权或受到限制。乌克兰宪法的这一规定成为乌克兰制订民族政策时的主要依据。

① 参见奥·皮斯昆（乌人民代表、副博士）《独立的乌克兰的民族政策》，载《95 年中乌合作之路论文集》。

但是，乌克兰共和国是众多民族的共同体的内涵是什么，如何确保各民族在这一共同体中享有法律规定的平等权利等问题，乌克兰的政治家和学者们至今没有能加以详尽的论述和说明。实践表明，乌克兰共和国现今处理民族问题时，主要是考虑如何解决除俄罗斯族以外的少数民族利益，乌克兰族与俄罗斯族之间的关系已超出主体民族与一般少数民族之间关系的范围。乌克兰独立后重视解决少数民族问题，而另一方面不排除乌克兰利用鞑靼人在政治上达到牵制俄罗斯人这一目的。

五　民族问题的症结

在独联体国家中，乌克兰共和国的民族问题有其独特性和它的复杂性。乌克兰民族问题的症结就在于主体民族与俄罗斯族人之间的矛盾带有很大的国际政治性，而这种政治性又主要表现为俄罗斯族人十分集中的克里米亚半岛的领土归属问题。该岛的俄罗斯族人利益的代表者“俄罗斯人党”，坚决反对乌克兰议会和总统库奇马在克里米亚实施的一切政策，呼吁克里米亚人支持恢复被乌克兰议会废除的克里米亚 1992 年宪法。该党强调克里米亚过去是、现在仍然是俄罗斯的领土，重镇塞瓦斯托波尔过去和现在都是俄罗斯的城市。

“俄罗斯人党”的要求和主张已完全超出族际间的一般性矛盾范围，带有分离主义色彩。产生这种问题的根源无外乎是大一统的俄罗斯思想在起作用，不甘心由拥有几百年历史的主体民族地位降为少数民族地位，或者说是不甘心由一国的主宰者和统治者变为一国的臣民。在乌克兰共和国内，主要是克里米亚自治共和国境内俄罗斯族人希望并入俄罗斯，这必然使克里米亚问题复杂化、政治化和国际化。2014 年，克里米亚问题终于有了结果，这就是并入俄罗斯，成为俄南部联邦管区的一部分。

对乌克兰族而言，独立后由原少数民族地位上升到主体民族地位。

但在其制订民族政策时没有认真研究和对待几百年形成的与俄罗斯族人的历史关系，在强调乌克兰族人的各种利益的同时，没有很好协调与其他少数民族，主要是与俄罗斯族人的政治、经济以及文化利益关系，诸如在语言使用以及国籍等问题上的政策脱离了历史和现实特点，缺少过渡性措施，其结果必然导致乌克兰族与俄罗斯族矛盾的尖锐化。

（李兴汉，中国社会科学院俄罗斯东欧中亚研究所研究员）

俄　罗　斯

1980 年代中期到 1990 年代初，广泛兴起的一场声势浩大的民族分离独立运动导致苏联解体。独立后的俄罗斯成为苏联的继承国。现在，加上 2014 年并入的克里米亚，俄罗斯联邦共和国土地面积约为 1710 万平方公里，是世界上领土最大的国家；人口为 1.43 亿（2014 年），也是世界上人口较多的国家。俄罗斯联邦有 100 多个大小民族，是世界上民族最多和民族构成最复杂的国家之一。其中俄罗斯民族是最大的民族，人口为 1.2 亿，占全国总人口的 82%；其他少数民族人口 2600 万，占全国人口的 18%。俄罗斯联邦现有 85 个联邦主体，包括 3 个联邦直辖市、4 个自治区、22 个共和国、46 个州、9 个边疆区和 1 个自治州。为加强国家统一治理，这些联邦主体现被划为 8 个联邦管区，分别是：中央联邦管区、西北联邦管区、南部联邦管区、伏尔加联邦管区、乌拉尔联邦管区、西伯利亚联邦管区、远东联邦管区、北高加索联邦管区。

俄罗斯基本上继承了苏联时期的联邦国家体制。过去遗留下来的民族关系问题和新生的民族矛盾与社会和经济危机交织在一起，一度对俄罗斯联邦的国家统一和完整构成威胁，从而引起国际社会的广泛关注。

俄罗斯独立后社会制度发生了巨大变化，在民族关系理论和政策上也进行较大的调整。俄罗斯是中国的最大邻国，长期以来与中国关系密切。从总结苏联解体教训出发，对俄罗斯民族关系的理论和政策进行较全面的分析和研究，从中吸取经验教训，对我国今后完善民族关系理论和改进民族工作具有借鉴意义。同时，在这里应当说明的问题是，本文主要是论述和分析俄罗斯独立之后的民族关系理论和政策，但是在论述联邦制、大俄罗斯民族主义等问题时要适当叙述一下过去的历史情况，以便深入分析和研究问题。

一　俄罗斯独立后的民族关系形势

（一）苏联解体对俄罗斯民族关系的影响

1980 年代中期至 1990 年代初，戈尔巴乔夫执政时期，崇尚西方发达国家的政治多元化和民主制度，推行的社会和政治改革实际上是批判苏联建立和发展的历史，把苏共看成是“苏联官僚专横统治制度的服务工具”，竭力贬低苏共的领导作用，逐步剥夺并最终从苏联宪法上取消苏共的执政党的地位，从而在苏联形成了近似西方国家的多党政治和三权分立的政治制度。由于戈尔巴乔夫的错误改革引发了过去潜伏的民族矛盾，为各种民族主义迅速泛起，聚合为一股强大的政治势力，掀起广泛的民族分离和独立运动创造了基本条件。

民族分离和独立运动首先是从波罗的海地区的立陶宛、拉脱维亚、爱沙尼亚三个共和国开始的。1987—1990 年三个共和国相继成立民族主义组织——人民阵线，组织群众集会，示威反对苏联当年出兵强迫三国加入苏联，制订民族独立运动的统一行动纲领，通过共和国经济和立法、共和国主权宣言和独立宣言。更为严重的问题在于，为了推翻戈尔巴乔夫统治和夺取联盟中央权力，以叶利钦为首的俄罗斯“民主派”不仅公开支持波罗的海地区三个共和国的民族独立自主运动，而且于 1990 年 6 月 12 日颁布了俄罗斯联邦共和国主权宣言，宣布俄罗斯联邦为主权国家，实际上带头煽动民族分离运动，进行瓦解苏联的活动。此后，在俄罗斯主权宣言带动下，其他11个加盟共和国，甚至一些自治共和国、民族自治州和民族自治区也陆续通过了主权宣言。遍及苏联各地的民族分离主义运动汇合成一股强大的洪流，最终冲垮了联盟的堤坝，导致苏联解体。在苏联剧变和解体过程中迅速膨胀起来的民族分离主义运动广泛波及到俄罗斯联邦，不仅许多少数民族纷纷要求独立自主，俄罗斯人的民族主义也急剧发展起来。因苏联解体爆发出来的声势浩大的民族分离主义运动给俄罗斯联邦带来了巨大的冲击，使它面临一场严重的民族关系危机，一度威胁到俄罗斯联邦的国家统一和领土完整。

（二）民族自治实体纷纷谋求独立自主

在苏联解体过程中广泛兴起的民族分离和独立运动，并没有因1990年6月12日俄罗斯联邦通过主权宣言和宣布独立而有所减弱，而是在俄罗斯联邦继续发展和扩大。许多非俄罗斯民族自治实体利用苏联宪法和俄罗斯联邦宪法赋予的民族自决权，仿效俄罗斯主权宣言陆续发布自己的主权宣言，试图摆脱俄罗斯联邦中央政府的控制和扩大民族独立自主权，俄罗斯联邦境内原有的16个民族自治共和国均自行通过立法升格为主权共和国，甚至有些共和国竭力谋求国家独立。例如，1990年8月30日鞑靼斯坦共和国率先颁布共和国主权宣言，1991年4月18日又修改共和国基本法以巩固主权地位。1992年3月21日就鞑靼斯坦的地位问题举行全民公决，结果21.6%的共和国选民参加投票，其中61.4%的人赞成鞑靼斯坦共和国为“主权国家”[①]。同年11月6日，鞑靼斯坦共和国议会通过共和国新宪法，宣布鞑靼斯坦为“主权国家”和“国际法的主体”，鞑靼斯坦是“建立在相互条约基础上的俄罗斯联邦的联系国”，实际上宣布独立。此后，鞑靼斯坦拒绝执

① 参见《世界民族》1996年第3期，第13页。

行联邦条约，拒不执行俄罗斯联邦宪法和其他法律，直到1994年2月17日俄联邦中央与鞑靼斯坦签订划分管理权限和互派全权代表条约之后，鞑靼斯坦与俄联邦中央紧张关系才有所缓解，但并没有放弃独立自主权。车臣共和国与鞑靼共和国一样也在竭力谋求民族独立。1990年5月苏联军队的少将杜达耶夫从波罗的海地区复员回到苏联车臣，在他的鼓动下于11月通过车臣—印古什共和国主权宣言。1991年9月6日，杜达耶夫领导民族主义组织推翻共和国苏维埃政权，成立了车臣临时政权最高委员会，10月27日举行总统选举，杜达耶夫当选为车臣共和国总统，11月9日宣布共和国独立。尽管车臣与俄联邦中央之间因独立和反对独立问题发生了3年内战，现今双方已达成和平协议，但车臣人并没有放弃民族独立的要求。

与此同时，卡累利阿、雅库特、科米、巴什基尔（现改名为巴什科尔托斯坦）、图瓦、卡尔梅克、楚瓦什等共和国也相继通过共和国主权宣言，宣布扩大共和国主权。雅库特共和国主权宣言提出该共和国作为主权国家加入俄罗斯联邦。共和国领导人宣称要与俄罗斯签订国家间条约，用邦联关系代替联邦；共和国议会还通过宣布俄联邦法律在其境内法律效力的一些决议。巴什科尔托斯坦、布里亚特、图瓦等17个共和国也通过了与俄联邦宪法相悖的本共和国宪法草案，提出扩大共和国独立自主权。

在这种形势下，为缓和民族矛盾，防止重蹈苏联解体的覆辙，1992年1月俄罗斯联邦议会通过一项决议，允许俄联邦境内16个自治共和国和5个民族自治州中的4个自治州升格为共和国（犹太自治州除外）。但这项措施并没有遏制住民族独立势头。此后，萨哈（原雅库特共和国）共和国宪法草案宣布本共和国宪法在其境内具有至高无上的地位，高于俄罗斯宪法。巴什科尔托斯坦宪法草案宣布规定只有巴什科尔托斯坦的主体民族才享有自决权，保留退出俄罗斯联邦的权利。科米、卡累利阿等共和国也通过立法，要求扩大独立自主权，独立管理经济，控制和支配本共和国石油等自然资源。甚至在北高加索地区的原卡拉恰伊—切尔克斯民族自治州，由穆斯林占主导地位的面积不足 14000 平方公里的地方，在近两年内竟然先后成立了卡拉恰伊、切尔克斯、阿布哈兹、巴塔拉西尼、热连克—乌斯平斯克等 5 个主权共和国。西伯利亚北部地区的原亚马尔—涅涅族民族自治区也于 1992 年 1 月宣布成立主权共和国，并组成了共和国两院制议会。

还有过去在苏联卫国战争期间遭受迫害的弱小民族克里尔鞑靼人，梅斯赫得土耳其人、日耳曼人在民族独立自主运动影响下，也多次组织集会，发表声明要求返回家园，恢复民族自治实体。连生活在俄罗斯南部地区的哥萨克人也要求政治上平等、恢复昔日的传统和哥萨克人组织，承认他们是一个民族层面的人们共同体，是一个单独民族。为此，在北高加索地区掀起哥萨克人运动。

民族自治实体与俄联邦中央争夺主权持续已久。1997 年初俄罗斯科学院社会学研究所进行的抽样调查表明，从 1993—1996 年人们对维护俄联邦的国家完整性的认识发生了令人忧虑的变化：认为除去民族共和国本土以外的土地才是俄罗斯联邦领土的人，在鞑靼斯坦、巴什科尔托斯坦、图瓦、布里亚特等共和国中从 22.5% 上升到 47%；认为凡是居住在俄罗斯联邦境内的每个民族都有权利建立自己国家的人数从 25% 上升到 48.5%；认为共和国、边疆区、州应当拥有自由退出俄罗斯联邦权利的人数从 17% 上升到 35%。而且，民族因素在这方面并不起到关键作用，因为居住在这些共和国的俄罗斯族持有上述观点的人也从 8% 上升到 16.3%。[①] 在其他共和国也存在着类似情况。

（三）俄罗斯人的地方主义使民族关系更加复杂化

在少数民族分离主义运动影响下，俄罗斯人的民族自我意识和自强意识也迅速增长，他们也开展了一场力图扩大地方独立自主权和建立自己民族国家实体的运动。例如，俄罗斯人集中居住的边疆区和州

① 参见《俄罗斯从联邦走向邦联》，载《对话》1997 年第 1 期。

要求扩大经济独立自主权，拒不执行俄联邦中央关于私有化的经济改革建议，不向联邦中央上交税收，主张独立自主地控制和管理本地区工业系统和支配自然资源，独立开展对外经济活动。而且，它们对联邦中央颁布的一些法规拒不执行，自行通过地方法律。如仅 1992 年颁布的与俄联邦中央立法相悖的边疆区、州、直辖市的地方法规达 1.3 万多个。①

与此同时，为了与民族共和国分庭抗礼，争夺同等的地位，谋求更大的地方自主权，在 1993 年 6 月举行的俄罗斯制宪会议上，一些地方行政长官公开要求将边疆区、州、直辖市升格为俄罗斯联邦境内的国家实体，诸如沃洛格达州、车里雅斯克州、赤塔州、沿海边疆区宣布自行升格为共和国。9 月，乌拉尔地区 5 个州的立法机关和执行机关的首脑在叶卡捷琳堡举行会议，发表声明宣布，为了与联邦中央明确划分管理权限，合理分配自然资源和财产，实行有效的税收政策，决定联合建立统一的乌拉尔共和国，组成统一的乌拉尔经济空间。相应的经济联盟还有西伯利亚同盟、大伏尔加联合会、中央黑土带联合会等。这些地区经济共同体坚持要求赋予他们立法权，扩大解决经济和财政上的自主权。最近俄罗斯《对话》杂志还报道，"现在仍有 87% 的沿海边疆区的人赞成建立沿海共和国，可见俄罗斯人的地方分立主义是很严重的"②，在俄罗斯联邦处于重要变革时期，俄罗斯人的地方分立主义泛起的消极作用很大。一方面，俄罗斯人的地方分立主义不仅严重削弱了联邦中央政府的应有权威性，阻碍社会经济改革的步伐，使一系列经济改革政策和措施无法实施，严重损害国家利益，进一步加剧社会和经济危机。更为严重的是，俄罗斯人的地方分立主义激化了民族矛盾，助长民族主义活动，实际上等于在联邦中央与各民族自治实体的紧张关系上雪上加霜，致使紧张的民族关系更加复杂化，对

---

① 参见《世界民族》1996 年第 3 期，第 12 页。

② 参见《俄罗斯联邦民族问题化》，载《对话》1997 年第 3 期。

俄罗斯联邦的统一和完整构成威胁。1996 年 6 月，俄罗斯联邦政府颁布的国家民族政策构想指出，当前俄罗斯处于复杂的过渡阶段，国内出现了社会、政治和经济等各种复杂问题，导致族际关系危机。实际上，俄罗斯政府已承认国内出现民族关系危机形势。

二　民族关系理论上的变化和修正

（一）对苏联时期民族关系理论的反思

如上所述，建国近 70 年的苏联是在深刻民族关系危机和大规模民族分离运动中解体的。俄罗斯作为苏联的继承国，也是多民族组成的联邦制国家，独立后所面临的民族关系形势与苏联解体前极相似。因此，俄罗斯领导人和理论界势必对苏联时期民族关系理论和政策进行反思，对过去一些传统的理论观点加以否定，提出一些基本上符合俄罗斯国情的新的民族关系理论。首先，俄罗斯理论界对苏联时期宣传的“已经彻底解决了民族关系问题”、“实现各民族真正平等”的提法，以及“形成了各民族新的历史性共同体—苏联人民”的理论、“各民族不断接近和实现完全统一和一致”等观点加以否定和批评。其次，俄罗斯理论界对民族自决权、联邦制、民族文化自治、俄罗斯民族的地位问题形成了讨论，其主要观点是：

关于民族自决权理论原则。民族自决权理论原则是苏联大力宣传的民族关系理论的核心理论之一，苏联三部宪法均规定各民族享有自决权。当初，列宁提出民族自决权的含义是各被压迫民族有摆脱导致压迫建立自己民族国家的权利，而在苏联社会主义制度下实行民族区域自治、决定和管理本民族事务也是实现民族自决权的形式之一。这一理论对苏联的国家建立和联邦制的形成以及民族工作产生过重大影响。俄罗斯一些学者认为，列宁的这一提法本身就意味民族首先是民族共同体，就应当建立自己国家的权利，只有承认民族政治独立自主才能使民族具有合法存在的基础，实质上是“民族的民族主义”，在实践中很难保障每个民族都能实现自决。因此，民族主义可能导致某一个民族对政权的追求和奢望，对资源的垄断，甚至对文化信息空间也实行控制，而其他一些民族（小民族）也会不安于自己的环境，会在民族自决权的口号下奋斗抗争，要求建立自己的民族组织，以至于发生暴力和分离活动。鉴于俄罗斯联邦和苏联各加盟共和国都是各民族国家，因此应当用“国家民族主义”来代替“民族民族主义”，即应当使生活在某个国家的所有民族懂得，这个国家是生活在这里的所有民族的国家，而不是某个民族的国家。自决权应当理解为“国家自决”，而不是某个“民族的自决”；应当用“国家利益”、“国家经济”、“国家安全”、“国家军队”等提法来代替“民族利益”、“民族经济”、“民族安全”、“民族军队”等提法，这样才有助于维护国家的统一和民族团结。因此，俄罗斯政府应当重新考虑并修正民族自决权这一理论原则。

关于联邦制。对以民族为特征的联邦制度是否适合俄罗斯国情、是否有利于俄罗斯联邦的国家统一的问题，俄罗斯理论界主要有三种观点：一是以俄联邦委员会民族事务委员会主席阿卜杜拉代表的观点，这种观点坚持贯彻和发展现行的联邦制，认为当今世界和俄罗斯历史表明，不是硬性的单一制国家而是联邦制国家最牢固；俄国专制制度的垮台和苏联解体的重要原因之一，就在于俄罗斯帝国时期推行的高度集中的单一制，苏联名义上是联邦制而实际上是中央集权的单一制；中央集权的形式不适合俄罗斯的文化多样性，特别是今天的俄罗斯，各民族不再是昔日的状况，他们的文化有很大发展，生活条件发生了重大变化；与此相关，民族自我意识和民族需求日益增长，硬性的单一制已无法胜任管理各种文化的职能。他认为，需要及时解决中央与联邦主体之间的合理分权，把完善联邦制作为缓和民族矛盾和防止俄罗斯联邦解体的主要手段和方向。二是主张废除联邦制，建立中央集中的单一制国家，其代表人物是俄罗斯自由民主党主席日里诺夫斯基。他认为俄罗斯有 100 多个民族，每个民族都有自己的委曲和不满，都要求得到属于自己的东西。因此，今天在车臣发生战争，明天就可能在其它地方发生战争，按民族特征建立国家永远是导致多民族国家内部发生冲突和战争的主要原因。他提出取消各民族共和国和其他民族自治实体，建立一个俄罗斯共和国，这是解决民族关系问题的最好的也是唯一的办法。三是目前继续保留民族共和国和其他民族自治实体，但要大力发展地方自治，逐步使民族与民族区域自治脱钩，把以民族为特征的联邦制改变为以地方自治为基础的联邦制。这种观点是以俄罗斯科学院民族学和人类学研究所所长季什科夫为代表，他认为苏联采用以民族为特征的联邦制，既是苏联的发明，也是苏联解体的重要原因。俄罗斯继承了原有的以民族为特征的联邦制，立即取消或改变的条件尚不成熟，但对今后的发展方向必须做出抉择。他主张继续保留现有的民族共和国的同时，扩大以俄罗斯人为主的边疆区和州的权限，使他们与共和国平起平坐，并且逐步强化“民族观念和民族意识”，大力发展地方自治，特别是要发展民族文化自治，从组建民族自治实体的思路向实行民族文化自治的思路转化，以满足民族自我意识增长的需要。最终，俄罗斯应实行美国式联邦制，使俄罗斯的各个地区都能做到人权和公民权高于民族权。

关于民族文化自治。在无产阶级革命期间和苏维埃建立过程中，列宁是坚决反对民族文化自治的。以后，在苏联时期一直把这一理论作为批判对象，直到戈尔巴乔夫执政后期，民族学界才开始重新评价民族文化自治理论，并且基本上加以肯定。俄罗斯独立后，理论界认为民族文化自治是实现民族权利和民族利益的有效形式之一，世界上有许多民主国家把这种制度作为实行联邦制的一种补充措施。他们认为民族文化自治对发展民族关系有以下几点益处：鉴于俄罗斯联邦多数人口没有生活在本民族自治实体中，这种方式容易被接受，也容易克服民族国家的局限性；民族文化自治的实质是针对民族问题的，容易满足各民族对民族语言文化和精神文化的需求，这是发展民族传统、文化、教育、艺术和民族自我意识的有效方式；民族文化自治不是通过上层官僚来实现的，而是通过基层组织的主动性、自我组织和普通人士的广泛参与来实现的，民族文化自治不损害其他民族集团的利益，实行起来比较方便和容易。

关于俄罗斯民族的地位问题。俄罗斯理论界出现一个很值得注意的动向，即有些人公开竭力否认过去苏联时期存在大俄罗斯沙文主义，在民族关系中推行“俄罗斯化政策”；列宁、斯大林不准许俄罗斯人建立自己的民族国家，并且肢解俄罗斯的土地，把俄罗斯的土地分割给少数民族。基于这样的认识，一些俄罗斯学者主张把今后的民族工作的重点转向俄罗斯人，要公开提出俄罗斯人的问题，促使俄罗斯政府在制订法律以保护少数民族利益和感情的同时，也应当要求少数民族承认、尊重、考虑俄罗斯人在俄罗斯联邦国家中的客观重要地位，这是俄罗斯民族关系中最重要的问题。1996 年 6 月发布的俄罗斯联邦国家民族政策构想中也强调提出，俄罗斯民族是俄罗斯国家体制的支柱，它的自我意识在很大程度上将决定整个国家的族际关系状况。俄罗斯民族的需求和利益应当在联邦发展纲领和地区纲领中得到充分的反映，在俄罗斯联邦境内各共和国和民族自治实体的政治、经济和文化生活中得到考虑。由此可见，俄罗斯学者关于俄罗斯民族的地位和利益的观点已被俄罗斯政府接受和采纳。

纵观俄罗斯学者关于对过去民族关系理论反思的观点，可以看出他们正在积极探讨一些新的理论依据，以便维护俄罗斯联邦国家的统一和领土完整。而且，他们又以反思过去民族关系理论、政策和工作的教训为名，竭力突出俄罗斯民族在国家生活中的重要地位，借此鼓吹大俄罗斯民族主义。同时，在重新评价列宁的民族关系理论时，由过去苏联时期全面肯定转向全面否定。

（二）关于民族自决权和双重主权观点的变化

如上所述，俄罗斯民族学界对列宁关于民族自决权理论加以全盘否定。俄罗斯领导人也从苏联解体的教训中认识到，过去过分强调各民族享有自决权，特别是在苏联成立条约和苏联时期三部宪法明文规定各民族可以自由自决，各加盟共和国享有主权国家地位，可以自由退出联盟。把民族自由自决和加盟共和国主权作为宪法原则确定下来，实际上等于为民族分离主义的独立和退出联盟提供合法依据。因此，现在俄罗斯领导人在公开场合尽力避开提出民族自决权，逐步削弱民族自决意识，并在新的立法形式上取消民族共和国的主权字样和退盟权。例如，1992 年 3 月公布的俄罗斯联邦各共和国草签加入俄罗斯联邦条约着力强调指出，应当保护俄罗斯联邦历史上业已形成的统一国家，要在俄罗斯联邦国家版图内实行民族自决，对自决权加以限制。联邦中央与联邦主体在自愿基础上划分权限，而联邦各主体权力机关要在其权限范围内和在其相应区域内独立实施权力，在遵守统一的联邦国家主权的同时，也要遵守联邦主体的主权宣言。在这里，对民族主权给予了限制。1993 年 12 月通过的俄罗斯联邦新宪法仅在前言中提到在维护历史上形成的统一国家前提下，遵守公认的民族自决权，而在宪法正式条文中未涉及民族自决权。至于国家主权问题，宪法坚持俄罗斯联邦中央的主导地位，宣布俄罗斯联邦拥有主权，联邦主权遍及它的全部领土，俄罗斯联邦宪法和联邦法律在俄罗斯联邦全境具有至高无上的地位，俄罗斯联邦保障自己领土的完整性和不可侵犯。不过，虽然联邦宪法没有明确说取消共和国其他联邦主体的主权，但已没有这方面的内容。1996 年 6 月发布的俄罗斯联邦国家民族政策构想只字未提民族自决权，也未提及联邦主体的主权问题，实际上已从立法形式上取消了共和国及其他联邦主体的主权，以便消除民族分离主义分裂国家的法律依据。

（三）弱化民族权，主张人权和公民权高于民族权利

过去，苏联时期三部宪法都明文规定各民族平等是一条不可改变的法律原则，苏共和苏联政府在其他有关民族关系问题文献中也都突出强调，要在社会、政治、经济和文化生活中实现各民族一律平等，

甚至苏联领导人宣布“已经彻底和一劳永逸地解决了民族关系问题”，“实现了民族法律上和事实上平等”，已经形成了“各民族新的历史性共同体——苏联人民”，“各民族正在日益接近和实现完全统一和一致”。这样一来，民族平等不仅是苏联长期的一项战略国策，而且等于向全世界宣布苏联已经不存在民族矛盾和差别。可是，从 1922 年 12 月苏联成立到 1991 年 12 月苏联解体表明，实际上在国家和社会生活中很难实现各民族完全平等，特别是过去历史上形成一些人数很少的落后民族，在几十年内不可能在经济和文化发展水平上达到发达的大民族水平。何况，苏联有 130 多个大小民族，法律上规定可以建立民族国家和民族自治实体的也只有 50 多个民族，而大多数民族没有自己的民族国家实体和民族自治实体，还有 7000 多万人生活在本民族共和国和自治实体之外，在语言文化上也很难与当地主体大民族做到完全平等。人类发展历史也表明，世界上有 2000 多个民族（有的材料说有 3000 多、5000 多个民族），不可能每个民族都具备成立自己国家和自治实体的条件，更难以达到在经济和科学文化发展上完全平等。因此，过去长期以来，苏联在法律上突出各民族平等，实际上一方面起到人为地强化民族自我意识，促使少数民族意识到自己与大俄罗斯民族是不平等的，从而加剧了他们的不满情绪。随着 1950 年代中期至 1990 年代初苏联剧变，历史上民族关系中存在的问题，特别是苏共处理民族问题的错误被揭露出来之后，许多民族包括大俄罗斯民族都认为过去受到不公正的待遇，对国家和政府产生强烈的不满情绪。他们都高呼为了实现民族真正平等，就要实现民族独立自主，诸如加盟共和国的主体民族带头要求实现国家独立，自治共和国的主体民族带头要求升格为加盟共和国或者国家独立，民族自治州和民族自治区的主体民族带头要求成立共和国，许多没有自己民族自治实体的小民族也纷纷建立自己的民族共和国或民族自治实体。这种以民族平等为口号而要求实现民族独立主权的思潮，终于导致一场大规模的民族分离主义运动，从而加剧了苏联的崩溃。

现在，俄罗斯理论界和领导人总结苏联解体的教训，从俄罗斯民族关系状况的实际出发，认识到宣扬民族平等而实际上又做不到各民族真正平等，这会激发少数民族的不满情绪，增长他们的独立自主意识。因此，俄罗斯理论界接受了西方发达国家关于实现民族平等权利的理论观点，即主张人权和公民权利高于民族权利，各民族居民在公民权利上一律平等。不突出民族平等和民族权利，以便逐步淡化民族自我意识。为此，在发布的《俄罗斯联邦条约》《俄罗斯联邦国家民族政策构想》《俄罗斯联邦民族文化自治法》以及涉及民族关系问题的《俄罗斯公民和睦协定》等重要文献中，均没有阐明民族平等和民族权利的内容。不过，这些文件都一致强调，在俄罗斯联邦人权和公民权要优先的原则。例如，《俄罗斯联邦条约》提出，为了保护俄罗斯联邦各民族历史上形成的统一国家、保护联邦境内各民族共和国领土完整，应当把实现民族和谐、信任和相互尊重作为主要目标，因此要实行个人和公民的权利和自由优先原则。俄罗斯联邦宪法宣布，人和人的权利和自由具有至高无上的价值，承认、遵循和维护人权和公民权利与自由是俄罗斯国家的崇高职责。《俄罗斯联邦国家民族政策构想》进一步强调说，各民族公民拥有平等的权利和自由，俄罗斯联邦民族政策的主要目标是遵守人权和公民的权利和自由，承认人是最高的价值，加强俄罗斯全体公民精神道德的一致性和共同性。

从上述俄罗斯关于民族关系理论观点的变化来看，俄罗斯理论界和当局对过去苏联时期传统的以民族为特征的联邦制、民族自决权、双重主权国家理论观点逐步加以修正和否定，力图把西方发达国家流行的人权和公民权高于民族权利的理论观点移植到俄罗斯联邦来，以有助于俄罗斯联邦国家统一和领土完整。

三　俄罗斯民族政策的基本思路

1996 年 6 月公布的《俄罗斯联邦国家民族政策构想》在分析当前

民族关系形势时提出，当前需要解决的关键问题是：发展和完善联邦关系，使各联邦主体的独立自主和俄罗斯国家统一和完整两者有机地结合，发展各民族语言文化，并加强俄罗斯人的精神文化共同性；从政治和法律上保护少数民族和弱小民族，保障享有平等的公民权利和自由，保持和巩固北高加索地区的稳定，实现和谐的族际关系，支持境外俄罗斯人，帮助他们发展与俄罗斯的联系。概括地说，目前俄罗斯联邦民族政策的构思是：

（一）民族政策的基本原则

实现国家民族政策应当遵循以下基本原则：公民不分种族和民族、宗教信仰均享有人权和平等的公民权利；禁止按照社会、种族和民族、宗教信仰的特征，限制公民权利；保护历史上业已形成的俄罗斯国家的统一和完整；各联邦主体在与联邦国家权力机关的相互关系方面权利平等；根据俄联邦宪法、公认的国际法准则以及俄罗斯签订的国际条约保障小民族的权利，每个公民不受限制确定自己的民族属性；促进各民族语言文化的自由发展，及时用和平方式解决民族矛盾和冲突；禁止从事破坏国家安全、社会、种族和民族、宗教仇视活动；保护境外俄罗斯公民的权利和利益，根据国际法准则支持境外俄罗斯人保护和发展本民族语言文化和风俗传统，加强与祖国的联系。

（二）民族政策的主要目标和任务

当前，俄罗斯民族政策的基本目标是：保障为各个民族的社会经济和民族文化发展创造同等权利的条件；遵守人和公民的权利和自由原则；承认人是最高的价值；加强俄罗斯公民精神道德的共同性与一致性。为实现这些目标，需要完成以下四项紧迫任务：

第一，在社会政治领域。国家通过发展和加强联邦关系的途径，形成符合当前社会经济和社会政治状况以及历史经验的联邦制；在法律上、组织上和物质上为促进各民族语言文化发展创造条件；制订防止族际冲突以及与此有关的刑事案件和大规模骚乱的措施，从法律上保障捍卫公民的民族尊严和荣誉，坚决打击各种攻击性民族主义，强化对挑起族际冲突的责任。

第二，在社会经济领域。按照国家的地位政策，在考虑到传统的经营方式和劳动经验的基础上，实现各民族的经济利益，要尽力拉平各联邦主体的社会经济发展的条件。在劳动力过剩地区实行就业计划，采取措施促进落后地区发展，首先是加快俄罗斯中部地区、北高加索地区的经济发展。加强各联邦主体的地区经济合作协会的工作，使它们成为协调族际制度、解决民族文化发展和社会经济问题的促进因素。

第三，在精神文化领域。国家要促进形成俄罗斯精神文化统一思想、民族友谊和族际和睦思想，培育和发展俄罗斯爱国主义精神；继承、发展和传播各民族的历史和文化传统，进一步发展各民族相互协作传统，创造尊重其他民族传统的社会气氛；为各民族语言文化发展创造良好条件，同时把俄语作为全国性语言使用；加强和完善普通学校，把他们作为发展每个民族语言文化的工具，同时要尊重其他民族语言文化和历史传统，尊重各民族风俗、传统、礼仪与宗教信仰，支持宗教组织为缔结和平的各种努力。

第四，在国际领域。要促进苏联地区各国在新的基础上发展政治、经济和精神文化领域重新一体化进程。在独联体国家 1994 年签订的保障少数民族权利公约基础上，与这些国家共同采取措施保障在其境内的民族共同体的权利和利益，实施关于保护少数民族的国际条约；与苏联地区各国签订合作条约和协议，以便解决在其边境地区的跨界民族问题，包括实行特殊的过渡办法；在这些国家之间制订和实施解决难民和被迫移民问题的机制；促进苏联地区各国在预防与和平解决冲突方面进行合作。

（三）完善联邦制

完善联邦制关系首先要真正实现宪法上规定的各项原则，即特别要实现各联邦主体在联邦国家权力机关体系中权利平等，保障各联邦主体和各个民族共同体在实现各项社会、政治、经济和民族文化权利的权利平等原则。目前，完善联邦制关系的最佳方案并不是致力于共和国的“省份化”，也不是边疆区、州的“共和国化”，而是从俄罗斯联邦的实际国情出发，仍然要坚持行政地区原则和民族区域原则相结合，并在此基础上完善联邦制。当前为发展和完善联邦制必须做到以下几点：通过联邦法律，签订条约和协议，将联邦国家权力机关和各联邦主体国家权力机关的组织原则和协作原则加以具体化，以便加强全俄罗斯联邦的国家统一体制，提高联邦主体的独立自主性；联邦政府要采取政治、经济和法律措施，以保障国家扶持各个地区的发展，鼓励各个地区的经济积极性；联邦政府要进一步实施联邦国家权力机关与联邦主体国家权力机关共有权力的法律机制，并保障实施联邦国家权力机关与联邦主体国家权力机关的合理分权。

（四）实行民族文化自治

现在，俄罗斯领导人认为民族文化自治是实现宪法规定的各民族的公民权利和自由，特别是保障分散居住的小民族的公民权利和自由的有效形式，为此，1996 年 6 月 17 日颁布了《俄罗斯民族文化自治法》。

民族文化自治内涵及其原则。民族文化自治属于某些民族共同体的俄罗斯公民的社会团体，这些团体是独立自主解决保护和发展民族语言、教育和文化问题的自我组织。民族文化自治的原则是：公民自由选择某个民族共同体；自我组织和自治，社会主动积极性与国家扶持原则相结合；尊重不同民族共同体公民的语言文化、传统、习俗；民族文化自治的基本原则，应根据本法和其他联邦法律、宪法以及公认的国际法准则等法规进行调节。

民族文化自治的组织系统。民族文化自治的组织原则，由隶属于某些民族共同体的俄罗斯公民分散居住的特殊性和民族文化自治章程规定。民族文化自治可以成立村、乡镇、区、市、地区性和联邦的民族文化自治机构，这些各级民族文化自治机构在相应的代表大会上成立，并由司法机关按照俄罗斯联邦立法规定程序办理登记。

民族文化自治的权利。民族文化自治获得国家权力机关和地方自治机构的支持，以便保护民族独特风俗、发展语言文化；向立法机关、执行权力机关和地方自治机构提出自己的民族文化利益要求；按照俄联邦立法规定程序创办大众传播媒体，使用民族语言传播信息；保护和丰富民族历史和文化遗产，自由利用民族文化财富；复兴和发展民族手工业；创办非国立的学龄前机构、普通、初级、中级和高等教育机构，使用民族语言教学，与教育机关共同制订教学大纲，出版教科书和其他教材；向联邦和联邦主体执行权力机关和地方自治机构提出在国立和市立学校设立使用民族语言教学的班级，参与制订教学大纲；可以建立非国立的戏院、文化中心、博物馆、图书馆、画室、文书保管库等民族文化活动机构；建立创作协会、职业和业余艺术团体、民族文化遗产研究所、协助编写地方志，保护民族文化遗产；通过自己的全权代表参加非政府组织的国际活动，根据俄联邦立法原则，与他国公民和社会团体建立联系。

国家对民族文化自治的扶持。国家在制订和实施联邦及地区民族文化发展纲要时要考虑民族文化自治的建议；审议民族文化自治关于把实施民族语言教学大纲的学校、研究民族历史、文化、民族传统、劳动方式和手工艺品的保护列入国家教育标准的建议并通过相应的决议；在国立的市立档案馆系统设立某些民族共同体的文化历史和社会生活习俗部分；对民族文化自治在建立非国立的民族文化活动机构、开办培训创作人员和其他专业人才的学校和其他分支机构给予支持和帮助；国家电台和电视台通过协议方式为民族文化自治提供广播时间等。

民族文化自治活动的经费保障。民族文化自治活动经费来源于民族文化自治机构、组织和个人的募集和捐赠，联邦预算和联邦主体预算为民族文化组织设立的联邦、地区和地方基金。联邦和联邦主体执行权力机关、地方自治机构可以把国有和市有的财产转让给民族文化自治机构；按照联邦和联邦主体立法规定，为民族文化自治提供税收的贷款优惠，地方自治机构对民族文化自治给予财政扶持。

民族文化自治还规定，民族文化自治权利并非是民族自决权，实现民族文化自治权利不应损害其他民族共同体的利益。参与或不参与民族文化自治活动不能作为限制公民权利的理由，同样民族属性也不能作为参与或不参与民族文化自治的理由。

（五）实施民族政策的重要措施

目前，为实施上述各项民族政策，俄罗斯采取了以下几项重要措施：1. 成立俄罗斯各民族联合会，以便于组织国家权力机关与民族共同体对话，联合参加立法活动和调解民族争端的过程；2. 俄联邦政府和联邦主体执行权力机关保证实施民族政策的目标与社会经济和文化改革的基本方向协调一致，使俄联邦和联邦主体的社会发展规划协调一致，而制订和实施这些发展规划要充分考虑到民族政策；3. 在第一阶段，国家杜马将颁布关于民族自治区与它所在的边疆区和州的关系法、关于改变联邦主体的宪法地位的程序法、关于实施“镇压民族平反法令”的法律及其他有关联邦立法；4. 提高俄联邦政府各部门在处理民族事务和联邦关系问题方面的作用；5. 组织对族际关系发展形势的监控，及时对国家权力机关提出建议；6. 制订和实施俄联邦和联邦主体的民族文化发展和族际合作规划；7. 俄联邦政府在制订联邦预算法案时列出专项开支，以便实施民族政策。

从上述俄罗斯民族政策的基本构想中可以看出，当前俄罗斯民族政策与过去相比发生明显变化。一是在苏联解体后，俄罗斯理论界和领导人对过去传统的民族关系理论进行反思，对民族关系发展状况进行了比较合乎实际的估计，否定了“各民族日益接近和完全统一和一致”、“形成各民族新的历史性共同体的理论”；在国家体制上否定了双重主权和自由退盟的宪法原则，而且在立法形式上竭力回避或少提民族自决权，以淡化民族自我意识。二是从理论上突出俄罗斯联邦是历史上业已形成的统一国家，强调民族政策的基本出发点是维护俄罗斯统一国家主权，反对民族分离主义，并从宪法形式上取消各联邦主体的主权的提法。三是竭力避开提民族平等，而强调各民族的公民权利平等，主张人权和公民权高于民族权利。四是为过去苏联时期批判的民族文化自治理论平反，认为民族文化自治乃是实现各民族公民权利，特别是保障实现分散居住的少数民族和小民族的公民权利的一种有效形式，并颁布俄罗斯联邦民族文化自治法，在俄罗斯普遍实行民族文化自治。总的说，俄罗斯民族关系理论上的变化，民族政策构想基本上符合当前俄罗斯联邦的国情，今后如何贯彻和落实，执行的效果如何，还有待于进一步观察。

四 几点思考

（一）关于民族自决权和双重主权国家理论

1922 年 12 月苏联成立条约贯彻了各苏维埃民族共和国独立自主原则，承认各民族人民享有自决权及退盟的权利。后来，苏联时期的三部宪法将这些原则以法律形式固定下来，承认民族自决权、联邦主体的主权国家地位和自由退盟权，这在世界上是没有先例的。俄罗斯独立后，宪法虽继承民族自决权的说法，但已取消联邦主体的主权。

在苏联，民族自决权和双重主权国家理论原则是列宁等布尔什维克领导人最早提出来的，并被作为宪法原则固定下来。众所周知，列宁是在领导各民族工人和劳动人民反对沙皇专制制度，进行民主革命和无产阶级革命过程中提出被压迫民族享有的自决权。关于这一点，当时，列宁指出民族自决权有三层含义：一是被压迫民族有摆脱异族压迫的政治独立自主权即成立自己民族国家的权利，二是在苏联社会主义制度下实行民族区域自治也是民族自决的一种形式，三是各民族享有决定和管理本民族事务的平等权利和民主权利。十月革命后，列宁没有专门论述过民族自决权，仅在一些讲话和文章中提及到民族自决权，而且着重强调要通过民族自决实现各民族联合和建立统一的多民族国家，坚持反对成立许多小的民族国家。可见，民族自决权是列宁为无产阶级夺取政权，推进世界革命总的战略目标前提下处理民族关系问题的重要策略原则，并非是要今后长久坚持的民族关系理论原则。

关于双重主权国家理论问题，首先，当时列宁等布尔什维克党领导人认为，20 世纪初是资本主义发展到帝国主义的最高阶段，而且是腐朽的、没落的阶段，各帝国主义国家内阶级矛盾和民族利益尖锐，第一次世界大战使帝国主义国家受到严重削弱，国际工人运动和民族解放运动风起云涌，帝国主义已成为无产阶级革命前夜。因此，各国工人阶级和劳动人民应当紧密地联合起来和团结起来，融合成为统一的全世界苏维埃社会主义共和国。[①] 其次，列宁等布尔什维克党领导人认为社会主义将很快彻底消灭民族压迫和民族歧视，将很快实现各民族完全平等和自由。苏联是由各个独立的苏维埃共和国自愿和平等联合组成的联邦制国家，为世界上其他各民族国家无产阶级解决民族关系问题提供了正确途径，社会主义联邦制比美国、瑞士等西方资本主义联邦制国家更民主、更优越。因此，在他们看来，今后在苏联不可能出现各民族要求分离和独立，各加盟共和国也不可能退出苏联。可是，后来发生的世界历史进程表明，并没有出现他们当初设想的世界革命形势。

后来，苏联领导人教条主义地理解当初列宁的思想观点，一成不变地把民族自决权和双重主权国家原则作为一条宪法原则固定下来，势必造成严重的后果。由于苏联在民族关系理论和政策上出现一系列严重失误，在处理民族矛盾和问题中犯有许多严重错误，因而不仅没

① 参见《列宁选集》第 4 卷，人民出版社 1990 年版，第 147 页。

有解决沙俄帝国遗留下来的民族关系问题，反而出现了许多新的民族矛盾和问题，加深了民族之间的积怨，致使国内始终存在着民族分离和独立的潜流。结果，当戈尔巴乔夫的错误改革引发了潜在的民族矛盾大爆发时，广泛兴起的民族分离主义运动，不论少数民族分离主义，还是大俄罗斯民族主义均利用宪法赋予的民族自决权和双重主权国家的原则，为其分裂统一的联盟国家寻找到合法依据，最终导致苏联解体。俄罗斯独立后，许多民族分离主义者包括俄罗斯人的地方分立主义仍利用民族自决权和双重主权国家原则从事分裂国家活动。

从总结苏联解体的教训出发，在历史上业已形成的多民族国家，宪法上不能不加限制地赋予各民族自决权，更不能赋予民族区域自治实体以主权。当然，在多民族国家可以承认民族自决权，不过民族自决权主要体现为各民族公民参加国家和社会管理的平等权利和民主权利，包括决定和管理本民族事务。

（二）关于联邦制和民族区域自治

众所周知，十月革命前列宁一直坚持反对在无产阶级革命胜利后建立联邦制国家。他认为“在其他条件相同的情况下，觉悟的无产阶级总是坚持建立更大的国家，在各个不同的民族组成统一国家的情况下，并且正是由于这种情况，马克思主义者决不主张实行任何联邦制，也决不主张实行任何分权制。中央集权的大国是从中世纪的分散状态走向全世界社会主义的统一的一个巨大历史步骤，除了建立这种国家以外，没有也不可能有其他走向社会主义的道路”。[1] 但如上所述，十月革命胜利之后，俄罗斯苏维埃共和国遇到了极其尖锐和复杂的国内外形势，迫使列宁等布尔什维克党领导人改变了反对建立联邦制国家的观点，转而倡导建立各民族联合的统一联邦制国家。因为一方面，从 1917 年俄国二月资产阶级民主革命到十月无产阶级革命过程中，许

① 参见《列宁全集》第 24 卷，人民出版社 1990 年版，第 149 页。

多民族已经独立，相继建立了60多个民族国家和自治实体，在这种形势下建立中央集权的单一制国家已不可能，只有通过成立联邦制国家才有助于各民族的联合和团结；另一方面，通过联邦制形式和各个独立的苏维埃国家和民族自治实体联合成统一国家，才能共同反击帝国主义的武装干涉和粉碎国内反革命叛乱，捍卫新生的无产阶级政权。因此，先是1918年1月宣布俄罗斯苏维埃联邦共和国，而后于1922年12月由俄罗斯联邦、南高加索联邦、乌克兰、白俄罗斯四个苏维埃共和国联合组成统一的联邦制国家——苏联。而且，根据列宁倡导的民族自决权原则，一些加盟共和国内又陆续建立以民族界线为原则的自治共和国、民族自治州和民族自治区。在这里应当指出的问题是，如果从1918年至1920年列宁曾三次强调建立联邦制仅仅是向民主集中的单一制国家的过渡形式的观点来看，以及从俄共（布）八大（1919年3月）关于组织问题决议规定各苏维埃共和国的共产党中央只相当于俄共（布）州一级党组织，并且必须服从俄共（布）中央统一集中领导来看，显然联邦制不是列宁所主张建立的永久性国家结构形式，而仅仅是向中央集权的单一制国家的过渡形式。进而可以认为，联邦制是当时为了解决尖锐和复杂的民族关系问题的重要策略原则，或者说建立联邦制国家是一种权宜之计。由此也可以得出这样的看法，列宁提出作为建立联邦制的基础的民族区域自治原则，即按照民族划界成立共和国、民族自治州和民族自治区也不是长久不变的固定形式，随着一个国家的发展和变化，民族区域自治原则也可以改变，以地方自治取代民族区域自治。因为从苏联、南斯拉夫等多民族国家解体来看，民族区域自治实际在人为地促进民族自我意识，起到激发民族主义情绪的作用，为民族分离和独立提供了基本条件。

（三）关于民族权利和公民权利

过去，马克思主义者在论述民族平等问题的主要出发点是，在资本主义发展到帝国主义阶段，世界上出现了压迫民族和被压迫民族，压迫民族的统治阶级对其他被压迫民族实行殖民统治，推行经济剥削和文化奴役的政策。无产阶级政党领导各民族的工人和劳动人民进行革命斗争，是为了推翻剥削制度和消除民族压迫，建立社会主义和实现各民族平等。所谓民族平等，主要是指各民族在政治、经济和文化生活中享有平等权利。苏联成立条约和苏联时期三部宪法明文规定民族平等是不可更改的法律原则，历届苏联领导人讲话反复强调在社会主义国家要实现民族平等，甚至宣布苏联已经彻底解决了民族关系问题，实现了各民族法律上和事实上的平等。可是，苏联的建立、发展历史和解体过程表明，实际上在国家和社会生活中很难实现民族完全平等，因为各个大小不同的民族形成和发展的自然地理条件不同、历史和社会环境不一样，在数百年或上千年中形成了各自不同的历史和文化传统、生活习俗和宗教信仰，尤其在现代社会生活中由于各个民族文化素质的差异，很难在政治、经济和文化生活上实现完全平等。如果国家法律上突出民族平等，社会舆论过多地宣扬民族平等，客观上容易引起一些落后民族对所处地位的不满，容易强化他们的民族自我意识，从而增强他们的独立情绪。从总结苏联、南斯拉夫等多民族国家解体的教训出发，笔者认为在多民族国家中不宜过多地宣传民族平等，而应强调为各个大小民族政治、经济和文化发展创造同等的条件，提出各民族平等主要体现在公民权利上平等，即各民族公民在参加国家和社会管理方面的权利平等，公民权利应高于民族权利。树立公民权利高于民族权利的观念，有助于逐步淡化民族意识，从而有助于维护各民族团结和国家统一。

（四）在多民族国家实行联邦制还是实行单一制为宜的问题

1990 年代初，由于实行联邦制的多民族国家苏联、南斯拉夫、捷克斯洛伐克相继解体，能否由此得出结论：在多民族国家不能实行联邦制呢？不能做出这样的结论，因为世界上还有美国、瑞士、加拿大、印度等联邦制国家也是多民族组成的，至今它们还比较稳定。多民族国家是否稳定是由多种因素决定的，其中实行什么样的国家体制是一个重要因素，但也不能说是决定性因素。关键问题是多民族国家的体制是否有利于各民族团结和国家统一，并能适应社会发展和进步的要求。美国、瑞士等联邦制国家是以地方自治为基础，这两个国家民主和法制比较健全，从而有助于国家的稳定和统一，也有助于社会发展和进步。然而，苏联、南斯拉夫、捷克斯洛伐克实行的是以民族为特征的联邦制，即在国内以民族划界成立民族共和国，民族自治州和民族自治区等不同层次的民族自治实体。民族自治实体作为联邦主体，而且在国家宪法上赋予民族自治实体的主权和民族自决权。以民族区域自治为基础的联邦制使联邦主体具有以下特征：1. 联邦主体除没有外交、国防两个部门外，基本拥有作为一个国家的各种管理机构；2. 从共和国中央到地方逐步形成以当地主体民族为主的领导系统，并以法律形式固定下来；3. 联邦主体内的主体大民族养成一种概念，把用本民族名称命名的自治实体视为“自己的国家”，把生活在这里的其他民族视为“外来人”，并采取各种措施强化主体民族的优越地位，试图形成政治、经济和文化信息的垄断空间；4. 受到示范效应的影响，联邦主体内的一些“次主体民族”的自治实体也竭力谋求同样的特殊地位，从而加剧民族矛盾的冲突。如果认真和详细考察一下苏联历史，就不难发现过去在加盟共和国内实际上一直存在着要求民族独立的潜流，因为民族区域自治为民族独立提供了基本条件。

从苏联、南斯拉夫、捷克斯洛伐克的解体，以及俄罗斯独立几年来的民族关系状况来看，以民族为特征的联邦制未能经受住时间的考验，造成了严重的后果。以民族划界建立不同层次的民族自治实体，实际上在人为地强化民族自我意识，激发民族独立自主意识，如果一旦有独立机会，联邦主体就很快成立政治独立实体。因为联邦制主体设置的一整套管理机构和领导系统为民族独立提供了方便，而以主体民族为主的领导班子往往对民族独立起了积极组织和推动的作用。因此，笔者认为在多民族国家实行以民主和法制为基础的单一制为宜，如果实行联邦制则要实行以地方自治为基础的联邦制为宜，并要把国家建成民主和法制的国家，才有助于加强各民族团结和国家统一。

（陈联璧，中国社会科学院俄罗斯东欧中亚研究所研究员）

德　　国

德意志联邦共和国（简称德国）位于欧洲中部。[1] 北邻丹麦，西部与荷兰、比利时、卢森堡和法国相邻，南边与瑞士、奥地利和列支敦士登为界，东部与捷克共和国和波兰接壤。全国总面积为 357023 平方公里。南北长 876 公里，东西相距 640 公里。边境线全长为 3758 公里。按面积计算，德国小于俄罗斯、法国和西班牙，居欧洲第四位。

德国人口总数约为 8129 万人（2015 年），居欧洲第二位。德国人口密度为每平方公里 231 人，[2] 是欧洲人口最稠密的国家之一（也是世界上人口比较稠密的国家之一），仅次于比利时、荷兰、英国和北爱尔兰。德国的人口分布很不均匀。两德统一后，首都柏林地区的人口迅速增加，目前已达 430 多万人；莱茵河和鲁尔河畔工业区人口超过了 1100 万；法兰克福、威斯巴登和美因兹等大城市所在的莱茵—美因地区、莱茵—内卡河流域的工业区、以斯图加特为中心的经济区以及不来梅、德累斯顿、

---

① 第二次世界大战后，德国被一分为二。1949 年，西部成立了“德意志联邦共和国”（简称联邦德国或西德），东部成立了“德意志民主共和国”（简称民主德国或东德）。1990 年 10 月 3 日，两德正式统一。统一后的德国仍采用德意志联邦共和国的国名、国徽、国旗、货币及其政治经济制度等。

② 参见德国网：www. deutschland. de。

汉堡、科隆、莱比锡、慕尼黑和纽伦堡等城市及附属区人口也较为稠密。而北德低地的草原和沼泽地区、艾弗尔、巴伐利亚林区、上法耳茨、勃兰登堡边境地区以及梅克伦堡—前波莫瑞州的大部分地区则人烟稀少。整体上看，德国西部人口密度远高于东部。东部面积大约为全德的30%，而仅有近20%的德国居民生活在这块土地上。在德国，人口在30万以上的城市共有20个，其中只有4个在德国东部。城市人口占全国总人口的85%以上，其中几乎1/3人口居住在84个大城市（10万居民以上的城市），而其他的居住在小城市（2000人至10万人的小城市）。20世纪70年代，两德的人口均因出生率下降而有所减少。2000年以来，德国一直是世界上出生率最低的国家之一，平均每对夫妇只有1.8个孩子。第二次世界大战后德国人口的增长主要靠外来移民。2000年全德人口出生率0.92%，死亡率1.05%，自然增长率-0.12%；移民增长为0.24%，两者相抵，人口总增长率为0.12%。

一　德国的民族结构及其分布

德国的主体民族为德意志民族（日耳曼族），占德国总人口95%以上。德国的少数民族有4个，即索布族、丹麦族、佛里斯兰族和辛蒂—罗姆族。[①] 此外，在德国还居住着750万外国雇员及其家属，他们（凡是没有加入德国国籍的外籍人）被统称为“外国人”、“外来移民”或“外国公民”。[②]

① 它们是德国官方承认的正式的少数民族。参见德国网：www. deutschland. de；《德国实况》，贝尔特尔斯曼辞书馆出版社有限公司1988年版，第42页；德意志联邦共和国驻华大使馆网：www. deutschebotschaft-china. org。

② 参见《德国实况》，贝尔特尔斯曼辞书馆出版社有限公司1988年版，第15、42页；德意志联邦共和国驻华大使馆网：www. deutschebotschaft-china. org。

（一）日耳曼族

日耳曼人是欧洲的一个古老的民族。[①] 早在公元前5世纪，日耳曼人就以部落的形式分布在北海和波罗的海周围的北欧地区。就其历史发展而言，日耳曼部落可分为南北两大支系。北支系在北欧地区发展，成为现在的瑞典人、挪威人和丹麦人的祖先。南支系又分成东、西两支。东支包括哥牧人、汪达尔人、勃艮第人等；在此后漫长的历史长河中，该支系本身及其语言都同化在地中海沿岸各民族之中。西支后又形成了三个区域性集团。一是北海沿岸集团，它包括巴塔维人、佛里斯兰人、考肯人、盎格鲁人和哥牧人等，其中前两个后来成为荷兰人的祖先，后三个融合成盎格鲁一 撒克逊人。盎格鲁一 撒克逊人后来迁徙到不列颠各岛并发展成为今天的英格兰人。二是莱茵一 威悉河集团，其中的卡狄人成为黑森人的祖先，其他部落在公元3世纪融合成为法兰克人。三是易北河集团，其主体是斯维比人，斯维比人后演进为施瓦本人，据说奥地利的哈布斯堡家族和霍亨索伦家族即源于此；易北河集团中的马科曼尼人和夸迪人最终成为巴伐利亚人。公元5世纪末，一支法兰克人建立了法兰克王国。8世纪，整个西支的日耳曼人都被统一在法兰克王国之中。10世纪，日耳曼人自称是德意志人，[②] 并将德意志作为民族名称，由此可见，德意志民族的形成经历了一个漫长的发展过程。也就是说，如今的德意志民族是由法兰克人、萨克森人、施瓦本人、巴伐利亚、莱茵兰人、黑森人、梅克伦堡人、威斯

① 据说，远古在中亚地区曾有一个自称“雅利阿”的游牧部落集团。公元前2000年至1000年间，这个部落集团分成三支，其中一支南下定居印度河上游流域，一支进入波斯，另一支西迁小亚细亚。18世纪，欧洲语言学界发现印度古代的梵语同波斯语以及欧洲的希腊语、拉丁语、日耳曼语、斯拉夫语等有某些共同点，便根据“雅利阿”这个名词造出“雅利安语”一词来概括这些相互有关的语言，将其用作“印欧语”的同义语。19世纪，欧洲的一些文献将印欧语系所属各族人统称为“雅利安人”。与此同时，欧洲一些种族主义者积极鼓吹凡是使用印欧语言的各族人都属“雅利安人种”，而其中的日耳曼族人被吹捧为最纯粹的“雅利安人”。这种不科学的说法在20世纪初便被人类学家抛弃，但到20世纪30年代又被德国法西斯用作对犹太人、吉卜赛人以及其他一切“非雅利安人”进行镇压甚至灭绝的借口。

② 古罗马人称他们为日耳曼人。德意志人源于古德语的“diot ”（人民）一词，“diot”为生活在法兰克王国东部的日耳曼部落讲的方言。

特法伦人等不同的日耳曼部族经过千年的同生共长（“融会”）而形成的。

（二）索布族

目前，索布族约有6万—10万人，主要居住在德国东部（原民主德国境内，现今的萨克森州和勃兰登堡州）的劳齐茨山区，其中又分上、下劳齐茨，而索布人也因此而被区分为上索布人（Obersorben）和下索布人（Niedersorben）。索布人是斯拉夫族的后裔，他们与捷克人、波兰人血缘相近。索布人随着6世纪的民族大迁徙移居易北河和萨勒河以东地区。据最初文献记载，索布族形成于公元631年，在此后长期的历史发展中逐步形成了自己独特的语言和文化。

12世纪，因大批德意志民族向东迁移，索布人所居之地受到波及。自此以后的数个世纪内，除了劳齐茨地区的索布人仍能维系人口上的多数外，其余地区的索布人逐步被“德意志化”。16世纪中叶，在宗教改革的影响下出现了索布书面语。1618—1648年的欧洲30年战争期间及紧随其后爆发的瘟疫，索布人再次受到重创，其人口总数剧减一半以上，索布人的领域及语言的分布区域更是大幅缩减。17—18世纪，普鲁士王国逐步得势以后，推行对索布人的同化政策。不过，在19世纪民族主义高涨的年代中，许多索布诗人、文学家及音乐家创作了大量的诗篇、文学作品及民族音乐，并成立了许多索布文化协会，以对抗普鲁士王国同化政策和振兴索布民族。19世纪，索布人的确经历了一个民族振兴阶段。但后来，在德国纳粹的日耳曼人种优越的理念下，索布人及其传统文化遭受了全面的打压，如大批索布精英、领袖及教会人士被集体遣送集中营，甚至遭暗中处决；在公开场合，索布语被禁止使用。直到纳粹崩溃后，所剩无几的索布人及其几乎被摧残殆尽的文化及语言方才重获生机。

第二次世界大战结束之后，索布民族曾面临与其斯拉夫兄弟民族的波兰或捷克合并或是留在于1949年成立的民主德国境内的选择，但最后索布人决定留在民主德国境内。1990 年两德统一后，索布人即成为德国的少数民族之一。

（三）丹麦族

现今，在德国的丹麦族人约有 5 万，主要居住在德国最北部石勒苏益格—荷尔斯泰因州的石勒苏益格部分，尤其集中居住在石勒苏益格的弗伦斯堡周围。石勒苏益格—荷尔斯泰因很早就成为德国和丹麦争议的地区，经过两次德丹战争之后，该地区于 1864 年归属德国，1866 年成为普鲁士的一个省。1920 年经公民投票，南石勒苏益格的丹麦族居民高达 70% 以上愿意继续留在德国。1949 年，联邦德国成立，丹麦人便成为联邦德国的少数民族。

（四）辛蒂—罗姆族

辛蒂—罗姆人即为吉卜赛人。目前，辛蒂—罗姆人约有 50 万，散居在德国各地。据称，“辛蒂”是印度北部一条河流的名称，“罗姆”意为“人”，合起来的意思就是“居住在辛蒂河畔的人”。约在公元 10 世纪，由于遭到突厥人的入侵，辛蒂—罗姆人自印度迁出。迁移路线大致有两条：一条经波斯、土耳其进入南欧；另一条经亚美尼亚、俄罗斯到达东欧。他们出现于西欧的时间最早可以追溯到 14 世纪。辛蒂—罗姆人是他们的自称。西欧人误认辛蒂—罗姆人发祥地为埃及，故称其为“埃及人”，而“吉卜赛人”一词系由“埃及人”（Egyptian）一词讹传而成。东欧人和意大利人则称辛蒂—罗姆人为“茨冈人”（Atzigan，Atzigan 由 Athinganoi 一词演变而成，意为“不可接触者”）。全世界的辛蒂—罗姆人约近千万，其中约 500 万人分布在欧洲，2/3 集中在东欧。

（五）佛里斯兰族

佛里斯兰人是一个日耳曼人部落的后裔。目前，在德国的佛里斯兰人约有4万，主要居住在德国北海岸（下莱茵和埃姆斯河之间）与西海岸的岛屿和沼泽岛（如福尔岛，属于石勒苏益格—荷尔斯泰因州）以及德国下萨克森州佛里斯兰地区（Ostfriesland）。

（六）“外国人”族群

第二次世界大战结束后，由于劳力的缺乏等原因，德国开始接受外籍劳工。最初到来的外籍劳工是意大利人，接着是西班牙人和葡萄牙人，后来接受外籍劳工的范围又扩大到南斯拉夫人和土耳其人。20世纪60年代初以来，特别是在1989年东欧剧变及“东方集团”瓦解前后，又有大量的外国移民或外籍人（包括战争逃难者、寻求政治庇护者）来到了老联邦州。① 1996年，在德国居住或生活的外国人多达730万（大约平均每12个人中就有一个外国人），其中土耳其人210.7万、波兰人28.3万、克罗地亚人20.66万、意大利人60.8万、波黑人28.14万、原南斯拉夫联盟人72.1万、奥地利人18.5万、罗马尼亚人9.5万，希腊人36.3万、西班牙人13.2万、葡萄牙人13.2万、英国人11.75万、荷兰人11.3万、美国人11万、法国人10.4万、苏联人5.05万、匈牙利人5.2万、摩洛哥人8.4万、突尼斯人2.55万、加纳人2.2万、巴西人1.96万、阿富汗人6.65万、中国人3.67万、印度人3.6万、伊朗人11.4万、黎巴嫩人5.6万、巴基斯坦人3.8万、斯里兰卡人6.0万和越南人8.8万。

二　民族语言及其性格特征

德国官方语言为德语，公元8世纪始有文献。文字采用拉丁字母。它与丹麦语、挪威语、瑞典语、荷兰语和英语同属印欧语系中的日耳

① 1990年德国统一后，人们将原西德的联邦州称为老联邦州，将在原东德新组成的5个联邦州称为新联邦州。

曼语族。除德国外，德语也为奥地利、列支敦士登等国的国语或官方语言。法国、意大利、比利时、瑞士、卢森堡、美国等国家的部分地区也使用德语。在波兰、罗马尼亚和苏联各加盟共和国的德意志民族（少数民族）也部分地将德语保存了下来。据称，全世界使用德语的人口约有一亿。

（一）德意志民族语言及其性格特征

德意志民族语言自然是德语。在德国，（标准）德语的形成经历了一个漫长复杂的过程。早在（标准）德语形成之前，在今日德意志地区存在着许多日耳曼部族的方言，如法兰克语、萨克森语、巴伐利亚语、施瓦本语、威斯特法伦语等。在很长一段时间里，作为社会上层人物的学者、传教士和权贵们，他们不用各个日耳曼部族的方言，而是用拉丁语交流。最早的德语文字记载是一本小小的拉丁文—德文词典，它出现在公元 770 年左右。德语自其文字（被称为古代德文）出现之日起，就为封建上层人物所垄断，并以诗歌语言的形式为主，这一形式是平民百姓所无法掌握的，而且对德语成为各个日耳曼部族统一的文化语言形成阻碍。15—16 世纪，随着城市的兴起，德语已为广大市民所运用，统一的、大众化的语言文字已成为社会发展的迫切需要。1522 年，德国宗教改革运动的先驱者马丁·路德的德文《圣经》的出版成为（标准）德语形成的一个重要里程碑。但是，由于德国历史上小邦分治的状态持续了相当长的时间，各个日耳曼部族的方言已被继承或保留了下来，一直延续至今。也就是说，如今，德国（德意志人）的方言仍很多，方言具有明显的区别。人们可以从绝大多数德意志人的口音和方言上辨别出他们来自何处。譬如说，一个施瓦本人、一个梅克伦堡人和一个巴伐利亚人用各自纯粹的方言相互交谈，他们甚至很难听懂彼此的意思。在德国，北方人一般讲标准德语，如汉堡人讲标准德语，其语音清脆洪亮易懂。南方人通常喜欢讲方言，其中施瓦本人讲的施瓦本方言是最难懂的。

德意志人的主要特点是勤奋、自信、浪漫、富于思想、讲究质量和效率、讲究秩序、严谨认真、科学求实、注重纪律和服从命令。比如，德意志人富于思想，进而诞生了黑格尔、康德、马克思、叔本华、尼采、拉萨尔、伯恩斯坦、考茨基等许多著名的哲学家或思想家。德国有条目繁多、内容广泛、非常细致独特的各种法规，而有法就必须严格遵守。这就是德意志民族严谨认真、讲究秩序等的具体表现之一。此外，德意志人还很讲究形式、时尚和道德意识，注重个人自由、男女平等和个人财产的保护。在平常的生活中，德意志人更注重社交活动和生活乐趣。在出席招待会、鸡尾酒会、冷餐会和舞会等或与人交往时，德意志人讲究举止端庄，对人敬重适度，事事循规蹈矩。德意志民族是一个酷爱音乐且极具音乐天赋的民族。历史上，德国涌现出如巴赫、亨德尔、海顿、莫扎特、贝多芬、舒伯特、舒曼、瓦格纳、勃拉姆斯、勋伯格、米德米特等许多著名的作曲家和音乐大师，他们为德国及世界音乐发展做出了重要贡献。迄今，德国乐坛上有不少蜚声四海的乐队和享誉世界的音乐家。在德国，对音乐的爱好可谓是全民性的，音乐在德意志人的文化生活中占有重要的地位。德国人还酷爱旅游，尤其是在冬夏两季。但是，由于上述的同样原因，日耳曼人的各种性格特征和传统习俗也被继承或保留了下来。当然，今日德意志人与古老的日耳曼部族居民已不能等同，被继承或保留下来的往往是日耳曼各部族不同的主要性格特征和传统习俗。这就是说，如今的德意志人还有互不相同的性格特征和传统习俗。人们的普遍看法是：梅克伦堡人沉默寡言，威斯特法伦人老成持重，施瓦本人省吃俭用，莱茵兰人豪放开朗，萨克森人聪明伶俐，等等。

如今的德意志人尤其在居住区及其建筑风格、日常习惯、服饰以及饮食上还有各自突出的特点。例如，在节日衣着服饰方面，南方巴伐利亚州的男子头戴小呢帽，上插一枝羽毛，上着墨绿色的无翻领外套，下穿皮短裤并挂着背带，脚穿长袜和翻皮鞋。而在北方汉堡，许多人喜欢头戴一种便帽，身着各式各样的便服。德国人平时穿戴都很注意整洁，不少人偏爱制服。下班后要穿戴整齐才上街，出门作客或参加社交活动更为讲究，如去看戏，尤其是歌剧，女的要穿长裙，男的要穿礼服。

（二）少数民族的语言及其性格特征

德语也是各个少数民族的通用语言。不过，在德国，3 个少数民族即索布族、丹麦族和佛里斯兰族都保持着自己的语言。

索布族人的民族语言统称为索布语（Sorbisch），属斯拉夫语系。原本索布语中也存在许多方言。19 世纪中期，各种方言被统一为通行上、下劳齐茨地区的标准的上索布语（Obersorbisch）和下索布语（Niedersorbisch）。因上、下劳齐茨地区之不同，上索布语和下索布语在书写形式及口语上都存有一些差异。其中上索布语近似于捷克语，而下索布语则与波兰语相近。由于原来的文化、生活方式及思维模式受德意志人的影响很大，索布人与德意志人在性格上的差异已微乎其微。但索布人喜欢穿着极富特色的民族服装。妇女服装因年龄、个性、习惯而异，其中老妇喜欢穿着深色调，有的头上配戴黑底红花带穗方巾；姑娘们喜欢穿着紧身马甲和长裙，裙外再套浮裙，使本来已够艳丽的服装又增加一层彩色。索布人原来都信仰基督教，但 16 世纪初的宗教改革运动后，出现了分裂的情形，即在上劳齐茨地区的索布人主要信奉天主教，其余地方的索布人则信奉新教。

丹麦族人的民族语言为丹麦语（丹麦语是丹麦王国的官方语言），属日耳曼语系。丹麦人性格直爽、热情，讲文明，重礼节。由于丹麦族源于日耳曼民族（为日耳曼民族的一个分支），加上长期与德意志人生活在一起，如今的丹麦族人已具有德意志人的许多性格特征。

佛里斯兰族的民族语言为佛里斯兰语，属日耳曼语系。目前，佛里斯兰族人不仅保持了自己独立的语言，而且还保持了众多的传统。在德国的福尔岛上，有 84% 的佛里斯兰人会讲佛里斯兰语；而在德国东佛里斯兰地区，只有 1000 佛里斯兰人会讲佛里斯兰语。在德国基尔大学还设有佛里斯兰语文学专业。同样，由于佛里斯兰族人源于日耳曼民族（为日耳曼民族的一个分支），加上长期受德意志人的影响，如今的佛里斯兰族人自然也具有德意志人的许多性格特征。

由于“散居”等原因，辛蒂—罗姆（吉卜赛）人不可能再拥有自己独立的语言，但还保持了某些传统生活习俗。辛蒂—罗姆（吉卜赛）人生来倔强、不屈不挠。

三　少数民族政策和“外国人”政策

《德意志联邦共和国基本法》（Grundgesetz für die Bundesrepublik Deutschland，即德国宪法）规定了人的基本权利不可侵犯。人的基本权利包括“个人权利”和“公民权”。“个人权利”主要包括：享有人的尊严、行动自由、人身自由、信仰自由、良心自由、宗教自由、言论自由、新闻自由、从事艺术、科研和教学自由、邮电和通信秘密、拥有财产权和继承遗产的权利、请愿权、申请政治避难权、生活和健康的权利、拒绝服战争兵役的权利、男女平等及法律面前人人平等。“公民权”主要包括：集会自由、结社自由、选择职业和岗位自由及迁徙自由、不得被引渡国外的权利等。也就是说，作为德国公民，德国的少数民族同德意志民族一样享有上述法定的“个人权利”和“公民权”（人的基本权利），而生活在德国的“外国人”族群（尚未加入德国国籍的外籍人）则享有上述法定的“个人权利”。

（一）少数民族特殊权益

德国的少数民族享有一定的特殊权益，如保留或发展各自的历史、居住区、语言和组织等。

当然，《德意志联邦共和国基本法》并无专门针对德国境内少数民族特殊权益之相关规定，这主要存在于相关联邦州的宪法或其他法规之中。

例如，索布族人主要居住在萨克森州的劳齐茨山区，萨克森州的宪法就对少数民族即索布族的特殊权益做出了明确规定。1948 年萨克森州宪法规定，索布人有权在索布人居住的地方法院中使用索布语；索布人有权使用索布姓氏，即可依照姓名变更条例申请将原来使用的德文姓氏改为索布文姓氏。在民主德国时期，J. 布瑞昌作为索布族作家常用德语和索布语写作，他的作品大多以故乡为背景，描写索布族人民的生活，富有浪漫主义色彩和浓郁的乡土气息。1990 年的两德《统一条约》（Einigungsvertrag）规定，索布民族及其组织之成员享有在公共领域各范围内的保护，并拥有保存和使用索布语言的自由。德国法院组织法第 184 条明文规定：法院用语为德语，但在索布人的分布区域，即在所谓的索布人“家乡县市”（Heimatkreise）的法庭索布语可以作为诉讼程序中的口头及书面用语。目前，劳齐茨地区实行双语政策。在萨克森州中，索布语在公共领域的使用与德语具同等地位。在劳齐茨地区，选举公告及其结果、通知、交通标志 、街道标示、方向指示、广场名称、桥梁名称、公共建筑物、邮局及火车站内的信息和告示、站名或通行劳齐茨地区的火车时刻表等都以德语和索布语双语形式出现，只是德文字母比索布文字母大些而已。在劳齐茨地区，以上索布语，或以下索布语或以上、下索布语两种语言发行的报纸杂志总共有 10 种左右。萨克森州的广播电台和电视台每周都有 10 多小时的上索布语和下索布语的广播节目和电视节目，内容包括地区新闻、文化新闻、儿童节目及体育新闻等。在劳齐茨地区，教授索布语的中小学校通常设有 A 班和 B 班，A 班专门教授索布语，B 班每周 3 小时教授索布语。另外，还建立了专门为索布家庭和德国家庭学龄前儿童学习索布语和德语的幼儿园，这些幼儿园的宗旨是培养孩童具有索布语及德语双语能力。为了维系与促进他们语言及文化的发展，索布人建立了各种组织。“家园”是索布民族的中央组织，下辖 13 个跨区域性组织，例如索布学校协会（Der Sorbische Schulverein）、索布艺术家联盟（Der Sorbische Künstlerbund）等。“家园”有自己的出版社，专门出版与索布文化相关书籍及索布语教材。在学术方面，有专门研究索布民族语言、历史及文化的索布研究所和以研究发展索布语文及文学为重点的莱比锡大学索布研究所（它们还经常举办索布语言及文化培训班）。在艺术方面，有以戏剧与歌舞形式展现索布文化的索布民族剧团。值得一提的是，除了以传统方式表达索布民族音乐，还有以民间力量组成的索布摇滚乐团，它们以轻快的摇滚音乐来弘扬索布文化及语言。

同样，丹麦族人主要居住在石勒苏益格—荷尔斯泰因州的石勒苏益格地区，石勒苏益格—荷尔斯泰因州的宪法也对少数民族即丹麦族的特殊权益作出了明确规定。早在 1946 年，石勒苏益格—荷尔斯泰因就成为一个独立的州。而从 1950 年起，丹麦族人被确定为少数民族，丹麦少数民族组织在南石勒苏益格选民联合会和石勒苏益格—荷尔斯泰因州议会中均有一名自己的代表。从 1955 年起，德国与丹麦之间正式建立对话机制，以确保彼此留在对方国内的同胞之语言与文化等相关权益。

德国统一后，石勒苏益格—荷尔斯泰因州宪法（1990 年）再次确定了丹麦人的少数民族地位，并规定了其少数民族的相关权益。如该州宪法确认丹麦族人（丹裔德国人）为“少数民族”。宪法第六条第四款规定，“负有教养责任者或监护人可自行决定，其子女是否应进入少数民族之中小学接受教育”。由于州宪法条文的保障，丹麦族人享有充分的少数民族权益，特别是丹麦少数民族语言及其文化得以保持并获得了进一步发展。丹麦少数民族拥有自己的语言、少数民族语言学校（中小学）及文化机构和组织，如南石勒苏益格协会（Sydslesvigsk Forening，SSF / der Südschleswigsche Verein，SSV）即是一例，其宗旨是：保护、促进与发展母语——丹麦语和丹麦少数民族文化。在丹麦语言学校的基础上，还成立了丹麦语言学校协会，以全权负责石勒苏益格—荷尔斯泰因州丹麦语言学校的教育工作。

辛蒂—罗姆人（吉卜赛人）是近几年才获得少数民族地位的。辛蒂—罗姆人（吉卜赛人）自从成为遍及世界各地的流浪民族以来，备受歧视和压迫，一直处于社会底层。他们在德国已经居住了600多年。由于未被承认为一个正式的少数民族，从15世纪后半叶起，德意志国家开始对辛蒂—罗姆人采取限制措施，迫害他们的法令和条例层出不穷。第二次世界大战期间，辛蒂—罗姆人约有1/10死于纳粹集中营。但是，从20世纪60年代起，辛蒂—罗姆人自己的组织相继出现，总部设在德国古城海德堡的辛蒂—罗姆人中央委员会就是其中较有影响的组织之一，该组织领导着全德的辛蒂—罗姆人为争取平等的政治经济文化权利而斗争。经过多年坚持不懈的努力和斗争，辛蒂—罗姆人终于被德国政府承认为德国4个少数民族之一。[①] 辛蒂—罗姆人有了合法地位，其生活境况因此而大大改善。辛蒂—罗姆人中央委员会除了拥有一栋十分讲究的现代化办公大楼之外，还拥有会客室、图书馆、展览室等；其工作人员也有20多个。在展览室，陈列着一个永久性的辛蒂—罗姆人发展史及其生活状况，包括与国际交流的图片等。在海德堡市区的一条大街上，竖立着一座永久性的纪念碑，以悼念在第二次世界大战中被德国纳粹杀害的辛蒂—罗姆人。在海德堡市区外的半山腰上，驻扎着辛蒂—罗姆人的“大篷车营地”，过去的大篷马车已经换成了移动汽车，车里既有电视也有冰箱。辛蒂—罗姆人的家庭还有手工作坊，主要从事木刻艺术和小提琴的手工制作。辛蒂—罗姆的男人大都从事手工木刻艺术和小提琴演奏，女人则多在街头算命卖艺。辛蒂—罗姆人主要演奏反映自己生活的音乐，如电影《叶塞尼亚》中的“流浪者之歌”等。辛蒂—罗姆人同海德堡市政当局的关系处理得较好，海德堡市长甚至经常会见辛蒂—罗姆人代表，

---

① 1977年联合国人权委员会在日内瓦举行的一次会议上通过决议，要求世界各国给予吉卜赛人少数民族的地位，该决议也同时禁止任何当局限制吉卜赛人的文化、经济、活动权益。43个与会国家中，德国是唯一拒绝签字的国家，其理由是：吉卜赛人在德国的人口不足以构成少数民族；德国政府不主张对吉卜赛人区别对待；德国政府保留对吉卜赛人驱逐出境的权利。

聆听他们的要求。辛蒂—罗姆人也能接受高等教育，找到薪水高的工作或自己开公司。但就整体而言，辛蒂—罗姆人的生活水平要低于德国人的生活水平。

为了发展少数民族文化以及丰富少数民族的文化生活，德国政府每年要给予各个少数民族一定的财政援助。例如，德国政府每年要给予索布族高达 1600 万欧元的援助；在索布族居住区，设有一个专门为索布人提供援助的基金会，有各种文化协会，还有一家出版社和一份报纸。不过，该地区的索布族人口在逐年下降（索布人的出生率下降），以至于个别索布语学校被关闭。这种情况已引起索布人的不满。

1994 年，德国国会否决了少数民族法案。这对德国的少数民族来说无疑是一种打击。看来，少数民族要维护自身民族的权益、文化和语言，仍需持续奋斗。

（二）“外国人”的权益保障和“入籍”条件

外国人的权益保障主要由联邦政府外国人事务专员专门负责。联邦政府外国人事务专员的职责包括制订外国人政策方案，解决外国人的具体工作和生活问题，支持有固定住址的外籍居民的倡议，全面地和实事求是地介绍关于外国人就业历史及其经济意义、关于德国的外国人政策的产生和发展、外国人的实际移居状况以及关于德国执行国际协定和承担政治和法律责任等方面的情况。

1992 年以前，德国一直限制外国人移居德国（1973 年还决定停止从非欧盟国家招聘雇员），严惩非法入境者和非法就业者。根据法律规定，持续居住在德国的外国人，也只能遵照 1913 年的帝国法和国籍法，以及 1990 年的外国人法中规定的入籍条件来获得德国国籍。按照这些入籍条件，外国人很难获得德国国籍。

因此，长期以来，德国的外国人政策的重点是对长期生活在德国的外国人及其家属（“移民”）实行“一体化的原则”。这意味着，外国人及其家属在保留自己故乡特征并保持与自己故乡联系的前提下，应尽可能广泛地参与德国的经济、社会和文化生活。[①] 为此，德国采取了一系列措施，例如通过特别的语言促进计划和为外国人专门设立的社会咨询机构来促进生活在德国的外国人融入德国社会。

众所周知，在外国人中，几乎有将近一半已在德国至少生活了10年，30%已经在德国生活了20年或更长时间。而在德国已生活至少10年的外国人中，约90万人年龄在25岁以下；2/3的青少年是在这里出生的。正是鉴于这个背景，从1993年起，外国人法也扩大了在德国长大的年轻外国人和在德国生活15年以上的外国人入籍的权利。此后，联邦政府着手制订一部旨在使在德国出生的外国儿童获得德国国籍以及简化外国人加入德国国籍手续的新的、现代化的国籍法。

经过一年的议会斗争，德国国籍法规终于在1999年通过了修正案。自2000年1月1日起，德国实施新的国籍法。该法规定，作为外国人申请加入德国籍必须符合以下先决条件：具有在德国生活、居住的居留许可证；已一贯地常住在德国至少8年；在德国的生活来源不依靠社会救济和失业补助；具备足够的德语水平；没有犯罪记录；在德国有住处；承认德国基本法；同意退出至今拥有的原国籍。但一个多年生活在德国的外国人，即便已符合加入德国籍的基本条件，也不会被自动地划归德国籍，也没有义务必须加入德国籍。从2000年1月1日起，在德国出生的外国人孩子从出生之日起自动成为德国籍，先决条件是：新出生孩子的父亲或母亲有一方，已一贯地常住在德国至少8年；新出生孩子的父亲或母亲有一方，已拥有德国永久居留许可证或至少已拥有德国3年长期居留许可证。不过，新出生的孩子在未成年时，可拥有双重国籍；而当孩子成年后即在18—23岁之间，须由自己对拥有哪个国籍做出选择，不可拥有双重国籍。加入德国籍的外国人自然成为德国人，并享有同德国公民一样的权利和义务。

---

① 参见《德国实况》，贝尔特尔斯曼辞书馆出版社有限公司1988年版，第15页。

如上所述，在德国居住或生活的外国人超过750万（其中的一部分已先后加入了德国国籍）。应该说，外籍雇员和外籍企业家对德国经济发展做出了卓越贡献。对此，联邦政府和德国人深表感谢。也可以说，乐意在德国生活的外国人，与德国人长达数十年的共同生活基本是融洽的，日常生活中时而出现的龃龉通过友好沟通总能逐步消除。但是近些年来，随着失业人数的增加、大量难民的涌入等情况的出现，德国新纳粹和极右势力开始沉渣泛起，暴力排外事件屡见不鲜。这为德国广大公众敲响了警钟。德国人已行动起来，采取坚决手段，如举行一系列群众集会等，谴责暴力排外行径，维护德国的社会安定。德国政府为了维护德国的威望和利益，也公开承认极右势力的暴力排外活动是“德国的耻辱”。联邦政府明确谴责仇外活动，毫不留情地追究、严惩任何暴力行为，甚至取缔了极右的新纳粹组织。在对极右势力严惩的同时，还提出了一系列与仇外排外行动作斗争的计划，并开展了大规模的反对极端主义与仇外排外行动的宣传运动，以此来限制有政治动机的暴力行为的泛滥。

（高德平，中国社会科学院俄罗斯东欧中亚研究所研究员）

法　国

一般认为，法国是一个单一民族国家，不仅如此，法国政府也不承认本国存在语言、文化上具有特殊性的“少数人”（minorité），也就是威尔·金利卡所说的“少数民族”①。然而事实上，法国领土上居住着多个语言文化异质性群体，他们是世居在这里的“少数民族”，包括：科西嘉人、布列塔尼人、巴斯克人、加泰罗尼亚人、阿尔萨斯人、佛兰德斯人和普罗旺斯人等。法国学者也指出过政府这种“名不副实”的做法：“我们国家的雅各宾意识形态总是以统一的民族国家信条的名义否认法兰西人的族类多样性。”② 意识形态具有指导实践的作用，所以大革命以来的历届共和主义者都将打造同质化公民社会作为主要任务，竭力消除法语以外的其他语言的痕迹。国家强力推行的文化同质化遭到了以上“少数民族”的反抗。1970 年代，许多“少数民族”组

---

① 加拿大著名学者威尔·金里卡在谈及多民族国家与多族群国家时，指出这两类国家分别体现了文化多样性的两类范式：“第一种范式是，文化多样性产生于原先自治的和领土集中的文化被并入了更大的社会。这些被并入的文化，我称之为‘少数民族’（national minorities）……第二种范式是，文化多样性产生于个人和家庭移民。这些移民通常联合为一种松散的社会，我称之为‘族群’（ethnic groups）。”参见［加］威尔·金利卡《多元文化的公民身份——一种自由主义的少数群体权利理论》，马莉、张昌耀译，中央民族大学出版社 2009 年版，第 13—14 页。

② Philippe Poutignat, Jocelyne Streiff-Fenart, *Théories de l'ethnicité*, PUF, 2008, p. 9.

建了武装团体，要求尊重他们的语言，不惜诉诸暴力手段。其中，科西嘉人由于其特殊的地理位置、政治历史演进和语言文化传统，表现出了最为顽强和激烈的抵抗，令历届政府都感到“棘手”。

一　科西嘉岛主要特点

在法国的多个“少数民族”之中，科西嘉人最具特殊性，以至于科西嘉岛是今日法国唯一一个具有特殊行政身份的地区，而且这种特殊身份由宪法予以明确和保障。而其他“少数民族”则不享受这种特殊“待遇”。这主要是由于科西嘉人在地理、历史和语言文化等方面都有其独特性。

第一，从地理角度看，科西嘉岛远离法国大陆。该岛位于法国东南部的地中海上，距离法国尼斯市 170 公里，距意大利半岛却仅有 84 公里，岛面积为 8681 平方公里，仅占法国领土总面积的 1.6%，但它却是仅次于西西里岛（la Sicile）、撒丁岛（la Sardaigne）、塞浦路斯岛（Chypre）之后地中海地区的第四大岛。该岛还因为山地占据大部分面积而被称为“海中之山”，东部为平原地区，也是人口密集区。

第二，历史上，长期归属意大利管辖。科西嘉岛在地中海世界的战略地位，使得该岛一直被大国觊觎，并导致战争不断，曾先后遭到滨海的腓尼基人（les Phéniciens）、福西亚人（les Phocéens）、迦太基人（les Carthaginois）和罗马人（les Romains）攻占。罗马帝国灭亡后，又轮番遭到汪达尔人（les Vandales）、哥特人（les Goths）、拜占庭人（les Byzantins）、伦巴第人（les Lombards）、撒拉逊人（les Sarrasins）、比萨人（les Pisans）、阿拉贡人（les Aragonais）和热那亚人（les Génois）的入侵。从 13 世纪末期至 18 世纪，热那亚人的统治深刻地影响了该岛社会生活的各个方面。但热那亚共和国的统治也不断遭到岛民的质疑与反抗，甚至在 1755 年至 1769 年该岛还一度成了独立国家。由于对该岛的管理权逐渐衰弱，热那亚共和国于 1768 年通过《凡尔赛条约》将科西嘉岛卖给觊觎已久的法国。从此开始了科西嘉岛与法国大陆“剪不断理还乱”的关系。

第三，行政身份几经变化。现在的科西嘉岛由上科西嘉省（首府为巴斯蒂亚）和南科西嘉省（首府为阿雅克修）两个省组成。但在此前的1811—1975年间，科西嘉岛一直是一个单独的行政省。1960年，根据6月2日关于国内行政区域划分的第60—516号法令，除巴黎外，法国被分为21个大区（région），而整个科西嘉岛属于普罗旺斯—蓝色海岸大区（la Région Provence-Côte d’Azur），1972年颁布法律决定将科西嘉岛从原属大区中分离出去作为一个独立大区管辖，1975年又将科西嘉分为今日我们看到的两个行政省。

尽管第五共和国（1958年至今）初期的法国是一个中央集权国家，但它也承认其某些省及海外领地的地方自治权，比如新喀里多尼亚（la Nouvelle-Calédonie）、法属波利尼西亚（la Polynésie française）、马丁尼克（la Martinique）、瓜德罗普（la Guadeloupe）、圭亚那（la Guyane）和留尼汪（la Réunion）等；1982年，科西嘉岛也争取到了“特别行政区”（Collectivité territoriale spécifique）地位，尽管有些人并不认为赋予科西嘉的特别权利属于自治权范畴，但该岛拥有的一些权利的确是大陆其他大区所不具备的。

第四，经济发展落后。19世纪末之前，科西嘉一直是一个农村型社会。整个19世纪，该岛被法国中央政府以极不公正的关税政策予以对待：大陆商品向科西嘉岛的销售免关税，而科西嘉岛的产品销往法国大陆却需要缴纳关税。此举让科西嘉岛的经济陷入崩溃，岛民彼此间一度出现以物易物的交易模式。直到1960年代，科西嘉岛才开始进入现代化。1957年，法国政府为了发展当地农业创立了名为索米瓦克（SOMIVAC）的混合经济公司，1960年为了发展当地旅游业创立了塞科多公司（SETCO）。在这两个公司的带动下，科西嘉经济发展上升了一个台阶，但也成为其日后产业结构严重失衡的源头。1960年代以后，科西嘉经济与原来相比有了较大发展，但人均岛内生产总值（GDP）

仍然低于全国平均水平，同时也低于欧共体内部的平均水平。1980 年代，许多此前背井离乡的岛民回到岛上参与经济发展和建设，经济情况好转但是与法国大陆仍然存在差距。法国国家统计与经济研究院（INSEE）的数据显示，到1998 年时，科西嘉的岛内生产总值为288 亿4500 万法郎，占全国的0. 3%，在所有大区中排名倒数第二位。[①]

进入 21 世纪，科西嘉岛内产业结构不平衡问题日益凸显：第三产业占据明显优势，而农业，尤其是工业发展十分有限。据科西嘉经济发展办事处主席分析："从结构上说，原有基础并未改变：第三产业过度发展，生产工具几乎全无，商品流动只与旅游产业相关。科西嘉经济发展模式不具有竞争力。在 22000 个企业中，从事第三产业的占80%，只有 8% 的工业企业，其中 1/4 还是农副食企业。……科西嘉是法国大区中手工业最为密集，工业化最不发达的大区。"[②] 到 2003 年，科西嘉岛的经济发展虽有进步但十分有限，其岛内人均 GDP 为 20149 欧元，占全国平均水平的 77. 5%，在大区排名中排在倒数第三位。[③] 法国国家统计与经济研究院在其官方网站上发布的各区人均 GDP 排名榜中，2009 年的数据为 23800 欧元，排名倒数第六位（不包括海外省），而最新的统计数据显示，2011 年科西嘉人均 GDP 仍为 23800 欧元，排名倒数第一位（不包括海外省）。多年来科西嘉岛的经济发展及其与大陆其他地区的差距可见一斑。

第五，多语言并存。科西嘉岛官方语言为法语，但岛上约 60% 的土著居民使用科西嘉语，法语是法国大陆居民的通用语，也是科西嘉青年人的通用语。入岛的外国移民操其他语言，马格里布（Magh-

---

① 《科西嘉》，载拉瓦尔大学（ Uiversité Laval ）主办的"魁北克法语语言宝库"网（Trésor de la langue française au Québec）：www. tlfq. ulaval. ca/AXL/europe/corsefra. htm，2007－09－17.

② 国民议会第 2995 号关于科西嘉的报告，载法国国民议会官网：www. assemblee-nationale. fr/11/rapports/r2995. asp ），2009－04－16.

③ Jean-Marie Arrighi，Olivier Jehasse，*Histoire de la Corse et des Corses*，PERRIN/Colonna Editions，2008，p. 493.

reb），尤其是摩洛哥的阿拉伯语是排在法语之后的第二大少数群体语言，之后是葡萄牙语、意大利语、西班牙语、希腊语、博尼法乔语（le bonifacien）[①] 等。

从历史上看，早在罗马时期，同属拉丁语族的科西嘉语与法国大陆诸语言十分接近。但是在热那亚共和国占领期间，科西嘉语深受热那亚人托斯卡纳语（即古意大利语）影响。1768 年后，科西嘉始归法国统治。在“旧制度时期[②]，尽管当局者宣称原则上有传播法语的必要，但却没有在语言方面付出专断的行动”。[③] 因此，在归属法国后的这段时期，科西嘉人是不会说法语的，只有少数人因从军或从商对法语有了一些了解。原籍科西嘉岛的拿破仑成为第一执政官后，迅速着手让科西嘉真正融入法国，但此时科西嘉普通居民仍然说科西嘉语；而在行政事务方面，“直到 1830 年官方文书基本上都用意大利语（托斯卡纳语）起草。第二帝国（1848—1870 年）时期，意大利语、科西嘉语和法语被同时并行使用，直到 1854 年，拿破仑三世强制要求，所有世俗的正式法令都只能用法语撰写……到了第三共和国时期（1870—1940 年），法语在该岛的普及被强制推行，学校、法院及行政机构都要使用法语。意大利语消失了，科西嘉语也只是作为口头语言在非正式交流中幸存下来”。[④]

此后，让科西嘉语走进公立学校，是科西嘉人由来已久的诉求，但是“使用自己语言的权利”却屡屡遭到拒绝。

---

① 《科西嘉》，载拉瓦尔大学（ Uiversité Laval ）主办的“魁北克法语语言宝库”网（Trésor de la langue française au Québec）：www. tlfq. ulaval. ca/AXL/europe/corsefra. htm，2007－09－17。博尼法乔语，是古代热那亚语的一种变型，主要是居住在科西嘉岛南部港口博尼法乔的居民说这种语言。

② 一般将中世纪以后至大革命爆发前的这段时间称为旧制度。

③ Jean-Marie Arrighi, Olivier Jehasse, *Histoire de la Corse et des Corses*, PERRIN/Colonna Editions, 2008, p. 354.

④ 《科西嘉》，载拉瓦尔大学（ Uiversité Laval ）主办的“魁北克法语语言宝库”网（Trésor de la langue française au Québec）：www. tlfq. ulaval. ca/AXL/europe/corsefra. htm，2007－09－17。

二　历史上的科西嘉政策

历史上，从归属法国之后直至1789年，科西嘉岛都保持着高度自治，甚至在1775年还获得了“国中之国”的特殊地位。[①] 法国大革命以后，法国政权更替频繁，先后经历了执政府（1799—1804）、第一帝国（1805—1815）、复辟王朝（1814—1830）、七月王朝（1830—1848）、第二共和国（1848—1851）、第二帝国（1852—1870）、第三共和国（1870—1940）、第四共和国（1946—1958）直到今天的第五共和国。而各个政权对待科西嘉的态度则可以大致归纳为以下三个特点：起初的政权以较为温和、审慎的态度予以对待；到了第三、四共和国时期，不公正的政策导致中央政府与科西嘉人之间产生摩擦；第三阶段，则是继承了过往“积怨”的第五共和国中央政府与科西嘉人展开协商的“博弈”时期。

（一）“温和”时期

拿破仑是第一位将科西嘉视为法国不可分割的一部分的执政者，但他却因忙于其他政务而对科西嘉事务无暇顾及。他当时的态度是：“让他们（科西嘉人）还保持他们的宗教、他们的神甫、他们的教堂吧，只要他们是好公民，只要他们对法兰西人心怀友善”。由于原籍就在科西嘉岛，拿破仑对这里的人民非常了解，也十分明白科西嘉的特殊性，他曾对被派往科西嘉担任行政长官的米奥（Miot）说过：“（您的）任务异常艰难，科西嘉人是一个异常难以理解的民族，他们有极其活跃的想象力和异常积极的热情。”[②] 连续使用三个“异常”显然是为了强调和提醒科西嘉事务的特殊性。

---

① 国民议会第2995号关于科西嘉的报告，载法国国民议会官方网站：www.assemblee-nationale.fr/11/rapports/r2995.asp，2009-04-16。

② Roger Caratini, *Histoire du peuple corse*, Editions Criterion, 1995, pp. 273, 288.

米奥为科西嘉建立了行政和税务体系，为以后该岛顺利融入法国打下了一定基础。他执政时的一些著名法令至今仍被执行。但在当时，科西嘉岛对于拿破仑的军事战略意义远大于发展家乡的愿望。米奥到任后，颁布了一系列法令，其中有关关税的法令有两个主要特点：第一，与外国的贸易要遵循与法国大陆一样的进口与出口法；第二，与法国的贸易同样要遵守一些关税法。第一条是将科西嘉当作法国其他省份一样对待，而第二条则是矛盾的，阻碍了科西嘉的经济发展。因此，关税问题在此后的科西嘉问题中总是占据一定位置。

拿破仑下台后，复辟王朝对科西嘉的管辖与拿破仑执政时一样，但各种行政文书用语从1820年代开始逐步由法语代替意大利语（这一进程直到1850年代），在经济领域重点发展科西嘉农业。复辟时期科西嘉面临的问题包括："行政及关税问题、农业生产不足、语言的法语化、教育机构缺失，中央政府的不信任等。"[①]

七月王朝时期，科西嘉的行政及税务体系维持原状，关税有所改善，但在法国大陆和该岛之间仍然存在不平等的关税壁垒，这对岛内经济发展构成了致命打击。到了第二帝国时期，拿破仑三世表达了发展科西嘉岛的意愿，他做出过许多承诺和许愿，不过因为有更重要的计划要实施，就将这个任务交给了手下大臣，结果科西嘉未能如他许诺的那样发展起来。

总体来说，从1789年以后，科西嘉人逐渐开始融入法兰西。在语言文化上，行政文书用语的法语化在这一时期开始推行，虽然进程缓慢，但为下一步共和国时期的法语化进程做好了铺垫。在行政上，科西嘉也像其他省份一样接受中央政府的管辖。这一时期的科西嘉问题还没有作为"问题"提出，更多的是行政、经济、语言方面的诉求，这些诉求在法国其他省份或多或少也存在。科西嘉民族主义运动的产生，要等到第三、四共和国时期。

---

① Roger Caratini, *Histoire du peuple corse*, Editions Criterion, 1995, p. 288.

（二）“摩擦”时期

到了第三、四共和国时期，法国政府对科西嘉的态度有了明显不同，学者将其定义为“殖民主义”，但这种“殖民主义”是“潜伏的”，因此也被称为“隐殖民主义”（le cryptocolonialisme）。之所以这样说是因为：首先，第三共和国为科西嘉人强加了一个新的建立在全民投票与代议概念基础上的共和政体，与帝国时代的专制政体显然有明显区别。但由于前者与历史上帕斯卡尔·保利（Pascal Paoli）曾经一度建立的独立的“科西嘉王国”的代议制共和国相似，所以并没有引起太多的抵触。

其次，在政治体制顺利同化的同时，第三共和国政府却努力打压科西嘉语言文化在当地的彰显。一些（大陆）公共机构监察员的官方报告意图灭绝学校中科西嘉语的使用，带有偏见的侮辱性言辞在法国大陆大肆蔓延。共和国总统去科西嘉时，一家销量百万的报纸以《总统去了野蛮人那里》为题写道：“……人们可能要对巴黎提出疑问：让国家元首去那些好斗的、整日手拿武器、只知道家族仇杀的岛民那里是否为谨慎之举……唉！我们真是可悲的殖民者，我们的能力止步于普罗旺斯的罢工，科西嘉和阿尔及利亚……都是我们手中的金矿，而我们却不能从中汲取财富，只会在那里的办公桌上搞一些堆积如山的行政文件！但是，阿尔及利亚，我们离那一天不远了！科西嘉，我们离那一天也不远了！”[①] 这种剥削意图跃然纸上。

再次，第三共和国政府几乎毫无意愿发展该岛经济。这方面最为明显的例子就是岛内道路建设。七月王朝时期，曾颁布法令建设岛内五条主要道路，第二帝国时期建设了其中的几百公里。第三共和国只是迫于岛上强盗猖獗的压力修了一些为剿匪灭盗而用的公路。在铁路方面更是进展缓慢，连接巴斯蒂亚和科尔蒂（Corti）的铁路 1882 年才

① Roger Caratini, *Histoire du peuple corse*, Editions Criterion, 1995, p. 315.

开始动工，1888 才完成。该线路 1894 年才延伸至阿雅克修。缺少方便的岛内路网，成为制约科西嘉农业发展的严重障碍。

第三共和国后期，即 1899—1914 年，正值帝国主义法国扩张时期，大批科西嘉人前往法属殖民地。在殖民地，科西嘉人在当地所有法国人中占 25%。这一比例为日后的科西嘉问题留下了隐患。移出该岛的科西嘉人可以在军队或行政机构谋得职位，而继续留在岛上的居民却过着贫困的生活。也正是这时，岛上的科西嘉民族主义情绪初露端倪，这种情绪最初以报纸刊物为宣泄口。将近 1900 年时，名为《科西嘉党》的报刊问世，其诉求或不满就是："法国向我们承诺了那么多：整顿平原、革新农业、改善村间路网、延长铁轨路段等，但却什么也没干。"[①] 此后，媒体报刊的不满之声越来越高。两次世界大战期间，由于出现外敌入侵的特殊历史情境，其民族主义情绪有所平息。

第二次世界大战以后，帝国主义法国开始逐渐丧失其原有殖民地。新生而又短暂的第四共和国（1946—1958 年）开始注意科西嘉时，第一个念头是要将它作为从殖民地遣返回国的"黑脚法国人"的安置地。在这种前提下，中央政府第一次展示了要大刀阔斧发展科西嘉的政治意愿，并且在 1957 年创立了发展当地农业的索米瓦克（SOMIVAC）公司。继此之后到第五共和国之初，为了发展旅游业又创立了专门机构（SETCO）。然而从中受惠的却不是文化认同意识越来越强的科西嘉土著居民。在这种情况下，科西嘉民族主义情绪再度高涨。

（三）"博弈"时期

第五共和国成立之初，适逢欧洲地方主义、民族主义运动盛行，爱尔兰人（les Irlandais）、巴斯克人、布列塔尼人、奥克语地区的人（les Occitans）等纷纷组织游行，提出自己的诉求。但是新政府对这一现象并未在意。科西嘉也在这次运动之列：由大学生组织的科西嘉联盟

---

① Roger Caratini, *Histoire du peuple corse*, Editions Criterion, 1995, p. 325.

(Union corse)、科西嘉学生民族联盟（Union nationale des étudiants corses）和科西嘉未来联盟（Union Corse l' Avenir）分别于1960年、1962年和1964年先后成立，前者以文化活动为主，后两者倡导在科西嘉生活的意愿和让年轻人重返科西嘉。也是在1964年，另一个以经济诉求为目的的组织——科西嘉利益研究与保护委员会（Comité d' études et de défense des intérêts de la Corse）在该岛成立。这些具有文化和经济两种诉求倾向的组织很快就联合在一起，并于1966年合并为"科西嘉地区阵线"（Front régionaliste corse）；来自于科西嘉利益研究与保护委员会的一个小组，还创办了表达自己心声的报纸《阿里蒂》（Arritti）。1970年代，地方主义者再次通过该报宣示自己是民族主义者。

1975年为了抑制呼吁科西嘉统一性的民族主义运动继续扩大，法国政府采取"分而治之"策略，将科西嘉分为两个省，并分别设立首府。但这样做也未能阻止事态发展。1976年5月，著名的地下极端民族主义组织"科西嘉民族解放阵线"（Front de Libération Nationale de la Corse，简称FLNC）成立。该组织自称是科西嘉民族主义组织，实际上是一个军事组织，其目标已经不同于先前的其他组织。先前那些组织的目标是争取科西嘉"自治"，而科西嘉民族解放阵线则是采用武力手段秘密地为科西嘉"独立"而斗争。

截至1980年代初期，科西嘉民族主义者大致可分为两派："温和派政治立场倾向于左派，只是要求保护科西嘉文化（语言与传统）、更加广泛的地区自治和恢复经济的有效措施，因为科西嘉已经成为欧洲最贫困的地区。而极端派则要求完全自治，甚至梦想在经济和政治生存力都成问题的岛上建立科西嘉国。"①

综上所述，1789年以后的科西嘉人已经在政治和行政方面逐渐融入法国大陆，最后也像法国其他省一样分成了左派和右派。但政治上融入法兰西社会的同时，经济上与法国大陆的差距却越来越大。在相

① Roger Caratini, *Histoire du peuple corse*, Editions Criterion, 1995, p. 337.

同体制和模式下看到了如此之大的经济差距，加之大陆主流社会的偏见、歧视和文化打压，科西嘉人民族主义情绪最终爆发。但科西嘉人之所以团结起来的根本，还在于他们具有基于语言文化同一性的认同自觉。正因如此，科西嘉民族主义诉求中始终包括科西嘉语在学校中的教授和使用。在科西嘉人越发强烈的民族主义—地区主义诉求面前，第五共和国中央政府也开始积极求变，表达出想要改善关系的意愿。

三　分权制改革的试验区

面对各地情绪高涨的地区主义，法国政府启动了分权制改革的步伐，以结束此前中央集权制为中央—地方之间造成的紧张关系。而科西嘉岛则是这场改革的先行区和试验区。从 1980 年代至 21 世纪初，是中央政府准备、启动和最终确立分权制行政组织结构的时期。在这一阶段，政府一面与科西嘉代表协商谈判，一面着手进行全国范围内的行政分权改革。

面对科西嘉民族主义者的诉求，法国政府做出了两方面的回应：第一，1980 年在科尔蒂创建了一所大学（第一所大学在帕斯卡尔·保利统治的时代创办）；第二，1982 年赋予了科西嘉大区特殊身份，分别在行政组织和管辖权方面作出了新的规定，设立了科西嘉议会(l' Assemblée de Corse)，并赋予该议会以下职能：（1）教育、培训、文化认同、公共关系与环境；（2）农业、工业发展、土地规划、住房；（3）交通；（4）就业；（5）能源。[①] 虽然这些权限仍属于中央政府控制下的“自治”范围，但这却是当时法国大陆其他大区所不具有的。

尽管如此，这些对科西嘉民族主义者来说还远远不够，民族主义运动尤其是极端民族主义组织活动仍在继续。1988 年，当时的内政部长皮埃尔·若克斯（Pierre Joxe）来到科西嘉，目的是“重新展开国家

① Roger Caratini, *Histoire du peuple corse*, Editions Criterion, 1995, p. 343.

与该岛各种政治、社会、经济和文化力量的对话”。①

1991 年，中央政府与科西嘉地方代表经过审慎的协商讨论，提交了《科西嘉行政区身份法案》，但宪法委员会在法案通过几天后就废除了其中的第 1 条，即“法兰西共和国确保作为法兰西人民（le peuple français）组成部分的‘科西嘉人民（le peuple corse）’所组建的现有的历史和文化团体拥有保护其文化独特性以及捍卫其特殊的经济社会利益的权利。这些与岛屿特性相关的权利要尊重国家统一，在共和国宪法、法律及现有成文法允许范围内行使。”

法国的宪法委员会负责各种法律、规范的合宪性审查工作，该条款未被通过的理由便是，“科西嘉人民”这一说法存在争议：对一些人来说，这一概念有悖于一个“单一不可分的共和国”原则；另一些人认为，它会引起布列塔尼人、阿尔萨斯人、加泰罗尼亚人、巴斯克人也提出同样的要求。

既然不承认科西嘉人民的集体存在，那么科西嘉的特殊性问题是如何解决的呢？法国政府的办法就是名义上坚守法兰西人民“单一不可分”的宪法原则，实际上通过分权制行政体制改革下放地方事权，尤其是在地方经济发展领域的管辖权。

很多人认为，法兰西共和国是一个单一制中央集权型国家。历史上的法国的确是一个以中央集权著称的国家，但那是 1980 年代以前的法国，现在的法兰西第五共和国是一个政治上实行单一制，行政上实行地方分权制的国家。1980 年以后，政府启动了一系列地方分权改革方案。

在地方分权改革进程中，科西嘉的特殊地理、历史与文化使其地位始终有别于法国大陆的其他地区。1982 年 3 月 2 日和 7 月 30 日颁布法律，宣布了法国地方分权改革的开端。中央政府的监管被取消，由

① Jean-Marie Arrighi, Olivier Jehasse, *Histoire de la Corse et des Corses*, PERRIN/Colonna Editions, 2008, p. 466.

较轻的监督代替。鉴于科西嘉岛以独立为目标的自治呼声愈发高涨，该法律赋予科西嘉一个特殊大区身份，如上文提到的，为科西嘉设立了管辖权范围较广阔的科西嘉议会，而法国大陆其他大区直到 1986 年才拥有这些管辖权。法律同时规定，科西嘉大区的组织形式要充分考虑当地的地理与历史特殊性。

在后来的改革中，科西嘉于 1992 年获得特别地方领土单位（collectivité territoriale à statut particulier）身份，2000—2002 年中央政府与科西嘉议会经过谈判，于 2002 年 1 月 22 日颁布法律进一步扩大了科西嘉的原有管辖权，尤其强调促进其在文化、岛屿特性方面的发展。①

到 2003 年，法国参众议院联席会议通过了宪法修正案，对 1980 年代以来的地方分权化进程从宪法角度予以“正名”：在宪法第一条中加入了共和国的行政组织结构为“分权式”（décentralisé）。经过一系列的改革，法国形成了大区（région）、省（département）、市镇（commune）三类地方领土单位（collectivités territoriales 或 collectivités locales，又译作“地方团体”）格局。

地方领土单位的设立与地方分权进程是密切相关的。在从宪法角度赋予地方领土单位新的管辖权之前，它们可以被理解为“地方行政区”，但当它们拥有新的管辖权以后，它们就不仅是国家的一类行政区划（但不同于中央集权制下的行政区概念），还是像国家一样但又不同于国家的、以国内某一地域为构成基础的公法②法人（personnes morales de droit public）了。

这种公法法人与集权制下国家行政区的区别在于，在中央集权制

① 参见：法国“公共生活”官方网站：科西嘉拥有什么样的身份？http：//www. vie-publique. fr/decouverte-institutions/institutions/collectivites-territoriales/categories-collectivites-territoriales/quel-est-statut-corse. html（2015 - 01 - 24）。

② 法国法律体系中，通常将调整国家机关相互关系的法律，以及国家机关与私人关系的法律称为公法，而将调整私人相互关系的法律称为私法。张莉：《当代法国公法——制度、学说与判例》，中国政法大学出版社 2013 年版，第 2 页。

下，国家为了行政事务的合理执行，把全国划分为不同的行政区域，但所有的区域都是执行国家行政的单位，没有独立的法律人格。但当法律承认某个地方的公务不是国家的公务时，就意味着承认这个地方是和国家不同的实体，可以独立地享受权利和负担义务，与国家一样是一个公法法人。①

根据法国宪法第72条第3款的规定，“地方领土单位在法律规定的范围内进行自由地自我管理。地方领土单位只拥有行政管辖权（compétences administratives），不被允许拥有国家管辖权（compétences étatiques），例如颁布法律（loi）或自治条例，也不被允许享有司法权限或处理国际关系事务的专属管辖权”。② 所谓“自由地自我管理”，在具体操作上是指，大区、省、市镇，每一类地方领土单位的事务均由民选的议会和议会主席管理，体现“民选民治”的原则，中央不再派驻代表担任地方行政首脑职务。

法国的各个市镇、省、大区虽然规模不同，但都享有平等的公法法人身份，而宪法第72条第1款特别规定，科西嘉是唯一一个“具有特殊地位”的地方领土单位。科西嘉人的特殊诉求（基于历史、文化和地理方面的独特性）从此可以通过行政—法律体系，在宪政框架下加以提出和寻求解决。法国官方虽然在名义上没有承认科西嘉作为少数民族或人民的存在，但是在实际操作中（国家分权体制改革）却已经承认并充分考虑了其特殊性。但这种特殊待遇是针对科西嘉岛，而不是针对科西嘉人民的，也就是说只具有地区指向，不具有群体指向。当然一些要求独立的民族主义组织并没有接受这种解决办法，但不接受的意见不是主流。

从宪法高度规定“特别对待”，在行政—法律体系规定具体操作细

① 王名扬：《法国行政法》，中国政法大学出版社1989年版，第43—44页。

② 参见：法国“公共生活”官方网站：何谓地方领土单位？http：//www. vie-publique. fr/decouverte-institutions/institutions/collectivites-territoriales/categories-collectivites-territoriales/qu-est-ce-qu-collectivite-territoriale-ou-collectivite-locale. html（2014－06－30）。

则，通过这些途径，科西嘉问题实际上最终被限定在了“单一不可分”的共和国与人民的大框架内加以解决。科西嘉问题的解决，说明“单一不可分”原则是法国处理异质性群体方面的最大掣肘，在中央政府与异质性群体就该原则达成一致的条件下，特殊语言、文化、历史等问题才有望找到出路。

实际上，不仅是科西嘉人，法国所有“少数民族”在语言文化方面的特殊诉求都会因为“单一不可分”原则的掣肘而遭到拒绝。虽然1966年已经签署了《联合国公民权利和政治权利国际公约》，但是法国政府却对第27条关于保障少数民族权利的规定作了保留。该条款规定：在那些存在着人种的、宗教的或语言的少数人的国家中，不得否认这种少数人同他们的集团中的其他成员共同享有自己的文化、信奉和实行自己的宗教或使用自己的语言的权利。法国不想适用这一条，理由是在法国没有少数民族。

面对科西嘉人，其他“少数民族”也如是，法国政府的回应是：只承认作为个体的科西嘉人的权利，不承认作为“people”的科西嘉人的权利，因为法兰西people是“单一不可分”的。法国政府为何如此珍视“单一不可分”原则，以至于无视内部差异性群体的事实存在？

四　面临挑战的“单一不可分”原则

通过考察大革命一来的政治发展历程，我们发现，“单一不可分”原则之所以如此重要，是基于该原则的历史分量，也就是说，这种理念在民族国家的统一和整合过程中曾经发挥过核心作用，它是今日法兰西的政治“基因”。

（一）最初的原则：“单一不可分”的人民、民族和国家

在法国历史学界，从中世纪结束到法国大革命爆发被称为“旧制度”时期。这段时期的社会特点是，贵族、教士阶层不劳作、不缴税，

却坐享诸多特权。而辛勤的资产阶级（是当时社会中第三等级的主体，也是社会中的平民）却要替享有免税权的人交税，而且还要承受国王因财政困难而不断增加的赋税。

鉴于旧制度时期等级社会的深刻不平等，意图结束专制统治的革命者，对卢梭描绘的人类社会理想状态深信不疑，也无限向往。后者的“人民主权”（souveraineté populaire）观念既提供了使“臣民”变为“公民”的可能性，又提供了合法性。根据卢梭的契约原理，公民需要聚合为一个集体，因为公民身份只能在一种集体性自决实践中才能够实现。最终，这个集体被西耶斯及其革命盟友命名为“民族”（nation）。从此，“人民主权”也顺理成章地变为了“民族主权”（souveraineté nationale）。

“单一不可分”的立国原则正是来源于人们对“主权”的认知。首次系统讨论主权本质的是让·博丹（Jean Bodin），他将主权定义为国家绝对的和永久的权力。[①] 博丹之后，从17世纪开始，一些政治思想家，尤其是约翰内斯·阿尔色修斯（Johannaes Althusius）和于格·格劳秀斯（Hugo Grotius）等人，都对主权有过较为深入的思考和研究。他们虽然对主权的拥有者是谁这个问题存在分歧，但是主权本身完整和不可分却是一个共识。[②]

卢梭也是这样认识主权的，他认为人民是一个集体，只有这个集体拥有完整的主权，人民之中的任何一部分或任何个人都不能行使主权，所以主权不可分，人民作为一个集体存在也不可分。在《社会契约论》中，作者专门谈到了主权的不可分割问题。大革命时期，主权的拥有者变为民族，所以民族也是“单一和不可分的”，而民族所依托的国家实体——共和国，自然也是一个和不可分的。

① François DE SMET, *Le mythe de la souveraineté. Du Corps au Contrat social*, Bruxelles-Fernelmont, E. M. E., 2011, pp. 42, 45.

② 参见［美］小查尔斯·爱德华·梅里亚姆《卢梭以来的主权学说史》，毕洪海译，法律出版社2006年版，第5、15、17页。

由此，人民、民族、国家“三位一体”观念，也就是古典的“一个人民，一个民族，一个国家”民族主义理论便顺理成章地成立了，它们不仅是单一的，而且还都是不可分的。人民不可分是基于人民之中的一部分不能行使主权而言；从人民到民族的话语转变，只是卢梭和西耶斯对同一个集合体的不同称呼，名称改变，实质却并无二致，因而民族也是一个整体，具有不可分的特点；国家是人民和民族赖以维持的有形依托，所以最终是国家的（而不是人民或民族的）不可分原则最终被明文载入革命以来的绝大多数宪法中。“共和国是单一和不可分的”这句话实际上是上述“三位一体”理念的宣示，即共和国所承载的人民和民族不可分，它远远超过一般意义上的领土不可分割含义。因此，追根溯源，我们可以认为，人民、民族、国家的“单一不可分”都是从主权维度的演绎出的推论。

这种思想充分体现在革命早期的宪法中。1791 年宪法第 3 章第 1 条明确规定：“主权是单一、不可分、不可转让、不因时效而消灭的。它属于民族，无论是人民中的一部分还是任何个人都不得主张对主权的行使”；第 2 章第 1 条规定：“王国（Royaume）是单一和不可分的……”[①] 1793 年宪法中对主权也有同样的宣示，“主权属于人民；它是单一和不可分的”；关于国家，则明确规定：“法兰西共和国是单一和不可分的。”[②]

由此，“单一不可分”成了最初的民族原则，也是共和国价值观的核心原则之一。但值得注意的是，1848 年的第二共和国宪法只规定了“法兰西共和国是民主的、单一和不可分的”，关于主权的相关宣示已经消失。[③] 如今的法兰西第五共和国宪法中，关于主权也不再有“单一

① 法国国民议会官方网站：“1791 年宪法”：http：//www. assemblee-nationale. fr/histoire/constitutions/constitution-de-1791. asp（2014 - 3 - 19）。

② 法国国民议会官方网站：“1793 年宪法”：http：//www. assemblee-nationale. fr/histoire/constitutions/constitution-de-1793-an1. asp（2014 - 3 - 19）。

③ 法国国民议会官方网站：“1848 年宪法”：http：//www. assemblee-nationale. fr/histoire/constitutions/constitution-deuxieme-republique. asp（2014 - 3 - 19）。

和不可分”的宣示。

法国历史学家也承认，大革命前的法兰西，社会文化异质性十分明显。“旧制度时期，人民完全被排除在政治生活之外，语言与习俗的多样性对于君主体制而言并不构成一个问题”，[①] 这种统治理念使得法兰西直到18世纪末期仍然像一幅杂拼画一样，各地区拥有不同的风俗和方言。

而“单一不可分”原则没有从“国家统一”的角度予以解读，而是被理解为均质化的公民社会，及其承载的均质化的语言文化。大革命时代形成的这种雅各宾意识形态[②]将一套政治精英阶层制定的标准文化强加到公民社会中，这是一场将政治、经济、文化、社会全部囊括进来的“整体配套改革”。其中，教育、语言的统一既是这种强力意志的结果，也反过来巩固了这种普遍主义的公民文化，增强了公民的民族认同。

“单一不可分”原则终于在19世纪末期成为现实，共同文化和民族认同催生了以语言、文化方面的同质性为标准的法兰西民族。这一阶段强制同化的目标群体是生活在这片六边形土地上的所有地区和所有群体，无论它们原来拥有何种语言、文化和区域特殊性。因此，大革命之后的国家—民族整合也并非不伴有冲突。“冲突问题之所以不曾存在，并不是因为对‘法国化’进程的抵触极少以集体形式呈现，而是由于雅各宾国家意识形态的强权作用，致使档案中没有留下任何集

① Gérard Noiriel, *Population, immigration et identité nationale en France* XIXe-XXe *siècle*, Hachette, 1992, p. 94.

② 法国大革命一举扫除了封建式中央集权制的地方管理体制和制度，确定法兰西是“单一和不可分”的共和国，建立了新的中央集权的政治和行政管理体制，统一领导和管理地方政府。新的地方管理体制和制度取消了关卡，统一了税收，打通了商品和贸易渠道，大大促进了法国经济的发展。新的地方管理体制和制度也使法兰西语言和文化逐渐普及，地方风俗习惯逐渐缩小，种族逐渐同化，从而加速了法国政治统一，促进了法兰西民族的最后形成。今天，人们把这种体制和制度称为“雅各宾传统”“雅各宾精神”“雅各宾主义”“雅各宾制度”等。参见吴国庆《当代各国政治体制：法国》，兰州大学出版社1998年版，第70—71页。

体抵触痕迹。”①

随着民主社会的逐步完善，最终，就像我们看到的，对强制的文化同化政策的集体抵触无法避免地在 1970 年前后出现了：布列塔尼人、巴斯克人、科西嘉人纷纷要求国家承认并保护他们的特殊文化。其中，科西嘉人的自治诉求以及独立运动最为强烈，在该地区甚至出现了极端分离主义组织。

五　结语

从目前来看，在分权制改革后，由于获得了特殊行政区身份，相对于此前阶段，科西嘉语言、文化、教育方面的权利已经取得了很大进展。可以说，科西嘉人的集体身份虽然没有得到官方承认，却在集体权利方面有切实的“斩获”。这种进步不是中央政府出于尊重差异的心态主动给予的，而是差异群体力争的结果。2015 年，在地区选举中，科西嘉民族主义党第一次在竞选中胜出，科西嘉岛也成为法国唯一一个既不是左派，也不是右派政党执政的地区。这预示着科西嘉人的特殊性问题将再次作为内政议题成为舆论关注的对象。

人民—民族—国家的“单一不可分”是基于大革命时期特殊历史和社会文化背景提出的，在统一和整合当时四分五裂的国家的过程中发挥了积极作用，在当时具有进步意义。而现在，支持这一原则的社会现实已经不复存在。今天，官方对该原则极力维护，只是因为它始终被宣示于法律条文中。在法律是否需要固守的问题上，美国著名法学家卡多佐早已给出答案：“我们仍需牢记：法律的确定性并非追求的唯一价值；实现它可能会付出过高的代价；法律永远静止不动与永远不断变动同样危险；妥协是法律成长的原则中很重要的一条。”②

① Gérard Noiriel, *État*, *Nation et Immigration*, Gallimard, 2005, p. 127.

② ［美］本杰明·N. 卡多佐：《法律的成长 法律科学的悖论》，董炯、彭冰译，法律出版社 2002 年版，第 12 页。

因此，尽管法国在法治国家的制度设计、运行和监督体系上都已经愈发完善，但是宪政体制的核心与关键仍在于宪法的设计理念是否科学合理。人民的单一必然导致团结，多样的文化群体就无法和谐共存吗？人们真的无法找到“既维护统一，又注重差异”的办法吗？“单一不可分”原则需要从宪法角度重新认识和阐释，否则，科西嘉永远是一个理不顺的内部“民族”问题。

（陈玉瑶，中国社会科学院民族学与人类学研究所助理研究员）

英　国

英国北爱尔兰民族问题长期以来一直是举世瞩目的一个热点。它不仅与该地区的政治局势和经济状况息息相关，而且对英国和爱尔兰两国关系的发展，对英国乃至西欧政局的稳定也至关重要。1965 年以来在北爱尔兰地区所发生的一系列民族间的暴力冲突，严重影响了当地社会、经济的发展和人民生活的安定。随着该地区各派武装力量的休战，北爱尔兰民族问题的发展前景如何，北爱尔兰将走向何方，成了人们关心的话题。

关于北爱尔兰民族问题的发展前景，人们众说纷纭，总的来讲“忧”多“喜”少。当然，“忧”有“忧”的根据，“喜”有“喜”的道理。一些专家已就此进行了见仁见智的论述。在此基础上，本文试图对北爱尔兰民族问题的发展前景做一粗略的探讨。

一　北爱问题的解决途径

北爱尔兰民族问题最终能否得以和平解决？和平解决的可能性是大是小？这是讨论北爱尔兰民族问题的发展前景时必须回答的问题。笔者认为，通过非暴力的和平方式解决北爱尔兰民族问题的可能性较大，其具体途径大致有两种：

第一，实现“多重保护机制”。

“多重保护机制”的主要内容包括：（1）建立一个得到天主教徒和新教徒共同首肯的政府，改革现行的北爱尔兰政治体制，正式修改1937年的北爱尔兰宪法和1920年英国对北爱尔兰颁布的法令。（2）建立新的选举制度，以使政权充分体现“民有”、“民治”和“民享”的特点。即使不能建立一个正式的新教徒和天主教徒的联合政府，对于新教徒多数派所享有的颇具争议的参政权也须予以修正，使选举制度更为公正、合理。同时，必须保证少数派天主教徒享有广泛而有效的参政、议政权。（3）通过立法，在北爱尔兰建立起民族平等的机制。这一举措包括颁布《权利法案》，以保护有着不同宗教信仰和不同文化、使用不同语言的所有公众的正当权益不受侵犯；建立公平的“雇佣制度”，并使两个民族有均等的参与改革和社会发展的机会；重新组建北爱尔兰的警察队伍。（4）建立一个民主的、切实负责的“跨界机构”，这一机构需得到各派力量的认可，对北爱尔兰政府负有咨询、指导之责。它的建立有可能导致在南、北爱尔兰之间，在不列颠各岛之间，甚至在欧盟成员国之间形成具有深远意义的邦联机制。这样的机构可能使北爱尔兰积重难返的诸多棘手问题得到较为圆满的解决，如解散并妥善处理众多的军事武装力量；促使英国撤回它在北爱尔兰的军事力量；尽快释放那些被英军逮捕的无辜者；建立一支能有效地维护社会稳定的警察队伍，等等。

这种“多重保护机制”的突出作用在于，无论将来发生什么情况，南、北爱尔兰统一也好，北爱尔兰继续留在英国也好，北爱尔兰独立也好……这种机制都会对维护北爱尔兰地区的和平局势，保护该地区天主教徒和新教徒的正当权益提供有效的保障。

应该指出的是，“多重保护机制”的实施，需要得到南、北爱尔兰人大多数的支持。这就要求该机制必须能够反映不同民族的利益，使不同民族的利益均能从中得以体现。该机制的运行将有助于各派力量之间形成“均势”。“多重保护机制”的操作若不遵循上述原则，通过实现这一机制和平解决北爱尔兰民族问题的构想便会成为空想。

第二，建立一个由英国和北爱尔兰分享权力的政府。

各派力量间多次磋商失败后，这一解决问题的方式即被英、爱两国领导人纳入和谈内容。在先前北爱尔兰交战双方停火后，一些学者为打破和谈中出现的僵局也提出过这一设想。[①]

“分享权力”须划分英、爱两国政府以及北爱尔兰人各自的权力范围，它是英、爱两国政府在北爱尔兰民族问题的解决方式上彼此妥协、达成共识的产物，它可以为北爱尔兰两个不同民族集团的利益提供持久的保障。“持久性”是该途径很可能被采用并生效的主要原因。有人证实，北爱尔兰天主教徒的数量正在不断增长，而且不久即可能成为北爱尔兰居民中的“大多数”。[②] 笔者认为，如果“分享权力”得以实现，即使天主教徒在北爱尔兰仍占少数，他们也会留在原地，因为天主教徒们会把“分享权力”看做实现南、北爱尔兰统一的奠基石，并且这种意识很可能会在天主教徒中产生强烈的共鸣。英、爱两国政府从各自的利益出发，可能不会迅速将这一解决问题的方式付诸实施，但这一可能性也蕴含着一种潜在的动力，两国政府的迟缓态度会激励北爱尔兰的天主教徒和新教徒们依靠自己的力量去寻求解决问题的更佳方案。

如果北爱尔兰的军事停火状态能持续下去，北爱尔兰各党派、英国政府以及爱尔兰政府间所进行的磋商、谈判，必将为实现上述两种目标而努力。

---

① 参见 John McGarry and Brendan O' leary（eds），*The Politics of Ethnic Conflict Regulation：Case Studies of Protracted Ethnic Conflics*，London & New York，1993.

② 参见 Brendan O' leary，Introduction：*Reflections on a Cold Peace*，Routlege，1995。

二　影响北爱和平的因素

应该相信，北爱尔兰民族问题最终会得以和平解决。和解不仅是饱受战乱之苦的北爱尔兰各族人民的愿望，也是世界各国人民的共同企盼。和平、合作与发展已成为当今国际社会的主题。英、爱两国政府领导人以及北爱尔兰各派力量的代表们从其自身的利益出发，不会置民意于不顾，继续在谈判中坚持原有的态度与立场。在彼此做出一定让步的情况下，关于和平解决北爱尔兰民族问题途径的意见会较迅速地趋于一致。

在我们讨论有关北爱尔兰和平前景的构想时，不容忽视的是，争取该地区民族问题的和平解决（有人称之为“重建北爱尔兰”[①]）绝非轻而易举之事，因为：（1）北爱尔兰的两个民族从各自的利益出发，可能会对上述和平解决问题的途径提出异议。从理论上讲，上述方案是可以被新教徒们接受的，因为它们并不意味着南、北爱尔兰的迅速统一。这些方案亦应当能被天主教徒们接受，因为它们可以使天主教徒们感到，即使他们还是少数派，也会得到与现在的新教徒们同样的保护。但天主教徒们也可能会以“多重保护机制”的内容“不甚详实、明确”为理由而拒绝接受它。他们可能反对成立任何形式的“跨界机构”，认为这些机构是“特洛伊木马”。长期以来他们在北爱尔兰一直处于不利地位，为建立民族平等的法律机制进行了不懈的努力。可是当其理想中的机制可能来临时，他们又对“梦想成真”倍加怀疑。新教徒们可能会反对改变目前北爱尔兰的权力结构，反对与天主教徒分享权力。其中的激进分子可能继续坚持原有的立场，强调北爱尔兰从来就不是爱尔兰共和国的一部分。他们可能坚持这样的立场：即使北爱尔兰大多数人同意南、北爱尔兰统一，北爱尔兰也不应脱离母国而

---

① Brendan O'leary, Introduction: *Reflections on a Cold Peace*, Rutledge, 1995.

独立。所以，对他们来说，任何可能导致南、北爱尔兰统一的意向都是不可接受的。如果北爱尔兰的天主教徒和新教徒都坚持上述立场、观点，且彼此不做任何让步，对爱尔兰民族问题的和平解决无疑是不利的。（2）北爱尔兰两个民族的某些传统观念对“重建北爱尔兰”具有阻碍作用。对北爱尔兰人来说，在实现和平的道路上会遇到许多艰难险阻，但也许他们并无觉察，有些羁绊是来自其自身的。在北爱尔兰，不少人对文化歧视、政治冲突和枪声、炮声似乎已习以为常。“固执己见”会导致战火重燃，这对一些北爱尔兰人来说似乎无足轻重。天主教徒和新教徒中都有这样一部分人，他们以“战斗”为乐趣和事业，对“智取”的“谋略”津津乐道。那些试图退出战场、做出和解举动的人往往会遭到责难。在一些人眼里，受责者应该被绑在火刑柱上，接受中世纪异教徒所受的那种“待遇”。[①] 从某种意义上说，这些因素对推动北爱尔兰的和平进程具有相当大的阻碍作用。（3）各方领导人在推动和平进程中若措施不当，比如具体的管理措施不当，各派力量间的妥协、合作节奏迟缓等，也会干扰北爱尔兰民族问题的和平解决。在这种情况下，北爱尔兰很可能出现和而不平的僵持局面。（4）一些“别有用心的人”有可能采取行动，拖延北爱尔兰的和平进程。这些人数目不大，但的确存在。他们不代表除他们自己以外任何人的利益，终日以“斡旋者”的面目游说于各派力量之间。北爱尔兰持久和平的到来，将使他们无所事事。他们深知此理，所以在北爱尔兰踏上持久和平的道路之前，他们从切身利益考虑，很可能做出一些有悖众望的事。虽然这部分人的力量不大，但也不可不防备他们对和平进程的干扰。

“重建北爱尔兰”的道路可能会很坎坷，但前途是光明的。北爱尔兰完全由英国人统治，或完全由爱尔兰人统治，都不能给该地区带来和平。如不建立民族平等的法律机制，北爱尔兰两个民族间的冲突很

① 参见 N. F. Cantor, *The Medieval World*, Macmillan, 1968。

可能会重新爆发。无论是新教徒还是天主教徒，他们都必须面对这一事实。在饱受了长期战火所带来的苦难，以及冗长无果的和谈所引至的困扰后，他们中多数人已认识到，拖延北爱尔兰的和平进程，最受伤害的是他们自己。同时，诸方谈判代表已感受到来自各方的舆论压力。从切身利益出发，相信谈判各方会做出必要的让步。

三　北爱和平后的前景分析

北爱尔兰民族问题若通过和平方式得以解决的话，对于北爱尔兰的发展前景，我们可以做出如下估测：

第一，天主教徒的人口数量将保持连续增长的势头，由此可加快北爱尔兰的两个民族从对抗走向合作的步伐。据统计，1971—1991 年，北爱尔兰西部、南部和农村地区的天主教徒人口，均有较大幅度的增长。1991 年，天主教徒人口已占北爱尔兰总人口的 38.4%，在基督教徒中，天主教徒所占的比例是 43.55%。[①] 有人认为，在 21 世纪的头 10 年中，贝尔法斯特很可能成为天主教徒占多数的城市。[②] 天主教徒人口不断增长的势头，会因持久和平的到来而日益迅猛。局势的稳定，以及不离开家园亦可谋求诸多升迁机会，使得天主教徒向外移民的人数不断减少。同时，较合理的雇佣劳动制度的实施，体现民族平等精神之法令的施行，也将成为激励天主教徒们继续在原地生活的重要因素。天主教徒人数不断增长的政治意义在于，它将为北爱尔兰两个敌视的民族创造平等的对话机遇，加快两个民族实现合作的步伐。对生活在同一特定地区的两个民族而言，当他们的经济和政治实力旗鼓相当时，其中任何一个集团都难以对它的邻者进行统治。虽然北爱尔兰的两个民族距离实现经济和政治上的平等还有相当长的时间，但那一

① Table 8 of the Northern Ireland Census of Population.

② 参见 N. F. Cantor, *The Medieval World*, Macmillan, 1968。

时刻将会随着天主教徒人口数量的不断增长而越来越近。这种形势将会有力地推动北爱尔兰实现权力分享和民族平等。有估计认为，北爱尔兰的两个民族实现真正的平等与合作，大约还需要半个世纪左右的时间。在今后的日子里，北爱尔兰共和军所制造的恐怖事件将日趋失去民心，失去意义。天主教徒的党派将赢得50%的选票。在下个世纪到来之前，北爱尔兰的那些小党派将处于“均势”。

第二，新教徒所获得的选票数将继续增长，至少目前、乃至今后的几年内是如此。更有把握的是，联合起来的新芬党和社会民主与劳动党所得的选票数会不断增长，虽然选举的性质和方式可能出现这样或那样的变化。这与1969年以来北爱尔兰诸党派在选举中所获选票数涨跌曲线表[①]所反映的状况是一致的。新教徒们已越来越真切地意识到，选举箱的价值要远远胜过枪炮。

第三，在持久和平的条件下，新教徒和天主教徒集团都将可能缓慢地出现组织松散的状况。有关和平解决北爱尔兰民族问题的政策和措施的实施，将会使一部分天主教徒和新教徒淡化各自集团内部成员间联系的意识，因此，在其总的组织结构上出现松散状态便不可避免。

一般说来，一个种族或者民族面临的政治压力越大，其自身的凝聚力就越强。相反，当某个种族或者民族无安全之虞时，其凝聚力便会相应地减弱。在这种情形之下，多元化的政治很可能从中产生。估计这种情况可能会在北爱尔兰的两个民族集团中出现。

当然，我们也不应夸大这种可能性。北爱尔兰两个民族间因长期对抗而积存下来的问题，不可能在短时间内得到彻底解决。两个民族已经或将要开始松散的组织结构有可能再度聚合，两族间的战火有可能复燃。

第四，英国保守党在北爱尔兰还会保持自己的势力，但不大可能出现繁荣之势。英国工党的势力在北爱尔兰也不太可能有大的发展。

---

① McITarry and O' leary, *Explaining Northern lreland*: *Broken Inages*, Oxford, 1995.

总之，北爱尔兰民族问题的解决途径，将很可能沿着和平、“非暴力”的轨迹发展。虽然在北爱尔兰赢得真正的、持久的和平之前，还会遇到一些艰难险阻，但我们相信一个和平、美好的北爱尔兰会在不久的将来出现在西欧。

（刘泓，中国社会科学院民族学与人类学研究所研究员）

西　班　牙

西班牙的民族和地区问题由来已久，为了解决这个问题，西班牙1978年宪法确定在全国实行民族和地区自治制度，并在1979年开始实施，到1983年完成了17个“自治共同体”的建立。西班牙的民族和地区自治制度在中央政府和自治共同体政府之间建立起了一整套有关双方权限、权力、利益与义务的“契约”。西班牙政治学界认为他们的自治有特色，创造了一种“一体化自治制国家”的模式。这里，笔者主要介绍一下西班牙民族和地区问题的由来、自治制度的特点和立法情况。

一　西班牙的民族问题与地区问题

西班牙1978年宪法第2条说：“本宪法建立在所有西班牙人的共同的不可分裂的祖国——牢不可破的西班牙国族（nación）的统一基础之上；本宪法承认和保障组成西班牙国族的各民族（nacionalidades）和各地区（regiones）的自治权利，承认和保障各民族和各地区之间的休戚与共。”宪法对西班牙国族构成的陈述，同时使用“各民族”和“各地区”这两个概念，这是有深刻原因的，反映了西班牙民族界线与地区界线相互交织的特点。

曾是罗马帝国一部分的西班牙，在罗马帝国崩溃后陷入了四分五裂的状态。进入中世纪，西班牙的王国或其他形式的政治实体林立，直到中世纪末期，依然存在着13—18个王国（差别在于把被摩尔人占领的安达卢西亚看成是1个还是4个单位）。① 在这些王国和政治实体中，位于梅塞塔高原（亦称卡斯蒂利亚高原，占国土大部分）西北部的卡斯蒂利亚王国在10世纪后逐渐强大起来，并于1126年与南邻莱昂王国联合，形成了称霸中央高原的政治实体，史称“旧卡斯蒂利亚”。接着，这个政治实体向东南扩张，与拉曼查联合，形成“新卡斯蒂利亚”。到15世纪中后期，这个扩大了的卡斯蒂利亚王国联盟，又与东北部的阿拉贡王国通过王室联姻实现联合，结成卡斯蒂利亚—阿拉贡联合王国，并统一了中央高原；与此同时，中央高原周边的一些王国继续存在。从公元711—1492年，整个西班牙分为南北两个世界：北方是基督教世界，南方是穆斯林世界；北方各王国以卡斯蒂利亚为核心，南方则以格拉纳达为首；彼此对立到1492年1月，最后，北方各王国联合打败了南方穆斯林各王国，将摩尔人逐出西班牙。由此，史学界一般认为，西班牙此时实现了政治上的“王权统一”和文化上的基督教统一，成为人类历史上“第一个国族—国家”（nation-state）。②

但是，当时的西班牙“王权”并不统一，而是仍旧分为不同的王国，只不过形成了卡斯蒂利亚—阿拉贡这一联合王国的领导地位罢了，并且主要体现在同摩尔人的战争中。在内部事务中，这个联合王国的王权并无绝对权威，人们对国王的命令往往采取“遵从但不执行”的态度。时至1492年5月间，当哥伦布拿着国王的命令让帕洛斯港当局

---

① Juan Pablo Fusi 主编：《西班牙的自治共同体》，马德里 Espasa-Calpe 出版社 1989 年版，第22页。

② 参见宁骚《民族与国家》第5章，北京大学出版社1995年版。

为他的远征提供两条帆船时，国王的命令未起任何作用。[①] 在美洲发现后，由于哥伦布的远航费用主要是卡斯蒂利亚王室资助的，卡斯蒂利亚—阿拉贡联合王国在很长一段时间里甚至不允许其他王国染指美洲，对其他王国的发现活动做出了“种种限制”。[②] 因此，如同当代西班牙著名历史学家胡安·巴勃罗·福西所言：“西班牙的统一直到进入19世纪仍是人为的统一。西班牙君主制的统一受到了不同的王国及其各自的司法条例的挑战。在整个18世纪和19世纪的大部分年代里，西班牙的社会和经济裂痕仍然是很大的。”[③]

“西班牙”一词作为一个地理和政治概念产生于12世纪初，当时仅指南方被摩尔人侵占的安达卢西亚地区，至14世纪才泛指现今的西班牙。[④] 而“西班牙民族”（nacionalidad española）的提法，直到18世纪才出现。[⑤] 自此以后，围绕西班牙国家的统一与社会经济一体化，围绕各民族和各地区的传统权力保留与文化振兴，西班牙进入了现代国族—国家剧烈整合与民族—地区活力持续增强这样两个并行的过程。[⑥]

作为现代国族—国家整合的标志，西班牙在18世纪中期以后出现了下述4方面的变化：1. 有关西班牙历史、语言和艺术概念的提出；2. 公民对整个国家关心之情的产生；3. 全国性文化机构的设立；4. 政府计划的制订。作为这些变化的必然结果，到1833年，发展部长哈维尔·德·布尔戈斯起草12月30日国王令，对全国的行政区划进行了改革，变全国为49个省（1927年加那利群岛又分为2个省，西班牙共计50个省）。省制的确立，从行政上消除了以前的王国界线，有利于全国一体化过程的发展。1833年行政改革以后，政府立法制度、全国

① 萨尔瓦多·德·马达里亚加：《哥伦布评传》，中国社会科学出版社1991年版，第254页。

② S. de Madariaga：《西班牙帝国在美洲的兴衰》，马德里，Espasa-Calpe出版社。

③ Juan Pablo Fusi，前揭书，第14页。

④ Antonio ubieto等：《西班牙通史》，巴塞罗那，Teide出版社1981年第13版，第65页。

⑤ Juan Pablo fusi，前揭书，第14页。

⑥ Constantino Alvarez：《西班牙各地区的一体化》，马德里，Trivium出版社1988年版。

性政党、选举制度等，逐渐建立起来；1845 和 1868 年，在全国范围内实现了财政制度和货币的统一；民事审判法、司法权力组织法和刑事审判法，在 1870 年前后相继颁布；1845 和 1857 年，国家中等和高等教育制度确立。所有这些，最终把西班牙人牢固地联系到了一起，使西班牙在进入 20 世纪时形成为一个整体。①

但是，西班牙国家和国族的一体化过程，同时伴随着民族和地区意识的增长。"19 世纪的西班牙，仍然是一个法律集权主义而实际地方主义的国家"②。各省议员团本来是中央政府的下设机构，但实际情况却是一种半独立的政权，成为各省的实际主宰。由此，在 1833 年的行政改革消除了以前的王国制度以后，面对中央集权制的确立与加强，联邦主义思想便成了地区民族主义者追求的目标。在 19 世纪后半期，围绕国家的政治体制，集权主义者和联邦主义者之间展开了激烈的争论。虽然集权主义者一直成为主导力量，但在许多方面是向联邦主义者让步的。

时间进入 20 世纪，西班牙的地区民族主义有了新的发展。特别是在第一次世界大战过后，受当时国际上承认被压迫民族有自决权的影响，加泰罗尼亚人和巴斯克人已不限于以往在西班牙统一的前提下追求联邦制或自治，而是出现了分裂和独立的倾向与活动。面对日益突出的地区民族问题，1931 年建立的第二共和国政府试图以"一体化自治国家"（Estado Integral de Autonomías）的方式加以解决。这种一体化自治国家的思想认为："一体化国家是介于统一制国家与联邦制国家之间的选择；面对前者，共和国实行地区自治；面对后者，共和国建立的是一个非一致化的分权国家，并且不允许各自治地区结成联邦。"③自治首先从加泰罗尼亚地区开始，接着是巴斯克地区；加利西亚地区在共和国行将失败时，也获得了法律上的自治认可。但是，自 19 世纪

① Juan Pablo Fusi，前揭书，第 15—16 页。

② Juan Pablo Fusi，前揭书，第 16 页。

③ 同上书，第 33 页。

产生并不断得到加强的西班牙统一的思想，在军人中间表现得特别强烈：随着国家纷争不已和国势衰落，军人的使命感终于导致佛朗哥将军挺身而出，于1936年发动了推翻第二共和国的起义，随之也废除了第二共和国的民族地区自治政策。不仅以佛朗哥将军为代表的军人，包括当时的大多数党派和议会，一致认为地区民族主义是国家统一的威胁。

于是，在佛朗哥40年的独裁统治期间，地区民族主义者成了首先被打击的目标。地区民族主义运动受到严厉镇压，地区民族主义运动领导人遭到枪毙、流放和关押。与此同时，佛朗哥强制推行文化统一与同化、行政完全集权化和立法全国一致化的政策。[①] 这种政策的结果，是激起了民族地区更强烈的反对。到1950年代末，民族地区问题开始重新走向公开化，并在巴斯克人中间出现了西班牙第一个以争取巴斯克独立为目标的恐怖主义组织“埃斯卡迪与自由”（ETA，简称“埃塔”，1959年成立）。西班牙学者在反思佛朗哥独裁期间实行民族镇压的后果时认为：“镇压留下了一份痛苦的仇恨与愤怒的遗产；镇压使西班牙主义在民族地区最终名誉扫地；镇压毁掉了巴斯克居民历史上的确有过的许多西班牙感情。”[②]

佛朗哥死后，从1975年至1978年，是西班牙政治生活发生巨变的历史性时期，史称“过渡期”。在卡洛斯国王的领导下，西班牙走向了民主化，并制订了新的西班牙宪法（1978年12月29日生效）。按照新宪法的规定，不同民族和地区都有建立自治共同体的权利。由此，西班牙在1979年至1983年期间，先后完成了17个自治共同体的建立，形成了独具特色的被称为“自治制国家”的模式。[③]

---

① Juan Pablo Fusi，前揭书，第37—38页。

② 同上书，第38页。

③ Jordi Sole Tura，《西班牙的民族与民族主义》第3章“自治制国家的政治模式”，马德里，Alianza出版社，1985年。

二　西班牙民族地方自治制度的建立及其特点

自治制度的建立过程　西班牙现在分为17个自治共同体、50个省和8083个市。根据宪法规定，这三级是基本的行政单位。但在省和市之间，以及在市下面，还有一些没有法定权限但被授予一些特殊职责的地方单位，这些地方单位在有关的省里名称不一，情况不同。设这些地方单位的省，往往是城市化程度稍低、自然地理复杂、历史文化特殊的省。

"自治共同体"是西班牙自治制度的核心单位。自治共同体的建立原则，大多数（13个）是以历史王国或公国为基础的。另外4个自治共同体的建立原因是：马德里因是首都单独成为自治共同体，加那利和巴利阿里因为是群岛而成立自治共同体，纳瓦拉因不愿回归巴斯克而单独成立为自治共同体。各个自治共同体的历史形成背景不同，规模和下辖的省数也不同。最多的是安达路卢西亚，辖8个省；最少的只有一个省，共有7个自治共同体属于这种情况。

"自治共同体"，是1978年西班牙宪法规定的名称。各个自治共同体的命名以地名为原则。这可以有两种解释：一是因为地区名和民族名一致，如加泰罗尼亚既是地区概念也是民族概念；二是因为这两个概念本身在西班牙就是模糊的。由此，西班牙1978年宪法第2条在讲到西班牙"国族"的构成时才会同时使用"各民族"和"各地区"这两个概念，而不是像我国那样说"中华民族"是由"56个民族"组成的。这反映了西班牙社会的认同特点，即民族认同与地区认同同时存在，二者有差别，但又难以区别。

西班牙的民族构成，没有如我国汉族这样一个概念。"西班牙人"这个概念，等于"中国人"的概念。历史上倒是有"卡斯蒂利亚人"这个概念，它所建立的王国是现代西班牙的统一核心；但自"西班牙"这个名称出现后（如前文所言，12世纪时仅指南部被摩尔人占据的地区，至14世纪才泛指整个西班牙），便逐渐取代“卡斯蒂利亚”而成为各王国共同认同的称谓。[①] 而西班牙由地名被赋予现代“国族”含义，则是18世纪的事。[②] 西班牙的少数民族，一般认为有巴斯克人、加泰罗尼亚人和加利西亚人。其他居民是什么民族，没有界定，只是以地区名称界定之。即使是上述3个少数民族，除了加利西亚人的概念比较明确以外，巴斯克人或加泰罗尼亚人的概念都存在着一些争议。

例如，关于巴斯克人（法国的除外）的概念，泛巴斯克主义者认为包括纳瓦拉人，但纳瓦拉人不接受。因此，尽管“巴斯克地区自治共同体”建立时（1979年12月18日）给当时的纳瓦拉省留下了席位，但纳瓦拉省后来并未加入，而是单独建立了（1982年）自治共同体。加泰罗尼亚人的概念也存在着同样的问题。从语言上说，巴伦西亚人、巴利阿里人都讲加泰罗尼亚语，但三者在民族认同上并不一致，并分别建立了自治共同体。其他的如安达卢西亚人和阿拉贡人，也没有明确说自己是不是“民族”：安达卢西亚自治条例在第1条中说自己具有“历史同一性”，在第2条中则讲“全体安达卢西亚人与西班牙其他民族和地区的平等与团结”；在历史上与卡斯蒂利亚人联合对西班牙统一发挥决定性作用的阿拉贡人，在自己的自治条例中也强调阿拉贡的“历史共性与同一性”，并规定阿拉贡的不同语言都受到保护，称这些语言是阿拉贡文化和历史财富的组成成分。[③]

纵观西班牙17个自治共同体的条例，在民族和地区界定上分3种情况：一是加利西亚、巴斯克和加泰罗尼亚3个自治共同体，明确说明自己是不同的民族；二是纳瓦拉、阿拉贡、巴伦西亚、巴利阿里和安达卢西亚5个自治共同体，采取的是含糊的行文，字面上没有声称自己是不同民族，但文中流露出较浓的历史、文化与地缘差别意识；三是其余9个自治共同体（阿斯图里亚斯、坎塔布连、拉里奥哈、穆

---

① Antonio ubieto 等：《西班牙通史》，前揭书，第65页。

② Juan Pablo Fusi，前揭书，第14页。

③ 西班牙公共管理部编：《自治制国家》第2卷，《阿拉贡自治条例》，1993年。

尔西亚、卡斯蒂利亚—拉曼查、加那利、埃斯特雷马杜拉、马德里、卡斯蒂利亚—莱昂），在自治条例中只是从地区上界定自己。除上述三个明确的少数民族地区外，其他 13 个地区（首都马德里除外）虽然没有民族差别意识，但地区差别意识很强烈，因为它们对自己曾经是独立王国或公国的历史记忆犹新，地区文化传统和特点依然存在。

西班牙自治制度的产生，首先是由民族政治问题引起的，是为了解决长期困扰西班牙的加泰罗尼亚人、巴斯克人和加利西亚人问题而提出来的。但是，在 1975 年以后的政治民主化过程中，其他历史地区也提出了自治的要求。这样，1978 年宪法的制订者不得不考虑这两种情况，在宪法附则中规定先实行民族地区自治、后实行一般地区自治。但宪法也没有预设建立多少个自治共同体，而是由各省按照历史、文化认同等因素自由组合。民族地区自治共同体的组建在 1979—1981 年相继完成，加泰罗尼亚和巴斯克在 1979 年通过了各自的自治条例，加利西亚在 1981 年通过了自治条例；其余 14 个一般地区自治共同体，在 1981—1983 年期间也先后完成了组建工作和自治条例的制订。也许是因为西班牙各地区的界线比较明确，17 个自治共同体的划分与成立过程基本上是一帆风顺的，没有产生任何与领土界线有关的纠纷。

自治制度的基本特点 西班牙自治制度是把过分集中的国家部分权力交给地区行使，而不是像联邦制那样相反。因此，西班牙人在讨论自己的国家制度时，从来不把它与联邦制联系起来，而是说它是一种介于集权制与联邦制之间的一种国家制度，称它是“自治制国家”或“一体化的自治制国家”。[①]

西班牙的自治共同体制度，开始考虑的是民族地区和一般地区两种类型，但在全国普遍实行自治的结果，是全国自治单位的体制走向了均质化。这是第一个特点。原因是，宪法对民族地区和一般地区的自治权限只是做出一些原则规定，各自治共同体的自治条例来源于宪

① Jordi Solé Tura，前揭书。

法规定，结果就是各个自治共同体的权限是一样的，“没有出现不同程度的自治”；“各个自治共同体之间的区别仅仅在于各自的特殊意识：在巴斯克地区和加泰罗尼亚，民族主义意识明显和突出一些；在加利西亚和安达卢西亚，这种意识淡薄得多；而在其他地区，则纯粹是地区主义的意识”[①]。这样一来，西班牙几个民族地区的问题，也就被淡化和湮没在一般地区问题中了。

两种地区权限一样，有没有疑问？疑问主要来自谁？是何疑问？1999 年我访问西班牙公共管理部，得到的回答是民族地区有些意见，认为自己应该比其他一般地区的权限多一些才好。为此，民族地区对宪法有关自治共同体权限的条款也提出过一些修改意见，希望赋予民族地区更多的有别于其他地区的权限。但马德里官方和法学界认为这是不合适的，违背地区平等原则；而且，只要赋予民族地区一些新的权限，其他一般地区马上就会跟上，中央和国会在法律和法理上都没有充分理由加以拒绝，结果还是会走向均质化。

行政自主和立法集权，是西班牙自治制度的第二个特点。虽然中央政府在自治共同体派驻了代表，但不参与地区行政事务，只对地区政府具有监督权；中央政府对地区政府的权威，主要体现在宪法第 155 条规定的假设地区政府不履行法定义务或危害西班牙整体利益时，中央政府经国会同意后可对地区政府采取强制措施。除此之外，地区政府依据法律规定，自主地领导自治共同体。立法上的集权主要体现在三个方面：一是西班牙国家的各项法律和法令，在各个自治共同体都有不容讨论的效力；二是各自治共同体的立法权来自于中央的授权，各项法律、法规须经国会通过才能正式实行；三是地区法律和法规一经国会通过，即变为国家法律和法规的组成部分，国家各部门和各地区都应遵守，而不只是在某个地区才有效力。

着重处理中央政府和地方政府之间的关系，把过分集中的国家权

① Juan Pablo Fusi. 前揭书，第 40 页。

力赋予地方政府行使，发挥地方活力，是西班牙自治制度的根本关切，这是西班牙自治制度的第三个特点。西班牙国家不设“民族事务委员会”，而是设“公共管理部”，负责地方行政管理。在民族地区，也没有地方民族事务委员会。这是因为，第一，西班牙自治制度的理念是落在地区行政管理上，而不是本民族内部事务上；第二，西班牙奉行公民个人政治权利和社会权利平等，不存在因公民个人民族身份不同而有区别对待的问题，国家和社会统计，公民证件等，没有“民族”成分这一项。不同民族间的公民只有民事和刑事关系问题，由司法部门处理，不存在需要政府加以解决的民族内部事务或民族间事务，成立这样的政府机构也就没有必要。西班牙朝野对民族问题的理解和着眼点在于民族集体而不是民族个体，而民族集体的物化形式是地区而不是社会组织，即不涉及各民族间的民众和民间关系。这样说，西班牙是不是没有民族差别表现呢？不是。在西班牙民族地区，民族化的社团甚至政党是正常现象，但地方政府不参与，更不牵头；那样做，就失去了政府的公众性，也不可能保证公正性。西班牙的近现代史也证明，西班牙的民族问题主要表现为民族地区与中央政府的行政权力和权限之争，而不是以民族为界限的民间和民众问题。例如，历史上，加泰罗尼亚反对马德里的独裁专制，但在加泰罗尼亚没有发生针对非加泰罗尼亚人的排斥。关于这一点，2001 年我在巴塞罗那做访问研究时，当问到加泰罗尼亚人和非加泰罗尼亚人有什么界限和不同待遇时，回答是：生活在加泰罗尼亚的人都是加泰罗尼亚人，具有同等的社会和政治权利保障。

民族地区自治政府的组成由政党竞争决定，而无民族身份的规定，是西班牙自治制度的第四个特点。西班牙政党林立，不仅有全国性的政党，而且有地区性的政党。在对中央权力的角逐和对地区权力的角逐中，各自扮演着不同的角色。全国性政党可以获得全国执政党的地位，但不一定能在自治地区获得同样的地位。如“西班牙工人社会党”和“人民党”轮流获全国执政党地位，但在加泰罗尼亚地区，则一直是“加泰罗尼亚民主联盟”与“加泰罗尼亚民主团结”联合执政；而在巴斯克地区，“巴斯克民族主义党”则连续执政。但是，具有民族主义色彩的政党，也可能在地方政权竞争中失败。例如，加泰罗尼亚20多年来一直由具有加泰罗尼亚民族主义色彩的政党和人物执政，但在2003年的地方选举中该党失败了，代表人物乔尔迪·普约尔也随之下野。

有关自治的各项法律比较配套，是西班牙自治制度的第五个特点。自治能否健康运行，关键是立法配套，做到权力保障与权力制约法律化和具体化。在这方面，首先有宪法的原则规定，然后再制订专门法规和部门法规。例如，对自治共同体机构的行为控制，宪法第153条规定：自治共同体的具有法律效力的一般规定的合法性问题，由宪法法院审定；可以授予或转给自治共同体行使的属于国家的职权，由中央政府、国会预先决定；自治共同体的行政管理及其制度化规范，由行政诉讼审判机关制订；经济和预算问题由审计院审议。同时，宪法第154条规定，中央政府代表在必要时可把国家民政管理和共同体自身的民政管理协调起来；第155条规定，如果某个自治共同体不履行宪法或其他法律规定的义务，或者损害了西班牙整体利益，在经过质询不被重视的情况下，政府可采取必要的强制措施加以改变；第161条规定，宪法法院有权审判和裁决国家与自治共同体之间或自治共同体相互之间的权限冲突；中央政府可对自治共同体机构所采取的措施和决定向宪法法院提出反驳。提出反驳即宣告这些措施和决定暂时中止有效。根据这一条规定，宪法法院法对中央与自治共同体之间的矛盾和冲突的法律诉讼问题，做出了从第59条到第70条的规定作为裁决原则。其他国家部门如财政部，在自己的法规中都有专门涉及中央和地方财政关系的条款。

对自治制度的司法解释比较到位，是第六个特点。西班牙公共管理部编辑了有关自治制度的3本解释。第一本叫《自治制国家》，对自治制度涉及的各个方面、体制、部门职能及其协调机制等进行了解释。

第二本叫《自治制国家法律汇编》，书中把所有涉及自治问题的现行法律条文分门别类地汇集在一起，使用非常方便。第三本叫《自治术语辞典》，对自治涉及的各种概念进行了解释。

三 西班牙自治制度的权限划分

西班牙自治制度的权限划分，主要体现在宪法第 148 条和第 149 条之中。权限在国家和地方之间如何划分，从根本上决定着国家政治的非集权化程度和地方自治的程度。根据政治学一般理论，关于权限有 3 个问题需要明确：第一，权限的内容；第二，权限的行使方式；第三，权限的行使者。1978 年西班牙宪法对第一项做出了相对明确的规定。我们说相对明确，是因为西班牙采取的权限划分方式与传统不大一样。现代国家对中央和地方权限的划分方式有两种：一是“双清单制”，一是“单清单制”。所谓“双清单制”，就是在宪法中对国家权限列一个清单，对地方权限列一个清单。所谓“单清单制”，有两种做法：一是只列国家权限清单，其他未列的权限自然都属地方；一是只列地方权限，不列的都属国家。

西班牙宪法对权限划分形成了第三种方式：对地方权限列 22 项，对国家权限列 32 项；但对地方权限的规定，有 4 点灵活原则：第一，自治共同体权限的“安置”原则：各自治共同体在制订自治条例时对 22 项权限可加可减，根据自身情况和愿望而定；第二，自治共同体权限的“剩余”原则：自治共同体的自治条例不列的权限，属于国家；第三，国家权力“优先”原则：国家法规与自治共同体法规出现冲突时，国家法规优先于地方；第四，权限“不可支配”原则：国家管理部门与地方管理部门的权限，不能被对方支配。

基于上述理论、方式和原则，1978 年宪法规定了以下属于自治共同体所有的 22 项权限和属于国家所有的 32 项权限。各自治共同体的自治条例和权限，都来源于宪法中的这些权限规定和其他条款。

宪法中有关中央和自治地方权限的划分　宪法第148条第1款规定的属于自治共同体专有的22项权限是：（1）组建自己的自我管理机构。（2）决定本地区的市界变动；履行国家管理部门对地方社团的一般职责，这些职责的转让由“地方制度”立法授权。（3）领土、城市和住宅的规划。（4）自治共同体领土上的属于自治共同体使用的公共工程的建设。（5）运行线路完全在自治共同体领土上的铁路与公路的修建，以及这些铁路和公路的运营或电缆的传送。（6）避风港、体育运动港和航空站的建设，这些设施一般不得从事商业活动。（7）按一般经济计划发展农业和畜牧业。（8）山岭和森林的利用。（9）环境保护的协调。（10）自治共同体的水利、运河、灌溉工程的规划、建设和开发，以及矿泉和温泉的开发利用。（11）内水域渔业、海产和水产；内河捕捞。（12）境内集市。（13）在国家经济政策规定的范围内促进自治共同体的经济发展。（14）手工业。（15）自治共同体的博物馆、图书馆和音乐厅。（16）自治共同体的纪念遗产。（17）文化和研究事业的发展，包括自治共同体的语言教学。（18）发展和管理自治共同体范围内的旅游。（19）发展体育和适当的娱乐活动。（20）社会救助。（21）医疗与卫生。（22）保卫和保护自治共同体的建筑和设施；按组织法的规定组建和领导地方警察。

宪法第149条第1款规定的属于国家专有的32项权限是：（1）规定保证所有西班牙人平等行使权利与履行宪法义务的基本条件。（2）国籍、入境、出境、侨居与避难权。（3）国际关系。（4）国防与武装力量。（5）司法管理。（6）商业、刑事和监禁立法；诉讼立法；在诉讼立法中，不妨害源于自治共同体独有特点的必要的特殊性。（7）劳动立法；不妨害自治共同体机关对劳动立法的执行。（8）民事立法；但不妨害自治共同体保留、修订和发展自己现存的民事、特殊或专门立法。在任何情况下，都不妨害与法规的执行和效能有关的规范，与婚姻方式、登记手续和公共证书有关的司法—民事关系，契约义务的基础，解决法律冲突的规范和对权利来源的决定；在这最后一个方面，要尊重那些特殊或专门权利的规范。（9）知识与企业产权法。（10）海关与关税制度，对外贸易。（11）货币制度；外汇、兑换和汇率；信贷、银行和保险秩序的保障。（12）度量衡立法和办公时间的确定。（13）全国经济活动计划的保证和协调。（14）全国财政与国债。（15）全国科学与技术研究的促进与协调。（16）国际卫生。全国卫生的保障和协调。药品立法。（17）社会保险基本立法和经济制度；但不妨害自治共同体履行自己的职责。（18）公共管理的法律制度和公务员法定制度的保障；无论如何，必须保证一视同仁地对待被管理者。共同的管理程序；但不妨害自治共同体自身组织的特殊性。强制剥夺的立法。行政管理条约和授权，以及一切公共管理责任制度的基本立法。（19）海洋渔业；但不妨害在这方面已授予自治共同体的权限。（20）商船队及船只登记；海岸灯塔与海洋标记；全国海港；全国空港；领空与空中交通和运输管制；气象服务与航空器登记。（21）跨越一个自治共同体以上的铁路和陆路运输；全国通讯制度；机动车管理与运营；邮局和电报；空中和海底电缆与无线电通讯。（22）流经多个自治共同体的水资源及其利用的立法、协调和转让；涉及其他共同体或电力输送经过该共同体领土的电站的授权。（23）环境保护基本立法；但不妨害自治共同体建立配套的环境保护规定。山岭、森林利用和畜牧途径的基本立法。（24）全国性或影响一个以上自治共同体的公共工程。（25）矿产与能源制度保障。（26）武器与爆炸物的生产、交易、持有与使用制度。（27）新闻、广播、电视和一切社会通讯媒介制度的基本规范；但不妨害自治共同体发展和使用这些媒介。（28）保护西班牙文化、艺术和文物遗产免于流失和掠夺。保护国家博物馆、图书馆和档案馆；但不妨害自治共同体对这些设施的利用。（29）公共安全；但不妨害自治共同体依据各自的自治条例中的组织法建立警察的可能性。（30）规定学术和专业职称的获得、授予和批准条件；制订落实宪法第27条（教育条款）的基本规范，以保证公共权力履行这方面的义务。（31）全国性的统计。（32）以公民投票方式进行的民意测验的授权。

自治共同体的自治条例 要深入认识西班牙的民族地方自治制度，必须对有关的自治共同体的自治条例有所了解。这里，我们把巴斯克自治条例第一章“巴斯克地区的权限”全文译出，以供参考。西班牙其他 16 个自治共同体的自治条例，与此大同小异。

关于巴斯克地区的权限，巴斯克地区自治条例第一章共列有 14 条。其中，第 10 条所列 39 项权限为巴斯克地区专有的权限，这比宪法第 148 条规定的属于自治共同体的 22 项权限多出 17 项。从第 11 条到第 23 条，涉及的是国家在各领域转授给巴斯克地方的国家部分权限。下面，是《巴斯克地区自治条例》第一章“巴斯克地区的权限”的译文：①

第十条 巴斯克地区自治共同体在如下范围内拥有专有权限：

1. 在不妨害各个“历史领土”的职能的前提下，根据本法第 37 条之规定规划市领土。

2. 根据本法之规范，负责自治政府的组织、制度和机构建设。

3. 在不妨害各个“历史领土”的权限并依据本法的预先规定，根据本法第 37 条之规定制订巴斯克议会、代表大会和立法议员团的选举法。

4. 在不妨害宪法第 149 条第 1 款第 18 项的情况下，制订巴斯克地区的地方制度和公务员条例，以及自己的地方行政法规。

5. 对巴斯克地区的《特殊民法》特别是各个“历史领土”的成文法和习惯法进行整理、修改和发展，确定其适用的领土范围。

6. 根据巴斯克地区的主要权利和自身组织特点，制订诉讼法、行政法和经济管理条例。

7. 管理自治共同体名下的公共资产和遗产，并在自己的权限范围内提供公共服务。

---

① 以下译文由邓颖洁译出，笔者校订。

8. 在不妨害宪法第 149 条第 1 款第 23 项规定的情况下，对山脉、山林产品、水道和牧场的利用。

9. 根据经济总体规划，管理农业和畜牧业。

10. 内水域的渔业、海鲜和水产、河湖捕捞。

11. 在不妨害宪法第 149 条第 1 款第 25 项的情况下，对巴斯克地区内的水源、运河和灌渠的利用；对共同体内的、不涉及其他省或自治共同体的能源生产设施、分配和运输的管理；矿泉、温泉和地下水源的利用。

12. 社会救济。

13. 对巴斯克地区的教育、文化、艺术、慈善、救济及同类事业的基金会和协会的管理，主要是发挥它们的作用。

14. 根据一般的民法、刑法和监狱法规，对保护弱小与感化者并帮助他们回归社会的机构和设施进行组织、制度和运作管理。

15. 根据宪法第 149 条第 1 款第 16 项之规定管理药品，并根据本法第 18 条之规定负责卫生。

16. 与国家合作的科学技术研究。

17. 宪法第 149 条第 2 款规定的文化事业。

18. 对发展和传授艺术与手工艺机构的管理。

19. 对历史、艺术、建筑、考古和科学遗产，自治共同体须履行国家确定的旨在保护这些遗产、禁止出口与走私的规定和义务。

20. 对不属于国家的档案馆、图书馆和博物馆的管理。

21. 在不妨害国家对外贸易权的范围内，建立农业行会、产业行会、渔业行会、工业和海运行会。

22. 在不妨害宪法第 36 条和第 139 条规定的情况下，经营职业学校和专业培训。根据国家法令建立公证处。

23. 根据一般的商业法规，建立不属于社会保险和救济性质的合作社和互助组织。

24. 建立本法其他条款未涉及的巴斯克地区自己的公共机构。

25. 根据国家经济总体计划，推动和发展巴斯克地区经济，规划其经济活动。

26. 根据国家确定的信贷和银行法令及国家货币政策，设立公共的和地区性的合作信用社和储蓄所。

27. 在不妨害国家价格法、资产全国自由流通和竞争保护法的情况下，管理共同体内部贸易。管理内部集市和市场。与国家合作管理商标注册和广告。

28. 按照以上条款保护消费者和用户的权益。

29. 根据贸易法规，建立和控制贸易中心，以及其他期货和证券市场的活动。

30. 工业管理，但不包括那些出于安全、军事和卫生目的的有特殊规定的工业的建立、扩大和迁移，也不包括那些需要特别立法的工业，以及需要预先签订外国技术转让合同的工业。在工业重组中，国家计划的发展和执行属于巴斯克地区。

31. 领土、海岸、市政和房产管理。

32. 在不妨害宪法 149 条第 1 款第 20 项的情况下，经营巴斯克地区的铁路、陆路、海路、水路交通和光缆传输，以及海港、直升飞机场、航空港和气象服务，货运中心和转运场。

33. 不属于国家法定的、或不涉及其他地区的公共工程。

34. 在公路和道路管理方面，除宪法第 148 条第 1 款第 5 项规定的权限外，各历史地区的立法团还可完全保留各自的司法制度和自己拥有的权限；在这后一个问题上，也可以说是按照本法序言第 3 条予以收回。

35. 除慈善体育彩票之外的游艺场、体育场和彩票。

36. 旅游和体育。娱乐和消遣。

37. 为自身目的服务和属于自身权限的巴斯克地区的统计。

38. 各种演出。

39. 社区发展。妇女地位。儿童、青年和老年政策。

第十一条 1. 关于国家基本立法在巴斯克地区的变通执行，巴斯克地区自治共同体的权限如下：

a. 环境保护和生态。

b. 属于巴斯克地区行政权限和职责内的强制征用、协议签订和行政特许。

c. 巴斯克地区渔业行会的管理。

2. 在下述领域，巴斯克地区自治共同体也有对国家基本立法进行变通执行的权限：

a. 信贷、银行和保险业的秩序。

b. 重要资源和服务行业的公共占有，特别是在整体利益需要企业垄断和干预时。

c. 矿山和能源制度，地热资源。

第十二条 巴斯克地区自治共同体在如下领域行使国家立法权：

1. 监狱法规。

2. 劳动法规，行使国家目前在劳动关系方面的职能和权限；在国家密切监督下，还行使组织、领导和保护为贯彻劳动法而开展的服务，力求使劳动条件与社会发展和进步相适用，推动劳动者素质提高和全面培训。

3. 财产登记员、交易所代理人和商务经纪人的委任。参与确定他们的相应资质。

4. 知识和工业产权。

5. 计量和测量，金属检验。

6. 在巴斯克地区举办的国际博览会。

7. 国家公共机关在自治共同体境内举行的需要自治共同体参与的事情和活动。

8. 国家不直接经营的全国性海港和航空港。

9. 在不妨害国家直接管辖权的情况下，管理其起始地均在自治共同体境内的货物和旅客运输，尽管这些运输可能会经过宪法第 149 条第 1 款第 21 项规定的国有运输网。

10. 海洋保护，国家水域巴斯克海岸线的工业废料和污染物倾倒。

第十三条 1. 在司法管辖权方面，除军事司法权外，巴斯克地区自治共同体在本领土内行使由《司法权组织法》和《立法权力大会》承认、留给或赋予巴斯克政府的职能。

2. 根据国家一般法规，赦免权及财政部的组建和运作，全部属于国家。

第十四条 1. 巴斯克地区审判机关的权限如下：

a. 各级和各种民事诉讼，包括依据巴斯克特有的《专门民法》进行的上诉和重判要求。

b. 各级和各种刑事和社会诉讼，但上诉和重判要求的案件除外。

c. 依据巴斯克行政部门按照自治共同体特有立法权颁发的法规提出的各级和各种行政裁决；当涉及国家行政部门颁发的法规时，只限第一级行政裁决。

d. 巴斯克地区各司法机关之间的权限。

e. 在与资产注册有关的巴斯克自治共同体个人权利文件界定的上诉。

2. 其他方面的诉讼依法向最高法院提出。最高法院也受理巴斯克地区的司法机关与国家其他司法机关之间的司法权之争。

第十五条 根据巴斯克议会法和依据宪法第 54 条之规定，巴斯克地区有权建立一个类似于最高法院的机关，与最高法院合作行使宪法第 54 条提到的职能，以及巴斯克议会可能赋予它的其他职能。

第十六条 为执行宪法附加条款第 1 款之规定，各级、各类、各种形式和各种专业的教育权属于巴斯克地区自治共同体，但这不得妨害宪法第 27 条之规定和旨在落实该条内容的组织法，不得妨害宪法第 149 条第 1 款第 30 项规定的属于国家的职能，也不得妨害国家为贯彻和保证该规定所采取的必要的严密监督。

第十七条 1. 随着宪法附加条款第 1 款规定的特殊制度的启动，

按照本法的规定，为了保护自治共同体境内的个人和财产安全及维持公共秩序，巴斯克地区可以建立自治警察制度；但除此之外，跨共同体或超共同体的警察服务，如海港、机场、海岸、边境和海关的警卫，西班牙人与外国人进出境管理，国家的侨民、引渡和驱逐制度，国际移民事务、护照和国家证明文件的签发，武器和爆炸物的管理，国库守卫，反走私和反盗窃国家资财等，则由国家安全武装力量和部队负责。

2. 巴斯克自治警察的最高指挥权属巴斯克地区政府，但这不得妨害地方立法机关和行政机关可能有的权限。

3. 法警和具有司法职能的警察，依据诉讼法为司法机关服务并受其监督。

4. 为了在自治共同体警察与国家安全武装力量和部队之间建立合作，将成立一个由国家和自治共同体双方代表组成的人数相等的安全委员会。

5. 巴斯克地区自治警察的初步组成是：

a. 现有的属阿拉瓦省立法会领导的缉私队；

b. 根据本法建立的附属于比斯开省和吉普斯夸省的缉私队和民团。

接下来，巴斯克地区政府机关将把上述力量合成一个单位，或对他们进行重组以履行所担负的职责。

但无论如何，这种重组不妨害缉私队和民团的存在，以及他们的代表性与传统性。

6. 尽管有以上条款的规定，国家安全武装力量和部队可在以下情况发生时参与维护自治共同体的公共秩序：

a. 应巴斯克政府的要求进行干预，停止干预亦是如此。

b. 国家安全武装力量和部队认为国家总体利益受到严重威胁时，可以主动决定干预；在此种情况下，需要得到本条第 4 款所说的安全委员会的批准。鉴于情况特别危机，为了履行宪法直接赋予的职能，国家安全武装力量和部队可在中央政府的直接指挥下进行干预，中央政府须告知国会。国会依照宪法程序，可以行使属于自己的权限。

7. 在发生紧急状态、危机情况或追捕时，巴斯克地区的一切警察部队都须服从民事和军事当局的直接指挥，但后二者须按照法律的相应规定行事。

第十八条 1. 对国家颁布的国内卫生法，巴斯克地区有变通执行的立法权。

2. 在社会保障方面，巴斯克地区的权限是：

a. 可以变通执行国家的基本立法，但涉及国家经济制度的规范除外。

b. 社会保障中涉及经济制度的管理。

3. 国家药品生产法规的执行权，也属于巴斯克地区。

4. 自治共同体可在本区内组织和管理与上述权限有关的服务，对涉及卫生和社会保障的组织、单位和机构进行监督；国家对本条所规定的职能和权限的履行也有严密监督权。

5. 按照有关各方民主参与的原则，以及按照法律规定的工人协会和企业家协会共同参与的原则，巴斯克公共权力机关公正地行使自己在卫生和社会保障方面的权限。

第十九条 1. 巴斯克地区拥有对国家有关社会传媒的基本法令的变通权，但必须遵守宪法第20条之规定。

2. 上款内容的执行需同国家合作，遵守适用于国家传媒的特别规定。

3. 根据本条第1款的规定，巴斯克地区可以规范、建立和经营本区的电视、电台和出版社，以及一切为自己所需要的社会传媒。

第二十条 1. 应巴斯克地区的要求，巴斯克地区在根据组织法授予或国家依据宪法转让的其他事务上，有立法上的变通执行权。

2. 在国会通过上述授权的相关法律时，巴斯克自治共同体可以根据宪法第150条第1款之规定颁布相关法令。

3. 本条例规定的属于巴斯克地区权限的所有事务的条约和协议的执行权归巴斯克地区。除宪法第 93 条之规定外，如不经过宪法第 152 条第 2 款确定的程序，任何条约和协议都不可妨害巴斯克地区的职权和权限。

4. 本条例赋予巴斯克地区自治共同体对其他不属于自己专有权限的事务的执行功能，指的是管理权，以及为行使这种管理权而颁布提供相应服务的内部规章权。

5. 在涉及巴斯克地区特殊利益的事务中，巴斯克政府有权知道相关条约和协定的制订，以及海关法草案的制订。

6. 除有明确反对的规定外，本条例前属条款和其他条款规定的所有权限的行使范围，指的是在巴斯克领土境内。

第二十一条 巴斯克地区颁布的有关自己专有权限的法规，在执行中优先于其他任何法规；只有在巴斯克地区法规的执行存在漏洞的情况下，才可利用国家法规进行弥补。

第二十二条 1. 巴斯克地区自治共同体可与其他自治共同体在双方权限范围内签订相互谋求和提供服务的协议。协议生效前，必须提交国会批准执行。如果国会或两院中的任何一院在收到协议后 30 天内表示异议，该协议应根据本条第 3 款的规定继续商议。如果协议在规定时间内没有遭受异议，即可生效。

2. 巴斯克地区自治共同体可根据自己的权限同其他特殊的“历史领土”在双方权限范围内签订相互谋求和提供服务的协议，并须提交国会批准执行。自提交之日起 20 天后，协议方可生效。

3. 巴斯克地区自治共同体也可在事先获得国会授权的情况下与其他自治共同体签订合作协议。

第二十三条 1. 国家在巴斯克领土的民事管理权，与巴斯克地区自治共同体的领土范围一致。

2. 根据宪法第 154 条之规定，中央政府任命一位代表领导民事管理，并在管理过程中与巴斯克地区自治共同体的管理机关进行合作。

四 结语

西班牙的民族和地区自治共同体制度走过了近40年的路程，总的来说，它比较成功地解决了当代西班牙的民族和地区差别问题，既保证了国家的统一，又使民族和地区活力得到了发挥。2004年10月，笔者与几位同事赴西班牙进行考察，专门访问了西班牙参议院、公共管理部、巴斯克、加泰罗尼亚和加利西亚三个民族地区，以及马德里自治大学和巴塞罗那自治大学。根据我们的印象，西班牙社会上下和朝野对自治制度普遍予以肯定。但是，西班牙自治制度现在也面临着进一步发展的问题。首先，在进入20世纪以后，巴斯克和加泰罗尼亚两个民族地区的分离纹倾向有所增强，在修订各自的自治条例时都把自己称为“国族”（nación）而不是宪法规定的“民族”（nacionalidad）。但这种修改遭到西班牙社会上下的反对，没有获得通过。其次，在经济利益方面，由于这两个民族地区比较发达，都提出对税收比例进行调整，希望少上缴国库。按照西班牙学者的看法，这两个地区与中央政府的矛盾主要是经济利益分配问题。民族地区的自治，是以经济利益为核心的，各自治共同体的经济实力不同，态度也不尽相同。巴斯克和加泰罗尼亚比较富裕，属上缴税收者，希望国家少收一些；加利西亚是经济比较落后的地区，需要依靠中央财政转移支付，则希望从国家多得一些。但是，这些属于经济利益调整范畴的问题，不影响自治制度的运转原则。

（朱伦，中国社会科学院民族学与人类学研究所研究员）

瑞士

一 瑞士联邦及其四大语区

（一）多语言的瑞士联邦

位于阿尔卑斯山中部的瑞士是一个群山环抱的内陆国家，其总面积为41293平方公里。瑞士北邻德国，南与意大利接壤，西同法国交界，东与奥地利和列支敦士登毗连。阿尔卑斯和汝拉两大山系及其间的中部高原构成了瑞士的三大自然区。就是这样的天然地貌，造就了瑞士人独特的语言和文化。瑞士的总人口约824.5万人（2014年），除外国移民外，纯瑞士人约600万，它是由不愿做德国人的德意志人、不愿做法国人的法兰西人、不愿做意大利国人的意大利人以及为数不多的罗曼什人（又称“列托—罗曼人”）组成的。瑞士人操四种语言：德语、法语、意大利语和罗曼什语。各种语言的人口比例悬殊，其中以讲德语的人口最多，占全国总人口的73.4%；讲法语的居民次之，占全国总人口的20.5%；讲意大利语的居民居第三位，占全国总人口的4.1%；讲罗曼什语的居民最少，仅占全国总人口的0.7%。[①]

瑞士共有23个州，其中有三个州各自分为两个“半州”，故亦称有26个州。其联邦之始可追溯到1291年，当时瑞士的许多地区正处于德意志帝国统治之下，为了反抗外来势力的入侵，三个德语州联合缔结了“永久同盟”。盟约为“三州中任何一州遭到侵犯时，均应相互支援，一致对外；保证三州内部和平。如果缔约各方发生争执，首先应由明理者进行内部调解，若无效，则请仲裁人裁决”。盟约强调：“决不承认任何外来势力委任的长官，也不承认非本地人或非缔约区人来此担任法官。”从此，这三州同盟便构成了后来瑞士联邦的雏型，在抵御外来入侵者的斗争中发挥了巨大的作用，被瑞士人视为“建国之始”。在其影响下，不断有周围地区要求加入该同盟。1352年，讲德、法两种语言的伯尔尼州加入；1481年，以法语为主的法、德双语州弗里堡加入；1803年，讲罗曼什语的格里松州加入；随后，又有单一讲法语的洛桑州和全部讲意大利语的提契诺州加入；1815年，讲法语的日内瓦州和纳沙特尔州以及操德、法双语的瓦莱州一并加入进来。这样，一个由四种语言、22个州构成的庞大同盟逐渐发展起来了。1979年，通过公民投票又从伯尔尼州分离出一个讲法语的汝拉州。这样，瑞士现有23个州，并由此使瑞士成为一个多语言、多语区的联邦国家。

（二）语言的演进和语区的形成

瑞士目前的语言状况是阿尔卑斯群山、汝拉丘陵及山地高原地理形势的反映。瑞士民族的形成及其语言的演进有2000多年的历史。早在罗马人到来之前，远古的克尔特人就生息、繁衍在当今瑞士的土地上。其最重要的支系是海尔维第人，他们主要生活在中部的高原地带。大约在公元3世纪，北方的日耳曼人开始向南扩张，4世纪已逐渐进入

① 参见《1997年瑞士统计年鉴》，法文版，瑞士联邦统计局，1997年。

海尔维第人的广阔居住地。日耳曼人的一支——勃艮第人，先集中在辽阔的莱芒湖南岸，后来又不断扩散，于公元5世纪占领了瑞士西部及南部广大地区。然而外来征服者在经济和文化方面远远落后于罗马帝国时期发展起来的海尔维第人。因此，勃艮第人到达这里后自然处于被同化的地位，以至最终失去了他们本来的日耳曼语言，逐渐接受了罗马化的克尔特语。就这样，在海尔维第人同化勃艮第人的基础上，慢慢形成了瑞士的法语区。

日耳曼人大举南下，势不可挡。在勃艮第人深入瑞士西部的同时，日耳曼人的又一个大支系——阿尔马尼人越过莱茵河，很快占领了瑞士的北部、中部和东部广大地区。受山地险要环境的影响，这里的原住民克尔特人居住分散，经济力量薄弱。而阿尔马尼人不仅人多势众，而且经济力量也雄厚得多。阿尔马尼人在其占领区内向克尔特人强制推行日耳曼语，最终导致那里的克尔特人日耳曼化，使其丢掉了固有的语言而采用了占领者的日耳曼语，即古老的阿尔马尼德语方言，从而逐渐形成了今天瑞士的德语区。

在阿尔马尼人继续向东扩张、强行占领之时，当地部分讲拉丁语的列托人部落被迫逃离，进入人迹罕至的阿尔卑斯高山峡谷之中躲避。长期与世隔绝的生存环境使他们的语言得以保留下来，这里即成为今天瑞士的罗曼什语区（又称“列托—罗曼语区”）。

瑞士南端的提契诺州自古以来一直是意大利人的移居区。早自中世纪开始，该地区就和瑞士方面保持着特殊的友好往来，关系十分密切。1803年，提契诺州主动提出加入瑞士联盟，成为瑞士唯一讲意大利语的州，构成今天瑞士的意大利语区。

从地理位置上看，瑞士各种语言的分布呈四大语区：东部、北部和中部的19个州为德语区；西部的6个州为法语区；南部的提契诺州为意大利语区；以讲德语为主的格里松州，其峰峦起伏的深山谷地为人口稀少的罗曼什语区。

应该指出的是，在瑞士的四种语言中，除了罗曼什语尚保留其固有的语言特点外，其余三种语言均演变为与其母语标准语不同的瑞士方言。其中最突出的是瑞士德语，无论其语音、语法还是自然表达的句式，与德国的标准德语很少有相同之处，以至地道的德国人若未经过瑞士德语的专门学习，是无法通过德语与瑞士讲德语的人进行对话的。对此，只要我们了解瑞士民族的形成及其语言演进的历史，是不会感到奇怪的。

二　瑞士联邦多语言主义政策的产生

（一）多语言主义思想的萌发——“海尔维第共和国”时代

瑞士多语言主义政策的由来要追溯到1798年拿破仑派兵占领瑞士，强行建立“海尔维第共和国”的年代。随着法国大革命的推进，拿破仑开始实施其梦寐以求的征服全欧洲的战略计划。连年征战的法国国库空虚，经济拮据，而当时的瑞士却是一块相对平静、富裕的沃土。出于经济和整个战略目标的需要，拿破仑以解救瑞士人民为借口，派军队向瑞士发起进攻。尽管瑞士人民奋起抵抗，但终于因为力量悬殊、寡不敌众而使国土沦陷。1798年4月12日，瑞士在法国军队的武装保护下，宣布了“海尔维第共和国”的成立，同时颁布了共和国宪法，即后来人们所称的瑞士国家的第一部宪法。从此，瑞士变为法国控制下的附庸国。这是自1291年三州建立“永久同盟”以来第一次遭受外国的武装入侵。依照这部《海尔维第共和国宪法》，各州的独立自主地位被取消，瑞士成为一个由18个州组成的中央集权国家。法国为了加强对瑞士的管辖，将历史上自然形成的瑞士联邦各州加以合并或分割。这种人为的、完全违背瑞士人传统意志的行政区划，使这个中央集权的国家从一开始即遭到各州人民的坚决反对。人们拒不承认这个“中央政府”及其以法国宪法为蓝本的共和国宪法，纷纷要求继续保持原来各州的独立和主权。法国虽然不断出兵征讨，但中央集权与地方独立之间的斗争始终未停止过。在瑞士各州的坚决抵制下，1803

年拿破仑被迫向地方各州让步，终于放弃了在瑞士建立统一集权国家的计划。这时，瑞士又恢复到早期松散的邦联时代。

拿破仑变瑞士为法国的附庸这一幻想虽然最终破灭，但短暂的海尔维第共和国却为瑞士人民播下了统一国家的种子。以法国宪法为蓝本的共和国宪法为瑞士人民带来了追求民主、自由和在法律面前人人平等的进步思想。富于斗争精神的瑞士人民坚决反对外来势力对瑞士各州的捏合，拒不承认法国一手制造的海尔维第共和国。然而，在与侵略者的斗争中，瑞士人的民族意识已逐渐形成，寻求统一的愿望在他们心中孕育、滋生、发展着。许多人开始思考：能否形成一个讲多种语言的、既独立又统一的瑞士民族呢？瑞士的官方语言为什么只能是德语？难道不能将法语和意大利语也并列为官方语言？既然宪法规定在法律面前人人平等，那么在国会里瑞士居民使用的所有语言都应该通用。当时更多的有志之士对瑞士民族的前景持乐观态度：未来的瑞士将是一个操各种语言、权力平等、彼此尊重、互相理解、关系和谐的既独立又统一的联邦国家。例如：当时的艺术家施坦普菲尔主张，首先统一全国的教育，建立一所国立大学，为各州提供一个多语言、多文化的教育中心，由此推进国家的统一。他希望这种大学能成为全国科学活动的中心，成为三种语言共同的文化宝库，有机地融合德语、法语和意大利语居民的文化特点。他的这一设想虽然由于种种原因最终未全部实现，但他力图通过教育把操各种语言的瑞士人统一起来、互相学习、融为一体的进步主张，却对后来建立多语言的瑞士社会产生了重要的影响。更多的人勾画出未来瑞士的发展蓝图：它将是一个各州独立、自主而又保持密切联系的，多语言、多文化的统一的联邦国家。

由此可见，瑞士联邦的多语言主义政策历史久远，早在海尔维第共和国时代就开始萌发出来了。它作为美好的奋斗目标，吸引并鼓舞着操多种语言的瑞士人为之努力。

（二）多语言主义政策的确立——联邦宪法第116条款

瑞士的多语言主义政策正式产生于1848年9月12日联邦议会通过的瑞士第三部宪法。其第109条款明确规定：“瑞士以德语、法语和意大利语为国语；德语、法语和意大利语为联邦的官方语言。”

此前，瑞士使用的第二部宪法是1815年8月联邦议会通过的。那时的瑞士联邦已在原有基础上又扩大了三个州：瓦莱、纳沙特尔和日内瓦。联邦成员的增多标志着瑞士联邦力量的进一步壮大。然而，伴随1815年的维也纳和会，整个欧洲出现了反动的复辟潮流，瑞士也出现了社会大倒退。在复辟势力的操纵下，瑞士联邦议会通过了《瑞士22个州联盟条约》，即瑞士第二部宪法。该宪法充满了复辟思想，刚刚建立起来的全国性的机构、组织被一一取消，各州贵族纷纷复辟掌权。但几年以后，随着反动势力的复辟和对人民压迫的加剧，在法国大革命的影响下，具有先进启蒙思想的新一代成长起来。他们要求个人自由；要求人民当家作主；要求在法律面前人人平等；要求改革一盘散沙式的不成其为“联邦”，而只能算是“邦联”的旧体制；要求建立多语言的统一的联邦制国家。面对如此激烈的革命形势，取消各种不合理的规章，全面修改宪法，成为各州人民的一致呼声。到19世纪40年代，各州终于先后推翻了代表封建复辟势力的贵族统治，结束了松散的“邦联”时代，一个多语言的统一的联邦制国家正式建立起来。然而，瑞士人民并不希望瑞士变为一个中央集权式的联邦国家。基于民主、自由、在法律面前人人平等的主导思想，面对瑞士早已形成的多语言状况，瑞士联邦新宪法即瑞士的第三部宪法经过充分酝酿出台了。该宪法草案于1848年9月付诸全国公民和各州双重表决，以189.7万公民赞成、29.3万公民反对和在全国22个州中15个“整州”和1个“半州”赞成、6个“整州”和1个“半州”反对的结果获得通过。9月12日，瑞士联邦议会正式宣布了《瑞士联邦宪法》，即瑞士的第三部宪法。多语言主义政策被写入了该宪法的第109条款中。

1874 年，在全国人民的要求下，针对第三部宪法的不足，瑞士联邦政府在扩大联邦权限、保证宗教信仰自由及教育应该脱离教会等方面又做了进一步的修改与补充。然而对已经实施 26 年之久的多语言主义政策未做任何改动，只是因为其他条款的增补而将原来的第 109 条顺延至第 116 条。这时，瑞士的多语言主义政策得到全民的一致肯定。

根据瑞士联邦宪法的规定，“如果有 5 万名公民向联邦提出倡议，要求增补或修改、废止现行宪法中的某项条款内容时，联邦政府应该交付全民公决，以确定是否采纳”。1938 年，瑞士联邦政府对“瑞士的第四种语言——罗曼什语应该作为瑞士国语”的提案举行了全民公决和各州投票表决。尽管使用该语言的居民甚少，然而在“语言自由，法律面前人人平等”思想的感召下，该提案获得全国公民及各州的理解与支持，表决结果以绝大多数人赞成获得通过。从此，罗曼什语完全和另外三种语言一样，被列为瑞士的国语。瑞士宪法第 116 条款被补充为：“瑞士以德语、法语、意大利语和罗曼什语为国语；德语、法语和意大利语为联邦官方语言。”

由此可知，瑞士的多语言主义思想萌发于海尔维第共和国时代，产生于 1848 年统一的《瑞士联邦宪法》，又于 1938 年进一步完善。值得一提的是，自 1874 年以来，对瑞士宪法曾有过 115 次个别条款的补充与修正，然而对瑞士的多语言主义政策，除将使用人数甚少的罗曼什语上升为国语外，始终未做过任何方针上的变动。该语言政策受到各语区的一致赞同，它一直稳定地沿用至今。

三　瑞士多语言主义政策的实施

（一）多语言主义政策增强了瑞士联邦的凝聚力

起伏多变的山地环境和长期封建割据的历史，使瑞士很早就形成了德语、法语、意大利语和罗曼什语多种语言并存的局面。面对这种情况，瑞士联邦政府明智地采取了尊重和保护各种语言、促进各语种及文化自主发展的多语言主义政策，使瑞士的语言政策独具一格，成为世界上少有的几乎以国内所有语言为国语，并同时采用三种语言为联邦官方语言的国家。

操四种语言的居民的人口比例有着显著的差别，尤其是操罗曼什语的居民，总共仅有 5 万人，在全国总人口中尚不足 1%。然而瑞士联邦政府对罗曼什语同样重视，将其列为与德语、法语、意大利语完全同等的国语，这足以显示瑞士联邦政府的多语言主义政策的特色。至于罗曼什语未被列为官方语言，丝毫不意味着政府对该语言的歧视或排斥。恰恰相反，瑞士联邦政府始终把罗曼什语视为国宝加以保护。所谓“官方语言”，是指用于政府官方文件、外交场合以及广泛通行的语言。而操罗曼什语的居民与全瑞士人口相比，实在是微乎其微。此外，罗曼什语本身也极不统一，它包含着五种方言，且彼此差异很大。罗曼什人散居在格里松州的五条山谷之中，封闭的地形使他们长期相互隔绝，致使他们的方言差别大到彼此不能流畅交谈的地步。这即是罗曼什语之所以未成为官方语言的原因。但瑞士联邦政府对罗曼什语一直采取特别保护的政策。由于格里松州内 2/3 以上的居民都讲德语，罗曼什人要与他们进行各种交流活动，就必须掌握德语。久而久之，罗曼什语的使用率便出现了下降的趋势。这并非因为政府推行同化政策造成的，而是一种自然淘汰的过程；是经济力量、社会需求使罗曼什人不知不觉地淡漠了自己的母语。正因为事情是这样自然地演变着，所以绝大多数罗曼什人并未对德语居民产生什么反感和抗拒的情绪，更无激烈的对抗言行。为了解决罗曼什语面临逐渐衰亡的危机，瑞士政府采取了各种积极措施。特别是 1980 年代以来，政府组织有关专家、学者对该语种做了全面、系统的调查，对其语音和语法实行了严格的统一和规范。罗曼什语没有统一的书写文字，瑞士政府组织专家进行了一系列尝试，创造了一套完整的书写文字，并在广泛听取罗曼什人意见的基础上，于 1982 年开始试行。在广播、电视方面，瑞士政府早在 1925 年即已在电台广播中安排了一定的罗曼什语节目；苏黎世电视台也于1963年在本地区设立了分转站，开始用罗曼什语播放节目。多年来，罗曼什语的播放时间不断延长，内容不断增加。目前，在罗曼什人地区不仅可以定时地收听或收看到国内外新闻，而且可以收听或收看到反映他们工作和生活的丰富多彩的文娱节目。

1996年3月10日，瑞士政府又一次发起全民公决，旨在进一步加强罗曼什语的社会地位，将该语言上升为罗曼什地区与瑞士政府之间的联络语言。无论是全民投票，还是各州表决，均以绝对多数通过了这项决议。从此，罗曼什语成为瑞士政府与罗曼什人联系的“半官方”语言。这一具有法律意义的重大变化，对于挽救罗曼什语无疑起到了极有利的推动作用。

在罗曼什人当中存在着一种十分罕见的现象：一方面瑞士政府不断采取措施，努力保护罗曼什语；另一方面，许多罗曼什人却又满不在乎地使用德语。甚至每当瑞士政府进行一年一度的人口调查时，总有许多人在“母语”一栏中随意地填写“德语”。尽管越来越多的学者要求进一步提高罗曼什语的地位，但这些呼吁在罗曼什人中间并未引起多大反响。显然，大多数罗曼什人赞同瑞士联邦政府的多语言主义政策。他们满足于现状，根本无意同其德语邻居计较母语的使用权。多年来，罗曼什人同他们周围众多的德语居民保持着十分和睦的关系，这不能不归功于瑞士联邦政府的多语言主义政策。这种语言自由、语言平等的多语言主义原则，淡化了不同语言、不同文化居民之间的异同意识。在瑞士，不仅身居少数地位的罗曼什人是这样，其他语言的瑞士人也是如此。

瑞士有14个德语州、4个法语州、1个意大利语州、3个双语州和1个三语州。瑞士联邦政府一贯主张，每个瑞士人至少要很好地掌握两种国语，提倡德语居民能讲法语，法语居民能讲德语。对双语州来说，其居民应掌握本州的两种语言。对于以德语为主、罗曼什语集中、又有少数意大利语的格里松州来说，州政府希望其居民首先学会本州的两种州官方语。为此，多年来，瑞士各州毫无例外地从小学四年级开始学习第二种语言。在瑞士，尤其是在知识界，通晓两三种语言的人很普遍。人们会发现，越是小语种的瑞士人，掌握的语言种类越多。例如罗曼什人，除其母语外，普遍会讲德语、意大利语。出于对法语的喜爱，许多人又掌握了法语。笔者在瑞士访问期间，目睹了瑞士人擅长以多种语言交谈的能力。对双语州——瓦莱州的重点考察，更是给笔者留下了深刻的印象。无论走到哪里，不论遇到的是村社负责人，或中、小学教师，还是普通农民，他们都能根据对话场合的需要，随时变换语言，两种语言兼顾使用，且同样娴熟、流利。若不是事先听了特别介绍，是难以分辨哪种语言为其母语的。

在瑞士，语言并未构成不同语区之间的鸿沟。并且处处可见到这样一种非同一般的现象：操各种语言的瑞士人，虽然他们承认其语言、文化均受到毗连的母语国即德国、法国、意大利的直接影响，但他们却都极力表白其文化属于瑞士文化，强调自己是瑞士人。这种情况表明，讲各种语言的瑞士人都乐于生活在多语言、多文化、自由、平等的瑞士大家庭中，人人都在积极维护着瑞士这个令人满意的联邦制国家。

由此我们可以看到多语言主义政策在瑞士联邦中所产生的巨大凝聚力。这种凝聚力使瑞士人形成了一种特有的心态，即瑞士人只有“语区”观念，而没有“民族”概念。如果提到“民族”，在他们心目中即刻反映出来的是多语言的瑞士联邦制国家这个整体。

（二）目前的语言形势及努力目标

紧密结合瑞士国情的多语言主义政策自1848年通过联邦宪法正式确立以来，深受各语区居民的欢迎。其贯彻实施始终是顺利和成功的。然而，瑞士人民和瑞士政府并不满足于现状。为了更好地适应社会发展的需要，他们十分注重认真分析、总结该语言政策在实施中所表现出的不足和问题。最近，由瑞士联邦内务部主任、瑞士联邦议会议员和有关专家、学者所组成的语言工作组，就瑞士目前的语言形势做了如下分析并提出了建议：

1. 挽救罗曼什语。如今，罗曼什语的形势可谓已进入“濒危时期”。操该语言的居民，其生活地域狭小，受自然环境的制约，他们的语言必须在大家的长期理解、支持与鼓励下，才能发挥其生命力。因此，要在该语区建立起牢固的经济基础，以保证罗曼什语在其生活区内的广泛使用；要进一步改善媒介的宣传，使统一后的罗曼什语言、文字占主导地位；要积极宣传古老的罗曼什文化，在四种国语的协调中，加强罗曼什语的地位。

2. 保护意大利语。壮丽的自然景观吸引着越来越多的德国人及瑞士德语居民到使用意大利语的提契诺州建别墅。德语居民的增加和别墅占地之多，直接威胁着瑞士意大利语的使用和地域的保卫。目前，意大利语可谓是“面临威胁的语言”。所谓“面临威胁”，是指使用该语言的居民本身似乎时常忘记他们的语言是瑞士的官方语言之一。在瑞士联邦的管理中，应进一步加强意大利语作为瑞士官方语言的地位，鼓励讲其他语言的居民主动亲近瑞士意大利语言和文化，并在全国开创广泛使用意大利语的新局面。

3. 关于瑞士法语。由于法语在国际上的重要地位和法语瑞士人在数量上的相对优势，瑞士法语没有像其他两种少数语言那样，只是被动地适应语言环境。多年来，由于瑞士法语主动向标准法语靠拢，瑞士法语日趋标准化。瑞士法语居民应该增进同其他语区的文化交流。

4. 关于瑞士德语。占绝对优势的瑞士德语，自然不存在语言危机之类的问题。在外交以及国内新闻媒介中使用标准德语的长期实践已证明其成功。然而，具有显著特点的瑞士德语毕竟时常带来交往的不便，特别是在广泛利用电子技术传递重要信息的今天，瑞士德语与标准德语如何能更完美地协调，显得尤为迫切。因此应该进一步着手解决好兼顾使用两种德语的问题。

1996 年 3 月 10 日顺利通过的瑞士联邦政府发起的全民公决，其目的除为了进一步保护与加强居少数地位的罗曼什语以外，同时也是为了对一贯实施的瑞士联邦宪法中的第116条款展开全民性的复议。此次全民公决的具体内容包括以下四个方面：

1. 德语、法语、意大利语和罗曼什语同为瑞士的国语。

2. 瑞士联邦及各州鼓励各语言团体之间的理解与交流。

3. 瑞士联邦支持讲罗曼什语的格里松州和讲意大利语的提契诺州为保护、发展罗曼什语及意大利语制订具体的措施。

4. 瑞士联邦的官方语言为德语、法语、意大利语；罗曼什语是瑞士联邦与罗曼什地区公民联系的官方语言。

语言不仅是人际交流的工具，而且对国家共同体的形成与捍卫起着决定性作用。结合瑞士语言演变的历史及目前的语言形势，预测未来的语言变化，瑞士联邦政府着重强调，今后的奋斗目标是“以卓有成效的办法捍卫我们的四种语言主义”。为此，瑞士政府重申以下原则：

——保证个人语言自由。

——坚持四种国语权利平等。

——保证语区领土完整及语区界限的稳定。

——通过语言上的相互尊重，捍卫语言和平。

——加强四大语区间的理解与交流。

——鼓励、捍卫濒危的罗曼什语和受到威胁的瑞士意大利语；保护语言环境，积极使用该语言并在全国弘扬其灿烂文化。

综上所述，从瑞士多语言主义思想的萌发、多语言主义政策的确立及其成功的贯彻实施，我们可以得知，这一体现瑞士特点的语言政策，代表着该国四大语区即广大民众的意志与愿望，它为协调多语言的瑞士人之间的和睦关系，为巩固和加强瑞士联邦的凝聚力，始终发挥着重大的作用。随着瑞士社会、语言形势的新变化，这一多语言主义政策必将更臻完善。

在谈到瑞士四种语言的同时，还应该提及英语在瑞士的使用情况。

瑞士虽然是一个地小人稀的内陆山国，但其发达的旅游业和极为活跃的国际贸易却终年吸引着世界各地的朋友；瑞士又是许多国际机构的所在地，广泛的国际交往使瑞士人对学习英语具有浓厚的兴趣。一向由州政府主管的瑞士教育始终保持着独立、自主的传统。各个学校无论在课程的设置上，还是在学校的管理中，都各有各的规章，甚至连开学、放假的时间都极不统一。然而，“自高中开始设必修英语课”这一点在瑞士各州的学校中却是完全一致的。瑞士人学习英语的积极性很高，除了学校的正规教授外，社会上到处可见各种类型的函授、辅导班，甚至越来越多的家庭将其子女送到英国读书，其目的不仅是为了学习专业，更多的是为了掌握好地道的英语。

目前在瑞士，能用英语流利交谈的人很多，早已不局限于大学、知识界，而已迅速发展到全社会的各个部门。如今瑞士人广泛使用英语的趋势竟引起不少瑞士人思索：或许有一天，英语会跃居于四种国语之上，成为瑞士不同语区之间交往的首选语言？

（曹枫，中国社会科学院民族学与人类学研究所副研究员）

塞尔维亚

1990年代初，南斯拉夫解体后，塞尔维亚与黑山在1992年4月27日组成南斯拉夫联盟共和国。2002年3月14日，南联盟、塞尔维亚和黑山的主要领导人，以及作为见证人的欧盟高级官员哈·索拉那，共同签署了“调整塞尔维亚和黑山关系的原则基础”的协议。2003年2月4日，南联盟议会通过了以此协议为基础的“塞尔维亚和黑山宪章”。南联盟的国名从此改为“塞尔维亚和黑山”。2006年，塞尔维亚和黑山分别建立独立国家。目前，塞尔维亚面积88361平方公里，人口1065万人（2013年）。

一　民族构成与文化

（一）民族分布

塞尔维亚对主体民族与非主体民族的划分是历史的沿袭。其民族构成和地区分布是在一个很长的历史时期内，由巴尔干地区的自然地理环境、社会历史、经济与文化等多种因素变化形成的。现代史上诸如民族政策的变化、民族冲突等社会政治因素、异族通婚、民族隶属关系的自由选择，人口自然增长率的变化等，对民族构成与地区分布也产生重大影响。南斯拉夫的解体及战争又导致某些民族人口与分布发生了新的变化。目前，其民族结构可分如下几类：主体民族：塞尔维亚族；其母国是邻国的少数民族：黑山人、阿尔巴尼亚人、匈牙利人、罗马尼亚人和保加利亚人；母国为原南斯拉夫的某个共和国的民族：克罗地亚族、斯洛文尼亚族、马其顿族和穆斯林族；未确定民族隶属关系的群体：南斯拉夫人；源于欧洲其他民族的少数民族：捷克、斯洛伐克、乌克兰、俄罗斯、日耳曼、土耳其、波兰、希腊等族；非欧洲血统的种族群体：茨冈人、犹太人、瓦拉几亚人等。

1. **塞尔维亚人**　斯拉夫人的一支，塞尔维亚最大的民族，占总人口的60%左右，其中90%以上居住在中心塞尔维亚[①]和伏依伏丁那自治省。近50年来塞族人口变化的特点是：人口的绝对数虽增长，但比重下降；居住地区趋向集中；人员大量外流，尤其是1991年以后，年轻人、知识分子和有一定技能的工人大批外流，不仅减少了人口的总量，且影响了民族的文化素养和科技水平。塞族人操塞尔维亚语，使用基里尔字母，信奉东正教。

2. **黑山人**　祖先为斯拉夫人，与塞族人使用同一种语言文字，信奉同一宗教。黑山独立后，塞尔维亚的黑山人只剩有10多万人。黑山人口大幅下降。

3. **阿尔巴尼亚人**　人数最多的非主体民族，约170余万人，聚居于科索沃和梅托希亚地区及桑贾克，操阿尔巴尼亚语，信伊斯兰教。人口变化的主要特点是：高出生率、低死亡率、平均寿命延长、年轻化导致人口的迅速增长；阿族人聚居区趋向民族单一化。

4. **其他非主体民族和种族群体**　匈牙利人，占总人口的3%左右，聚居在伏依伏丁那；穆斯林族人占总人口的3%左右，聚居在科索沃地区；其他少数民族约20个，其人口所占比重大多数在1%以下，但罗

① 中心塞尔维亚是指自治省以外的塞尔维亚共和国本土。——笔者注

姆人除外。大多数少数民族居住在伏依伏丁那。[①]

（二）主要民族的文化渊源

塞尔维亚族文化传统中的斯拉夫印记源远流长。9 世纪至中世纪，塞尔维亚各文化领域深受拜占庭文化影响。土耳其人占领期间，占领者虽千方百计要将奥斯曼文化渗透到被占领地区，但这些地区仍然保持了东正教的文化生活，并把它作为争取自由、独立和维护民族性的斗争手段，使它在 18—19 世纪的民族复兴运动中发挥了重大作用。武克·卡拉季奇的语言文字改革为现代塞尔维亚语奠定了基础，增强了民族意识和凝聚力。塞尔维亚语和基里尔字母为法定的官方语言。

阿尔巴尼亚族文化与其母体国保持一致。1980 年代后期起，阿族人只学阿语和讲阿语，阿族人信奉伊斯兰教，文化生活和习俗深受伊斯兰教影响。

二　民族关系和民族问题

（一）塞尔维亚族和黑山族及其相互关系

1. 相对独立和相互占领。公元 6—7 世纪，作为斯拉夫部族一部分的塞尔维亚人和黑山人迁徙到巴尔干半岛定居。但无固定的和统一的疆土，并处于异族的统治之下。直到 1018 年，才出现以拜占庭为宗主国的诸多斯拉夫部族公国。东部出现了以拉什卡为中心的塞尔维亚公国，西部的诸公国中以杜克利亚公国最强大，它在 9 世纪中叶迁移到现今的波德戈里察一带（现今的黑山地区）定居下来，并逐渐吞并了周围数个塞族人公国和拉什卡公国的一部分，其统治延续了百余年。1189 年杜克利亚公国被拉什卡公国吞并，直到 1371 年才重获独立。

① 有关民族结构、人口比重及其分布的资料来源于《南联盟综览》1/1994 年、《南联盟年鉴 1997 年》和《巴尔干 1997 年》。

1168 年拉什卡公国开始了塞族扩张和繁荣的奈马尼亚王朝时期（1168—1371）。1217 年塞尔维亚从罗马教廷获得建立独立大主教辖区的权力，16 世纪东正教获自主权，这对维系庞大而松散的塞尔维亚王国各地区和保证塞王国较大的相对独立性具有重大意义，并对以后塞尔维亚在巴尔干地区的地位和影响都产生了潜在的作用。14 世纪中叶《杜尚法典》的制订标志着一个有统一核心、由民族领袖统领的中央集权的塞尔维亚国家的形成。

2. 塞族主导地位的形成及其与黑山族关系的变化。塞尔维亚在被土耳其完全占领（1439）之前，它同西欧和地中海国家的贸易交往，对吸纳他们的经济制度成分和非宗教居民的扩大，产生了很大的推动作用。在抗击土耳其入侵者的长期斗争中，塞族人在 19 世纪 30 年代迫使土耳其当局承认了其内部的自治权和脱离君士坦丁堡大总主教区的管辖，使塞东正教获得独立，宗教就成了塞民族复兴和国家发展的极为重要的推动因素。其后，地主庄园制的废除，使自由小农成为社会的基础，为 19 世纪下半叶资本主义的发展提供了可能性，而塞尔维亚的农民解放又成为当时推动巴尔干半岛社会进步的基本因素。

在土耳其人侵略巴尔干期间，黑山人民始终保持着相当的独立性。在抗击入侵者期间，南部斯拉夫人之间洋溢着友好的合作精神，并酝酿成立以塞尔维亚为中心的巴尔干联盟。1866 年 9 月，塞尔维亚同黑山结为同盟。两族人民共同参加了 1876—1878 年的俄土战争，并于 1878 年柏林国际会议上同时被承认为独立国家。两国从此进入了和平发展时期。1882 年塞尔维亚宣布为王国并建立独立教会。1910 年黑山宣布为独立王国。以后两国又成为巴尔干战争的盟友，并共同扩大了各自的疆土。两国人民和革命组织在反对各自王朝统治者的斗争中互有秘密联系和支持。几乎是相同的历史经历、文化和语言、宗教及共同的战斗缔造了两族人民的友好情谊并酝酿结盟。1918 年 11 月两族共同成为 12 月 1 日成立的“塞尔维亚—克罗地亚—斯洛文尼亚国”的组成部分。随着资本主义的发展和资产阶级的兴起，王国开始实行资产阶级君主制，实行民族合一和国家统一政策，否认其他民族属性，认为黑山人实际就是塞尔维亚人，塞族为自己夺得了王国中的主导地位。

塞尔维亚人和黑山人及其他民族，共同成功地进行了反法西斯解放战争，第二次世界大战后分别以独立的民族共和国身份成为南斯拉夫联邦的成员国，又在反抗共产党和工人党情报局与苏联的制裁和压力的斗争中，以及在社会主义建设中，一直保持并加深着相互间的团结和兄弟情谊。两族间的亲密关系是 1992 年黑山人以全民公决形式表达了继续留在南斯拉夫联盟中的重要原因之一。

在当时的南联盟内，不论是国土面积还是人口，塞尔维亚都是黑山的十多倍，前者的综合国力也远远超过后者。尽管宪法为保障成员国平等而作了种种规定，但实际上塞尔维亚的主导地位是毋庸置疑的。

3. 问题的产生。由于前南斯拉夫地区危机，南联盟受到欧美国家的严厉制裁（主要是针对塞尔维亚），使黑山受到拖累。黑山执政党内部由于对本国在联盟内的地位、同塞尔维亚的关系、同世界其他国家（主要是同西方）的关系、社会的发展方向和道路及诸多具体政策上的分歧而于 1997 年公开分裂。受到反对派和西方支持的、以原总理久卡诺维奇为首的一派在该年的大选中获胜。久卡诺维奇就任黑山总统后，实行的是争取黑山更大的独立地位，必要时脱离南联盟的政策。此后，黑山除了交通与通讯及国防仍与联盟保持联系外，其他方面则完全自搞一套，包括废除第纳尔，把德国马克（后改为欧元）作为法定货币，同塞族的关系已降到数个世纪以来的最低点。2006 年，黑山最终与塞尔维亚实现了分离。

（二）塞阿族际矛盾的由来与现状

自从塞尔维亚人和阿尔巴尼亚族人“有关系”以来，在漫漫历史长河中，两族关系一直错综复杂，其中不和甚至对抗是主旋律。1980 年代以后，矛盾加剧。到了 1990 年代，两族矛盾已发展到严重对立、对抗，甚至到武装冲突，势不两立。外界把塞阿两族矛盾及其表现一般统称为“科索沃问题”或“科索沃危机”。

科索沃问题的核心是，阿族分立主义分子不择手段地进行分立和恐怖活动，同塞族坚决维护国家领土完整，恢复正常社会秩序两种立场的矛盾斗争。后来，这种矛盾斗争被以美国为首的北约利用来为其“21 世纪全球战略新思维”服务，并于 1999 年对南联盟进行了持续 79 天的狂轰滥炸，企图迫使南联盟就范。南为维护国家主权、领土完整和民族尊严而决不屈服这种侵略的斗争。科索沃问题已成为 20 世纪末全球关注的国际焦点问题。

1. 谁是科索沃和梅托希亚地区的主人？

阿尔巴尼亚人的祖先是伊利里亚人，他们在青铜器时代末期和铁器时代初期迁徙到了现今的阿尔巴尼亚和科索沃—梅托希亚地区定居。6—7 世纪塞尔维亚人定居巴尔干半岛后，同化了当地的部分居民，而伊利里亚人仍保留了自己的种族特性，并演化为后来的阿尔巴尼亚族人。

12 世纪 60 年代，塞尔维亚国家扩张到了科索沃—梅托希亚地区，并持续在那里统治了两个世纪。在此期间，该地区有了长足的全面发展，成为塞尔维亚国家的中心地域，以致使塞尔维亚人引以为豪地认为，这个地区是整个塞尔维亚经济、文化和独立宗教的发祥地。

2. 土耳其占领下的塞族人和阿族人

14 世纪中叶，奥斯曼帝国入侵巴尔干半岛。1439 年土耳其人征服了整个塞尔维亚。1389 年至 1912 年以前的漫长历史岁月中，塞尔维亚人和阿尔巴尼亚人，或联合其他民族，或单独地进行了长期的反入侵者的武装斗争，但塞族人和阿族人最终都以失败告终。在此期间发生了有着极其深远影响的两件大事。

其一，在 17 和 18 世纪中叶，塞族人在科索沃—梅托希亚地区的抗击土耳其入侵者斗争中遭到失败后，被迫进行了三次大迁徙（1389 年科索沃战役之后、1690 年和 1737 年）。从这个地区北逃的塞族人达数十万。同时，占领者又有计划地从阿尔巴尼亚山区往科索沃迁入大批阿族人，从而极大地改变了这个地区的民族人口结构。

其二，土耳其人在这个地区实行伊斯兰化。奥斯曼帝国在科索沃地区实行一种形式上并非强制的、但却具有经济手段性质的宗教政策，以期促使一部分人皈依伊斯兰教，迫使不归顺者外迁。

土耳其人占领该地区以前，阿族人信奉天主教，塞族人信仰东正教。奥斯曼统治期间，当局规定，教徒必须交纳人头税，但伊斯兰教徒除外。几乎无人能承受的人头税迫使许多不愿改信伊斯兰教的塞族人外迁，而阿族人则纷纷皈依伊斯兰教。当局对后者不仅免去其人头税，且把外迁塞族人的住所和土地分给他们。这种手段不仅进一步改变了该地区的民族人口结构，而且为在这个地区实行伊斯兰化创造了前提条件。

奥斯曼当局对其他占领区则实行另一种政策，即只要被统治者服从自己的统治，就允许他们在完成“赖亚”（土耳其人对其统治区内基督教居民的鄙称）义务的条件下，保留自己的原宗教信仰和习俗。这样，属基督教区的塞族人就更多地接受了基督教文明，尤其是 1804 年开始的塞尔维亚革命，把塞尔维亚逐步引向了现代社会的发展道路，而科索沃地区，根据 1878 年柏林会议决定，仍归土耳其统治。这样，两个地区在人种、民族、宗教、文化、经济等各方面的分野就愈益加深，其历史影响十分深远。

3. 1912—1941 年的塞族和阿族

1912 年巴尔干战争后，科索沃重新划归塞尔维亚。1913 年塞尔维亚政府镇压了阿族人要求实行开明统治的武装起义，并对之实行殖民统治。1918 年，科索沃作为塞尔维亚的一部分加入了“塞尔维亚—克罗地亚—斯洛文尼亚国”。1929 年塞尔维亚国王举行政变，王国当局对科索沃阿族实行民族压迫，剥夺他们的一切民族权利和基本公民权，并有计划地把 7 万塞族人移民到科索沃。王国推行的资产阶级民族沙文主义政策导致塞阿族际关系紧张，同时也增强了阿族人的凝聚力和摆脱塞族统治的愿望。

4. 第二次世界大战期间的塞阿族际关系

1941 年德、意法西斯占领南斯拉夫王国后，意大利把科索沃的绝大部分疆土和阿族人聚居的其他地区并入它制造的“大阿尔巴尼亚”，并以建立阿族人政权机构、军队和允许使用阿语等手段，以及煽动阿族人对南王国时期所处不平等地位的愤懑情绪，获得了多数阿族人的拥护。同时，对以往迁居科索沃地区的塞族人和黑山人进行迫害和驱赶，致使塞族人在不到一年的时间里就外迁 6. 5 万人。1943 年 11 月举行的南斯拉夫反法西斯解放委员会第二次会议虽作出了“在联邦制原则基础上建设南斯拉夫的决定”，却没有讨论科索沃的地位问题，引起了阿族一些领导人的不满。一个月后，他们召开了科索沃和梅托希亚地区人民解放委员会会议，作出了实行自决权和并入阿尔巴尼亚的原则决定，但遭到了南共中央的批评。

当 1944 年 11 月南斯拉夫反法西斯解放武装力量解放科索沃后不久，曾是占领者扶持、但在群众中颇具影响力的“阿尔巴尼亚解放阵线”，组织了旨在脱离南斯拉夫和并入阿尔巴尼亚的武装暴动。暴动虽被镇压，但紧张的族际关系使外迁的塞族人不敢返回科索沃。在南反法西斯人民解放委员会的推动下，阿族人于 1945 年 3 月召开了代表会议，其选举产生的“阿尔巴尼亚委员会”成为科索沃和梅托希亚人民解放统一阵线的组成部分。同年 7 月，科索沃和梅托希亚加入塞尔维亚，但享有自治权。1945 年 3 月，桑贾克反法西斯人民解放委员会决定按 1912 年划定的边界，将该地区分别纳入塞尔维亚和黑山。从此，塞阿两族关系进入一个历史新阶段。

5. 第二次世界大战结束至 1980 年的塞阿族际关系

在此历史时期，由于“民族团结和兄弟情谊”政策的实施、对科索沃地区经济和文化发展的大力支援以及铁托总统的个人威望，塞、阿两族的关系，从总体上看是比较好的，但在一定“气候”下，矛盾斗争也有所爆发。1960 年代，南保安部门的某些机关对阿族的歧视和违法乱纪行为激化了塞阿族际矛盾。错误得到了清算，但阿族人的民族主义却快速滋长。在1968年阿尔巴尼亚共和国国庆日，发生了普里什蒂那学生动乱，喊出了“成立科索沃共和国”和“恩维尔·霍查万岁”的口号。南斯拉夫政府从法规上不断扩大民族权利，使自治省的地位达到几乎与共和国的同等水平，而且政府又从财政等方面对科索沃实行特惠政策，使该地区获得了长足的发展，其发达水平远远超出它的邻国阿尔巴尼亚。

6. 1981年以后的塞阿关系

在国内外社会政治环境的巨大变化条件下，科索沃局势始终动荡不定，且愈演愈烈，两族关系急剧恶化，并发展到势不两立和剧烈冲突的地步。

1981年3月，普里什蒂那阿族大学生因在食堂午餐中发现虫子而闹事，随后喊出了“成立科索沃共和国”和“地拉那”等口号。区区小事遂演变成震撼全国的严重政治事件。南联邦和塞尔维亚当局认为，这是阿族分立主义分子预谋策划的骚乱，其政治目标是，先在南联邦内建立单一民族的共和国，在取得自决权以后就独立出来，进而同阿尔巴尼亚“统一”。他们设想中的“大阿尔巴尼亚”还包括马其顿和黑山的部分领土。塞尔维亚当局在确认了事件的反革命性质后，采取了一系列包括镇压在内的强硬措施。随后又通过了关于加强塞尔维业共和国内部团结和统一，关于发展和加强科索沃自治及南共联盟《政治行动纲领》等多个文件，并进行了各种善后工作，事态才算平息下来。阿族分立主义分子的反抗并未停息。他们改变了策略，将活动转入地下，以发展组织、扩大队伍、秘密宣传、打入内部组织和军队，以及争取外国支援为主，同时伴以侵犯塞族人和黑山人的人身与财产安全，迫其外迁，以达到民族净化的目的。

自1980年代中期起，两族斗争又趋公开化，且更激烈、更复杂。1986年初，科索沃的塞族人开始了面向全国的、有组织的、规模不断扩大的游行、集会等行动。他们得到了塞尔维亚共和国自上而下的支持，形成了对中央和其他共和国巨大的直接冲击，不仅极大地恶化了塞尔维亚共和国同两个自治省的关系，且激化了塞同其他共和国（民族）的矛盾。从此，民族主义浪潮汹涌澎湃，持久不息，社会剧烈动荡。

1980年代后期，当时的南联邦政府对科索沃实行“非常状态”等强硬措施。塞尔维亚当局则取消了自治省的政治自治权。科索沃阿族人抵制了塞尔维亚的多党议会选举和联邦的人口普查。自治省的阿族议员自行通过了“科索沃宪法宣言”，宣布科索沃为南联邦内的平等与主权国家。塞当局则以解散科索沃议会和接管科索沃自治省政府作为回答。在经过了新一轮加剧了的“强制与反抗”的恶性循环以后，转入地下的科索沃议会于1992年4月发表宣言，称科索沃为独立的主权国家，通过了“科索沃共和国宪法”，选出了“科索沃共和国总统”和政府总理。从此，该地区就形成了双重政权的局面。分立主义分子要阿族人对自治省合法政府不合作，抵制来自南联盟和塞当局的一切政治与行政行为，甚至抵制教育体系的正常工作。塞尔维亚派驻科索沃的警察部队实际上只起威慑作用，以“保证”阿族人不闹事。

波黑和平协议签署（1995年11月）后，科索沃危机再度公开激化。1996年初，阿族人组织了“科索沃解放军”。袭击塞族人军警及与塞方合作的阿族人员等武装恐怖活动频繁发生。自1998年起，他们把暴力活动的对象扩大到平民和民政设施，并攻占了许多村镇。塞尔维亚军警部队对“科索沃解放军”采取了军事行动。阿族分立主义分子除了获得某些周边国家和境外阿族人的秘密支援外，一直想方设法使科索沃问题公开国际化，以借助外力使科索沃获得独立。塞方则坚持：坚决反对科索沃问题国际化；坚决维护领土完整和主权；在该地区所有公民和民族群体在平等的基础上调整内部关系，而他们的权利必须受同等保护；严格区分阿族分立主义分子同整体阿族人的界线；政治解决分歧。在各方坚持己见，冲突趋向激化时，引发了以美国为首的北约对南联盟进行极其野蛮的武装干涉，使科索沃问题发生了质变。

美国为实现自己的“21 世纪全球战略新思维”，首先是为这个新思维开辟道路和进行战略、战术乃至新式武器的试验，在维护巴尔干地区稳定和欧洲安全以及捍卫人权的旗号下，驱动北约于 1999 年 3 月 24 日，撇开联合国，悍然对主权国家南联盟进行侵略。北约的空中打击目标包括军事、行政、工业、交通、新闻媒体、医疗、学校等设施和总统住宅，并轰炸了中国驻南使馆，其狂轰滥炸之严重已超过第二次世界大战中德、日法西斯对被侵略国轰炸的程度，造成大量人员伤亡，数十万难民外逃，直接经济损失数千亿美元。以美国为首的北约的干涉行径不仅使科索沃地区的民族关系极大地恶化和复杂化，而且成了欧洲并影响全世界和平与稳定的不安定因素，开创了国际强权势力利用民族问题任意武装干涉其他主权国家内政的恶劣先例。

战争持续了 11 周后，北约同南联盟签订了和平协议。战争与和平协议给塞阿两族带来的结果是什么呢?

（1）从协议要点看，构成两族矛盾冲突的根本动因并未消除。这为可能导致以后旷日持久的恐怖活动式的冲突和在特定条件下重燃战火埋下了隐患。就塞方而言，它为之誓死捍卫的领土完整和主权实际只在形式上得到承认。因为，以北约部队为主的“科索沃实施和平部队”进驻科索沃，以取代塞族军警部队，行政管理权由临时性的国际管理机构承担，而时限是可变的。协议的上述规定，实质上已把科索沃变成了联合国名下的托管地（实际是美国或北约的领地）。塞尔维亚不会长期忍辱屈从。从阿族方面看，“科索沃解放军”的目的是使科索沃独立，但协议只同意科索沃实行高度自治（高到什么程度尚未明朗），从而引起他们的不满。另一方面，协议关于解除科解放军武装和不许其占领城市的规定未被认真执行。北约只收缴科解放军的重武器而且是由它本身保管（维和部队负责监督），这预示着，是要让科解放军最终成为一支合法的治安部队。协议签订以后，恐怖活动时有发生，且呈频繁和扩大之势。据西方媒体报道，科解放军乘塞族军警撤退之机占领了一些城市，擅自成立了以它为主的“临时政府”，还任命了一些市长。这一切表明，它是在为未来的独立做准备。

（2）难民潮灾难。和平协议签订后，外逃的数十万阿族难民急于返回家园，科索沃的塞族居民则因担心阿族人侵扰而大批外逃。两族水火不相容的关系要想得到缓解和改善，其前提条件是外部力量不得偏袒任何一方，而应平等地保障他们的权利和消除一切恐怖活动。

（3）美国在武装侵南中未能完全达到自己的目的。美当时是把巴尔干问题的政治战略重点放在颠覆米洛舍维奇政权上。这导致了南各政治派别之间和塞尔维亚同黑山两共和国之间的矛盾斗争加剧，涣散民众的团结，制造新的政治动荡。

总之，人们在分析塞阿两族关系时，不宜把久远的历史因素作用看得过重，尽管它是一个在一定条件下起负面作用的因素，但未必是必然因素。

在科索沃问题中，塞阿两族关系之所以如此复杂，矛盾如此之深，是因为在进入 20 世纪以后，塞族掌权者对阿族施行的错误政策，因而它应承担主要责任。但人们不宜把实行霸权主义的塞族资产阶级笼统地称之为“塞族”，那样客观上会加深族际鸿沟。第二次世界大战后至今，南斯拉夫和塞尔维亚对待阿族的政策，从实践结果看，确也存在失误，其负面影响一时难除，它既与政治体制和经济体制紧密相连，又与具有强大政治影响力的政治人物相关。但是，科索沃问题从历史上就不单是个塞尔维亚的内部问题。它一直受到外部力量的直接干扰和影响，且外部因素干预所起的作用越来越大。到 20 世纪 90 年代末，科索沃问题是被强制地公开国际化了，它的命运基本取决于主要大国的意志。2008 年 2 月 15 日，科索沃宣布脱离塞尔维亚独立；2010 年 7 月 22 日，国际法院指科索沃独立不违反国际法；目前，科索沃独立获得 108 个国家承认，但塞尔维亚宣布绝不放弃对科索沃的主权。

三　民族政策及其指导思想的演变与后果

对塞尔维亚民族问题的观察与分析，以及对其民族政策的探讨，是无法割断历史的。以往处理民族问题的指导思想和民族政策的实践，其后果与潜在影响延续至今。

（一）联合与统一曾是南部斯拉夫人的强烈愿望——“南斯拉夫主义”思潮的产生与传播

1. “民族联合与统一”思想的来源和发展

（1）第一次“南斯拉夫主义”思潮

19 世纪 30 年代，处于多个异族分割与统治下的南部斯拉夫诸民族开始了民族觉醒和民族复兴运动，其特点之一，就是致力于把南部斯拉夫诸民族联合为统一的南斯拉夫共同体。

首先，在克罗地亚兴起了一场“伊利里亚”[①] 运动。在“克罗地亚是属统一的南斯拉夫民族”理念下，杨科·德拉什科维奇公爵和青年路德维特·盖依发起了推广使用什托卡夫语言文字运动，致力于与塞尔维亚人使用共同的字母。同时，摒弃了长期以来所持的民族战略，把目标转向了与塞尔维亚人结成共同体[②]，并在 1841 年成立了“伊利里亚同盟”（克民众党的雏型）。该运动在巴尔干得到了众多群体的支持。

塞尔维亚民族复兴运动方兴未艾，其最终目标也是建立统一的南斯拉夫共同体。为此，它与毗邻地区的民族复兴运动人士保持密切联系与合作，但在诸多具体问题上同伊利里亚运动存在深刻分歧。由于种种原因，19 世纪中期的“统一南斯拉夫”运动未获成功。南部斯拉

① 据克罗地亚历史学家杜尚·比兰吉奇的说法，“伊利里亚”和“南斯拉夫”所含概念相同，但前者早于后者出现和使用。

② 伊万·博日奇等：《南斯拉夫历史》，中译本上册，1984 年，第 335—339 页。

夫诸民族的民族复兴运动转入为各自的民族获得民族权利而斗争的阶段。

19 世纪 60 年代，塞尔维亚资产阶级登上政治舞台。克罗地亚获得了一定的自治权。其他民族的民族复兴运动也取得了进展。民族联合的浪潮又开始涌动，其政治上的突出表现，就是试图建立一个以塞尔维亚为中心的巴尔干联盟。克罗地亚民众党希望塞尔维亚扩展为未来南斯拉夫共同体的中心，并于 1866 年 9 月同塞内政大臣加拉沙宁达成一项关于以共同行动建立一个既独立于奥地利、也独立于土耳其的南斯拉夫国家的口头协议。从 1866 年至 1868 年，塞尔维亚分别同黑山、希腊、罗马尼亚结为同盟；塞还接受了保加利亚革命委员会提出的关于建立以米哈伊洛大公为首的“南斯拉夫帝国”的建议。但是，“联合与统一的南斯拉夫”理想未能实现。其主要原因有：①“自闭”是当时处于小农经济社会的南斯拉夫人的主要社会意识；②资产阶级、神职人员、知识分子等在统一的南斯拉夫应以谁为核心，以什么地区为中心等原则问题上分歧甚大，并引发了相互猜疑；③以什么作为划分民族的基础？坚持以宗教划线的势力大于主张以语言和文化为基础的力量，而不同宗教之间又存在互不信任；④外部势力的阻挠。匈牙利通过克罗地亚阻挠巴尔干诸民族联合，俄国与奥地利通过秘密协议在巴尔干划分势力范围。

（2）“新南斯拉夫主义”的出现

19 世纪末 20 世纪初，欧洲的大多数民族已获得独立并建立了各自的民族国家，唯独巴尔干半岛诸民族仍处于异族分割和势力范围之下。社会上的一部分人，尤其是青年，产生了“这些国家的人民需要相互接近，进而联合在一起”的愿望。

克罗地亚人的主张。在克罗地亚人中，要求联合的愿望显著增多。克农民党创建人拉迪奇兄弟要求建立联邦制的“斯拉夫奥地利”。一些自由资产阶级政治团体同塞尔维亚政治团体组建了“克罗地亚——塞尔维亚联盟”。

青年人的追求。年轻人的革命激情澎湃，组织秘密社团进行文化的和政治的活动，最知名的组织是“青年波斯尼亚人”。他们的宗旨是：提出新道德，反对父辈们的民族沙文主义、狭隘地方主义和家长式统治；提倡各民族和各宗教的相互包容，并愿充当人们借以跨过曾相互残杀、互不容让的鸿沟的桥梁；通过革命手段推毁哈布斯堡帝国，推动各民族联合。

社会民主党人的立场。以社会民主党人为代表的巴尔干社会进步力量，在摒弃了“民族解放的任务主要应由资产阶级来承担”的立场后，认为巴尔干诸小国民族的自然联合，必须走相互接近和联合之路。社会主义者应该支持和促进被压迫民族的自然联合，何况这种斗争同无产阶级的解放斗争是紧密相连的。在这种思想指导下，社会民主党人为民族解放积极地进行了许多政治的和组织的工作，其中突出的是社会民主党等革命力量的联合与合作。一些激进青年还开展了超越边界的秘密联络和组织工作。在上述活动的基础上，克罗地亚、斯洛文尼亚、波斯尼亚和黑塞哥维那的社会民主党人率先提出，南部斯拉夫人都来自同一的种族，应属于民族统一的自然民族共同体，并认为这是扩大社会主义、克服民族争端和消除分割南部斯拉夫人疆土的重要途径。塞尔维亚社会党于1910年接受了上述主张。为推动各民族的联合，那些主张联合、但流亡在国外的政治家还组织了“南斯拉夫委员会”。各社会民主党的立场观点在第一次巴尔干社会民主党代表会议（1910年1月）上得到确认，并决定成立执行局。后来还成立了南斯拉夫社会民主党作为奥匈帝国内所有南斯拉夫工人的党。

尽管历史证明，社会党人的巴尔干联盟和南部斯拉夫人的民族融合设想是脱离现实的，但这种在后来被某些南斯拉夫学者称之为“新南斯拉夫主义”，蕴涵着不同于民族同化的“民族融合”的理想主义成分，在铁托时期曾有过具有自己特色的体现和发展。

“南斯拉夫族”或“南斯拉夫人”群体产生在铁托时代，南斯拉夫自发产生了一个“南斯拉夫族”或“南斯拉夫人”群体，并被法律所确认，实践中被作为少数民族对待。

原南斯拉夫各族人民在反法西斯战争中同仇敌忾，战胜了敌人。战后，齐心协力抵制来自东、西方的压力，为维护国家的自主权和尊严，为恢复和发展国民经济，团结奋斗，取得了很大的成就，民族关系和谐；而非同寻常的国际影响又进一步加强了国内的民族团结，况且国家又从制度上保证了民族的平等和发展。如此种种辉煌使全国上上下下，尤其是领导层产生了“民族问题已圆满解决，民族因素在政治生活中已不重要”的认识。普通民众对民族区分几乎持冷淡态度，而为自己是南斯拉夫人感到自豪。在此氛围中，一些“全南斯拉夫意识”较强的人（年轻的塞族人为多数）和日益增多的异族通婚家庭，就滋生了各民族将逐渐融合为一个“南斯拉夫族”的愿望。于是在人口普查时，他们就注册自己的族籍为“南斯拉夫族”。至1980年，这个群体已占全南总人口的5.4%。官方是把这个群体作为少数民族看待的。

“南斯拉夫人”实际有两种含义。其一是指已形成了一个很大群体的具体个人。他们超越了民族属性，既避开了选择族籍的为难，又蕴藏着美好的愿望；其二是对这个国家各族人民的统称。它反映了对这片土地上统一的政治体系的形成与运作的认可，也是或可以认为是对未来民族融合的潜在向往。笔者在同南斯拉夫朋友接触中常听到一些人表示：我们只说自己是南斯拉夫人而不说是某某族人，这是一种客观存在；从某种角度说，它是对南斯拉夫“国家民族”的默认，是国民意识高于民族意识的体现，也是实现国民一体化的一种特殊方式。它与强制同化有质的区别。

2. 社会民主党人（1919年后为共产党人）的民族联合和资产阶级的民族统一

正当社民党人为民族解放而努力推动各民族联合时，在当时颇具影响力的塞尔维亚激进党、民主党等一些政党表示反对联邦制，认为它会导致无政府状态、削弱国家的地位和引起国家分裂，而主张实行塞尔维亚、克罗地亚和斯洛文尼亚的民族统一和中央集权制。塞执政当局更是大力推行民族霸权主义政策，主张用扩张甚至战争的手段来统一其他民族。

1914 年它提出了自己的民族纲领：通过战争建立一个包括塞族人、克族人和斯族人在内的斯拉夫人强国，以实现“民族统一”。于是，它吞并了波黑，通过巴尔干战争瓜分了马其顿，征服了阿尔巴尼亚。塞族资产阶级在 1918 年建立的“塞尔维亚—克罗地亚—斯洛文尼亚国”中推行的就是这种“民族统一”政策，实际是塞族对其他民族的强制同化政策。

塞社会民主党一方面谴责资产阶级的民族沙文主义战争政策，提出以建立巴尔干自由人民联邦的国际主义来对抗资产阶级的民族政策，并指出资产阶级把巴尔干分割成各个小国实际上是为将来制造新的动乱根源。另一方面，它又主张塞族、克族和斯族应融合成一个民族和成立一个统一的共和政体的国家，认为它是解决多民族混居地区民族问题的好办法，而联邦制（实际是指民族联邦制）具有分裂工人阶级和工人运动的危险。

当国内民族不满情绪日益增长时，南共却未意识到这种不是建立在民族平等、保障各民族权利基础上的、非自然融合的“民族统一”国家只能加深矛盾，而仍认为统一国家的建立就意味着“民族问题已经解决”。这种认识上的偏颇客观上助长了塞族资产阶级的民族沙文主义。塞族资产阶级的霸权主义行径所激起的其他民族对塞族的不满和矛盾，在 1930 年代后期至 1940 年代前期就被外部因素所利用，导致以克、塞两族为主的种族大仇杀。它留下的民族积怨与戒心在铁托时期虽得到极大的缓解，但相互间的不信任，尤其是对“大塞尔维亚主义”的极度敏感和戒心甚至是恐惧感，并未根除。在一定条件下，它又成为爆发民族矛盾甚至冲突的催化剂，其作用力延续久远。

直到 1924 年南共对民族问题的认识才有一个大的变化。它开始承认南的多民族结构，认识到塞、克、斯联合成一个共同国家虽符合历史进步和无产阶级斗争的利益，也为三个同种民族形成一个民族的进程创造了客观条件，但由于当时实现联合的历史条件和方式缺乏广泛的民众基础和民主基础，结果反而激化了民族矛盾，其主要责任在塞族资产阶级。因此，党应当把争取民族平等同反对资产阶级的斗争结合起来。

1930 年代中后期，南共中央虽仍承认民族自决权（包括分离权），但放弃以往那种把分离权作为必须实行的义务的立场。当南面临法西斯侵略威胁时，南共就民族问题政策明确提出：应在现存的边界内，根据民族自决的民主权利和联邦制原则，把南斯拉夫变为各自由民族的民族联邦共同体；在共同体内必须是民族平等、保障少数民族权利、终止大塞尔维亚沙文主义行径；塞族人民和一切进步力量须明白，任何压迫其他民族的民族，它本身就不可能是自由的，也不可能战胜法西斯侵略，因此，他们在反对塞族沙文主义斗争中应起特殊作用；斯洛文尼亚和克罗地亚的党组织应坚决同自己队伍中的分立主义和狭隘民族主义作斗争，阻止把争取民族自由的愿望用来支持法西斯战争和分割南领土的企图；南共应更坚决地同民族主义政党那种把塞族人民同推行霸权主义的资产阶级相提并论的观点划清界线；保卫祖国的独立和领土完整及进行民主改革，是民族生存和以后各民族共同生活的关键。

南共坚持贯彻上述符合人民意志的原则，领导各族人民取得了反法西斯解放战争的胜利和经济建设的伟大成就。在一个相当长的历史时期内，各民族的团结和友爱合作是南民族关系的主旋律。

（二）“分离与独立”指导思想的来源与后果

在主张南部斯拉夫各民族融合和统一以及建立巴尔干永久同盟的思潮广泛传播不久，就出现了民族分离和独立，即要求民族拥有自决权的思潮。在巴尔干战争之后，尤其是“塞尔维亚—克罗地亚—斯洛文尼亚国”成立之后，这个思潮呈现出汹涌之势。

作为世界上比较广泛的政治现象，民族自决权口号的第二次响起，发生在某些较发达的资本主义国家对世界许多国家或民族实行扩张和殖民统治，以及在工人运动和社会主义思潮兴起之时。民族自决和独立的口号一直被形形色色的民族运动所运用。

克罗地亚共和农民党、权利党和斯洛文尼亚平民党均主张，在保持本民族特性和本地区独立性的基础上成立共和政体的复合国家。南共内部在民族问题上也发生了激烈争论。斯洛文尼亚地区共产党组织首先提出，南斯拉夫是多民族国家，斯洛文尼亚和克罗地亚都是平等的单独民族，反对一元的中央集权制。以克罗地亚地区党组织为代表的“中间派”主张按联邦制原则建立党组织，但都不愿脱离共同国家。南共经过激烈争论后达成的主要共识是：承认南的多民族结构和塞、克、斯为单独的民族；承认每个民族拥有自决权（按列宁的说法，“所谓民族自决，就是民族脱离异族集体的国家分离，就是成立独立的民族国家”①），但它的运用是否合理，需以是否符合阶级斗争和社会进步的利益来判断，故不排除南共反对分离的可能；应实现少数民族的平等权利。

列宁对民族自决权所持的立场是：不仅承认一般的民族平等，还要承认有建立民族国家的平等权，即承认民族自决权（分离权）；有民族自决权是一回事，在某种情况下是否适合自决即分离，则是另一回事；为了同一切形式的民族主义作斗争，民族自决权有非常重大的意义。正是为了进行这种斗争，就必须坚持无产阶级斗争的统一和组织的统一。②

1. 被迫实行民族分离和独立

1924 年，共产国际对南共作出指示：在新成立的小帝国主义国家（南、波、罗、希、捷等），其民族自决权必须体现在每个被压迫民族

---

① 引自民族研究所编《列宁论民族问题》上册，民族出版社 1987 年版，第 312—366 页；列宁《论民族自决权》，《列宁全集》第 20 卷。

② 同上。

分离成独立的国家；南共组织结构应更多地体现民族因素。南共尽管因上述指示引起了思想混乱，却不得不改变自己在民族问题上较符合国情的战略，把工作重点转移到在南共范围内按民族划分，组织独立的共产党，并领导各族人民争取不受限制的自决权，为脱离南斯拉夫和建立自己独立而统一的民族国家的斗争上来。南共还号召工人阶级帮助阿尔巴尼亚人民为争取成立独立和统一的阿尔巴尼亚而斗争。南共主要领导人之一爱德华·卡德尔对南共四大作出的关于民族问题的这种方针政策作出了评价，其中说："……分解南斯拉夫和建立某些自主国家……如果仅仅说这是错误的，而不说这是对过去一元主义思想的反应，那就没有说出全部真理……但那是一时的形势和一时的反应……从长远的观点来看，分解南斯拉夫和建立某某独立自主国家的口号，无论如何都是目光短浅的和错误的"[①]。

南共在民族问题上的这种战略和政策，导致民族主义思想和独立倾向在原有民族矛盾基础上迅速发展起来，而这种倾向首先产生在党内。20 世纪 50 年代后期，南共联盟某上层要人对"南斯拉夫人"群体的出现首先提出了批评，认为那是重新确立旧的沙文主义的"统一南斯拉夫主义"的企图。随后，在联盟内部，自中央到共和国与自治省，都对这种"通过建立统一的南斯拉夫民族而使现有民族不再存在"的做法予以谴责，说它使人想起了大塞尔维亚君主制。从实践结果看，批判重又激起了已被逐渐淡忘的民族隔阂和不信任感，尤其是恐塞感，成为后来民族关系中不时发生摩擦和纷争的序曲、甚至是为以后联邦走向"邦联化"启动了闸门。

2. 制造新民族

人类社会早已结束了由部落、部族向"民族"形成的过程和已基本完成了向现代民族、建立民族国家的进程。由于族际和国际间在各

① 参见爱德华·卡德尔《铁托和南斯拉夫社会主义革命》，贝尔格莱德，1977 年，第 128—129 页。

领域的交流、合作和相互影响，就使民族接近、融合成为不可逆转的历史潮流。尽管这个自然的民族发展进程是那么曲折和漫长，但它毕竟是客观规律。

1971 年南联邦宪法修正案确定其境内信奉伊斯兰教的斯拉夫人为单独的、作为主体民族之一的穆斯林族，使原来众多未确定族籍的伊斯兰教徒（以塞族人为多）将自己的族籍定为穆斯林族，加之其人口的高增长率，致使穆斯林族人数激增。短短 30 年内，科索沃境内的穆斯林族人数增加 8 倍多，而在波黑，穆族人口已上升为第一位。以宗教划分民族在一两个世纪以前还是常见的现象，当时对民族的凝聚和发展起过积极作用。但纵观历史和当今国际社会中的某些现象，宗教民族所特有的封闭保守性、偏执性和排他性所引发的民族纠纷乃至暴力冲突，实为屡见不鲜。在南斯拉夫，当“民族团结、友爱和兄弟情谊”占民族关系中的主导地位时，穆斯林同塞族、克族和睦相处，而在客观条件变化了的情况下，在南联邦解体前后，尤其是在波黑战争中发生的一切，就表明这种人为制造民族的做法所带来的后果。

3. 关于“建设统一的塞尔维亚”和“所有塞族人要生活在一个共同体”

这种要求的公开出现是在 20 世纪 80 年代后半叶。它虽未在塞尔维亚宪法或执政党的纲领中明文提出，但塞尔维亚主要领导人的一些讲话却明明白白地表达了这一点，并且成为塞领导层在数年内处理民族关系的重要出发点之一。

塞尔维亚认为，南联邦时期，由于其境内两个自治省的地位与权利被提升到准共和国水平，使其行使共和国主权职能受很大限制，并在实际上被分割，从而处于同其他共和国不平等的地位。这就成了塞尔维亚要求改变现状，建设统一塞尔维亚的驱动器。当冷战结束后，巴尔干地区的民族主义浪潮开始涌动、南联邦的裂痕开始扩大并出现解体趋势之时，塞尔维亚一方面虽竭力维护南联邦的统一和主张加强必要的联邦职权，但另一方面，它为建设统一的塞尔维亚所实施的政策和措施，以及某些明显出于民族利己主义的行为（当时另有某些民族也同样采取了一系列出于民族利己主义的行为），却成了联邦政局动荡和解体的强催化剂，致使另一些希望继续保留南联邦的民族也因某种恐惧感而不得不走上分立之路。

对于塞尔维亚决策层的所作所为，当时的斯洛文尼亚和克罗地亚舆论谴责它是要恢复中央集权的一元主义，实际是要推行大塞尔维亚主义。塞尔维亚方面则表明：我们希望所有塞尔维亚人生活在一个共同体，指的是南斯拉夫国家，我们主张“大南斯拉夫”而不是要搞“大塞尔维亚”；我们不希望本土外的塞尔维亚人成为少数民族；大塞尔维亚主义是某些激进党人所特有的。① 一位希腊学者的观点颇耐人寻味。他认为：不论是塞尔维亚民族和塞尔维亚人，还是在世界上其他地方，对塞族和塞尔维亚人的看法都受到了陈旧意识的强烈影响；一方面是，许多塞族人产生了不安全感并进而发展成恐惧感，认为世界仇恨他们；另一方面，部分世界舆论把塞族和塞族人魔鬼化了，认为塞族搞阴谋②。

第二次世界大战后，南共一方面大力贯彻民族团结、友爱与合作的政策，力图把南建设成一个洋溢兄弟情谊、共同繁荣的民族大家庭，也取得了令人瞩目的成就。可是另一方面，又从法制上突出了各民族享有包括分立权在内的民族自决和自主权，并从政治体制、经济体制和文化政策等方面去保证实现这种权利。这在客观上是在构筑“民族围墙”，是在驱动一些民族走向分离、分割统一的国家共同体。列宁曾说过：“在一个国家范围内把各民族分开是有害的。因此我们马克思主义者力求使它们接近和融合。我们的目的不是把它们‘分开’，而是以充分的民主来保证它们的平等和像在瑞士那样的和睦（相对而言）相处”③。

20 世纪后期，南联邦的少数民族享有高于相关国际法规确认的自

① 参见“Сербия в мире”，1998 年 10 月，俄文版。
② 参见“97 Балкан”，塞文版。
③ 《列宁全集》中文版第 19 卷，第 554 页。

治和民主权利，并在国家帮助下获得长足的发展。然而，在此背景下，有的少数民族却强求民族自决和独立，还不惜使用武力。这不论是对该民族本身，还是对它所在的国家和地区的稳定与发展，甚至是更广的国际范围，产生的都是负面作用。

四　南联盟时期同南联邦时期民族政策的比较

南联盟的民族政策相对南联邦的民族政策而言，既有其连续性的一面，又有变化的一面。

（一）宪法界定上的不同

南联邦 1946 年宪法明确规定："南斯拉夫是联邦制的人民共和国，是享有平等权利的各主权民族的共同体。各民族可根据自决权自愿参加或退出联邦共同体"。1974 年宪法规定："南斯拉夫各民族（Народы 主体民族），从每个民族都享有包括分离权在内的民族自决权出发，同其他民族（Народности 非主体民族）一起，组成各自由平等民族的联邦共和国……［它］是由自愿联合的各民族和这些民族的社会主义共和国以及作为塞尔维亚组成部分的自治省在民族主权地位和自治基础上建立的、劳动者和公民以及各平等民族的自治民主共同体；在这个共同体中实现和保证民族自由、平等和独立，各民族团结友爱"。显然，这里突出的是，联邦国家的基础是平等民族的自愿联合，强调的是民族原则，是各民族的平等和自主地位，即联邦主体是民族。

20 世纪 60 年代后期开始的南联邦社会改革，从法制上不断提高民族的自主权和独立性。"必须使联邦的建设朝着作为共和国和自治省发挥国家和主权的作用，以及作为南斯拉夫各族人民实现平等的场所的方向迈进。"[①] "民族因素"在新经济体制中不断强化的结果是，相互

① 《南共联盟代表会议》，共产主义者出版社 1970 年版，贝尔格莱德。

分割、闭关自守、多中心的国家主义民族经济体制迅速发展。“民族因素”在政治体制中不断强化导致必要的联邦职权的丧失，民族主义和分立主义的产生与发展。“民族因素”在党内的强化，则使南共联盟走向“联邦化”。

南联盟 1992 年宪法中，没有任何民族平等和自愿联合与自治之类的字样。它只明确界定：“南斯拉夫联盟共和国是建立在公民平等和成员共和国平等基础上的主权的联盟国家”；“在南联盟内权力属于公民”和“公民不分其民族属性、种族、宗教、政治信仰、社会出身一律平等”。显然，这里的核心意思是，国体虽是联邦制，但它的主体和强调的是公民而不是民族，它本质上是共和政体的公民社会。因此，曾作为体现民族平等原则的联邦宪法的某些规定，如由各民族（共和国和自治省）的各 1 名代表组成并轮流担任主席的联邦主席团建制，已被南联盟摒弃；通过决策时，作为体现民族自主权的协商一致原则，也被改为三分之二多数通过原则。

（二）自治省地位的变化

对于曾是实行民族区域自治的自治省，除了是塞尔维亚共和国的组成部分外 ，还是联邦的构成因素，即具双重身份。它们除了不享有自决权和派往联邦议会的代表人数比共和国少三分之一外，凡共和国享有的权利，自治省也都同等享有。后来的南联盟宪法只字未提自治省，只在第 6 条中提出“地方自治权根据成员共和国宪法得到保障”。这表明，自治省已不再是联盟的构成因素。它们在南联邦内作为自治省享有的某些政治权利和政治地位也就自然消失。南联邦宪法规定的“某些民族（Народности 非主体民族）在作为自治的基层社会政治共同体的区内行使自主权”的规定，南联盟也不再保留其连续性。

（三）关于保障少数民族权利

在这方面，南联盟基本上延续了南联邦的民族政策。

1. 宪法的有关规定。保障作为人和公民的少数民族成员享有受国际法承认的人和公民的自由和权利。同时依据国际法承认和保障少数民族维护、发展和表达其种族、文化、语言及其他特殊性的权利，以及使用民族标志的权利。在少数民族生活的地区内，其语言文字也依法作为公务用语。少数民族成员享有依法用本民族语言接受教育、出版、广播、自由演讲、通讯的权利，但煽动民族和宗教等仇恨、将媒体用于鼓动暴力推翻南的宪法制度、破坏国家领土完整、侵犯应依法受保护的公民自由和权利等制造不安全的行为，均属违法，但需由法院裁定。少数民族成员有权依法建立文教组织，并可获国家资助；有权同境外的本族成员建立联系，参加民间国际组织，但不得损害联盟或成员国的利益；允许少数民族成员在行使法律程序中使用本民族语言。黑山还允许境内的少数民族成员享有向国际机构申诉的权力。

2. 少数民族权利的实现状况。为保障少数民族权利的实现，联盟政府设有“人权和少数民族部”。黑山成立了“共和国维护民族与种族权利委员会”，其主席由总统兼任。

南联盟的教育系统沿用南联邦根据联合国的“关于反对教育领域中的歧视公约”制订的有关条例和具体措施。政府依法保证各少数民族都可用本族语言或同时用两种语言进行从学前到大学的教育，或对少数民族学生进行其母体文化的补充教育。如在伏依伏丁那，1993—1994 学年的基础教育是用 6 种民族语言进行的，在 45 个区中就有 38 个区的基础教育是用少数民族语言进行的。塞尔维亚中学法规定，在只用少数民族语言教学的中等学校中，必须保证学习塞语的教学大纲和计划的完成，而在那些不用双语或只用塞语教学的学校，则必须保证完成相关少数民族语言及其本族文化的学习大纲。在 1993—1994 学年，伏依伏丁那的 37 所普通中学中，有 32 所是用少数民族语言教学的。高校一般用塞语教学，但也可用少数民族语言，伏依伏丁那的大学中就有 11 个系用少数民族语言教学。

20 世纪 90 年代前，在科索沃用阿语教学的有 904 所小学、69 所中学和普里什蒂那大学。1990 年代起，阿族分立主义分子抵制官方的教育体制，自搞一套地下教育体系。

在多民族混居的伏依伏丁那，各少数民族均可收看和收听到由联盟电视台和电台播出的 11 种少数民族语言节目。地方台的少数民族语言节目则更多。普里什蒂那电视台和电台除以较多时间播放阿语节目外，还有土耳其语和罗姆语节目。

用少数民族语言出版的刊物品种繁多。1993 年的匈语刊物有 48 种、斯洛伐克语刊物有 17 种，以多种语言出版的有 221 种。

罗姆人（茨冈人）占南人口的 1.4%，是一个流动性大、只有语言而无文字、青少年不接受正规教育、连族籍也常随机应变的种族群体。自 1995 年起，政府着手改善他们的居住条件，为他们创造了罗姆文字，出版罗姆文的教科书，为他们进行罗姆语和罗姆文化的教育，帮助成立社团，推动他们参与社会生活等。

当时的南联盟议会两院于 2002 年 2 月 26 日通过了《少数民族权利与自由保护法》。该法得到欧洲委员会和欧安组织的支持。南联盟时期少数民族地位的界定依据下列基本原则①：

——尊重所有种族特殊性的特点，但同时也尊重多种族综合性特点；

——尊重人权和少数民族权利，并在塞尔维亚和黑山各自标准基础上进行调整；

——实行少数民族同国家的合作与共同决定；

——在提高地方自治地位的条件下，加强各种形式的区域性自治权。

保护少数民族权益的基本范围主要是：禁止歧视，并采取保障权利平等的措施；选择和表明民族属性的自由；同国内外同胞实行合作的权利；参与公共生活和在公有部门就业的平等权利；尊重宪法制度、

① 参见“Jugoslovenski pregled”1/2002，pp. 3 – 34.

国际法准则和公共道德的义务；禁止践踏少数民族权利；维护少数民族特征的权利，例如使用本民族语言进行教育、新闻传播、司法诉讼等权利、维护本民族文化和传统、使用表示民族特征标识等权利。

（四）塞尔维亚从制度上进一步淡化“民族因素”

塞尔维亚和黑山的民族问题几乎全部集中在塞尔维亚共和国境内或涉及塞尔维亚。“民族问题”已成为掣肘塞尔维亚社会正常、良性发展的重大因素之一，也是被外部势力利用的最有力工具。塞尔维亚力图通过法制，使民族政策同相关的国际法和欧盟国家的相关法规接轨。

调整自治省的地位。塞尔维亚共和国 1990 年宪法明示：在该共和国领土上只有一个国家，宪法中已不再有关于民族独立性和自主权的种种规定。伏依伏丁那和科索沃—梅托希亚 2 个自治省只作为区域自治单位而不再具有以往实际存在的亚国家职权。作为区域自治形式的自治省可依法享有立法权和执行权，设有自己的机构。如果自治省未履行自己的职责，共和国可直接保障其完成。在过去，共和国是没有这种权力的。自治省的公民独立地实现宪法和法律规定的权利和履行义务。

实行地方自治。2002 年 2 月，塞尔维亚共和国议会通过了《塞尔维亚地方自治法》。实行地方自治的基本区域单位是区，其次是市。公民通过直接方式和通过自由选举产生的代表来行使地方自治权。属于区本身的地方自治权设有单独条款 35 项。它还可行使共和国或自治省委托其管理的某些权力。共和国、自治省和地方自治单位之间的关系首先是相互合作，以及对维护宪制、法制和实施地方自治制度具有积极意义的措施与行为各自应承担的义务。为防止可能出现解散议会的随意性，《地方自治法》对解散议会的依据及议会被解散后的临时性措施，均有具体规定。塞官方认为其地方自治制度与欧洲宪章的相关内容及欧洲发达国家在此领域的民主施政是相协调的，它有利于加速实行地方自治的区域的民主化进程。

五　结语

综上所述，在南联盟时期，塞尔维亚民族政策的变化体现了两个基本特点：1. 从以民族为主体的民族国家联邦制向以公民为主体的共和政体联邦制过渡；2. 由包含高度政治自主权的民族权利范围向以文化自治为主的民族权利范围过渡。上述变化涉及到联邦制和民族区域自治的命题。

按民族原则建立的民族联邦制国家苏联、南联邦和捷克斯洛伐克，不论实行的是高度自治还是实质上的中央集权的体制，在 1980 年代末都相继解体了。这就使人对这种联邦制原则不免产生质疑。

凡民族联邦制国家，其成员——民族共和国均享有民族自决权（主要是分离权）和广泛的自主权。这样，实际上是把民族的独立性和一些民族之间的隔阂法制化了。在不适宜的政治与经济体制和具体政策作用下，它们的独立性、差别和隔阂就会深化和扩大，而在某种条件下，它们就可合法地分道扬镳了。不享有这种自决权的民族，有的千方百计地甚至以暴力来争取这种权利，导致严重后果。对这类联邦制，列宁就表示了原则上的反对。[①] 世界上另一类联邦制国家如瑞士，不以民族划分行政单位，而以实行地方自治的行政区域作为联邦组成单位。在这样的国家里，民族自我意识和民族界限十分淡薄，但居民享有充分的民主权利，在这里，社会和谐和长期稳定，经济繁荣。在南联盟的伏依伏丁那，由于各个民族的平等和权利受到同等保障，政权机构中较多地体现地方自治的特点，因而族际关系较好，社会稳定、经济发展较顺利。

民族联邦制国家一般都实行民族区域自治，世界上也有只实行民族区域自治而不实行联邦制的国家。在一定历史时期内，在团结友爱

① 参见《列宁全集》第 6 卷，第 480—442 页。

的民族政策和国家的帮助下，这些地区均能获得多方面的迅速发展。但随着时间的推移，民族区域自治制的某些弊端就会逐渐扩大而可能变为妨碍这些地区和它们所在国家发展的一大障碍。这些弊病主要是：为建设民族经济和自成体系而搞地区封闭、搞小而全和机构重叠，从而破坏统一市场和统一经济体系，容易导致狭隘民族主义，争夺中央拨款和煽起民族不满；容易导致民族自我意识的强化和民族神经过敏，从而引发民族误解、隔阂、不信任和矛盾，甚至有可能成为影响社会稳定的一个因素和民族分立主义的温床，以及被外部势力利用的一个切入口。

（章永勇，中国社会科学院俄罗斯东欧中亚研究所研究员）

马　其　顿

一　马其顿民族的形成及其争论

1992 年 9 月，马其顿共和国新闻部公布了 1991 年人口普查的结果，全国共有 205 万人（2015 年统计为 207.8 万），其民族成分如下：①

马其顿人 1314283；阿尔巴尼亚人 427313；土耳其人 97416；吉卜赛人 55575；塞尔维亚人 44159；穆斯林 51833；瓦拉几亚人 8129；其他人 51833。

应当指出的是，从 1990 年 11 月至 1992 年 11 月，马其顿进行了两次人口普查。但阿尔巴尼亚族均采取抵制态度，不予合作。因此，这里公布的官方统计不太准确。一般认为，马其顿人占总人口的 66.5%，而阿族人占 23%，近 5% 属土耳其族人。另外，约有 75 万马其顿侨民在海外生活和工作。

① 克·乌祖诺夫、埃·仓内娃：《巴尔干的基督》，军事出版社，索非亚 1993 年版，第 29 页。

官方语言是马其顿语，书写体为基里尔字母。67%的居民为东正教徒，30%属穆斯林，0.5%为天主教徒，2.8%信仰其他宗教。

马其顿人是最古老的斯拉夫居民之一。早在新石器时代，马其顿地区就居住着色雷斯和伊利里亚部落。公元6世纪末和7世纪初，南部斯拉夫人开始进入并定居马其顿地区。他们同化了当地居民，逐渐形成为今日斯拉夫马其顿人。9世纪下半期，他们从拜占庭帝国接受了东正教，并受到拜占庭文化的影响。

此后，马其顿就处于邻国的不断争夺和统治之下。9世纪末和10世纪，马其顿属于强大的中世纪保加利亚的一部分。13世纪后期，塞尔维亚王国曾征服马其顿。从1392年起，马其顿开始遭受奥斯曼帝国长达5个世纪的统治。1878年3月的《圣·斯特凡诺条约》把马其顿划归保加利亚，但同年6月的《柏林条约》又将马其顿交还土耳其。在1913年的第二次巴尔干战争中，马其顿被希腊、保加利亚和塞尔维亚瓜分。今日马其顿是指曾划归塞尔维亚的瓦尔达尔马其顿部分，面积2.57万平方公里，不包括其他两部分。

马其顿学者和巴尔干许多学者认为，马其顿是一个有自己的语言、历史和文化，有自己家园的单独民族，在两次世界大战之间形成了现代马其顿民族。

历史上，马其顿人从来没有侵略过别人，却受到比他们强大的周邻国家和民族的长期侵略和欺凌。所以，马其顿民族的形成和获得承认经历了无数的艰难困苦，遇到特别大的阻力。过去和现在都有人否认马其顿民族的存在。

保加利亚认为：（1）马其顿人不是一个单独的民族。马其顿人在种族上属于保加利亚人，他们的历史是保加利亚历史的一部分，他们的语言是保加利亚语的一种方言；（2）保加利亚境内过去和现在都没有马其顿少数民族；谁企图把居住在皮林地区的保加利亚人说成是马其顿族，就是粗暴干涉保加利亚内政，怀有领土野心；（3）过去保加利亚共产党及其领导人认为保加利亚境内有马其顿少数民族是不准确的，是迫于战后的国内外形势；承认马其顿共和国的客观存在并不意味着承认有一个新的马其顿民族存在。

希腊认为：（1）马其顿地区历来是希腊的古老领土，是列强把它送给了斯拉夫人。今天，马其顿只是一个地理概念，并非人种定义；（2）希腊境内不存在马其顿少数民族，马其顿人是希腊民族的一部分，在马其顿地区希腊成分在各方面都占主导地位；（3）提出希腊境内斯拉夫马其顿人被剥夺了民族权利的说法是干涉希腊内政，有领土扩张的野心。

鉴于马其顿地区多次成为战争的舞台和长期遭受异族的蹂躏，再加上征服者的同化政策，马其顿大地上的民族构成确实发生了很大的变化。除斯拉夫马其顿人外，还杂居着保加利亚人、塞尔维亚人、希腊人、土耳其人、阿尔巴尼亚人、瓦拉几亚人、吉卜赛人、犹太人、亚美尼亚人，等等。马其顿名副其实地成了欧洲民族最复杂的地区，随之产生了不同的语言文化和风俗习惯。同时，由于出生率的关系，马其顿人的数量在全国人口中的比例在不断减少，而其他民族的人数却在增加。马其顿境内最大的少数民族是阿尔巴尼亚人。

二　马其顿境内阿族人的形成和发展

马其顿西北部同阿尔巴尼亚和科索沃交界，阿尔巴尼亚人最多。奥赫里德、斯特鲁加、戈斯蒂瓦尔、特托沃等城市和地区，早已成为阿族人的天下。上述地区阿族人占据80%的优势，而马其顿人就像塞尔维亚人在科索沃一样处于少数。在马其顿其他地区，“阿尔巴尼亚化”的现象亦很明显。如在马其顿东部的库马诺沃市和首都斯科普里，阿族人也呈迅猛增长的趋势，占30%—50%不等。

从历史和人口学角度来看，阿尔巴尼亚人在马其顿只有200年的历史。18世纪末，第一批阿尔巴尼亚人约1500个家庭渴望改变贫困生活，穿越高山险谷，从阿尔巴尼亚进入马其顿西部平原地区。他们在那里繁衍生息，建立最初的30个村庄。19世纪中期，又有5万多阿尔巴尼亚人来到马其顿。到了20世纪初，阿族人在马其顿地区总人口中的比重约占5%，达到10.5万人。在马其顿4058个居民点中，阿族人占262个，还有137个为混合居民点。① 这时，87%以上的马其顿阿族人生活在农村，只有8个城市有少量的阿族人。

第二次世界大战后，马其顿的阿族人以惊人的速度增长。一方面因为阿族人的出生率高，人口自然增长；另一方面，20世纪40年代起，南斯拉夫遭到苏联和东欧国家的围攻封锁，被迫从联邦其他地区向马其顿同希腊和保加利亚接壤地带移居了一部分阿族人，以保卫边疆。还有，当时南斯拉夫联邦推行宽松的民族政策，给予阿尔巴尼亚人少数民族地位，享有较高的自治权。下面两表中的统计数字反映了第二次世界大战结束以后至1981年马其顿阿族人在全国总人口中的比重情况：②

年份	总人数	马其顿人	%	阿尔巴尼亚人	%	土耳其人	%	塞尔维亚人	其他人
1953	1304514	860699	66.0	162524	12.4	203938	15.6	35100	42242
1961	1406003	1000865	71.2	183108	13.0	131481	9.4	—	95549
1971	1647308	1142375	69.3	279871	17.0	108552	6.6	46465	70045
1981	1913571	1277499	66.8	375004	19.6	109646	5.7	—	—

而最近几年的出生率说明，马其顿全国的平均出生率为20.2‰，其中马其顿人为17.4‰，阿尔巴尼亚人为29.5‰，土耳其人为27.0‰。至于每个家庭出生的小孩数，马其顿人一般生两个孩子，而阿尔巴尼亚人由于文化水平低，受宗教和传统观念的影响，属多子女家庭。据有关研究，世界上每位妇女一生平均生3.7个孩子，而阿尔

① 有关阿尔巴尼亚人三次迁入马其顿的情况，详见《保加利亚人种文化状况问题》国际学术讨论会论文集，索非亚1992年版，第44页。

② 资料来源：见保加利亚出版的《马其顿报》1992年7月31日，第30期，第7版。

巴尼亚的母亲则生 5—7 个孩子。

阿尔巴尼亚人的迅猛增加除自然增长外，还有人为的因素。许多阿族人来自科索沃和阿尔巴尼亚本土。有资料说，在南斯拉夫危机最紧张的 1990—1991 年期间，有时每月进入马其顿的阿族人达 1 万—1.2 万人。仅科索沃实行戒严时，就有 5 万—10 万人闯进马其顿。在 1991 年 9 月马其顿就独立问题举行全民公决和实行多党制选举时，据称有 5 万阿族劳工从世界各地来到马其顿。另外，还有不少波斯尼亚—黑塞哥维那穆斯林难民进入马其顿。

这样，马其顿土生土长的阿族人加上迅速膨胀的外来阿族人，使马其顿的民族成分和人口结构发生了很大变化。1980 年代末和 1990 年代初，随着前南斯拉夫解体，阿族人同马其顿人的矛盾开始产生，使马其顿长期比较和谐和平静的民族关系出现摩擦。

三　阿族政党及其活动

1990 年底，马其顿共和国举行第一次自由的多党议会制选举。短时间内，马其顿成立了 20 多个政党。其中，建立在种族原则基础之上的政党有：阿族的民主繁荣党和人民民主党等 4 个政党；塞族的民主党；土族的民主党，等等。

选举结果，阿族人在马其顿议会的 120 个议席中获得 23 席。随后，在 1992 年 9 月组成的第一届联合政府里，阿族代表在 22 名政府部长中有 4 名部长，即财政部长、科学部长、劳动和社会政策部长和不管部长。另有 4 位副部长和 1 名副总理。另外，马其顿阿族聚居区的城乡市政领导人绝大多数为阿族人。社会调查表明，72% 的阿族人支持民主繁荣党的纲领和主张。阿族在马其顿社会政治生活中的地位空前提高。1994 年，阿族在马其顿议会仍有 19 名代表，在政府的 19 位部长中占有 5 位部长职位。在 1998 年的议会大选中，阿族各政党获得 24 席，有 5 位部长。

这样，阿族政党的欲望越来越大。它们一方面参加政府，另一方面又抵制政府的活动。尽管民主繁荣党在其纲领里标榜它是一个现代公民政党，不是阿尔巴尼亚民族主义政党，主张民主、法治国家，赞成南斯拉夫联邦和维护马其顿的领土完整，但它暗地里却有着不可告人的目的。[1]

1990 年 4 月阿族政党成立后，立即同科索沃选择党和科索沃民主联盟建立了最密切的联系，并采取共同行动。科索沃阿族民族主义领导人几乎都转移到了西马其顿，在那里煽动和策划分裂主义活动。

与此同时，阿族民族主义者利用伊斯兰宗教和文化将马其顿的土耳其人、马其顿穆斯林和吉卜赛人联合在一起，打着“纯洁阿尔巴尼亚种族”的旗号，提出了许多超越宪法权利的要求。例如，民主繁荣党领导人在各种场合宣称，阿族在马其顿有 80 万—100 万人，占总人口的 40% 或一半，他们属于“下等公民”。他们不是“少数民族”，而是“主体民族”，应获得与马其顿人“完全平等的权利”。因此，马其顿应该成为马族和阿族的“联邦国家”或“两个平等民族的国家”。主张马其顿不应是现在的“马其顿民族和阿巴尼亚人、土耳其人和其他少数民族的国家”，而应该建立“阿尔巴尼亚人、马其顿人和其他平等民族的联邦国家”，只有这样，“巴尔干半岛上的诸多问题方能获得长期的解决”。

阿族中的极端民族主义者还要求“尊重阿族人在马其顿的一切民族权利”，承认阿族是马其顿的一个民族，实行政治和地域自治，阿语和马语同属官方语，开办阿族人自已的中学和大学，在社会生活中使用阿族人的民族标志和旗帜，等等。[2] 他们提出要改变教学计划和提纲，讲授阿尔巴尼亚历史、语言和文化。

---

① 该党纲领全文见克·乌祖诺夫、埃·仓内娃《马其顿共和国第一次大选》（1990—1992），索非亚 1992 年版，第 129—139 页。

② 保科院巴尔干学研究所主编：《巴尔干民族问题——历史与当代》论文集，“阿尔格斯”出版社，索非亚 1992 年版，第 163、171 页。

这些分立主义言论和活动立即产生了效应。1992 年 1 月，在特托沃召开了阿族“政治和领土自治大会”，就阿族自治问题组织各地阿族人签名和投票。同年 4 月，阿族在马其顿西北部聚居区戈斯蒂瓦尔宣告成立“伊利里达”自治共和国，因为阿尔巴尼亚人认为他们的祖先是伊利里亚人。这个“共和国”类似阿族想在塞尔维亚建立的“科索沃共和国”，有朝一日两地合并成为一个国家，或同时并入阿尔巴尼亚。“共和国”成立这天，阿族群众穿戴民族服饰、载歌载舞，欢庆“大阿尔巴尼亚民族”和“大阿尔巴尼亚国家”的胜利。戈斯蒂瓦尔的街道都改为以阿尔巴尼亚和科索沃两地的著名阿族活动家的名字命名。

同年 11 月 6 日晚，成千上万阿族人“进军”首都斯科普里，发生大规模武装骚乱。

此后不久，阿族领导人不顾政府的反对，在特托沃的一个山村成立了一所“大学”，只招收阿族学生入学，要求政府承认这所学校毕业生的学历。

当时，巴尔干问题研究专家曾预言，阿族人的上述言行实际上是要将马其顿一分为二。同时，由于阿族人口自然增长率极高，若干年后一旦阿族人超过马其顿全国人口的一半，阿语将成为官方语，东正教将让位于伊斯兰教。一旦科索沃危机公开爆发和尖锐化，马其顿的阿族人将采取配合行动，脱离马其顿，联合组建“大阿尔巴尼亚”。

四 马其顿对阿族的政策

马其顿是一个小国，但却是一个多民族国家。据 1994 年的人口普查，在马其顿 25713 平方公里的土地上，登记的人口总数约 200 万。以民族划分，67% 属于马其顿人，约 23% 是阿尔巴尼亚人，5% 是土耳其人，近 2% 是吉卜赛人，2% 是塞尔维亚人，以及少量的瓦拉几亚人、希腊人和保加利亚人。①

上述少数民族都有各自的后台，即有国外的支持。马其顿阿族人的后台自然是阿尔巴尼亚；塞尔维亚人是塞尔维亚；土耳其人是土耳其；瓦拉几亚人是希腊；保加利亚人是保加利亚。

这样，对马其顿来说，重要的是不同宗教信仰的各族人民如何和谐地共居和所有的公民都忠于国家。面对这一严峻的现实，马其顿像前南斯拉夫一样，执行比较宽松的民族政策，承认阿族为少数民族，享受主体民族一样的平等权利。前南斯拉夫在战后 1963 年的宪法中，已把“少数民族”改称为“非主体民族”。在讲到马其顿人民和各少数民族时，一律称为“马其顿各族人民”，以此表示提高了少数民族的地位。

马其顿各族人民在国家权力机构中都有自己的代表。例如，在 1978 年的马其顿议会里，总共 250 个议员中，马其顿人 191 个、阿尔巴尼亚人 24 个、土耳其人 9 个、其他民族的代表 26 人。在同一年的乡镇地方议会中共有 3898 名议员，其中，阿族占 267 个、土族 103 个、其他少数民族占 204 个。在阿族聚居县区，少数民族议员的代表人数超过马其顿人。如在德巴尔县（区）的 120 名议员中，阿族占 64 人、土族 16 人、其他族群 5 人。在戈斯蒂瓦尔市 140 个代表中，阿族 62 人、土族 14 人，其他代表 3 人。②

宪法还赋予马其顿境内其他各族人民自由使用本民族语言和发展本民族文化的权利。在少数民族比较集中的县（区），可以用本民族语言制订和公布地方法规，并可在法庭上使用。

在中小学教育方面，民族语言普遍受到重视。在 1977—1978 学年，马其顿有 282 所 8 年制阿语中学，有教师 2763 名，学生 71521

---

① 伊里亚·尼科洛夫斯基：《马其顿的不稳定将波及整个地区》，载《防御东南欧军事冲突》论文集，第 1 辑（1995 年 5 月 29—30 日在索非亚召开的国际学术讨论会），第 43 页。

② 详见米尔乔·巴列夫斯基《马其顿今昔》，“大学生论坛”出版社，斯科普里 1980 年，第 68—70 页。

名。同一年，还有23所阿语专业学校和培训中学，在校生2961名。另有9所高中，4287名学生。这一学年的土耳其语8年制中学有53所，237名教师，5444名学生。还有3所高中和一所专科学校，共有280名在校生。[①]

历史上，阿族和马其顿人为反对共同敌人奥斯曼土耳其和德意法西斯占领者，共同斗争，结下了深厚友谊，留下了美好的回忆。战后他们又在民族平等的大家庭里和睦相处，为建设新马其顿做出了共同努力。

只是到了1986年底，马其顿官方才提到阿尔巴尼亚民族主义问题。在这年11月，马其顿共产主义者同盟中央全会报告指出：一段时间以来，阿尔巴尼亚民族主义者和分离主义者使用在科索沃的同样“形式和方法”，在马其顿“进行扩张”[②]。接着，1987年秋，马其顿采取措施在阿族小学高年级取消阿语授课，要求一律使用马其顿语。1988年初，在阿族居住集中的县（区）对生4胎以上的阿族家庭实行经济制裁，等等。

1990年代初以后，随着东欧剧变和南斯拉夫解体，马其顿对解决境内民族问题十分重视。马其顿政府认为，尊重和保护少数民族，这是维护新生共和国和平与稳定的首要条件。这一思想充分反映在1991年11月17日通过的马其顿共和国新宪法上[③]。新宪法继承过去有关民族政策的传统，保留了阿族和土族用本民族语言创办报刊和广播电视节目、进行中小学教育、出版文艺书籍和宗教信仰的自由权利。同时，还根据公认的国际法规尊重少数民族的个人人权和某些集体权利。

在宪法总共132条中，有12条涉及国内各民族之间的关系、保障少数民族的权利和国家的主权与领土完整。宪法“序言”开宗明义规

① 详见米尔乔·巴列夫斯基《马其顿今昔》，“大学生论坛”出版社，斯科普里1980年，第68—70页。

② ［南］《新闻周报》1986年11月30日。

③ 新宪法全文载《马其顿共和国公务报》1991年第52期，斯科普里。

定："马其顿是马其顿人民的民族国家，它保证马其顿人民和居住在马其顿共和国境内的阿尔巴尼亚人、土耳其人、瓦拉几亚人、吉卜赛人和其他少数民族完全平等和共存"。

宪法第7条规定马其顿语是官方语的同时，在少数民族集中的地区，可以"使用得到法律确认的本民族语言和文字"；第9条写道："马其顿共和国公民不分性别、种族、肤色、民族和社会出身，政治和宗教信仰，财产和社会地位，在自由和权利面前一律平等"；第19条强调说，马其顿是东正教国家，但宗教信仰自由，各少数民族和族群，"有权自由信教，并建立宗教学校"。

宪法第48条说，各少数民族的公民，"有权自由表达和保护各自的民族属性和民族特征"；共和国保证捍卫各民族的"种族、文化、语言和宗教平等性"；属于各少数民族的居民，"有权成立文化、学术和其他协会，以保留独有的特性"；各少数民族公民，"有权根据法律在中小学用本民族语言接受教育"。

据20世纪末统计，在马其顿共有1048所小学，共258671名小学生。其中，有282所小学使用阿尔巴尼亚语授课，共70320名学生；54所小学的5368名学生使用土耳其语教学；14所学校的798名学生用塞尔维亚语教学。新的法律还规定学校可以使用瓦拉几亚语和吉卜赛语教学。

在高级中学教学中，现用阿尔巴尼亚语教学的有14所，共5350名学生，用土耳其语教学的有两所，共260名学生。由于生源不足尚未开办塞尔维亚语中学。

在马其顿共有26959名大学生。其中764名是阿尔巴尼亚族人，167名是土耳其族人，9名是吉卜赛人，97名是瓦拉几亚族人，453名是塞尔维亚族人，852名是其他民族的大学生。[①] 少数民族中有如此之

① 上述数字引自马其顿共和国驻华大使馆编印的《马其顿共和国》小册子，1997年北京中文版，第62—63页。

多的大学生，这在巴尔干其他国家是罕见的。

按照宗教信仰自由的原则，马其顿共有40多个宗教团体，它们在首都和其他城市都有各自的教堂。全国共计有1200座教堂和425座清真寺。马其顿东正教和伊斯兰教团体在首都斯科普里各有一所中等宗教学校。各种信仰的信徒可以庆祝其宗教节日，而最重要的宗教节日则为公休日。

在马其顿的阿族和土族还拥有自己的报纸和杂志。全国的报刊总数约310种。其中有22种报纸以阿尔巴尼亚文出版，一种以瓦拉几亚文出版，两种以土耳其文出版。以阿文出版的期刊为《兄弟情谊》，而以土文出版的期刊叫《团结》，以瓦拉几亚文出版的期刊称作《凤凰》。

马其顿广播电视台的节目除以官方语马其顿语播出外，还在一些频道以数种少数民族语言如阿尔巴尼亚语、土耳其语、瓦拉几亚语、吉卜赛语和塞尔维亚语播送节目。

宪法第49条谈到马其顿对待国外马其顿人的态度。这一条强调马其顿不干涉别国的主权和内政，但"关心在邻国的马其顿族和侨居国外的马其顿人的状况与权利，帮助他们发展文化，同他们保持联系"。"关心在国外公民的文化、经济和社会权利"。制订这一条，是因为马其顿认为在希腊、保加利亚和阿尔巴尼亚等邻国有它的少数民族。这引起它同这些国家发生争论，邻国认为马其顿有"领土要求"，在它们那里没有"马其顿少数民族"。

上述宪法条款说明，马其顿共和国给予境内各少数民族以广泛的权利自由，以保障国家的稳定和发展。这些宪法条款和精神得到了欧洲联盟的认可。

五　解决马其顿阿族问题前景

在当今世界，特别是在东欧地区，任何因民族原因而爆发的事件，都可能引发民族间的公开冲突，酿成悲剧。而且，也很容易为邻国或其他外来势力干涉和卷入提供借口。同时，阿族同土耳其族、马其顿穆斯林、吉卜赛人在宗教信仰、婚丧习俗和政治行动上往往有许多共同点和利益上的一致性。这使处于主导地位的马其顿族惶惑不安。所以，马其顿的民主化进程和未来发展在很大程度上取决于怎样解决阿族问题。

前南危机过去之后，阿族在马其顿社会政治生活中的地位和作用明显突出起来。换言之，马其顿西部的“科索沃化”和“阿尔巴尼亚综合症”将严重威胁马其顿的生存。1998 年，马其顿阿族建立了自己的武装，不断制造事端。马政府在阿族的强大压力和欧盟的调解下，于 2002 年同意修改宪法，承认阿尔巴尼亚语和马其顿语一样同属官方语言。

因此，马其顿各政党都高度重视阿族问题，为明智地解决该问题提出了各种建议和设想。综括起来，目前在马其顿有三种代表性观点。

第一种观点以马其顿内部革命组织和民族统一民主党等党派为代表，承认马其顿阿族为少数民族，并给予他们作为少数民族应该享有的权利。该组织要求严格执行马其顿公民法规定，认为并不是凡居住在马其顿境内的人就自动获得马其顿公民权。这样的话，许多不同时期从科索沃、塞尔维亚、黑山、桑贾克等地迁来的阿族人就不能被视为马其顿公民，他们应该回到原来的居住地去；认为经过这样规定，在马其顿境内的真正阿族人就不会太多了。

第二种观点以马其顿共盟和社会民主党等左翼政党为首，主张同马其顿阿族就所有问题全面对话。但是，绝不同他们讨论和谈判涉及国家主权和领土完整这类问题。

第三种观点以阿族民主繁荣党等 4 个阿族政党为代表，坚持马其顿是所有生活在其境内的各族人民的共同国家，应该一律平等，而不能说马其顿是“马其顿民族和阿族、土族等少数民族的国家”。因此，国家各级领导机构都要按比例有各族代表参加。[①] 否则，民族之间的关系将尖锐化和出现冲突，其责任也不在阿族。

显然，上述三种意见很难互为补充，相互妥协。最佳方案，恐怕是建立广泛的民族联合政府，组成有各少数民族政党及其代表参加的议会，抛开关于阿族问题的争论，化解民族矛盾，以实现民族和解和国内稳定。

要做到这一点，马其顿阿族就要放弃成立“伊利里达自治国家”和使马其顿成为联邦国家的思想。同时，阿族中的极端民族主义分子要停止伊斯兰原教旨主义活动，不再在阿族聚居地制造驱赶和排挤马其顿居民的事件。鉴于马其顿的稳定还受到科索沃危机的直接影响，故马其顿阿族政党应中止同科索沃民族主义政党的联系，制止两地阿族居民的串联和所谓“相互声援”活动。

二百多年来，阿族在马其顿土地上劳动生息，同主要居民马其顿族结下了生死与共的情谊。今天，在该地区政局动荡和民族主义泛滥的环境下，他们更应该忠于自己的祖国马其顿，有义务维护国家的独立、主权和领土完整，同马其顿族和其他兄弟民族一起，排除外来干扰，以和平的方式和善意的态度，共同解决这个跟他们自己有切身利益关系的问题。

（马细谱，中国社会科学院世界历史研究所研究员）

① 阿族政党领导人的讲话见［南］《战斗报》（贝尔格莱德）1990 年 11 月 14 日，第 6 版。

保加利亚

一　多民族共居的国家

保加利亚位于巴尔干半岛的东部地区，面积 11 万平方公里。

保加利亚人属欧罗巴人种巴尔干类型，含有突厥人种成分。现代保加利亚人的祖先系古保加尔人、斯拉夫人和色雷斯人三个基本人种的混血后裔。当然，其他人种，像希腊人、克尔特人、哥特人、阿瓦尔人、乌齐人、库马人、佩切内齐人等也在保加利亚人的形成过程中产生过一定的影响。

保加利亚人口为 723 万人（2014 年），但有材料说，1992 年，保加利亚就有 847.3 万人；根据民族属性、语言和宗教信仰统计，保加利亚人 727.2 万，占总人口的 85.8%；土耳其人 82.8 万，占 9.7%；吉卜赛人 28.8 万，占 3.4%；其他族群约 9.1 万人，占 1.1%。[①] 而根据保加利亚国家统计局公布的材料，1996 年底，全国总人口为 834 万，

① 见格奥尔基·福特夫《异族》，"马林·德里诺夫"出版社，索非亚 1994 年版，第 133 页。

其中农村人口占30%。

保加利亚人主要生活在城市，而土耳其族人则大都居住在农村。一项统计称，在农村的土耳其人是他们城市人口的5倍。吉卜赛人一般生活在城市的郊区城乡结合部。

东正教被奉为国教。绝大多数保加利亚人信奉东正教，而绝大多数土耳其人信仰伊斯兰教。全国现有东正教堂3027座，清真寺960座。在保加利亚还有天主教、犹太教、福音教派、卫理公会教派、浸礼会教等。

保加利亚民族宗教信仰一览表

种　族	总 人 数	宗教信仰分类		
		基督教	伊斯兰教	其他教派
总人数	8472724	7373254	1078326	21153
保加利亚族	7271608	7124666	142938	4004
土耳其族	822253	9383	812067	803
吉卜赛人	287732	173809	112923	1000
其他人	91131	65387	10398	15346
所占%	100. 0	87. 0	12. 7	0. 2
保加利亚族	100. 0	98. 0	2. 0	0. 1
土耳其族	100. 0	1. 1	98. 8	0. 1
吉卜赛人	100. 0	60. 4	39. 3	0. 3
其他人	100. 0	71. 8	11. 4	16. 8

上表反映了保加利亚的民族结构和宗教信仰情况。[①] 其中，保加利亚人中有98%的人信奉东正教，而土耳其人中有98. 8%的人是伊斯兰教徒。吉卜赛人有60%的东正教徒，只有约40%的穆斯林。这是保加利亚官方的统计和观点，实际上吉卜赛人中的穆斯林要多得多，有的学者估计为80%左右。

① 格奥尔基·福特夫：《异族》，第158页。

保加利亚的官方语是保加利亚语。其居民所讲的语言大体同他们所占总人口的比重和宗教信仰基本上是一致的。在全国讲保语的人占86.3%，讲土耳其语的占9.8%，讲吉卜赛语的占3%，其他语言的占0.9%。

上述材料均说明保加利亚不是一个单一民族国家。早在1920年进行人口普查时，保加利亚境内就有亚美尼亚人11509人、希腊人42074人、犹太人43209人、卡拉卡昌人6412人、罗马尼亚人57312人、俄罗斯人9080人、土耳其人520339人，以及保加利亚穆斯林88399人。[①] 那时保加利亚全国约440万人。少数民族约占全国人口的18%。

近几年来，保加利亚人口不断下降，出现负增长。人口下降的一个原因是出生率降低和死亡率上升。另一个原因是人口大量外流。近10年来，由于国内经济危机和不明确的民族政策，共有65万人移居国外，其中大多是受过中等教育的30—49岁的青年。

据专家们预测，到2020年，保加利亚人口将减少到685万—737万，到时，将不得不"进口人力"。

二　土耳其人在保加利亚的形成和发展

大约公元681年，进入现今保加利亚东北部地区的古保加尔人和南部斯拉夫人达成协议，共同建立了斯拉夫—保加利亚国家。他们还逐渐同化了原来的土著居民色雷斯人。9世纪，保加利亚成为斯拉夫文字的发祥地之一，并定东正教为国教。保加利亚国家成为巴尔干半岛上地域辽阔的强国，经济和文化相当繁荣。11世纪初开始，在一个多世纪内保加利亚人被拜占庭人统治。1187年复建第二保加利亚王国，国家又一度强盛。1396年保加利亚被奥斯曼土耳其人侵占，

① 见《保加利亚人种文化状况问题》国际学术讨论会论文集，索非亚，1992年，第29页。

长达5个世纪。

尽管保加利亚人民遭到奥斯曼土耳其人的同化和被强迫伊斯兰化，但他们中的大多数人仍以各种形式保留了自己的语言、风俗习惯、传统和某些东正教仪式。18—19世纪，保加利亚民族开始形成。1878年最后一次俄罗斯—土耳其战争后，北部保加利亚成为独立公国。1879年公国制订了历史上第一部宪法，实行君主立宪制国体。1885年保加利亚南北两部分统一，1908年摆脱与土耳其的臣属关系，宣告独立。

保加利亚作为一个多民族共居的国家，境内最大的少数民族是土耳其人。保加利亚对土耳其人有各种不同的叫法，如“土耳其化的保加利亚人”“保加利亚土耳其人”“使用突厥语的居民”“保籍土耳其人”“土耳其族人”，等等。他们信仰伊斯兰教，讲土耳其语，也懂保加利亚语，保持土耳其风俗习惯和民族意识。他们主要生活在保加利亚东北部和东南部的鲁塞、舒门、瓦尔纳、卢多戈里埃、哈斯科夫、克尔贾利等地区的农村。

保加利亚土耳其人的起源跟奥斯曼土耳其人的入侵和统治是分不开的。奥斯曼帝国对其臣民不是按民族，而是按宗教信仰划分的。所以，它不是将帝国的其他民族直接土耳其化，而是通过伊斯兰化以达到土耳其化的目的。征服者在以暴力手段强制推行《古兰经》的同时，还采取给穆斯林减免税收和安排一官半职的方式吸引保加利亚的东正教徒，并鼓励异族通婚，促使一部分保加利亚东正教居民皈依伊斯兰教，使其逐步丧失保加利亚民族意识而认同于土耳其人。这些业已伊斯兰化的保加利亚斯拉夫人，保加利亚学者称他们为“保加利亚穆斯林”或“波玛齐人”。

第一部分保加利亚土耳其人来自今土耳其本土和小亚细亚地区，他们在保加利亚一直滞留到1878年以后。移民政策是奥斯曼帝国侵略政策的一部分，这对巩固帝国在被征服土地上的政权是必不可少的。当然，伴随着有组织地移民，也有自发地向巴尔干地区移民的现象。在这些移民中，有帝国的军人、行政官员、宗教人士、商人。他们大都居住在城镇。据统计，这类移民约占当时被征服地区居民总数的2%—5%。1543年，这部分人在保加利亚达到10.1万—13.5万。整个16世纪在奥斯曼帝国的巴尔干领地大约有23万—25万土耳其人。[①]

此外，在不同的历史时期，保加利亚境内的吉卜赛人因宗教和语言的关系，一般也被划分在土耳其人这一人种集团之内。

上述“保加利亚穆斯林”、“保加利亚土耳其人”和吉卜赛人，在语言和民族意识方面存在一定的差别，但几乎都是穆斯林。在实际生活中，他们越来越接近。土耳其人在保加利亚是客观存在的，而且呈不断增长趋势。1878年以前，土耳其人是统治民族，在保加利亚社会、经济和文化方面起着主导作用。广大的保加利亚人是被压迫民族。1878年后，奥斯曼帝国受到沙皇俄国的沉重打击，开始失去巴尔干领地，一些巴尔干国家纷纷走上独立道路。保加利亚的大部分地区获得“解放”。大批土耳其人因失去昔日的特权地位而返回土耳其。

据统计，在1877—1878年俄土战争的前夕，在保加利亚的穆斯林已达到250万人，即占当时总人口的三分之一以上。1878年以后，由于一部分穆斯林迁徙到土耳其，在保加利亚只剩下44.6万土耳其人、2万“波玛齐人”、9.8万吉卜赛人和0.6万鞑靼人。保加利亚学者还提供了以下的统计数字：1880年土耳其人有65万人，1905年48.8万人，1920年52万人，1926年57.7万人。[②]

1946年，在保加利亚正式登记的穆斯林达93.5万人，其中67.5万为土耳其人。1956年6月人口普查时，土耳其人为65.6万人，吉卜赛人为19.7万人，鞑靼人为0.6万人。到1975年，保加利亚土耳其人达到96万，接近全国人口的10%[③]。1980年保加利亚全国约886万人，其中保加利亚人760万（占85.8%），土耳其人80.6万（占

① 斯·米哈伊洛夫：《保加利亚的复兴过程》，索非亚1992年版，第38—39页。

② 《保加利亚人种文化状况问题》，第23页。

③ 瓦·斯托扬诺夫《保加利亚土耳其居民和官方的少数民族政策1878—1944》，载《保加利亚历史的一页》论文集，第2集，教育出版社，索非亚1993年版，第193、206页。

9.1%），吉卜赛人 23 万（占 2.6%），“马其顿人”22 万（占 2.5%），“波玛齐人”8 万，鞑靼人 1 万，其他人 2.7 万。[①] 保加利亚科学院社会学所公布了 1986 年关于居民宗教信仰的情况。在保加利亚，信奉东正教的居民所占比例：1934 年为 84.39%，1962 年为 75.25%，1968 年为 70.06%，1986 年为 67.17%；而穆斯林居民：1934 年为 13.51%，1962 年为 18.88%，1968 年为 26.58%，1986 年为 27.42%。这一统计说明，50 多年间，信奉东正教的居民呈下降趋势，即从 84.39% 下降到 67.17%；而信仰伊斯兰教的居民呈上升趋势，即从 13.51% 增至 27.42%。

总的说来，近一百年来土耳其人作为保加利亚的一个重要少数民族，同保加利亚人尚能友好相处，没有发生过重大的冲突。但是，从 19 世纪后半期以来，保加利亚历届政府在处理和解决土耳其人问题方面采取了不承认少数民族地位和强迫同化的政策，引起这部分居民的严重不满，并造成保、土两国关系紧张。

三　保加利亚历届政府对土耳其人的政策

保加利亚资产阶级政府和共产党政府对待土耳其人的政策基本点是一致的，即力图通过改名换姓运动，强制把土耳其人变成保加利亚人，或者同意他们迁往土耳其，以实现单一民族国家。这在土耳其人中造成恐惧和不满。

早在 1878 年后，留在保加利亚的土耳其人为了继续生活下去，曾要求改变自己的宗教信仰，修补同东正教的关系。一部分土耳其人开始申请成为“保加利亚人”。但新兴的资产阶级政府心理上接受不了土耳其人的要求，并把宗教信仰同民族属性混为一谈，认为东正教徒就

① 瓦·斯托扬诺夫《保加利亚土耳其居民和官方的少数民族政策 1878—1944》，载《保加利亚历史的一页》论文集，第 2 集，教育出版社，索非亚 1993 年版，第 193、206 页。

是保加利亚人，伊斯兰教徒则是土耳其人，有意无意地把这部分人推向了土耳其。

1879 年通过的第一部保加利亚宪法明文规定：信仰东正教是保加利亚民族的特点。这进一步加剧了从宗教信仰出发，把所有的穆斯林都视为土耳其人的做法。首先必须放弃伊斯兰教信仰并皈依东正教；其次要改变生活习惯、服饰和姓名；还有，必须自觉自愿地、单独地向政府部门和东正教会提出书面申请。这样，在复杂的程序和苛刻的条件面前，一部分原本就属于保加利亚民族一部分的居民不得不因宗教原因而被排挤出“保加利亚人”的范畴。

直到 1912—1913 年的巴尔干战争期间，保加利亚政府才开始重视这部分居民。政府力求通过简单的改姓运动，将这部分人变成保加利亚人。这次有近 20 万穆斯林迫于战乱被接受改姓。但 1913 年 7 月，自由党政府为了在选举中拉拢穆斯林居民，宣布中止改姓运动，恢复了他们的土耳其—阿拉伯姓名。

1934 年 5 月，保加利亚政府决定将所有带土耳其名字的城市和乡村都改成保加利亚名字，但收效不大。

保加利亚资产阶级政府对土耳其族人聚居地区漠不关心，使那里的经济和文化很不发达，人们狂热地信仰宗教。这些居民渐渐远离保加利亚社会和文化，形成为孤立、闭塞的穆斯林区，沦为“三等公民”。他们或多或少保留了土耳其的种族意识，总觉得不是生活在自己的“祖国”里。他们绝大部分人生活在偏远农村，从事烟草种植和农业。这部分居民的文盲率很高，据有的学者统计，1920 年底，他们中 6 岁以上的文盲率高达 91.3%。1934 年，他们当中男性公民的文盲率为 80.6%，而女姓公民达 90.6%。[①] 这些居民所受的有限的教育也完全是宗教性的，他们在私立学校学习《古兰经》，目的在于应付第一次

---

① 龙·梅来舍夫：《保加利亚土耳其人参加反对资本主义和法西斯的斗争，1919—1944》，党的出版社，索非亚 1977 年版，第 11、126 页。

世界大战后保护少数民族的国际条约。

直到第二次世界大战前夕，罗多彼穆斯林中的文盲率仍高得惊人：在斯莫梁县共有34855名居民，其中东正教徒16487人（占47.3%），其余为穆斯林，占52.7%。全县识字人数占整个居民的68%，其中59%为东正教居民，而穆斯林的识字人数仅占9%。[①]

事实表明，在长达70年的时间里，保加利亚资产阶级政府没有制订正确的民族政策来解决这部分居民的问题。

1944年9月保加利亚共产党取得全国政权胜利后，在民族问题上接受了十分沉重的历史遗产。保共受传统政策的影响，仍认为保加利亚穆斯林就是土耳其人，应该让他们从居住地迁往国外，而让保加利亚人进住这些地区。为此，曾一度宣布愿意去土耳其的人都可以走。结果，从1950年8月到1951年初就有15.6万人离开了保加利亚。

1951年，保共中央的文件第一次承认土耳其人属于“少数民族”的范畴，应给予他们一系列权利，在他们的聚居地实行“相应的民族教育”。在小学以土耳其语教育为主，保加利亚语为辅，而在中学高年级几乎完全用土耳其语教学。这样，到1957年，土耳其人的学校增加了两倍，建立了3所培养土耳其人教师的师范学院和1所土耳其人中学；共有3种全国性和4种地方性土耳其文报纸、1种土耳其文杂志。在全国有各类土耳其人文艺团体400个；广播电台设有土耳其语广播节目。在国立索非亚大学的物理系、数学系、历史系和语言文学系设有土耳其人大学生班[②]。1944年在保加利亚只有424所土耳其语学校，有871名老师和37335名学生；到1953年已有1156所土耳其语小学，在校学生达10.5万人，还有6337名中学生和1420名中等师范学校学生。[③] 在

---

① 克勒斯丘·曼切夫：《巴尔干民族问题》，“兰斯”出版社，索非亚1995年版，第269页。

② 奈·克勒斯特娃、鲍·阿塞诺夫：《土耳其化》，索非亚1992年版，第7—8页。

③ 斯·特里凡诺夫：《保加利亚国家的穆斯林政策，1944—1989》，载《保加利亚历史的一页》，第213页。

以上土耳其人为主的地区，政府还拨款修筑道路，增加社会服务设施，在发展经济方面做了大量的工作。

1958 年 10 月，保共又突然做出决议，停止执行对土耳其少数民族的上述政策。决议认为保加利亚土耳其人是 1878 年后在保加利亚土生土长的居民，根本不是土耳其民族的一部分，他们的祖国是保加利亚，而不是土耳其。这部分居民的命运同保加利亚人民的命运历史地紧密联系在一起，是"保加利亚民族的一部分"。所以，他们必须学习保加利亚语。政府下令关闭了所有土耳其人的学校，不准学习土耳其语，停止播放土耳其语广播。

与此同时，保共又提出要同任何民族主义表现形式作斗争，并很快取缔了亲土耳其的民族主义组织；禁止土耳其神职人员来保加利亚从事宗教和教学活动；不允许土耳其文图书报刊进入保加利亚；还禁止土耳其驻保加利亚使馆开展宣传活动。同时，在国内限制穆斯林团体在穆斯林居民中进行宗教活动。到 1950 年代末和 1960 年代初，甚至连土耳其青年服兵役都受到冷遇，只能当工程兵。当局还号召保加利亚人有意识、有计划地同土耳其人通婚，并允许土族人迁居到土耳其，以减少在保加利亚的土耳其人的数量。

此后，保共又采取一系列强制措施，要求尽快实现土耳其人的"保加利亚化"。1969 年，保共中央作出了《关于克服历史遗留下来的残余，使土耳其居民从思想上和政治上成为保加利亚人民一部分的决议》。决议要求几十万土耳其人和"波玛齐人"改名换姓，即把这些人的土耳其—阿拉伯姓的最后一个音节改为保加利亚人姓氏的"诺夫"（"诺娃"）或"耶夫"（"耶娃"）。根据保加利亚姓名的习惯，姓既反映了这个家族的祖辈，又要延续到后代。当局认为只要土耳其人的姓氏变了，这个如此复杂的问题也就迎刃而解了。名义上叫作自愿改姓，实际上从一开始就采用行政命令，个别地方还使用武力。

同时，保加利亚当局这时还公开提倡建立"社会主义新民族"和

"社会主义意识"，为改变穆斯林和土耳其人的姓名大造舆论。仅1970—1973年间，就有20万人改成了保加利亚人的姓，变成了"保加利亚人"。

在改姓过程中，无论是保加利亚穆斯林还是土耳其人，都拒绝更改自己的姓名。多次出现反对强制同化政策的游行示威，同警察发生冲突，甚至造成流血事件。原中东欧社会主义国家对此举表示"不理解"；西方国家则认为这是对"集体人权的侵犯"。

土耳其一向支持保加利亚境内的土耳其族人的分裂主义活动。它在这部分人中间灌输宗教狂热和土耳其民族意识。土耳其方面一再宣称，这部分居民是土耳其人，它有权"保护"他们。

土耳其政府以经常性的移民为诱饵，吸引保加利亚土耳其人，牵制保加利亚政府。保加利亚政府居然同意将土耳其族人迁往土耳其。保、土两国政府多次签订移民协议，力图解决两国间这个悬而未决的问题。

第一批移民是从19世纪下半叶开始的。土耳其政府根据自己的需要，有时开放边界，有时又关闭边界。下面的两个表格反映了近100年来从保加利亚向土耳其的移民情况：①

表1

年份	移民人数
1880—1926	450000
1927—1930	16873
1931—1935	33665
1936—1940	65676
1941—1945	7298
1946—1950	58219
1951—1955	98350
1956—1960	9
1960—1965	11

表2

年份	移民人数
1971	10582
1972	9954
1973	5321
1974	1448
1975	638

① 《保加利亚的复兴过程》，第67、65页。

据保加利亚官方统计，1878 年以来，从保加利亚迁往土耳其的居民总共约 175 万人。但实际数字还要大些，因为那些偷渡的人未包括在官方的统计之中。

20 世纪 80 年代初，保加利亚政府认为土耳其通过保境内的土族人进行“渗透”，建立了“非法组织”，威胁着国家和民族的安全。因而，又一次提出了加速形成“单一的社会主义民族”的步伐，让土耳其人完全“融合”到保加利亚民族之中。这次的办法仍然是更改土族人的姓名。作为突破口，首先选择了那些与保加利亚人有姻缘关系的混合家庭，即有一半保加利亚血统的家庭。1982—1984 年，仅在土耳其人较集中的克尔贾利州就有 3 万个“混合家庭”的土耳其人改了姓名。

这种同化政策的高峰是 1984 年 12 月至 1985 年 1 月。国家武装力量将克尔贾利州全面包围，封锁了它跟国内外的一切联系，进入“战时状态”，闹得人心惶惶。这种闪电式突击行动很快扩展到保加利亚其他土耳其人的居住区。对于任何反抗行动都采取镇压措施。据称，在短短的一个多月时间里，保加利亚全国各地总共约有 85 万人到身份登记处改名，改成了保加利亚人姓名①。他们变成“纯保加利亚人”后，获得了新的身份证和护照。

从此，土耳其人在公共场所不许讲土耳其语，必须讲保加利亚语，否则就要被惩罚。不懂保语的人必须学会讲保语。禁止举行伊斯兰教仪式，规定必须举行非宗教仪式的婚礼。每个有工作的土耳其人都要挂胸牌，写上他（她）的保加利亚新姓名，旁人也不得再叫他（她）原来的名字。

显然，这一粗暴而又荒唐的做法是违背土耳其族人心愿的，注定要失败。土族人不顾当局的镇压，进行个别的和集体的反抗，要求保持自己的语言、宗教、文化和习俗。数月后，几十万土耳其人又重新

① 《保加利亚的复兴过程》，第 92 页。

恢复了过去的土耳其姓名，穿上穆斯林服装，到清真寺做礼拜，举行种种宗教仪式，人人都讲土耳其语。各种地下组织有增无减，恐怖活动频繁。

到 1989 年 5 月初，土耳其人的不满情绪达到新的顶点。土族人举行罢工、游行和绝食，要求恢复原来的穆斯林姓名和自由迁居土耳其。5 月底，保加利亚党和国家主要领导人宣布开放边界，土耳其人可以作为旅游者自由访问土耳其。结果，在短短的 3 个月时间里，就有 36.2 万土耳其人进入“母国”土耳其。这成为同年底保加利亚剧变的一场“预演”。

同年 12 月底，保共正式宣布恢复土耳其人的姓名。1990 年 1 月 4 日，成立保加利亚土耳其人穆斯林争取权利和自由运动。4 月，这个带有浓厚种族和宗教色彩的政党组织正式称为“保加利亚土耳其人争取权利和自由运动”。该组织在 6 月的第一次议会选举中，获得 200 个议席中的 23 个，并同国内最大的反对派民主力量联盟结盟，共同反对当时执政的保加利亚社会党。

土族人争取权利和自由运动，是国内继保社会党和民主力量联盟之后的第三大政治力量。它得到国内反对派政党的支持，又有土耳其和美国在背后撑腰，在保加利亚政治生活中已成为一支引人注目的力量。它拒绝在新宪法上签字，因为新宪法认为“保加利亚是一个单一民族国家”。它要求在土族人聚居区的学校，土耳其语成为正式教学用语，提出在保加利亚存在土耳其少数民族，进而主张在少数民族地区成立民族自治区。

四　保加利亚不承认境内存在少数民族及其原因

研究巴尔干民族问题的专家克·曼切夫教授认为，第二次世界大战以来，保加利亚的民族政策体现在三个关键问题上，即马其顿问题、土耳其人问题和在国外的保加利亚人问题。但是，“无论在哪个问题上，保加利亚都没有提出论据充足的政策”。[①] 其政策总的说来是忽左忽右，往往从一个极端走向另一个极端，缺乏始终如一的明确政策。

曼切夫教授指出，保加利亚官方在对待讲土耳其语的土耳其人和讲保加利亚语的保加利亚穆斯林的政策上具有两面性。一方面，为了执行国际条约上承担的义务，给予这部分居民一些少数民族才能享受的待遇；另一方面，对穆斯林居民迁移土耳其的数量限制持不明确态度，在保加利亚穆斯林聚居区缺乏任何繁荣经济和提高文化的国家纲领和国家政策，“一些个人试图通过从保加利亚把穆斯林迁走而发财致富”。[②]

绝大多数保加利亚学者无论在其著作中还是学术讨论会上，都认为保加利亚不存在少数民族。概括起来，有如下理由：

（一）在目前保加利亚的领土边界内，没有任何外国领土，而且也没有迁移进来非保加利亚族源的古老土著居民；

（二）在保加利亚不存在生活上和公民权上受到宪法歧视的族群和人种共同体；

（三）保加利亚从摆脱奥斯曼帝国奴役至今，从未签订过任何一个承认有“少数民族”存在的国际的、多边的或双边的条约；

（四）在西方发达国家，民族问题和与此相联的个人权利问题是通过现代的明智方式解决的，即强调个人的权利，而不是强调“少数民族”的集体权利。这样，各个群族才能向主体民族的传统和生活准则接近；

（五）涉及公民的语言、姓名和教育问题，应该在上述原则基础上

---

① 《巴尔干民族问题》，第 351 页。

② 克·曼切夫：《第二次世界大战前的巴尔干民族问题》，载保科院巴尔干学研究所编《巴尔干民族问题—历史与当代》论文集，“阿尔格斯”出版社，索非亚 1992 年版，第 40 页。

解决。[①]

保加利亚不承认其境内有少数民族的存在，主要是说保加利亚从来没有“少数民族”。人数众多的保加利亚土耳其人、吉卜赛人和保加利亚穆斯林，以及保加利亚马其顿人，他们都被说成是“保加利亚人”，或者说，他们的“根”和“源”都在斯拉夫保加利亚人之中。

而且，一旦承认有少数民族会产生随之而来的宗教狂热、民族分离主义和自治运动，而这些少数民族的“母国”就会插手保加利亚民族事务和内政问题。

保加利亚学者认为，为了针对土耳其长期以来的民族主义宣传和有计划的移民政策，也不能承认有土耳其少数民族的存在。否则，在保境内的穆斯林会成为土耳其的“第五纵队”，会要求“民族区域自治”，保加利亚会出现真正的“土耳其化”。

保加利亚对少数民族采取不承认主义，还担心未来斯拉夫保加利亚穆斯林人超过斯拉夫保加利亚人。学者们为此著书立说，称经过若干代人后，“黑皮肤”在保加利亚将远远超过“白皮肤”。产生这一焦虑和担忧的根本原因，是土耳其族人和吉卜赛人的出生率非常高，人口的再生产高于斯拉夫保加利亚人。例如，1963 年，保加利亚全国农村人口的自然增长率为 7.5‰，在“纯保加利亚人”集中的佩尔尼克州，这种增长仅为 3.9‰，而在土族人聚居的克尔贾利州则高达 25.1‰。土族人的出生率为 25‰，而保加利亚族的出生率只有 14‰。[②]

保加利亚一方面不承认国内有少数民族，另一方面却声言“在本世纪（20 世纪），有 400 万保加利亚人生活在国外。他们在丧失自己的种族意识”。[③]

---

① 详见鲍伊科·米佐夫《保加利亚的人口政策》，载《人口》杂志 1991 年第 1 期，第 37 页。

② 鲍·米佐夫：《保加利亚的人口政策》，载《人口》杂志 1991 年第 1 期，第 33 页。

③ 基里尔·内舍夫：《巴尔干的文明冲突》，索非亚大学出版社，索非亚 1996 年版，第 85 页。

近年来，保加利亚大谈要保护在国外的保加利亚人的权利，描绘出一幅国外的保加利亚人分布图，引导国内居民“同情”在境外的“同胞”，怀念“大保加利亚”时代。这对发展睦邻友好关系和解决少数民族问题有害无益。

实际上，由于保加利亚的民族政策是不现实的，所以也是不成功的。在近60—70年来，保出台了二十多个解决民族问题的方案，但一直反反复复，没有一个明智的决议和政策。

它的政策具有明显的两面性和不确定性。一方面，认为保加利亚土耳其人的“根”在保加利亚，他们的血管里流着保加利亚人的血，他们应该融入保加利亚民族之中；另一方面，当土耳其煽动移民时，保当局又将他们赶出国门或强制同化。

尽管保加利亚官方出于种种考虑过去很长一段时间里不承认少数民族的存在，但在宗教信仰自由问题上，它还是允许穆斯林居民自由信奉伊斯兰教，帮助修建清真寺，也允许建立伊斯兰宗教学校。实际上，讲土耳其语的土族人和讲保语的保加利亚穆斯林享受了少数民族除区域自治以外的绝大部分权利。

今天，少数民族问题在保加利亚已受到高度重视，并在逐步解决。保加利亚在加入欧盟的过程中已签署欧洲委员会关于少数民族公约的文件，以处理好同邻国，特别是同土耳其的关系。这种正确的民族政策有利于稳定国内局势和民主化进程，以及向市场经济过渡，也有利于国家的繁荣和发展。

（马细谱，中国社会科学院世界历史研究所研究员）

美洲、大洋洲

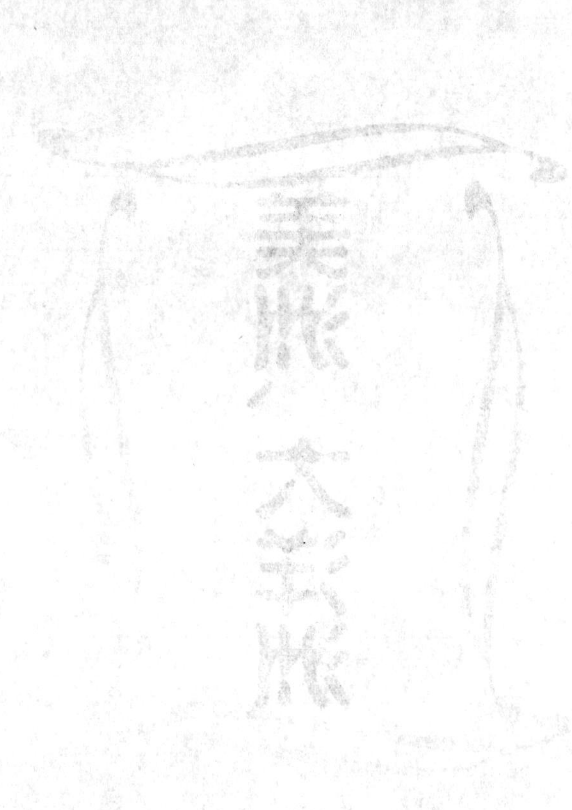

加　拿　大

一　原住民自治问题的由来及加拿大相关政策的演变

远在第一批欧洲殖民者在北美海岸登陆之前，以印第安人为主的原住民就已经长期生活在北美大陆了。所以这些北美印第安人被称为“第一民族”（First Nations），他们是这片广袤土地的原始主人。[①] 英帝国北美殖民当局以及后来的美国和加拿大政府的原住民政策都是以印第安人政策为中心。加拿大 1982 年宪法正式解除与英国立法的附依关系以后开始定义“原住民”为广义的概念，包括了印第安人（条约和非条约印第安人，在保留地的和不在保留地的印第安人）、因纽特人（过去又称爱斯基摩人，以前特别被排斥在“印第安人法案”之外）、梅斯蒂索人（主要指印第安人与法裔的混血后代）。[②] 据 1999 年人口普查，原住民占加拿大总人口的 4%—5% 左右。原住民的经济状况、

① 原住民主要指的就是北美印第安人，尽管印第安人不是原住民的全部。值得注意的是印第安人虽然可以笼统地被称为“民族”，但事实上从构成上来说包括许多不同的部落和种族。

② 参见 *Constitution Act* 1982, Part II, p. 35。

生活水平、健康条件等各项生活指标均大大低于加拿大的全国人均水平，如平均寿命比加拿大人平均寿命少7岁；原住民年轻人口中的自杀率是加拿大平均自杀率的5倍；原住民在监狱人口中的比率比加拿大监狱人口的平均比率高2倍，这些都反映出原住民问题的严重性。[①]所以原住民问题在加拿大政治中吸引了很多注意力。1982年宪法重新定义原住民，表现出加拿大政治环境变化和对原住民问题更加重视。但从政策影响的角度看，这样重新定义后的原住民概念包延性更明显，也凸显原住民的“非领土/超领土集团”的性质[②]（因为在保留地内的原住民已经少于在保留地以外的散居、融合于加拿大社会中的原住民，而且这个趋势在继续扩大），从而给相关的法规、政策的制订和执行增添了更多的变数。

在加拿大成为独立的自治领之前，大英帝国1763年皇家公告（1763 Royal Proclamation）用法律公告的形式，限制了以前的杀戮和直接的暴力掠夺的行为，规定了制度化的殖民和剥夺印第安人土地的过程。公告的直接结果是产生了与印第安人的一系列条约。总之，当时的目标是：承认未被占领的土地基本为印第安人所有，然后用条约的形式进行有制度的、由法律契约管理的土地所有权转移；同时建立与印第安人事务相关的国家行政管理工具。这样，就形成了一种印第安

---

① 参见 Rand Dyck, *Canadian Politics-critical approaches*, 3rd edition, Toronto: Nelson Thomson Learning, 2000, p. 67。

② Non-territorial/Extra-territorial group，指不以领土地域为特征建立集体认同和共同利益的社会集团，主要如妇女（特别是女权主义）组织和少数民族。问题的复杂性在于这类非领土/超领土集团的少数民族又与地理概念相关联，比如在美国南部各州的非洲裔美国人，在加州的墨裔美国人，在佛罗里达的古巴裔美国人。但这又与如西班牙的巴斯克独立主义者和加拿大的魁北克独立主义者有所不同，后者的政治意义包含领土概念，而前者至多是集中于某些地区，所以，对后者的利益诉求来说，以领土为基础的政治独立至少是个可选项，而对前者来说根本没有这个政治选择。加拿大原住民的情况介于两者之间，这有点类似中国少数民族“大杂居、小聚居”的情况，所以对中国的民族问题应有参考意义。有关在加拿大政治中非领土/超领土集团对联邦主义的挑战，参见 Michael Burgess, The Federal Spirit as a Moral Basis to Canadian Federalism, *International Journal of Canadian Studies*, no. 22, fall 2000, pp. 13 – 35; Ann—M. Field and Fran? ois Rocher, At a Junctuer? For a New Understanding of Federalism and citizenship in Canada, *International Journal of Canadian Studies*, no. 22 fall 2000, pp. 37 – 65。

人和英皇室和殖民当局的“准”邦联的关系。值得注意的是，在这种历史背景下，当时英皇室和殖民当局对印第安人“主权”的承认完全是功利主义的，少有道德正义的因素在内。但在今天来看，因为条约至少含糊地承认了原住民的签约方的平等地位，这些条约的法律影响力现在对原住民追求主权和自治政府权利的政治诉求有很大的支持作用，这可能是当时的殖民当局始料不及的。

1867 年加拿大建国的宪法“不列颠北美宪法”（British North America Act 1867）确定了联邦主义的原则。此原则并非为原住民问题设计的，而主要是为了将法裔和英裔占主导的领土地区结合在新的加拿大联邦内的一种妥协性的制度安排，是针对如何包容“领土单位”的多样性而制订的。从宪法框架上看，第一，原住民自治在原则上与联邦主义并不矛盾，因为联邦主义的本质就是分权和制衡；第二，虽然加拿大联邦制中对两级政府权力范围均有法律规定，但无论是共享权力（concurrent power）还是法律没有明文规定的权力（residual power）均向联邦政府倾斜，原住民问题包括带领土性质的土地问题和自治问题始终在联邦政府的司法管辖范围之内。[①]

在原住民政策的问题上，最重要的联邦法律文件是加拿大联邦政府 1876 年制订、后又多次修订过的“印第安法案”（The Indian Act）。该法案基本规范了印第安人问题的法律界限和联邦政府的责任。在该法案下，加拿大联邦政府的原住民政策包括了两个重要的内容；一是在为加拿大经济发展提供“合法”和充分的土地资源保证的基础上建立保留地，将印第安人与主流移民社会分隔开；二是将主流社会的“先进”的欧洲政治文化传统强加给印第安人社会，比如帮助指导建立印第安部落议会的政府权力形式。此外，联邦政府还对印第安人的身

① 参见 Tom Pocklington and Don Carmichael, Aborigingal Canadians and the Rights of Self-Government, in Don Carmichael, Tom Pocklington, and Greg pyrcz, eds. , *Democracy, Rights and Well-Being in Canada*, Harcourt Brace Canada, 2000, pp. 101 - 124。

份地位作出相应的法律规定。[①] 这些政策既反映了联邦政府同化印第安人、试图将他们融入加拿大欧洲移民主导的主流社会的政策目标，也规划了加拿大国家发展、社会变化情况下原住民的迁徙、身份变化等问题，同时也进一步削弱了原住民原有的“领土群体”性质。总之，一直到1970年代，加拿大联邦政府的印第安政策主要是强制性的同化。这种同化政策是制度化的和结构化的，基本脉络是“分离—演化—再整合”（Displacement-Evolution-Reintegration）。[②]

1969年特鲁多领导的自由党政府关于印第安人政策的白皮书（White Paper On lndians）遭失败，在加拿大联邦政府原住民政策历史演变上是个转折点。白皮书的宗旨是在自由平等原则上对同化原住民的政策作出新的阐述和安排，目的是建立一个真正的族群平等的加拿大社会。[③] 但社会舆论强烈反对白皮书，特别是取消原住民特殊地位的决定被原住民看成是一种政府对过去承诺的背叛，并强烈刺激了原住民作为一个共同体发展自己的民族意识和参政意识。白皮书最终以失败结束，但其结果的象征性意义重大。[④] 自此以后，原住民与联邦政府的关系就开始进入“谈判原住民权利和自治政府”的阶段。1971年的“卡尔德决定”（Calder Decision）首次在西方现代法律基础上承认原住

① 比如“印第安法案”规定了印第安人一旦离开保留地移民到城市就开始放弃他们的条约印第安人的身份；而一旦印第安人进入了加拿大的政治参与过程如投票，也必须放弃印第安人的身份；同时，如果印第安女性和非印第安男性结婚就失去了印第安人的身份，但印第安男性与非印第安女性结婚并不会失去其印第安人身份。

② 参见 Mark S. Dockstator, *Towards an Understanding of Aboriginal Self-Government: A Proposed Theoretical Model and Illustrative Factual Analysis*, D. J. Thesis, Osgood Hall Law School, York University, 1993, pp. 131 - 132。

③ 值得指出的是，大概相同的时期，美国的印第安人政策也有了相当大的变化，美国政府在1961年开始放弃了一贯的强制同化、取消印第安部落的政策而代之以印第安部落自己主权基础上的自决权，虽然其范围比较有限。有关美、加印第安人政策的比较研究，参见 C. E. S. Frank, Indian Policy: Canada and the United States Compared, in Curtis Cook and Juan D. Lindau, eds, *Aboriginal Rights and Self-Government*, Kingston: McGill—Queen's University Press, 2000, pp. 221 - 263。

④ 参见 A1an C. Cairns, Citizens Plus: *Aboriginal Peoples and the Canadian State*, Vancouver: UBC Press, 2000。

民的权利，而1982年宪法更确认了原住民的权利并且宣布这些权利不能为联邦、省政府立法所取消。以后原住民作为一个道德合法性、影响力逐渐增长的群体在加拿大政治中更加活跃，原住民的自决权利特别是自治政府的问题也一再被提到修宪的日程上来。在1992年莎洛城（Charlottetown Accord）修宪文件中，原住民自治政府作为加拿大联邦之中的第三级政府（Third Order of Government）的原则得到了承认。但是修宪文件在全国公民投票中未获通过，这是实现原住民自治政府进程中的一个重大挫折。随后联邦政府任命的“原住民皇家委员会”（Royal Commission on Aboriginal Peoples）经过几年的公共听证和分析研究，做出了详细的政策报告，其中包括如何实现原住民自治政府的建议。[①] 但在加拿大现实政治情况下，该建议被执政党束之高阁。

尽管如此，20世纪八九十年代的两次修宪失败后，在原住民自治政府建设方面还是有一些具体的新发展，特别是开启了比较重要的两个原住民自治政府的尝试：新北方行政区（Nunavut）的建立和不列颠哥伦比亚省纳斯卡（Nisga）地区原住民自治政府条约的签订。这两个新尝试都有其示范意义：前者为原住民领土与行政区的重叠，成为真正的原住民自治政府，但其内部政治结构和制度安排又与其他省级政府相似；后者为将土地所有权的争议和原住民自治政府问题在一个包容性很大的条约中一揽子解决，具体条约中有许多试验性的内容。

如果从原住民的角度看，500年来的原住民与殖民当局和加拿大政府的关系历史可以分成几个阶段：两者的相遇碰撞、殖民占领、政策分隔、同化的失败到谈判自治政府。[②] 在每一个特定的阶段里，殖民当

① 参见 http：//www. anic-inac. gc. ca/ch/rcap/rpt/index-e. html.

② 比如根据 Mark S. Dockstator 的分析，原住民与西方殖民文化的关系可以分成五个阶段：隔离（separation）、融合（amalgamation）、分野（divergence）、失调（dysfunction）和谈判（negotiation）。参见 Mark S. Dockstator，*Towards an Understanding of Aboriginal Self-Govemment*；*A Proposed Theoretical Model and Illustrative Fatual Analysis*。

局或加拿大政府实行过相应的政策措施，但从来没有把原住民当做自己事务的真正的主人。概括地说，加拿大的原住民自治政策有一个长期的演变过程，从最早的殖民主义色彩主宰的家长制管理，到失败了的强制同化政策，再有后来的谈判、修宪的尝试。现在联邦政府的基本政策虽然认可了自治政府一般原则和道德合法性，但真正实现在现存联邦主义的框架内实行原住民自治，则必须面对大量有待解决的法律、政治、行政管理等实际问题。

二　原住民自治政府的理论前提与实际运作中的若干问题

原住民的民族自决和建立自治政府的权利主张，有其道德和法理前提。首先，它涉及对殖民主义的清算和“追溯正义”的问题。一般认为，关于原住民享有的民族自决和自治权利，其道德合法性基于五个原因：第一，原住民先于欧洲移民的土地占领与使用；第二，原住民先于欧洲移民的主权；第三，原住民与英皇室所签订的条约的效力；第四，民族自决的普世原则；第五，保护少数民族文化的需要。强调原住民权利的人们特别指出，自治政府是原住民基本权利的中心组成部分，其合法性是天赋的、固有的，而非法律赋予的，这点与普世人权观的基本原则相同。但在加拿大的具体历史环境下，争议往往在于这种权利是否在原住民与殖民当局交往的关系演变中被原住民自己放弃或丧失了。这就涉及印第安人与英皇室及北美殖民当局所签订的一系列条约的法律意义。从条约的内容看，英皇室承认原住民是欧洲移民到来之前土地的主人身份，实际上也就是承认了原住民对土地的一种所有权。同时条约内容证明印第安人在协议的基础上同意英皇室和殖民当局对土地的安排处理，而英皇室则保证对印第安人提供保护成为类似托管人的身份。但从条约涵盖的范围看，这些条约的分散性、缺乏标准性和不完整性（比如加拿大最西部的不列颠哥伦比亚省就没有这类条约）削弱了条约的整体法律效力。但不管如何，印第安人作为北美土地上的原住民的自然的、固有的权利是不可否认的。这一点在加拿大 1982 年宪法的第 35 条中得到了确认，虽然宪法里没有直接提到自治政府的权利是原住民权利的一部分。在 1983 年加拿大议会特别委员会的报告（Penner Report）里首次正式承认印第安人有建立自治政府的权利，并且建议联邦政府在法律上承认印第安人政府为联邦制内的特别性质的一级政府，并采取修宪的方式建立原住民自治政府。加拿大最高法院在此之后又用宪法解释的方式承认了自治政府原则是原住民的固有权利的内容之一。①

自治政府存在的道德和法理基础，还可以从人权的普世性和正义性的原则上看。像许多西方国家一样，从对殖民主义历史的清算到对民族自决权的承认，加拿大社会对基本人权的认识是在发展的。如果说殖民当局与印第安人的条约和联邦政府“印第安法案”只是认可印第安人等原住民的权利的一般性原则的话，那么，当加拿大 1982 年宪法引入了完整的权利与自由宪章后，原住民的自治政府的权利与人权原则的统一则表明该权利的正当性终于受到了宪法的特别承认和保护。从国际人权公约和国际法的角度看，在国际人权运动发展的背景下，民族自决权已经成为国际人权公约的重要组成部分。所以，加拿大原住民人权组织在定义自己是独立的“民族”的基础上，也同时在国际人权法的领域追求民族自治的权利。在联合国经济社会理事会下属的人权委员会讨论有关土著人权利的《国际人权公约草案》（Draft Declaration on the Rights of Indigenous Peoples）的过程中，北美原住民权利的问题就得到了更多的关注。②

---

① 参见 Rand Dyck, *Canadian Politics-critical approaches*, p. 74.

② 但对此也有争论，问题的关键在于原住居民是否享有与加拿大国家相类似的“主权”，同时两者的“主权”是否有冲突。参见 John A. Olthuis and Roger Townshend, The Case for Native Sovereignty, and Thomas Flanagan, Native Sovereignty: Does Anyone Really Want an Aboriginal Archipelago? In Marl Charlton and Paul Barker, eds., *Crosscurrents: contemporary Political Issues*, 3rd edition, Toronto: Nelson Thomson Learning, 1998, pp. 5 – 16.

尽管原住民自治政府的建立有其道德合法性和法理基础，并有社会共识的支持，然而在具体实践中却存在着诸多棘手的难题。比如原住民自治权利的法律来源问题，如果原住民自治政府的权利是固有的（inherent）而非通过契约方式或国家立法过程派生的（derivative），那么，1982年宪法35条对原住民权利的承认还有何意义？许多原住民自治政府的支持者认为，自治政府的权利并不需要从联邦政府那里获取，而是一种与生俱来的权利。他们甚至认为，任何从联邦政府用立法形式授权的自治政府都不是真正的自治政府。这样实际上就陷入了一个逻辑难题：就原住民权利来说，如果认可了西方法律体系对其的承认，就是认可了“法律权利”的合法性，原住民并不愿意接受这一点；但如果不接受西方法律体系承认其合法性，那“与生俱来”的所有“固有权利”在现代加拿大法律体系里的任何解释又有何意义？从以上逻辑推导，加拿大宪法特别是权利与自由宪章是否适用于原住民自治政府的管理区内？

另外，原住民自治政府的最后解决方案一定要通过修宪的方式，但加拿大宪法中规定的修宪程序是比较严格的，修宪程序实际上集中地反映了政治权力结构的力量。[①] 无论是需要两级政府的大多数认可的修宪程序还是全民公决，都对原住民作为一个从人口上和政治影响力相对弱势的族群不利，因为居于主导地位的政治文化和政治权力结构在修宪过程的作用都是决定性的。

其他如联邦主义的原则与原住民自治政府的具体形式如何协调的问题，自治政府是以领土为基础的政府还是以族群为基础的政府，原住民自治政府的司法管辖是人的管辖还是领土的管辖等问题，都

---

① 加拿大宪法中规定的修宪有五种方式，依修宪内容需要采取不同的修宪方式。最中心的修宪任务必须得到联邦政府和所有省政府立法程序的批准，而其次的也要通过联邦政府立法批准和三分之二的代表超过加拿大一半人口的省政府的立法批准；第三种情况需要联邦政府和相关的省政府的立法批准；等等。一般认为原住民自治政府问题适用第一种修宪方法。参见 *Constitution Act*，1982，Part V.

凸显了领土问题的重要性。现代主权观念从欧洲三百多年前就公认的威斯特伐利亚条约体系开始就是领土和人的统一，原住民自治政府的主权实现也需要承认这个原则。但这个原则在原住民自治政府问题上的实现是非常困难的，因为它很可能与加拿大联邦国家的主权产生冲突。

最后，原住民自治政府财政经济上的问题，可能会加深加拿大联邦政府的财政能力危机。

总之，加拿大的联邦制的前景会在很大程度上取决于原住民自治政府的制度安排。但真正的困境不仅于此，还有更根本性的自治政府的建设与主导政治文化之间的矛盾问题。

三　原住民自治政府的困境：制度构建与政治文化的相互制约而又相互背离

我们知道，任何政治制度的建立和成功运行都取决于整个社会对其内容和精神（letter and spirit）的理解与接受，也依赖于社会整体的价值取向和与此相关联的政治行为传统。比如，以个人自由、平等参与为核心的政治文化不大容易接受专制政权的统治，而等级社会的文化传统也很不容易接受多元民主的政治制度和法律面前人人平等的法治观念。因此，政治文化和政治制度的构建互相影响。在多民族国家里，两者的关系更为复杂，因为存在着主导文化与亚文化、国家认同与亚集体认同的矛盾冲突。在加拿大这样一个移民社会的政治文化中，这样的认同矛盾冲突不仅存在于魁北克，也存在于原住民群体中，还存在于加拿大其他少数民族中。① 自从加拿大政府在 1970 年代开始将

① 在加拿大政治学研究中，一般认为主导政治文化就是以英裔文化为代表的，或是认为一种英裔与法裔政治文化的结合，而原住民政治文化一向被看作非主流的亚文化。比如 Rand Dyck, *Canadian Politics-critical approaches*, Chapter 10。而有关加拿大的亚集体认同问题及其最新的变化，参见 Monica Boyd, Canadian, eh? Ethnic Origin Shifts in the Canadian Census, *Canadian Ethnic Studies*, v. 31, no. 3, pp. 1 - 19, 1999.

多元文化主义作为国家的基本政策以来，特别是权利与自由宪章进入联邦宪法以后，在亚集体的认同被鼓励的情况下，形成了在政治文化问题上的新景观。虽然加拿大社会内居主导地位的对国家的政治认同没有被放弃，但也处于防御状态。在这种新的政治环境下，“非领土/超领土集团”的政治崛起和与此相连的亚集体认同（如妇女、原住民、少数民族），在加拿大现存的国家与社会、国家与亚集体、国家与个人的关系中划出了新的竞争领地。[①] 但与此同时，加拿大的政治权力结构并没有根本性的变化，亚集体的政治力量的兴起并没有改变权力中心的力量分配。我们知道，政治文化对制度建设的制约不是直接的，而是通过权力系统的运作来完成的。比如根深蒂固的对非领土性质的亚集体的保留或排斥的态度，是植根于加拿大主导政治文化中的，而且渗入了政治权力结构内部。毫无疑问，加拿大现在主导的政治力量现在仍然是以欧洲移民为中心的。有代表性的例子是魁北克分离势力对居住在魁北克北部的原住民的态度，特别是当原住民团体表示反对魁北克从加拿大分离时，魁北克独立势力并不承认原住民在魁北克（无论是加拿大的一个省或是独立的国家）有行使自己主权的权利。由此可见，就连强势的亚文化和弱势的亚文化之间的冲突也在所难免。在我们看来，原住民自治政府无论是作为一个制度构建还是显示为一种亚集体的政治文化认同，对加拿大的欧洲传统主导政治文化来说都是一种有独特意义的挑战。

一般认为加拿大的主导政治文化有以下特点：强调个人自由的基本原则，但愿意在个体利益与集体利益中找平衡；强调平等权利和政治参与，接受政府干预调节社会再分配的行为；受保守主义的影响对社会等级差别等问题持保守的态度，接受以英皇室为象征的君主立宪传统。[②] 但原住民的政治文化传统显然与此有别，比如他们的集体权利

---

① 参见 Ann-M. Field and François Rocher, *At a Juncture? For a New Understanding of Federalism and Citizenship in Canada*, pp. 44－45。

② 参见 Rand Dyck, *Canadian Politics-critical approaches*, pp. 200－210。

的观念包括财产的集体拥有的观念；而其传统者的政府形式，则是以年长者为权威的、以道德为中心的协商方式。

原住民自治政府的道德正义性既受惠于、也受制于加拿大政治主流社会的价值取向。主流社会对原住民自治政府的问题除了一般的原则上的认可外，但在实质上其实并未形成比较强烈的倾向性的支持。这主要是因为：其一，原住民在加拿大社会中是个亚集体的群体，而不是既得权利集团的一部分，也不属于以欧洲移民为主的主导政治文化集团。从主导的政治文化集团的角度看，在道德言语上对原住民自治政府表达原则上的支持相对来说比较容易，但在实际政治权力分割上做出实质性的让步就非常困难。正因为如此，有人指出原住民问题永远是边缘化的而且从属于加拿大作为一个联邦制国家的整体利益。[①] 其二，原住民虽然是一个活跃的有相当规模的群体，但其内部的群体多样差别造成的分散的弱点使其难以形成统一认同。如果说原住民自治政府曾经存在的话，按照欧洲政治传统的标准，也没有真正统一的国家形式和具体的政府，大部分只是处于分散状态的渔猎部落和基层社会组织。同时原住民社会内部传统势力和现代观念的紧张关系一直没有真正解决，所以任何泛印第安主义在加拿大的政治环境下成功的可能性都很低。其三，原住民作为一个群体越强调其特殊性，越凸显其“亚集体”性，也就越与占统治地位的政治文化主体有分离倾向。虽然加拿大政治文化中鼓励多元文化主义，这为一切亚集体政治文化提供了合理合法的抗衡主体文化的可能，不过从总体来说，加拿大社会的主导政治文化并不愿面对亚集体政治文化对加拿大政治制度的直接挑战，不管是有独立诉求的魁北克还是要求实现自治政府的原住民。原因很简单，在多民族国家内强调民族自决原则，就非常可能与同是国际法基本准

① 参见 Menno Bolde, Federal Government Policy and the National Interest, pp. 276 - 285, in Ron F. Laliberte et al, 2000.

则的国家主权原则产生严重的矛盾冲突。

当然，制度和政策的构建也不能脱离社会上道德正义原则的制约，1969 年印第安问题白皮书的失败就是证明。实际上，白皮书的价值取向是追求社会平等、消灭种族差别，从内容上和逻辑上都是可以肯定的，而且与政治文化自由平等的原则相符，虽然我们也知道在实际政治经验中用国家力量强制性地消灭不平等成功的例子很少。原住民在加拿大社会中的不平等有明显的两面性：一方面，在生活水平和教育程度等方面，原住民都处于极其不平等的一端，大大低于加拿大社会的平均水平；但在另外一面，原住民独特的政治历史地位又把他们放在不平等天平高的一端，比如免税、福利政策等。这两种不平等互相关联但又没有决定性的连带关系。前一个不平等是殖民主义的政策和经济发展的内在不平衡规律所决定的，而后一个不平等则是政府的主动政策的一部分，在某种程度上后者是对前者的政策矫正，虽然结果并不理想。

如果自治政府建立的目的只是为实现一种具有正义性的权利，结果并不重要，这就是“权利正义”的政治诉求。从理论上说，在纯粹的民主原则下，任何选择的结果之多样可能性是一种题中应有之义，这就是说，自治政府的实际效果好坏并不应该成为是否应该建立自治政府的标准。所以假如“结果正义”的考虑不在其中，自治政府与民主原则在逻辑上并无矛盾。但问题在于自治政府的建立除了权利正义以外同时也是为了最终达到原住民与加拿大其他群体的平等，就是说既要“权利正义”又要“结果正义”，这样的辩护难度就大多了。比如说，辩护者就至少要证明两点：一是只有自治政府的形式才能达到这一结果平等的目标；二是在原住民目前的情况下只有用不平等（实施特殊政策，如建立自治政府等）的方式才能最后到达平等的结果。很显然，这两点都不易证明。

当我们说原住民自治政府问题的主要困境在于制度建设与主导政治文化之间的背离时，主要是指在殖民主义强行移入的欧洲传统的政治文化与原住民为代表的原生政治文化之间存在鸿沟。比如原住民的权利（包括自治政府权利），在其传统政治文化中是集体权利而非个人权利，因此原住民的主权观念与西方政治文化中的主权观念不同，倒是接近东方政治文化传统中的主权观念。而且原住民政治文化中的财产权主要是共同体所有权，也与西方传统中的以私人财产权为核心的财产权观念不同。现在的问题是，关于原住民自治政府的辩论的各方虽然各持己见，但都是在统一语境下或说是在同一政治、法律的话语系统中的，即便是原住民自治政府的最激烈的辩护者，实际上也是在用西方政治文化中的概念来展开讨论的。其实，原住民传统的政治形态与西方传统不同，这里话语霸权的情况便显出了一种负面因素。在这种情况下，通过辩论达到共识的可能性很低。比如以上我们谈到的原住民自治政府的权利观念包括“共同体特殊权利”的观念，实际上与加拿大社会中占主导地位的自由、平等观念就严重背离。这种背离关系一直表现在联邦政府的原住民政策上，不管是家长制的托管方式还是强制的同化政策，就是到今天对自治政府的讨论也是在欧洲传统的政治文化框架内进行的。这也许是一个非常尴尬的情形，但又似乎是无法避免的，因为带有霸权性质的政治语境决定了这一切。显然对此困境用一种辩证的观点来观察是至关重要的，就像哈贝马斯所指出的，“西方占有式的个人主义无法看到，主体权利只能从法律共同体的先在的、并获得主体间认同的规范中推导出来。然而，主体权利的承担者的地位首先是在于基于相互承认的政治共同体中构成的。如今，当我们摒弃认为在社会化之前某些个体享有天赋权利的错误主张时，我们同时也要抛弃它的反面主张，即认为共同体的权利先于个人的合法权利”。[①]

---

① ［德］尤尔根·哈贝马斯：《再论理论与实践——访华学演讲录》，*Century China*，2002—10—10 http：//www. cc. org. cn/zhoukan/guanchayusikao/0210/021081004. htm。

四　结论

我们的结论是：第一，在加拿大源于欧洲传统的以个人自由和权利为核心的国家认同的政治文化中，很难接受一个体现以亚集体自由和权利为中心的政治制度安排，不管它是独立的魁北克还是原住民的自治政府。主要原因是，这样的制度安排被看作将对代表政治制度一体性的加拿大联邦产生严重的损害。这从政治文化的角度看，实际上也表现为主导文化认同与亚文化认同的冲突，而此类冲突在多民族国家内是比较普遍的。第二，在加拿大联邦制内，原住民自治政府在很大程度上代表了一种“非领土集团/超领土集团”的挑战，这一点与联邦制的初始制度建设的设计又是有一定矛盾的。从原则上来说，加拿大联邦主义的精神包括在制度建设上包容、协调各个不同族群的利益诉求而又能维持一个国家体制的统一，但因为加拿大联邦制的设计是对以领土为单位的多样性的妥协安排而不是对非领土单位的政治诉求的反应，所以初始制度安排本身的制约是严重的。比如从联邦与省政府的关系架构上来说，插入另外一级政府是非常困难的，特别是如果这一级政府的领土概念不清的话。

这些都反映出现代多民族国家政治文化的内在紧张，本来联邦主义从理论上讲应该可以帮助缓解调和这种紧张关系，但在加拿大的政治现实却并非如此。

总之，加拿大原住民自治政府的问题可以从不同的角度来考察，如少数民族自决权利和基本人权的角度，福利政策推动社会平等的角度，联邦主义制度构建的角度，政治文化的角度等。[①] 不同

---

① 参见 Tom Pocklington and Don Carmichael, *Aboriginal Canadians and the Rights of Self-Government*, pp. 102 - 103。

的角度可能导致不同的结论。如果从少数民族的民族自决、自治权利的角度看，自治政府的道德正义性是不容否认的，但这不足以支撑自治政府的整个理念的实现。如果从社会平等福利政策的角度看，自治政府的形式能否提高原住民的经济发展水平、继续改进原住民的社会福利仍然是个未知数。联邦主义的最大功能是可以在分权、妥协、制衡的基础上将一个多民族国家的政治实体建立起来并且保持和运行。如果从联邦主义内制度构建的角度看，除了实际操作的问题外，原住民自治政府很可能在更大程度上分散联邦制的统合能力，并且可能挑战加拿大联邦主义一些基本规则，比如以领土为基础的两级政府分权。所以自治政府在加拿大联邦制的环境下的成功与否，不仅是个法律和道德正义的问题，而且更是个根本的联邦制变型、改造的问题。如果从政治文化的角度看，我们认为最主要的问题就是原住民自治政府所代表的亚集体政治认同与加拿大社会主导的政治文化产生的冲突。显然，这里表现出的不是一种个别现象而是一种普遍现象，多民族国家政治文化往往有一种内在紧张包括主导文化与亚文化之间的摩擦、背离、矛盾、冲突，其结果会阻碍可能相关的制度构建的尝试，哪怕这个制度构建具有道德正义的内涵。

所以说，确立道德正义的原则也许可以帮助建立一种制度构建的法律基础，但其真正实现必须要取决于现实的政治条件，包括政治权力结构和政治文化传统的制约，同时道德正义本身也不足以成为制度建设的目的。除了实际的功利目标之外，整体政治文化的认同和倾向性也是非常重要的。而国家的制度建设和政治文化之间的统一是非常态的，其复杂的背离关系却是经常性的，否则我们就不能解释革命和改革的可能、立法和修宪的必要。加拿大的联邦制也许能在继续的修补中保持国家的认同和统一，但其中任何亚集体的单位不大可能突破界限达到真正享有主权的自治，否则很可能就是加拿大联邦的末日。当然，一种理想的各民族平等、和谐、统一的生存在一起的多民族国家也不一定是联邦制的，不过一定是一个制度建设和政治文化基本上契合的政治体制。

最后让我们用哈贝马斯在中国演讲的一段话来作为结语：“不同的生活样式和传统造成了各种群体的认同，这些群体在生活取向上有一种根本的不可调和性，从这一前提出发，无论是在跨国层面上的不同文化之间，还是在一国内部不同的亚文化集体之间，要他们彼此间达到一致总是困难的。在此，要在（关于相互的权利和义务的）义务性规范上达到一致，并不要求不同的文化成就和生活样式之间的互相崇敬，相反，它有赖于这样一种认识，即每个人都应得到平等的尊重，每个人，就其作为一个人，具有同等的价值，谨记这一点无疑是更为有益的”。[①] 当然，问题在于如何在制度构建上真正实现这种认识。

（吴江梅，云南昆明高等师范专科学校副教授
朱毓朝，加拿大贡纳大学政治系助理教授）

① ［德］尤尔根·哈贝马斯：《再论理论与实践——访华演讲录》。

美　国

在美国的移民群体中，来自阿拉伯国家和南亚国家的穆斯林移民占相当大的比例，[①] 同时也因其宗教文化的特殊性与美国主流社会差异较大。特别是 2001 年 9 月 11 日恐怖袭击事件的发生，一下子把他们推到舆论的风口浪尖，并受到来自方方面面的歧视，引发了严重的族群关系危机。由于发动这场恐怖袭击的“基地组织”具有伊斯兰宗教背景，美国社会对“基地组织”的仇恨，一时间使美国穆斯林移民蒙受着不白之冤，受到不应有的伤害，造成了美国社会继 1960 年代对黑人种族歧视后最严重的族群关系危机，其消极影响持续至今。本文首先对“9·11 事件”后美国围绕穆斯林移民发生的族际关系危机略作介绍，然后谈谈美国社会各界和政府如何应对这场危机，接下来总结几点启示，最后简要说一说穆斯林移民与美国主流社会关系的现状。

① 美国穆斯林现在大约有 800 万人，是继拉美裔和非洲裔之后的第三大少数人群体，其中，阿拉伯裔和南亚裔移民大约有 500 万人。在美国穆斯林研究界，通常把穆斯林分为非洲裔、欧洲裔、拉美裔、阿拉伯裔和南亚裔。虽然他们都是移民，但前三者通常被视为“皈依的穆斯林”，而后二者则被视为“移民穆斯林”或“传统的穆斯林”。

一 “9·11事件”后美国围绕穆斯林发生的族际关系危机

“9·11事件”的发生，是以“基地组织”为代表的反美势力与美国政府的中东政策之间存在不可调和的矛盾的反映，但“基地组织”采取恐怖主义手段，以平民为袭击对象，这种行为遭到国际社会的普遍谴责，引起美国社会上下一致的愤怒。在当今世界各种社会政治问题上，人们从来没有像对待以袭击平民为目标的恐怖主义这样同仇敌忾。但是，人们在谴责恐怖主义行为时，必须保持理性，不能不分青红皂白地把愤怒撒在恐怖主义者声称所代表的民族民众身上。如果这样做的话，那正好落入了恐怖主义者的圈套。然而，并非所有人面对恐怖袭击时都这么冷静。“9·11事件”之后的美国社会，同样有部分美国人将怒火发泄在美穆斯林移民群体的头上。采取这种非理性态度的不止是一般民众，包括在职业场所和公共场合，以及在政府有关机构中，都有一些非理性的表现。

1. 民间表现

“9·11事件”发生后，美国报纸上到处是针对穆斯林移民及其学校、清真寺和教堂的仇视、骚乱和毁坏的报道。有的是对穆斯林移民进行侮辱、谩骂和恐吓；有的则是一些事先策划的针对穆斯林群体的犯罪行为，包括故意破坏、纵火、谋杀、武装袭击、制造车祸等。这里，我们不妨列举一些案例，看一看“9·11事件”发生后美国民间对穆斯林移民群体的仇视情况。①

美国ABC广播公司记者德里克汤姆森（Derek Thomson）2001年9

① 以下所举案例，参见William J. Haddad，“White Paper: Preliminary Report on Hate Crimes against Arabs and Muslims in the United States”，cited in *Silent Victims*，pp. 60 – 75.

月 14 日报道了下列事件：周二，恐怖袭击发生后的几个小时，纽约伊斯兰学院就收到了针对该学院 450 个学生的威胁电话，声称“将用学生的鲜血染红街道”；学校迫于安全压力关闭后，每天仍能收到几次类似的威胁电话。周三，一对衣着得体的曼哈顿年轻夫妇朝着一名黎巴嫩裔美国人大吼大叫，进行侮辱。而这名黎巴嫩裔美国人此前一直拼命在世贸中心北塔 92 层的艺术中心救助恐怖袭击幸存者。这对曼哈顿夫妇对这名黎巴嫩裔美国人吼道：“你应当滚回你自己的国家，你这该死的阿拉伯人，我们也应该把你炸得粉碎。”

2001 年 9 月 16 日，在纽约一家熟食店里，一名顾客询问老板是否是阿拉伯人，老板诚实地回答说是，结果遭到了此顾客的咒骂。当老板试图将这个无理的顾客推出门外时，他被对方用胡椒水喷洒。

在芝加哥郊区桥景（Bridgeview），警察们拦住了 300 多名计划去清真寺游行的示威者。其中有一名示威者叫康林·萨伦巴（Conlin Zaremba），19 岁，他在回答美联社采访的时候说：“我以身为一名美国人而自豪，我痛恨阿拉伯人，永远痛恨。”这群人举着美国国旗，一边走一边往阿拉伯裔移民所开的杂货店中扔石头和砖头。

华盛顿州林雾市（Lynnwood）的一座清真寺标牌被涂黑。圣弗朗西斯科的一座清真寺被撒上了猪血。在密歇根州迪尔伯恩一家加油站，一名阿拉伯裔女乘客被驾车经过的男子大声辱骂：“滚出美国，滚出美国”。

不仅是一般民众，一些有身份的美国人，也卷入了针对穆斯林移民的不理智讨伐，并被媒体曝光。如美国著名“在线评论”专栏作家安·柯尔特（Ann Coulter）说：“我们应当入侵那些（穆斯林）国家，杀死他们的领导人，使他们改信基督教。”众议院恐怖主义和国土安全委员会（House Subcommittee on Terrorism and Homeland）主席、参议员候选人萨克斯·恰布里斯（Rep. C. Saxby Chambliss）在写给佐治亚州执法人员的信中说：“给他们（县市当局）更大的权力，允许他们逮捕每一个试图穿越州边境线的穆斯林。”葛培理福音协会负责人富兰克林

·格拉哈姆（Rev. Franklin Graham）说："伊斯兰教是邪恶的、有害的宗教。"密歇根州迪尔伯恩市一名警察，在进入一个穆斯林家庭调查有关案件离开时，在该家庭的祈祷日历上写下了这样的留言："伊斯兰教是魔鬼，基督是王。"

"9·11事件"发生几天之后，美国ABC广播公司和华盛顿邮报联合做了一份民意调查。调查显示：43%的美国人认为，恐怖袭击发生之后，他们对于那些长似阿拉伯血统的人疑虑加深。美国国会进行的全国性民意调查结果是：75%的美国穆斯林知道身边有人曾遭受过反穆斯林者的歧视，甚至他们自己就亲身经历过。

一些失去理智的美国人，还犯下了针对穆斯林移民的罪行。

芝加哥警察局在一份名为《仇视性犯罪报告》中提到：2000年整年只有四宗针对阿拉伯裔的犯罪，而在"9·11事件"之后的几天内，这个数字就达到13起。其中有一个案例是：一个拿着公文包的人走到一个杂货店，对阿拉伯裔店主吼道："我将像你们炸掉世贸中心一样炸掉这个杂货店。"在得克萨斯州丹顿（Denton），一座清真寺被燃烧弹袭击。在弗吉尼亚，一名妇女因为威胁炸毁清真寺而被指控。在西雅图，一名持枪男子因被怀疑企图纵火，在一座清真寺外被拘留。

伊利诺伊州埃文斯顿警局报告说，一个阿拉伯裔出租车司机和他的长似阿拉伯人的乘客被两辆摩托车追赶殴打。在印第安纳州埃文斯维尔（Evansville），一名男子驾车冲入一座清真寺。在纽约州亨廷顿（Huntington），一名司机试图在购物中心的停车场撞击一名巴基斯坦妇女，一直追在她后面，威胁要轧死她。在俄亥俄州，一名男子驾车以每小时80英里的速度冲入一座清真寺的入口。

在密歇根州费尔港，一座加油站的窗户被枪击碎，而这座加油站为阿拉伯裔美国人所有。在印第安纳州加里，一名头戴滑雪面具的男子手持大功率突击步枪朝一处加油站开火，只因为里面有一名在美国出生的也门籍工作人员。

上述所列举的案例，只是冰山一角。我当时在美国工作（2001—

2005），工作对象主要是南亚裔穆斯林移民。在地铁里，在商店里，在大街上，随处都可看到美国人对阿拉伯裔移民的鄙夷目光和敌意行为。像吐口水，扔杂物，乃至动手将穆斯林妇女头巾扯掉等行为，我都见到过。

2. **职业场所与公共场合的表现**

在监测工作场所穆斯林受歧视的情况时，自“9·11 事件”发生以来，美国“平等就业机会委员会”（Equal Employment Opportunities Commission）的投诉记录每年都有数百起。仅在 2001 年 9 月 11 日到 2002 年 5 月 7 日之间，委员会就接到了 488 件阿拉伯裔美国人针对职场中种族歧视的投诉（2000 年为零）。其中一个案例是：2002 年 9 月 30 日，平等就业机会委员会起诉阿拉莫租赁汽车公司，案由是该公司凤凰办事处的客户服务代表努尔比朗女士，在穆斯林斋月期间围头巾被拒。阿拉莫公司此前曾批准努尔女士在斋月期间可以戴头巾，但在 2001 年 12 月，距恐怖袭击短短 3 个月后，该公司却拒绝让她按照伊斯兰宗教信仰戴头巾。但努尔女士依然故我，结果先被该公司处罚、继而被暂停工作、最后被解雇。①

另一个广为人知的案例发生在佛罗里达州。一名穆斯林妇女在办理汽车驾驶执照时，她坚持只贴戴着头巾的照片，要么就不贴照片。佛罗里达州驾照颁发部门坚持认为，驾照是驾驶人的主要身份证明，只有贴正面裸露头像，执法人员才能确定该女子的身份，没有照片的驾照将不能确保维护安全的需要。争执被提交法院裁决，结果当然是这名穆斯林妇女败诉。法院的书面裁决是：该女子“可能不会对国家安全构成威胁，但其他人有可能利用这一点，借宗教信仰之名，进行威胁人民生命安全的活动”。

---

① 此案例及以下案例，参见 William J. Haddad, “White Paper: Preliminary Report on Hate Crimes against Arabs and Muslims in the United States”, cited in *Silent Victims*, pp. 73 – 80。

美国司法部宣布的一个案件是：2002 年 8 月 15 日，芝加哥“叙利亚黎巴嫩人俱乐部中西部联盟”提出向“梅因万豪酒店”（the Des Moines Marriott）索赔，起因是该酒店擅自单方面取消了上述俱乐部中西部联盟拟在该酒店举行的会议。另一个案件是：2002 年 8 月 27 日，芝加哥阿拉伯裔喜剧演员雷·哈纳尼亚在当地喜剧俱乐部 Zanies 的公开演出被取消，因为著名演员杰克·梅森拒绝与他同台，杰克的理由是：不愿与这个“巴勒斯坦人”同台演出。而实际上，雷·哈纳尼亚是在芝加哥出生并在美国长大的，与巴勒斯坦没有关系；而且，他还在美国军队中服过兵役。

不仅在职场，在公共场合，对穆斯林的歧视也比比皆是。“9·11 事件”之后不久，联合航空公司、西北航空公司和三角洲航空公司的乘客和机组人员，都曾拒绝那些长似阿拉伯人的乘客登机，他们的理由是这些阿拉伯人让人心里不舒服，并且会构成安全威胁。有一个案例提到，有一个航班的其他乘客都通过了安检，唯独一名埃及裔美国人和一名 15 岁的沙特阿拉伯少年被阻止登机。

在 2004 年 6 月，美国公民自由联盟内布拉斯加州分会收到一份关于民事权利的诉讼，起诉人是卢布纳·侯赛因太太。原因是：她在一家游泳池旁陪她的孩子游泳，泳池员工过来告诉她，如果她想陪她的孩子，必须摘掉所戴的头巾，不能在游泳池区穿着她的“街头衣服”；而侯赛因太太指出，在游泳池区，并非只有她未穿泳装，让她摘掉头巾，这就是歧视。

华盛顿“美国与伊斯兰关系协会”（CAIR）报告称，自“9·11 事件”以来的一年间，发生了 1516 例旅馆拒绝让阿拉伯裔穆斯林住宿的报告。

在公共场合对穆斯林的歧视，在“9·11 事件”之后是很常见的现象。比如在纽约地铁或火车站里，凡是需要过安检的地方，只要是阿拉伯人长相，安检员就特别“关照”，反复检查。这样的事情，我在纽约的几年里屡见不鲜。

3. 政府有关机构中的表现

美国穆斯林移民在“9·11 事件”后遭到的不公正对待，在美国政府有关机构中也有表现。政府机构对待穆斯林移民的歧视态度自然不会像民间、公共场合和职业场所那样露骨，但以公共安全和预防恐怖主义为名所采取的措施、政策乃至立法，仍然带有对穆斯林移民的特殊“关照”。

美国存在许多来自世界各地的非法移民，这是人所共知的事情。美国移民当局对非法移民，通常是有举报才查处。但是，在“9·11 事件”后，移民当局却专门针对在美穆斯林作出了“特别登记”的规定。虽然大多数非法移居美国的阿拉伯裔穆斯林与恐怖主义组织无关，但由于他们中的一些人没有得到合法居留许可，有许多人被关押、提审，后被驱逐出境。截止到 2003 年 5 月，大约有 8.2 万名穆斯林按照出入境特别登记规定进行了重新登记，其中近 1200 人被拘留。通过这样的特别登记，大约有 6000 多名阿拉伯裔穆斯林非法入境者被发现，其中 42% 的人被约谈和质问，大约 20% 的人因种种原因被起诉，至少有 230 多人被遣返回国。这些人大多是巴基斯坦人和伊朗人，他们冒着危险偷渡美国，本想到美国过好日子，现在却被“9·11 事件”后所采取的这项政策牵连而被遣返回国。即使是来自盟国的穆斯林，也受到了这项政策的牵连。有关资料表明，大约有 5000 多名伊拉克人被美国安全部门怀疑和询问，其中约 1% 的人在询问后被拘禁。①

当然，这种“特别登记”规定遭到了穆斯林移民的反对。2002 年 12 月中旬，洛杉矶上千名伊朗裔美国人集会反对“特别登记”，集会上打出的旗帜写道：“下一步是什么呢？集中营吗？”有的受访者说：“现在发生的事情太令人震惊了。这使人联想起二战后日裔美国人被拘

---

① Anny Bakalian and Mehdi Bazorgmehr, *Backlash 9/11: Middle Eastern and Muslim Americans Respond*, Los Angeles and London: University of California Press, Berkeley, 2009, p. 153.

押的事件”；“目前的气氛就像是1942年景象的重复”；“每一个阿拉伯人都可能成为被攻击的对象”；“我们要被遣送出国吗?”有学者将这种苛待穆斯林移民的政策称为“政府进行的恐怖主义”。而美国移民政策研究所的报告则认为：“9·11事件”之后美国政府对待移民的严苛政策，不仅不能让我们感到安全，而且还破坏了我们最基本的公民自由，危害到了国家统一。”①

美国政府赋予安保和情报部门的权力，更让阿拉伯裔穆斯林移民感到恐惧。因为这些权力很容易带来对他们的伤害。这些权力包括：（1）独立选择国内外组织作为怀疑其对恐怖主义提供支持的对象，并可以用所谓“秘密证据”对任何人提出“向恐怖主义提供物质支持”的指控，从而对其实施拘禁或驱逐出境。（2）对那些出于“影响政府政策”，从而扰乱社会秩序，对他人的生命安全有威胁的轻微犯罪者进行拘禁。（3）对那些被疑为“敌方人员”，而又没有被保释、得不到律师帮助的美国人或非美国人进行拘留。（4）划分“市民区”（citizen camps）来管理和监视美国公民（实际上主要是穆斯林移民聚居区）。（5）被怀疑者可交由军事法庭审判。安保部门在行使这五项权力时，完全有可能犯主观推断的错误，因为它们不需要证据便可传讯或居留任何它们所怀疑的人。例如，在华盛顿特区的郊区，联邦调查局得知组织发动“9·11事件”的头目穆罕默德·阿达曾去过一家复印社，于是便去调查。经查，有一个19岁的巴基斯坦男孩也在那天去了这家复印社，并且刷了他的信用卡。结果是，联邦调查局便将他逮捕起来，在监狱关押了四个多月。……当他被带到巴基斯坦驻美大使馆时，他仍身穿橘黄色囚衣，全身上下都被锁链锁着。逮捕他的直接原因，只是因为他在“错误”的时间呆在了“错误”的地方。②

还有一些被拘留者，完全是联邦调查局盲目听信社区线人中伤的

① Anny Bakalian and Mehdi Bazorgmehr, *Backlash 9/11: Middle Eastern and Muslim Americans Respond*, Los Angeles and London: University of California Press, Berkeley, 2009, p. 58.

② Aladdin Elaasar, *Silent Victims*, p. 73.

结果，因为在穆斯林社区，难免存在一些恩恩怨怨，于是，就有人借机向联邦调查局报告，说对方涉嫌恐怖主义。而联邦调查局的特工不经必要的调查，往往是先把人带走再说。有这样一个案例：在佛罗里达州，一名已经与美国人结婚生子的穆斯林男子，被当作恐怖嫌疑人抓起来了。他的美国妻子自然不服，于是带着孩子们到美国联邦调查局的办公室，对调查人员说："你们有两个选择，要么你们来抚养我的孩子，要么把我的丈夫放出来。我和他已经生活 18 年了，他不是什么恐怖分子！"①

尽管大部分被拘留者都是男性，但也有一些女性遭到了逮捕。2002 年 2 月 27 日，纽约城市大学一位 23 岁的埃及女学生连同她的家人一起被抓了起来。她是六个兄妹中的老大，并且从 10 岁开始就已经在纽约生活了。她家已经申请了政治避难，只是尚未得到答复。联邦调查局的特工们早晨 6 点闯进了她家，逮捕了她及她的父母、两个 20 岁和 16 岁的弟弟，以及 17 岁的妹妹，只有两个在美国出生的年龄较小的弟妹被留在了家里。据她所在学校的校报称，他们的手腕和脚腕都被带上了镣铐，不能问任何问题，也不能互相交谈。②

"9・11 事件"后，被拘留的穆斯林绝大多数被关在帕特森（帕塞克县）和卡尼（休斯顿县）的拘留中心，以及布鲁克林拘留中心。被抓到拘留中心的人面临各种辱骂，得不到清真食品，住宿条件很差。在穆斯林移民家庭中，男人通常是养家糊口的人，他们被拘留，给家庭造成了生存困难。一位受访者说："我们理解那些家庭所遭受的痛苦，因为他们不知道他们的一家之主被关在哪里，更不知道如何养活自己。那些女人们有的没有外出过，甚至不会说英语。"另一位受访者回忆起他的亲身经历时写道："当时我作为美国纽约时报的记者参与翻译工作。我们拜访了新泽西市的两个家庭，丈夫们因为签证问题都被

① Anny Bakalian and Mehdi Bazorgmehr, *Backlash 9/11: Middle Eastern and Muslim Americans Respond*, p. 159.

② Ibid., p. 160.

带走了，女人们的处境很糟糕，因为在法律上她们不符合接受公共援助的条件。她们付不起房租，身边有年幼的孩子嗷嗷待哺，甚至她们又将临盆，但她们的丈夫却被带走了。”①

由于担心受到不公正对待和伤害，美国阿拉伯裔穆斯林移民人人自危，出行谨慎。他们在宗教活动、社会活动以及其他集体活动的出现率，比之“9·11事件”发生前大大降低，甚至连生病时能不去医院就不去。一名穆斯林医生说，他的诊所在“9·11事件”后，接待的病人“减少了一半”。美国民权委员会资助召开的一次论坛，只有几名穆斯林参加。美国“阿拉伯裔反歧视协会”发出的“社会风险”建议，颇能证明阿拉伯裔穆斯林移民几近把自己隔绝起来的处境，这些建议有：出行时考虑好公共交通路线，避免与陌生人发生有关政治观点的争吵，尽量保持低调；如果因为种族或是宗教遭受到危险，那么就叫警察，或是联系联邦调查局，躲入一些比较安全的地方，例如警察局和教堂等；在家的时候，要注意尽可能保证家人安全，要检查门窗是否锁好，在门口装上监控摄像头。②

二　美国社会如何应对族际关系危机

纽约“9·11事件”是一场来自外部的恐怖袭击事件，它与在美穆斯林移民无关。但只因恐怖分子与美国穆斯林移民有共同的族源、宗教和文化，致使后者被错误牵连，遭到一些不应有的对待。当然，这种牵连是非理性的，不是美国社会的主流。相反，为了消除人们对穆斯林移民的错误认识和错误行为，美国社会上下都做出了积极努力。

① Anny Bakalian and Mehdi Bazorgmehr, *Backlash 9/11: Middle Eastern and Muslim Americans Respond*, p. 161.

② Aladdin Elaasar, *Silent Victims*, p. 91.

1. 官方态度

“9·11事件”发生后，有许多美国人本能地把愤怒撒在美穆斯林移民身上。面对这种可能失控的民间情绪，美国政府官员口径统一，明确地表达了对一些美国人向阿拉伯裔穆斯林采取报复行为的警告。布什总统也出面发言，警告美国人要停止对无辜阿拉伯裔穆斯林的暴力报复，并加入了由前任总统、市长、执法官员组成的谴责危害阿拉伯裔公民和在美穆斯林生命财产安全的组织。9月17日，布什总统拜访了一座位于华盛顿特区的清真寺，他发表讲话说：“恐怖主义不是伊斯兰教的真正信仰，伊斯兰教不是那么回事。伊斯兰教信奉和追求的是和平。这些恐怖分子不代表和平，他们是邪恶与战争的化身。”[①] 布什总统还迅速派遣联邦平等就业机会委员会负责人奔赴各大主要城市，广邀和采访阿拉伯裔美国人和在美穆斯林，调查有关职业歧视的投诉和不满。同时，总统命令司法部民权部门详细调查美国中东部穆斯林大众，采访和询问他们对歧视性行为和仇视性犯罪的意见。所有前任美国总统，包括福特、卡特、老布什和克林顿，都发表了谈话，呼吁克制和促进法治。纽约州州长和纽约市市长要求市民保持理性，克制使用暴力。芝加哥市长号召芝加哥市民遵守法律，并说阿拉伯裔美国人是芝加哥最忠诚、最杰出的公民群体。美国国会也出面反对针对阿拉伯裔的犯罪行为。[②]

2. 媒体作用

在报道“9·11事件”和正确疏导民众情绪的消息时，美国媒体从总体上说是严谨和公正的。此外，媒体还制作和播出了一些广告，呼吁人们公正对待阿拉伯裔穆斯林。例如，2001年9月18日，ABC夜

① Anny Bakalian and Mehdi Bozorgmehr, *Backlash 9/11: Middle Eastern and Muslim Americans Respond*, p. 4.

② Aladdin Elaasar, *Silent Victims*, p. 67.

间新闻播放了一名德克萨斯州穆斯林的葬礼；接着又播报了对穆斯林学校学生的访谈；最后，整个节目以一个小女孩的愿望结束，这个小女孩说："希望不久将来，我们还能一起玩，一切都恢复正常。"2001年9月24日，《洛杉矶太阳时报》（*Chicago Sun Times*）和《底特律自由新闻》（*Detroit Free Press*），则全文发表了"关于美国阿拉伯邻居的12个问答"的文章，以帮助一般民众了解伊斯兰教和穆斯林。其他一些部门，如美国民权委员会则通过网络和论坛等向公众提供积极信息，联邦、州和地方三级政府也举办各种论坛，以促进人们正确认识伊斯兰教和阿拉伯裔穆斯林。有研究报告认为，美国媒体对一些暴行给人们带来恶劣影响的报道，以及刊登的有关伊斯兰教与穆斯林方面的文章，使暴力事件发生的数量大大减少。①

为了防止针对阿拉伯裔穆斯林的报复事件发生，布罗考公司（the Brokaw Inc.）、广告协会（Ad Council）和阿拉伯裔美国人学会（AAI）共同发行了反仇恨的海报《世贸双塔》。海报这样写道：仇恨能换回一切么？能换回清白和无辜吗？能换回安全感吗？能使你失去的丈夫、妻子或儿女复活吗？能使我们比那些仇视我们的人生活得更好吗？或者仅仅是使我们更趋向于他们？仇恨能帮助我们消灭敌人吗？海报还写道：当我们在自我损伤时，敌人也许正在暗中大笑！有些人或许说，他们不知道敌人是谁，但我们知道：我们的敌人就是社区的清真寺正遭到毁坏、阿拉伯裔的店主害怕报复、穆斯林儿童因为不同长相而遭受恐吓；仇恨就是我们最大的敌人，当我们开始对其他美国人仇恨的时候，我们就将失去所有；仇恨已经从我们身上拿走了太多的东西，不要让它把你也带走。②

3. 民间理性声音

"9·11事件"后，针对阿拉伯裔美国人的报复性和仇视性犯罪虽

---

① Aladdin Elaasar, *Silent Victims*, p. 68.

② Ibid., p. 229.

不断发生并被报道出来，但这毕竟是少数人的行为，而大多数美国人则能保持理性态度，他们通过各种方式纷纷表达了对犯罪行为的谴责和对阿拉伯裔的支持。有一封发给阿拉伯裔美国人学会的邮件这样写道："我知道，因为前几天的袭击事件，你们和所有美国人一样在经受痛楚，甚至，因为你们所属的种族，你们遭受的痛苦更大。但请记住，我们不会漠视你们的伤痛，因为整个国家不仇视你们。"另一封邮件这样写道："我的心灵和我的思想与你们——阿拉伯裔美国人和在美穆斯林同在，我对我们那些同胞们被误导的仇恨感到恶心。"还有一封信这样写道："不管种族和背景如何，只要是任何美国人遭受的痛苦，就是所有美国人的痛苦。那些对你们坚持表达无知和仇恨行为的人，只能增加对我们自己的伤害。"①

美国其他少数族裔，也同样表达了他们对阿拉伯裔穆斯林的支持。历史上，美国经常发生针对少数族裔的暴力事件。19 世纪 50 年代，爱尔兰人大举迁入美国时，美国人称爱尔兰人是未经开化的蛮族人，对他们进行污蔑中伤。第一次世界大战后期，美国人对德国人或是德裔美国人深恶痛绝。第二次世界大战中，所有日本人和日裔美国人都被视为敌人，导致 7000 多日裔美国人被拘留，3000—4000 名日本人被监禁。20 世纪 50 年代，对于共产主义的惧怕在全国流行起来，美国对来自东欧和南欧的移民进行无休止的盘查和询问。这些历史记忆使美国其他少数族裔对"9·11 事件"后的阿拉伯裔深表同情。美国全国亚太裔法律联盟（NAPALC）指出：那些被一部分美国人视为"敌人"的群体，现在开始团结起来，构成了一个包括日裔、阿拉伯裔和穆斯林的同盟。该联盟主席卡伦·纳南斯基（Karen Naranski）说："让我们永远记住二战的教训，仅仅是因为和敌人（日本人）长相类似，许许多多日裔美国人家庭被赶往拘留营。我们应当记住，不要因为别人的皮肤颜色、族裔血统、移民身份和宗教背景不同而怀疑他们的爱国

① Aladdin Elaasar, *Silent Victims*, p. 230.

心。我们不能重复当年设立日本拘留营和麦卡锡主义的错误。”①

4. 法律界的努力

美国一些主要的律师协会，积极加入了消除对阿拉伯裔穆斯林歧视的行列。为了揭露和反对暴力事件，2001 年 9 月 26 日，伊利诺伊州阿拉伯裔律师协会举行了新闻发布会，发布了《在美国针对阿拉伯裔和穆斯林的仇视性犯罪的初步报告》。伊利诺伊州律师协会、芝加哥律师协会、犹太人法官协会、美国律师协会、犹太律师十诫会和查士丁尼律师协会，都派代表参加了这个会议。2002 年 2 月 3 日，美国律师协会在费城举办论坛，以“当面临种族问题之时”、“阿拉伯裔美国人的窘境”和“拥有穆斯林信仰的人”为题做了讨论。美国律师协会还提出一项预防仇视性犯罪和暴力的决议，并号召其他律师协会加入。这个决议的主要内容有：除了执法机关对仇视性犯罪的正常处理外，政府机关也应当制定和协调保护阿拉伯裔美国人和在美穆斯林的预防性措施，防止仇视性行为的升级，保护阿拉伯裔美国人和在美穆斯林的人身财产安全；全社会和政府机关，应当通过媒体和社区服务计划，努力教育公众摈弃仇恨：政府不要草率行事制定特别法规，因为这可能对所有美国人的公民自由产生负面影响；政府要继续公开抨击仇视性犯罪，并由媒体广泛报道。

美国阿拉伯裔律师协会（The Arab-American Bar Association）更是为阿拉伯裔穆斯林获得公正对待而积极奔走。该协会建议联邦和州政府应建立一套应对突发事件的计划，并依据 1992 年 6 月“芝加哥骚乱”后当局实行的方案，提出了如下五点建议：第一，执法部门对于那些高度敏感的、可能影响到少数族裔公民的事件，应当保持高度的警觉性；第二，对于仇视性犯罪事件，执法机关应当向警方提出质询和索要报告，并根据所获案情资料进行执法；第三，在仇恨性犯罪发

① Aladdin Elaasar, *Silent Victims*, p. 231.

生概率较高的地方，政府应提供足够的人员和设备，以及应急通信设施；第四，法院、检察院和管教机构等必须严阵以待，预备此类事件的发生；第五，社会和政府应当通过媒体和社会服务工程等，教育人民摈弃仇恨。①

5. 执法部门的作用

"9·11 事件"后，美国司法部门对犯有歧视性仇恨罪的起诉相当敏感而迅速。据美国司法部网站消息，"9·11 事件"后的一月内，国家和地方执法部门就接受了 65 例投诉。在同一时期，联邦调查局在全国范围内开展了 350 多项调查活动。"9·11 事件"发生后第一起仇杀事件的制造者弗兰克·克因，在 2003 年 10 月 1 号被亚利桑那州平顶山市五人陪审团宣判有罪。其他一系列不同类型的诉讼案件，也都很快进入起诉和审判程序，包括：对一名塔拉哈西州皮卡货车司机驾车冲入清真寺的起诉；对两名加利福尼亚男性试图炸毁一座清真寺并且试图谋杀一名黎巴嫩裔国会议员的起诉；对一名犹他州男性试图焚毁一名巴勒斯坦裔所开餐馆的起诉；对一名华盛顿男性试图烧毁清真寺并开枪击中两名伊斯兰教朝圣者的起诉。②

自 2001 年 9 月 11 日至 2006 年 9 月，美国司法部调查了超过 700 件涉及针对穆斯林（包括来自阿拉伯、中东、东欧和南亚的穆斯林）实行的暴力或威胁事件；联邦法院受理了对 35 名被告的起诉，其中 32 人被判决有罪；在司法部帮助下，有关州的地方法院起诉和受理了 150 多起因对穆斯林有偏见而犯下的罪行。③ 美国司法部门及时起诉和审判那些针对穆斯林的歧视性犯罪，对遏制和减少此类犯罪行为的发生起到了震慑作用。

① Aladdin Elaasar, *Silent Victims*, pp. 60 – 72.

② Aladdin Elaasar, *Silent Victims*, p. 73.

③ "Fact Sheet: Department of Justice Anti-Terrorism Efforts Since Sept. 11, 2001". http://www.justice.gov.

6. **社会教育的作用**

“9·11事件”发生后，美国的一些企业、公司、大学和地方政府机构，纷纷举行有关伊斯兰教的报告会、讨论会和讲座，邀请伊斯兰组织领导人和学者作报告，以增加一般美国人对伊斯兰教和穆斯林的了解，以期消除人们的偏见。例如，2002年1月，美国宇航局和交通运输部，就邀请了美国穆斯林协会的领导人为员工举办了有关伊斯兰教的培训课程。福特汽车公司有许多穆斯林员工，该公司启动了名为“伊斯兰教视野下的9·11事件”的项目，聘请穆斯林学者向员工宣讲和解释伊斯兰教的教义，告诉他们恐怖袭击与伊斯兰教的信仰是相违背的。①

在社会教育活动中，大学发挥了重要作用。在一些大学里，还出现了复兴1960年代盛行的“时事讨论会”形式。在这样的讨论会上，阿拉伯裔学者的作用功不可没，他们从容易导致误解的民族背景方面，举办各种讲座，去帮助其他美国人增加对伊斯兰教的了解。例如在纽约，也门裔穆斯林教师黛比·阿尔蒙塔泽尔（Debbie Almontaser）在“9·11事件”后接到许多团体的邀请，请她帮助促进宗教间的对话。黛比还在“基督教儿童基金会”（Christian Children's Fund）的帮助下，创立了“9·11课程计划”，以专题讨论班的形式教育其他教师和学生，增进他们对阿拉伯文化的了解。②

7. **伊斯兰组织的作用**

“9·11事件”之后，美国公众对伊斯兰教和穆斯林的兴趣猛增。普通大众非常想知道自己身边的穆斯林是怎样看待这次恐怖袭击的。美国的许多伊斯兰和伊斯兰组织很快意识到：要想最有效地减轻恐惧，

① Aladdin Elaasar, *Silent Victims*, p. 108.

② Aladdin Elaasar, *Silent Victims*, p. 231.

防止进一步损害，就必须采取史无前例的措施向美国同胞伸出双手，与他们的邻居交流，以增进互相理解。为此，一些伊斯兰中心开始举办“清真寺开放日”活动，而这类跨宗教活动以前是不鼓励举行的。尤其是当美国伊斯兰委员会宣布鼓励所有清真寺（全美国由 2000 多座）规划开放日、供非穆斯林参观后，这些活动很快在全国开展起来。例如，科罗拉多州柯林斯堡伊斯兰教中心每周都举办清真寺开放日活动。2001 年 9 月 29 日，阿拉巴马州伯明翰伊斯兰教协会首次举行的清真寺开放活动，就吸引了 400 多人参加；在 10 月 12 日举行的第二次开放活动，也吸引了 250 多人。2001 年 9 月 30 日，新泽西中部一家伊斯兰中心主办的一个开放日活动，有 1500 多人参加。2001 年 10 月 28 日，在新泽西州提尼克（Teaneck）的一座清真寺，大约有 90 人参加了开放日活动。2002 年 3 月 23 号，田纳西州诺克斯维尔（Knoxville）穆斯林社区邀请公众参加伊斯兰教讲座，这次活动有 100 多人参加，包括州参议员蒂姆伯切特（Tim Burchett）和该社区关系处负责人托马斯斯特里克兰（Thomas Strickland）。

美国穆斯林协会（MAS）主办的《美国穆斯林杂志》（*American Muslim*），在 2001 年发表的一份报告中说，短短两周内，美国的伊斯兰组织或中心就举办了 140 场这类交流活动，遍及德克萨斯州、加利福尼亚州、马里兰州、弗吉尼亚州、密歇根州、北卡罗来纳州、佛罗里达州、俄亥俄州、俄克拉荷马州、华盛顿州、马萨诸塞州、伊利诺伊州、宾夕法尼亚州阿拉巴马州等地方。这些活动，在美国公众中获得了热烈反响。《洛杉矶时报》2001 年 9 月 30 日的评论文章说：“美国穆斯林对其他同胞的友好表示值得大书特书”；同时，出乎穆斯林意料的是，几乎所有来参观的人都态度和蔼，语言坦率；他们真诚询问有关伊斯兰教的问题，并对在危机时刻的穆斯林表示同情。①

① Aladdin Elaasar, *Silent Victims*, pp. 106 – 107.

三　美国应对族际关系危机的启示

“9·11 事件”发生后，许多美国民众把对恐怖主义的仇恨错误地发泄到在美阿拉伯裔穆斯林身上，致使美国面临一场族际关系危机。总的来说，美国政府对这场危机的处理是成功的，有效控制了事态的发展，不仅没有发生大规模的族裔冲突，而且还增加了美国主流社会对阿拉伯裔少数族群的认识和了解。有的受访者如释重负地说：“感谢上帝，我们不得不承认美国政府的官员们没有犯以前大规模抓捕日本人的错误。”[①] 也有学者指出：政府对“9·11 事件”的应对表现相对温和，“与珍珠港事件后美国政府把日裔美国人包括美籍日本公民都当成可疑分子来对待不同，政府对‘9·11 事件’的反应有所收敛”。[②] 美国政府的态度和表现，也影响到许多美国民众，使他们逐步从最初的激烈情绪中摆脱出来，公正地对待穆斯林。总结美国对这场危机的处理，我们可以得出一些有益的启示。

1. 政策要明确，焦点要准确

“9·11 事件”发生后，美国政府在阿拉伯裔美国人中调查与恐怖袭击有联系的人，这是可以理解的，但在执行中又一度模糊焦点，对那些非法居留者进行普遍调查、特别登记、任意拘捕和驱逐出境。这难免引起在美阿拉伯裔穆斯林的恐慌。一方面，布什总统出面说明不要责备阿拉伯裔美国人、美国穆斯林和南亚人；但另一方面，美国政府却公开说“要围捕五六千人，而且还要监禁一千人”。这种自相矛盾的信息，引起那些没有获得合法居留权的阿拉伯裔移民感到恐慌是必然的。例如，在布鲁克林，受访者说：“人们太吃惊了，都把自己藏了

---

① Anny Bakalian and Mehdi Bozorgmehr, *Backlash 9/11: Middle Eastern and Muslim Americans Respond*, p. 58.

② Ibid., p. 54.

起来，他们不知道如何反应，也不知道怎么办。”在迪尔伯恩市，受访者说：“人们倾向于把自己隔离在密集的贫民窟里，与社会绝缘。”有的受访者在谈到被安全部门调查的感受时说：“我们都被震动了，并且很害怕，很悲伤。这是一个悲剧，震动了我们所有人。”①

造成这种局面的原因，在一定程度上与美国政府在处理这场危机时，政策一度不明确、焦点一度不准确有关。许多阿拉伯裔和中东裔穆斯林被抓起来，只是因为他们的签证有问题，但在美国有许多其他移民也没有合法签证，唯独针对穆斯林采取这些措施，不能不让穆斯林觉得政府的反恐行动只是针对自己的。既然是调查和打击与恐怖主义组织有联系的人，那就不应殃及一些非法居留者，对这些人的调查处理是另一个问题，不应同时处理。这样做不仅带来了反恐焦点的模糊，同时也给其他美国民众发出了一个错误信息，让他们误以为那些无合法居留权的阿拉伯裔穆斯林与恐怖主义分子关系密切。

2. 调查要合法，办案要依法

调查和遣返非法居留者虽然引起了一些恐慌，但这毕竟只涉及少数人，大多数美国阿拉伯裔穆斯林是合法居留者。但令他们感到不平和不安的是，美国安全部门的调查与拘留有时不分青红皂白，只要怀疑到谁，或有人被密告，先是抓起来再说，而不管什么证据和程序了。由此，阿拉伯裔穆斯林认为，安全部门进行的调查与监禁，带有种族和宗教歧视的色彩。在处理涉及族际关系的社会危机问题时，执法部门稍有偏差，都会对民间仇视起到推波助澜的作用。

“9·11 事件”后，美国安全部门在阿拉伯裔穆斯林中的调查时有不合法、不依法的事情发生。美国一位官方发言人公开承认：“我们并不是争论恐怖分子是不是穆斯林或中东人。我们争论的范围是如此宽

① Anny Bakalian and Mehdi Bozorgmehr, Backlash 9/11: *Middle Eastern and Muslim Americans Respond*, p. 178.

泛不详，以至于使警察执行起来相当困难。警察们受到的是如何抓罪犯、如何调查和审问的培训，现在的一些规定则是行政性质的而不是刑事犯罪性质的，而法律要求警察需使用法律程序来确定人们是否犯罪，侦查手段和方式是不一样的。现在，刑事调查中的指纹和犯罪证据等都不讲了。”一位律师也指出：“法定诉讼程序现在不适用于穆斯林和阿拉伯人，这还有什么正义可言？你是不是杀人犯没关系，在未证实你是无辜的之前，你都被认定是有罪的，先关在监狱里，然后再解决。”①

但是，美国毕竟是一个讲求法律程序的国家，一些办案人员在调查恐怖嫌疑案时一度不遵守法律程序的现象，在广受批评后，很少再发生了。此外，美国执法部门及时起诉那些针对阿拉伯裔移民的犯罪者，一方面有效减少了这类罪行的发生，另一方面也取得了穆斯林移民的信赖。

3. 倾听族群组织声音，及时纠正错误

“9·11 事件”之后，美国安全部门在调查恐怖分子时，错误地拘留了一大批人，美国一些人权组织和穆斯林团体对此提出诉告，反对随意拘留，促使有关部门对被拘留者及时进行甄别，这在很大程度上平息了阿拉伯裔穆斯林的情绪。此外，一些穆斯林社区组织还采取积极的配合行动，帮助安全部门纠正错捕错抓的人。由于拘留是高度保密的，人们不知道被拘留者是无辜的或是有罪的，于是，一些伊斯兰教组织就把一些失踪者名单和资料公布出来，有的资料可以证明被拘留者是无辜的，这有助于安全部门对他们结案释放。而一旦被确定是错案，伊斯兰教组织还指导受害者积极地索赔。②

① Anny Bakalian and Mehdi Bozorgmehr, Backlash 9/11: *Middle Eastern and Muslim Americans Respond*, p. 157.

② Ibid., p. 182.

一些中东裔伊斯兰教组织还利用互联网，发表大量白皮书或报告，以消除民众对伊斯兰教和穆斯林的误解。这些报告或白皮书一方面向政府提出积极建议，让政府从穆斯林角度出发制订政策，提出化解穆斯林特别是青年人激进倾向的对策；另一方面，则对一些散布恐惧和仇恨、试图让穆斯林成为替罪羊的反穆斯林言行进行揭露。这样的工作，逐步获得了美国有关部门和官方的肯定，使他们愿意听取中东和阿拉伯裔伊斯兰组织的意见。例如，2006 年 9 月 25 日，国会女议员简·哈曼认为：联邦政府和穆斯林社区已经开始合作共同与恐怖主义作斗争；这些穆斯林基层社区与恐怖主义作斗争，是其热爱这个国家的表现；穆斯林社区在反恐斗争中是很有价值的合作伙伴，这会使美国变得更安全。①

4. 加强族际沟通，恢复族际信任

“9·11 事件”的发生，使不少美国人把阿拉伯裔穆斯林当成了恐怖主义嫌疑犯，由此引发的族际关系危机，说到底是信任危机。怎样洗刷莫须有的污名，恢复美国民众对穆斯林移民的信任，是摆在伊斯兰组织及其领导人面前的严峻挑战。鉴于事态的严重性，有人一度认为一些伊斯兰组织及其领导人可能会保持沉默，采取回避态度。但事实恰恰相反，美国一些伊斯兰组织比任何时候都更加积极为维护穆斯林移民的利益而呼吁奔走。这些组织一方面号召和敦促穆斯林勇敢站出来争取他们作为美国公民应享有的权利，努力与仇恨、歧视、偏见和犯罪行为作斗争，与政府滥用权力的行为作斗争；另一方面，则采取适合美国社会的方式，积极进行沟通工作，努力恢复族际信任。这些组织在美国也学会了美国人在政治斗争中惯于采用的行为主义方式：积极诉说、大力宣传和广泛动员，以期

① Anny Bakalian and Mehdi Bozorgmehr, Backlash 9/11: *Middle Eastern and Muslim Americans Respond*, p. 193.

得到正反馈。一位受访穆斯林社团领导者在总结斗争经验时说："我想我们必须承担起某些责任，让美国大众了解我们"；还有受访者说："我们的人民身上带有固有的东方特点，他们害怕面对和挑战权威。但是，随着时间的推移，他们定居在这里，也就渐渐学会运用美国社会的方式了。"[①]

四　穆斯林移民与美国主流社会关系的现状

"9·11 事件"之后，在美国各界的努力下，美国社会对穆斯林移民的激烈情绪逐步平缓，一些敌视行为减少，理性声音增多。但是，这只表明这场族际关系危机得到了控制和化解，并不等于双方相互理解和信任了。相反，受"9·11 事件"的影响，有关调查显示，美国人对伊斯兰教和穆斯林的负面评价有逐年增加的趋势。美国皮尤研究中心（Pew Research Center）一直在跟踪研究美国大众对伊斯兰教和穆斯林的看法。据该中心 2005 年的全国性抽样调查，受访者的负面评价在 2002 年是 33%，2003 年是 34%，2005 年是 36%。2004 年，康奈尔大学进行的调查表明，47% 的美国人认为伊斯兰宗教比其他宗教更有可能鼓动它的信徒采取暴力行为，对穆斯林持正面评价的比例只有 55%。[②] 美国哥伦比亚广播公司（CBS）2006 年 4 月调查显示，只有 19% 的美国人对伊斯兰教持正面看法，排在各种宗教信仰的最末一位。2007 年 7 月，《新闻周刊》就几项内容对非穆斯林美国人进行了调查，他们对穆斯林的看法是：[③]

---

① Ibid., p. 178.

② "Restrictions on Civil Liberties, Views of Islam, & Muslim Americans", MSRG Special Report, prepared by Eirk C. Nisbet and James Shanahan, Cornell University, December 2004. http://www.yuricareport.com/Civil%20Rights/CornellMuslimReportCivilRights.pdf.

③ Brian Braiker, "Poll: Americans Are Mixed on U.S. Muslims", *Newsweek*, *July* 20, 2007, http://www.msnbc.msn.com/id/19874703/site/newsweek.

调查内容	同意	不同意
在美国的穆斯林忠于美国如同他们忠于伊斯兰	40%	32%
穆斯林不纵容暴力	63%	
《古兰经》不会容忍暴力	40%	28%
穆斯林文化并不颂扬自杀	49%	41%
美国穆斯林比其他穆斯林比较爱好和平	52%	7%
执法机构把穆斯林作为打击对象是不公平的	38%	52%
反对大规模拘留穆斯林	60%	25%
穆斯林女学生应准许戴头巾	69%	23%
会投票给一个合格的穆斯林担任政治职位	45%	45%

美国穆斯林移民，大多是为寻求自由和美好生活才来到美国的。因此，他们是把美国作为新祖国看待的，并努力适应美国。他们中的一些人在美国也取得了成功，有许多人跻身于美国中产阶层。皮尤研究中心在2007年5月对这些人的调查表明，他们对美国表示满意的比例还高于其他美国人，前者的比例占38%，而其他民众只占32%。该项调查还显示，在受访者中间，当问到认同问题时，首先认为自己是美国人、其次才是穆斯林的比例，也比首先认为自己是穆斯林、其次才是美国人的比例要高，前者占53%，后者占47%。①

但是，美国主流社会对外来移民存在根深蒂固的排斥心理，这令许多移民想融入美国主流社会都难。皮尤研究中心进行的上述调查表明，有53%的美国穆斯林报告说，自“9·11事件”以来，他们作为穆斯林的处境变得比以前困难了。当问及摆在他们面前最重要的问题是什么时，其中有19%的人认为是歧视；15%的人回答是自己被视为恐怖分子；13%的人回答是一般美国人对伊斯兰教缺乏认知；12%的人回答是一般美国人对穆斯林有成见；其余的人给出了其他回答，如穆斯林的风俗习惯得不到尊重等。② 2009年9月，为完成我的博士论

① Pew Research Center, May 22, 2007, http: //www. msnbc. msn. com/ id/19874703/site/newsweek.

② “Violence Againt Arab and Muslim Americans: Alabama to Massachusetts”, http: //www. tolerance. org.

文，我回纽约穆斯林社区进行民族学调查，进行了18场访谈，受访者普遍向我讲述到她们被另眼看待的经历和感受。受访者大多是我在纽约工作期间的同事、朋友和邻居，他们的话是可信的。

一般美国人与穆斯林移民之间的隔阂，大多源于文化差异。例如，许多穆斯林移民是出租车司机，他们拒载带酒或带狗的乘客，包括残障人的带路狗，这引起其他美国人不满。为此，明尼苏达州和该州国际机场甚至威胁要取消这些出租车司机的经营权。① 超市的穆斯林收银员拒绝接过和结算顾客买的猪肉产品，这也引起非穆斯林美国人的不满。② 一些美国公共机构，也因为包容伊斯兰教和照顾穆斯林而受到批评，被认为是在慷纳税人的钱之慨。例如，密歇根州迪尔伯恩大学和明尼苏达州立大学按照伊斯兰教祈祷仪式，修建了供穆斯林学生使用的洗脚池，批评者认为这只是满足穆斯林的需要，不仅是特权，而且违反了宪法关于宗教与国家分离的规定。同样，圣地亚哥一所公立小学也遭到批评，因为该校给穆斯林学生加开了阿拉伯语课程，并且还留时间给他们做祈祷。③

值得注意的是，在美国穆斯林移民中，激烈反美的情绪在增长。这些人大多是年轻一代穆斯林，他们在职场竞争中比父辈感到更加沮丧，由此对美国社会产生不满，其中还有一小部分人倾向于使用暴力。皮尤研究中心进行的调查报告显示，在30岁以下的美国穆斯林中，有15%的人支持在某种情况下可以针对平民目标进行自杀性爆炸袭击，此外还有9%的人选择不回答，实际上是以沉默代替了回答。而在超过30岁的穆斯林中，只有6%的人赞同这样的袭击。年轻穆斯林中有这么高比例的反美情绪，这是一个严重问题，它将成为影响美国社会安

① "Minnesota's Muslim cab drivers face crackdown". *Reuters*. April 17, 2007, http://www.reuters.com.

② "Target shifts Muslims who won't ring up pork products". Reported by *MSNBC*, March 17, 2007, http://www.msnbc.msn.com/id/17665989/.

③ "Muslim prayers in school debated", in *The San Diego Union-Tribune*, http://www.startribune.com/kersten/story/1115081.html.

定和安全的最危险的潜在因素。问题的严重性还在于这些人并非仅是以个体而存在，他们中有的人还加入了极端主义组织。在美国，有一个公开的反美伊斯兰组织叫“伊斯兰思想家协会”（Islamic Thinkers Society），年轻穆斯林是其主要支持者和参加者。美国警方在纽约市发现，这个组织就在年轻穆斯林中传播可以对平民目标进行自杀式恐怖袭击。皈依穆斯林的记者斯蒂芬施瓦茨（Stephen Schwartz）和美国参议员库克·舒默（Chuck Schumer），以及美国犹太人委员会反恐专家耶胡迪特·巴斯基（Yehudit Barsky），都分别证明在美国受极端主义组织资助的清真寺里，越来越激进的瓦哈比教派的影响力正在抬头。耶胡迪特·巴斯基认为，80%的美国清真寺都是激进的。[①] 这个估计虽然可能是夸大的，但这也从一个方面说明穆斯林移民与美国社会之间确实存在紧张关系，要彻底消除这种紧张关系，任重道远，需要双方长期努力。

（马莉，江苏师范大学外国语学院讲师）

① Haviv Rettig："Expert：Saudis have radicalized 80% of US mosques", in *Jerusalem Post*, December 6, 2005.

墨 西 哥

墨西哥是拉丁美洲的一个大国，面积197.25万平方公里，仅次于巴西和阿根廷，居拉丁美洲第三位；人口1.238亿（2014年）。

墨西哥是一个民族大熔炉。五百多年的腥风血雨，印第安人、非洲黑人和其他种族的不断混血、融合，形成了独特的墨西哥梅斯蒂索混合民族。与此同时，印第安民族仍顽强地生活在这片沃土上。

一　墨西哥的印第安人问题

据估计，在1519年西班牙殖民者入侵墨西哥时，墨西哥印第安居民约有912万人（一说450万—2500万人）。由于西班牙殖民者在攻占阿兹特克国时大量屠杀阿兹特克人，同时又在阿兹特克人同其他印第安人之间制造矛盾，使他们互相残杀，再加上瘟疫流行、饥荒不断、矿山强制劳动强度过大和自然灾害等原因，致使印第安人口锐减，到1570年减少到330万人。到17世纪中叶，印第安人口又进一步减少到130万。

经过近300年的异族混血，到19世纪初墨西哥独立战争爆发前夕，在墨西哥（当时称新西班牙）600万左右人口中，纯西班牙人1.5

万人，占0.3%；土生白人（克利奥尔人）约110万，占19%；印第安人230多万，占39%；黑人1万多，占0.2%；各种混血种人240万，占40%。

在19世纪和20世纪，西班牙人、印第安人和黑人继续不断融合、混血，逐渐形成了以印欧混血种人即梅斯蒂索人为基本核心的墨西哥民族，而印第安人则成了少数民族。

1980年，墨西哥全国总人口为6939万，其中梅斯蒂索人6040万，占87.0%；印第安人833万，占12.0%；其他人口占1.0%。1990年，据全国人口普查，墨西哥全国总人口为8125万，印第安人为641.2万人，占7.9%；另据墨西哥全国印第安研究所（INI）统计，印第安人为870.2万人，占10.7%。据2001年墨西哥官方统计，全国总人口近1亿，其中印第安人约有1150万—1200万，占11.5%—12%。

据墨西哥全国印第安研究所最新材料，在墨西哥31个州和首都联邦区中，在24个州居住着64个（以前有材料说56个）印第安民族，他们讲90种（一说62种）语言。其中人口最多的阿兹特克人（即纳瓦人），有133万人；其次是玛雅人、萨波特克人、米斯特克人和奥托米人。有三分之二的印第安人居住在中部和南部各州，有二分之一的印第安人聚居在瓦哈卡、恰帕斯、维拉克鲁斯和尤卡坦四个州。

在墨西哥印第安人中，有80%以上处于边缘状态，享受不到社会福利和医疗服务。印第安人口最多的州也是最贫穷落后的州。近年来，由于农产品价格下跌，印第安农民处境艰难。据最新资料，印第安人中有75.9%没有读完小学，印第安学龄儿童有28.32%进不了学校，印第安人聚居区的学校连小学6年制都不具备的占62%，印第安人的死亡率比全国平均死亡率高10%，5岁以下的印第安儿童中营养不良者约占50%。

由于处境困难，大批印第安人向墨西哥大城市或其他地方以及美国移民。移民分两种：一种是季节性的即临时的；另一种是永久性的。移民较多的州是瓦哈卡州和尤卡坦州，吸收移民较多的地区是联邦区、墨西哥州、金塔纳罗州、维拉克鲁斯州。按民族统计，移民最多的是米斯特克人、萨波特克人、奇南特克人和奥托米人。最初的移民主要是印第安男人，后来妇女也移居到城市当佣人或做工，或到坎昆、阿卡普尔科等旅游区当饭店服务员或出售工艺品，也有不少印第安人移民到美国南部农场去做工。①

二　墨西哥政府对印第安人的政策

墨西哥于1821年宣布独立。1824年建立共和国时，墨西哥颁布宪法给印第安人以同等法律地位。然而，文化方面的差异阻碍了印第安人社会和经济的发展。

1910—1917年，墨西哥爆发了一场具有重要历史意义的资产阶级民主革命。1917年2月，墨西哥制宪会议通过了著名的《1917年宪法》。这部宪法一方面确认了印第安人已有的公社所有制；另一方面，又承认印第安人有建立村社集体所有制的权利："事实上或依法保持公社状态的居民点，有资格共享属于它们的或已经或将要归还给它们的土地、森林和水源"，"分割大庄园的土地；在法定范围内安排对村社和公社的组建和集体开发"。②

在20世纪90年代以前，墨西哥的印第安农民的土地所有制形式主要有两种：一种是印第安公社所有制，土地归集体所有，除小部分作为公地外，其余全部分给社员个人耕种，社员对分得的土地有世袭所有权；另一种是村社所有制。村社是一种集体所有制，凡由居住期超过6个月的20户以上无地农民组成的村社均可申请分配土地。政府

① 参见［墨］《金融家报》，2001年2月23日，第12版。
② 姜士林等主编：《世界宪法全书》，青岛出版社1997年版，第1627—1628页。

把土地分配给申请单位，再由村社把土地分配给社员，但森林和牧场不得分配，归集体经营。社员分得的土地可以世代相传，但只拥有土地的使用权，所有权属于国家，不得变卖或出租。

自20世纪40年代起，墨西哥历届政府对印第安民族采取了一体化政策。为贯彻这一民族政策，1940年成立了国家印第安人事务署，1948年改为墨西哥全国印第安研究所（简称INI），先后归教育部、社会发展部领导。所谓民族一体化政策，据INI前所长贝尔特兰归纳："一体化的最终目的，就是通过在全国所有民族——印第安人和混血种人——中反复宣传祖国感情，以取得相互理解和确立密切关系，使建造包括所有墨西哥人在内的一体化国民的思想收到实效"，"这一政策所要达到的最终目标……是生活在国家领土的不同民族形成为一国的国民"。①

墨西哥全国印第安研究所与一般意义上的研究所不同，它集研究、政策制订于一身，并负责指导政策的执行。但它本身没有行政权力，不能对各州下达行政命令。它在各州印第安人聚居区建立了一百多个印第安人协调中心，通过这些中心试验和推行各项计划，如帮助印第安人发展经济、推行双语教育、扶贫等，以实现民族一体化的目标。

应该说，墨西哥历届政府所推行的民族一体化政策在一定程度上促进了印第安人聚居区经济的发展、社会的进步和文化水平的提高，初步改变了印第安社会的封闭状态，增强了印第安人的民族意识和争取平等与发展的民族自信心。

然而，在实施一体化政策以及在现代化进程中，印第安人原有的土地问题更趋尖锐。随着农村资本主义的发展，土地兼并日益加剧。1992年萨利纳斯政府颁布修改后的土地法，宣布结束土地改革，允许土地自由买卖，致使大批印第安村社瓦解，社员破产。印第安人的贫

---

① 李毅夫、赵锦元主编：《世界民族概论》，中央民族大学出版社1993年版，第554页。

困状况没有得到根本改善，印第安人聚居区的生态环境日趋恶化，大批印第安人背井离乡，印第安人与外界的矛盾和纠纷增多。

三　恰帕斯州印第安农民武装起义的前因后果

恰帕斯州位于墨西哥东南部，与中美洲的危地马拉接壤，是墨西哥最贫穷落后的州之一。全州 360 万人中，有一半以上生活在贫困线以下；占全州人口 30% 以上、拥有 14 个印第安民族的印第安人的生活就更为贫困。该州印第安人家庭中没有土地的占 80%，印第安人的文盲率为 55.2%，平均每年有 1.5 万印第安人死于营养不良、呼吸道感染等疾病。

长期以来，恰帕斯州印第安人的基本权利得不到保障。州行政当局用高压和暴力手段对付印第安人，无视他们对拥有土地、接受教育、使用本民族语言等方面的合理要求。此外，当地一些社会利益集团和大庄园主经常侵犯和掠夺印第安人的原始领地，民族和社会冲突时有发生。

墨西哥的现代化未能使恰帕斯州的印第安人从中受益，反而使原有的土地问题更趋严重，贫困加剧。如恰帕斯州在修建水库、开发油田时，大批印第安人被迫迁移，无地可种。

1994 年元旦，墨西哥恰帕斯州印第安农民发生武装暴动，由当地印第安农民组成的萨帕塔民族解放军（以下简称萨军）武装占领了该州一些重要城镇，并宣布其行动是夺回失去的土地，为摆脱贫困、饥饿和落后而斗争。恰帕斯印第安农民武装暴动是这一地区经济矛盾、社会矛盾和民族矛盾等多种矛盾的总爆发，是多年来政府对印第安民族执行的政策不当所引起的。

自 1994 年初冲突爆发以来，萨利纳斯政府（1988—1994）和塞迪略政府（1994—2000）对萨军采取了武力、和谈两种手段，企图消灭萨军，尽快解决恰帕斯冲突。但是，人数众多、装备精良的政府军未能消灭萨军。政府用武力平息恰帕斯冲突的做法，遭到国内外的强烈反对。之后，政府与萨军领导人举行了旷日持久的谈判。1996 年 2 月 16 日，双方终于签署了《关于印第安民族权利和文化的协议》即《圣安得烈斯协议》。《圣安德烈斯协议》确定了以下原则：

自决和自治——政府不能采取单方面行动，应尊重印第安民族、印第安公社和印第安组织的提议和看法；

参与——印第安民族和公社应积极参与制订、执行和评价各项计划；

多元化——反对歧视，尊重文化的多样性；

整体性——互相关联的问题应一起加以解决，政府的计划和行动应整体地解决这些问题，而不是只解决一部分；

持续性——所采取的措施不应破坏印第安民族的居住环境。

墨西哥政府在签署此协议后，等于作出了以下承诺：承认印第安民族为墨西哥国民的组成部分，并推动从宪法和法律上承认印第安人有自治权；确保对印第安人的司法公正；促进印第安人的文化表现形式；培训印第安人从事劳动和接受教育的能力；保护印第安移民；承认印第安人有使用和发展本民族语言、文化的权利。

然而，协议签署后，一直没有兑现。政府和萨军相互指责，双方谈判自 1996 年 8 月中断以来，一直没有恢复。

1997 年 12 月 22 日，恰帕斯州阿克特阿尔村发生 45 名印第安人惨遭屠杀的血案，再次震惊了世界。据调查，这次屠杀案的主谋是阿克特阿尔村所在的切纳洛市市长阿里亚斯。1998 年 1 月，萨军写信给联合国人权委员会，要求联合国在恰帕斯建立一个常设委员会，调查该州人权状况。墨西哥政府断然反对将恰帕斯问题国际化。同年，塞迪略总统向国会提出一项宪法修正案，就有关印第安居民的权利问题，对宪法有关条文进行修改，并要求萨军尽快恢复同政府举行和谈。

四　墨西哥新总统福克斯上台后对印第安人的政策

2000 年 12 月 1 日墨西哥新总统福克斯在就职时保证，他将用“行动”而不是“空话”来解决恰帕斯冲突，实现和平。[①] 12 月 2 日，萨军向福克斯新政府提出进行和谈的三项条件：政府军撤出驻游击队地区的 7 个军事据点；释放被关押的 100 多名萨军战士和同情者；通过印第安人权利和文化的法律。

2001 年 1 月 12 日，福克斯下令政府军撤出了 3 个据点，释放了 17 名萨军战士，并将议会“和睦与和平委员会”拟订的关于印第安人权利和文化法的草案提交给议会。1 月 12 日，萨军在一份公报中承认政府在实现对话方面有所进展，但要求政府完全实现三项条件。

从 2 月 24 日到 3 月 11 日，萨军 24 位领导人率一个萨军代表团途经 12 个州，在政府军的监护下，抵达首都墨西哥城。萨军每到一处，都在公众集会上发表讲话。在墨西哥城，萨军领导人同“和睦与和平委员会”举行了对话。3 月 22 日，萨军 4 位领导人还在议会发表讲话。萨军领导人在议会发表讲话，这还是第一次。萨军领导人同福克斯政府负责恰帕斯和平谈判的专员阿尔瓦雷斯进行了谈判，但他们拒绝同福克斯总统直接对话。3 月底，萨军代表团回到恰帕斯游击队基地。

4 月 25 日，墨西哥参议院对“和睦与和平委员会”起草的印第安人权利和文化法的草案进行了修改并一致通过了修正案。随后，众议院于 4 月 28 日以 386 票赞成、60 票反对、2 票弃权，通过了修正案。民主革命党和劳工党的议员投了反对票。这一修正案同原来的草案有很大的差别。修正案虽然承认印第安人有自治权，但却回避了如何行使这种权利；修正案只承认印第安居民在其所在的州内的权利，而未

① 参见［墨］《日报》，2000 年 12 月 2 日，第 14 版。

涉及在全国范围内享有的权利；修正案还强调，印第安居民共享自然资源的前提是尊重他人的权利、尊重他人所拥有的财富和土地。

4 月 30 日，萨军发表由马科斯签名的公报明确表示，议会通过的关于印第安人权利和文化的修正案“完全背离了墨西哥印第安民族的要求”，“背叛了《圣安德烈斯协议》以及‘和睦与和平委员会’提出的草案”，“它阻挠印第安人行使权利，是对印第安民族严正的污蔑”，修正案承认的是“大庄园主和种族主义者的权利和文化”。[①]

根据墨西哥宪法的规定，联邦议会所通过的法案必须经大多数州议会通过才能生效。截至 8 月中旬，在 31 个州中，有包括恰帕斯州在内的 9 个州的议会没有通过这一修正案，但不够半数。这一修正案经福克斯总统签署后，已于 8 月 15 日正式生效。议会“和睦与和平委员会”的一些成员要求总统对这一法案进行修改。

到 2001 年 8 月中旬，政府已从游击队地区撤出了全部 7 个军事据点，被关押的 100 多名萨军战士只剩下 9 人还没有被释放。萨军对议会所通过的修正案持否定态度。但是总的来看，政府与萨军势不两立的局面已得到缓和。至今，萨军仍然驻扎在恰帕斯州并控制一些城镇。2003 年 7 月下旬，萨军连续发表 10 份公报，要求政府恢复《圣安德烈斯协议》，反对福克斯提出的“普埃布拉—巴拿马计划”；表示萨军决定中断同政府和政党的谈判和对话，不参加选举进程，坚持抵抗战略。

墨西哥的印第安人问题不单单是一个民族政策问题，也是一个政治问题。只有在法律上承认印第安民族的政治权利，真正解决印第安民族的自治权，制订出符合本国国情的民族政策并付诸实践，才能解决好民族冲突问题。

（徐世澄，中国社会科学院拉丁美洲研究所研究员）

① http：//www. ezhn. org.

尼加拉瓜

尼加拉瓜人由主体民族和少数民族构成。由于外部势力干涉和统治阶级的歧视政策，居住在大西洋沿岸的少数民族和居住在太平洋沿岸及中央高原的主体民族之间数百年不和。这一不同于拉美其他国家的民族矛盾贯穿整个尼加拉瓜历史，直到1987年颁布和实施新宪法和大西洋沿岸民族自治法后，才得到基本解决。但真正完全彻底地解决问题，还需长期不懈地努力。

一　尼加拉瓜民族的构成

尼加拉瓜位于中美洲中部，是中美洲面积最大的国家，人口约617万（2014）。主体民族是白人和印欧混血种人。前者为欧洲移民后裔，以西班牙后裔为主，占总人口的17%，主要分布在中西部地区的莱昂城、首都马那瓜、格拉纳达城和新塞哥维亚省的一些城镇；后者是早期西班牙征服者和中西部印第安人混血的后代，占总人口的69%，主要分布在太平洋沿岸和中央高原。住在莱昂城和马萨亚城的苏蒂阿瓦人和马里沃伊人以及中部高原马塔加尔帕省和希诺特加省的部分马塔加尔帕人虽然在语言、宗教和文化上已被同化，其印第安民族特征也已基本消失，但迄今仍保留着重视家庭稳定性的现状，无亲缘关系方可婚娶以及新房必须建在男方父母住地等传统习俗。白人和混血种人使用西班牙语、信奉天主教、崇尚欧洲文明和文化，他们职业广泛，合计占人口的86%。

黑人和印第安人是尼加拉瓜的少数民族。前者占全国人口的9%，后者占5%。黑人祖籍非洲，纯黑人称加利弗纳人（Garifonas），黑白混血人称克里奥约人（Criollos）。黑人主要分布在大西洋沿岸南端和圣胡安河两岸城镇，大多是20世纪初从牙买加、开曼群岛和伯利兹等地移居到尼加拉瓜加勒比海岸的，主要从事香蕉种植园劳动，以布卢菲尔兹和北圣胡安市最为集中。有少数是早期从海地、瓜德罗普岛、马提尼克岛被贩来充当奴隶说法语的黑人，还有一些是来自哥伦比亚和中美洲内地讲西班牙语的黑人和黑白混血种人。一般说来，尼加拉瓜黑人的文化层次较低，多讲英语，信奉新教，以务农为主。近年来，才有少数黑人开始担任文职工作。

印第安人居住在大西洋沿岸广阔的海边、丛林和沼泽地区。主要为米斯基托人（Miskitos），其名称源自西班牙语 lndiomixto，意为混血印第安人。人数在16.8万人以上，占全国印第安人的一多半，主要分布在从科科河到布卢菲尔兹及东部诸河流的中下游。北方部族万基契尔丹人和卡沃人与黑人（主要是17世纪滞留当地的大批逃奴）通婚，印黑混血者居多，通行米斯基托语和英语，受英国宗教和文化影响较深；南方部族塔维拉人和马姆人较少与其他种族通婚，说米斯基托语，信仰莫拉沃教。米斯基托人以采集、游牧和渔猎为生，残存保留多种信仰和自然崇拜。会制造日用器皿，狩猎工具和独木舟，近年来学会了种植水稻、棉花和甘蔗，从事采胶者也很普遍。

苏穆人（Sumus）约有1.5万多人，生活在米斯基托人西部内地丛林和沼泽地带。南支称乌卢亚人，北支称苏穆—塔瓜斯卡人，还有中部的加勒比人。那里通行苏穆语，崇拜自然神灵，信巫术，几乎每个村社都有一名巫师。经济以农耕为主，生产作业还是刀耕火种，主要作物有甘薯、木薯、玉米、南瓜、豆类和西红柿。有纹身习俗，部分人靠独木舟过半流浪生活，也有外出到种植园或矿区打工的。住房简陋，一般在地面插些木桩，屋顶盖些树枝和棕榈叶即成。

拉玛人（Ramas）仅存数千人，主要分布在布卢菲尔兹河和圣胡安河之间，语言属奇布查语系的奇布查—阿鲁阿支语族。与哥伦比亚南方各支印第安人同属穆伊斯卡人（亦称奇布查人）后裔，居民中仅20%—30%说拉玛语，其余说英语或西班牙语。拉玛人笃信宗教、性情和善、居住在草棚或木板房内，与其他印第安人较少来往。食物以木薯为主，不吃玉米。善做独木舟、吊床和树皮布，有身份的人死后，尸体被做成木乃伊。

尼加拉瓜的民族矛盾主要是大西洋沿岸土著印第安人，特别是米斯基托人和苏穆人与太平洋沿岸和中部高原的主体民族之间的矛盾。

二　民族关系和民族问题

1502年哥伦布第四次美洲航行时，曾在圣胡安河口登陆。1519—1524年，西班牙殖民者对尼加拉瓜进行过三次远征，并在尼加拉瓜和马那瓜两大湖沿岸建立了格拉纳达和老莱昂这两个中美洲首批永久性殖民地。为了推行其殖民统治，征服者对太平洋沿岸和中部高原的印第安人大肆屠杀，奴役和买卖，强行与他们通婚，迫使他们接受宗主国的语言、宗教、文化和传统生活习惯。印第安人的民族特征逐渐消失，其后裔印欧混血种人已经认同欧洲文明和文化。中部高原的马塔加尔帕人经过长期顽强的抵抗，至19世纪初其民族特征已不复存在，只有某些传统习俗被保留下来。因此，可以说独立运动前，中西部这些较为发达地区的民族同化业已实现，由白人和印欧混血种人构成的主体民族业已形成。然而，由于交通、气候和外部势力插手等原因，历代统治阶级对大西洋沿岸少数民族的同化努力却始终未能如愿。

据考证，奇布查人（Chibcha）是米斯基托人、苏穆人和拉玛人共同的祖先。大约在公元前600多年，奇布查的几个部落脱离乌托阿兹特克（Uto-azteca），从墨西哥南迁至尼加拉瓜两湖流域，此后因一支由墨西哥南下的纳瓦特尔人入侵而一分为三。米斯基托人和苏穆人向东逃至大西洋沿岸人迹罕至的热带雨林和沼泽地带，这两个民族在语言上至今仍有50%相同。而拉玛人的先人则继续南下，大约于4世纪到达哥伦比亚。几百年后，由于部落内部不和，其中的一部分经加勒比小岛和哥斯达黎加，大约不迟于公元10世纪返回尼加拉瓜，后来在南部圣胡安河一带定居。因此，拉玛语同哥伦比亚印第安语极为相似，而与米斯基托语和苏穆语很少有相同之处。

造成大西洋沿岸土著印第安人和太平洋沿岸及中部高原主体民族相互仇视主要有以下几个原因：

1. 西班牙殖民者早期在征服太平洋沿岸和中央高原时，对当地印第安人的暴行虐施使东部大西洋沿岸的土著印第安人产生恐惧和反感。

2. 殖民当局始终将东部印第安人视作“野蛮人”，采取歧视、镇压、同化政策，目的是“将那里的印第安人充作奴隶……以解决殖民初期劳动力不足的问题。”然而，土著印第安人借助交通不便、气候恶劣和英国人的帮助进行拼死反抗，致使“东部地区从内格罗河到圣胡安河一带，西班牙殖民者从未获得统治权，没有建立过任何村镇，也没有建立起任何法律秩序。”

3. 英西冲突使民族矛盾复杂化、长期化。最初是活跃在加勒比海和大西洋沿岸以英国人为主的海盗，他们利用米斯基托人和苏穆人水性好和英勇剽悍袭击西班牙殖民当局，劫掠财物和奴隶；继而是被英国教会追捕逃到普罗维登西岛的英国商人，通过实物交换赢得土著人好感，唆使他们为其火中取栗。17世纪中叶，由于西班牙不承认英国对牙买加的殖民占领，英国政府公开支持海盗在大西洋沿岸的活动，并在土著印第安人中散布对西班牙殖民当局的仇恨。1714年西班牙国王历数印第安人的“罪行”，宣布要消灭尼加拉瓜大西洋沿岸的土著印第安人，使东部沿海土著印第安人更加仇视西班牙殖民当局。1739年、

1759—1763 年和 1779—1783 年，英西多次武装冲突，印第安人都站在英国人一边与殖民当局抗争。

1837—1860 年，大西洋沿岸落入英国之手，建立莫斯基蒂亚保留地——“米斯基托王国”，1859 年英国曾将其委托给伯利兹代管。1860 年通过《马那瓜条约》将宗主权还给尼加拉瓜，条件是后者在 10 年内每年对该地区补贴，并认可米斯基托人在保留区内的自治权。19 世纪原酋长死去，尼当局不承认其继承人的权力。后此事交奥地利皇帝裁决，1880 年裁定，尼当局的宗主权应受大西洋沿岸自治政权的约束。实际上，1860—1894 年，“莫斯基蒂亚保留地”始终存在，这期间土著印第安人按照自己的传统习惯和法律实行较大程度的自治，不受中央政府管束。

4. 历届统治阶级对大西洋沿岸印第安人的同化政策均告失败。1894 年初，塞拉亚总统曾派里戈维托·卡韦萨斯将军占领布卢菲尔兹港，武力收复米斯基蒂亚，将其并入尼加拉瓜版图，定名为塞拉亚省。此后，政府曾向那里派遣大批印欧混血种人，以推行主体民族的语言、宗教、文明和文化。由于不适应当地气候，大多数移民辗转进入洪都拉斯。留下的印欧混血种人、中国人、牙买加人、德国人和美国人反被印第安人同化，至今在米斯基托人的姓氏中仍有上述人的姓氏特征，此地被称为“种族博物馆”。

1950 年索摩查政权在扩大农业边疆的旗号下，再度向该地区大规模移民，使印欧混血种人遍布东部沿海，人口占当地居民的一半。但土著印第安人仍然保持着自己的民族特性、社会组织和生活习惯。1970 年代索摩查警卫队在东部倒行逆施，数千印第安农民失踪和受害。其结果非但没有使印第安人顺从，相反，此事被告知美国国会尼加拉瓜人权问题调查团，加快了索摩查家族统治垮台的步伐。

5. 美国的干预使尼加拉瓜民族矛盾进一步扩大。19 世纪上半叶，美英争夺尼加拉瓜跨洋运河路线的控制权，大西洋沿岸成为两国争夺的重点；1850 年《克莱顿—布尔沃条约》签订后，美国资本大量进人，以飞地经济方式掠夺那里的矿产森林，直接剥削和压榨印第安人。后来，美国还支持索摩查对土著民族的歧视和迫害。对此，桑地诺民族解放阵线（以下简称“桑解阵”）的主要创始人卡洛斯·丰塞卡曾一针见血地指出：“美国始终企图将尼加拉瓜分割为大西洋沿岸和太平洋沿岸两个国家”。实际上，直到1970年代末，尼加拉瓜主体民族和少数民族之间还很少来往，经济联系也很少。

三　革命政府民族政策的变化

1979年革命胜利之初，国有化、土地改革和扫盲运动席卷全国。同年11月，在庆祝大西洋沿岸矿产收归国有时，民族复兴政府领导人首次与数百名印第安人代表会面，对土著民族建立米苏拉桑地诺团结组织（Misurasata）表示坚决支持，当即决定该组织在国务委员会中拥有代表权，并参与处理市政和社会事务。

此后，政府在卫生、交通和供应上给予东部地区方便，还提出了经济社会发展、渔业、林业和矿产开发等多项计划，企图将少数民族地区纳入全国经济一体化之中。政府还进一步将大西洋沿岸扫盲和土改运动的领导权交给米苏拉桑地诺团结组织负责。

然而，窃取米苏拉桑地诺团结组织领导权的施特德曼·法戈什（此人为德裔米斯基托人混血，1971—1978年曾化名萨乌尔·托雷斯，充当国民警卫队窃取国立自治大学学生运动情报的谍报员），利用扫盲运动挑拨米斯基托人与当局的关系，制造不和与冲突。1981年2月被捕释放后，与美国使馆建立联系，变本加厉地将土改谈判中原本要求承认村社土地合法化篡改为将4.5万平方公里土地交给米斯基托人，以便实施“自决”，建立以他为“总统”的“独立共和国”。当其分裂要求遭到拒绝后，他便号召米斯基托人武装起义，宣布大西洋沿岸“独立”，并请求美国出兵“救助”。在其阴谋无法实现时，他便于5月率领3000多米斯基托人逃往洪都拉斯，加入反政府武装之中。

同年 8 月，桑解阵和民族复兴政府在发表的原则性声明中，一方面决心满足“土著印第安人的合法要求”，与少数民族的代表“共同解决困难和复杂的民族问题”；另一方面仍强调当地“自然资源只能由国家有效合理的开发”，“地方余留部分”在当地投资也应“符合国家计划”。年底，反政府武装对科科河流域的土著民族村庄发动宣传和武装攻势，号召印第安人参加反政府活动。政府决定将尼洪边界 16 个村庄的 800 余户土著居民集体迁往内地新建的 15 个居民点，有 80 多名桑地诺人民军士兵在这次动员内迁中死亡。

1982 年政府邀请国际著名人士参观印第安新居民点，以便取得支持和谅解。然而，政治上相互对立已经使土著印第安人组织上分裂为反政府的米苏拉（Misura）和米苏拉桑地诺团结组织，以及亲政府的米苏坦（Misutan）、苏卡瓦拉（SukaWala）两派，而且逃往洪都拉斯参加反政府武装的土著居民仍然源源不断。

面对土著民族分裂的状况和印第安人要求民族团结和家庭团聚的强烈呼声，1983 年 7 月政府决定取消大西洋沿岸局，将行政权下放，建立南、北塞拉亚省和圣胡安河省三个特区。12 月初，大赦 308 名米斯基托反政府分子，紧接着，又在首都成立由联合国难民署等国际机构和尼政府及教会代表参加的米斯基托人重返家园协调委员会。1984 年 2 月大赦令发布后，使 200 多参加反政府活动的米斯基托人免受制裁；同年与米苏拉桑地诺团结组织南方反政府武装代表布鲁克林·里维拉举行了四轮谈判；4.4 万印第安选民参加选举，推举出 3 名议会代表。12 月 5 日正式成立以桑解阵创始人之一内政部长托马斯·博尔赫为首、有 80 多名土著代表参加的全国民族自治委员会，具体负责民族自治法的起草工作。

1985 年初释放 14 名印第安反政府领导人后，国民议会又通过大赦法，赦免 9000 名印第安反政府分子；年中，同米苏拉联盟参谋部及部分司令达成停止相互攻击协议，为土著人返回科科河故地创造条件；6 月 2 日政府将大西洋沿岸民族自治法草案用西语、英语和多种少数民族语言出版，供全国讨论，并欢迎参加反政府活动人士参与。

1986 年 8 月 18 日议会通过尼加拉瓜新宪法，并用多种文字出版发行。新宪法共分 11 章 202 条，于 1987 年开始生效。其中有 7 条涉及尼加拉瓜人民的“多民族性”、少数民族政治、经济、语言、文化、宗教和社会等多种权益，还规定将颁布有关民族自治的专项法律。

1987 年初阿里亚斯 10 点和平计划使中美洲出现和平曙光，年初，在大西洋沿岸的卡韦萨斯港举行的代表东部 30 万居民的多民族代表大会上（150 名代表），讨论并通过了《大西洋沿岸民族自治法》草案。该法共有 43 条，规定尼加拉瓜是拥有领土和主权完整的多民族国家；反对种族主义、种族歧视等一切错误观点；通过普选产生南北塞拉亚两个民族自治区政府和议会；自治区内土地和资源实行国家和地区两级所有；各少数民族均有权参加国民经济发展计划的制订和实施；在中央的指导下，自治政府对所在地区土地和自然资源有经营和支配权；国有企业可以对矿业、渔业和自然资源投资，但开发资源需向自治政府纳税。此外，还对自治区议会、政府和中央政府职权作出了具体规定。上述改善民族关系的政策和措施收到明显效果，截至 1987 年 5 月，从洪都拉斯和内地返回科科河故地的米斯基托人已逾 1.5 万人，民族矛盾趋向缓和，国内实行民族自治的条件基本具备。

地区实现和平、对立双方放下武器停止内战，是解决民族问题的关键。8 月 7 日签订中美洲和平协议后，不到一个月，9 月 2 日议会便审议和通过了大西洋沿岸民族自治法，并立即付诸实施。外部势力停止干涉、桑解阵由执政党变成建设性反对党、国内逐渐实现民族和解，为尼加拉瓜民族自治的实现创造了较为宽松的条件，使民族区域自治制度得以顺利实施。最终以马塔加尔帕大河为界建立起北大西洋自治区和南大西洋自治区两个民族自治区。长达数百年少数民族和主体民族两地分离相互仇视的局面终于结束了。

大西洋沿岸少数民族聚居区面积 77539 平方公里，占全国的 56%，人口约 50 多万，仅占全国居民的 1/10 弱。1987 年建立民族区域自治制度至今近 30 年，不仅得到巩固，而且更加发展壮大。

1990 年第 28 号法令的颁布和实施，标志着民族自治制度已进入完善期。依照该法，土著民族历史上第一次投票选举市长和市政会议成员，并选出了各自的“自治区委员会”。从此，地区事务的决策权牢牢掌握在土著民族自己手中。经过和中央政府谈判，使国家不仅削减了自治区的上缴税收，而且承认自治区有权收取部分林业税、渔业税和矿业税。目前，自治区政府 60% 预算都是自治区委员会通过和中央政府谈判争取到的。

1995 年是民族自治制度取得重大进展的一年。年初对宪法的修改，巩固并扩大了少数民族的自治权。修改后的宪法规定：“政治、社会和民族多样性以及尊重人民的自决权”是立国八项基本准则之一；自治区委员会有向国民议会提出法律动议权；国家对自治区内自然资源开发转让权和合同签约权，都必需得到相关自治区委员会通过批准；自治区委员会成员在不触犯刑律和未受起诉的情况下，其权力和地位受法律保护；即便是共和国总统，也无权取消宪法第 89 条和 91 条有关沿岸社会群体权利之规定。

1995 年底成立了尼加拉瓜加勒比沿海自治区大学，该大学总部设在布卢菲尔兹市，同时在卡韦萨斯港和休纳、博南萨及罗西塔市等自治区主要城市和矿区设有分校。由于建立了自己的教育、培训和科研中心，并通过双语和多文化教育普遍提高了土著居民的民族觉悟，自治区增强了对国内外人才的吸引力，进步和发展有了人才保障。广大少数民族群众积极参加修改自治章程、讨论渔业法和全国生态环境和自然资源总法等重大活动，民族自治已经成为土著居民生活中不可缺少的组成部分。东部土著民族对主体民族的仇视心理随民族自治区的建立和发展而消失，近年来迁入自治区的印欧混血居民比重上升，民族关系也在逐渐融洽。

四　民族自治的理论基础

1961 年 7 月 23 日成立的桑地诺民族解放阵线，顾名思义是以全民族解放为己任的。它以尼加拉瓜民族英雄 C. A. 桑地诺（1893—1934）命名，该组织认为，新老殖民主义和历代尼加拉瓜统治阶级是造成民族分裂的罪魁祸首。桑解阵领导人民推翻索摩查王朝，赶走剥削欺压人民的外国资本家，为本民族的团结、统一和繁荣创造了条件。

桑解阵是一个具有民族革命传统的组织。桑地诺最崇敬的民族英雄本哈明·塞莱东将军早在 1912 年的命令中，就曾提出过重新收回莫斯基蒂亚，保证平等、自由、实现民族自治等口号。桑地诺本人是代表被剥削被压迫阶级的民族主义革命家，他在 1933 年美军撤离尼加拉瓜时，便毅然率领余部在科科河维维利地区扎营，同印第安兄弟一道，建立农业合作社，种植烟草，开发矿藏，还力图通过西班牙语扫盲教育，使土著兄弟都成为“了解自己、尊重自己和热爱自己”，从事和平劳动的一代新人。桑解阵创始人之一卡洛斯·丰塞卡曾不断用少数民族长期受歧视受剥削的苦难经历，使每个战士清醒地认识，只要土著民族尚未摆脱贫困、落后和受歧视地位，尼加拉瓜的民族解放就是不完整的。

然而，也必须客观地承认，胜利之初桑解阵成员都比较年轻，其骨干大多是印欧混血知识分子，受的是以西方文化为中心的教育，对东部少数民族的状况知之甚少。革命形势的迅猛发展，迫使他们对民族问题迅速决策。因此，在执政的头三年，由于受西方民族—国家传统理论影响和头脑中大民族主义作祟，桑解阵领导集团急于实现统一，急于促成经济一体化，甚至作出将居住在边界的印第安人强制内迁等错误决定，这是难以避免的。据悉，作为九大司令之一的海梅·惠洛克，当时对此曾提出过异议，可惜暂缓内迁等正确意见没有得到桑解阵决策集团应有的重视。少数民族乃至整个尼加拉瓜民族大分裂的历史悲剧终于无法避免。

尼加拉瓜民族和家庭的分裂迫使桑解阵领导开始清醒，并认真反思其民族观和民族政策上的失误。很显然，桑解阵队伍中民族—国家观和大民族主义残余，亦即所谓的民族中心主义，这些都是资产阶级国家观和妄自尊大的歧视少数民族之西方传统文化影响的结果。带着这样的思想，在决策中就难以倾听少数民族和自己队伍中的不同意见；就会把少数民族只看成文化和语言群体，而不承认他们是政治和社会实体；就会将受外部势力利用和少数民族败类煽动而参加反政府活动的印第安人统统当成敌人，将非对抗性矛盾当成对抗性矛盾，扩大打击面，将原本可以争取过来的人统统推到敌人一边。反思提醒人们，要实现民族团结共同繁荣，就必须同时克服民族中心主义和地方民族主义两种错误倾向，而且从国家和民族的长远利益出发，首先要清除自己队伍中的民族中心主义，对土著民族多一点宽容和尊重，因为当时桑解阵处于执政地位，是民族矛盾的主要和主导方面。

思想理论和认识统一，使 1983 年后桑解阵的民族政策发生了质的变化：首先是取消大西洋沿岸局，将政治权力分散，在东部建立三个特区；继而是对参加反政府活动的印第安人普遍大赦，同意并积极协调土著印第安人返回科科河故乡；当民族关系出现缓和时，便从社会主义国家引进多民族统一国家理论和民族区域自治制度，并将这种理论和制度与大西洋沿岸曾长期享有一定程度自治的历史和米斯基托人、苏穆人和拉玛人、黑人分住在马塔加尔帕大河南北的实际结合起来，创造出在南北塞拉亚分别建立两个民族自治特区的设想。为了充分尊重各民族的意见，还吸收 80 多名土著民族代表参加负责起草自治法的全国民族自治委员会，草案用西班牙语、英语和各种少数民族文字出版发行，供全国人民讨论，包括对此感兴趣的反政府分子。

扫盲运动、双语双文化教育和对少数民族干部专门的培训教育工作使少数民族地区文化普遍提高。土著人在领导层中逐渐占据多数。1987 年生效的新宪法和民族自治法，不仅确认尼加拉瓜是一个多民族的统一国家，而且对于少数民族各方面的权利以及民族区域制度建立的方方面面作出了具体的安排和规定。1987 年以来中美洲实现和平、内外环境都比较有利，这使尼加拉瓜民族区域自治制度的建立进行得比较顺利，受到各族人民的普遍欢迎。1990 年代以来，通过 1990 年、1994 年、1998 年和 2002 年连续 4 次选举自治区委员会、自治区政府、修改宪法和创立自治区大学等活动，民族区域自治制度已经在规范化中得到了巩固，少数民族的权益得到进一步扩大。人才因素越来越受到自治区当局的重视，此后民族区域自治制度不但拥有较为坚实的理论基础，而且拥有了较为牢固的社会思想基础。

五　几点结论

通过对尼加拉瓜民族区域自治制度建立和发展的历史回顾，可以得出以下几点结论：

1. 桑解阵 1980 年代的民族政策虽然初期走过一段弯路，总体看来还是能维护各民族的合法权益，符合各民族和睦相处共同繁荣总方针的，因此，最终也是符合少数民族自身的发展要求和愿望的。实行少数民族区域自治制度，将少数民族合法权益写入宪法和专项法律，这不仅在拉美，既便在整个美洲也是独一无二的创举。这可以被看作是继桑解阵领导人民革命推翻索摩查家族统治后，又一大历史贡献。对此，1988 年马那瓜第二届拉美印第安代表大会曾给予充分肯定，并建议拉美各国政府将印第安人对资源和土地的所有权列入宪法。

2. 1990 年代以来，桑解阵的地位发生了根本性的变化，从执政党变成了“建设性”反对党，成为唯一明确支持民族区域自治制度的政党。查莫罗夫人、阿莱曼和博拉尼奥斯三届政府，虽然对民族区域自治制度不感兴趣，然而在中美洲和平和国内民族和解的大环境下，看到各少数民族在维持民族自治权上的决心和力量，也在保持民族政策的连续性和完善民族自治制度，促进各民族共同繁荣等方面做了一些努力，使加勒比海岸的两个民族自治区不仅运转正常，而且在完善和深化上有了新的进展。这一创造性的历史进程得到人民的拥护和法律的保障，是不会逆转的。

3. 从尼加拉瓜实行民族自治的全过程看，少数民族，特别是土著印第安人始终是维护其自治权的主体，有巨大的活力，他们的权益理应得到充分尊重。1980 年代前，他们在数百年斗争中，从未向外部势力和本国统治阶级屈服。1980 年代上半期为捍卫其历史权益，甚至不惜采用武装斗争方式，只有在 1987 年民族区域自治制度以立法形式固定下来，并付诸实施后，冲突才停止，并开始将主要精力集中于恢复和建设之中；1990 年代以来，他们又通过建立民族自治区委员会、自治区政府、修改宪法和创立拉美历史上第一个民族自治区大学等活动，进一步加强和扩大了其在民族自治制度中的主导权。通过上述活动，少数民族自身觉悟和民族意识得到提高，必将为未来该制度的健康发展发挥积极作用。

4. 尼加拉瓜少数民族和主体民族的矛盾有几百年的历史，不可能在十几年的时间里就完全消除，民族区域自治制度这一拉美的新生事物还很脆弱，需要一段巩固期。可以相信尼加拉瓜人民会珍视来之不易的民族团结，并在发展经济社会的同时，使之不断得到加强。

（汤小棣，中国社会科学院拉丁美洲研究所副研究员）

危地马拉

一　多民族的构成及现状

危地马拉位于中美洲西北部。西部和北部与墨西哥相接，东部与伯利兹相邻，南毗邻洪都拉斯和萨尔瓦多，南濒太平洋，东通加勒比海。海岸线长约500公里。国土面积108.899平方公里，地形分布为中部高原，北部山坡低地和东南沿海平原低地三部分。危地马拉地处中美洲地震区中心，境内多火山，破坏性地震经常发生，湖泊星罗棋布，大多是风景优美的火山湖，气候主要是热带雨林和亚热带森林气候。平均气温16—20℃。5—10月为雨季，余为旱季。

2014年时人口为1580万人，是中美洲人口最多的国家，其中城市人口占36.4%。平均人口密度为每平方公里61人。南部人烟最稠密，有些山间盆地，特别是在危地马拉、安提瓜和克萨尔特南戈三个城市周围，人口密度达到每平方公里500人。北部有三分之一的土地覆盖着热带森林，几乎渺无人烟。在佩滕省，平均几平方公里才有1人。

国内的人口流动，主要是从农业地区迁往城市和种植业发达地区。外来移民在全国人口构成中不占重要地位。人口年平均增长率为29‰。

官方语言为西班牙语。印第安人大多操本族语言，但有少数人会讲西班牙语。居民中 85% 以上信奉天主教。印第安人除信天主教以外，还保存某些古老的信仰。

危地马拉在拉美国家中是印第安人口比例最高的国家，纯印第安人占总人口半数以上，其余为拉迪诺人（即白人与印第安人的混血）和少数的克里奥约人（欧洲人的后裔）。

在西班牙人入侵以前，危地马拉是印第安文化较先进的地区。这里居住着人数众多的印第安人部落，他们大多属于玛雅—基切语系佩努蒂语族。1524 年西班牙殖民者在这里建立了第一个居住地，后来逐渐发展成为首都危地马拉城。由于殖民化的进程相当缓慢，前来危地马拉定居的西班牙人为数不多。到 19 世纪初，西班牙移民及其后裔总共只有 2 万人。而且，从一开始他们便与印第安妇女通婚，所生的混血后裔在当地称为拉迪诺人。在以后的殖民时期，拉迪诺人一直在增多。至独立时，以拉迪诺人为核心已形成一个新兴的危地马拉民族。

演变至今，危地马拉全国居民大体可分为两个人数几乎相等的主要集团：一个是讲西班语的危地马拉人，其中包括拉迪诺人，以及少数克里奥约人，即所谓保护纯种而未混血的白人居民；另一个则是大体上保持自己语言而未被同化的各族印第安人。此外，还有少数外来移民其后裔，他们仍然保持原来的民族身份。

目前，危地马拉人占全国人口的 47. 6% 。主要住在各城市。他们在经济最发达的东南地区以及太平洋沿岸，人口都占多数。

印第安人占全国人口的 51. 5% 。大体包括十多个民族，均属玛雅人后裔。他们的人口分布，一般为西北多，东南少。如果按省份来说，印第安人在东南部的阿马蒂特兰只占 14% ，而在西部的托托尼卡潘则占 96% ，基切人和卡克奇克尔人分布在最西部，他们在埃尔基切、托托尼卡潘和苏奇特佩克斯三省都占居民的 90% 以上。这是危地马拉境内人数最多的两个印第安民族。

基切人有 100 万，卡克奇克尔人有 73 万。楚图希尔人有 6 万人，居住在前二者的南边。在西南与墨西哥交界的边境地带，住着 62. 5 万马梅人。在中部地区住着48万凯克奇人，他们在上维拉帕斯省的居民中占90%以上。在东南部住着5万波科曼人和2.5万乔尔蒂人。所有其他印第安人在西部和中部与上述几个较大民族交错杂居在一起，只是拉坎顿人处于特殊地位，共有5千，仍生活在北部乌苏马辛塔河沿岸难以通行的热带丛林里。全国绝大多数的印第安民族在文化和语言上都相当接近。此外，在东南部还住着一些加里夫人（即所谓黑加勒比人）。他们是18世纪末从小安的列斯群岛被运到危地马拉的印黑混血后裔，共有7千。

迁入危地马拉的外来移民为数甚少，而且大多来自周围邻国。其中，人数比较多的是牙买加人，有2万，主要住在加勒比海沿岸的伊萨瓦尔省。此外，还有萨尔瓦多人1.4万、洪都拉斯人6千、墨西哥人3千、尼加拉瓜人1千和哥斯达黎加人1千，他们大多在香蕉种植园干活。美国人有5千，德国人有1千，二者主要住在城市。

二　民族问题

危地马拉的民族问题主要是指印第安问题。虽然拉迪诺人在危地马拉的社会政治生活中起主导作用，但在人数上比拉迪诺人还稍多的印第安人的作用不可低估。

早在西班牙殖民者到来之前，危地马拉境内居住着众多印第安人部落，最初的居民属于玛雅—基切族；公元7、8世纪时，托尔特卡人侵入；再其后，纳瓦人部落也参加了这一混合过程，并且比玛雅人要占优势。随后，马姆人曾占领危地马拉一部分领土；基切人、卡克奇克尔人和苏图伊尔人在尼马—基切、巴阿姆—阿卡布、毛丘塔和伊其巴兰四弟兄率领下，在赶走了马姆人之后，便归服于帕亚基的托尔特卡王。这时形成了许多独立王国，其中基切人处于优势，管辖范围包括里维纳尔、库布尔科、约亚瓦赫、萨卡瓦哈、萨卡普拉斯、克萨尔特南戈、圣卡塔林纳和哥斯达格兰德西部，首都是阿蒂特兰。其他王国也纷纷扩张，由此导致族际战争连绵不断，直到西班牙人到来。西班牙人利用印第安人之间的斗争，很快征服危地马拉。但在以后西班牙人殖民化过程中，各民族融合并不彻底，其殖民化过程缓慢。

1821 年 9 月 15 日宣布独立时，危地马拉形成以拉迪诺人为主体、包括各族印第安人的多民族国家。在以后的危地马拉社会发展中，民族关系问题主要表现在以下几个方面：

1. 由于印地安人在历史上长期受殖民压迫和剥削，危地马拉独立后，印第安人的贫困状况没有发生根本的变化。再加上农业资本主义势力的侵入和压迫，美国联合果品公司的经济渗入，特别是 1980 年代拉美又爆发了严重的债务危机，以及近 36 年的战乱，使得危地马拉印第安人贫穷问题更加突出了。现在，在危地马拉，非印第安人中有 8.6% 的人属贫困状态，而在印第安人中有 53.9% 的人生活在贫困线以下，有 38% 的印第安人属极贫状态。

危地马拉的印第安人基本上生活在传统的印第安公社之中，大都靠耕种小片土地度日，主要种植玉米、豆类、木薯、西红柿、棉花等农作物。由于土地贫瘠，缺少灌溉，又没有较先进的技术耕作方法，也没有足够的生产资金，更得不到政府的任何贷款和帮助，因此，农业生产非常落后。为了维持生活，许多人不得不搞些手工业生产和小商贩经营活动，作为补充。

2. 日益严重的土地问题。拉美的印第安人基本上都是从事农业的民族，土地对他们来说，不仅是赖以生存和发展的重要因素，而且也是其文化和民族繁衍的地域基础。危地马拉土地问题主要表现在土地数量不足，这主要是欧洲殖民统治造成的。土生白人地主阶级霸占了从殖民者那里没收过来的土地，并继承了殖民时期的一切封建剥削制度；同时，又通过各种非法手段，不断地大肆兼并和侵吞印第安人的土地，组成封闭式的大庄园，继续对印第安人进行剥削。在危地马拉仅占农场总数 2.5% 的 200 个大农场控制着全国农业用地的 65%，而

88%的小农场（平均每个1.5亩）仅占土地总数的16%。这种大庄园土地制度不仅保证了土地大量集中在大庄园主和教会手中，而且也促使广大农民，特别是印第安人永远处于无地或少地受剥削和压迫的状态，同时这种土地的极度失衡分配，必然导致低下的农业产出，贫困和社会矛盾日益严重。

3. 种族歧视和民族不平等问题。在危地马拉的社会结构中，由于印第安人处于最低层，因此其与主流社会的关系，一直处于受压制和歧视的状态。

由于拉迪诺人控制着高级职位，而占人口多数的印第安人，在国家事务中却往往被忽略，没有发言权。比如在教育领域，拉迪诺人的计划与印第安人的实际之间就存在着巨大的差距。尽管1875年就实行了免费教育，但很少儿童能够完成六年基础教育。大多数儿童，特别是那些农业区的印第安人，为了帮助父亲在田间干活，不得不辍学。其次，在农业法中，也存在着许多歧视和不公正对待印第安人的现象。土改时，完全不顾印第安人的民族特点和传统生活方式，只把印第安人视为普通农民而任意拆散或组合其传统的公社组织，把非印第安人的土地经营方式或管理办法强加给印第安人。在进行土地分配时，总是把最贫瘠、最偏远的坏地划归印第安公社。在司法方面，印第安人的人权和尊严同样得不到应有的法律保护。比如在审判中不能使用土著语言，不为印第安人创造聘用辩护律师的必要条件，使印第安人往往在还没有弄清犯什么罪的情况下就受到了不公正的判决，丝毫没有自我申辩和自我保护的能力。在劳动法方面，印第安人所受的歧视和不平等待遇就更显而易见了。印第安人作为劳动力（农场雇工、季节工等）进入劳动力市场后，政府没有为他们制订一部公正的劳动保护法律。他们在劳动中，无论是在工种、工资、劳动保护、劳动条件等各个方面，都远远低于非印第安人，资本家可以随意解雇印第安人。在语言文化方面，一直以来，印第安文化被认为是一种属于劣等民族的低级文化，认为它表现的是古老、野蛮、原始、简陋的物质和精神世界；而主流社会的文化才是先进、科学、文明、发达的现代社会的象征。基于此，印第安人的民族语言、民族文化被肆意践踏，在印第安人地区实行用西语为教学语言的西方文化教育。在社会交往中，使用土著语言，大多会遭受别人的耻笑和侮辱。

三 民族政策

危地马拉土著印第安人社会地位低下，长期受歧视和不公平待遇，由此产生一系列民族矛盾。而且由于阶级分化严重，民族矛盾常常和阶级矛盾混杂在一起，致使危地马拉印第安人问题十分难以解决。为了缓和民族矛盾，促使危多民族文化的融合，危地马拉每届政府都采取了一定措施。

（一）危地马拉宪法中有关印第安权利的保障。宪法第六十六条写道："保护人种群体。危地马拉由许多人种群体组成，其中包括玛雅人后裔的印第安人群体。国家承认尊重和改进他们的生活方式、风俗、传统、社会组成形式、印第安服装、语言和方言"。

第六十七条写道："保护印第安人土地和农业合作社。印第安人合作社、群体的土地、或任何其他对土地的群体占有或集团占有形式，以及家庭财产、共用住宅享受国家特别保护，国家向土著人提供信贷援助和优惠技术，保障他们的财富增加和发展，从而保证全体居民有更好的生活质量"。

第六十八条写道："土地属于印第安群体。国家将通过专门计划和适当立法向需要土地发展自己的印第安人群体提供国家的土地"。

第六十九条写道："劳动者自由流动和对他们的保护。所有自愿离开群体的劳动活动，将受到保护。国家立法保护他们享有适当的卫生、安全和社会保险，防止支付工资不符合法律规定，防止印第安群体解体和遭受各种歧视待遇"。

（二）1995 年 3 月 31 日，危政府和游击队签署的土著人权协议中，双方一致表示承认和尊重土著人的地位和政治、经济、社会、文化等方面的权利，承认危地马拉是一个多种族和多元文化的国家，并表示要同歧视土著人的现象作斗争：认为只有在尊重全体危地马拉人权利的基础上才能建立起民族的团结。

（三）1996 年 12 月 29 日，危地马拉全国革命联盟与政府签署了最后的和平协议，在和平协议中，提到“承认印第安人的特性和权利，对于建设一个民族团结的、多种族的、多种文化的和多种语言的国家，具有重要意义。尊重全体危地马拉人的政治、文化、经济和精神权利并行使这些权利，是建立一个反映其民族多元性的新的共存关系的基础”。

（四）促进印第安社会经济发展。最近十多年来，危地马拉当局开始重视解决印第安人问题，并采取了一些促进他们发展的措施，如扩大乡村公路的建设；把印第安人向其他人少的地方迁移；建立几十个合作社；开展扫盲运动，等等。这些政策的目的，是要缓和与印第安人在山区的日益严重的紧张局势，扩大统治制度的社会基础，孤立已经得到恢复的游击运动。

但是，这些措施收效甚微。由于土著人人口迅速增长，人口过剩，几个山区省份土地严重缺少的状况未能得到改善。在农民中分配土地的速度也非常缓慢。移民计划只是为新的大庄园提供了劳动力。当一些移民区发现大量石油和镍、铜等矿产时，在刚来到的农民和大庄园主与外国公司之间又出现了尖锐的冲突。公社土地被强行征用，农民被大规模驱赶，甚至整个村子被抹掉，一切抗议游行均遭严厉镇压。

四　不同思想对民族政策的影响

任何国家的民族政策都是建立在一定的民族关系上的。在危地马拉，由于资本主义制度的统治，同时，由于殖民时期遗留下来的民族压迫、种族歧视的民族统治心理的作用，种种不平等的民族关系表现一直存在。为了缓和与印第安人之间的民族矛盾，危地马拉历届政府采取了一些有利于印第安人的民族政策和措施。但是，不同时期危政府在制订民族政策时也受到一些民族主义思潮的影响。

从 1944—1954 年的革命开始，危印第安运动蓬勃兴起，一些民族主义理论对官方制订印第安政策影响很大。1950—1960 年代的危地马拉左派力量非但不依靠印第安农民，反而把他们看作是一股反动的保守力量。同时，统治阶级的思想家也把印第安农民看作是国家政治文化生活中的“绊脚石”。

官方印第安政策的思想基础，就是美国社会学家 R. 亚当斯的依附性发展理论，此人认为解决印第安问题的关键是加速对印第安人的文化同化过程。这种理论想在资本主义经济结构占统治地位的条件下，保护社会经济制度的多样性和民族文化的双重性。然而危地马拉农业资本主义的畸形发展，决定了“大庄园—小庄园”这一所有制形式相当牢固地存在着。这个事实证明这种依附性发展理论难以解决土著人的发展问题。

在 1960 年代危印第安革命运动高涨时期，危地马拉的进步知识分子就开始提出解决印第安人问题的新办法。与亚当斯的观点相反，危地马拉社会学家温贝尔特，弗洛雷斯·阿尔瓦拉多提出了在农村无产阶级化过程中，磨平拉迪诺农民和印第安农民之间的民族文化和社会心理差别的理论。但是，武装革命斗争的实践证明，这个论断也是错误的。

由于受到革命斗争的影响，以及左倾激进的社会思潮的感染，1960 年代末在危地马拉“新左派”中间广泛流行一种对印第安问题的新认识。主要体现在埃尔贝尔特和古斯曼，布克莱尔合著的《社会—历史性的认识》一书中，其主要观点是：危地马拉的阶级矛盾和民族矛盾是完全相同的；印第安人是危地马拉居民中受压迫最深、受剥削最重的人们，全国农业出口经济的负担都落在他们肩上；印第安人占受剥削居民中的大多数，因此具有最大的革命能量；这种能量在实践中没有得到释放的原因，是因为人们在进行革命工作时没有考虑到印第安人的特殊的思想方式和生活方式；解除印第安人被压迫、受隔绝的状况，只有靠把他们吸引到武装斗争中去的办法才行。同时作者认为，要恢复印第安人的尊严，必须回到他们的历史发展线索被割断的那个时代（征服）之前去。

实际上，印第安问题的极端社会学派把印第安人和拉迪诺人之间的矛盾绝对化了，并且主张当前应以种族战争取代阶级斗争。这种激进的“种族民族主义”观念，对于新的革命政治—军事组织的建立，以及建立初期的思想纲领和斗争原则，都有一定的影响。

进入 1970 年代中后期，随着印第安运动的日益高涨，一股新的更拥有进步意义的民主—革命的潮流正在兴起，它代表危地马拉印第安运动的主流，他对当局制订印第安政策的影响是显而易见的。

除此之外，从当时整个拉美社会的大背景来看，在当时出现的各种思想流派中，印第安人或被看成是社会发展的障碍，或被看成是希望。拯救拉美印第安人成了一个紧迫任务，他们与混血全民文化的一体化，被认为是建设文化上一致的国家的唯一道路。这些同化和一体化的方针，也影响着危地马拉政府制订印第安政策。

另外，逐步一体化的思想，在许多拉美国家中盛行，并且都把逐步一体化的政策作为中心任务；逐步一体化就是使印第安人渐渐全民化，使他们非印第安化。这一政策的目标虽然是让印第安人逐渐消失，但事实却是另一回事。拉美印第安人口不但没有减少，而且还在不断增加，危地马拉的情况更是如此。

但是，从危地马拉印第安政策的内容分析，其理论基础，基本上是企业发展主义理论，这种理论预设的条件是要求有一个资本主义发展整体政策作为各项行动的决定性指南，即国家机构的所有基本行动应该服从于发展利益，促使需要发展的资本主义经济制度的不协调关系的暴露与深入，然后予以解决。基于这种理论，危地马拉政府认为印第安人是发展的障碍，因此，最好的做法是让他们保持孤立，与经济制度的扩展过程远离。这种将经济价值放在人类价值之上的非人道的发展主义，在印第安人中间表现为强烈的极端个人主义、个人发家与经济成功的利己主义，而不顾公社其他成员陷入贫困。这在危地马拉的克萨尔特南戈，可以从富裕起来的印第安人身上看到这种发展主义理论的结果。

概括地说，危地马拉虽然采取了一些促进土著人发展的政策，包括宪法中的规定，但在实际中，这些政策和规定并不能完全兑现。

例如在1950—1960年代，危地马拉的土地改革虽然具有较大的规模，然而，由于土改具有资产阶级性质，致使土改带有很大的局限性，因而未收到预期的效果。虽然有较多的农民，包括一些印第安农民，在土改中分得一些土地，但由于政局变动，政权更迭，不仅土改被强行中断，而且还把在土改中已分给农民的土地全部收回，重新归还给庄园主或归还给驻在该国的外国公司。

宪法中虽然明确规定尊重印第安人权和社会平等不歧视他们，但是长期以来，印第安人在政治上享受不到平等的公民权利。土著人与主流社会的关系，无论从政治、经济、还是文化教育的角度看，一直是不平等的。印第安人被视为劣等民族，得不到最起码的人权和尊严。例如：印第安公社或印第安人保留地等，在名义上都享有一定的民族自治权，政府允许他们有通过原始民主方式选举产生自己民族自治政权机构的权利；然而，政府并没有把这些土著政权机构，纳入国家权力机构中，在国家各级权力机构中，根本没有印第安人的合法代表。同时政府也没有制订一部能真正保证印第安人享有平等公民权利的选举法，各种政党把持了国家政坛，印第安人的地位和权利形同虚设。在农业、司法、劳动力、语言文化等方面的不平等和遭受歧视的现象更是司空见惯。

五 印第安人民族意识的觉醒过程

从1944年革命起，危地马拉印第安运动的兴起，使危地马拉社会发生了重大变化。随着强迫劳动被废除，逐步民主化的进程使印第安人的生活发生了重大变化，尽管使印第安人处于从属地位的社会文化障碍并没有消除。进入1980年代，由于经济危机和政治暴力的加剧，危地马拉印第安地区进入了一个经济、社会、文化和政治组织解构的进程，使印第安人受到严重影响，迫使他们做出种种反应。一开始他们进行抗议，提出质问，后来很多人转入暴力和武装斗争。引人注目的是，在危地马拉新出现了一个朝气蓬勃的印第安运动，这个运动除了提出通常的经济和领土方面的要求之外，还提出了恢复民族和政治权益的要求。

随着印第安人的社会和政治积极性日益增长，从1944—1954年革命以来，印第安农民第一次参加了该国的罢工和示威游行；在公社的支持下，他们的代表第一次被选进议会，印第安群众第一次开始踊跃参加革命武装斗争。虽然1944年推翻乌维科专制之后取得政权的革命委员会（“洪达”），废除了宪法规定的非经济性压迫制度，采取了在印第安人中扫除文盲和提供医疗保健的措施，但是，革命的主要行动——1952年的土地改革，实际上并没有影响到该国的印第安群众。而且，许多印第安人既不理解也不接受改革，有些人还在反动派的欺骗下参加了反对丁·阿尔文斯·古斯曼进步政府的土地改革的活动。

1954年反革命势力上台后，农民组织被打败了。这在许多年内限制了农民运动的发展和印第安群众觉悟的提高。印第安主义者的活动被大大削弱，在革命时期为了制订和执行全国一体化计划而成立的全国印第安研究所，当时仅限于研究“印第安问题”的文化和语言方面。

进入1960—1970年代，面对当局和大地主的经常迫害，印第安公社成立了武装自卫队。印第安农民开始参加武装革命运动。这对重新认识印第安人在革命斗争中的作用意义重大。1960—1970 年代游击队失败的主要原因之一，是缺乏印第安人的支持和参与。印第安人视城里人的游击队为外人，因为早期的游击组织主要由城市中间阶层的代表所组成，印第安人不相信他们。

1970 年代以后，危地马拉左倾激进组织活跃，这些组织已基本上克服了危地马拉社会的主要矛盾是印第安人与混血人之间的矛盾这个简单化的认识，承认危地马拉的社会结构具有极为复杂的特色；在确定革命斗争的任务时，考虑了阶级与种族集团之间的辩证关系。这些组织认识到了在印第安居民开展工作的重要性。他们吸取 1960 年代革命运动失败的惨痛教训，努力通过公社把印第安人吸引到革命斗争方面来，在印第安居民区站稳脚跟，与印第安人建立密切联系，克服印第安人的孤立状态和消除他们的怀疑。并且，它们开始注意到印第安人民的生活、传统和思想方式的特点。在进入 1980 年代后，穷人游击队、人民武装组织和武装起义力量在所有省份都开展了活动，并使大多数种族集团的代表加入了革命斗争。而且，在这些左倾激进组织内部，社会成分及种族构成也发生了明显变化，印第安人的比例超过 50%。更重要的是，许多印第安人竭力使整个公社参加起义。

在印第安人走向政治觉醒的过程中，由左派力量在 1970 年代建立的农民群众组织发挥了重要作用。这些组织是：农民团结委员会，全国劳动者总会农民部。1980 年，在农民团结委员会的发动下，举行了危地马拉历史上两次最大的季节工人罢工，参加者大多数是印第安人。

土著农民参加游击斗争和群众游行的积极性愈来愈高，这表明民主革命的潮流已经形成。只有这种潮流才是根本改革社会—经济和政治结构，从而使印第安人保护和发展本民族特点并获得完全的经济、政治和社会权利，以及与混血人的平等地位而进行斗争的力量。

总之，危地马拉印第安民族运动是否可以获得预期的目的——争取平等自由，在很大程度上取决于印第安人的觉醒与抗争。也只有彻底消除种族歧视与压迫，才能彻底消除各民族间的不平等与矛盾，才能促使危地马拉多元民族文化的融合。

（刘东山，中国社会科学院拉丁美洲研究所副研究员）

圭 亚 那

一 民族概况

圭亚那位于南美洲大陆东北部，面积21.5万平方公里。人口为80万（2014年），其中城市人口占35%，农村人口占65%。官方语言为英语。圭亚那原为英国殖民地，称英属圭亚那，1966年获得独立，1970年建立圭亚那合作共和国。

圭亚那是一个多民族国家，居民主要有印度人、黑人、葡萄牙人、印第安人、华人和其他欧洲人。故号称“六族之国”（Land of six Peoples）。

印度人主要是在1838—1917年间前往圭亚那的契约劳工的后裔。现为圭亚那最大的民族集团和主体民族。他们在全国人口中占48%，80%以上的人生活在农村，从事水稻、甘蔗等种植活动，是圭亚那农业的主力军，同时又是渔业生产的骨干力量；少数人居住在城镇，从事零售商业活动和自由职业。他们主宰了医疗、法律等行业并成为该国教师队伍中的大多数，印度人信仰印度教或伊斯兰教，也有的人皈依基督教。出门在外，他们一般讲英语，但在本族团体和家庭中仍使用印地语或乌尔都语，尤其是年长者。作为契约劳工，印度人当时来自原籍不同地区、不同民族或种姓，但到达圭亚那后遂以国籍划线，很快融合在一起，成为圭亚那的一个新兴民族，统称印度人。

黑人是圭亚那另一个主体民族，约占全国人口的33%，多数人居住在农村，务农为生。但在圭亚那城镇人口中黑人占绝大多数，主要从事工矿、交通、码头、军队、警察、文职服务及其他专业技术工作。圭亚那的三大经济支柱之一的铝土工业和金融业的国营部门中的就业者几乎完全是黑人。此外，他们在城镇还拥有绝大多数的夜总会并在教育部门也处于非常突出的地位。黑人的祖辈是被殖民者作为奴隶贩运到圭亚那来的。他们失去了人身自由，受到残酷的压迫和剥削，甚至连本族语言也不许使用。所以，黑人在生活方面欧化程度较深，本族的语言文化、风俗习惯等大部分都消失。现在，黑人一般使用英语，信仰基督教，当然，也有少数人皈依伊斯兰教。圭亚那还有一个为数不小的混血种人集团，约占全国人口的12%。他们主要是其他民族与黑人的混血，其绝大多数生活在城镇，语言文化、宗教信仰、职业地位等，与黑人相似。

葡萄牙人、华人、印第安人和其他欧洲人是圭亚那的少数民族，加在一起约占全国人口的7%。除印第安人之外，其他民族的成员基本上都生活在城镇。

葡萄牙人最初是作为契约劳工从马德拉群岛等地来到圭亚那的。现在葡萄牙人约有5000人，绝大多数生活在首都乔治敦及沿海其他城镇，主要从事商业活动。由于他们有契约劳工的背景，圭亚那在英国殖民统治时期以及独立后在人口统计中将他们与其他欧洲人相区别。其他欧洲人主要包括英国人、荷兰人、爱尔兰人、法国人、德国人等。他们的祖辈是作为殖民者或移民而来到圭亚那的，曾对圭亚那的政治生活和经济发展产生过重要影响。现在，其他欧洲人一般都居住在城镇，从事专业技术性工作，是典型的白领阶层。葡萄牙人和其他欧洲人一般通用英语，但有的人也保留了本族语言，葡萄牙人多信仰罗马天主教，其他欧洲人则大都信仰基督教。

华人现在约3000人，主要从事城乡的零售贸易活动和服务行业。他们一般信仰基督教，也有的人信仰天主教、佛教、伊斯兰教等，通用英语，但在家庭或华人社团活动中仍习惯讲中文。

印第安人现在约有5万，分为加勒比、阿拉瓦克和瓦劳3大语族和9大部族。现在他们大约98%的人生活在内地丛林和草原地区，从事简单的农牧业，兼事狩猎活动，过着远离主流社会的传统生活。他们之中有些人已皈依基督教，讲英语，但大多数人仍崇尚多神和万物有灵信仰，并且保留了多种方言土语。极少数的印第安人现已走出内地，进入城镇谋生。但一般认为，印第安仍然是圭亚那社会中最少同化的民族。

二　民族关系与民族问题

圭亚那的多民族社会结构是在几百年的殖民统治时期逐步形成的。现在国内民族关系复杂，民族问题是主要的社会问题之一。

印第安人为圭亚那最早的居民，由北美洲迁移而来。他们以渔猎和简单的种植业为生，创造了“种植木薯、广泛使用独木舟、以吊床代铺床和制做陶器”为主要内容的圭亚那“热带森林文化”。

1498年哥伦布第三次远航美洲“发现”了圭亚那海岸。随后，西班牙、英国、荷兰等国探险家为了寻找传说中的“黄金国”纷至沓来。1581后荷兰人首先在圭亚那沿海地区定居并陆续在波梅隆河、埃塞奎博河、伯比斯河等地区建起了贸易站、炮台、移民区等，进行殖民活动。他们发展种植园，从事烟草、染料、棉花、甘蔗等种植业。劳动力主要是当地的印第安人和欧洲移民。

随着种植园规模的不断扩大，劳动力日显不足，荷兰殖民当局在继续从欧洲招募移民的同时，遂从1658年起由西非海岸的几内亚等地往圭亚那贩运黑人奴隶。圭亚那人口随之出现了第一次增长高潮。1770年黑人奴隶达到1.5万人，而且在以后很长一段时间内成为圭亚那人口的大多数。1814 年英国人从荷兰人手中夺取圭亚那，继续发展种植园经济。当时圭亚那人口为 10. 05 万，其中 80% 为黑人，欧洲白人仅占 3. 5% 。1831 年英国将圭亚那的埃塞奎博、德梅拉拉和伯比斯三块殖民地合并在一起，称英属圭亚那。

1834 年英国殖民当局迫于本国人民和殖民地人民的不断反抗和斗争，宣布废除奴隶制。当时圭亚那获得解放的黑人奴隶大约 8. 49 万人。黑人奴隶自由后纷纷离开种植园，个人或合伙购买土地，建立黑人村庄；或者涌入城镇寻找其他工作。于是，种植园再次出现劳动力匮乏的严重局面。英国殖民当局为了解决劳动力短缺问题，采取了招募契约劳工的办法。据不完全统计，1835—1928 年间它从亚洲、非洲、欧洲、北美洲及西印度群岛等地共引进契约劳工 34 万多人，其中主要是印度人（23. 9 万）、葡萄牙人（3. 2 万）、华人（1. 4 万）、黑人（1. 3 万）、西印度群岛人（4. 3 万），其次还有美国人、马耳他人、英国人、德国人等。契约期满后，大部分人无力回归故里，只好都在圭亚那留住下来。因此，圭亚那人口出现了第二次增长高潮。

欧洲移民、非洲黑人奴隶的到来以及随后各洲契约劳工的大量涌入，改变了圭亚那原来的单一民族结构，奠定了圭亚那“六族之国”的基础，使圭亚那社会逐渐发展成为一个由多民族多种族组成的集合体。各民族无论大小，都为圭亚那统一国家的形成和经济发展做出了贡献。其中印度人和黑人又以其人口众多和对圭亚那现代文明的发展所发挥的重要作用而成为两大主体民族。

众多的民族（种族）长期生活在一起，相互之间互相了解、互相适应，有友好互助、依赖共存的一面，但又因民族大小不同，其历史背景、语言文化、宗教信仰、生活习惯等方面的差异而存在着隔阂分离、矛盾斗争的一面。

首先，如前所说，历史的变迁使各个民族形成了特定的生活区域和特殊的经济活动。其生活水平和社会地位存在着明显差别。住在城镇的民族成员（主要是黑人和混血种人）的生活环境和水平明显好于农村地区民族成员（主要为印度人和印第安人）。另外，执政民族的地位及生活状况也要好于在野民族的成员。同在农村生活的民族成员（如黑人和印度人），又因为他们在同一村庄中人数的多寡而出现土地分配方面的差异，利害相关，矛盾不断。

其次，各大民族基本上都有自己的政党和社团组织，在一定程度上反映和维护本族利益。以印度人为主体的政党有“人民进步党”（简称人进党）、工会组织有“圭亚那农业工人联盟”、群众组织有“印度人组织委员会”等。以黑人为主体的政党有“人民全国大会党”（简称人大党）、工会组织有“圭亚那劳工联盟”、“妇女组织有妇女革命社会主义运动”等。以葡萄牙人为主体的政党有“联合力量党”，群众组织有“精神之剑”。华人的群众组织有“中华会馆”。印第安人组织有“印第安民族协会”、“圭亚那印第安人行动运动”等。小民族一般没有政党，它们的成员参加这个或那个民族成立的政党。如华人一般参加“联合力量党”；印第安人支持或参加“联合力量党”和“圭亚那民族党”。

再其次，各民族都有各自的宗教信仰，尽管各族中少数人有皈依其他宗教的现象，但大多数人则固守某一种宗教。此种情况前边已经说过。在语言文化方面，各民族既有共性又有个性。官方语为英语，各民族通用，但各族或多或少又有自己的语言。另外，东西方文化存在很大的差异，表现在衣、食、住、行方面有许多不同。东方民族印度人过灯节、好利节；华人过春节、中秋节；西方民族过复活节、圣诞节等。不可否认，各民族长期共处，文化同化现象是有的。一个民族的节日其他民族共同欢庆的现象并不少见。

各民族之间存在着诸多差异或者说矛盾应该说是正常现象。这些差异或矛盾本不应该成为相互之间的隔阂和怨恨的依据。但由于历史上殖民主义者对各族人民实行“分而治之”的政策，以及后来一些民族政党领导人在一定时间内所执行政策方面的失当，各族之间差异加大，矛盾激化，遂出现了某些民族之间严重的对立和斗争，形成了严重的社会问题。因此，圭亚那各民族相互关系并非十分融洽与和谐，尤其是势均力敌的印度人和黑人两大民族集团之间。现在，圭亚那的民族问题主要表现在印度人和黑人两大主体民族之间的长期对立和斗争，以及印第安人的长期孤立和落后。其他民族之间以及它们与印度人和黑人之间虽然也有这样或那样的矛盾，但相对而言并不严重，影响不大。

1950 年代中期以前印度人和黑人两大民族之间关系是好的，1955 年人进党中以伯纳姆为首的黑人与以贾根为首的印度人发生分裂。而后，伯纳姆将自己的一派改名为人大党。两族关系逐步恶化，国内出现了两大政党、两大民族并驾齐驱、互相争斗的局面。1960 年代初印度人和黑人之间多次发生冲突和暴乱，1964 年 2 月发生的一次种族暴乱事件尤为严重。它历时长达 23 周，结果死亡 176 人、伤 920 人、烧毁房屋 1400 座、有 2688 家大约 1. 5 万人流离失所，财产损失难以估量。各族成员（尤其是印度人）深受其害。

暴乱结束后，印度人和黑人之间的对立情绪留下深刻的烙印，相互之间感情裂痕一直未能愈合。在 1964—1992 年人大党执政期间，印度人不断谴责黑人“搞种族歧视，少数人统治多数人”。1992 年人进党上台以来特别是 1997 年大选后，黑人多次举行示威游行、集会，谴责印度人搞种族歧视，大选舞弊等。首都发生多起爆炸事件，造成人员伤害和财产损失。

印第安人为圭亚那第三大民族集团。在殖民统治初期，印第安人为了躲避殖民者的迫害和奴役，纷纷逃离沿海地区进入内地丛林或草原去谋生。在奴隶制盛行时期，殖民当局收买印第安人，让他们帮助捕捉由种植园逃向内地的黑人奴隶，帮助镇压黑人奴隶起义和暴动，袭扰逃往内地的黑人奴隶的驻地。因此，黑人与印第安人素有积怨。在圭亚那进行现代化建设开发内地的过程中，印第安人的传统生活区域受到侵害，引起他们对政府的不满。1969 年初，圭亚那南部鲁普努尼地区印第安人在外国势力的策动下发生反对（黑人）政府的叛乱活动。他们袭击地区首府累萨姆，抢占地方警察站等政府机构，绑架人质等，后被政府派兵镇压下去。但旧仇新恨使印第安人与黑人之间隔阂和矛盾加深。现在，圭亚那沿海地区经济、文化、交通、医疗等方面都较内地发达。然而大约98%的印第安人却生活在内地，其处境与圭亚那主流社会很不相称。

三　民族政策

圭亚那的民族问题是任何一届政府都不容忽视的事实。无论哪个民族的政党和领导人上台执政，都要采取一定的政策和措施以缓和或解决事关全局的民族矛盾和问题，达到稳定政局的目的。

1953 年至 1964 年间印度人贾根领导的人进党连续三次执政。此间，圭亚那实行英国统治下的内部自治，贾根三次出任自治政府总理等职。1950 年代中期正是圭亚那印度人和黑人两大民族关系走向恶化的时期。贾根曾多次试图解决这一主要社会问题，但因圭亚那当时面临独立问题及英、美帝国主义的武装干涉等情况，故未能如愿。

1964 年种族大暴乱后，以黑人伯纳姆为首的人大党在当年 12 月大选后与葡萄牙人政党联合力量党联合组阁，伯纳姆出任政府总理，他继续了前任政府的努力，顺乎民心，领导圭亚那取得独立。1964—1992 年人大党连续执政 28 年。伯纳姆作为该党领袖先后任圭亚那总理或总统，连续在位 21 年直至 1985 年病逝，而后由黑人霍伊特接任。1992 年以来印度人政党人进党再次执政。

伯纳姆任内比较重视缓和与解决民族矛盾和民族问题。此间，他大力推行民族团结政策，宣传各民族权利和义务平等，努力倡导各民族合作一致共建家园。政府采取了一系列相关政策和措施。

（一）政治方面

1964 年底伯纳姆就任总理后立即发起一场“要和平，不要冲突”

为主题的政治运动。目的是医治种族暴乱留下的创伤，动员各民族参与国家政治和经济生活，使各民族凝聚起来。政府设法恢复在暴乱中被免职的人员（约1.5万，主要是印度人）的工作；释放在暴乱中被扣留人员等。伯纳姆本人亲自走访全国各地进行宣传鼓动工作。因此，暴乱后国家很快恢复平静。1969年印第安人叛乱被平息后，政府立即召开了全国第一届印第安人酋长会议，听取他们对政府工作的意见并与之讨论有关印第安人的发展问题。此次会议被认为是首开印第安人在国家生活中走向同化和一体化进程。[①] 1975年人大党与人进党达成协议，承认人进党所辖的印度人为主体的农业工人联盟为糖业工人的合法代表组织，1978年政府召开了全国第一届“人民议会”，各族代表4000多名与会议政。会议决议在会后由人大党政府贯彻落实。

1966年圭亚那独立时，人大党政府提出“一个民族、一个国家、一个命运”的口号，并将它作为国家座右铭写在国徽上，警示国人。1970年圭亚那建立共和国时，在共和国前边加了“合作”二字。此举旨在教育全国人民一是不忘各族人民在历史上有合作的传统，二是维护国家独立和发展国民经济仍需要各族人民的合作。政府同时将共和国日（2月23日）的庆祝活动命名为“马什拉马尼”（印第安语，意为合作活动后之欢庆），其用意是不言而喻的。1970年和1980年圭亚那两次制订新宪法，其中反复申明和强调，无论什么种族，祖籍何方，不管政治观点、肤色、信仰和性别有什么不同，但每个人的基本权利和自由则一律相同。

伯纳姆注意在执政党人大党和其政府中吸收和增加印度人等其他民族成员，改变其政党和政府的单一民族形象，以争取各族民心。在20世纪70年代人大党的几次代表大会中，印度人都占有较高的比例。另外，人大党在其执委议员和内阁中增加印度人的比例，在政府机关和国家部门中注意任用一些印度族和其他民族成员，印度人等有的还

① 圭亚那《新国家报》1981年12月20日。

居要位。仅以1984年印度人参政情况为例，在人大党20名执委中，黑人12名，印度人6名；在4位副总统中印度人占两名；在22名内阁部长中印度人占6名。据不完全统计，曾任人大党主席、国家议会事务部部长和副总统的拉姆萨罗普；曾任国家工程和运输部长、副总统和驻印度高级专员的史蒂夫·纳拉因；曾任教育部长的文森特·蒂卡；曾长期担任国民议会议长的塞斯·纳拉因；曾任人大党副领袖兼总书记、国家副总统和副总理并负责全国发展工作的兰吉·钱迪辛格（实为人大党第二把手和政府第三把手）等，都是印度族成员。曾任圭亚那两届总统的阿瑟·钟；曾任圭亚那副总统兼副总理和妇女革命社会主义运动主席的继奥拉·伯纳姆；曾任圭亚那高等法院法官的冯阿发，都是华裔。

（二）经济方面

政府积极推行合作运动，为各族成员提供参与国家政治生活和经济生活的机会。1970年代初人大党和政府一再宣称，圭亚那成立合作共和国，目的是要通过发展合作运动建设社会主义，“使小人物成为真正的人”。因此从1960—1980年代的20多年中，圭亚那合作运动有较大发展。人们根据合作社组织原则，入社自愿，不受社会、政治、家庭、种族、宗教差别的限制。在1970年代时，生产、消费、储蓄、供销等各类合作社遍布城乡各行各业，合作社总数曾达到2000多个。至1980年代初，合作社经过整顿，总数减至1435个，社员13.5万人，股金1800万圭亚那元。

作为合作运动的一个组成部分，政府还积极倡导群众性“自助”活动，即由政府提供财力、物力和技术人员，由人民群众出力修筑道路、桥梁，建造房屋、住宅，开办学校、商店、卫生站，铺设自来水管道等。通过“自助”活动，改善了城乡，特别是农村人口的住房、饮水、医疗、交通、教育等条件，提高了广大群众，特别是印度人和印第安人的生活水平，加强了各族人员的接触和了解，增强了民族之间的团结，为开发内地和印第安人与外界的联系创造了条件。距首都不远的梅兰尼·达米萨纳合作村到安奈至马迪亚的长达200公里的公路等，都是通过群众“自助”方式修建起来的。

政府积极推行土地改革运动，解决与印度人和印第安人切身利益紧密相关的土地问题。贾根的人进党执政时期就曾进行过一场广泛的土地改革运动。在1961—1964年将10万多公顷的未垦殖的土地分配给了稻农。伯纳姆执政后多次重申“耕者有其田”的土地原则。1981年政府专门成立了“耕者有其田委员会”，负责土地改革工作。此外，政府还适当增加农业投入，用于水利工程、土地垦殖、农业机械计划等项目。1964—1980年间农业支出共达40.27亿圭亚那元。大型水利工程马哈伊卡—马哈伊科尼—阿里马，以及黑丛林新地开发等项目就是此间修建的。

1967年人大党政府专门成立了一个印第安人土地委员会，印第安人酋长的代表参与委员会的工作。据报道，在1976年印第安人土地修正案通过后，所有印第安人地区和村庄的成员都领到了地契[①]。为了帮助印第安人发展经济，政府还为他们提供农业技术顾问、技术训练及多种贷款。现在政府还专门设置了印第安人事务部，总管印第安人工作。

（三）文教卫生方面

政府大力发展文教、卫生事业，为各族成员平等、健康地参与国家社会、经济和文化生活提供机会。圭亚那由于长期遭受殖民主义统治，文教、卫生事业比较落后而且发展水平很不平衡。内地和沿海、城镇和乡村之间存在着很大差别。过去许多学校是教会学校，各族之间宗教信仰不同，阻碍了教育的普及与发展。农村特别是内地经济比较贫困落后，印度人和印第安人子女入学机会受到了限制。伯纳姆执

① 圭亚那《新国家报》1980年12月20日。

政后，一再强调教育领域中的平等是社会平等的基础，重视发展教育事业。以1964—1984年为例，在政府对卫生、教育、司法、国防四项的财政支出中，教育经费每年是最高的。1964年为1150万圭亚那元，1984年增加到9750万圭亚那元。1976年随着国家对外资企业国有化的完成，政府接管了大约600所学校（其中200所为教会学校），宣布从幼儿园到大学全部实行免费教育并在学校实行奖学金制度。印度人入学率有较大提高，不少人还将子女送到首都乔治敦或新阿姆斯特丹等城市去学习。

政府对印第安人的教育目标，是改变他们祖祖辈辈保留下来的孤立状况，认为向他们提供专业和技术训练是一种途径。为此目标，政府在印第安人居住区内开办了各类学校，并且通过自助活动修建学校旅馆让学生住宿，尽量解决儿童因居住分散入学难问题。此外，政府还为成年人举办夜校，讲授农作物栽培技术和家庭管理、卫生、营养等日常生活知识。一些印第安子女开始走出内地到首都的大学或其他学校接受农业、工程、政治、经济、卫生等各种教育。少数印第安子女还享受奖学金到国外诸如美国、古巴等国大学和其他地方深造。据报道，仅1968—1980年间，政府培养了各类印第安人学生1000多名。另外，印第安人的医疗和卫生条件也有较大变化，过去仅是单纯依靠巫医和土方草药治病，现在全国30多个印第安人地区都有了医院、卫生站或医疗中心。一些危重病人还可以乘飞机等交通工具前往首都及其他城镇就医。仅1980年，政府就支付运输就医费用8万多圭亚那元。1980年代初，政府在内地修建简易机场达到45个，电话线路37条；仅在南部鲁普努尼地区就建起学校36所、卫生所34个、打井104眼。这些工程显著改变了印第安人的文教、卫生落后状况。

政府注意发掘和推广各民族典型的有影响的文化传统和风俗习惯，以团结各族人民。“圭亚那”作为国名源自印第安语，意为“多水之乡”。共和国日庆祝活动以印第安语“马什拉马尼”命名，届时人们身着节日盛装、载歌载舞，集会游行，热闹非凡。另外，政府还用印第安语为一些城镇、厂矿、道路、企业等命名，使印第安文化发扬光大，体现政府对印第安古老文化的重视。政府还将印度人的好利节、灯节等宗教节日法定为全国公共节日，届时不分种族，普天同庆。华人每年的春节联欢活动，圭亚那总统，总理和内阁部长们则是有请必到，他们与华人共度新春佳节，深得华人民心。

贾根领导的人进党自 1992 年执政以来，继续实行民族团结政策。在贾根担任总统期间，两届任命黑人海因兹为总理，组阁中也注意安置印度族以外的民族成员。1992 年贾根组阁时起用了上届政府的原班人马，以示民族和解。在黑人聚居的地区，政府实施了许多公共服务项目，改善了黑人的居住环境与生活条件。1997 年 12 月大选中，贾根夫人作为人进党总统候选人当选为总统。她的得票中有大量是来自黑人群众。贾根夫人作为美国出生的犹太人担任总统后，注意照顾种族关系，继续任用黑人海因兹为总理，同时任用印度人贾格德奥为财政部长，以使国家权力体现出种族平衡。1999 年贾格德奥接任总统以及 2001 年当选总统以来，继续推行“种族一体化”的民族政策。他再次任用黑人海因兹为总理，主动与反对党人大党领袖开展政治对话进程，采纳了人大党的一些主张和建议，消除分歧，共建国家。2001 年 1 月议会专门通过“民族关系法令”，加强和改善各民族相互关系。2002 年 8 月 26 日，他在政府举办的印第安人培训班上重申对印第安人的两项政策：一是保护印第安人文化，二是将印第安人一体化（整合）到主流社会中。

四　民族理论

圭亚那解决民族问题的各项政策、措施的理论依据是“种族一体化”（Racial Integration），该理论的提出时间是在 1950 年代中期，但其发展和完善过程则是在 1960 至 1970 年代。其代表人物是人大党领袖伯纳姆。

伯那姆连续任人大党领袖近 30 年、连续执政 21 年。因此，他在圭亚那历史上颇有影响。他的思想言论一直在人大党内居统治地位并左右着圭亚那的国内外政策。所以，在一定程度上讲，他的思想言论就是人大党的指导思想和理论基础，是人大党执政期间制订各项方针政策的依据和准绳。尽管 1992 年以后，贾根领导的人进党上台执政，但圭亚那的民族政策和民族理论并没有根本性改变。但在实践中，自 1980 年代中期以来，“种族一体化”的提法已不大响亮了。

伯纳姆提出“种族一体化”的思想主张，这与圭亚那民族独立运动的发展，以及在独立过程中英国对印度人和黑人的不同态度有关。第二次世界大战后，世界民族解放运动空前高涨。圭亚那国内民族民主运动也不断发展。1950 年初贾根和伯纳姆两人共同创建人进党，积极领导圭亚那的民族独立斗争。英国政府迫于圭亚那的革命形势，同意圭亚那实行新宪法并在 1953 年 4 月进行了全国第一次普选。人进党获胜组阁。除外交和国防由宗主国所指派的总督掌握外，内阁其他职位均由圭亚那当地人担任。贾根任总理，伯纳姆任教育部长。然而人进党执政刚满 133 天，英国政府以圭亚那“有共产党搞阴谋”为借口，遂派兵登陆，中止宪法和解散立法会议，宣布圭亚那处于“紧急状态”。当局罢免和逮捕了人进党的多位部长，其中包括贾根及其夫人珍妮特·贾根。伯纳姆虽未被捕，但在行动上长时间内受到限制。事后，贾根和伯纳姆出访英国、印度、巴基斯坦、埃及等国，宣传和抗议英国政府的上述行动。但在 1954 年 2 月回国后，两人之间分歧日益激烈，致使人进党内部亦分裂为两大派。绝大多数印度人追随贾根，而绝大多数黑人追随伯纳姆。

人进党分裂的原因是很复杂的，国内国外两方面都有，但主要原因是意识形态方面的。据称，贾根是共产主义派，与国际共产主义势力联系紧密，而伯纳姆是社会主义派和民族主义者，不主张共产主义。另外，英国殖民当局在实行“紧急状态”法令时做了手脚；贾根等印度人当时被捕入狱，而伯纳姆仅仅是在行动上受到限制而已。英国当局对两位主要领导人的不同处理导致印度人和黑人两族之间互相猜疑，影响了相互关系，两位领导人的分裂最终导致了两大族的分裂。此种状况自然是对圭亚那的民族独立运动十分不利的。

伯纳姆为了争取民心，举起了“种族团结”的旗帜。1955 年 4 月 16 日他在自己那一派的人进党刊物《雷声》杂志上发表了题为“我们从这里走向何方”的文章，首次提出了“种族一体化”的观点。文中专有“种族一体化是必要的”一节，谈到“我们绝不能把种族差别反映到国家政治生活中去。我们必须牢记，印度人和非洲人以及所有其他种族，在这个国家中都曾遭受同一压迫制度之苦。我们知道只有一个种族，那就是圭亚那族。让我们谨防‘分而治之’的政策”。[①] 当时，伯纳姆之所以提“种族一体化”而不提“民族一体化”，无疑是从圭亚那的具体国情出发的。圭亚那作为“六族之国”，国内黑种人、白种人、黄种人和混血种人皆有。各种族又可分出许许多多的民族，情况很复杂。伯纳姆提“种族一体化”，具有极高的概括性和代表性，可以涵盖各种民族。当然，经过 40 多年的人口演变，圭亚那境内民族和种族情况更加复杂，但“种族一体化”的提法仍不过时，仍不失为一种值得研究的理论。

“种族一体化”理论的主要内容大致可以分为四个部分。现将其归纳如下：

第一，在政治方面，各种族不分大小，同等重要，权利平等。伯纳姆在 1964 年 12 月 19 日发表的广播讲话中指出，“国家所有的人都同等重要，不管他们是属于大种族集团还是小种族集团。所有的圭亚那人都是我们大家庭中重要的和有价值的成员。”1969 年伯纳姆在首届印第安人酋长会议上讲话强调，“不能让印第安人与圭亚那其他人分开，受到二等公民待遇。保卫、保护和发展所有人的真正利益是我们的义务和特殊权利”。

---

① C. A. 纳西曼托、R. A. 伯罗斯：《可以铸造的命运》，伦敦，1987 年。

第二，在经济方面，各种族的参与和分享机会均等。1974 年伯纳姆在人大党特别代表大会上讲话（后称《索菲亚声明》）中指出，“党的目标之一是给每一个圭亚那人提供为国家经济利益工作并分享的机会。保证其在国家的政治、经济和社会生活中机会均等。”伯纳姆在其他场合也有类似的表述。

第三，在文化方面，尊重和接受各种族的风俗和文化，肯定各种族集团都对圭亚那文化宝库做出了贡献，主张发展共同文化。伯纳姆在 1960—1970 年代曾多次强调文化解放，鼓励当地文化和文化表现形式，不管是什么血统的文化。1980 年圭亚那宪法重申，国家尊重使社会丰富多彩的不同种类的文化，并且从它们之中发展出社会主义民族文化。

第四，在宗教信仰方面，尊重各种族宗教信仰和宗教信仰多样化。人大党政府一再强调宗教信仰受到保护并把伊斯兰教、印度教的好利节、灯节、多神节等规定为国家公共节日。政府希望通过尊重和保护各种族宗教信仰团结各族人民。

圭亚那的国家座右铭“一个民族、一个国家、一个命运”，应该说是对“种族一体化”目标的最好概括。这个座右铭被写在国徽上，各族人民有目共睹。它既体现了各种族人民的权利，也体现了各族人民的义务。早在 1966 年 1 月伯纳姆在欢迎英国女王访问圭亚那时就说过，“作为非洲、印度、中国、葡萄牙和英国儿女们的后代，今天我们都是圭亚那的孩子。圭亚那对我们而言，能够成为我们唯一的祖国”。伯纳姆还在多种场合反复强调印第安人对圭亚那社会生活的参与问题。他坚决反对将印第安文化继续保持孤立的做法，认为印第安人应该成为完全一体化的圭亚那公民①；圭亚那印第安人必须被结合和成为整个大家庭中的一个重要部分。

① 小托马斯·J. 斯平纳：《圭亚那政治和社会史，1945—1983 年》，1984 年。

五　对“种族一体化”理论的评估及展望

伯纳姆自1964年上台执政到1985年病逝任上，一直是“种族一体化”理论的积极倡导者。1985年后圭亚那政权几经更迭，但任何一届政府都没有摒弃“种族一体化”，并且致力于缓和民族矛盾的实践。

客观地讲，“种族一体化”理论和有关政策的实施对解决圭亚那国内民族问题起了一定的积极作用。圭亚那独立以来，国内虽然存在一定的民族矛盾，甚至发生过规模大小不等的带有种族色彩的骚乱、游行、集会、抗议活动等，但国家政局基本上是稳定的。国民经济有了一定的发展。

黑人与印度人两大族之间对立情绪有了一定的缓和，特别是在农村地区，在以黑人为主体的村庄里或以印度人为主体的村庄里，印度人和黑人杂居在一起，一般和睦相处，看不出世仇宿怨。内地印第安人已开始打破传统孤立和封闭式的生活方式，涉足于现代主流社会。其人口由1960年代的1.2万人增加到目前的5万人，生活环境和生活水平有了一定的改善和提高。

圭亚那前总统霍伊特在评价伯纳姆时曾说过：“伯纳姆同志曾发现我们处于分裂状态，他留给我们的是一个统一的民族；他曾发现我们之间有内战，他留给我们的是和平”。[①] 前副总统兼总理格林在回忆伯纳姆时曾指出：“我认为他当时及后来最大的成就是民族团结运动。没有一个亲眼目睹1960年代初那样深刻分裂的人，会相信任何一个领袖能够在短短几年中把两大族结合到一起，并且在他们中间开始激起同国家共命运的感情来。这件事伯纳姆做到了，而且堪称他留给我们的最富有的遗产”。[②] 两位领导人的讲话在一定程度上反映了圭亚那的实

---

① 《伯纳姆：评论与回忆》，1985年11月。

② 同上。

际情况。1987 年英国学者阿瑟·莫里斯在论及圭亚那的社会结构和都市化进程时也有类似的评论。他说："目前统治民族集团是非洲人，它支持伯纳姆政府。不同民族集团的逐渐一体化正在受到扶持，而且据称过去的对抗现在正在消除。"① 因此看来，"种族一体化"理论及政策不失为解决圭亚那民族问题的一种途径。

但是，作为一种民族理论，"种族一体化"缺乏系统的阐述和经常性的宣传。在实施过程中也存在着生硬之处，缺乏细致充分的思想工作，有时甚至会引起人们的误解或反感。比如，怎样处理好开发内地与保护印第安人文化和生态环境的关系，如何对不同宗教信仰的青少年实施义务教育等等，就值得很好地研究。另外，"种族一体化"理论在实施过程中缺乏必要的总结、提高和连续性。比如，合作运动现在不再倡行。原因何在，没有正式解释。

圭亚那在社会制度方面有其局限性，国内的主要政党一般都有明显的种族特征。政党通过民族斗争实现其政治目的，又通过政治斗争为本族利益服务，因而政党具有明显的狭隘性。"种族一体化"理论尽管本质上带有进步性，但在实行过程中不能不受到各种影响，甚至出现畸形或矛盾的特征。比如，人大党一方面让印第安人参加圭亚那主流社会，但另一方面又因印第安人支持联合力量党和圭亚那民族党，对印第安人不信任，等等。这样，理论效果就会大打折扣。现在，黑人和印度人两大民族集团由于受到人大党和人进党两大政党斗争的影响，相互关系中隔阂是显而易见的，矛盾是客观存在的；尤其是在城镇中的黑人和印度人之间，一有时机（如大选）就会强烈表演，甚至酿成不大不小的暴力活动。有的外国学者也指出，在圭亚那种族关系紧张及暴乱的严酷现实是不能回避的。非洲人、印度人、葡萄牙人、英国人、华人及印第安人的后裔，至今仍未建立一个一体化的社会②。

① 阿瑟·莫里斯：《南美洲》，新泽西，1987 年。

② 小托马斯·J. 斯平纳：《圭亚那政治和社会史，1945—1983 年》，1984 年。

圭亚那种族一体化的主要障碍之一，是种族集团特别是两大种族集团之间的自然分离[①]。由此看来，“种族一体化”是一种良好的愿望，真正实践起来并非易事。要实现“种族一体化”的目标还需要走很长很长的路。

（吴德明，中国社会科学院拉丁美洲研究所研究员）

① 科林·马伯、亨利·B. 杰弗里：《圭亚那，政治、经济和社会》，1986 年。

苏　里　南

苏里南地处南美大陆东北部。面积 16.3 万平方公里。人口约 54 万（2015 年），另有 18 万人旅居荷兰。官方语言为荷兰语。但国内通用苏里南语（又称斯拉南通戈语、黑人英语、塔基—塔基语等，即一种由英语、荷兰语、葡萄牙语、西非黑人语言等混合而成的语言）。另外，英语、法语、西班牙语、华语、爪哇语、印地语、乌尔都语等也广泛使用。

苏里南原为“荷属圭亚那”，1975 年 11 月 25 日摆脱荷兰殖民统治，取得独立并建立共和国。

一　民族概况

苏里南是一个多民族国家。居民区主要有印度斯坦人、克里奥约人、印度尼西亚人、丛林黑人、印第安人和华人，其次还有荷兰人、英国人、法国人、德国人、葡萄牙人、美国人、黎巴嫩人、犹太人、日本人、越南人等。由于苏里南民族众多，语言文化和风俗习惯纷呈，故有“小联合国”之称。

印度斯坦人亦称印度人，是苏里南的主体民族之一，约占总人口的37%，大部分是1873—1916年间前往苏里南的契约劳工的后裔。现在，他们大多数生活在农村，从事水稻、甘蔗、咖啡、香蕉等种植业，兼事畜牧业。少数人生活在城镇，从事商业或律师、教师、医生等专业技术工作。印度人一般信仰印度教和伊斯兰教，极少数人信仰基督教。他们在本民族团体或家庭中通常使用印地语或乌尔都语，但出门在外一般使用荷兰语或苏里南语。

克里奥约人是苏里南的另一主体民族，系指未逃入内地丛林的黑人奴隶后裔，其中部分人已经混血。现在，克里奥约人约占总人口的31%，大部分人生活在城镇及发达的沿海地区。他们主要从事工矿业、交通运输业以及医生、律师、教师等专业技术工作，或充当军人、警察、政府官员、公务员等。多数人信仰罗马天主教或基督教，通用荷兰语或苏里南语，衣食住行受欧洲影响较深，但也保留了某些非洲的文化传统和风俗习惯。

印度尼西亚人主要是爪哇人，是苏里南的第三大民族集团，约占总人口的15%。他们主要是1873—1930年间前往苏里南的爪哇契约劳工的后裔，现在大都居住在农村，种植水稻、甘蔗、蔬菜、水果等农作物，兼事渔业活动；少数人在城镇经商，做小本生意或从事饮食、洗衣、旅馆等服务业。印度尼西亚人是苏里南最受传统习惯约束的民族团体，饮食、衣着、丧葬、嫁娶等方面在很大程度上保留了原籍习俗。绝大多数人信仰伊斯兰教，讲爪哇语。青年人较为开放，饮食、衣着等大都接受西方化。

华人和其他亚洲人以及荷兰人、美国人、葡萄牙人等欧洲人，均属少数民族，一般都生活在城镇，从事商业、服务业以及专业技术性工作。华人现在约有1.4万人，主要是19世纪中后期契约劳工的后裔。他们祖籍多为广东、福建、香港等地，其中以客家人为主。华人现在苏里南主要是经商，做小本生意或经营杂货店、洗衣店、面包房等服务业，也有的人做专业技术工作。他们在本族团体和家庭中一般讲华语。多数人信仰基督教或罗马天主教，少数人仍信仰佛教、道教等。其他亚洲人如日本人、越南人等也多经商或做服务工作，仍保留东方的文化传统。荷兰人、英国人等欧洲人现在约 7000 人左右，一般为专业技术人员，是典型的白领阶层，在公司、企业中任要职。他们信仰基督教或罗马天主教，通用荷兰语、英语等，但也不同程度地保留了本民族的一些语言。

丛林黑人和印第安人是苏里南两个为数较大的少数民族集团，均生活在内地丛林或草原地区。只是印第安人较丛林黑人更为深入内地罢了。所谓丛林黑人（又称马龙人），是指 17—18 世纪期间从种植园逃入内地丛林中的黑人奴隶的后代。他们现在约 4.4 万人，占总人口的 10% 。据人类学家讲，丛林黑人是至今世界上所有逃亡奴隶中最大的、最成功的、最有代表性的黑人后代群体。他们现在分为 6 个部族，主要生活在马罗韦讷河、苏里南河和萨拉马卡河上游沿岸地区以及靠近圭亚那边境地区。有的丛林黑人住区距首都帕拉马里博仅 30—50 公里。丛林黑人现以种植木薯、水稻和其他作物为生，兼事渔、猎和木工雕刻等，过着比较封闭的生活。有近 2 万人至今仍居住在茅寮之中，而且平常只挂遮羞布。现在，丛林黑人的社会仍为母系制但非母权制，部族首领一般必须为男性。他们在丛林中大量地保留了原籍的语言文化和风俗习惯。绝大多数人至今仍信奉多神，而且诸神都有非洲籍的名字。

印第安人被一些西方学者认为是唯一四分五裂和相当不幸的民族，现有人数约 1.3 万，占全国人口的 3% 。印第安人为苏里南最早的居民。15 世纪末欧洲人到来之后他们先是被白人殖民者所迫害和奴役，而后又被丛林黑人所驱逐，最终进入了远离沿海的内地草原或丛林地带，过着与世隔绝的生活。现在印第安人以简单的农牧业为生，兼事渔、猎、采集等活动，保留了多种方言土语。多数人信仰万物有灵和多神，但也有少数人由于欧洲人近年来的传教活动开始信仰基督教。

二　民族关系与民族问题

苏里南的多民族社会是在漫长的殖民统治时期逐步形成的。

苏里南原是印第安人的聚居地之一。最早生活在那里的印第安人是苏里南族，15 世纪之前，该族从亚马孙地区的内格罗河附近来到苏里南大地上生息繁衍。随后，加勒比人、阿拉瓦克人、瓦劳人等族印第安人陆续到来，而苏里南族的印第安人被逐出而后消失。在苏里南，印第安人以亲属关系为基础建起了许多村落，从事狩猎和捕鱼以及刀耕火种式的农业，农作物主要有木薯、烟草、染料植物等。印第安人以其辛勤劳动创造了苏里南的古代文明。

1498 年哥伦布第三次远航美洲时发现了圭亚那海岸。次年西班牙人阿隆索·德奥赫达和胡安·德拉科萨首次踏上作为圭亚那高原地区一部分的苏里南土地。随之，荷、英、法等国探险家为寻找黄金、珠宝等物都来过此处。1593 年西班牙探险家正式宣布苏里南沿海地区为该国属地。1602 年荷兰人开始在此地区定居，建起移民区。1651 年英国殖民地巴巴多斯的总督弗朗西斯·威洛比勋爵，派遣安东尼奥·罗斯率领一批有经验的种植园主带领奴隶前往苏里南建立殖民地，从事甘蔗、咖啡、棉花、可可等种植业，苏里南种植园经济遂发展起来。

欧洲殖民者到来后，对印第安人实行屠杀和奴役政策，使印第安人数量急剧减少，幸存者大部分逃入内地丛林和草原中去谋生。殖民者为了满足种植园劳动力的需求，遂从欧洲、北美以及西印度群岛等地招募移民，一些美国人、法国人、荷兰人等陆续进入苏里南。至 1663 年苏里南居民达到 4000 人。1664 年巴西犹太人为逃避西班牙吞并葡萄牙后的宗教迫害也辗转来到苏里南定居。他们带来了资金和技术，进行殖民活动，并在苏里南建起了南美大陆第一座犹太人大教堂。

种植园经济日益发展，欧洲移民和当地印第安人不能满足种植园对劳动力的需求。于是，殖民者开始从非洲向苏里南贩运黑人奴隶。

首先往苏里南贩运黑人奴隶的是英国人和葡萄牙人。1651 年至 1667 年英国人在苏里南建起各类作物种植园达 500 多个。

1667 年英、荷战争结束，两国签订《布雷达条约》，英国同意将苏里南转让荷兰，换取荷兰殖民地新阿姆斯特丹（今纽约）。但此后一个多世纪里，苏里南在英、法、荷等国之间被争来夺去，最终沦为荷兰殖民地，1816 年始称“荷属圭亚那”直至 1975 年获得独立。

整个 18—19 世纪期间，苏里南是一个典型的种植园殖民地。荷兰每年要贩入大约 2500 名黑人奴隶以补充种植园的劳动力。至 1824 年苏里南境内的黑人奴隶达到 30 万—35 万人。奴隶们不甘于忍受殖民者的残酷压迫和剥削，不断举行起义或暴动。另外，大批奴隶逃离种植园到内地丛林中安营扎寨，进行长期斗争。至 1770 年逃入内地丛林的黑人奴隶约有 5000—6000 人，对种植园构成巨大威胁。殖民当局不得不同意他们在丛林中实行自治。这就是今天人们所谓的丛林黑人的由来，这些黑人在丛林中一代一代地生活至今。

1863 年 7 月 1 日荷兰政府宣布废除奴隶制，苏里南约有 3. 3 万黑人奴隶获得解放。黑人成为自由人后纷纷离开种植园，涌往城镇另寻自己喜欢的工作并在城镇居住下来。种植园遂出现了劳动力短缺的严重局面。荷兰殖民当局为解决这一问题开始从中国、印度、印度尼西亚、马德拉群岛、西印度群岛等地大量引进契约劳工。据不完全统计，截止到 1939 年荷兰共向苏里南引进契约劳工 7 万多人，其中华人 5000 人、葡萄牙人 500 人、西印度群岛（主要是巴巴多斯）契约劳工 2400 人、印度人 3. 4 万人、印度尼西亚人 3. 3 万人。苏里南继黑人奴隶大量进入后出现了第二次人口增长高潮。契约劳工合同期满后绝大多数人无力回归故里，只好在苏里南留住下来。印度人和印度尼西亚人依旧在农村务农，葡萄牙人和华人离开种植园在乡下或到城镇经营零售贸易和服务业。

欧洲人和黑人奴隶的到来以及契约劳工的大量涌入，改变了苏里南社会原来单一的民族结构，使苏里南社会逐渐形成了由多种族、多民族组成的集合体。值得肯定的是，苏里南境内的各种民族，无论大小和先来后到，都为苏里南统一国家的形成和发展做出了自己的贡献。现在苏里南境内不管是哪个民族的成员，统称苏里南人。克里奥约人和印度人以其人数众多和对苏里南政治、经济发展的重要影响而成为两大主体民族。印度尼西亚人也因其人口众多成为两大主体民族之间的平衡力量和苏里南社会生活中举足轻重的第三大民族集团。

苏里南作为一个移民国家，其民族关系一般比较宽松。各族之间相互关系看起来不太紧密，但也不至于太紧张。所以，1970 年代末有的西方学者赞誉苏里南："如此众多的民族能够融洽地和谅解地生活在一起的国家在世界上是不多的，苏里南就是其中之一"。但是，作为移民集团，各民族至今仍不同程度地保留了本民族特征，相互之间存在着一定的差异和隔阂。

首先，如前所述，历史的变迁使各民族大致形成了特定的生活区域和特定的经济活动，尽管它们之间有交叉，但人数不多。生活区域和经济活动的差异随之产生了经济地位和政治地位方面的差异。在城镇居住的民族生活水平自然好于农村的民族，在沿海地区生活的民族自然好于内地丛林和草原的民族。在城镇的民族因教育条件好于农村，自然从政、从商和从事专业技术工作的人也多于农村民族。

其次，在政治方面各大民族集团都有自己的政党。小民族一般没有政党，其成员可以参加到其他民族任何一个政党中去。以克里奥约人为主体的政党是苏里南民族党，以印度人为主体的政党是进步改革党，以印度尼西亚人为主体的政党是印度尼西亚农民党（后改为"民族联合和团结党"）。当然，一个民族集团也不一定只有一个政党，有的有多个政党。一个政党的成员也不一定是清一色，非得本族成员不行，有的政党除吸收本族成员外也吸收了其他民族的成员。另外，各民族集团除了有政党外，一般还有自己的工会、青年、妇女等组织。政党和群众组织一般都维护本族利益。各族政党的代表在议会里积极反映本族问题和要求，通过决议时施加本族影响，为本族利益服务。

再其次，各民族一般都有自己的文化传统，在语言、文化、衣食、住行、宗教信仰、风俗习惯等方面各具特色。尽管各民族长期共处，互相磨合，互相吸收，已经发展了相当的共性，但各民族之化传统的个性经久不衰，东西方文化传统则泾渭分明。

由于各族之间不同的政治和经济利益以及不同的文化传统等，相互之间存在着不同程度的矛盾是很正常的事情。特别是印度人和克里奥约人两大民族之间，虽然不像邻国圭亚那的印度人和黑人那样长期严重对立，但在事关切身利益的重大活动中是绝不谦让的。其他民族之间这样或那样的裂痕也时有暴露。丛林黑人和印第安人至今仍生活在比较封闭的社会环境中，经济生活落后，参政程度低下，与其他民族形成强烈的反差。丛林里人与克里奥约人同宗，但由于生活区域不同，政治和经济地位的差异，相互之间也有矛盾。印第安人是苏里南的原始民族，但自 15 世纪末以后，随着欧洲殖民者和其他移民的到来，人口锐减，主客易位，大权旁落。因此他们对世间充满怨恨，与其他民族之间矛盾和隔阂由来已久。在苏里南独立前夕，他们曾要求荷兰政府把苏里南归还给印第安人，甚至还要求荷兰政府把所有印第安人运到荷兰以便集体向荷兰女王告别或者付给每个印第安人 100 万苏里南盾（苏里南货币）的赔偿费（按人口计其合 40 亿美元），最后不了了之，但积怨却远未了之。

上述种种矛盾和隔阂在深积久埋的情况下一旦遇到合适时机便会爆发出来，酿成冲突和暴力事件，甚至大规模的流血内战。1950—1960 年代印度人和克里奥约人两大民族领导人长期合作，两族关系也相当不错。1973 年以阿龙为首的克里奥约人政党苏里南民族党大选获胜，阿龙出任政府总理，提出苏里南独立问题。以拉奇蒙为首的印度人政党进步改革党害怕苏里南独立后民族党执政，印度人的利益会受到损害，故而反对。两党领导人遂发生分歧，最后导致两大民族关系紧张，矛盾激化。在 1975 年 5 月的 3 周时间里首都帕拉马里博发生 10 起重大纵火案，20 多座建筑物被烧毁或遭到不同程度的损坏，其中包括议会大厦、人口登记局及政府其他一些机关单位。据介绍，事件本身都带有一定种族色彩。1975 年 10 月份，苏里南独立日期临近，两大民族集团围绕独立问题的斗争加剧。甚至有人持枪闯入阿龙总理家中，开枪袭击住宅并威胁总理夫人交出阿龙来。消息传出当天，一些克里奥约族青年人就在首都大街上砸印度人的汽车和商店，殴打印度人。于是两大民族成员发生冲突，首都气氛顿时紧张起来。学校停课，商店关门，颇有发生种族暴乱之势。阿龙政府担心酿成 1960 年代初圭亚那式的种族暴乱大悲剧，赶紧出面干预，坚称上述事件“非政治性”，才使事态平息下来。印度人（包括一些印度尼西亚人）出于人身财产安全方面的考虑，纷纷出走国外（主要去往荷兰）。苏里南独立前后一年时间内，移居荷兰的苏里南人达 10 万，其中 2/3 的人是印度人和印度尼西亚人。

苏里南独立后，国内民族矛盾尖锐，政党斗争不断。议员甚至在议会里大打出手。1980 年 2 月鲍特瑟等人发动军事政变推翻了阿龙政府。政变之所以成功，观察家们认为，最初军政府受到了民众的欢迎和支持，军人的作用是不可缺少的，这是缓和种族矛盾的唯一办法。①

1986 年 7 月份政府实施一项开发内地的安置计划。丛林黑人认为该计划威胁了本族的自治权利，于是在国外势力的煽动下，由布伦斯威克领导成立了反政府武装“苏里南解放军”，在东部地区展开游击战，人员最多时估计有 800 人。他们袭击政府军队哨所、国家铝土矿区、炼铝厂、机场、棕榈油厂、供电高压线路等，一度造成停水停电、铝厂生产瘫痪、机场关闭等严重后果，国家经济蒙受巨大损失。1989 年政府与丛林黑人多次谈判后签订“库鲁协议”，但游击战并未中止。3 年时间里有 500 多人丧生，主要是丛林黑人的平民百姓。

“库鲁协议”内容一经披露，立即引起了印第安人的强烈反对。他们认为，协议中有关将丛林黑人编入拟建的内地特种警察部队等条款

① ［委］《宇宙报》1987 年 1 月 8 日。

严重损害了自己的利益，丛林黑人拥有了在全国自由活动的权利将会继续像他们以前在东部地区所做的那样，摧毁印第安人的村庄等。于是，印第安人在扎马斯的领导下成立了“亚马孙图卡亚纳”武装组织，在西部地区展开游击战，要求政府保护印第安人利益和恢复印第安人事务局组织机构。至此，游击战由丛林黑人与政府之间的内战转为丛林黑人与印第安人以及印第安人与政府之间的内战，带有一定的种族色彩。但印第安人的游击战却得到了部分丛林黑人（曼德拉丛林黑人解放运动）的支持，而且据称还得到政府军队的支持（因为丛林黑人解放运动的军队与政府有矛盾），形势非常复杂。后经各方代表多次谈判以及国际组织的调解，政府与上述丛林黑人“苏里南解放军”和印第安人“亚马孙图卡亚纳”两大组织在 1992 年达成协议，政府承诺为内地经济发展和社会福利方面提供优惠政策，两大组织成员同意放下武器，由政府编入负责内地事务的特种警察部队中去，国内局势才得以稳定下来。近 7 年的游击战使国民经济和社会秩序受到严重破坏。外电报道，苏里南政府处于垮台的边缘。① 大约 8000—12000 名难民流入法属圭亚那。②

三　民族政策

苏里南国内的民族问题是各届政府都不容回避的社会现实。所以，任何民族政党上台执政都需要采取一定的政策和措施，来解决或缓和民族关系中存在的问题，以达到稳定政局的目的。

独立前，阿龙领导的苏里南民族党在 1973 年大选中与索米塔领导的印度尼西亚农民党结盟参选获胜，阿龙出任政府总理。他积极致力于苏里南独立问题，再次提出“一个民族、一个国家、一个命运”的

① ［英］《处事报导》1987 年 2 月 26 日。

② ［英］经济学家情报部：《国家概况——苏里南》，1989—1990 年。

口号，甚至建议将此口号写在国徽上，后因遭反对而作罢。与此同时，阿龙一再宣称苏里南民族党致力于“进一步一体化”，向所有苏里南人开放，人们不分种族或宗教信仰都可以加入，想以此改变民族党的单一克里奥约人形象和团结其他民族成员。在苏里南的华人90%都参加了民族党，党内专设了“华侨支部”。有的华人还当上了民族党中央委员。阿龙上台执政后，有的华人还当选为议员。

阿龙政府在执政中还积极谋求同反对党的团结和合作。为了争取反对党在国家独立问题上的支持，民族党作为执政党多次与他们谈判，最后取得共识并在1975年11月19日通过的新宪法中采纳了反对党的一些政治主张。1974年阿龙在施政纲领中提出：首先实现苏里南的国家独立，进行财政、经济、政府管理机构、劳工法、卫生、教育、农业政策等方面一系列改革。他号召每个公民都投入国家建设中去，通过各项政策的实施，其中包括更新特别移民法，公开分配土地和发展农业生产，鼓励发展民族文化传统，进行职业培训等，以增强民族团结，使国家繁荣富强。1977年阿龙的民族党联盟在大选中再次获胜，阿龙连任总理。他继续推行民族和解与团结政策，在施政纲领中强调注意协调各方关系，发动全民参加国家建设。阿龙指出：要使经济建设取得繁荣发展，只有通过全体人民参加才能实现。为此，他再次号召政府官员、企业家、劳动人民、军队等各种力量不分党派、不分种族，团结一致投入国家建设中去。

阿龙政府在发展工业、农业、文教卫生事业和开发内地资源的过程中，注意兼顾各民族利益。在丛林黑人等聚居地区办起了小学，为当地民族子女入学接受教育提供了方便。独立后，政府将7月1日命名为“自由日”（纪念历史上废除奴隶制），并将每年的这一天法定为全国假日。但为了照顾印度人的情绪，团结其他各个民族，随后将每年7月1日解释为全国“自由和人权日”①，以避免人们误解为仅是黑

① ［荷］亨克·E.钦等：《苏里南政治、经济和社会》，伦敦，1987年，第27页。

人的节日。

1980 年 2 月鲍特瑟等 10 多位军人（多为克里奥约人）发动政变上台后，成立了全国军事委员会。军政权宣布要建立一个“民族团结政府”，政府中将包括以种族为基础的所有政党的成员，目的在于鼓励民族团结的精神，并称这是克里奥约人阿龙政府从来未实现的①。1983 年鲍特瑟在“5 · 1”集会上再次号召苏里南人民团结一致，辛勤劳动，实现革命（政变）目标。军人在组建新政府物色总理人选时，考虑到了克里奥约人和印度人两大民族互相对立的因素，因此，既没有选用克里奥约人也没有选用印度人，而是选用了一位两大民族集团都可以接受的华人医生陈亚先出任总理（后任总统）。作为克里奥约人，军政权人员一直注意团结印度人，缓和两大民族之间的矛盾。1982 年军人选用印度人米西尔为国家代总统。1986 年又选用印度人拉达基顺出任政府总理。针对国家四分五裂、民族关系松散、教育状况落后以及内地丛林黑人和印第安人长期孤立封闭的状况，军人政权提出了扫盲、建立民主等三项施政纲领和 1983—1986 年行动计划。在修建低价住房、兴办学校、修筑道路、发展社会福利事业等方面，做了一定工作。政变后 3 年里建成 2000 多套住房分配给低收入家庭，改善了城乡的水、电供应和邮电、运输事业，为各族人民的生活、居住和出行提供了便利。

1987 年 12 月苏里南举行了军事政变后第一次民主选举，克里奥约人的民族党、印度人的进步改革党和印度尼西亚人的民族联合与团结党三大政党结盟参选获胜，从形式上结束了军人统治。1988 年 1 月组阁完毕，印度人尚卡尔任国家总统，克里奥约人阿龙任副总统兼政府总理，印度尼西亚人索米塔任副总理兼社会事务和住房部部长。苏里南出现了三大民族政党共同行使国家权力的大联合局面。究其原因，三大民族政党是为了恢复民主体制的共同目标才团结在一起的。1990 年末，苏里南再次发生政变，中断了刚刚恢复的民主体制。三大政党结盟继续努力，

① ［乌拉圭］《日报》1980 年 3 月 27 日。

在次年的大选中再次获胜组阁。民族党的费内希恩出任国家总统、进步改革党的阿杜加出任政府总理兼副总统、印度尼西亚农民党的索米塔出任社会事务和住房部部长。但是，到了1996年大选时民族党联盟发生分裂，进步改革党中的拉达基顺派别和民族联合与团结党宣布退出民族党联盟，加入了竞选对手民族民主党联盟。三大传统政党组成的联盟经过了近10年的风雨历程后顷刻瓦解，但它对缓和国内民族矛盾、稳定国家政局起到了一定作用。当然，1996年获胜执政的民族民主党联盟也是三个民族政党的联合，在民族组成方面也有一定代表性，但其影响远不及三大民族的三大传统政党的联合影响大。

四 民族理论

苏里南是拉美独立时间较晚的国家，又因为它是一个小国，在世界上往往引不起人们的注意。所以，尽管它国内民族组成很有特色，民族和文化的多样性可列世界前茅，但真正对其民族问题进行理论研究的著作为数不多。国外相关的论著多是讲其民族概况、民族风俗、民族问题等，至多再加上呼吁国际社会对一些民族的苦痛予以关照和帮助而已。

国内专家学者自1990年代以来对苏里南的研究逐渐增多。1990年6月在中国世界民族学会组织召开的“拉美民族理论学术讨论会”上，阮西湖同志将苏里南的民族理论模式归纳为“差异下求团结，（Unity in Diversity）”。他根据自己对欧洲、北美、南美地区的民族研究结果，归纳出一种“国籍称谓”的民族理论，即突出国家属性，同时又承认存在不同种族和不同民族；强调这些种族和民族都属于他们居住和生活国家的公民，享有同样的权利和义务。他指出，国籍称谓能增强各民族的爱国热情，有利于民族间的和睦相处等①。阮西湖同志的归纳应该说是

① 《世界民族研究》，1990年3—4期合刊，第2—3页。

比较符合拉美国家尤其是非西语或葡语的加勒比中、小国家的实际情况的。这些国家的特点是人口总数不多，但种族、民族数目不少，主体民族不止一个，而且主要民族集团人数又相差无几，谁也同化不了谁。但谁想上台执政，还必须得联合其他一些小民族。即使是上了台掌了权，仍担心台下的主要民族集团，尤其是大一点的民族集团发难。在这种情况下，任何一届政府执政，并想保持政局稳定，必须实行求同存异的民族团结政策和理论模式，强调国籍，承认民族和文化的多样性，又强调各民族的一体化；强调无论哪个民族，不管其历史背景、语言文化、宗教信仰、风俗习惯等有何不同，但大家统以国籍为名，以增强国家意识；强调在不同中求团结，在大同下又可保留各自的民族特征，发展民族个性。苏里南历届政府实践的正是这种“国籍称谓”的理论模式。当然，也有人将其归纳为“民族一体化”的理论模式。应该说，两者的内涵是一致的。

无论苏里南独立前还是独立后，苏里南民族党都是长期执政和最有影响的政党之一。该党基本代表工商、企业主利益，主张消除分裂人民的因素，实现苏里南民族独立和社会经济改革，建立一个真正民族主义的、自由和团结的国家，动员全国各族人民为开发自然资源而共同努力。该党一成立就提出“一个民族、一个国家、一个命运”的口号，致力于国内各民族一体化，期望该党成为一个真正的全民族的政党。在执政期间，该党所采取的政策和措施在一定程度上体现了所谓“强调国籍称谓”或“民族一体化”的理论模式。苏里南另一个最有影响的传统政党进步改革党，在执政期间经常使用的口号就是“差异下求团结（Unity in Diversity）[①]，强调的就是各民族一体化。

1980 年军人政变上台后始终强调全国各民族必须团结一致，共同建设国家。1985 年军政权首脑鲍特瑟在与三大民族的传统政党领导人发表联合声明后讲话说：“今天既没有征服者，也没有被征服者。胜利

① ［荷］亨克·E. 钦等：《苏里南政治、经济和社会》，伦敦，1987 年，第 24 页。

者只有一个，那就是苏里南人民。”1986 年 7 月鲍特瑟在会见埃菲社记者时表示了“结束国内种族冲突”的强烈愿望。他说，1980 年革命（政变）之前，苏里南一直因种族和宗教信仰而处于分裂状态。“我们过去生活在一个即将爆发的火山之上。一场种族之间的斗争会给国家带来无法估计的损失。”他强调，革命（政变）的一个基本目标是建立一个统一的国家，把所有的不同种族的团体都团结起来。他指出，与反对党派取得协调一致的基本条件是各个政党接受“我们是一个国家，而不是一个依赖他人的种族团体的概念。”鲍特瑟以上言论在一定程度上也体现出了“差异下求团结”或者“民族一体化”的民族理论模式。

1981 年苏里南文化、青年和体育部与美洲国家组织在帕拉马里博共同发起召开了“文化与社会—发展与文化多元主义”国际学术研讨会。阿根廷、圭亚那等 8 国代表出席。会议作出了旨在促进多元社会中的文化一体化的建议。此处所说的“多元”在一定意义上讲包括各种各样的种族和人民及其文化。这次研讨会也可以看作是对“国籍称谓”或“民族一体化”理论模式的一次探讨。

1980 年代中后期，苏里南逐渐恢复了民主体制，三大民族的传统政党联合执政近 10 年，随后的执政联盟也是三大民族的联合执政。各届政府在实施治国安邦的政策中，努力做到在国家政权方面保持种族力量平衡。实际上，政府所谋求的是，“突出国家意识，团结各民族，稳定国家政局”这一目标。

五　对国籍称谓理论的评估与展望

苏里南政府所实践的“国籍称谓”（或民族一体化）的民族理论和相关政策，无疑是有进步意义的，客观地讲也是有成效的。在苏里南这样的资本主义国家里，强调国籍称谓或民族一体化，增强人们的爱国意识，使各族人民团结起来，就会出现和谐的民族关系。良好的民族关系和各族成员对国家政治、经济和社会生活的参与，有利于国家经济的发展，政局的稳定，最终有利于各族人民的发展和繁荣。

1970年代以来，各届政府所实践的国籍称谓（或民族一体化）理论及相关政策和措施，在缓和民族矛盾和减少民族隔阂方面发挥了一定作用。首先，左右苏里南政局的印度人和克里奥约人两大民族集团之间尽管因经济利益、政治主张、文化传统等方面的差异而长期有隙，但没有发生过大规模的种族冲突或暴乱事件，而且两大民族的传统政党还和第三大民族集团的传统政党印度尼西亚人的民族联合与团结党结盟，联合反对军人干政，努力恢复民主体制和消除内战，这种团结长达10年之久。正是由于这10年的三大民族传统政党的联合，才得以结束军人统治，得以结束使国家经济一度遭受严重破坏的游击战争。其次，其他小民族之间以及它们与大民族集团之间保持了和谐的或基本上和谐的关系。这与两大民族政党的联合有很大关系，因为两大民族政党中任何一党的力量都不足以组阁，如要具有组阁的力量，就必须拉拢一些小民族政党及一些民族的小政党。此间，既然两大民族政党进行了联合，那么小民族政党之间以及它们与两大民族政党之间的关系也就得到了改善，相关民族之间的关系同样得到了改善。至于印第安人和丛林黑人两个人数较多的少数民族集团之间发生过长时间的内战，这并不单纯地是民族冲突和民族原因引起的。它有国外势力的支持、煽动，以及政府政策的失当等方面的原因。一旦政府实行了基于“国籍称谓”（或民族一体化）理论的政策，那么，内战也就停止了。当然，内战停了并不等于丛林黑人和印第安人的问题就已经解决了，但起码引起了政府的重视，应该说这是解决问题的开始。由于政府注意了对内地资源的开发和发展内地经济和文化等，丛林黑人和印第安人近几年来在衣食住行方面发生了一定改善。一些丛林黑人和印第安人走出丛林和草原，进入城镇谋生。许多丛林黑人应召成为政府军人或警察等。

然而，国籍称谓（或民族一体化）的民族理论在实践中受到国家社会制度和政党斗争等因素的制约，因此其成效也就不能不打折扣。苏里南是个多党制国家，社会政治制度本身有它的局限性。国内主要政党一般都是按民族界限来划分的，都具有一定的种族色彩。国家政治一定程度上是民族政治，政党多是民族政治的产物。任何一个政党为了上台执政，一般都要使用种族色彩的动员手段。任何一个民族的政党掌了权，一般都要对本民族利益考虑得多一些。任何民族成员在大选中一般都投本民族政党的票。执政党的不断更替伴随不断的争权夺利斗争，也伴随着不断的民族纷争。1980 年苏里南发生军事政变，国内政局一度动荡不稳；1980 年代中期开始苏里南又出现了长达六、七年的丛林黑人和印第安人的反政府游击战争。于是，各种斗争交织在一起，形势错综复杂。国内政局更加动荡，经济形势严重恶化。本质上有进步意义的“国籍称谓”（或民族一体化）的民族理论模式在实践中受到各种干扰，缺乏连续性、系统性，效果受到一定影响是不难理解的。

另外，苏里南至今仍然存在民族自然分离现象，也是影响民族一体化理论和政策模式实施的重要因素，严重影响了各种民族之间的团结和一体化，而这种现象在短时期内是克服不了的。这一方面是长期的殖民主义“分而治之”政策的影响和流毒，另一方面则是由于民族本身方面的原因。苏里南各民族除了印第安人之外，都是外来移民，它们都有自己的原籍和故土。尽管各族成员一代一代地生活在苏里南，其原籍乡土观念已经渐淡，但并不等于消失。由于老一辈人的一代一代传教，加上与其他民族之间的差异及本民族利益之所在，因此，人们的故土情结仍起作用。相对而言，让人们把苏里南作为自己的祖国，树立新的国家意识仍然有待时日（有人说还没有形成）。这是一旦苏里南有风吹草动，苏里南人就大量出走他国一走了之的原因。至今旅居荷兰的苏里南人已有 18 万之多，他们主要是在苏里南独立前后以及 1980 年发生军事政变后离开的。他们长期生活在荷兰，加上在客乡所生的子女，现在已经达到 31 万多人。

但是，国籍称谓（或民族一体化）的民族理论模式仍不失为解决苏里南民族问题的一种途径。苏里南不管哪个民族政党执政，都会继续维护和实行这一民族理论模式，强调我们都是苏里南人，以增强各民族的团结。然而，由于上述种种因素，在苏里南真正贯彻实施这一民族理论模式，甚至把各民族团结得像一个民族一样，并非一件易事。印度人和克里奥约人两大民族之间的对立和争权斗争还将会长期存在下去。丛林黑人和印第安人等由于人数少，尽管有自己本族的政党或组织，但影响有限，在议会中很少有席位。他们的要求和利益往往得不到反映和保护，甚至被其他大民族政党所忽视或排挤。因此，丛林黑人和印第安人的孤立、封闭的落后状况也将会长期存在下去。由此看来，民族问题在长时间内将始终是苏里南的一个重要的社会问题。

（吴德明，中国社会科学院拉丁美洲研究所研究员）

厄瓜多尔

一　民族构成

厄瓜多尔现有人口约1598万（2014年），主要由新兴民族——厄瓜多尔人、印第安各民族及外来移民等三部分人组成。

以印欧混血种人为主要成分的新兴民族——厄瓜多尔人，约占全国总人口的一半，大多集中在首都基多和瓜亚基尔、昆卡等各大中城市，是全国政治、经济、文化、交通各领域中起主导作用的民族，他们使用的西班牙语是该国正式的官方语言。

印第安各民族的总人口约为50万人，占全国总人口的33%。现已被国家正式确定为少数民族的有：克丘亚族（Quichua）、西奥纳—塞科亚族（Siona-Secoya）、科凡族（Cofan）、乌阿奥拉尼族（Huaorani）、苏阿尔族（Shuar）、阿丘阿尔族（Achuar）、查奇族（Chachi）、科罗拉多族（Colorado）、阿瓦族（Awa）等9个印第安少数民族。[①]

高耸的安第斯山脉自北向南纵贯厄瓜多尔中部，把国土明显地分成中部安第斯山区、西部沿海区和东部亚马孙平原森林区三大部分。

---

① "Anteproyecto de Ley de Nacionalidades Indegenas del Ecuador 1988".

占领土面积48%的东部地区，居住着不到2%的人口①。印第安总人口的94.9%居住在中部山区，4.9%的人口分布在东部亚马孙地区，仅有0.2%的人口居住在西部沿海地区。②

中部安第斯山区是一片山岭纵横、地势起伏，有众多山间盆地的高原。首都基多就坐落在其中最大的一个盆地上。在基多所在的皮钦查省、基多以北的奥塔瓦洛城、基多以南的科托帕希省、通古拉瓦省、钦博拉索省、以及昆卡城以北的卡尼亚尔省、厄南部的洛哈省和萨莫拉省等地的高原地区，共居住有250万克丘亚族印第安人。③

克丘亚人居住区的地势都比较高，有些地方达到海拔4000米。气候一般比较寒冷。居民主要从事农牧业。种植的作物有玉米、大麦、小麦、豆类、土豆等。畜牧业的经营品种主要是牛、羊、羊驼等。克丘亚人的经济发展水平，因所处环境不同而有较大的差异。如在基多附近的克丘亚人，因离首都较近，市场经济有了一定的发展。居民们除了务农外，还从事养殖业、养花业和小手工艺品制造业等。克丘亚人的养猪场、饲养肉鸡和下蛋鸡的鸡场，现都已有了初步的科学化饲养和管理方法。生产的肉、蛋、鸡等源源不断地供应首都市场的需要。克丘亚人培植的玫瑰花、菊花、黄菖蒲等各种鲜花，以及每年11月2日亡人节节庆活动中盛行的、非常具有民族特色的“面团人”等，都很受国内外旅游者的喜爱。克丘亚人生产的“巴拿马帽”是世界闻名的。然而，许多居住在偏远山区的克丘亚人，至今仍过着半封闭式的原始农牧生活，交通闭塞、生产落后，生活状况极差。

目前，克丘亚人的民族区域，仍按殖民时期大教区的范围划分，称公社区，每个公社区至少有10个以上的印第安公社组成。如基多附近的民族区称卡尔德隆公社区（La Comunidad de Calderon）、钦博拉索

① ［苏］维·沃尔斯基主编：《拉丁美洲概览》，第793页。

② Fuente：Banco de Dr. Segundo Moreno. Universidad Católica.，Quito. Secretaria Nacional de Asuntos Indígenas y Minorías Etnica. Squito.

③ Fuente：Banco de Datos I. I. I.

省的民族区称拉梅塞德公社区（La Comunidad de la Merced），如此等等。

公社是古老的社会组织形式。过去一贯实行酋长制。后来的西班牙殖民者和共和国时期的各届政府，基本上都是利用原来的酋长制对印第安人进行间接统治。1960 年代，克丘亚人居住的大部分地区进行了土改，大庄园制被废除，大批农奴成为自由农民。目前的许多公社都是在土改时期改建或新建的。公社的最高权力机构是社员代表大会，公社领导由社员代表大会民主选举产生。每届领导的换届选举，均在公社的政府代表（替政府办事的社员）和农牧部的一名官员的监督下进行。

克丘亚人的公社区内，仍保留着自己的民族语言和民族文化习俗。尤其是妇女和老年人，大多不会讲西班牙语，许多人还穿着传统的民族服饰。然而，许多男人和年轻人，因被生活所迫，同时也因城市和工矿企业发展的需要，每年都要外出打工；基多附近公社的克丘亚人，甚至坐公交车上班。还有许多孩子因农村没有中学，都进城上学。因此，克丘亚人在语言文化方面，被主体民族同化的情况比较普遍。

在亚马孙地区共居住了 13 万印第安人[①]；主要分布在帕斯塔萨省、萨莫拉省和纳波河一带。其中有 8 万人是陆续迁入的所谓东部克丘亚人。像圣哈辛托公社区（La Comuna de San Jacinto）、加比诺纳印第安中心区（Centros Indígenas de Capirona）等，都是 19 世纪以后至 20 世纪上半期新建的。社员的 95% 以上是克丘亚人，该地区通用克丘亚语，主要经济活动为农业。除种植传统的农作物外，根据气候特点，主要生产香蕉、柠檬、可可、咖啡等热带水果和作物。东部克丘亚人还利用热带林区中的木料，雕刻民族工艺品，其中，用一种名为“马尔萨”轻木雕成的木雕手工艺品，很具民族特色。东部克丘亚人的产品大多

① Fuente：Banco de Datos I. I. I.

以附近的普约城为其集散地。

阿丘阿尔族和苏阿尔族同为“希巴罗”族系。但这两个民族都不喜欢别人称他们为“希巴罗人”（Jivaro），因为他们的祖先曾因顽强地抗击殖民者而被殖民者深恶痛绝，经过殖民统治者的恶意中伤，人们早已把“希巴罗人”与“野蛮种族”“血腥蛮人”“玩人头游戏”等概念等同起来。直到现在，许多人在称呼他们为“希巴罗人”时，都多少带有一些轻蔑鄙视的色彩。

阿丘阿尔和苏阿尔这两个印第安民族，是厄瓜多尔东部的原住民，也是目前除东部克丘亚人以外的亚马孙地区人数最多的居民。他们分布的地区比较分散，秘厄边界战争又把这两个民族的居民人为地分为不同国籍的国民。目前，在厄境内的阿丘阿尔人为4万，苏阿尔人为7千。[①] 他们在亚马孙林区靠狩猎、捕鱼、采集为生。有自己的民族语言、民族文化，并有丰富的草药知识和实践经验。随着厄瓜多尔经济的变化和发展，以及大批橡胶、石油、木材等企业和垦殖者进入亚马孙地区，阿丘阿尔人和苏阿尔人的经济结构和思想意识有了很大变化，传统的生活方式受到极大的冲击。他们被迫为企业主打工，同时也开始生产一些为市场需要的产品，如咖啡、可可，以及迎合旅游者爱好的土著工艺品。

西部沿海地区，居住着查奇族、科罗拉多族、阿瓦族等印第安少数民族。总共约有4400人。[②] 主要分布在厄西部的埃斯梅拉尔达斯省和马纳比省的沿海地区。科罗拉多人因其祖先喜爱用一种红色的植物汁染红身体，以防被丛林中的小虫叮咬，故得此名，即“有色人”之意。现在，有些人就按传统的习惯装扮起来，特意到旅游区去吸引好奇的游客与他们拍照，以此挣些钱谋生。沿海区的印第安人还利用当地盛产的一种叫“塔瓜”的奇特树木的果实核，制作项链、首饰、纽

① Fuente：Banco de Datos I. I. I.

② Ibid.

扣等手工艺品卖给国内外旅游者。因这种果实核呈淡黄色，坚硬耐热，很像象牙，故被人们誉称为“植物象牙”，很受外国旅游者的欢迎。近年来，由于沿海渔业的迅速发展，再加上一些历史古迹和自然风景区的建设开发，印第安人与外部接触日益广泛，许多人在语言、服饰等方面被主体民族同化。但他们的民族意识仍很强烈，成立了各种印第安人组织，积极为争取本民族的利益而奋斗。

二 民族关系与民族问题

民族关系和民族问题，是不同民族之间在政治、社会、经济、文化各领域中相互关系和各种矛盾的集中表现。不同社会、不同历史时期，表现为不同的民族关系和民族问题。在征服和殖民时期，厄瓜多尔印第安民族与欧洲殖民者之间，是征服与被征服、统治与被统治、压迫与被压迫的关系；印第安人的民族问题是反抗异民族压迫与剥削的斗争问题。随着斗争的不断深入，在强大的民族压迫面前，印第安人已趋于民族灭绝的边缘；幸存的印第安民族集团，躲进了殖民者难于进入的高山密林之中。从此，印第安民族与欧洲殖民统治者的民族矛盾，逐步从矛盾的主要方面退居矛盾的次要方面；而受宗主国排挤、歧视、压迫的土生白人，与来自其“母国”的殖民统治者——“半岛人”之间权力和利益的矛盾，逐步上升为主要矛盾。这种权力与利益的矛盾，激发了土生白人的独立意识，促进了厄瓜多尔的独立斗争，同时也逐步形成了以土生白人和混血种人为主的新兴民族——厄瓜多尔人。在整个独立战争时期，民族关系内涵已转为这个新的社会利益群体与欧洲白人殖民统治者之间的权力、利益、民族意识和民族感情的社会关系问题。当时新兴民族面临的最大问题，就是推翻宗主国的异族统治，建立新的民族国家。因此，可以说，在争取独立、建立国家的事业中，新兴民族是起先锋和主导作用的。

建国以后，政权落在新兴民族的大地主手中。统治阶级内部争权夺利的斗争，使厄瓜多尔从19世纪初建国起到20世纪中期的150多年间，一直处于政变频繁、政局动荡的混乱状态。远离政治经济文化中心的印第安各民族，根本没有引起统治者们的注意。

20世纪以来，厄瓜多尔经历了“可可繁荣时期”、“香蕉繁荣时期”，后来又进入“石油时代”。1950年代以后，国家经济已有了明显好转，政局也逐步趋于平稳。资本主义商品经济的发展，促进了生产社会化和商品化的进程，从而扩大了各民族、各地区之间的相互交往。印第安人与世隔绝的封闭式社会结构被打破，在日益扩大的对外联系和交往中，印第安人已明显地意识到民族发展中的巨大差异，和各种种族歧视与民族不平等现象。这种民族利益分配不合理、不平等的民族关系，势必导致民族间的矛盾和摩擦，形成各种民族问题。现把目前印第安各民族聚集地区的主要民族问题归纳如下：

（一）土地问题

对厄瓜多尔的印第安民族来说，与玻利维亚印第安人一样，土地不仅被他们称为赖以生存的“土地母亲”（Pacha mama），而且也是其文化和民族发展的地域基础。目前的问题不仅仅是用于耕种的土地数量不断减少，土地质量不断下降，而且各少数民族的传统区域，也不断地受到外界的侵犯和破坏。如中部山区的科托帕希、钦博拉索、洛哈等省的克丘亚人民族区内，大部分土地已受到侵蚀，水土流失严重。近年来印第安人口增加很快，年轻一代已很难再分到土地，位于沿海马纳比省的一位社员说：“要想让我的儿子们也能在地里干活，除非我死后把地腾给他们。”[①] 印第安人地区虽在1960年代已进行了土改，但根本没有解决印第安人的土地问题，许多印第安人被迫让出好地，另分坏地；许多土地没有明确的法定地界，没有合法有效的土地证；有些地还因工作人员的疏忽而重复分配，引起了长期的土地纠纷。政府

① 见 *Identidades Indias en el Ecuador Contemporáneo*，pp. 415 – 416。

鼓励垦殖者开荒种地，许多印第安人的土地在“开荒”的借口下被垦殖者强行占领。在亚马孙和西部沿海地区的印第安传统区域内，一些国内外企业以各种开发为名，占领、分割了印第安人的大片土地。

（二）种族歧视和民族不平等问题

目前，对印第安人的种族歧视已不像过去那么明显，但仍普遍存在。据一些印第安人反映①，许多混血种人至今仍把印第安人看成“低下”、“缺乏文明”、“无能野蛮”的社会群体；执管户籍的官员在印第安人为刚出生的孩子报户口时，不让印第安人为孩子起印第安人习惯用的姓名，而任意为孩子起西班牙人常用的姓名，这引起印第安人的强烈不满。在社会上，印第安人仍然受到歧视，如在公共汽车上，印第安人被排挤到最后的座位，即使车厢内很空，售票员也不把好位子让给印第安人。在公共场合印第安人常常受到混血种人的取笑和侮辱；在学校里，印第安孩子被老师和同学无故辱骂和惩罚；在市场上，印第安人的产品被压到最低价；印第安人想请律师，首先需讲清是否有钱付律师费，而不是问涉及什么诉讼案。在寻找职业时，印第安人常常只能从事粗活脏活。如印第安人与混血种人谈恋爱，其婚姻常受到非印第安人方面的阻挠，经常听到的一句话是：“理应改良种族”（hay que mejorar la raza）。当然，经济较好的印第安人知识分子，较少受到歧视。

从政治、经济和司法方面来看，印第安人更是备受歧视。长期以来，印第安人一直被认为是一些有着不同语言的“劣等族群”。在政治上享受不到平等的公民权利，在经济上享受不到公平的民族权益，在司法上得不到应有的法律保护。国家宪法没有承认印第安人作为“民族”而应享有民族权利；国家没有为保障印第安人基本权益而制订任何有益的法律，如没有保证印第安人土地不受外来企业或垦殖者侵占

① 见 *Identidades Indias en el Ecuador Contemporáneo*, pp. 415 –416。

的法规；没有保证印第安人真正享有土地权的土地改革法；没有保证印第安人基本权益的森林法和水资源法等等。印第安人没有参与国家权力机构和参与重大事件决策的权利，如昆卡附近卡尼亚尔省政府和企业想在该省境内克丘亚民族区的 Culebrillas 湖区，建立一座展示该地区克丘亚人古老文化遗迹的考古公园，计划公园占地 9600 公顷。如此一项直接涉及克丘亚人民族利益的开发项目，竟不让当地克丘亚人参与决策，甚至连发言权也不给予他们。再譬如在沿海区的查奇人民族区内，国家开辟了一块自然生态保护区，占据了查奇地区中一大片最好的土地，却没有给印第安人任何补偿；当查奇人像往日一样到这片土地上打猎、捕鱼、砍木制伐时，就遭到政府守卫队的强行拦阻，甚至受到拘捕、罚款、没收劳动工具、挨打等处分；而一些大木材企业却无视政府法令的存在，不受守卫队的任何干预就进入该地区大规模伐木。当印第安人与外界发生纠纷，或被卷进一场官司时，往往因语言不通而无法自我申诉和辩护，法律也常常只为有钱者服务。连在税收方面，也不能一视同仁，越是穷苦的印第安人，税收越是苛刻。同样做点小生意，向印第安人收的税就比非印第安人高。在洛哈省的克丘亚人公社区周围，近十多年来出现了一些有组织的偷盗牲畜团伙，印第安人的畜牧业深受其害。1993 年 1 月底时，曾有两个盗窃团伙的小头目被印第安人抓获，他们把这两个窃贼押到政府司法部门寻求法律公正判决，但几天后这两个窃匪就被政府无罪释放了，法律的不公正导致窃匪活动更加猖獗。

（三）生活贫困和环境污染问题

印第安各民族的生活环境面临着极大的威胁，他们生活贫困，周围环境受到污染，水资源匮乏，基本生活设施和卫生条件差，交通落后。1960 年代东部亚马孙地区发现大量石油后，各种公司企业纷纷进入亚马孙印第安人地区，他们修桥铺路，砍木伐林，在科凡人民族区还修建了小型机场。于是，印第安人的土地被占，森林被毁，河水被污染，生态环境被破坏，许多动植物消失，这一切都对依靠大自然生存的印第安各族带来了极大的危害。再譬如有一家跨国渔业公司，在沿海区马纳比省的印第安人地区内建立了一个鱼粉厂，该公司不仅掠夺了大量渔业资源，而且，在建厂十几年内，工厂的浓烟、废物、废水、废气严重污染了周围的空气、海水和环境，许多儿童皮肤红肿感染，被污染的海水影响了鱼虾的生长。而且，被污染的环境还威胁到印第安文化古迹的安全和保存。印第安人要求政府保护，但未得到答复，于是当地印第安人组织直接与公司交涉，问题才得到初步解决。再譬如美国 Chevron Texaco 公司，在 1972—1992 年间一直从富饶的亚马孙丛林提炼原油，不仅污染了环境，而且于 2001 年时竟将 185 亿加仑受石油污染的水倾倒进亚马孙河里，使印第安人深受其害。当地印第安人一直状告这家公司，要求公司将河水清理干净，并赔偿因环境污染而带给他们的健康损失。另据报道，2003 年 5 月 29 日某木材开发商，为了掠夺厄瓜多尔东部热带雨林地区的大量木材资源，竟杀害了近 30 名勇敢捍卫自己权益的印第安人。

在印第安人占大多数的农村地区，竟然只有 55% 的人能够饮用到较洁净的水①。像基多附近的卡尔德隆公社区严重缺水，不仅缺少灌溉用水，连生活用水也很困难，印第安人只得饮用水塘积雨水，或出高价买饮用水。再如位于昆卡附近卡尼亚尔省低地的一些克丘亚人公社区内，约有 75% 的居民没有自来水，只靠井水或地下水。夏季时，井水常常干枯，有时彻底断水，给社员生活和健康带来很大危害。印第安人地区大多没有基础的生活设施，除了少数地区已用上电外，绝大部分地区至今仍用煤油灯一类的照明用具。所有民族地区都没有下水道，厕所很脏，卫生条件极差。近年来虽然有些地区已建有一些简易公路，但许多公社区仍然没有任何交通设施，完全靠双脚走路。

---

① 引自 *Visión*/1 A115 de diciembre de 1997。

（四）保持和发展民族文化的问题

印第安人在维护和发展自己的民族文化方面，有着很强的民族意识。与主体民族的许多矛盾和冲突，都是因不尊重印第安民族文化而引起的。如在奥塔瓦洛城中有一座中央公园，园内有一座1534年领导基多人民反击西班牙殖民者的印第安民族英雄鲁米纳韦的铜像，这是印第安民族的骄傲和象征。然而，在1990年代初，当地政府为了迎合纪念发现新大陆500周年活动的需要，决定将鲁米纳韦的铜像挪到它处，在原座墩上安放玻利瓦尔的雕像，这事引发了印第安人与主体民族的冲突。在该城还发生一起事件，也充分反映了印第安人极力维护自己民族文化的坚强信念，这就是围绕着如何欢庆印第安人的民族节日“爱情节”而引发的斗争。为了吸引更多的旅游者，奥塔瓦洛市政府要求当地印第安人在他们传统的爱情节庆活动中，增加“游行”和“选美女”两项活动，但遭到印第安人的反对。在当地印第安人组织的领导下，坚决抵制政府的强制行动，并仍按自己民族传统方式欢庆节日。在每年爱情节来临时，都有一场矛盾和冲突。政府当局请印第安人组织领导人一起谈判，印第安代表仍坚持按自己的民族文化传统搞节庆，不愿为讨观光客的开心而改变自己的文化传统。

（五）教育和医疗问题

印第安人的教育比较落后，首先表现在文盲现象普遍，目前，全国约有115万印第安人是文盲，约占印第安人总数的43.6%[①]；其次，印第安人的双语跨文化教育还存在许多问题，如教育的领导和组织问题、教育大纲、教育计划的制订和实施问题、教育的投资问题、教材教法的确定、师资的培养等等都还没有很好协商解决。目前，各印第安民族区内，虽都有几所小学，但办学条件极差，在一间破屋子

① 引自 *Visión*/1 A115 de diciembre de 1997。

内，往往有几个不同年级的学生同时上课；教师工作不安心，有些会讲双语的印第安教师，常常也只是做些将西班牙语翻译成土著语言的简单工作；印第安地区的学校，最多只能把孩子培养到小学毕业，如要继续升中学，就只能送往附近的县城或更远的大城市去上学。

在医疗卫生方面，主要的问题有：印第安传统的草药医疗知识和经验面临着失传绝迹的危险，自古流传下来的丰富草药经验被主体社会视为"愚昧迷信"而受到排斥，年轻的一代也不愿学它，更没有人对其进行科学的采集、整理和总结发掘了。其次是印第安人地区严重缺医少药。在许多公社区的中心地带，也只有一个卫生医疗站，周围居民要看病，一般需步行 6—8 小时路程。还有一个严重问题是，在各个不同的印第安人地区，都有一些常见病和多发病。像沿海区的查奇人居住区内，疟疾、结核病、肠寄生虫病等非常普遍。特别令人担忧的是，在该地区还流行一种可怕的疾病，是由一种热带蝇叮咬人的皮肤后，使人体受到一种微丝虫的侵蚀，皮肤会感染生硬节；这种蝇最喜欢叮咬人眼周围部位，被叮咬的人就会逐步减弱视力而失明。在中部山区的印第安人中，还普遍流行感冒、腹泻、肺病、霍乱等多发病。另外，由于生活贫困，全国几乎有一半印第安人儿童患有营养不良症。

（六）关于各种政治势力渗透和破坏印第安人组织团结的问题

自 1980 年代以后，厄瓜多尔的印第安人组织像雨后春笋般地蓬勃发展起来，并在民族民主运动中发挥了巨大作用。然而，各种政治势力却千方百计地对印第安人组织进行腐蚀和渗透，甚至公开挑拨印第安人的内部团结。如有一个自称为印第安主义者的德国人组织，自 1980 年代初以来一直在厄瓜多尔印第安人地区活动，他们在印第安人中培植自己的势力，打一派拉一派，引起许多印第安人的不满。他们在查奇人地区内，遭到查奇中心联盟组织的反对，于是该德国人组织就在印第安群众中破坏联盟的威望，用赠送摩托车的方式拉拢一些群众，让他们公开反对自己的组织；再譬如在首都附近的克丘亚人卡尔德隆公社区内，经常受到一些政党的渗透和干扰，像民主左派党（PID）、人民民主党（DP）、人民民主运动（MDP）等各种政党，为了在印第安人中间拉选票，常用一些宣言和承诺来欺骗印第安人，引起印第安人内部的思想混乱和分裂。还有一些不同的宗教团体，主要是传统的天主教和新教教派，也渗入到印第安公社区内，进行传教和制造不同教派之间的分裂活动。

三　民族政策

厄瓜多尔是一个以新兴民族为主体，并有多个印第安民族共同组成的“多民族国家”。在这样一个印第安人与新兴民族人口比重相差不大的多民族国家内，印第安人问题更是关系国家前途和命运的重大问题。因此，如何制订民族政策，处理和解决好印第安人问题，无疑是厄瓜多尔各届政府面临的重要课题之一。然而，在建国后的很长时间内，统治阶级和土生白人地主与印第安人之间，依然维持着殖民时期遗留下来的压迫与被压迫、剥削与被剥削的民族关系，国家对印第安人基本上采取了同化政策。19 世纪末 20 世纪初，由于国家实行政教分离，政府才不得不重新确定它们同印第安人的关系。1897 年厄瓜多尔宪法规定，必须“捍卫和保护印第安人”，要使印第安人从“野蛮人”转变成“文明人”。从 1960 年代初到 1970 年代末，在美洲印第安主义运动的推动和影响下，政府对印第安人也实行了与邻国相似的“一体化”政策，企图在强调祖国意识的基础上，与印第安人密切关系，从而在政治、经济、文化、社会等各个方面对印第安人进行民族整合，以便在“厄瓜多尔化”的过程中实现印第安社会的“现代化”。1979 年军人向民选总统正式移交了权力，从此，厄瓜多尔进入了民主化进程。从 1979 年到 2003 年，厄瓜多尔共有 9 届政府执政。几乎各届政府都试图创造一种“全国团结”的安定和谐气氛。因此，许多为缓解民族矛盾、抚慰印第安人民的政策纷纷出台。其中，内容最全面、最有典型意义的是：1988—1992 年博尔哈总统执政期间所制订的《厄瓜多尔印第安民族法》，以及 2003 年就任的古铁雷斯总统所颁布的宪法中有关印第安人问题的条款。现根据这两个文件，对厄瓜多尔印第安民族政策的一些具体做法，归纳为以下几个方面：

（一）政治方面

1. 承认厄瓜多尔是一个由具有民族文化、民族组织、民族权利的各印第安民族广泛参与的多民族国家。

2. 承认克丘亚、阿丘阿尔、科凡、查奇等 9 个民族集团为厄瓜多尔印第安少数民族。

3. 在宪法与其他法律赋予全国公民应享有的个人或集体权益不受侵犯的前提下，承认印第安人的民族权利。

4. 允许印第安民族派代表参加以下一些国家权力机构：文化委员会、全国教育委员会、对外关系协商会议、国家发展银行，以及省和地方一级的政策规范组织。

5. 印第安人有集会和成立各种代表自己民族的政治组织的自由；但必须履行一定的法律手续。国家承认厄瓜多尔印第安民族联盟（Confederación de Nacionalidedes Indígenas del Ecuador，简称“CONAIE”）为全国各印第安民族的法定代表机构。该组织及其下属的分支机构，均享有组织的自治权。其领导成员由组织内部民主选举产生。

6. 为促进了解，创造团结和谐的气氛，政府将加强与印第安人组织的沟通和对话。

7. 如果印第安公社或中心的大多数居民提出要求，政府可以考虑在各印第安民族区内，设置相应的政府代表机构。政府代表的选派程序和方式，应根据各印第安民族的意愿，并在尊重其公社的传统习惯形式的基础上自决产生，国家尊重其选举结果。

（二）经济方面

1. 国家保证各印第安民族享有使用和占有自己土地的权利。国家将根据各个地区的不同情况和每个印第安民族对土地的传统占有情况，为其土地办理合法化手续，并颁发土地证。

2. 凡是在有争议的公用土地上，包括印第安传统的民族地区（即印第安人自古以来就在那里繁衍生息、狩猎捕鱼，并至今仍在为保护那里的自然资源而努力的地区），国家将对其进行确认和正式划界，以保证印第安人能在自己的民族区内使用土地、开发自然资源。

3. 凡属印第安公社所有的土地，国家有保护其不受侵犯、不受分割的义务；国家将不允许任何非印第安人组织、机构或个人，直接或间接地在印第安人地区进行考察、建筑、开发资源或开展旅游项目。

4. 当印第安公社与外界发生土地纠纷或有争议时，国家将坚持维护公社利益的原则。

5. 凡涉及印第安民族区内的发展计划，或国家准备在该地区开发的某项基础服务设施规划，均需保证有印第安人组织的代表参与讨论和决策。

6. 国家在每年财政的总预算中，将给厄瓜多尔印第安民族联盟一定比例的财政拨款，以便该组织能围绕其工作计划正常运转。

（三）文化方面

1. 国家承认印第安各民族有恢复、保持和发展其民族文化的权利，保证各族人民有使用自己的语言、维护自己的社会形式、生活习惯和思维方式的权利。

2. 国家承认克丘亚语和其他的印第安民族语言，同为国家的官方语言，可以在教育、法律、大众媒体和各种不同场合中广泛使用。

3. 凡是在欧洲殖民统治以前就已在美洲定居的土著居民，其公社组织、社会形式、思想文化等各个方面至今仍然保持其传统特征，并一直生活在厄瓜多尔境内的印第安人共同体，均可界定为印第安民族。

4. 国家将以法律的形式，保证印第安各族人民有使用本民族习惯姓名的自由。

5. 国家保证印第安各族人民有广泛参与国家社会和文化生活的权利，承认印第安文化对全民文化作出的贡献。

6. 在全国所有的印第安人地区，均实行双语跨文化教育制度；同时，在全国各大、中、小学内，均开设印第安语言和文化的基础课程，以示对印第安文化的重视。

7. 为继承和发扬印第安文化的优秀传统，印第安各民族有成立自己文化核心组织的自由。

8. 国家重视和保护印第安人传统医术的经验，鼓励发掘和推广传统的草药医疗知识；同时要在各级印第安组织的积极参与下，配合各有关的医疗保健部门，制订出发展印第安地区卫生保健事业的计划。

四　民族政策评析

民族政策是协调民族关系、调控民族矛盾和民族利益的具体措施和办法。正确的民族政策应该是与民族实际相结合的、有利于消除民族分歧、有利于缓和民族矛盾、有利于各民族发展的政策。从上节所列的厄瓜多尔印第安民族政策条文来看，这些政策措施对消除国家与印第安各民族的分歧、缓和与印第安人的矛盾方面，还是有一定的积极意义的。

首先，政府承认厄瓜多尔是一个由多种民族、多种文化组成的多民族国家；承认印第安各民族（nacionalidades）是国内的“政治实体”，摒弃了过去那种把印第安人看成是野蛮“族群”（grupos étnicos）的观点。这样的政策精神是符合印第安各族人民愿望的，因而也有利于缓和与印第安人的矛盾。

其次，政府允许印第安人享有一定的政治参与权和自主管理、自主发展的权利。如承认印第安人组织的合法性，允许印第安人组织派代表参与一些国家职能机构，同意与印第安人组织加强沟通与对话，以示印第安人的“民族”地位。

第三，印第安各族人民对社会上长期存在的种族歧视现象反应非常强烈。为了缓和民族矛盾，安抚印第安各族人民的不满情绪，政府针对社会上明显的对印第安民族歧视的现象，从政策立法上进行调节与控制。如规定印第安人有用符合自己民族习惯姓名的自由、规定印第安各族人民的语言，也能与西班牙语一样在国内各个不同场合广泛使用，印第安人的民族文化、民族特性，以及传统医术、草药知识等，均应受到尊重和保护。这些举措是符合印第安民族愿望的。

但是，厄瓜多尔现阶段的印第安民族政策，仍有非常明显的不足之处，据笔者之见，主要反映在以下几方面：

第一，对印第安民族面临的严重问题，从政策上没有实质性的解决措施。如在水土流失、土地侵蚀、土地不断受到外界侵犯等情况下，印第安农民严重缺少土地的问题；许多地方严重缺水的问题；生态环境不断受到破坏的问题等等，政府尚无解决问题的大政方针。

第二，措施不到位。解决民族问题，说到底要解决民族发展问题。厄瓜多尔政府虽然在民族政策中也强调了印第安各族人民享有民族平等的权利，但对如何帮助印第安民族尽快提高社会生产力，如何尽快消除历史上遗留的在政治经济上与主体民族的巨大差距，如何保证印第安民族真正达到民族发展繁荣的目的。这些牵涉到民族发展的实质性问题，均没有具体的规划。

第三，空头许诺多于实际执行。为了给印第安人更多的参与机会，政府曾多次与印第安组织的代表接触对话。1989 年政府起草了《厄瓜多尔印第安民族法》（草案）后，还专门与几个全国性印第安人组织的代表，在帕斯塔萨省举行会谈，征求印第安人对草案的意见。政府代表与印第安人代表共同签订《萨拉亚古协议》（Acuerdo de Salayacu）。但是，政府在协议中对印第安人的各种承诺，均没有实现。所有的承诺和宣言，虽然骗取了印第安人的一些选票，但更暴露了让印第安人参与的虚伪性。难怪前美洲印第安研究所所长马尔对拉美许多政府的印第安民族政策作过这样的评价：“印第安人的参与更多的是宣言性的，而不是实质性的；是纸上的东西，而不是日常生活的现实。”①

第四，政策缺乏连贯性，政策贯彻不得力。虽然国内外民主化浪潮的发展，使厄瓜多尔近年来的各届政府都采取了一些有利于促进国内各民族团结、缓和与印第安民族矛盾的做法。但出于统治阶级不同的考虑，政策往往是不连贯的。如 1988—1992 年执政的博尔哈政府，曾承诺制订一项有利于印第安人土地集体所有制，切实保护印第安人土地权益的新的农业法；但到 1994 年 6 月，杜兰·巴连政府却批准了有损于农民和印第安人利益的新农业法。这引起了印第安人的强烈不满。再如，政府虽然规定印第安人有用符合自己民族习惯的印第安人姓名的权利，但当印第安人为自己的新生儿报户口时，政府户籍官员仍常常随便把新生儿的名字改成西班牙人常用的姓名；当印第安人拿出政府制订的条例，据理力争时，政府官员却对法律不屑一顾地说：“我什么也不想知道，你最好还是走出这间办公室，你愿意的话就去找省长谈吧！”② 如此的政府官员，即使政策再好也无法保证贯彻实施。

任何一届政府都希望制订的民族政策能有效地控制政局的发展，保证其统治地位的巩固。但是，任何一种民族政策的出台，又都会受各种社会政治因素的影响和制约。厄瓜多尔政府修改了以往的印第安人政策，但又不可能制订出真正维护印第安人平等民族权益的政策，同样也是受各种因素制约的。依笔者之见，其制约因素主要有以下方面：

第一，受决策主体的阶级性和社会制度的制约。在一个以私有制

---

① ［西班牙］《伊比利牙美洲思想》半月刊，1991 年 1—6 月号，第 181—200 页。

② *Identidades Indios en el Ecuador contemporáeo* Ediciones Abya-Yala, pp. 221 - 231.

为基础的资产阶级多民族国家中，民族压迫、种族歧视的社会不平等根源依然存在，即使口头上说得再好，也不可能完全实现一切公民不分性别、宗教、种族、民族，一律平等。

第二，受近年来强大的印第安人民族民主运动的冲击和影响，政府采取的一些缓和民族矛盾的政策和做法是被迫的而不是自觉的。从1970年代以来，随着印第安人与外界接触交往日益增多，印第安人的民族意识日益增强，要求民族平等、民族权益的呼声越来越高。一直被当局认为是“野蛮族群”的亚马孙流域的印第安人，竟首先组织起来，为捍卫自己的民族权益而斗争。目前，厄瓜多尔全国各地各族印第安人组织，如雨后春笋般地蓬勃发展起来，他们的抗议、示威、集会、游行和各种宣言和行动，都对政府带来了巨大的压力，造成政局的不稳定，影响国家正常的政治经济生活。如2000年1月21日由印第安民族联盟组织的大规模反政府示威活动，在军人的支持下，竟迫使马瓦德总统下台。因此，政府不得不在某些方面作些让步，以便缓和矛盾。

第三，受国际大环境条件变化的制约。1980年代以来，拉美盛行的“一体化政策”受到了拉美国际社会的批评和抵制，旨在加速民族同化或国民一体化的“多族群国民—国家”理论受到质疑。在这种国际大环境的背景下，政府也不得不对以往的政策理论根据，作较大的修正。国家承认印第安各族人民的生存权和发展权，承认印第安人的民族地位，承认国家为多种民族、多种文化组成的多民族国家，并给印第安民族一定的政治参与权和民族自决权。

第四，受国力贫乏的制约。厄瓜多尔是一个发展中的资本主义国家，国家的经济实力还很薄弱，而印第安各民族在政治、经济、文化各方面与主体民族的差距还很大，加之印第安总人口和贫困人口基数很大，国家尚无能力帮助印第安人地区全面发展。

五　印第安各民族的未来发展

民族发展是各个国家和各个民族都很关注的重要问题。但任何一个民族的发展，都要受民族自身的因素、民族所处的自然因素、当时的社会因素、与外部交往的程度，以及该民族的社会生产力发展程度等各种条件的相互作用和影响。厄瓜多尔印第安各民族未来的发展既面临着积极因素，也存在着消极因素，笔者试作一分析。

有利于厄瓜多尔印第安民族发展的积极因素，有以下几个方面：

1. 各印第安民族地区的商品经济有了一定的发展：

在全国资本主义商品经济不断发展的过程中，生产力发展水平极低的印第安各民族，只有通过发展商品经济，改变自然经济，才能逐步促进民族地区生产力的发展，实现物质和精神的现代化。可喜的是，目前，厄瓜多尔印第安民族地区的商品经济已经有了一定的发展。许多印第安民族，都已经不只是为了自给而生产，都积极制订产销一条龙计划，开设属于印第安人自己的商业网点和贸易市场。如中部山区洛哈省的印第安人地区，历年来都盛产小麦，为了避免中间商的剥削，该地区的印第安人一面建立公社自己的磨房，做到自产自加工；一面自己组织收购和销售。同时，为了适应瓜亚基尔市场的需要，他们还开始种植苹果、梨、桃等水果。再譬如，东部亚马孙地区的克丘亚人，了解到他们的手工艺制品在国内外旅游市场上很受欢迎，特别是他们利用当地盛产的巴尔萨轻木雕刻的手工艺品负有盛名，于是他们不仅进行了有组织的生产，而且还把产品的流通置于该地区印第安人组织的直接保护和控制之下，使中间商无机可乘。再譬如，沿海地区和亚马孙地区的印第安人，现在都已逐步改变了生产范围，除了生产玉米、木薯等传统作物外，还生产国内外市场需要的香蕉、柠檬、咖啡、可可等热带水果和作物。

2. 印第安各民族的民族意识比较强，民族发展的自信心比较足，而且具有一定的自力更生、奋发图强的民族精神。目前，全国各地都有印第安人自己的组织。全国性印第安人组织，有厄瓜多尔印第安民族联盟（CONAIE），厄瓜多尔亚马孙印第安民族联盟（CONFENIAE）等。这些组织现在都已非常成熟，不仅有效地组织印第安人与侵犯他们领土的公司企业或垦殖农作不懈的斗争，而且针对政府侵犯印第安民族利益的行为，组织各种抗议集会，发表各种声明宣言，甚至进行暴力反抗。同时，各个印第安人组织已经承担起制订和组织本地区经济发展计划的重任。如亚马孙地区纳波河流域的卡皮罗纳印第安中心，在该地区的印第安人组织——纳波印第安人组织联盟（FOIN：Federación de Organizaciones Indígenas de Napo）的支持和协助下，于1990 年 9 月制订了开发本地区旅游项目的整体规划，该规划除了利用本地区现有的原始森林、山沟湖洞等大自然景色和丰富的野生动植物资源，开发大自然回归游的徒步旅游项目外，还开发展示印第安公社传统文化习俗的旅游项目。印第安人把这套规划称之为：《卡皮罗纳文化生态与共存计划》（Programa de Ecoturismo y Convivencia Cultural Capirona），印第安人要通过这套规划的实施，增加收入、改善生活、增长才干、增加就业机会，控制居民盲目迁移；同时，也可教育年轻一代热爱家乡、热爱生态环境、热爱自己的民族文化。为了能真正实现规划，他们还成立了专门的组织机构，对规划的实施进行了周密细致的分工。其他地区的印第安公社和组织，也都像卡皮罗纳公社一样，根据本地区的具体情况，制订了各自的经济发展计划。这可以说是印第安民族能够发展的希望之光。

3. 印第安民族的整体素质有了较大的提高。虽然从目前来看，印第安人的文盲现象还比较普遍，各民族地区的学校条件都比较差；但是，近十多年来，印第安人对教育文化的要求和重视程度都比过去有了很大的提高，印第安各地区组织不断向政府呼吁，要求政府帮助改善印第安地区办学条件、实施符合民族需要的双语跨文化教育、改善印第安地区的医疗卫生服务设施、重视发掘印第安民族文化。近年来，各公社的印第安儿童不仅能在本地区学完小学，许多家长还千辛万苦地把子女送到附近的县城或大城市去读中学，甚至读大学。目前，在厄瓜多尔已经涌现出一批印第安人知识分子队伍。尽管许多印第安知识分子受到不同程度的同化，被称为“乔治”（意为模仿西化的土著人），但他们的民族意识仍很强烈。本文引用的许多资料，都是来自这批印第安人知识分子写的文章。他们大多担任各印第安人组织的领导职务，有些担任双语跨文化教育纲领的负责人。像写出亚马孙地区阿丘阿尔人情况的作者，本人就是阿丘阿尔人，他曾在玻利瓦尔大学安第斯文化学院就读，还得了行政管理科学的硕士学位。印第安人的文化状况也有了很大改善，如在亚马孙的原始林区，苏阿尔族印第安人在国家文化教育部的帮助下，建立了一个苏阿尔人双语双文化无线电教育系统，这就是国际上闻名的厄瓜多尔亚马孙地区苏阿尔族广播学校。学校除了对 6—15 岁的儿童进行系统的小学广播教育外，还对成人进行扫盲教育和进行文化普及工作。此广播教育系统自 1970 年代初开始筹办以来，现在已扩展到亚马孙地区的 5 个省，现有学生约 5000 名，共有 5 个电台。最近还开办了师资培训教育系统，以适应开展双语跨文化教育的需要。

厄瓜多尔印第安民族发展中的不利因素，主要有以下几方面：

1. 由于历史上受压迫受迫害比较深，印第安民族的社会生产力和生产方式都还很落后，要消除与主体民族在经济上的巨大差异，目标还很遥远，还需付出很艰巨的努力和辛勤的劳动。

2. 印第安民族虽然在一定程度上自己掌握自己命运，有自主发展民族经济的权利，他们不愿也不会只在国家的卵翼下求生存、图发展，但是，任何民族的发展，都离不开其他民族、特别是先进民族的帮助，何况民族力量还很薄弱的印第安民族。然而，国家和主体民族给印第安人的帮助至今仍是口头多于实际，许多貌似公正平等的民族政策，都只是一纸空文。

3. 在对印第安人的民族歧视依然存在的全民社会中，印第安各族人民民族排外心理也未完全消除，这使印第安人与外界交往很难有较大的突破，这对提高人口素质、适应现代化社会是不利的。

总之，印第安民族的发展，要受各种因素和条件的影响和制约，从目前来看，厄瓜多尔印第安各民族，还是朝着积极发展的方向转化，许多方面都显示出印第安民族还是很有希望的民族；当然，也不能忽视阻滞因素的负面影响。

（夏丽仙，北京外国语大学副教授）

玻利维亚

玻利维亚位于南美洲中西部，为一内陆国；东、北与巴西接壤，南邻巴拉圭和阿根廷，西界智利和秘鲁。境内地形复杂，分为三大地理区域：1. 高原地区，介于安第斯山两支脉之间，西为西山（Cordillera Occidental），东为雷亚尔山（Cordillera Real）；2. 永加斯地区（Yungas），雷亚尔山东坡及河谷地带；3. 平原地区，包括亚马孙低地和查科低地。气候依地势而异，高原寒冷干燥；永加斯地区温和湿润；平原地区炎热湿润。国土面积 1098581 平方公里；总人口 1085 万人（2014 年）。

一　主体民族与少数民族

玻利维亚是不是一个多民族国家？有没有主体民族与少数民族之分？哪个民族是主体或主导民族？哪些民族是少数民族？这些问题是研究玻利维亚民族问题时首先需要解决的问题。中外学术界通常以种族（raza）划分玻利维亚人口，将其分为三大种族集团（grupo racial 或 grupo étnico）：白种人（la blanca）、土著人（la indígena）和混血种人（la mestiza）。笔者认为，这种划分法用于人种学、人类学乃至社会学研究还可以，但用于民族问题研究则不合适，也不符合玻利维亚的实际。在将近500年的漫长历史进程中，随着当地政治、经济和社会的发展，在原有族群的基础上，玻利维亚已形成了各个不同的民族，成了一个多民族的国家，出现了一个主体民族和数个少数民族。梅斯蒂索人（mestizos，即混血种人）上升为主体民族；原土著各族群成了一些少数民族，白种人也成了少数民族。因此，在研究玻利维亚民族问题时应摒弃传统的按种族划分的方法，要根据玻利维亚的历史实际，采用按民族划分的方法。

梅斯蒂索人是欧洲白人男性和土著妇女所生（婚配或非婚）的后代。他们不仅自繁殖，还因白种人和土著一代又一代通婚，形成了自身特有的体格、体态和肤色（偏白）。他们受到了两种文化——西班牙文化和土著文化的熏陶，成了这两种文化汇合的体现者。他们在这两种文化的基础上，发展出了一种新型文化——梅斯蒂索文化，即一种既不同于西班牙文化又不同于土著文化的新型文化。这种新型文化表现在他们的语言、服饰、宗教信仰等方面。他们操用双语——西班牙语和艾马拉语或克丘亚语。他们信仰天主教，但崇拜对象有了变化。他们供奉圣母马丽亚，更敬重玻利维亚人的圣母科帕卡巴纳（la Virgen Copacabana），并在首都拉巴斯建有科帕卡巴纳大教堂。梅斯蒂索人还具有一种共同的心态——一种弃儿心态，一种被社会遗弃的心态。他们的这种心态形成于玻利维亚的历史发展进程中。西班牙殖民统治时期，他们被视为“卑贱者”，没有法律保障，不享有继承权，毫无社会地位，不得占有土地，只能在城镇从事白种人当时不愿干而土著人又干不好的工作，以小贩、小商和工匠为业。在此基础上，他们渐次控制了城镇的手工业和当地城乡之间的商业活动，形成了介乎白种人与土著之间的具有特殊技能的职业、社会阶层。在他们的经济、社会发展中发挥着特定的作用和影响，积蓄了相当程度的社会力量时，他们具有了一种团结战斗的精神，并以此争取自己应有的社会地位和政治权益。在18世纪末19世纪初的独立运动中，他们的这种精神得到了大发扬，立国后更有了进一步的发展，成了当今玻利维亚人的象征。凭借这种精神，他们在19、20世纪里一直主导着玻利维亚的政治、经济和社会发展进程。他们在从体格、心态到文化上，体现了玻利维亚人的特性，成为玻利维亚主体或主导民族。梅斯蒂索人占全国总人口的31.2%，分布在玻利维亚的城镇和一些乡村。

在梅斯蒂索人发展成为玻利维亚主体民族的同时，还形成一些少数民族。主要是克里奥约人（criollos，即玻利维亚土生白人）、艾马拉人（Aymaras）、克丘亚人（Quechuas）、奇里瓜诺人（Chiriguanos）、奇基托人（Chiquitos）和莫霍人（Mojos）等。

克里奥约人是来自欧洲（主要是西班牙）的白种人的后代。他们生在玻利维亚，长在玻利维亚。他们讲用颇具玻利维亚特色的西班牙语（吸收了大量土著词汇，词义和发音均有一些变化）。他们信仰天主教，同梅斯蒂索人一样也崇敬帕卡巴纳圣母，崇敬土著的主神“帕查·玛玛”（Pacha Mama，即土地母亲）。他们热爱自己的出生地，在承继先祖文化遗产的同时，吸收了土著的文化遗产，为梅斯蒂索文化的形成和发展作出了贡献，并具有与欧洲（主要是西班牙）白人不同的心态。他们拥有强大的经济实力和社会影响力，但在西班牙殖民统治时期不享有政治权力。18世纪末、19世纪初独立运动期间和立国后，他们与梅斯蒂索人争政治领导权，进入20世纪后渐次丧失了政治影响力。克里奥约人占全国人口总数的14.5%，分布在一些中心城镇。

艾马拉人是玻利维亚最古老的民族，有着辉煌的古代文明，公元8—12世纪创建“艾马拉帝国”（亦称“蒂亚瓦纳科帝国”，el Imperio Tiahuanacota），影响遍及今玻利维亚、秘鲁全境和智利、阿根廷的一部分地区。艾马拉人现生活在玻利维亚高原的北部和中部，的的喀喀湖畔地区居民最集中。占全国总人口的17%；其中2/3的人生活在农村，从事农牧业生产活动。艾马拉人主要讲艾马拉语，少数人讲西班牙语。他们信仰天主教，但更崇奉传统神灵“帕查·玛玛”。

克丘亚人分布在雷亚尔山东麓和谷地，人口约200万，占全国人口总数的26%，大部分人生活在农村，从事农牧业生产活动。他们主要讲克丘亚语，少数人会讲西班牙语。他们信仰天主教，但更信奉“帕查·玛玛”。

艾马拉人和克丘亚人是玻利维亚土著中两大主要民族。此外，还有包括奇里瓜诺人、奇基托人、莫霍人在内的30个少数民族。它们人口很少，总共占全国总人口的12%。它们分散在占全国总面积70%以上的东部平原地区（包括亚马孙低地和查科低地）。它们的语言、聚居地和习俗各不相同。不同的语言、习俗和居住地成了识别它们的标志。将如此众多的不同民族纳入一个种族集团，统称之为“印第安人”是不恰当的。那是一个历史误会，是西班牙殖民统治的产物，带有强烈的种族色彩。

二　国家、民族与阶级

玻利维亚是一个统一的国家，包括上述各民族。而各民族在社会生产体系中处于各自特定的地位，这是玻利维亚民族关系的一大特征。这种特有的民族关系构成了一种生产关系，进而形成了特定的社会关系，导致了阶级关系的产生。这种民族关系——生产关系的形成是历史的产物。

玻利维亚国家诞生于1825年。它的诞生有着特定的历史进程。公元8—12世纪，今玻利维亚是“艾马拉帝国”的一部分。15世纪下半叶成了印加帝国（el Imperio Incaico；亦称克丘亚帝国，el Imperio Quechua）的组成部分。1538年，西班牙占领今玻利维亚，称之为“上秘鲁（Alto Perú）。1559年，西班牙国王下令在今苏克雷设查尔卡斯检审庭（la Audiencia de Charcas），属秘鲁总督辖区（el Virreinato del Perú），管辖上秘鲁等地，1776年划归拉普拉塔总督辖区（el Virreinato de la plata）。1809年5月，上秘鲁独立运动开始。1825年，以梅斯蒂索人和克里奥约人为核心力量领导的爱国武装，在南美独立运动领袖玻利瓦尔指挥的解放军的支援下，推翻西班牙殖民统治，赢得最后胜利，8 月 6 日正式宣告独立。为纪念玻利瓦尔，定国名为玻利维亚共和国。

梅斯蒂索人以其特有的团结战斗精神，在斗争中成长，在成长中斗争。早在 1586 年，他们即在矿业重镇波托西策划起事，争取做人的权利。在整个 17、18 世纪里，他们持续不断为生存和自由而斗争。1809 年 5 月独立运动兴起后，他们积极行动，投入推翻西班牙殖民统治的斗争。是年 7 月 16 日，拉马斯革命爆发，他们成为革命的领导和中坚力量。从此后，他们成了争取上秘鲁独立的主力军，联络各少数民族，转战城镇乡村，百折不挠，坚持战斗，为玻利维亚共和国的诞生作出了巨大的、决定性的贡献。立国后，他们一直主导着玻利维亚政治、经济和社会的发展进程。

玻利维亚主体民族与少数民族的形成及其关系的演变同样有个历史过程。公元 8—12 世纪，今玻利维亚土地上的主体民族是艾马拉人；他们的文化和政治影响遍及整个高原、谷地和平原。当时谷地生活着查尔卡人（Charcas）、乌鲁人（Urus）、奇帕纳人（Chipanas）和利佩人（Lipes）等，他们来自高原地区。而平原地区则生活着莫霍人和奇基托人等。他们是阿拉瓦克人（Arawaks）的分支，公元初从东北方向迁徙至今玻利维亚东部平原地区。他们接受了艾马拉人的文化影响。印加帝国统治时期（15 世纪中叶至 16 世纪初），生活在今科恰班巴（Cochabamba）、丘基萨卡（Chuquisaca）和波托西（Potosi）三州及其邻近的属于拉巴斯（la Paz）和奥鲁罗（Oruro）两州的一些地区的人，接受帝国主体民族克丘亚人的文化影响，改操克丘亚语，全盘克丘亚化，形成了一个新型族群——克丘亚族。无疑，这时的克丘亚人成了今玻利维亚境内的主体民族，艾马拉人及其他族群的人则衍变成了少数民族。印加帝国统治时期，瓜拉尼人（Guaranis）的一支奇里瓜诺人从大西洋沿岸地区迁徙至玻利维亚，定居在东部平原和山麓地带，少数民族中又增添了一个新成员。1538 年，西班牙人开始在今玻利维亚从事殖民活动，首先在高原地区寻找金、银矿，发展矿业（主要是银矿业）生产；而后在高原地区和谷地霸占土著的土地，发展农牧业生产。他们在定居地建立城镇，以城镇为中心传播西班牙文化，对艾马拉人、克丘亚人等土著进行殖民统治和经济剥削，构筑了一种新型的社会生产体系。西班牙人成了矿山和土地的所有者，操纵着当地的政治、经济权力。克丘亚人和艾马拉人的土地被霸占后，一部分人进入城镇、矿山、庄园和牧场，成了那里的主要劳动力；大多数人则留在乡村，根据殖民当局指令，形成新的聚居区，以村镇为中心，发展成了一个个"土著社区"（las comunidades indígenas），从事农牧业和手工业生产活动。

在这种新型社会生产体系形成的同时，出现了新型的人种群体——梅斯蒂索人和克里奥约人。早期的西班牙殖民者和移民中绝大多数都是男性。他们同土著女性交媾（婚媾或非婚媾）造就了新型的人群梅斯蒂索人。他们的数量不断增加，16 世纪末，银矿业重镇波托西已达数千人。而随着 16 世纪 40 年代银矿开采业的兴起，西班牙移民中的妇女人数越来越多。这些移民男女通婚的后代在玻利维亚被称为克里奥约人。根据 1611 年波托西人口统计，人口总数为 16 万，其中土著（包括梅斯蒂索人）7.6 万、西班牙人 4 万、克里奥约人 3.8 万，黑人 0.6 万。克里奥约人口数已接近西班牙人口数。他们有别于西班牙人。西班牙人是外来者，想的是发笔财，而后回故里。克里奥约人生活在玻利维亚，长在玻利维亚，扎根在玻利维亚。他们认同出生地玻利维亚，具有本土情结，逐渐形成了又一个新型的族群——玻利维亚白人。他们经过两、三代人的努力，大多成了庄园主和矿产主，经济实力通常强于西班牙人。在新型社会生产体系中，他们渐次取代西班牙人掌握了矿山、土地等生产资料，在经济方面占有了优势。然而，在西班牙殖民统治时期，他们始终被排除在政治权力中心之外。

西班牙殖民统治时期，在新型社会生产体系的基础上，生成了新型社会结构和新型民族关系。克里奥约人依仗其经济实力同西班牙人的血缘关系，同西班牙人一道处于社会的上层，形成了当时的主体民族。而艾马拉人和克丘亚人等土著则成了农民和工人，处于社会的下层。上层和下层夹着一个中间层。这中间层主要是梅斯蒂索人。他们从事城乡贸易和城镇手工业生产活动，渐次形成了一种中产阶级。与这一新型社会结构相对应的，是新型民族关系的形成。梅斯蒂索人和克里奥约人在经济、社会和文化上占据主导地位，成为双主体民族（西班牙殖民统治后期）。而艾马拉人和克丘亚人等土著则成了少数民族。

西班牙殖民统治时期，今玻利维亚有一个特殊的地区——东部平原地区。那儿土著居住分散，且不容西班牙殖民者入侵。一直到 17 世纪下半叶，天主教的耶稣会和方济各会才在那儿普遍建立起“传教区”（las misiones），建设村镇，劝诱土著集中定居，皈依天主教，并严禁西班牙人和克里奥约人进入，也不允许土著外迁。土著皈依天主教后，接受欧洲（主要是西班牙）文化，从事农牧业生产和手工制作活动，但仍讲自己的民族语言。1767 年耶稣会被逐出玻利维亚后，西班牙人、克里奥约人和梅斯蒂索人进入传教区，强占土地，发展庄园和牧场，奴役、剥削奇基托人、奇里瓜诺人和莫霍人等当地少数民族。与此同时，外来者与当地人通婚，混血种人的数量不断增加。这就扩充了梅斯蒂索人口和扩大了梅斯蒂索人的社会基础，增强了梅斯蒂索人的社会力量。

1809 年 5 月 25 日，克里奥约人利益集团在丘基萨卡（今苏克雷）发动政变，力图夺权，改变自己的政治地位。然而，由于他们只顾及自身的政治权益，没有反映其他民族的经济、社会要求，故未能得到民众支持，政变很快即告失败，并由此丧失了独立运动的领导权。而梅斯蒂索人则由于自身的经济、社会地位所具有的特性，代表了各民族的政治、经济和社会利益，1809 年 7 月 16 日发动并领导了旨在推翻西班牙殖民统治的拉巴斯革命，从而成了争取玻利维亚独立的主力军，正式登上了政治舞台，开始向主体民族过渡。

玻利维亚立国后，梅斯蒂索人不仅拥有了政治权力，也进入国家经济和各个领域。19 世纪，人们一方面竭力排除克里奥约人在政治上的干扰，一方面向一直由克里奥约人控制的农牧业和矿业大举渗透，在东部平原地区发展庄园和牧场，在高原地区开发矿藏。进入 20 世纪，梅斯蒂索人在国家政治、经济和社会诸方面的发展中占据主导地位，成了主体民族。玻利维亚的民族关系发生了巨大变化。克里奥约人在经济、社会上虽有一定的实力，但已全然丧失了政治影响力。东部平原地区原传教区的少数民族丧失了土地所有权，成了庄园和牧场上的劳动力；1953 年土地改革后，一部分人分得了土地，成了自耕农，一部分成了新型农场和牧场的雇工。换句话说，东部平原地区的少数民族大多融进了国家政治、经济、社会发展的总进程，它们由于人数少，又经历了传教区的生活和生产活动，所以比较容易适应新的经济、社会环境，与梅斯蒂索人和克里奥约人的矛盾不尖锐，冲突不激烈。然而，高原地区的民族关系就比较紧张了。关系紧张的根源在于对“土著社区”的看法和处置上，也就是说，在于主体民族和政府对“土著社区”所实施的政策上。

三　“土著社区”与政府政策

玻利维亚“土著社区”问题涉及到两个问题：民族问题和土地问题。玻利维亚立国后，历届政府制订、执行了不同的土地政策；这不同的土地政策则反映出了历届政府处理民族关系的方式。

首先须对玻利维亚的“土著社区”作一简介。“土著社区”是西班牙殖民统治的产物。西班牙殖民者在高原地区肆意霸占土著的良田沃土，辟为庄园、牧场。西班牙殖民当局下令建设土著村镇，命土著集聚生活。村镇的建立源自两大历史传统：一为西班牙的城市发展传统；二为土著的社会、行政基层单位艾柳（Ayllu）的发展传统。因此，以村镇为中心发展起来的一个个“土著社区”既是西班牙殖民统治的基层行政单位，又是土著的社会主体单位。西班牙殖民统治时期，“土著社会”一直是自给自足的社会，与外界交流甚少。玻利维亚立国后，“土著社区”命运坎坷：受大庄园的包围和挤压，不受政府重视，长期处于国家生活和发展总进程之边缘。根据1950年统计，全国有3779处“土著社区”，占地7178448.57公顷，其中只有170106.44公顷可耕地。[①] 这些社区分布在拉巴斯、波托西、奥鲁罗、丘基萨卡、科恰班巴、圣克鲁斯和塔里哈州，主要在前三个州。就其民族而言，主要是艾马拉人和克丘亚人。人口约占全国农村总人口的50%（1950年统计，全国农村总人口约为200万人）。“土著社区”土地占有包括三种形式：私人占有、半集体所有和完全集体所有。私人占有的土地叫“萨亚尼亚”（sayana）：土地上建有农民自己的住宅，房屋四周邻近的田野用以种植庄稼和放牧家畜，收获完全由农民个人支配。半集体所有的土地叫“艾诺卡”（aynoca），离住宅较远，每户的份地叫“卡尔帕”（callpa），面积比“萨亚尼亚”大，用以种植经济作物或薯类一年生粮食作物。每户份地不是固定的，要服从社区的休耕安排。完全集体所有的土地是些不适宜耕种的山地和平川，用作公共牧场，各家和各户均可放牧其间。经济十分落后，除种植和放牧外，还有一些家庭手工业；集市上交易多半是些毛织品、呢帽、陶器制品、绳索等。

玻利维亚立国后，历届政府如何处理“土著社区”的土地、解决民族关系问题的呢？大致有两种政策：一为“废除主义政策”（política abolicionista）；一为“自治主义政策”（política autonomista）。

1825年7月4日，玻利瓦尔颁布《关于给印第安人分配土地的法令》，规定实行“农民土地私有制”，将“土著社区”的土地分配给农民，“使他们成为土地的主人”，可以自由“出售或转让他人”；并规定将多余的土地转归国有。这是玻利维亚立国后的首次土改尝试，欲

① 参见阿图罗·乌尔基迪《玻利维亚土著社区》，玻利维亚“书之友”出版社1970年版，第69页。

以法律手段废除“土著社区”的土地所有制。然而，这一政策不利于“土著社区”的农民，不利于农业的发展，遭到了农民的反对和抵制。1831 年 9 月 28 日，安德列斯·圣克鲁斯（Andrés Santa Cruz，1792—1865）政府颁布法令，确定“土著社区”农民已耕种 10 年以上的土地归私人所有。1842 年 12 月 14 日，何塞·巴利维安（José Ballivian，1805—1852）政府发布通告，“土著社区”的土地所有权属于国家；实行永租制，“土著社区”农民只是所占土地的永租人，拥有使用权；农民必须向政府交纳租金。1866 年 3 月 20 日，马里亚诺·梅尔加雷霍（Mariano Melgareio，1818—1871）政府颁布法令，规定“土著社区”农民根据所占土地的多少需先交纳 25—100 比索现金，方能作为土地所有人；自法令颁布之日起，60 天内必须交足现金，逾期没收土地，公开拍卖。这一法令使 65 万余农民丧失了土地，引起了农民的强烈反抗。1871 年 7 月 31 日，阿古斯丁·莫拉莱斯（Agustín Morales，1810—1873）政府颁布法令，停止执行梅尔加雷霍政府的政策，将土地归还给农民，恢复“土著社区”土地所有制。1874 年 10 月 5 日，托马斯·弗里亚斯（Tomás Frias，1805—1884）政府颁布法令，重申了“农民土地私有制”，并确认“土著社区”农民有权拥有自己的土地，但不承认“土著社区”的存在。也就是说，它从法规上废除了“土著社区”。这一状况一直延续到 1938 年，在此期间，大量原“土著社区”的土地被商业资产者、银行家和同外国资本有着千丝万缕关系的买办收买。他们成了一批新兴大地产主。与此同时，原“土著社区”农民坚持维护自身经济、社会权益的斗争。他们的斗争得到了一些进步政党的同情和支持。

1938 年 5 月，赫尔曼·布什（German Busch，1904—1939）当选为总统上台执政，10 月颁布新宪法，正式承认“土著社区的合法存在”，从而重新确立了“土著社区”的法律地位，确认了“土著社区”的客观的、历史的存在，调整了民族关系。1944 年 8 月，瓜尔维托·比利亚罗埃尔（Gualberto Villarroel，1928—1946）当选为总统，1945

年颁布新宪法，重申了“土著社区的合法存在”，维护艾马拉、克丘亚等少数民族的权利。是年5月，政府在拉巴斯召开“玻利维亚全国土著代表大会”，有来自艾马拉、克丘亚和东部平原地区各少数民族的千余名代表参加了会议。比利亚罗埃尔在会议的开幕式上宣称：“政府要帮助你们生活得更好、有好房住、有干净的衣服穿、有丰富的食物吃、生病有处治疗。政府将保证你们采用新方法提高生产能力。……政府将教育农民[①]的孩子”[②] 这表明了政府对少数民族问题的关心。大会通过了一系列决议，主张废除大地产制，进行土地改革；要求变革劳动制度，改善农民和农工的生活条件。7月间，比利亚罗埃尔在一次讲话中指出：“……土著问题不仅仅是个土地问题，而且是个制度问题。因为我们有的是土地，而所需要的是组织印第安人的社会和经济管理，必须使他们有足够的能力成为国家经济生活中的积极因素。”[③] 这充分表明比利亚罗埃尔政府欲将少数民族融人国家经济、社会发展总进程的强烈愿望。据此，政府颁布了一系列有关变革劳动制度和维护少数民族经济、社会权益的法令。然而，这些法令遭到了大庄园主、大牧场主利益集团的极力抵制，难以贯彻执行。反动势力的倒行逆施，受到了广大农民群众和以民族主义革命运动为代表的一些进步政治集团的猛烈回击，最终导致了1952年革命的爆发。

1952年4月，民族主义革命运动在广大农民、工人群众的支持下，最终推翻了代表大庄园主、大牧场主和大矿业利益的寡头统治，取得了资产阶级革命的胜利。1953年，新政权颁布《土地改革法》，宣告废除土地占有制，承认并保障土著社区，对不同地区的土地占有限额作了不同的规定，从24—600公顷不等，将超过限额的土地有偿分配

① “查科战争”结束后，一些进步政党的纲领中不再使用“印第安人”、“土著”之类的词，改用“农民”一词。

② 参见史蒂夫·J. 斯特恩主编《18—20世纪安第斯地区农民的反抗、起义和觉醒》(*Resistance*, *Rebellion*, *and Consciousness in the Andean Peasant World*, 18*th to* 20*th Centruies*)，美国威斯康星1987年版，第352页。

③ 同上书，第360页。

给无地和少地的农民，实行“耕者有其田”。实行土改的目的在于扩大和增强国家政治、经济基础，引导农民进入“市场、选举进程和教育体制”。与此同时，政府还特别设立了“农民事务部”，并发动农民建立农民协会，加强执政党对农民运动的领导，以便更好地将农民融入国家政治、经济、社会发展的总进程。

关于“土著社区”问题，《土地改革法》只从维护其权益的角度泛泛地提出了一些总原则，未作具体规定。“土著社区”问题在玻利维亚政治生活中、民族关系上是个十分复杂、敏感的问题。《土地改革法》起草委员会建议另外制订有关专门法规。然而，《土地改革法》为“土著社区”创造了安全环境，提供了根据自身利益自由发展的空间。从西班牙殖民统治时期一直到 1953 年，“土著社区”与大地产制之间始终是势不两立。“土著社区”的土地不断被大地产制蚕食，农民持续为土地和生存而斗争，然而发展空间越来越小。1953 年的《土地改革法》使“土著社区”有了“自由决定”（la libre determinación）的权利。它们可以保有自己的传统，可以自行决定是完全占有自己耕种的土地（即“农民土地私有制”），还是成立合作组织，走集体化的道路。

1953 年土改后，“土著社区”进入了一个新的历史发展阶段。它们向政府交纳赋税，政府让它们享有一定的自治权。1964 年，雷内·巴里恩托斯·奥图尼奥（Rene Barrientos Ortuno，1919—1969 年）上台执政，与农民组织签订“军队—农民盟约”（Pacto Militar-Campesino），制订《武装部队民事活动和土著社区发展纲要》，强化农民与市场的联系，将农民推向市场。1960 年代末，谷地和东部地区的农民（约占农民总数的 20%—25%）完全融进了市场经济，依靠出售自己生产的产品生活；科恰班巴地区的农民一部分跨进了市场，另一部分仍从事自给自足的经济活动；高原地区大部分农民仍主要从事自给自足的经济活动。将尚未步入“货币体制”（sistema monetario）的农民引进市场经济，是从 1970 年代起至今玻利维亚历届政府的既定政策。这一政策的直接后果，是导致了古柯种植面积的扩大，从而引起了毒品的泛滥。

目前有3.5万个农民家庭从事古柯种植业。1980年代，政府采取强制手段拔毁古柯植株。1990年代，政府制订反毒计划，向停止古柯种植的农户提供资助，发展替代作物。1997年12月，现政府颁布了《反毒五年计划》，要在五年内铲除毒品根源。

四　自治与参与

1953年《土地改革法》颁布后，“土著社区”有了法律保证，取得了自治权。然而，在与国家的关系上先后出现了两种倾向，自治和参与。

随着农村经济、文化教育的发展，1960年代末，自治运动中出现了“卡塔里主义”（katarismo）。[①] 这一思潮形成于一批来自艾马拉人聚居区的大学生。他们继承了卡塔里的狭隘的民族主义思想，主张恢复传统文化，确立土著的自我价值，要根据土著的价值建立“土著社区”、乃至国家。1960年代初，他们在中学读书时即组织了“11月15日运动”。进入大学后，他们又建立“胡利安·阿帕萨大学运动”。1966年开始，运动成员相继返回农村，领导农民运动。

与之相配合，拉巴斯的一批少数民族知识分子于1971年8月组成“图帕克·卡塔里文化中心”，提出了调整物价、取消中间商、建立宣传机构和确立自我价值等主张，以此为“土著社区”的发展创造条件。

1971年8月2日，政府召开第六届农民代表大会。会上选出了“全国农民联合会”新领导机构，卡塔里主义者掌握了领导权。1978年3月，“全国图帕克·卡塔里联盟”成立，弗洛雷斯当选为执行书

① 卡塔里主义，即狭隘的民族主义思想（更确切地说，即狭隘的土著主义思想）。卡塔里，原名胡利安·阿帕萨（Julian Apasa，1750—1782），生于阿约阿约（Ayo Ayo）。1781年3月发动土著农民起义，围攻拉巴斯，历时109天。起义后取名图帕克·卡塔里。11月15日被俘，英勇就义。他主张必须战胜克里奥约尔人（特别是那些大地主），土著农民的土地问题才能得到解决。

记。卡塔里主义者主张成立一个真正代表少数民族利益的政党。但由于认识不一致，他们分别成立了两个政党。其中，由少数人成立的“图帕克·卡塔里印第安运动”，该组织领导人认为少数民族的问题症结是西班牙殖民者对土著的征服；因此，必须同“入侵者的后代”划清界限，同他们组成的政党结盟是难以解决问题的。以弗洛雷为首的多数人组成的“图帕克·卡塔里革命运动”，强调社会政治问题，用“革命运动”代替“印第安运动”。他们认为少数民族农民问题既是个种族问题，又是个社会阶级问题。他们主张，要解决少数民族农民问题，必须同其他政党结盟，同矿工和其他被压迫集团联合。

1979 年 6 月，在全国农民代表大会上成立了“玻利维亚农民劳动者工会联合会”，去掉了图帕克·卡塔里的名字。这标志着狭隘的民族主义思潮的终结，是“土著社区”农民政治思想上的一大进步。这个组织参加了“玻利维亚总工会”，象征着工、农大联盟。它不但关心土地问题，更重视国家经济、社会发展的诸多问题（诸如物价、税收、资金投入、交通运输、教育发展等）。1984 年，它草拟了《土地基本法》，意欲取代 1953 年《土地改革法》。该法不仅关注土地的分配、开发问题，还提出了生产、销售全过程中的相关问题；此外，着重提出了“土著社区”与国家之间的关系问题，主张完全参与国家发展的总进程，组织政党，融入国家政治生活，争取议会席位，参加政府工作，与其他民族共同执政，并主张由政府与农民共同经营管理农业和牧业企业。它的主张体现在“图帕克·卡塔里革命运动”的发展成长上。1993—1997 年，“图帕克·卡塔里革命运动”与“民族主义革命运动”结盟共同执政，现与“民族主义革命运动”同为反对党，成了玻利维亚政治舞台上的一支生力军。

玻利维亚在政治、经济、文化诸方面占有主导地位的主体民族摒弃历史上曾实行过的“废除政策”，实行“自由决定”政策，让少数民族自主决定自己的发展方向，这是正确的，是符合国家发展的整体利益的。少数民族通过实践和斗争，在“自由决定”的前提下，选择了完全参与国家发展总进程的道路也是正确的，是符合本国民族关系发展实际的，是符合自身发展利益的。这种在“自由决定”的前提下积极参与国家发展总进程的主张和实践，不仅消除了“印第安运动”可能会导致复古和种族主义的担心[1]，更为存在类似民族问题的其他拉美国家制订民族政策提供一个很好的范例。

（郝名玮，中国社会科学院世界历史研究所研究员）

① 参见谢尔登 · B. 利斯、佩吉 · K. 利斯主编《拉丁美洲历史上的人物、国家和社会》，伦敦，第410页。

秘　　鲁

一　土著民族构成状况

秘鲁位于南美洲西北部，西濒太平洋，安第斯山脉纵贯全境，面积有128.5万多平方公里。其自然地理可分为三个区域：西部沿海区，中部山区和东部林区。三个区域分别占国土的11.2%，26.1%和62.7%。全国总人口为3077万（2014年），其中城市人口占72.2%，平均人口密度为每平方公里20.8人。[①] 沿海地带，人口密度较大；在高山地区，密度较小；但在东部辽阔的山麓地带和茂密而又潮湿的森林地区，几乎渺无人烟。人烟最稠密的地区是里纳克河及其支流地带，每平方公里超过千人。国内大部分居民住在高原地区，几乎有一半人住在海拔2500米以上的高原区；有15%的居民住在海拔3500米的山区。

在秘鲁，约有1500万土著印第安人，占总人口的49%左右，主要是克丘亚人，艾马拉人，阿拉瓦人；其他民族中，白人占14%；印欧

① The Ecomomist Intelligence Unit，*Country Profile* 2002 *Peru*，*country Report April* 2003，The Economist Intelligence Unit Limited，2002，etc.

混血人占36%；其余是日本人和其他国家移民的后裔。

秘鲁现有58个不同的印第安人群体，以克丘亚人和艾马拉人人口最多。克丘亚人是垮界民族，秘鲁境内约1200万，其中55%的人居住在秘鲁中南部的库斯科和阿亚库乔、普诺、阿普里马克、万卡维利卡、胡宁、帕斯科、瓦努科等省。在普诺和阿普里马克，全省80%—90%的人讲克丘亚语，在库斯科和阿亚库乔几乎是百分之百，其余的省讲克丘亚语的人都不少于一半。另外30%的克丘亚人分布在厄瓜多尔的山区和一部分沿海地带，约13%的人居住在玻利维亚的奥鲁罗、波多西、科恰班巴等省。只有2%的人散居在智利和阿根廷北部的一些高原沙漠地区。

艾马拉人：在南美，艾马拉人总数约300万。在秘鲁境内的艾马拉人约占该族人口的34%，居住在的的喀喀湖的西北普诺城附近，以及塔克纳和普诺两省。一部分艾马拉人已逐步被克丘亚人所同化。余下大部分艾马拉人在玻利维亚境内，主要住在拉巴斯城和奥鲁、波多西等省的高山地带及的的喀喀湖沿岸，在智利北部也有少量艾马拉人。

丛林印第安人有56个小群体，人口约为70万，约占全国人口的2.6%。他们住在东部潮湿的沼泽地带，组成几个不同的集团，仍然保留氏族部落的界限。主要的阿拉瓦克人13万，住在马德雷·德迪奥斯省和库斯科北部；希瓦罗人3万，萨帕罗人2.5万，住在洛雷托省乌卡亚里以东；瓜拉尼人1万，住在亚普腊河两岸；维托托人1万，住在秘鲁和厄瓜多尔交界地带。在秘鲁居民中，丛林印第安人是经济最落后的群体。在最边远的地区，在尤鲁阿河上游和纳波河流域，丛林印第安人完全处在与世隔绝状态，几乎不和其他居民往来。

秘鲁混血人有1450万，占全国人口的48%左右。他们是沿海地带各大城市，尤其是首都利马的基本居民。大部分种植园工人也是秘鲁人。从种族血统看，这个民族内部可以分为：印欧混血种人，被同化的印第安人以及少数土生白人。在秘鲁，习惯上把土生白人叫做克里奥约人；把印欧混血种人叫做梅斯蒂索人；把被同化的印第安人叫做乔洛人。实际上，这种分法与其说是出于民族和种族的来源，不如说是社会原因。西班牙殖民者和移民的后裔，一般称为克里奥约人，其中实际上也包含不少社会地位较高的梅斯蒂索人。乔洛人一般是指被同化了的第一代或第二代印第安人，他们已脱离公社生活，会讲西班牙语。可是，一些社会地位较低的梅斯蒂索人也往往被当作乔洛人。在讲西班牙语的秘鲁人中还包括其他一部分种族成分，例如秘鲁人同黑人、华人、波利尼亚人等通婚产生的混血后裔。

在秘鲁居住的外来移民共有 30 万，约占全国人口的 1%。其中，来源有欧洲人，主要为意大利人、西班牙人、法国人和瑞士人；亚洲人，主要为日本人和华人；拉美各国移民，主要是邻近的南美各国移民；此外，美国人也是重要移民群体。所有这些移民，绝大多数住在各大城市和沿海地区。

如前所说，克丘亚人是美洲印第安人中最大的一个民族，也是秘鲁土著人中人数最多的一个民族。在美洲，克丘亚人约近 1600 万。因此，秘鲁的主要问题之一是印第安人问题，而且主要是克丘亚人问题。

二　民族关系与问题

为了更好地了解秘鲁的民族问题，有必要先了解一下该国民族统一进程。如前所述，秘鲁国内主要民族问题是印第安人问题，而这一问题的由来历史远久。它始于印加帝国时期。印加人原是秘鲁和玻利维亚之间的界湖——的的喀喀湖中小岛上的艾马拉人部落之一，因其部落首领称“印加”，久而久之，人们便称这个部落为印加人。在西班牙征服秘鲁之前，印加人已进行了近 5 个世纪的征服战争。约在 10 世纪，他们首先从的的喀喀湖登陆，征服周边的部落后又向西北方向发展。1243 年，印加人在今天的库斯科城建立都城。此后，又向四周发动了一系列连续的部落征服战争，逐渐建立起北起哥伦比亚南部的卡斯马约斯、南至智利中部马乌莱的庞大帝国——塔万廷苏龙（即印加联邦）。其总面积有 90 多万平方公里，南北长 4800 公里，东西最宽处有 500 公里。当时，帝国以库斯科为中心建立了四个行政区：西北是钦查苏尤，包括现今的厄瓜多尔大部分、秘鲁中北部；西南是库蒂苏尤，包括秘鲁南部和智利中部；东北是安蒂苏尤，包括秘鲁东部林区和乌卡亚里河一带；东南是科亚苏尤，包括玻利维亚大部分，阿根廷西北部山区和智利中部。当时印加人口估计超过 3 千万。

但是，由于印加帝国的征服是建立在部落征服的基础上，各民族的文化、经济和民族意识没有达到统一或一致化，因此如同西班牙帝国、大英帝国以及其他帝国情况一样，这个帝国的统治最终以崩溃覆没的结局而告终。

西班牙征服这块土地之后，虽然印加帝国不复存在，但克丘亚等土著人依然如故，并没有被消灭或同化。但土著民族在外来文明的撞击下，很快就被西班牙人拉丁化，并有了以拉丁字母为基础的民族文字。这一进程使印第安人的民族和文化得以繁衍保存下来。其中，一些人变为混血。然而，作为一个整体的印第安人始终以一个不同民族群体屹立于其中。如同拉美其他国家一样，西班牙征服的结果使秘鲁形成两个截然不同的社会：一个是以白人和混血人为一方的社会，另一个是以土著印第安人为一方的底层社会。在秘鲁，两者之间的界限十分明显，表现在社会各个方面。

1. 秘鲁社会两极分化十分严重，土著印第安人始终处于最底层。秘鲁的土著印第安人生活极端贫困。据西班牙埃菲社报道，秘鲁的贫困人口高达 58%，而这些人口多为印第安人。众所周知，秘鲁印第安人是以农业为主，绝大部分人都生活在偏远山区，而农村的土地又高度集中在少数人手中。据拉美社 1975 年 6 月 28 日的综合新闻报道，占全国人口 0.4% 的地主占据了 75.9% 的耕地，而 49% 的印第安人只拥有 5.5% 的可耕地，故此，他们的生活极端贫困。进入 21 世纪后，有一部分印第安人开始流入城市谋生，但他们往往是干些粗活、重活的工人和小商贩，收入微薄。秘鲁的白人和混血人大都是城市居民，极少数生活在农村的也多是地主和庄园主。此外，由于印第安人的生活处境艰难，绝大部分印第安人未受过教育，即便是受过教育的人也只读过一两年的书。所以，他们的文盲率极高，一般在98%以上。

2. 秘鲁的印第安人与白人和混血人始终处于格格不入的局面，依然保留着自己的传统文化。自西班牙征服美洲之后，征服者对印第安人进行了一系列的文化征服，尤其是宗教。但有一点应明确指出，大部分印第安人依然生活在安第斯山间，即使是一些印第安古老城市，如库斯科，卡哈马卡等，也有大量印第安人。随着沿海土著人口因战争和瘟疫而减少，西班牙人纷纷定居沿海地区，并输入黑奴，从事大庄园和家务劳动，白人顺利地同他们混血，从而造成一种更加倾向于西班牙文化、更加敌视土著文化的沿海居民。而印第安人和西班牙人混血进程则因大山的隔绝而减慢，但宗教的同化进程始终未终止。应当指出，这一进程并没有像墨西哥那样富于成果，正如著名的马里亚特吉所言："征服在形式上改变了印第安人，使他们信仰了天主教，但实际上并没有否定他们的古老神话。"因此，至今秘鲁印第安人依然与白人和混血人泾渭分明，他们的基本面貌并没有改变，依然保留着本民族自己的文化传统，如语言、服装、饮食、房屋建筑、工艺、歌舞、心理、价值观等。至今，秘鲁绝大部分土著人仍讲克丘亚语。虽然西牙征服者强行土著人使用西班牙语，并改用拉丁文，除少数人会用两种语言外，现仍有大约100万土著印第安人只讲克丘亚语。在宗教方面，边远山区的印第安人依然保留着印加帝国时期的太阳神和他们的宗教中心，即使是那些信仰天主教的人，也常常把印第安人宗教的内容融入天主教形式当中。

3. 秘鲁印第安人一直被排斥在国家政治生活之外。历史上，自图帕克·阿马鲁二世发起的印第安人起义被镇压后，印第安各种族领袖随之被剥夺了合法权力地位，那些同图帕克·阿马鲁二世合作的人受到严厉惩罚。西班牙人又下令根除一切与印加王室有关的人。这样，印第安村社失去了他们最有威望的领袖和积极分子。这种种族性镇压进一步加深了白人和印第安人在文化和空间的距离，加深等级化和排斥性，致使印第安人很少参与当时的社会进程。独立后的秘鲁也决定印第安人不能参与政治和经济进程。因此，印第安人地位低下，基本上被排斥在国家权力机关之外，不仅少有人在国家政府部门任职，连一般的市政选举或全国选举都很少行使自己的权利。在政府部门中，基本上都是白人和混血人当权。另外，由于印第安人绝大部分都居住在边远的山区，保持着古印加时期的社会组织形式“艾柳”（ayllu，克丘亚语意为氏族），过着与世隔绝的生活。这也决定他们根本不可能参与国家政治经济生活。

上述这些差异，形成了秘鲁印第安人问题的独特性，直接影响着秘鲁现实的国家生活与未来的发展。因此，1950 年代起，历届政府都对印第安人问题予以十分重视。

三　印第安人政策

为了更好地解决印第安人问题，1950 年代以来的历届秘鲁政府采取了一系列可行的措施，主要方面有：

1. 秘鲁从法律上明文规定了土著印第安人问题的解决办法。首先，在秘鲁宪法中写道：“土地改革是改变农村结构和全面提高农村人口地位的途径。土地改革的目的是建立一种公正拥有、占有和耕种土地的制度，以促进国家经济和社会制度的巩固”。关于村社，宪法第 16 条规定：“农村村社和土著人村社在组织村社劳动、土地使用以及经济和管理方面享有自主权”。

2. 实行大范围的土地改革，改变土地所有制结构。众所周知，如同其他拉美国家一样，秘鲁政府十分重视印第安人土地问题，并把这一问题列入议事日程之中。在土改前，秘鲁土地所有制结构在拉美大陆是最不合理的。此外，全国只有一小部分土地用于农牧业，而且很少的庄园使用现代技术。1969 年 6 月 24 日，秘鲁军政府颁布了第 17716 号法令，采取了自下而上的“征收土地的办法”，实行“渐进的和平的”土改。在打破原有大庄园制基础上建立新的生产单位，如合作社、社会公益农业公司以及农民村社，对土地进行开垦、使用和耕作。从 1969 年 6 月至 1976 年共征收了约 1000 多万公顷的土地分配给农民。这些农民被组织到各种形式的合作社里。山区的大庄园以国家控制的农业合作社企业取而代之。关于村社，政府规定村社社员只有永久居住者才有权得到土地。

3. 进行大量投资和贷款，努力改善农村基础设施，以求改变土著人与世隔绝的局面。历届政府都对农村基础设施予以一定重视。在军政府时期，农业部将投资的 70% 用于农业，其中包括基础设施建设项目。为了支援和发展边远地区的农业生产，政府采取了一些地方分权措施和建设小型区域的措施。政府就推行了直接援助农民村社的计划，而不需要中间人插手。据全国计划委员会统计，政府向 15 个省的 1051 个村社发放了 3087 万因蒂（秘鲁货币单位）。政府还降低贷款利率，特别是农业贷款利率。免除了 22 种农业产品附加税。秘鲁政府还利用国际金融机构和美洲开发银行的资助进行了大量投资，修建公路与公共工程，并鼓励私人投资基本建设，以促进贫困地区得到发展。

4. 在文化教育方面，政府在印第安人地区开办各种学校，提高他们的文化素质。宪法规定，“国家促进对土著民族语言的研究和认识。国家保障克丘亚、艾马拉和其他土著居民有用本民族语言方式接受初级教育的权利。”“国家尊重并保护农民村社和土著人村社的传统。鼓励成员提高文化水平。”在军政府时期，曾把图帕克·阿马鲁作为民族的象征，广泛陈列其肖像，并规定印第安人主要语言克丘亚语为第二官方语言，利用广播等各种工具在全国推行双语教育，进行扫盲运动，还强调在学校中加强印第安人丰富遗产的学习。同时，秘鲁宪法还明确规定，国家尊重并保护农民村社和土著人村社的传统。近几年，藤森政府也采取各种措施，进一步提高土著人的文化水平。1996 年，藤森政府在教育和卫生等方面投资约40亿美元购买机器设备和仪器、流动性的实验室用于农村教育，先后建立学校1200多所。

5. 建立各种服务措施，改善安第斯地区印第安人社会服务落后状况。各届政府都在贫困地区建立各种服务机构，如医疗站、农机站、农禽家畜培训站、农业试验基地等，以此促进印第安人地区的社会进步与发展。

6. 鼓励多种经营，开拓市场，发展土著人地区经济，提高他们的生活水平。为了使土著人地区经济搞活，秘鲁政府推行了一系列经济多样化措施。

（1）大力推广繁殖南美特产驼羊。驼羊主要集中在普诺，库斯科和阿雷吉帕三省，这三省羊驼毛、肉和皮革的产量占全国总产量的70%，其中驼羊毛中的90%供出口。饲养羊驼已成为山区人民的主要经济来源之一，直接和间接受益的人达100万。目前，秘鲁正在发展驼羊综合利用和出口。据秘鲁南美驼羊协会宣布，在2000年前，秘鲁驼羊出口将比1990年代中期增加一倍，达到2100万美元。此外，驼羊提供的肉类和皮革可基本满足居民肉食和制革业的需要。

（2）扩大耕地面积，充分利用农业劳力。秘鲁耕地仅占全国土地面积的3%，而且主要集中在沿海地带，所以，沿海主要种植供出口的蔗糖和棉花。山区产小麦，玉米和羊毛，林区产木材和咖啡。全国有455万的劳动人口从事农业。为了扩大生产和提高产量，秘鲁农业部通过扩大耕地面积，建设中小型灌溉工程和向农业企业发放贷款，提供化肥补贴以及在中部林区推行垦殖计划等措施来促进农业发展。

（3）对印第安人农民进行现代化生产技术培训，提高印第安人的生产劳动技能，以便使他们能够依靠自身的能力发展生产，摆脱贫困状况。

（4）秘鲁政府还大力发展和开发旅游景点，以促进土著人地区经济发展。秘鲁名胜古迹和自然景区很多。1995年的游客多达50万。为了进一步发展旅游业，政府利用外资兴建许多饭店和旅馆。计划在今后10年内在该部门投入69万美元修复基础景点，并计划从1995年10月20日起，单方面取消84个国家的公民到秘鲁旅游签证。

从上述情况看，应该说，秘鲁政府采取的这些措施在解决印第安人问题时是有一定成效的，至少使印第安人扩大了眼界，了解了外面的世界，明白了自身存在的问题。但是，由于秘鲁政府的印第安人政策因政局变换而受到影响，再加之资金缺乏，各种措施和计划都得不到充分的贯彻和落实，结果成效不大，有的流于形式，有的名存实亡。

四　民族政策评析

秘鲁印第安人占全国人口近半数，因此，历届政府在制订政策时都把印第安人问题列入其主要日程当中。那么，秘鲁政府在制订土著人政策时的理论依据是什么呢？这就是曾经风靡美洲一时的土著主义思想。拉美土著主义始于1920和1930年代，到1980年代初流行于全拉美地区并得到印第安人的赞同。在秘鲁历史上，有三位伟大的思想家即冈萨雷斯·普拉达、阿亚·德拉托雷和马里亚特吉，都极为重视土著人问题，他们对民族一体化理论提出了质疑，认为拉美流行的印第安人社会是一个独立的社会，它具有一些有别于周围社会的特点，有自己的文化历史传统，自己的价值观，应该自治。如马里亚特吉就曾指出：“在我国文学中，克里奥约主义未能发展成一个具有民族主义精神的流派，这首先是因为克里奥约人还不能代表这个民族。很久以来，人们几乎一致认为，我们是一个正在形成的民族。如果把这种观点表达得更为明确些，那就是现在还存在着两个民族和两种精神。不管怎么说，人们一致认为，我们甚至尚未达到在我国土地上共处并构成我国民族的那些种族成分的最低限度的融合”[①]。概括地说，土著主义思想的基本观点是：

① 何塞·卡洛斯·马里亚特吉：《关于秘鲁国情的七篇论文》，商务印书馆1987年版。

秘鲁并未形成一种混合主流文化，而印第安文化的影响根深蒂固，政府的政策应当恢复或保留土著文化传统。秘鲁著名的文学家巴尔卡塞尔就直言指出，将来不是创造一种混合文化，而是印第安人把他们纯粹而洁白无瑕的文化施加给全秘鲁和整个拉美。他写道："欧洲文化从未真正影响过印第安人，秘鲁现在和将来都是印第安人的……印第安人的秘鲁是唯一真正的秘鲁"。其次，秘鲁社会问题核心是受压迫的印地安人问题。被誉为现代秘鲁民族主义之父的普拉达首先指出土著人问题不仅是教育问题，而且是政治、经济和社会问题。他认为，被压迫的印第安农民群众是形成新生秘鲁民族的真正核心，如果以为不进行一场社会革命使他们最终获得解放就能实现民族一体化，这纯属妄想"①。阿亚·德拉托雷提出了"印第安美洲"的概念，认为印第安人的存在是我们大陆的显著特征，我们大陆最适合的名称应当是"印第安美洲"②。马里亚特吉则首次用马克思主义的观点揭示了秘鲁印第安问题的实质是经济和阶级压迫问题，他认为："土著人问题是由我国的经济产生的，其根源在于土地所有制；不消灭大庄园制就不可能解决土地问题；印第安人问题只能靠解决社会问题来解决"。③ 他还指出："土地问题是解放土著居民的关键，是他们政治和思想意识改造的基础。因此，土地问题首先是在秘鲁消灭封建主义问题"④。马里亚特吉还主张，秘鲁进行社会主义革命应该从"印第安美洲的现实出发，将来振兴印第安人精神的不是白人世界的文明，而是来源于印加文明的社会主义思想这个秘诀"⑤。

由于这些土著主义思想有巨大感召力，秘鲁政府在制订土著人政策时不得不考虑这一思想的现实影响。

---

① 莱斯利·贝慧尔主编：《剑桥拉美史》第五卷，社会科学文献出版社 1992 年中文版。
② 徐世澄：《浅议拉美印地安人问题》，载《拉美研究》1999 年第 11 期。
③ 何塞·卡洛斯·马里亚特吉：《关于秘鲁国情的七篇论文》，商务印书馆 1987 年版。
④ 美国《拉美展望》1986 年春季号。
⑤ 弗雷德里克·B. 派克：《秘鲁近代史》，辽宁人民出版社 1976 年中文版。

秘鲁政府的土著人政策是以企业化发展理论为基础的。这一理论要求有一个资本主义发展整体政策作为各项行动的决定性指南。国家机关的所有基本行动都应服从于发展利益。鉴于此，秘鲁宪法明文规定，“国家保障经济的多元制。国民经济以多种形式的财产权和企业的民主共存为基础。国营的、私人的、合作社的、业主自营的、村社的以及其他任何形式的企业，均以法律根据其特点规定的法人资格进行活动”。因此，土地改革是改变农村结构和全面提高农村人口地位的途径。而土改中，又把新的形式即社会公益公司纳入其中，社会公益公司是一种农民自己管理的公司，根据合伙组成的每个农民集团发展需要来分配本公司的利润，传播现代技术，培训农民，实行民主管理。应当指出，在土改进一步深入后，企业化发展主义经济中的所有不协调关系便进一步暴露出来。企业化发展主义理论不仅在秘鲁流行，而且还推行到巴西、厄瓜多尔和危地马拉，其结果也如出一辙。

总之，秘鲁政府的印第安人政策必须考虑秘鲁印第安人的实际，必须考虑土著主义思想的影响。其间，既取得了一些成绩，也面临一些难以解决的问题。秘鲁历届政府都对土著印第安人问题予以高度重视，并制订了相应的政策，采取各种措施以改变安第斯地区土著印第安人与世隔绝的状况和提高其生活水平。从现实看，这些政策和措施收到了一定的效果，一是使部分人得到土地；二是使贫困人口有所减少，从58%减至49%。虽然秘鲁政府采取各种政策和措施改善了土著人的生活状况，但却无法从根本上解决他们的问题，关键在于：第一，未能从根本上解决所有制问题，虽然进行了土改，部分人得到土地，但真正控制土地所有权者依然是少数人，富者依然是富者，穷者依然为穷者。第二，政府资金短缺，无力投资扶助贫困地区，尽管有些措施解决了部分地区的经济发展问题，但在大山背后的传统印第安人的状况依然如故。

与经济问题相比，政治思想和社会方面的问题更难解决。首先，政府无法彻底解决印第安农民暴动问题。虽然政府采取“擒贼先擒王”

的举动，企图平息农民运动，但始终未能如愿以偿。这有多种原因：其一，秘鲁土著印第安人有悠久的革命斗争传统。历史英雄图帕克·阿马鲁的形象及其影响至今犹存。其二，农民情况复杂，农民运动得到多方支持，其中有进步人士也有贩毒集团的资金支持。其三，农民自身处境决定了与政府的长期对立。

其次，秘鲁土著主义思想十分流行。主张“印第安美洲”的思想不仅在知识界产生巨大影响，而且还得到广大土著人的赞同。这种情况在一定程度上影响国家的政策。就土著主义思想的重要性及其影响而言，这是不容忽视的，就其思想内涵而言是值得进一步研究的。

再次，如何使大山背后的印地安人走出与世隔绝的世界，如何使两个世界的社会和文化融合为一体，这将是长期困扰秘鲁政府的重要问题之一。因为这一问题直接影响到秘鲁社会稳定。

总而言之，秘鲁面临的土著人问题既有同其他拉美国家相似的地方，也有自身的特殊问题。如何解决土著人问题，将是决定秘鲁今后前途的重大问题。

（徐英，中国社会科学院拉丁美洲研究所研究员）

智　利

一　马普切人与土地

据考证，智利的人类活动早在12000年之前就出现了。大约6000年前，更为发达的社会群体出现在沿海和北部地区，其文化带着很深的安第斯文化的烙印。西班牙人到来之前，印加帝国统治着生活在智利北部和中部的各个部落：北部沿海地区的昌戈族人（乌鲁族人）；往南阿塔卡玛沙漠和洛阿河流域的阿塔卡梅尼奥人（孔萨人）；科皮亚波河和乔阿帕河之间的迪亚特人以及中部的马普切人（阿劳干人，Mapuche）。故此，这些土著文化还有着印加文化的痕迹。另外，南部的火地群岛和西海岸各岛屿还散居着奥纳人、雅干人、阿卡卢夫人和乔诺人等。这些文化在西班牙人踏上现今智利国土的同时，就开始了他们的“异化”甚至消亡的过程。

西班牙人入侵以后，由于征服者没有带妇女，于是，各阶层的西班牙人就与印第安妇女通婚（大多是占有），与当地居民发生了混合。而且，在与印第安人发生武装冲突的过程中，征服者进行了残酷屠戮，使得一些土著部落人口锐减，甚至消亡。现在，智利最大的土著民族是马普切人，据2000年的统计数字①，其人口大约有150万人。另外还有生活在北部高原的艾马拉族和复活节岛的拉巴努伊族。其他如迪亚特人，雅干人，阿塔卡玛人，昌戈人，乔诺人等都因殖民者的同化和杀戮已不复存在，他们的文化也都销声匿迹了。

“马普切”本来是各个印第安部落的通称，意思是“土地的主人”。现在说的马普切人，一般指生活在中部和北部的阿劳干人。这个民族是智利最大的土著民族，也是历史上与殖民者斗争最持久、最顽强的拉丁美洲土著民族。据西班牙一位总督说，西班牙征服阿劳干人比征服美洲其他全部殖民地花费了更多的人力和财力。智利的征服史基本上就是阿劳干人和西班牙人斗争的历史。② 在整个18世纪和19世纪，阿劳干人的起义以及与殖民者的冲突此起彼伏，绵延不断。直到1884年，太平洋战争结束后，智利政府调动军队才征服了阿劳干人地区，把它并入了智利共和国。从此，马普切社会与智利社会有了接触，内部开始了发生深刻变化的过程。

对于马普切人来说，土地不仅是其生产要素，而且是其文化和民族繁衍的基础。殖民者的到来不但使他们在血统和文化上丧失了原有的完整性，更使他们丧失了赖以生存的土地。殖民者对当地居民的土地的占领是通过各种办法进行的：“委托监护制”的合法攫取，与印第安人妇女结婚或同居而占据，以及占领离去的印第安人的土地等。“委托监护制度”是一种土地赏赐制度。西班牙征服智利后，很快就赐给参加征服的人以“委托监护地”，而且，每个受赐者还获得了居住在“委托监护地”内整个集团的印第安人。对于这些印第安人，主要是强迫他们在人口稠密、土地比较肥沃的河谷矿区从事农业劳动或开发矿产。在这种制度下，大庄园（hacienda）成了智利土地占有的基本形式。同时，在智利还形成了一种针对马普切人的保留地制度。这种制

① *Latin American Weekly Report*, Latin American Newsletters, London, 6 may, 2003.

② ［苏］A. B. 叶菲莫夫、C. A. 托卡列夫：《拉丁美洲各族人民》，生活·读书·新知三联书店1978年版，第735页。

度是殖民地时期，西班牙人针对马普切人的反抗而实施的一种怀柔政策，殖民者曾经颁布法令，借口保护马普切人的领土不受白人非法侵占而让马普切人迁到保留区。

在保留区内，将一定范围的地域划归各个部落（集团）首领管辖，供各个集团使用，土地不可出卖。在每份保留区内，大约有五至十个家庭，这些家庭是亲属集团。最初，这些份地的面积相当大，只是由于各个集团的大小不同而有所差异。可是，随着这些地区殖民地化的不断加强，白人移民以各种方法和借口侵占印第安人的土地，使得这些保留区日益缩小。

1884 年，马普切人的最后一次起义被智利政府镇压下去，阿劳干人地区最终被并入智利共和国的版图。之后，为了加速马普切社会的解体，迅速把马普切人纳入到国家经济结构之中，智利政府实行了保留地分配制度。智利统治者认为："马普切人是非常自私的，他们以前的合作性质的社会结构只能使他们懒惰而贫穷，只有'个人'拥有土地才能解放他们，并使他们很快地和国家一体化。"因此，"这种分配无疑是于他们有益的。"① 这种土地政策是把马普切人的保留地分成小块，每个家庭拥有一块。但由于遭到马普切人的反对，这种分配的实施经历了一个漫长的过程，而且许多保留地最终也没有被分成小块。到 1948 年底，有 793 个共 126749 公顷的保留地被分为 13788 块，占印第安人拥有土地的 18%。每个家庭分得的土地为 0.5—10 公顷不等，但被限定在 10 公顷以内。通常是一个家庭所分得的土地不足以养家糊口。当这些土地由每个家庭的下一代再分配时，生计困难就更大了。可以说这种分配彻底摧毁了传统的印第安人社会结构；而且，印第安人的土地在政府和法律的幌子下仍然在被慢慢地剥夺。在分配的过程中，原有的保留地只是部分地被分配，其余的则被政府卖掉了。如第

① Staffan Berglund, *The National Integration of Mapuche Mionority in Chile*, Reklamtruck, vmea, 1977, p. 49.

一块保留地瓦拉·德·拉布朗萨（Huala de Labranza）原有 150 公顷，分配后，70 公顷被卖掉了；考诺潘（Conoepan）保留地最初有 105 公顷，分配后，流失了 53.2 公顷。另外，一些大庄园主还趁机“把自己的栅栏越过法定地界移往保留地，占领印第安人的土地。”保留地的分配一直持续到 1960 年代土地改革前夕。

1960 年代，古巴革命胜利后，美国为维护其在拉美的霸权地位，避免古巴革命在拉美农村产生多米诺效应而引起农民革命运动，支持拉美国家进行土地改革，并于 1961 年提出“争取进步联盟计划”，提出拉美国家应在 10 年内向半数无地或少地农民分配土地。1962 年，又成立了旨在促进拉美土地改革的美洲农业发展委员会。同时，智利的情况也发生了变化。大庄园主在国家政治和经济生活中的地位下降，为提高生产率，他们不得不放宽了土地租佃条件；教会对土地的态度和立场更是发生了转变。1962 年月，智利大主教发布了《教会和农民问题》的通告，号召教会支持土地改革。在这种情况下，智利开始了土改。1962 年颁了第一部《土改法》，即 166440 号法令。这两部法令都规定征收土地。阿连德政府期间（1970—1973）采取激进政策，进一步加速了土改进程。政府在征收的土地上建立起了“土改区”并成立了土改协会（CORA），还成立了农民经济合作组织，政府负责向其成员提供贷款、机器，技术援助和工资等。土改使广大农民受到了一定的利益。但是土改法并没有根据智利政府民族一体化的纲领，把马普切人当做少数民族予以特殊的照顾。长期以来，从比奥比奥河北部往南到连魁乌埃（Lianquihue）省南部 9476010 公顷的土地，有 25% 为非马普切人占领，但马普切人只被承认对其中的 5.5% 有所有权。在考廷（Cautin）省马普切人也只占有 18.6% 的土地。因此，马普切人据理力争归还被占领的土地。但到 1970 年，也只有 143367 公顷的土地被归还。1972 年的 17729 号法令是第一部规定归还印第安人土地的法令。根据土地法令，归还马普切人的土地要经过复杂的程序；首先，要向土著发展协会提出归还土地的要求，协会根据 17229 号法令验证要求的可行性；如果要求通过，还要向土改协会（CORA）提出一个有关技术、地形和法律等的官方性质的报告，土改协会再根据16440号法案判定被要求归还的这块土地是否在被征收之列。总之，殖民者和统治者从马普切人手里夺去土地是轻而易举并有种种借口，但马普切人要想重新获取失去的土地是非常困难并有重重障碍。

然而，马普切人如此艰难的重新获得土地的进程，在1970年代中期被智利军政府中断了。军政府执政后，推行新的经济发展模式——自由市场经济，废除了《土改法》，中止了土地改革，实行土地私有化，允许土地自由买卖，实行农产品价格自由化。军政府的做法使得许多农民因缺乏资金、农具和技术等被迫出售土改中得到的土地。土改中被征收的土地又回到了庄园主的手里。许多马普切人再次失去土地。为了维持生计，许多人成为大庄园里的雇佣工人或来到大城市成为短期雇佣工。

二　马普切人与智利民族一体化

自1940年代起，拉美国家普遍流行“民族一体化”理论。我们可以从两个方面理解民族一体化：一方面指各个种族自觉或不自觉地通过婚姻、文化的接触等融为一体，可以称为“融合”；另一方面是国家（政府）实施政策，把少数民族纳入国家主流社会生活之中，使之参与国家的发展进程。在这一个过程中，少数民族处于被动的地位。智利的马普切人就是这样被动进入国家社会结构中的。

1813年7月1日，智利颁布的法令首次承认马普切人为智利合法居民，并给予他们与其他智利人在法律上的平等地位，享有与智利其他居民同样的“自由”。1819年，再次颁布了同样内容的法令。这样，在“合法居民”和“平等”的名义下，一部分失去土地的马普切人转化为“英基利诺”（inquilino，原指十七世纪不属于委托监护人的印第安人，后转为依附于大庄园的小佃农）。根据智利“人人平等”的法律，“英基利诺”和地主之间不存在债务奴役关系，地主给“英基利诺”大小不等的土地供他们耕种；作为回报，“英基利诺”每星期在地主的田地上做三天的义务，其余的时间，他们可以为自己工作，在自己的田地里劳动或做其他工作。而且，根据法律，如果他不满意他的主人，他可以“自由”地离开另找新的主人。但事实却不是如此。地主们给予“英基利诺”的土地根本不能养家糊口。为了满足生活需要，他们就要向地主借债，而还不清债务他们是不能离开的。这就在成为“英基利诺”的印第安人与地主（大庄园主）之间产生了一种依附关系。智利通过法律把马普切人纳入了社会结构之中，然而却把他们置于社会的边缘地位。

智利统治者制订或颁布的法律更多的是关于印第安人的土地问题。这些法令通过各种各样的规定使马普切人失去了他们的土地。国家和庄园主不再像殖民时期那样通过暴力攫取土地，而是“合法”地占有了马普切人的土地连同这些土地上的劳动力。因此，智利学者詹纳特称西班牙殖民为“暴力入侵”，而称智利独立后的马普切历史为智利人的“合法入侵”。

在民族整合的过程中，教育政策也是一个向少数民族施加影响的重要因素。

阿连德政府以前，印第安人的教育状况并没有引起政府的特别注意，马普切人中只有极少数人有着受完整教育的机会，大多数人不识字。1960 年，智利农村平均文盲率为 30.4%，而在印第安地区为 41%。承担对印第安人教育的人员和机构主要是教士和教会学校。1848 年，天主教方济各会的第一批传教士来到马普切人居住区传教。他们在个别居民点创办了教会学校。他们的目的是试图在这里传播基督教。但他们取得的成效不大。一些马普切人只是形式上信奉基督教，实际上还是坚持传统的印第安宗教观念。不过，有一点可以肯定的是，教会学校在潜移默化中提高了马普切人的识字率和文化程度。

对马普切人的教育予以特别关注的是阿连德政府。阿连德政府采取了比较激进的政策：第一，为马普切学生广泛地设立了助学金。1964 年，马普切学生中只有 20 人得到助学金，1972 年得到助学金的人数达到了 10000 人。第二，开设技能课程，传授农业科技和经济方面的知识。第三，马普切人的语言、艺术和音乐被纳入教育课程之内，并普及了双语教育。

总的说来，智利为把马普切社会和文化纳入其主流社会结构之中而采取了各种行动，然而这些行动的初衷是出于执政者的利益的，因而缺乏一个有计划的系统的纲领。

三　一体化政策对马普切人社会文化的影响

自西班牙人踏上智利国土起，马普切社会文化结构就因西方文明的侵入开始了其变化的过程。然而，脱离传统、内部开始发生深刻变化还是从保留地制度的建立开始。也就是说，土地所有权的变化打破了其固有的生产模式和传统的社会结构。综合起来，马普切社会文化的变化主要表现在以下几个方面：

第一，经济结构和生产方式的变化。西班牙人征服智利以前，农业对智利的印第安人经济具有主要的意义。他们用木制或石制的工具翻耕土地。主要的农活通常是集体进行的。集体一般是亲属集团，他们轮流耕种彼此的土地，有时在收割庄稼时互助。欧洲人的到来给他们带来了新品种农作物、牲畜以及新型工具等。这对他们的生活产生了很大的影响。而殖民者强加给他们的土地制度更是改变了他们的生产和生存方式，保留地制度和土地分配制度使原来的大家族分裂为小型的核心家庭。这种家庭是最基本的生产和消费单位，通常是一家三代住在一起，家庭成员进行分工劳动：一般是男子承担田间耕作，女人操持家务如喂养牲畜、纺织等；如果庭院里种些蔬菜等，则由男女共同管理。这种核心家庭耕种的土地一般为小块土地，因而被称为小土地所有者（亦称小农户，Minfundistas）。他们耕种土地的收入仅够养家糊口，所以他们无力购买现代化的生产工具，如收割机等。在耕种和收获的季节，他们就向大地主租用机器，收获后，用粮食支付租金。但当收成不好或土地太少时，租用机器就不合算，所以人力耕种和收获也很普遍。在土改时期，政府曾经有组织地给予马普切人以生产上的帮助，如贷款、机器和农业科技指导等。

现代马普切社会的经济属于自给自足型经济：他们生活需要的大部分东西是自己生产的，他们生产的大部分也供自己消费。但是，他们也出售部分产品换取现金，或用自己的产品去市场上换取自己无法生产的东西。如他们喂养的牲畜家禽除留为己用外，还部分地拿到市场上去卖。他们用出卖农副产品所得现金用来购买服装、工具、家具、糖、盐、茶叶、火柴等生活用品。由此，马普切人不由自主地被纳入了智利的市场体系之中。

出卖劳动力是马普切人除耕地外谋生的另一种方式，也是他们参与当地市场经济的一个重要方面。1973 年军政府执政后，推行鼓励农业向企业化过渡的政策，许多封建性的大庄园转变为资本主义性质的大农场。失去土地的马普切人就成了这些农场上的雇佣工人。也有一些马普切人来到大城市成为短期雇佣工。

第二，社会关系的变化。西班牙人到来之前，马普切社会是多妻制和大家族制。家庭内部的联系比较松散。一个家庭有几个妻子，各个妻子及其儿女组成“德弗”。在西方文化的影响下，现在多妻制已基本消失；大家族也为分裂的、社会关系较简单的一些核心家庭所替代。西方文化中的个人主义也深深地影响了马普切社会的人际关系。智利政府把保留地分成小块让每个马普切核心家庭耕种的初衷之一，就是认为“个人拥有土地可以让他们摆脱贫困。”这样，由于国家强加的观念和条件，“个人”在马普切的社会活动中具有了特殊的意义。马普切社会之间的关系不再保持传统的纯粹的血缘关系，邻里和友谊关系开始在马普切社会结构中扮演一定的角色，如生产中的搭帮制度不仅出现在有着血缘关系的家庭集团之内，也表现为邻里之间的相互配合。

而且，还出现了各家庭集团组成的、与政府联系密切的集体组织，如小农业者委员会。

第三，社会政治结构的变化。在西班牙人到来之前，马普切人的社会是以亲属集团为基本单位的，由于婚姻制度从夫居，所以在一个村落居住的是一个父亲、他的几个妻子和他们的儿女，这位父亲的兄弟们以及其妻子儿女，还有他们成年的儿子和儿媳等。最初，居住在同一村落的人并不一定属于同一图腾。所有属于同一图腾的人都是母系亲属，他们构成一个外婚制集团。因此，父亲只是一个亲属集团名义上的家长，并不享有很大的威望，因为在家庭中只有一个人代表他的图腾。到西班牙人在智利出现时，父亲在家庭中的地位已逐渐在图腾关系以外的各个方面得到巩固。这与土地所有权有很大的关系，因为实行了从夫居以后，妻子要迁移到丈夫的集团中去，丈夫就成了耕地的主人，也就成了这个亲属部落的首领。当部落之间发生争斗时，首领同时也是军事领袖。

同西班牙人的战争对马普切人社会制度有着很大的影响。为了保卫自己的土地，各个马普切部落不得不联合起来共同抵抗西班牙人的入侵。这样，最终形成了部落联盟。联盟的首领从各部落首领中选举出来，掌握军事领导权。各部落的首领保留对内的管理职能。起初，联盟的首领只是在战争时期选举出来，到了后来，变成了一个可以世袭的职位。

保留地制度建立以后，首领的地位得到进一步加强。根据智利法律，保留地由首领统一管理，他掌握着保留区土地分配的权力，也决定婚姻大事。作为首领，他须具备主持丰收仪式和宗教仪式的能力，还要能够制订生产计划，为村社社员辩护。有时候，首领不一定是选举出来的，而是由智利政府指派的。因此，他既是本民族的首领，又是现代意义上的官方代表。家族和政府赋于的权力使这些首领逐渐成为特权阶层，他们拥有大面积的土地和大量牲畜，常常剥削同族人。

虽然战争、保留地制，经济原因已使马普切社会发生了很大的变化，但其社会仍有明显的民族特色。语言、住宅、衣饰、信仰、仪式、节日、食品、亲属关系以及姓氏，所有保留的这一切构成了智利社会中颇具特色的马普切文化。

智利对马普切人实行一体化政策，在很大程度上受西方国家盛行的经济中心论的影响，该理论往往把某一民族集团的经济和技术水平的发展程度作为衡量社会发展的参考标准。这种理论一直认为马普切社会处于“欠发达”（或“不发达”）状态：穷困、婴儿死亡率高，健康状况差、生活水平低。这种状况无疑妨碍智利整个经济的发展。因此，应改变其“‘欠发达’或‘不发达’的社会经济制度，代之以逐渐更为发达的制度”，也就是说，要摧毁传统的马普切社会结构，为国家的发展获取最大的利益。智利独立后对马普切人实行一体化的实质就是最大限度地获取他们的土地，使他们摒弃自己的生活方式，成为随时待用的廉价劳动力。

因此，对马普切人的一体化并不同于西方某些国家的民族融合（如美国），而是为着少数统治者或国家的利益强制性地把马普切社会纳入国家社会结构之中。这实际上是对土著居民的内部殖民主义。

如果从马普切固有的社会结构的角度考虑，智利的一体化政策，尤其是土地制度，极大地摧毁了马普切的传统社会结构。由于国家社会强制推行一体化政策，马普切的经济结构、生产方式、人际关系甚至生活方式都发生了很大的变化。但许多传统的东西仍然存在。如果从进入国家社会结构的角度考虑，马普切社会始终没有进入到国家的主流社会中，而是处于边缘地位，其人民是一个受统治的社会层次。他们当前的经济由于受到市场的作用被纳入国家经济体系之中，但也是处于某种附属地位。仍然存在的某些传统继续构成一种民族次文化。这种民族次文化作为马普切的民族精神仍然存在，说明智利社会的同化并没有使马普切人作为一个民族消失，因为经济和社会制度在某些外部影响下变化较快，而文化的变迁是非常缓慢的。因此，在未来的发展中，马普切社会的经济发展将与智利的国家社会经济更加紧密地联系在一起；而其文化则由于其民族统一意识的增强将在智利社会中作为一种独立的次文化长期存在，并且由于社会的发展也将会有许多新的东西补充进来。

（魏红霞，中国社会科学院美国研究所研究员）

巴　西

1500 年葡萄牙航海家佩德罗·阿尔瓦雷斯·卡布拉尔在前往印度途中"误航"抵达巴西，1539 年葡萄牙王室从葡萄牙往巴西殖民，开始了葡萄牙对巴西的殖民统治。初期，葡萄牙殖民者利用强制和诱骗的手段与方式利用，当地土著居民第安人从事巴西木的采伐。一方面，由于巴西木的数量有限，在短时间内沿海的巴西木被采伐一空，另一方面，印第安人生性自由，无法忍受殖民者的奴役，纷纷逃往内地森林。以后，由于甘蔗种植业的发展，劳动力严重短缺，葡萄牙王室从非洲运进大批黑奴。19 世纪 80 年代奴隶制废除后，咖啡种植业的发展再次导致劳动力的匮乏，因而政府从欧洲大量移民，满足咖啡种植园主对劳动力的需求，导致巴西逐步形成了三大民族体系——土著居民印第安人、从非洲运进的黑人和从欧洲移居的白人。据巴西地理统计局 2000 年的人口统计，截至该年，白人占总人口的 53.8%，黑色人种占人口的 6.2%，黄种人占 0.5%，混血种人占 39.1%，印第安人占 0.4%。据 2014 年材料，巴西总人口为 2.02 亿。

一　民族构成

（一）印第安人

根据巴西现有的史学资料研究，巴西的印第安人源于亚洲大陆。早在4万年前，亚洲居民徒步通过白令海峡的冰川进入美洲，以后逐步南移，抵达南美洲。1996年巴西考古学家在巴西内地的皮奥伊州的圣雷蒙多·诺纳托市发现了4.8万年前人类活动的遗址和踪迹。1884年德国探险家卡尔·冯·登斯特内首先对印第安人进行了调查，发现巴西的印第安人可以划分为四大分支：图比瓜拉尼族；热族或称塔布亚族；努阿鲁阿克族或称迈普雷族；卡拉伊巴族或称卡里巴族。他还发现印第安人的四大语系：图比、马格罗、卡里贝和阿鲁阿克。

据巴西历史学家研究，在葡萄牙殖民者抵达巴西前，巴西约有500万土著居民，有1400个部落，应用1300种语言。由于葡萄牙殖民者的杀掠、奴役和疾病，目前巴西仅有70万印第安人，占巴西人口的0.4%，其中绝大多数人居住在经济落后的亚马孙地区和中西部地区。其中，亚马孙地区的印第安人占全国印第安人的50%左右。据巴西国家印第安人基金会的统计，目前全国共有215个部落，各个部落的人口数量不均，其中有10个部落的人口超过5000人，最小的部落人口仅十余人。为了保护印第安人的权益，巴西国家印第安人基金会在全国建立了587个印第安人保留地（区），总面积近亿公顷，占全国面积的10%。语言减少为180种。此外，全国还有近60个部落从未与白人接触过。

由于政府采取了保护印第安人的政策，关注印第安人的医疗和教育，印第安人口增长率从1990年代以后逐步超过全国人口的平均增长率。1990年代以来，印第安人的人口增长率为2.85%，全国人口平均增长率为1.64%。

（二）黑人

巴西的黑人是16世纪中期由葡萄牙殖民者从非洲贩进巴西的。由于葡萄牙殖民者进入巴西以后没有找到他们梦寐以求的黄金和钻石，但找到了适宜发展制糖业的甘蔗，遂将甘蔗种植业作为殖民地经济的发展支柱。由于甘蔗种植需要大批的劳动力，因而大批非洲黑人被贩运到巴西充当奴隶劳动力。1532年，圣维圣特镇的创始人马丁·阿丰索从非洲运进第一批奴隶；1538年，若热·洛佩斯·比绍达从几内亚运进第二批黑奴。但这些黑奴的贩运和买卖是非法的。为了补充劳动力，使黑奴贩运合法化，1549年葡萄牙国王唐·若奥三世颁布法令决定每年从几内亚和圣多美普林西比为巴西的每个糖坊和种植园运进120名黑奴，满足甘蔗种植园主对劳动力的需求，发展殖民地经济。

1568年葡萄牙派驻巴西的总督萨尔瓦多·科雷亚·德萨使黑奴贩运制度化，开始大规模地从非洲贩运黑奴。尽管1850年巴西政府颁布了严格禁止贩运黑奴，但贩奴活动并没有停止，直到1855年最后一批贩奴船载着209名黑奴在现今伯南布哥州的塞里尼亚恩港登陆。据历史资料统计，在整个殖民地时期，葡萄牙殖民者从非洲总计运进350万—400万黑人奴隶。黑人奴隶在巴西殖民地经济的发展中起了重要作用。在甘蔗发展周期和黄金开采周期，黑人都是主要劳动力。

巴西的废奴运动经历了曲折的过程。早在巴西独立时，有识之士就曾提出过废除奴隶制的问题。1789年发生的米纳斯密谋就将废除奴隶制列入斗争纲领之中。1814—1815年的维也纳会议提出禁止奴隶贩运，当时的海上强国英国承担起捕获贩奴船只的责任。1822年巴西独立后，奴隶制在巴西仍然盛行。在国际和国内反贩奴运动的强大压力下，1871年帝国政府颁布了新生儿自由法，宣布从法律颁布之日起所有出生的奴隶子女为自由民。1888年5月13日，巴西最终颁布法令废除了奴隶制，剩余的近80万奴隶得到解放成为自由民。但奴隶制废除后，黑人在巴西的经济和社会地位并没有从根本上得到改变，他们依然是巴西的边缘群体，是挣扎在社会最底层的人。

巴西黑人的地理分布随着经济发展对劳动力需求的变化而变化。在17世纪以前，绝大多数黑人在东北部地区的伯南布哥州和巴伊亚州的甘蔗种植园和糖作坊从事奴隶劳动。随着金矿的发现和开采，以及圣保罗咖啡种植业的发展，黑人奴隶逐步向内地的圣保罗州、里约热内卢州和米纳斯吉拉斯州转移。但到目前为止，巴西黑人仍然主要分布在经济和社会发展比较落后的东北部地区和北部的亚马孙地区。

目前，巴西黑人的经济和社会地位仍然没有什么变化。据巴西应用经济研究所2001年的研究，黑人与白人之间的差异依然如故。从经济收入上看，白人和黑人劳动力的月平均收入分别为401雷亚尔和170雷亚尔（雷亚尔为现行巴西货币，目前汇率在1美元：2.5雷亚尔左右浮动）。在主要的大城市，白人和黑人的平均月平均工资分别是828雷亚尔和482雷亚尔，前者为后者的2倍。巴西白人的平均月收入为黑人月工资的2.5倍。但这种差异在很大程度上是由于教育水平的差异造成的，而非种族歧视造成的。据统计，同是25岁的青年，白人受教育的年限比黑人要多2.3年。

由于黑人受教育年限少，因而其失业率也大大高于黑人。据巴西地理统计局对巴西6大主要城市白人和黑人失业率的统计，在萨尔瓦多市黑人失业率比白人高出45%；在圣保罗市高出41%；在阿雷格里港高出35%。就业是生活水平高低的重要原因和标志。此外，绝大多数黑人从事的是临时性工作，他们得不到国家的基本社会保障和社会福利。黑人受教育水平低主要是由于黑人家庭人口多，收入低造成的。据统计，1999年巴西黑人和混血种人的文盲率为20%，白人为8.3%。如果加上只接受过4年教育以下的人群，那么，黑人的文盲率达到46.9%，白人的文盲率为26.4%。在高等教育中，黑人大学生人数仅占大学生人数的1%。

从生活条件上看，据统计，在2001年，在黑人家庭中，只有64.7%有自来水管道，49.7%有下水道；白人家庭的比例分别为81%

和73.6%。黑人家庭没有冰箱、洗衣机和电话的分别占90%、83%和70%，而白人家庭的这一比例为73%、56%和54%。

（三）欧洲移民

欧洲移民是巴西民族的主要组成部分之一。欧洲移民（除葡萄牙殖民者外）进入巴西起始于1808年葡萄牙王室迁入巴西以后。为发展殖民地经济，葡萄牙王室签署法令，允许外国人购买巴西土地进行种植（吸引外资），欧洲移民开始向巴西移民。但大量的欧洲移民发生在1850年巴西政府颁布禁止贩奴和1888年奴隶制废除以后。19世纪和20世纪，咖啡种植是巴西经济发展的基础。由于咖啡种植业需要大批劳动力，奴隶制废除后，由于劳动力的缺乏严重影响了经济的发展。巴西政府为解决劳动力短缺的问题，采取一系列优惠政策鼓励欧洲移民，特别是意大利和西班牙的移民到巴西落户。政府鼓励欧洲移民的目的是解决咖啡种植园的劳动力问题，因而，政府在吸引欧洲移民的同时，对他们实行了种种限制，防止他们成为小地产主。例如，欧洲移民必须首先偿还到巴西的旅费等。同时，政府颁布了土地法，土地只有通过买卖才能够获得；这样，大批欧洲移民必须首先在大咖啡种植园当雇工，从而解决了当时的劳动力缺乏的问题。

欧洲的第一次移民高潮是在1884—1914年间，主要是意大利人。1889年大批意大利移民开始移居巴西。20世纪，欧洲的政治和社会动乱，又导致大批的西班牙人、意大利人、斯拉夫人、俄罗斯人、荷兰人、乌克兰人移居巴西。第二次世界大战时期，欧洲移民停止。20世纪70年代，巴西经济发展迅速，出现“经济奇迹”，大批拉美国家的居民移居巴西，其中主要是巴拉圭人、乌拉圭人、阿根廷人和智利人。但葡萄牙人的后裔仍然是巴西的主要白人群体，他们主要居住在大城市，特别是圣保罗和里约热内卢。除此之外，1974—1975年期间，大批居住在莫桑比克的葡萄牙人和亚州人因莫桑比克的独立而移居巴西。

亚洲移民主要是日本移民。1908年巴西政府与日本政府签订协议，

165 户日本家庭共计 908 人移居巴西，开始在圣保罗和亚马孙地区从事农业，特别是蔬菜和花卉种植。

由于地理和气候等方面的原因，绝大多数欧洲移民集中在南部地区，他们沿用欧洲先进的耕作技术和生产方式，组成欧洲移民殖民点，形成巴西的“国中之国”。德国移民主要分布在南部地区，1808 年至 1950 年期间，他们在里约热内卢附近的新弗里布戈，以及南里奥格兰德州的圣雷奥波尔多建立德国移民点，1950 年以后逐步向圣卡塔琳娜州迁移，成为巴西南部地区经济和社会发展的主要动力。

二 民族政策

尽管巴西政府从法律和各种法规上规定巴西不分民族和肤色在法律上一律平等，反对任何形式的种族歧视，但在实际的政治、经济和社会实践中，各个种族的地位都有较大的差异。这种差异形成的原因很多，反应了巴西各个民族的不平等地位。

（一）对印第安人的政策

在殖民初期，由于巴西木的开采需要大量劳动力，殖民者以各种手段奴役印第安人，迫使他们从沿海逃往内地森林。尽管葡萄牙王室在教会的压力下于 1595 年颁布了禁止奴役印地安人的法律，但奴役印第安人的行为并没有停止。

1910 年巴西建立了印第安人保护局。该局的创始人是具有印第安人血统的坎迪多·隆东元帅。保护局颁布了一些法律，确认印第安人对他们居住的土地拥有权利，尊重他们的风俗习惯和社会组织。1967 年军政府时期建立了国家印第安人基金会，全权负责处理有关印第安人的问题。1973 年军政府制订了印第安人法，试图使印第安人融入“社会大家庭”，使他们接受国家法律的约束。但法律认为他们作为个人缺乏相关的融入现代社会的法律和自卫能力，因而他们仍然由国家托管，一直到他们融入巴西现代社会。

印第安人权利发生最大变化，是在1988年宪法颁布以后。在1988年的宪法中，专门有一章是针对印第安人的。该条款承认印第安人对原占有的土地的权利，尽管土地的所有权属于联邦政府，但他们对这些土地拥有使用权和收益权。宪法同时承认印第安各部落之间的差异性，尊重他们各自的文化、风俗、习惯和社会组织。为了进一步完善对印第安人的保护，1991年巴西政府制订了“印第安社会法”（第2057号法令），但由于该法令涉及巴西社会各阶层的利益，至今仍然在国会内讨论。

影响印地安人的生存和风俗习惯的保留的主要威胁，来自生活环境的恶化、白人的入侵、与白人接触而导致的疾病、缺乏基本的卫生条件和教育，因此，联邦政府的印第安人政策主要围绕解决这些问题制订的，具体表现在以下几个方面：

1. 建立印地安人保留地。土地是印第安人生存的最基本的条件。为了保护印第安人对原居住土地的权利，政府在1967年开始为印第安部落专门划分印第安保留地。1988年宪法颁布后，特别是1990年代，印第安人保留地的划分工作得到加速。但在划分保留地的过程中出现了许多为争夺土地而发生的白人与印第安人之间的暴力冲突。为了减少冲突，1996年政府颁布了1775号法令，修改了调整印第安人区域的行政和司法程序，规定了90年的缓冲期。在缓冲期期间，市政府和州政府以及个人对于政府划分的印第安保留地有异议的可以向联邦政府申诉。联邦司法部在经过调查后，再决定划界的准确性。据统计，截至2001年，国家印第安人基金会（官方机构）承认的保留地达到587处，但在联邦政府登记注册的印第安人保留地为343处，土地总面积达到8660万公顷。

为进一步保护印第安保留地内印第安人法定的权益，从1990年代开始，国家规定印第安人基金会会同联邦警察局和巴西可更新自然环境所，负责监察印第安保留地内的森林和生物资源，防止非印第安人的入侵和对森林的滥砍滥伐。

2. 改善印第安人的教育。为了实现印第安人逐步融入现代社会的最终目的，政府十分重视对印第安人的教育。1988 年宪法规定了印第安人与其他公民一样享有接受教育的权利，享有学习本部落语言和本部落历史文化和信仰风俗习惯的权利。法律规定，无论外来教师还是本部落教师都享受与国家教师一样的待遇，都必须尊重印第安文化，必须应用双语教学。截至 2002 年共有 10. 27 万印第安人学生在接受教育，其中接受基础教育的为 9. 71 万人，接受中等教育的 4500 人，接受高等教育的 1150 人。在印第安部落中共建立了 1700 所学校，学生达到 83700 人，此外，还有 19000 人在城市学校学习。在印第安人学校从事教学工作的教师达到 4200 人。

3. 关注印第安人的医疗卫生。由于卫生条件差，印第安居民的平均预期寿命远远低于全国的平均水平。据亚马孙热带医药研究所统计，1995 年巴西印第安人的平均预期寿命为 42. 6 岁，而巴西全国为 68 岁。1996 年有 13. 82 万印第安人生病，导致 500 人死亡。此外，酗酒和自杀成为印第安人死亡的重要原因，每年死亡人数 30—60 人，其中绝大部分为 10—25 岁的青年。

为了改善印第安人的卫生状况，在 1988 年的宪法中规定的统一医疗制度同样适用于印第安人，并建立了专门服务于印第安人的卫生医疗机构。与此同时，政府还在改善印第安人的住房、饮水、垃圾处理等方面进行投资，改善他们的生存环境，提高生活质量。

上述三方面的工作取得了一定成效，具体表现是土著人口迅速增长，预期寿命提高，因病死亡人数大大下降。据国家印第安人基金会 2001 年不完全的统计，印第安人口达到 35. 8 万。2000 年巴西地理统计局的人口统计，印第安人口有 70. 1 万。印第安人的预期寿命也有所提高。通过疫苗的注射预防，因疾病死亡人数也大幅度下降，由 2000 年的 90 人下降为 2001 年的 34 人，减少 62%。

（二）对黑人的政策

巴西的民族政策和国家法律与大多数国家一样，都规定各民族具有同等的权利，反对任何形式的种族和民族歧视。但实际上巴西黑人的政治、经济和社会地位均无法与白人相比，而且，近几十年来，黑人在巴西的地位几乎没有变化。1980 年巴西地理统计局统计，在圣保罗的黑人人口为 103 万，其中 30. 9% 的黑人仅接受过一年教育（白人的这一比例为 19. 9%）；在黑人劳动力中，40. 6% 的人月工资在政府颁布的最低工资标准以下（白人的这一比例为 5. 1%）。在 1965 年巴西地理统计局公布的一份关于"黑人劳动力在市场中的地位"的调查，在所有企业，黑人的平均工资均低于白人，60% 的黑人月收入低于政府规定的最低工资，白人的这一比例为 33%。尽管政府不承认在劳动力市场存在种族歧视，但在市场中白人和黑人的差异十分明显。据统计，白人劳动力中有 8. 5% 占据高级职位，黑人的这一比例仅为 1. 1%。

造成这种非法律因素种族差异的原因是十分复杂的。首先是历史遗留下来的问题。在长达 400 年的黑奴制时期，黑人始终生活在社会的最底层。其二，黑人的传统家庭观念。黑人家庭计划生育观念差，子女多，生活贫困。据统计，黑人家庭平均子女 5—6 人，白人家庭为 2—3 人。第三，黑人受教育程度低，文盲率高，导致失业率高。第四，由于文化水平低，缺乏技术和基本技能，因而主要从事低工资、强体力的劳动。第五，不排除部分上层人物（包括公司老板和企业家）具有种族歧视的意识，在白人和黑人具有同等条件下优先选用白人。

对于巴西黑人来说，未来的前景并不乐观。首先是生活贫困的状况将会在相当长的时间内继续。由于生育观念在短期内难以改变，受教育程度低，文盲率高，在市场经济的条件下，他们的命运难以改变。1990 年巴西经济对外开放以后，市场对于知识人才的需求越来越高，黑人文盲率高，受高等教育的机会少，他们所面临的失业问题将会更加严重，而就业几乎是改变黑人处境的唯一途径。因而，在可以预见的未来，巴西黑人仍将处在巴西社会的最底层。社会对于黑人的关注远不如对印第安人的关注程度。

（三）对欧洲移民的政策

正如前面所叙，从表面上看，巴西政府并没有对欧洲移民有特殊优惠的民族政策。在欧洲移民移居巴西的初期，巴西政府仅仅希望欧洲移民成为咖啡种植园的雇工和廉价劳动力。因而，在移民的同时，政府对欧洲移民经济的发展实行了种种限制。他们能否成为小地产主，成为企业家，完全依靠他们自己的资金和技能。但由于他们有欧洲先进的农业技术和先进的管理方式，他们首先摆脱了咖啡种植园主的束缚，发展自己的事业；再加上欧洲移民有重视教育的传统，其子女的入学率和受教育水平远远高于其他种族，并世代相传，因而使他们逐步上升为巴西社会的中上层集团。

三　民族政策的基本特点

从上述论述中我们不难看出，大多数政界人士和相当部分学者并不承认巴西存在种族歧视，特别是白人和黑人之间的种族歧视。但对印第安人，作为一个族群，承认其应有的传统地位，但又认为这一族群最终将与巴西社会相融合。因而，巴西实际上并没有形成具有本身特点的民族理论。其主要原因是：（一）长期以来，印第安人作为一个族群，生活在与现代文明相隔绝的状态。据预测，在目前的森林中仍有约 60 个部落未与白人有过任何接触。在历史上和现代，只有少数一批考古学家和人类学家深入内地森林，考察了解他们的习俗和传统。政府所颁布的有关印第安人的法律和法规只是为了保存印第安部落，减少他们与白人之间的冲突；（二）黑人是作为劳动力来到巴西的。从 16 世纪到 1888 年奴隶制的废除，他们仅仅是劳动力，社会并不把他们作为一个种族来对待。奴隶制废除后，黑人从法律上拥有同白人一样的权利；（三）巴西被世界公认为种族大熔炉，被国际上公认为“没有种族歧视的国家”。而且，巴西政府在奴隶制废除后从未像美国和南非那样颁布过任何歧视黑人和印第安人的法律；（四）白人主要是欧洲移民，他们同黑人一样，也是作为劳动力进入巴西的（区别在于他们不是奴隶而是雇工）。在历史上，巴西始终将他们作为劳动力来看待，在这一点上，他们与黑人没有本质上的区别；（五）在巴西的历史和现代人口统计中，一般是以白人、黑人、混血种人、印第安人和黄种人来划分的，这与“民族”划分不同。因此，我们与其说巴西的“民族政策”，不如说“种族政策”更恰当。

四　几点看法

第一，如果说巴西存在不同形式的种族歧视，那么，种族问题最为严重的是印第安人和黑人，特别是黑人。但他们的人口仅占巴西总人口的7%左右。应该指出的是，除殖民地时期外，巴西政府对印第安人的生存和发展是重视的。这主要表现在：（一）政府对占巴西人口不足1%的印第安人先后颁布过各种法律和法规，1988 年宪法还专门为人口仅30 余万的他们设立一章，这在其他国家是少有的；（二）巴西历届政府都为划分印第安人保留地进行了不懈的努力，政府为占人口不足1%的印第安人划分了占全国土地面积10%的土地作为保留地，这在世界是绝无仅有的。尽管政府在划界问题上遇到重重阻力，但政府从未停止过努力，保护印第安人的意志十分坚定；（三）从政府角度看，至今未发生过政府镇压印第安人的事件，所发生的事件和冲突主要是入侵的白人和印第安人之间发生的，相反，政府经常派遣大量的医护人员和环境工作者到印第安部落帮助他们改善生活条件。从法律上讲，除殖民地时期外，巴西印第安人的基本权利得到政府特殊政策的保护。

第二，如何处理经济社会发展与保护印第安部落文明之间的关系是一个世界性的难题，至今没有样板可循。一个国家要发展，特别是像巴西这样面积辽阔、自然资源丰富的发展中国家，开发自然资源发挥本国的优势是非常自然的事。巴西大企业家和大庄园主认为，为30万印第安人保留10%的国土是无法适应巴西经济和社会发展需要的。这一矛盾突出地表现在1970年代巴西经济奇迹时期。政府为了实现2000年成为世界经济强国的梦想，制订了全国一体化计划。经济要发展就必须修公路，修水电站，扩大农业面积。大企业家、大庄园主、无地农民和淘金者纷纷进入印第安人居住区，开发资源。但这种发展导致了白人与印第安人经常发生冲突。因而，寻求一种在发展经济的同时又不影响印第安人生存和发展的发展战略是一项长期的任务和难题。

第三，随着经济和社会的发展，印第安人的生活方式也在发生不断的变化。1982年沙万特部落的酋长当选为联邦众议院议员，成为印第安人在政治上的代表。一些印第安人已经难以适应和习惯印第安部落的生活方式，离家出走，落户大城市，参与现代文明生活。在许多印第安部落中，不仅有电视机，收音机和音响，而且市场经济已经深入人心。在亚马孙地区，印第安人利用当地的野果和鸟的羽毛等制作工艺品出售，或用独木舟运送游客挣取货币，购买可口可乐、收音机和电视机。

第四，巴西黑人作为社会最底层的状况将会继续。由于历史、文化、传统、贫困等方面的原因，在相当长的时间内，黑人在巴西的经济社会地位难以改变。但政府必须对黑人这一特殊贫困的群体给予更多的关注，因为黑人的生活状况对巴西的经济发展和社会稳定毕竟有相当重要的影响。

（吕银春，中国社会科学院拉丁美洲研究所研究员）

澳大利亚

一　澳大利亚文化政策的变迁

早在欧洲人到来之前，澳大利亚这片广袤土地上的主人是土著民族。这些土著民族的先民（4 万年前的第四纪冰河时期乘独木舟从亚洲来到澳大利亚）远在史前时代就已经创造了他们的独特文化。欧洲人的到来改变了澳大利亚的民族与文化构成，也打断了土著民族自由发展的历史。1788 年英国的库克船长在悉尼湾登陆，西方文化与土著文化之间的矛盾就开始在澳大利亚的历史舞台上上演。第二次世界大战后，随着大量外来移民的涌入，澳大利亚的文化冲突就由两种文化间的问题逐渐成为多元文化间的问题，从而衍生出澳大利亚文化政策的变迁历史。

第一阶段为同化政策阶段。澳大利亚实行的民族同化政策从建国一直延续到 20 世纪 60 年代中期，它立足于对同类利益的信仰和澳大利亚为纯白色人种国家的认定，它力图以同化的方式来统治土著民族，并强烈地排斥非欧洲移民。“这种移民政策中的单一文化和民族中心主义传统中体现和延续了崇英主义思想。”① 据 1978 年的统计，澳大利亚

① ［澳］安妮 · 黑克琳 · 胡森：《多元文化教育和后殖民取向》，张家勇译，载《比较教育研究》2003 年第 1 期，第 30 页。

的英裔人口占70%，北欧、南欧、东欧裔人口占20%，亚裔人口约占8%，土著人口占2%。[①] 2014 年，澳大利亚人口增至2346 万，其中主要是欧洲移民的增加。在同化阶段，澳大利亚一方面在人口上限制非欧洲移民进入澳大利亚，另一方面还强迫澳大利亚白色人种的家庭收养土著民族的孩子，就是同化政策的最好例证。由于同化政策的实质是要土著民族放弃自己的传统文化和生活方式，因此遭到土著民族的抵制和抗议，不利于澳大利亚国家的发展。

第二阶段为一体化政策阶段。澳大利亚是世界上人口密度最低的地区之一，劳动力（特别是文化素质较高的）的缺乏是制约澳大利亚发展的首要因素。从 1947 年开始，澳大利亚在全国范围内大规模、有计划和长期地接纳外来移民，到 20 世纪 60 年代末，大约有来自 100 多个国家的 200 万人移入澳大利亚定居，这就使澳大利亚人口中约 40% 是第一代或第二代移民，约有 20% 的人是在海外出生的，还有 20% 的人其父母至少有一方是海外出生的。[②] 面对大量移民的涌入，澳大利亚政府不得不调整国家的民族与文化政策，一体化政策便应运而生。一体化，从广义上讲并不是以主流文化去同化少数民族文化，而是以主流文化影响并改变少数民族文化，进而形成新的澳大利亚的国家文化。具有多样性的澳大利亚文化这时出现了一种互不相让的局面：澳大利亚白人文化中心论者以成功地在亚太地区创造了一个起源欧洲的现代社会为荣耀，并防止这种成功可能被异族文化所取代；多元文化主义者则认为应该把澳大利亚看成是一个激动人心的文化多样的混合体，多样性使整个社会丰富多彩；而土著居民则强调他们在形成澳大利亚独特性中的特殊作用，争取得到文化的认同和社会经济的平等。面对来自三种力量的声音，澳大利亚政府提出了国家的一体化政策。这种一体化政策并不鼓励文化的多元性，而只期望每个

① 参见澳大利亚驻华大使馆编：《澳大利亚手册》，1987 年，第 19 页。
② 同上。

民族都服从于一个整合而成的澳大利亚国家文化。这一政策有点类似于美国早期的“熔炉”政策，其宗旨在于重建新型国家中新的文化体系。

第三阶段为多元文化主义政策阶段。随着非英语国家移民的大量涌入和无歧视移民政策的最后采用，澳大利亚政府又开始将一体化政策逐渐转为多元文化政策。第二次世界大战后外来移民数量的迅速增长，使多元文化主义政策从边缘发展为澳大利亚国家民族文化政策的核心理念。20 世纪 70 年代末，随着澳大利亚推行多元文化政策，国家文化政策由白澳政策向无歧视移民政策的改革及伴随而来的由同化到一体化再到多元化的平稳过渡顺利完成。

多元文化主义者确信，多元文化主义是文化多元的澳大利亚国家现代发展的最佳选择，它对于维持整个社会的和谐发展有促进作用。他们认为，承认和接纳移民就必然承认和接纳所有能调节这个社会的各个因素，包括移民的文化。当然，移民也必须承认和接受澳大利亚本土民族的生活方式，包括法律、民主政策和英语作为官方语言等。同样，澳大利亚多元文化主义也要允许移民及其后代保留他们的文化传统和风俗习惯。换句话说，移民及其后代在澳大利亚民主社会中的生活是自己所选择的，无论是移民还是本土人民都有权自由选择自己的信仰和生活方式。

由于多元文化主义政策的实行，澳大利亚吸引了来自于不同文化背景的人力、物力、财力资源，进一步丰富了澳大利亚国家文化的构成。但与此同时，一些“英裔”或“老澳大利亚人”的后代强烈地表达出了这样一种观点：多元文化主义是澳大利亚社会的一个消极物或分裂因素，它在提升一些自认为有价值的文化的地位的同时，却鄙视盎格鲁-凯尔特人的文化，并玷污了整个澳大利亚的多元文化政策，将导致更大范围内的不安定和无法接受的分裂局面。这些人认为，过去的多元文化主义政策虽然吸引了许多移民，但它所带来的利益只给了移民而非本土人民。而且，多元文化主义政策还有可能导致澳大利亚成为一个新的民族中心主义的国家。[①] 这种反对多元文化主义的观点在澳大利亚出现是有着一定的历史背景的，一方面它和整个西方国家关于多元文化主义的两面性的论争有关，[②] 另一方面它和澳大利亚在经济与社会发展中遇到的困境有关。这样，当一些具有民族中心主义或具有一定种族歧视思想的人力图寻找解决困境的答案时，便把多元文化主义政策作为“替罪羊”。这是对澳大利亚多元文化主义政策的错误理解，不过这种声音的出现也提醒了多元文化主义政策的倡导者们：在一个多元文化并存的国家里，倡导文化多元与平等的思想仅凭法律与制度的保障是不够的，更重要的是要提供不同民族、不同文化之间沟通与理解的机会和方式。

澳大利亚的多元文化源远流长，它从一开始就一直与国家的总体文化相维系。它不是与澳大利亚开发者一起踏上这块土地至今仍未有变化的陈腐物，相反，它是生动的、变化的并相互作用的生命体，它已被后来的许多移民文化所丰富和加强，并在澳大利亚民族政策的转变和全球化过程中不断发挥作用。正因为如此，澳大利亚在建国百年之后更加强调多元文化主义政策在国家经济和社会发展中所起的重要作用，这在1999年澳大利亚议会的《议会关于澳大利亚多元文化的重要文件——前进的道路》中得到了反映。澳大利亚议会指出，多元文化主义政策对于澳大利亚有百益而无一害，它能保证拥有一个公正并更加公平和富有凝聚力的和谐发展的社会，而且文化的多元对于国家的经济、文化和社会发展具有很大作用。同时，像其他政策一样，为适应飞快变化的社会和迎接全球化社会的到来，澳大利亚的多元文化主义政策也需要不断更新和现代化。[③]

---

① 详见关于“多样性和多元文化：新种族主义”的讨论，载 http：//multiculturalism. Ayhrand. org（2000年8月12日）。

② 参见王鉴：《西方多元文化教育的世纪论争》，载《贵州民族研究》2003年第1期。

③ 参见 Australian Multiculturalism for a New Century：Towards Inclusiveness，National Multicultural Advisory Council，April 1999，p. 87。

那么，澳大利亚政府为什么要采纳“多元文化主义”的政策呢？第一，同化政策在世界范围内的失败以及美国、加拿大、英国、新西兰等国纷纷于20世纪60年代后采取了多元文化主义的政策，让澳大利亚政府不得不思考同化政策失败的原因和解决越来越突出的多元文化的问题。在这一国际背景下，澳大利亚政府于1979年效仿加拿大等国“正式采纳多元文化政策”。[①] 第二，劳动力缺乏与实行移民政策的结果。澳大利亚是一个地大人少的国家，经济发展需要大量的专门人才和劳动力，仅仅从英国居民中获得是远远不够的，因此接纳大量移民是国家经济建设和社会发展的需要。随着移民政策的调整，来自不同民族与文化背景的移民不仅在数量上逐渐增加，而且他们的杰出成就也为提升澳大利亚的国际地位发挥了重要作用。因此，澳大利亚当局不采取歧视非英裔民族的多元文化主义政策是十分明智的选择。第三，事关国家的稳定问题。各民族之间的团结是国家安全与稳定的基础，而澳大利亚长期实行的单一文化政策造成了不同民族之间的矛盾，对国家的稳定极为不利。多元文化主义政策有利于促进各民族共同建设民主、团结的澳大利亚，有利于缓解因文化差异而造成的社会矛盾。事实证明，澳大利亚在实行多元文化主义政策以后，在社会政治、经济、文化、教育等领域确实解决了一些矛盾与冲突，为国家经济社会的发展起到了积极的作用。

二　澳大利亚多元文化主义政策的内涵

“多元文化”一词常指“多元化民族”或“文化的多元性”。“澳大利亚的多元文化”是描述澳大利亚社会现状的一个专用词，是指“澳大利亚有100多个民族，由于历史的原因，使澳大利亚的社会文化

① 阮西湖：《澳大利亚民族志》，青海人民出版社1987年版，第149页。

特色具有多元性”。[①] 在澳大利亚，这一点很少引起人们的争议。而作为一项积极政策的“多元文化主义”，人们在理解上常常有一定的差异。在 1999 年澳大利亚议会的《议会关于澳大利亚多元文化的重要文件——前进的道路》中就问道：“多元文化主义是描述文化多元化社会政策的贴切词吗？”“它的作用是否会一直存在？”“如果不是这一词汇，还能找出一个替代词吗？”不少人对这些问题的认识是模糊的，回答是偏激的，而且所有的回答都反映出：当“多元文化主义”用于指代一项公共政策时，公众对它的解释有歧义。[②] 批评者认为，多元文化主义仅适用于那些非英语移民的文化而忽视了澳大利亚的文化，过分强调了特殊群体的权利而没有强调与此相对应的义务。尽管如此，支持者还是占多数。显然，在这一问题上澳大利亚政府站在了支持者一边，并强调：“澳大利亚的多元文化主义政策的目的是应用在所有的澳洲人身上的，不仅仅只对少数民族的，而是对澳大利亚境内的 100 多个民族的。”[③]

正是基于“多元文化主义”政策被逐渐公认为对社会发展有很大益处、对于展现澳大利亚文化多元化的真实性和重要性是一种最好的描述，特别是在澳大利亚议会关于多元文化主义政策的投票中也显示支持多元文化主义的占多数这样一个基本事实，所以澳大利亚议会和政府在制定国家民族与文化发展政策时建议继续使用“多元文化主义”这一术语，其前缀“澳大利亚的”则显示了多元文化主义是澳大利亚所特有的，与其他西方国家实行的多元文化主义是不同的。[④] 而为了确保文化的多元性成为澳大利亚统一的一支强大力量，澳大利亚政府对清晰地理解和运用“多元文化主义”一词进行了法律上的规定：“在澳

---

① 姜天明：《澳大利亚的人口、民族及其社会文化》，载《辽宁大学学报·哲社版》1998 年第 6 期，第 82 页。

② 参见 Australian Multiculturalism for a New Century：Towards Inclusiveness，p. 8。

③ ［澳］安妮·黑克琳·胡森：《多元文化教育和后殖民取向》，张家勇译，载《比较教育研究》2003 年第 1 期，第 30 页。

④ 参见 Australian Multiculturalism for a New Century：Towards Inclusiveness，p. 35。

大利亚，多元文化主义是承认并颂扬澳大利亚文化多元性的一个术语，它承认并尊重澳大利亚人民的所有权利，如享有文化遗产权及澳大利亚的基础设施和民主价值观，它也是制定其他战略和政策的指导思想；它使国家的管理者更加敏感地理解社会经济结构和人民生活具有多元文化的权利、义务和需求，在社会中不断促进不同文化群体间的和谐发展，有效利用文化多元性带给全体澳大利亚人民的益处。”①

同时，澳大利亚政府根据多元社会增长的潜力而不断调整澳大利亚的社会、行政管理和法律基础建设方案，以保障法律化的多元文化主义政策的实行。一些方案是由联邦政府出台，而另一些则是由州、区等地方政府出台，其中也有由政府部门、商业部门和工会发起的。这是因为大多数人已开始心平气和地接受他们现在的日常生活中要不时地与各种文化背景的人相交往这个事实，人们在社会、文化、宗教团体和更大社区的活动中交往日益频繁。澳大利亚社会相对稳定与日渐和谐的局面当然要归功于这种相互之间的努力。正如《1989 年澳大利亚多元文化国家议程》中所指出的：政府行为——在多元文化政策范围内——必须在某些领域推动社会的和谐发展，以保证未来的澳大利亚在工业化发展道路上充分运用人类资源并能够平稳地走下去；澳大利亚政府不限制移民的迁入，而且永远保持一个多元文化的社会，这一点完全不同于西方其他国家的政策，它不仅是澳大利亚国情的真实反映，而且是澳大利亚多元文化主义政策彻底性的体现。②

此外，澳大利亚的民主制度与多元文化主义政策之间有着密不可分的关系。民主制度保证了公民的自由和他们的基本权利与义务，这是多元文化主义政策能够真正产生实际效果的一个不可缺少的条件。而多元文化主义政策则通过倡导国家社会中公民的职责、文化尊重、社会公平等对于多元社会更加繁荣的重要意义，进一步促进、丰富和

① Australian Multiculturalism for a New Century：Towards Inclusiveness，p. 24.

② 参见 1989 National Agenda for a Multicultural Australia，National Multicultural Advisory Council，April 1989，p. 18。

完善民主制度的建设。这就在二者之间形成了良性互动关系。为此，澳大利亚政府在制定多元文化主义政策时坚持了以下主要原则：接近原则——政府机构应该服务于每一个被授予权利和免于任何形式的歧视的澳大利亚公民，不管该公民的出生地、语言、文化、种族和宗教信仰如何；公平原则——政府机构应该发展和改革，以公平对待国家公民并接受公民的监督；交流原则——政府机构的公务员应正确使用多元文化政策，帮助公民获得权利，公务员应该就他们的政策设计是否合适而定期咨询他们的“顾客”；责任原则——政府服务机构对来自于不同文化背景的“顾客”的需求要充分了解；影响原则——政府机构的公务员应是“原因的指向”，满足来自于不同文化背景的“顾客”的要求；效率原则——政府服务机构应对有效公共资源进行合理使用，并通过使用者反馈的信息，进一步迎合“顾客”的需要；说明原则——政府服务机构的公务员应有一个报告服务，保证他们能够履行规章。①

可以说，澳大利亚政府通过法律保障与制度建设已使多元文化主义政策在人们的生活中有了一定的基础，并形成了目前比较稳定、成熟的体系：第一，它概括了不同社会文化集团之间的相互关系，以及各民族对国家承诺的义务和应享受的权利；第二，它在法律上明确了一个国家内部社会文化呈现“多样性”的客观现实，只有承认、尊重这一现实且各民族平等相处、相互合作，别无选择；第三，它制定了有关法规，以保证多元文化主义政策的贯彻实施，如在多元文化教育方面，澳大利亚的学校就存在土著居民占优势的学校、少数民族文化混合的学校、英裔和其他欧裔占主导的学校等类型，而且不管学生的民族成分如何，政府的政策都要求学校的课程必须是多元文化性的。②又如，澳大利亚政府和人民欢迎并能帮助那些新迁入的居民，包括难

---

① 参见 Australian Multiculturalism for a New Century：Towards Inclusiveness，p. 36。

② 参见［澳］安妮·黑克琳·胡森《多元文化教育和后殖民取向》，张家勇译，载《比较教育研究》2003 年第 1 期，第 32 页。

民。仅1990—1995年，迁入澳大利亚的难民人数每年都不低于11800人，由于战火所迫而去澳大利亚的前南斯拉夫和中东地区的难民受到了优先的安置，这反映了澳大利亚多元文化主义的一条信念：只要是对的就是可以做的，因为正义和平等的价值观已深深嵌入多民族国家的社会中。[①] 同样，新入住的居民要克服各种困难并为澳大利亚的经济发展、多元文化社会的和谐及民主政治做出贡献，展示自己民族或文化的主要成就，以使其成为澳大利亚多元文化中多彩的一元。

三　关于多元文化主义政策的政府报告

自20世纪60、70年代开始提出并推行多元文化主义政策以来，澳大利亚政府不断公布有关多元文化主义政策的报告，以便及时调整多元文化主义政策的内容。

1966年澳大利亚政府发布了《探索中的岁月》的国家报告，其主要内容包括：强调了文化的多元性，并将多元文化主义与当时盛行的同化和一体化观念进行了对比；回顾了大量争论的问题，包括移民儿童的教育所面临的障碍，无劳动技能的移民所面临的工作压力，无签证的外来移民及他们从事商业活动的资格，不同民族居住区域的隔离问题和居住条件的改善等；指出从根本上解决这类问题的关键在于倡导民族平等与多元文化主义。

1973年7月澳大利亚移民咨询会议委员会公布了《关于移民外流的调查》报告，该报告被纳入国会议事日程。在讨论补救的办法时，委员会将注意力集中在由政府和社会团体提供的一系列聚居地服务的范围内。

1977年澳大利亚民族事务会议的报告《多元文化社会的澳大利

① 参见A. J. Grass, It's Time for Migrant Education to Go; P. R. de Lacey and M. E. Pool, "Mosaic or Melting Pot?" in Cultural Education in Australia, Sydney: Harcourt Brace Jovanovich, 1997, p. 287。

亚》中包含了第一个多元文化主义的定义，其内容包含社会内聚、机会平等、文化平等三大主义；同时该报告进一步指出，澳大利亚各民族文化方针政策的制定也应该与这三大主义保持一致。

1978 年澳大利亚移民咨询会议委员会的报告《对移民最新公布的计划和工作的回顾》成为多元文化主义政策发展的分水岭。它象征着多元文化主义作为政府制定政策的关键理念而体现在对移民的规划和工作中。该报告提出了各民族机会平等、所有澳大利亚人都能毫无偏见和歧视地维护自己文化的权利、政府确保移民平等地获得一定的工作和制订相关的计划、移民尽可能快地为澳大利亚社会的发展做出相应的贡献等四个制定澳大利亚民族政策的指导原则。

1979 年 6 月，澳大利亚人民议会和澳大利亚民族事务会议委员会共同做出了《多元文化主义和它对移民政策的含义》的报告。该报告是根据服务于国家利益而发表的，它详细讨论了多元文化主义的一些理论和实际问题，追溯了澳大利亚复杂的社会发展背景，并指出了在澳大利亚移民政策基础之上建立一个多元文化社会所需的条件，如澳大利亚民族的构成与变化、移民在澳大利亚社会与经济发展中的作用、民族文化政策的演进等。

1979 年澳大利亚民族电视台在它制定的《民族电视服务部门的公众协议》中表明，民族电视事业将致力于促进澳大利亚多元文化之间的相互容忍和欣赏，同时，也可以帮助民族团体保护和发展本民族的文化传统。

1980 年，澳大利亚多元文化事务协会在《回顾多元文化与移民教育》的报告中指出，教育是发展多元文化主义过程中的最基本的任务。该报告强调，澳大利亚的教育应该将英语作为对移民的第二语言和公共语言教授，以此促进他们对澳大利亚多民族文化的学习。

1982 年澳大利亚人口和民族事务协会在它完成的《所有澳大利亚人的多元文化主义：国家地位的发展》报告中指出，当多元文化主义在“民族事务”的文件中充分讨论并经常使用时，标志着在澳大利亚非英语的少数民族的权利被真正地重视了；多元文化主义已经成为少数民族群体参与澳大利亚主流社会的政策保障，这将有利于社会内聚力的形成和发展。

1982 年澳大利亚多元文化事务协会发表了与移民（包括新来的移民和原有的移民）、澳大利亚民族团体以及作为整体的公众的利益相关的《对最新公布的计划和工作的评估》的报告。该报告宣称，澳大利亚可能是世界上对移民和多元文化最具包容力的国家，在一些关键领域，澳大利亚的供给是独一无二的。

1986 年移民和多元文化计划与工作委员会的报告《不要满足于主流文化——主流文化已成为少数人的文化》包含了澳大利亚民族文化政策的四个主要基本原则：所有社区成员都应该有参与经济、社会、文化和政治生活的平等机会；具有公平参与、公平分享政府代表公众处理的资源的权利；具有平等参与和影响政府政策、计划、行政部门的机会；在尊重他人文化、宗教、语言的情况下，具有享有自己的文化、信仰自己的宗教和使用自己的语言的法律权利。

1986 年澳大利亚多元文化事务协会的报告《多元文化主义未来的趋势》强调了一系列观点，目的在于改变政府行政部门对多元文化主义政策的理解和得到它们的支持。该报告深刻地分析了非英语语言背景的人们在社会和经济生活中的不平等经历，再一次强调了《不要满足于主流文化——主流文化已成为少数人的文化》这一报告中的民族文化政策的四个原则，进一步倡导建立一个广泛参与和平等的、服务于政策监控的多元文化的社会，并且应包括非英语语言背景的人、残疾人、妇女和土著居民等。

1988 年澳大利亚多元文化事务协会关于澳大利亚移民政策的报告《澳大利亚的责任》，分析了政府对多元文化主义的定义与大众对其定义认识不一致的原因所在，即政府对多元文化主义的定义多从澳大利亚多民族的现实、国家的未来方面考虑，而大众较多地从各自的文化角度考虑问题，带有一定的文化中心主义的观点。该报告同时指出，政府在这方面有责任引导大众的观念与意识，并为形成多元文化主义的广泛理解发挥作用。澳大利亚政府的责任在于，克服当时人们对多元文化主义混乱的、疑惑的理解，统一那些来自不同职业和文化背景的人们所表达的民族与文化分裂的观点。

1989 年依照广大公众协议会和多元文化事务咨询会议的意见，政府出台了《为了多元文化的澳大利亚的全国议程》的报告。该报告继续得到两党政治上的支持，它详细说明了多元文化主义的基本原则是建立在三个权利和三个义务之上的。三个权利为：文化平等（展示和享有个人文化遗产，包括他们的语言、宗教）；社会公正（待遇、机会的平等，以及排除种族、文化、宗教、语言、性别或出生地的限制）；经济平等（需要维护、发展和有效利用所有澳大利亚人的技能和潜能）。三个义务包括：为澳大利亚的利益统一承担义务，并永远将其视为第一位和最重要的义务；接受澳大利亚的基本准则和组织；接受展示个人文化和信仰的权利与接受他人展示自己观点和价值的权利相对应的义务。

1995 年国家多元文化咨询会议的报告《多元文化的澳大利亚——面向和超越 2000 年》断言，1989 年国家议程的基本宗旨仍然是适当和中肯的。该报告还将目标定在包括土著居民和解问题、国家特性、全球和宗教势力、信息技术、宗教差异和经济挑战等诸多领域的一个宽容和富于全球竞争性的澳大利亚社会的长远发展上。

1999 年 4 月，澳大利亚国家多元文化咨询委员会发表了《新世纪的澳大利亚多元文化主义：迈向包容的社会》的报告。这一报告系统地分析了澳大利亚多元文化主义政策的变迁及取得的成就，指出了澳大利亚多元文化主义政策将在新的世纪迈向一个包容性更强的历史时期，并在大量调查数据的基础上提出了今后澳大利亚多元文化主义政策的主要任务及其需要解决的重点问题。①

① 参见 Australian Multiculturalism for a New Century：Towards Inclusiveness，p. 3。

总之，以上所述报告的主要内容表明：澳大利亚多元文化主义政策是处在不断发展变化和逐渐成熟的过程中。这一过程的主线是：在多元文化与多民族的国家中，各民族平等相处和各种文化多元发展的真正原因在于国家的民族与文化政策的支持。澳大利亚政府正逐渐在移民、商业、教育、文化、居住条件等方面全面实行多元文化主义的政策，面对全球化的冲击，面对新世纪民族与文化问题的挑战，澳大利亚的多元文化主义政策可能还会不断地修正，但有一点是不会变的，那就是多元文化主义的信念与政府政策的支持是密不可分的。作为政策制定者与执行者的政府，一方面要不断完善和发展多元文化主义的政策，另一方面还要与反多元文化主义的民族中心主义作坚决的斗争，因为半个世纪的经验和教训表明，多元文化主义政策在澳大利亚的发展并不是一帆风顺的。由于失业指数一直接近两位数，土著和来自亚洲的移民就成了反多元文化主义的替罪羊，反对亚裔移民和土著的暴力活动不断增多，因为对中产阶级来说，多元文化毕竟不是什么奢侈品，而是令他们担心的各种竞争的促成者。由此观之，澳大利亚的多元文化主义政策并没有达到理想的境界，它正在接受也必将长期接受民族中心主义与多元文化主义的交锋与对峙的洗礼。

（王鉴，西北师范大学西北少数民族教育发展研究中心教授）

新 西 兰

新西兰总人口447万（2013年），其中欧洲移民后裔占67%左右，毛利人占14%左右，其余为亚裔和太平洋诸岛移民。新西兰的民族问题，主要是毛利人问题。

一　毛利人的起源

毛利人属于波利尼西亚人（polynesians）中的一支。波利尼西亚人的祖先是从亚洲高加索地区东迁，经过印度尼西亚和美拉尼西亚，来到夏威夷、塔希提和伊斯特等太平洋岛屿上的。

据说在公元950年，毛利人中一位名叫库普（Kupe）的青年航海家从萨摩亚驾独木舟远航千里，发现了新西兰。当他划近这个海岛时，首先映入眼帘的是蓝天上的朵朵白云，而岛上却渺无人烟，库普便将该岛称为“遥远的白云之乡”。公元1350年，大批毛利人用独木舟组成了船队，来到了新西兰。他们从不同的登陆点深入内陆，形成了后来的不同部落。一些毛利老人至今仍记得其祖先东迁时所乘船只的名称及各船首领、祭司和舵手的名字，其族谱世系可追溯20多代。18世纪初欧洲人来到新西兰后，才把已经住在这里的波利尼西亚人称为毛利人。

毛利人强健骠悍，肤色棕黄，黑发、短鼻、厚唇，性格纯朴、勇敢。白人到来之前，毛利人文化在波利尼西亚人中处于领先地位。19世纪初英国入侵之前，毛利人的人口有20多万，分为50个部落和若干部落联盟，主要分布在北岛各地区。部落是毛利人的基本社会组织，它以血缘关系为基础组成。

二　殖民统治使毛利人人口锐减

1642年，荷兰航海家塔斯曼（Abel Tasman）首次探险到新西兰。1769—1777年间，英国航海家库克（James Cook）先后5次到达新西兰，后来英国宣布占领这块地方。1840年，英国全权代表与毛利人酋长订立了不平等条约，新西兰沦为英国的殖民地。英国殖民者给毛利人带来了灾难，使毛利人人口大量减少，到1896年降至最低点，仅剩42000人，比全盛时期的20余万人减少了80%。导致毛利人口锐减的主要因素有三：

第一，欧洲人带来的新式武器，加剧了部落间的大规模仇杀。当时毛利人还没有成为统一的民族，部落战争时有发生。但当一个或几个部落通过与欧洲人的交易获得新式武器后，原部落之间实力大体均衡的局面遭到了破坏，部落之间开始用西方武器互相攻击。

第二，随着欧洲移民的不断增加，带来了许多致命的传染病，如结核、麻疹、伤寒等，对这些疾病缺乏抵抗力和医疗条件差，使毛利人成批死亡。与此同时，由于白人占据了大片肥沃土地，毛利人不断退往贫瘠的内陆地区，食物和饮用水源不足，恶劣的居住环境导致毛利人出生率和寿命下降，人口大量减少。

第三，英国殖民者强占毛利人土地，杀戮毛利人，引发了长达数十年的“毛利战争”，造成大批毛利人死亡。1840年签订的《威坦哲条约》（Treaty of Weitangi）确立了英国对新西兰的殖民统治。

白人殖民者通过贱买贵卖、强行收购等方式巧取豪夺毛利人的土地，激起毛利人的强烈反抗，他们从1853—1872年进行了武力反抗殖民者的“毛利战争”。手持原始武器的毛利人遭到了白人的残酷屠杀，大批毛利人死于战乱。毛利人由“白云之乡”的主人沦为被统治者。

三　毛利人争取土地权的斗争

欧洲人的到来改变了毛利人的命运。1840年2月6日，英国代理总督霍布森（William Hobson）和北岛毛利人酋长签订了不平等条约，即《威坦哲条约》。其主要内容有：（1）毛利人承认英国女王对他们的土地拥有主权；（2）英王室保护毛利人的土地所有权；（3）毛利人享有英国臣民的一切权利。当时英国人已在澳洲塔斯马尼亚对土著人进行了种族灭绝的屠杀，并开始向新西兰大量移民。处在强大压力下的一些毛利酋长天真地相信，只要允许白人购买部落愿意出售的土地，就可以获得英国女王的保护。但无情的事实很快使毛利人的希望破灭，殖民者开始根据自己对条约的解释强占土地。曾在条约上签字的酋长之一特·劳伯腊赫起而反抗，却被格雷总督逮捕，并被囚禁在军舰上达一年半之久。

英国殖民者低价买进毛利人的土地，再用高价出售给外来移民，并通过强行征购和巧立名目不断夺取大片土地，激起了毛利人的强烈不满和反抗。一些部落联合起来，发动了“选王运动”（King Movement）。1857年怀卡托地区的若干部族推选特·韦罗韦罗为国王，称波塔陶一世。绝大多数毛利人同意选王运动关于拒绝出售土地的决定。在反抗最为激烈的塔腊纳基，毛利人于1860年烧毁了英国殖民者的农舍，爆发了大规模的“毛利战争”。英国殖民军队残酷镇压，夷平了毛利人的村寨。卡姆伦将军甚至动用了炮艇、榴弹炮和恩菲尔德式步枪对付手持猎枪和长矛的毛利人。坚守塔腊纳基的毛利人有150人战死。

1863 年，新西兰议会通过了移民区法，批准没收毛利人的土地，6.6 万公顷土地被殖民者攫取。不畏强暴的毛利人继续为保卫自己的土地而战斗，直到 1872 年战争结束。毛利人战死 2000 人，而英国人也付出了 1000 人的生命代价，战费消耗高达三四百万英镑。19 世纪殖民者掠夺土地给毛利人留下的创痛一直难以抚平。据 1970 年代的统计，在新西兰 6600 万英亩的土地中，毛利人只拥有 400 万英亩，即使按当时 8% 的人口比例计算也是偏少的。一百多年来，毛利人一直在为争取土地权而斗争。尽管新西兰政府早在 1926 年就成立了土地调查委员会，谴责过去没收土地是不公正的，建议予以补偿，但始终没有采取实质性的行动。

在种族对立情绪长期紧张和国内外舆论的压力下，1995 年 5 月，新西兰总理詹姆斯（Jimes Brenda Bolger）终于与毛利部落首领——“女王”泰·阿里基奴伊·泰·阿泰兰·卡胡夫人，在新西兰中部北岛地区威卡托的毛利人聚居地土兰加威威马拉伊，当着数千名泰奴伊毛利人的面，签署了和平解决土地纷争的协定。协定规定：（1）新西兰政府以国家元首英国女王伊丽莎白二世的名义，正式为 1860 年代的“毛利战争”所造成的死亡和损失公开道歉；（2）支付毛利人 1.7 亿新币（折合 1.12 亿美元）作为战争赔款；（3）发还 15782 公顷土地，以补偿 1863 年英军非法没收的 6.6 万公顷毛利人土地。长期困扰新西兰政府和毛利人的宿怨终于得到初步化解。

四 毛利人的复兴与困惑

经过长期斗争，1907 年新西兰自治后，毛利人的民族权利得到尊重。人口回升，1970 年增至 22 万，占总人口的 8%；1980 年为 28 万，占总人口的 9%；目前已达 62 万，占总人口的 14%。

第二次世界大战后，毛利人发起了文化复兴运动。它包括两个方面：一是赋予毛利文化以新的生命，使毛利人在主流社会中拥有自己的地位；二是争取在国家政治经济生活中发挥积极作用。这一运动得到了许多怀有负疚感和同情心的白人的帮助。随着工业化的发展，已有75%的毛利人移居城镇，接受了西方文明的影响，其欧化程度显著高于澳洲土著。他们当中有一半人通用英语，其婚配对象在惠灵顿地区有半数以上是欧洲人。毛利人虽多数从事低收入的职业，但也有不少人成为农场主、教师、医生、律师、会计师和技工等。还有人已进入了政界，如詹姆士·卡罗尔爵士曾多次以双重提名身份竞选议员，并一度出任总理；著名学者彼得·巴克爵士曾任卫生部长；提里卡廷·沙利文夫人当选为南部毛利选区的议员；保罗·艾尔弗雷德·里夫斯于1985年3月被任命为总督，成为新西兰历史上第一位毛利人后裔总督。为改善毛利人的社会经济地位，1945年新西兰政府通过了促进毛利社会经济法案，把毛利人完全纳入社会保险法体系，废除了歧视毛利人的立法。1947年从官方语言中取消了“土人”一词；1987年，毛利语与英语同为官方语言。

尽管如此，和白人相比，毛利人的政治与经济状况仍令人担忧。20世纪制订的极其有限的毛利选区分选制仍在实行，在目前97名众议员中毛利人仅占4名，为此毛利人一直要求增加选区。官方推行的名为“结合”与“共处”而实为使毛利人被白人所同化的政策，也引起了毛利人的反对。种族歧视、酗酒、犯罪、教育程度低等社会问题也在困扰着毛利人。提里卡廷—沙利文夫人曾引证说，一个毛利姑娘先后向10家旅馆订房间，其中有3家加以拒绝。在监狱囚犯中，有三分之一是毛利人。在学校，有一半毛利人在15岁受完义务教育后便不能继续升学；另一半人中有27%的学生只能进入质量比公立学校差的专门为毛利人设立的学校。在奥克兰大学的学生中，毛利人仅占1%，只及应有比率的八分之一。高血压、糖尿病、中风也开始在毛利人中流行。此外，由于受西方文化的影响，大多数毛利青年已不会讲自己的母语，毛利语面临着失传的危险。在毛利人的强烈要求下，新西兰政府正采取多种措施保护毛利人的文化传统，并改善他们的经济与社会地位。随着历史与社会的进步，在国际社会的关心下，通过自身的努力与斗争，毛利人必将会有一个充满希望的未来。

（张秋生，江苏师范大学教授）